# LE SECRET DES BOURBONS

*(novembre 1703 – avril 1704)*

## DU MÊME AUTEUR

*Le marquis des Éperviers,* Balland
*Le camp des enfants de Dieu,* Balland

*Jean-Paul Desprat*

# LE SECRET DES BOURBONS

*(novembre 1703 – avril 1704)*

ÉDITIONS BALLAND
33, rue Saint-André-des-Arts
75006 Paris

*A Adèle.*

# *Sommaire*

*L'auteur, assidu dans son enfance des processions qui continuaient de se faire en Rouergue pour commémorer le vœu de Louis XIII, fervent admirateur des Bourbons de surcroît, rougirait d'offrir à ses lecteurs ce texte iconoclaste s'il n'était convaincu qu'on passe à peu près tout au genre romanesque.*

Le Secret des Bourbons, *tel qu'il va s'éclairer au fil de ces pages, n'est aujourd'hui d'ailleurs que celui de Polichinelle. Dans cette histoire, Victor de Gironde, par la justesse de ses déductions, ne fait que précéder les historiens La Grange-Chancel, Isabelle de Broglie et Labarre de Raillicourt qui, dans d'ultérieurs travaux, devaient suggérer la même dérangeante solution à l'une des plus captivantes énigmes de notre histoire, celle de la véritable personnalité du prisonnier masqué de la Bastille, connu sous le nom de Masque de fer.*

# GÉNÉALOGIE SIMPLIFIÉE DE LA FAMILLE DE FRANCE

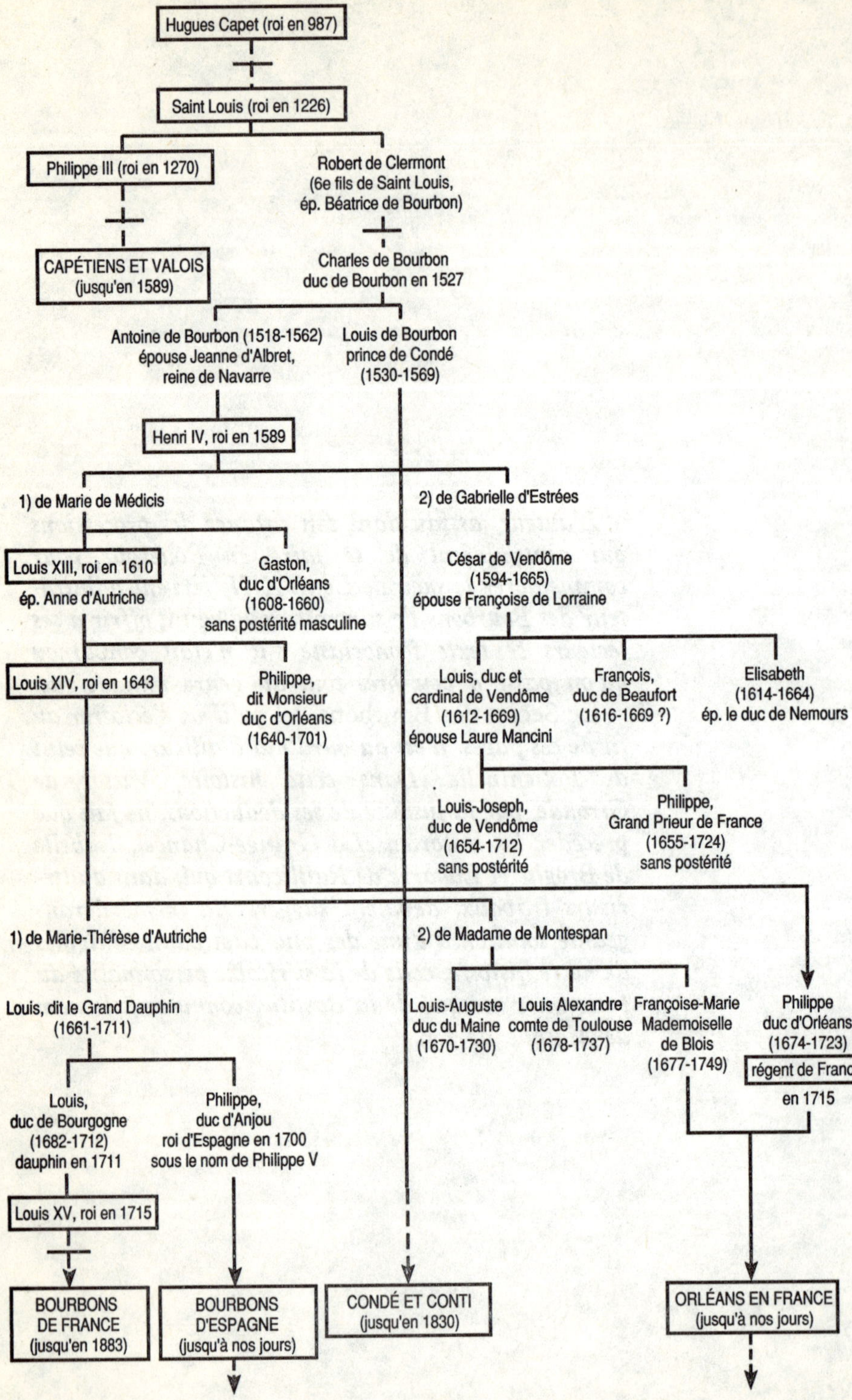

*Première partie*

# LE LABYRINTHE

# CHAPITRE PREMIER

## *Les larmes du roi*

En ce matin du lundi 19 novembre 1703, à Versailles, la féerie, pour quelques heures encore, s'étalait sur tout le grand théâtre, et la nature à demi haillonneuse, fardée de roux et d'or éteint, tirait sa révérence aux ordonnances immuables. Deux personnages qui marchaient d'un pas allègre, dans la lumière restée poudrée de gris, s'étaient immobilisés en haut des marches dominant le bassin de Latone. Le plus petit, pâle et coiffé d'une haute perruque, vêtu d'un manteau à revers de castor lustré relevé d'une épée à la gaine constellée de brillants, paraissait faire les honneurs du lieu. Tirant une main de sa passacaille de renard, il désignait les bosquets, détaillait chaque vasque, chaque statue, chaque allée. L'autre, plus haut de presque deux têtes, portait un habit de cour : justaucorps de velours bleu nuit, ceinturon à boucle d'argent, bas à coins brodés. Le col de sa chemise de soie moussait sous une broche de diamant. Étrangement, il apparaissait hâlé [1] comme l'eût pu être un paysan mais ce teint monté lui conférait un air mâle. Il écoutait avec application ce que lui expliquait son voisin. Il opinait quelques fois, avec gravité et sérieux.

Le lecteur connaît ces deux personnages. Le plus grand, le plus jeune aussi, c'est Victor de Gironde, revenu des Cévennes l'avant-veille, juste à temps pour être à l'heure au rendez-vous que lui avait fixé son roi pour le recevoir dans sa demeure. L'autre, celui à qui le conseiller Davignon, son tuteur, avait confié le débutant [2] pour le guider et le soutenir dans cette rude journée, l'un des plus parfaits

1. Les gens de condition évitaient alors farouchement de s'exposer au soleil.
2. Osons le terme puisque Chateaubriand se désigne lui-même ainsi lorsqu'il raconte sa présentation à Louis XVI.

connaisseurs du monde courtisan, se nomme Louis de Rouvray, plus fameux par le titre qu'il tirait de l'une de ses terres, celle de Saint-Simon.

– N'est-ce pas le plus beau lieu du monde ? s'exalta celui qui paraissait si à son aise dans le rôle de cicérone.

Victor fit effort pour s'extraire de son ravissement :

– Certes, monsieur le duc, tout ceci est magnifique... La nature à ce point domestiquée, l'eau qui chante en donnant l'avant-goût de ce que doit être là-haut la musique des anges, toutes ces couleurs et ces ors... Mais, de grâce ! aidez-moi à me ressouvenir de tout ce que mon oncle m'a recommandé de garder à l'esprit avant de me confier à vous : rester modeste, ne point m'enivrer de la vue des splendeurs et du luxe de cour. Songer toujours que le sérieux et la vue saine des choses sont à Paris, non pas ici...

– Hélas ! en quelles mains vous a-t-il remis pour vous persuader de tout cela ?... J'ai beau être critique par vice de nature, ennemi du système absolu à cause d'une vénération frénétique pour les privilèges des ducs, il n'est plus qu'ici où je respire. Dès que je quitte ce palais tout me paraît fade et j'éprouve le sentiment de dépérir... Mais, je ne cherche pas à vous convaincre de la justesse de mes vues... Tenez, même ! afin de vous dérider un peu avant cette cérémonie – car je sens bien qu'elle vous effraye – je profiterai de ce que l'endroit est désert pour me livrer à quelques facéties et imaginer les répliques que pourraient échanger un courtisan frivole tel que je le suis et un bourgeois renfrogné...

– Tel mon oncle, glissa malicieusement Victor.

– Ah ! je ne l'ai pas dit, protesta Saint-Simon avant de se dresser sur la pointe de ses bottines à petits boutons de nacre et de secouer son grand col de fourrure avec des allures d'ours qui s'anime au boniment d'un montreur.

– Le courtisan ! annonça-t-il. Oui, môssieur, je vis ici sous le plus grand roi du monde, dans le plus beau des séjours jamais conçus par l'homme, dans un jardin tout juste fait pour le plaisir des dieux... Pourquoi bouderais-je mon plaisir, moi qui, dans ma demeure, ne pourrais m'offrir que de chétifs bassins, entendre gargouiller deux ou trois pauvres chandelles d'eau, borner mon horizon à deux boulingrins racornis ? Et, quand j'assiste gratis à des fêtes sans pareilles, qu'irais-je songer au revers de l'opulence : au peuple qui jeûne, à la peine et aux meurtrissures de ceux qui ont bâti ce lieu enchanteur ?

Il fit une pirouette et montra un visage qu'une seconde avait suffi à changer en le durcissant.

– Le bourgeois ! lança-t-il en aggravant le timbre de sa voix... Tête d'oison!... Écornifleur!... Parasite à la laisse du roi!... Que fais-tu à présent de tes dix doigts? Et que laisseras-tu du nom glorieux que t'avaient légué tes aïeux? Ne rougis-tu pas, traître! en songeant qu'ils avaient tenu le premier rang dans leur province et que, toi, tu n'es rien... Fardeau du genre humain!... Être plus pernicieux à l'univers que la musaraigne!

Renfourchant son ton guilleret, après un nouveau bond sur place :

– Le courtisan!... Mais, môssieur, je ne songe à rien tant, vivant comme je fais, que de plaire à mon prince qui veut que tout le monde s'amuse... Aurais-je le cœur de lui désobéir et serais-je assez fol de courir le risque d'être disgracié, uniquement pour obtenir licence de mener une vie plus rude?

– Le bourgeois!... Ah, sacre! si tes semblables n'avaient pas accepté d'être domestiqués comme des paons, tu n'en serais pas là.

– Le courtisan!... Les paons sont beaux à voir, les corbeaux de votre plumage sont tristes.

– Le bourgeois!... Je donnerais toutes tes volières dorées peuplées d'oiseaux inutiles pour une caisse de bois couvrant un couple de chapons.

– Le courtisan!... Je ne conçois pas qu'on soit à ce point enfoncé dans la matière.

– Le bourgeois!... Tu n'as d'autre légèreté que celle de ta cervelle et d'autre pénétration que celle de l'intrigue. Tu excelles dans les salons mais tu n'y fais que singer des manières surannées et répéter des bons mots que tu as volés à d'autres... Tu es la gaufre coincée dans le moule des conventions et des usages.

– Le courtisan!... Si je suis si misérable, môssieur, expliquez-moi pourquoi ceux de votre espèce font tant d'efforts pour s'ennoblir et me copier.

– Le bourgeois!... Des brebis égarées sans doute!

– Le courtisan!... Non, pas vous! trop desséché à cette heure, mais vos fils qui brûlent de quitter l'écritoire ou le livre de comptes pour venir danser dans ce palais.

– Le bourgeois!... Sacredire! je les maudirais s'ils devenaient à leur tour parasites et je te maudirais toi, plus encore, de leur fournir cet exemple funeste.

– Moi! se récria Saint-Simon, si captivé par son jeu qu'il n'avait pas eu le réflexe de changer d'intonation. Toi, scélérat! gronda-t-il tout aussitôt en levant sa canne et en faisant mine de bastonner son ombre.

Depuis un moment, Victor, à voir le duc se démener de la sorte, ponctuer ses répliques de furieux soubresauts, s'emmêler dans la hauteur des tons de sa voix, ne parvenait pas à garder son sérieux. Il commençait même d'être secoué d'un hoquet lorsqu'il entendit, derrière lui, des pas crisser sur le gravier.

Se retournant, il découvrit un homme vêtu en noir de pied en cap, d'une impressionnante stature, charbonneux de sourcil et de mine, qui s'approchait à vive allure, suivi de deux laquais en livrée noire à croix blanche.

– Ah! c'est vous, monsieur le duc, fit le nouveau venu en reconnaissant Saint-Simon, figurez-vous que, de loin, je m'étais imaginé que vous vous débattiez contre quelque tire-laine... J'accourais avec mes gens pour vous prêter main-forte.

– Aimable à vous, aimable à vous, monsieur le grand prieur, répliqua le guide de Victor en s'efforçant de se recomposer un air digne, mais vous pouvez constater vous-même que je suis là tout pacifique... Je ne fais que rééditer pour ce jeune homme quelques-unes des révérences les plus curieuses que j'ai vu exécuter dans cette cour.

Le nouveau venu partit d'un rire opaque :

– La matière est plaisante et je vous y devine excellent professeur.

Se rengorgeant brusquement et considérant Victor avec un retour de fureur dans l'expression, il ajouta :

– Le duc de Saint-Simon observe Versailles avec l'œil d'Ésope et même s'il ne tire pas toujours la morale qui convient de tous les ravaudages que lui inspire ce spectacle, du moins répand-il ses trouvailles avec suffisamment de publicité pour que nul, ici, ne songe à le taxer de dissimulation.

Ayant parlé ainsi, l'homme, avant de tourner les talons, eut un petit mouvement froidement poli du chef :

– Vous me voyez navré, en tout cas, de n'avoir pu vous obliger.

– La peste! grommela Saint-Simon lorsque ce personnage se fut éloigné de quelques pas.

– Qui était-ce? demanda Victor redevenu sérieux d'un coup.

– Le grand prieur de France, le frère de votre ami Vendôme. C'est, avec plus de dissimulation encore, la même impudence, la même crapulerie, une effronterie capable de soutenir en permanence tout et son contraire, en un mot, un aussi rebutant caractère... Défiez-vous de lui comme de son aîné! tout ce que j'ai dit pour l'un vaut pour l'autre : ils ont des noirceurs d'âme interchangeables.

Le duc, qui venait de se hérisser pour lancer cette mise en garde et que l'envie de rire ne tenaillait plus, tira sa montre de gousset.

– Rentrons! commanda-t-il, la cérémonie a lieu dans deux heures mais il nous faut bien tout ce temps pour nous assurer d'une bonne place... C'est jour de chance pour vous, mon vieil ami, le duc de

Beauvillier, l'un des quatre premiers gentilshommes de la chambre, exerce en ce moment sa charge. Je vais vous recommander à lui.

Ils longèrent les appartements du dauphin, situés sous ceux de la reine, au rez-de-chaussée du corps central, puis ils traversèrent le double vestibule, encombré de chaises à porteurs, posées à la queue leu leu, dont les bâtons étaient alignés sur des râteliers et près desquelles des valets stationnaient, bras croisés, en devisant très fort. Ce lieu servait à la fois d'accès aux antichambres de l'héritier de la couronne et de passage, depuis les jardins, jusqu'aux cours d'entrée du palais.

Ils se retrouvèrent, de la sorte, après n'avoir fait que quelques pas, dans la Cour de marbre, sous les balcons du roi.

– Admirez ces façades plus ornées que de riches retables! reprit Saint-Simon en montrant du doigt les toitures aux plombs et aux chenaux plaqués de feuilles d'or, les trophées, les consoles, les bustes de marbre translucide qui chantaient avec le rouge vif de la brique et le bleu profond des ardoises... C'est ici que se célèbre un culte dont l'autel est la chambre qui donne sur les trois fenêtres du balcon principal... Le tabernacle en est le lit... En plein jour, devant ce meuble vide, les dames font la révérence, les messieurs tirent leur chapeau. La nuit, lorsque le roi repose, occupant le centre de cette pièce qui marque l'axe de son palais, c'est l'univers entier, tout comme dans la Jérusalem céleste, qui s'organise par rapport à la ligne imaginaire que trace son sternum... Quand vous serez persuadé de cela, vous saurez tout : le reste découle de la présence, dans ces lieux, du corps royal divinisé. A ses pieds gisent les officiers, les valets, les bêtes, les scribes et les succubes qui participent à sa liturgie... On n'a rien vu tant qu'on n'a pas vu la pompe de Versailles : cinq mille personnes civiles, dix mille militaires, pour animer la machine qui exacerbe la vanité et châtre l'ambition de deux mille courtisans à peine. De ces adorateurs et de ces valets mêlés, le palais n'en contient pas plus de mille et ses communs deux mille. Tout le reste s'égaille dans la ville qui ne vit que pour le roi comme jadis Babylone vivait pour Nabuchodonosor : dans les rues qui s'ouvrent en éventail, par-delà les deux grilles du palais, sont les bâtiments du Contrôle général, de la Surintendance des bâtiments, du commandant du canal, de la Fauconnerie, du Vautrait [1], du grand chenil, du Chenil-dauphin, des chiens verts [2], des voitures de cour, des carrosses de la pompe [3], des menus plaisirs, du magasin des bâtiments, de la garde-robe... Quel-

1. Grand équipage de chasse entretenu pour le sanglier ou les bêtes noires.
2. Chiens dressés pour la chasse au daim dont les valets portaient la livrée verte.
3. Carrosses, à l'usage du roi et de ses officiers, garés rue de la Pompe.

que vingt casernes où logent sept mille soldats et pas moins de dix écuries avec leurs palefreniers, leurs maîtres de manège, leurs écuyers, leurs valets, leurs selliers : celles du dauphin, celles du duc de Bourgogne, de la duchesse de Bourgogne, du duc de Berry, du duc d'Orléans et là – à vos pieds – formant ces deux imposants hémicycles, la petite et la grande écurie du prince. Remarquez que je n'en suis qu'aux accessoires puisque je ne fais que pénétrer maintenant, avec vous, dans le saint des saints... Je ne saurai vous dénombrer tous ceux qui font, là-haut, le service du roi. Les grands officiers de la Couronne commencent par le grand aumônier, commandeur né de tous les ordres royaux. Il tient partout la droite du roi. Depuis la disgrâce, il y a deux ans de cela, de l'exécrable cardinal de Bouillon, c'est le cardinal de Coislin qui occupe la place. Il dispose de près de deux cents personnes pour organiser la prière du monarque : un premier aumônier, huit aumôniers, huit chapelains servants dits de grande messe – c'est un privilège des rois et des fils de France d'avoir à côté d'eux, à l'office, un prêtre qui répond à leur place aux prières – huit chapelains-clercs, un maître de l'oratoire et un maître de musique, choisis parmi les cent cinquante évêques du royaume, des clercs, des chantres, des musiciens, des sommiers [1] de chapelle. Le second des grands officiers de la Couronne est le grand maître de la maison du roi, toujours issu de la famille du souverain. C'est aujourd'hui le prince de Condé [2], que vous n'entendrez jamais appeler que monsieur le Prince. Son rang le dispense d'un service effectif, aussi est-il couramment remplacé par le Premier maître d'hôtel dont l'office, comme plusieurs autres à la cour, est tenu par quatre titulaires qui « roulent » par quartier d'année en ayant sous leurs ordres douze maîtres d'hôtel ordinaires. Le Premier maître d'hôtel commande les sept offices de la maison du roi qui sont le Gobelet, la Cuisine-bouche, la Panneterie-commun, l'Échansonnerie-commun, la Cuisine-commun, la Fruiterie-commun, la Fourrière... Dites-m'en un à votre fantaisie !

Victor, que la minutie de l'exposé du duc laissait pantois, répéta faiblement le nom d'un de ces offices à la consonance gourmande :

– La Cuisine-bouche...

– La Cuisine-bouche, reprit Saint-Simon sans prendre le temps d'ordonner ses idées, a pour mission de préparer les viandes du roi. Elle se compose à ce jour, pour la partie cuisine, de huit écuyers, un

---

1. Ces sommiers, comme tous ceux qui vont suivre, étaient en réalité des sommeliers ayant la charge de la vaisselle, du pain et du vin, ceux de chapelle s'occupant à l'origine des hosties et du vin de messe.

2. Henri-Jules de Bourbon, prince de Condé, dit monsieur le Prince (1643-1709). Fils du Grand Condé.

écuyer ordinaire, quatre maître-queux, quatre hâteurs [1], quatre potagers, quatre pâtissiers de bouche, trois enfants de cuisine dits galopins [2] ordinaires, quatre porteurs, quatre garde-vaisselle, deux huissiers, deux sommiers du garde-manger, deux sommiers des broches, deux avertisseurs [3], trois lavandières, six serdeaux [4], un sommier de chasse... Et, pour la partie service, d'un grand écuyer tranchant, de trente-six gentilshommes servants – tous de la meilleure noblesse – de douze huissiers de salle... Encore vous ai-je fait grâce des chapelains, des confesseurs, des barbiers-chirurgiens qui veillent sur cette cohorte, des pourvoyeurs, des contrôleurs généraux et des contrôleurs-clercs qui tiennent les registres des dépenses... Les autres six offices dépendant du premier maître ne sont pas moins peuplés... La troisième grande charge de la Couronne est celle du grand chambellan, aujourd'hui Godefroy-Maurice de la Tour d'Auvergne, duc de Bouillon, ami du roi et frère du cardinal disgracié. Il a la charge des appartements royaux mais, pour cause de princerie étrangère [5] et de privilège par là fort mal prétendu, lui non plus n'exécute pas son service. Il est suppléé par quatre premiers gentilshommes de la chambre qui ont chacun six pages à leur service. Sous leurs ordres se trouvent quatre premiers valets, seize huissiers de la chambre, quatre huissiers ordinaires d'antichambre, quatre huissiers du cabinet, vingt-quatre porte-manteaux [6] ordinaires, soixante-dix-huit garçons bleus [7]. Le grand maître de la garde-robe, aujourd'hui le duc de La Rochefoucauld, autre rare ami du roi, dépend lui aussi du grand chambellan. Il commande aux maîtres et valets de la garde-robe, aux porte-malles, aux tailleurs, aux lavandiers, aux empeseurs, aux repasseurs, aux huissiers, aux secrétaires de cabinet. Après cela viennent les grands offices de moindre volée : le grand maréchal des logis, flanqué de gens de la plus illustre naissance, règle le ballet des chambrillons, tapissiers, horlogers, porteurs, garde-feu, valets des chiens du roi... Le grand maître des cérémonies, l'introducteur des ambassadeurs, le surintendant des bâtiments, le grand maréchal des logis, le grand veneur, le grand louvetier, le grand fauconnier, le capitaine

1. Officiers chargés du soin du rôt.
2. Petits garçons employés à faire des commissions.
3. Officiers chargés d'avertir de loin en loin jusqu'aux cuisines lorsque le roi se mettait à table.
4. Officiers qui reçoivent des mains des gentilshommes servants les plats que l'on desservait de la table royale.
5. Les princes sont les membres de la famille royale. Les princes étrangers sont ceux qui prétendent descendre de familles ayant régné sur des terres autrefois non inféodées au roi. Les Bouillon tiraient cette prétention de la possession de Sedan.
6. Primitivement l'officier qui portait la queue du manteau du roi.
7. Garçons habillés de bleu disséminés dans les appartements où se tenaient le roi et les enfants de France.

des chasses royales, commandent à des cercles de valets de lévriers, de chiens courants ou de limiers, de garçons fourriers, de lecteurs, de musiciens, de danseurs et de pages, dans lesquels Dante ne reconnaîtrait pas la complication de ceux de son Enfer... Pour être complet – mais ce ne sera qu'à coups de serpe – je finirai pas la maison militaire du roi. Elle comporte environ dix mille hommes répartis entre les quatre compagnies de gardes du corps – trois françaises, une écossaise qui n'a d'écossais que le nom et qui est la première – que commandent par quartiers messieurs d'Harcourt, de Duras, de Villeroi et de Noailles, les Cent-Suisses, où sont les plus considérables par la taille, des soldats du roi placés sous les ordres de monsieur de Courtenvaux, les cent gentilshommes du bec à corbin [1], les cent gardes de la porte, qui veillent pendant le jour sur les clefs et les accès du logis royal, les seize compagnies de gens d'armes placées sous l'autorité de monsieur de Harlus, les deux cents chevau-légers – ce sont les gens d'armes et les chevau-légers que vous entendrez toujours nommer troupes rouges, de la couleur de leur habit. Viennent ensuite les archers et les hoquetons du grand prévôt chargé de la police de la cour, actuellement le marquis de Sourches, les deux compagnies de mousquetaires dont le roi est capitaine – six cents jeunes gens en tout – les gris [2], les premiers, au marquis de Maupertuis, les noirs, au marquis de Vins. C'est là, comme je l'ai fait moi-même il y a dix ans, que l'élite de la noblesse vient faire son apprentissage de la guerre... Toutes ces troupes, qui ne sont qu'au roi, se trouvent renforcées quotidiennement par trois mille hommes tirés soit des gardes françaises [3], soit des compagnies suisses qui, par suite des capitulations faites avec les Cantons, sont toujours commandées par un prince [4] du sang, ou encore de l'un des huit régiments – dits royaux – dont le roi est colonel en propre... La leçon est finie, conclut Saint-Simon toujours sans ressaisir son souffle, à présent, passons aux exercices! Vous allez pouvoir toucher du doigt, à l'étage de ce palais, quelques-uns des engrenages de cette fabuleuse mécanique... Respirez un grand coup! les odeurs là-haut sont fortes, mais, ne craignez rien! je ne vous quitte pas d'une semelle et je vous instruis à mesure que nous marchons. Je vous guide comme font les gardes de la manche, avec les jeunes princes, lorsqu'ils les dirigent dans la foule en les tenant par le pan de leur habit.

1. Espèce de hallebarde armée d'un crochet que portait primitivement une compagnie particulière de gardes du roi. En 1703 la hallebarde avait disparu mais le nom était resté.
2. Les mousquetaires sont noirs ou gris par la couleur de robe de leurs chevaux.
3. Régiment dont la mission particulière était de garder les avenues menant au lieu où résidait le roi.
4. Ces compagnies de mercenaires venus des cantons suisses étaient, en 1703, sous les ordres du duc du Maine, fils adultérin du roi.

Ils franchirent l'une des trois grilles dorées qui ouvraient sur le vestibule bas des appartements du roi.

– On pénètre ici aussi facilement que dans un moulin, s'étonna Victor.

– Essayez donc de passer le seuil d'un moulin où vous n'auriez pas vos habitudes, observa Saint-Simon, ici entre qui veut, les hommes à condition de porter l'épée mais vous pourrez remarquer qu'on en loue pour vingt sols sous la voûte qui conduit au parc, les femmes sans autre exigence que celle d'être décentes... Tout le monde entre mais c'est le jeu de l'oie : il convient de savoir à quelle porte on s'arrête. Vous allez vous rendre compte que bien peu de gens accèdent au sérail.

L'escalier des Ambassadeurs [1], du côté des appartements du roi, permettait l'accès à l'étage. Ses deux volées droites étaient chargées en permanence de courtisans qui ponctuaient leurs montées et leurs descentes par de grandes haltes qui leur permettaient de s'accouder à la balustrade et de se pavaner mollement. C'était le chef-d'œuvre de Le Brun qui, dans une étourdissante architecture d'or, de jaspe et de brèche, y avait peint ses fameuses *Différentes Nations de l'Europe.* Son palier ouvrait sur le salon de Vénus lambrissé de pierres de Nuits et de Montréjeau aux tons de lie-de-vin, de turquoise et de blé mûr qui, avant que les carrières n'en soient épuisées, savaient faire la niche aux plus fameux marbres d'Italie. Ce salon, comme ceux de Diane, de Mars, de Mercure et d'Apollon qui lui succédaient en enfilade, était alors tendu du meuble [2] mordoré d'hiver. Victor, ballotté par la multitude, jouant rapidement des coudes à l'exemple du duc, n'en vit pas autre chose que les plafonds peints qui paraissaient onduler par-dessus des corniches de stuc et des entablements d'or.

Sauf à se réfugier dans l'embrasure d'une fenêtre pour reprendre son souffle, le visiteur était condamné à rouler là, au milieu de l'espèce de torrent débondé qui coulait continûment depuis la chapelle provisoire jusqu'à la Galerie. Saint-Simon, dans cette eau bourbeuse, se découvrait poisson. Tout en trépignant en cadence avec la foule et en rendant bourrade pour bourrade, coup de pied pour coup de pied, il distribuait les saluts, assaisonnait les politesses et les sourires selon les rangs ou l'amitié. Il présentait son protégé à ceux qu'il parvenait à raccrocher :

– Voici le nouveau comte de Gironde, cousin du roi par les Albret... Il est au duc d'Orléans qui en promet merveilles.

Victor se vit ainsi, avec effroi, poussé devant le tout nouveau

1. Démoli en 1753 par Louis XV.
2. Au sens de tentures. Elles changeaient selon les saisons.

maréchal d'Huxelles [1], véritable roi dans Strasbourg qu'il commandait au nom du roi. Son train, ses équipages, sa table [2] étaient, là-bas, dignes d'un prince-électeur. C'était pourtant un gros homme au visage couperosé qui ressemblait à un marchand de bœufs et qui mettait beaucoup d'affectation à faire le soldat. Tout en ayant pris bien soin de s'encadrer de quatre laquais à jolie frimousse, chamarrés de dentelles et lardés de bouffettes de soie, il arborait, ce matin-là, un habit de simple drap de Sedan à boutons de cuivre et boutonnières sans ganse.

– Gironde... Gironde, fit-il, en écho aux paroles de Saint-Simon en paraissant exercer un prodigieux effort sur sa mémoire... Vous portez donc le nom d'un estuaire tout comme un prince celui d'une province.

– Une branche de ma famille, en effet, repartit fièrement Victor, a baptisé ainsi, au temps d'Henri Plantagenet, l'estuaire de la Garonne [3].

– Voilà qui est bon! répliqua Huxelles en reniflant très fort, début prometteur que de sortir de l'onde ainsi qu'Apollon pour s'élever vers le soleil... Je suis un peu devin à mes heures, ajouta-t-il en rapprochant ses lèvres de l'oreille du protégé de Saint-Simon et en s'emparant de son poignet pour le serrer avec une espèce de sauvagerie incongrue, croyez-m'en! vous ferez votre chemin... Donnez-moi de vos nouvelles, elles m'intéresseront toujours.

Le duc rappela Victor vers lui avec assez de brusquerie.

– N'écoutez pas ce recommenceur [4]! lui glissa-t-il en l'entraînant, il m'avait prédit il y a cinq ans que je deviendrais ambassadeur puis il s'est ravisé l'an passé pour dire qu'il me verrait plutôt à l'Académie. Moi un écrivain, c'est un comble! [5]... Le maréchal d'Huxelles, sous ses airs de dévot, est un des êtres les plus voluptueux de cette cour. C'est le rival en débauches grecques de votre ami Vendôme et ils sont à peu près les seuls à ne pas s'en cacher... Mais voici du meilleur monde! jubila-t-il en se jetant au plus gros de la presse, le duc de Chevreuse [6], l'un de mes plus sûrs et vrais amis. Il est le beau-frère

---

1. Nicolas de Laye du Blé, marquis d'Huxelles, maréchal en 1703 (1652-1730).

2. Les Huxelles étaient fameux pour leur gourmandise. Louis-Chalon du Blé, père du maréchal, eut à son service le fameux La Varenne auteur du *Cuisinier français*. Pour lui aurait été créée la duxelle.

3. C'est Arnaud de Gironde, seigneur de Gironde-sur-le-Dropt et descendant d'une lignée rouergate, départageant les riverains de la Dordogne et de la Garonne en discussion pour savoir comment devait s'appeler l'estuaire après la réunion de ces deux rivières au Bec d'Ambez, qui, par sentence arbitrale, au début du XIIIe siècle, aurait donné son nom à l'estuaire.

4. Radoteur.

5. Saint-Simon ne commencera à rédiger ses fameux *Mémoires* que quelque trente-six ans plus tard, vers 1739. On l'aurait certainement beaucoup surpris en 1703 en lui disant qu'il prendrait un jour rang parmi les quatre ou cinq plus importants auteurs français.

6. Charles-Honoré d'Albert, duc de Chevreuse en 1667, (1646-1712).

du duc de Beauvillier, leurs épouses sont sœurs et filles de Colbert... Vous devez faire sa connaissance.

Aussitôt, ne suivant que son idée, Saint-Simon bouscula deux femmes aux casaquins bouffants dont il désarma les cris à force de courbettes et de petits hochements navrés du chef.

– Tous les coups sont permis! confia-t-il à Victor en se servant de l'une des pointes de son tricorne pour dissimuler le mouvement de ses lèvres.

Il rattrapa Chevreuse, alors en train de deviser avec le duc de Montfort, son fils aîné, le tirant tout bonnement par les basques de son justaucorps.

– Monsieur le duc, dit-il, s'illuminant d'un sourire afin d'atténuer le ton de reproche contenu dans sa voix, vous n'êtes plus qu'à Dieu, vous nous abandonnez.

– Ce n'est pas ce qu'on pense chez moi, repartit Chevreuse en donnant à voir qu'il entendait la finesse, ma femme me disait justement hier qu'il fallait bien que nous vous ayons fait quelque chose pour ne plus vous voir à Dampierre. Elle se mettait martel en tête pour tenter de savoir quel rang j'avais bien pu vous voler, quelle dignité ou quel honneur je ne vous avais pas concédés...

– C'est me prendre par mes plus mauvais côtés, railla Saint-Simon, mais que voulez-vous? cette cour vous pèse, moi, ici, je frétille...

Sur cette impertinence, il se reprit à sautiller, agita de nouveau son petit chapeau, se fendant pour finir d'une ample révérence, outrée à dessein pour découvrir Victor.

– Le comte de Gironde, mon ami, annonça-t-il sans autre préambule... Oui, messieurs, je songe aux vieux jours en ne m'entourant plus, dès à présent, que de jeunesse... Celui que je vous présente est digne de votre protection. Il assiste avec brio messieurs de Thésut auprès du duc d'Orléans depuis un an déjà. Il va être présenté au roi dans une heure et je cherche monsieur de Beauvillier pour le lui recommander.

– Le compliment doit être reçu comme il le mérite, fit Chevreuse en rattrapant Victor par les épaules pour l'empêcher de s'incliner, Saint-Simon s'y connaît en talents et je me fie à son jugement... Il m'a conté, au printemps, vos démêlés avec monsieur de Vendôme. Vous serez toujours le bienvenu chez moi, monsieur.

Le petit duc, sans laisser à son protégé le temps de trousser sa réponse, avança un pied, refit trois moulinets à l'aide de son tricorne et reprit la parole :

– Le comte de Gironde entend tout ce que je lui dis sur cette cour... Il la voit déjà par mes yeux...

Le jeune duc de Montfort, qui n'avait fait jusque-là que sourire, s'entremit brusquement :

– Si vous m'y autorisez, monsieur, je conduirai moi-même le comte de Gironde jusqu'à mon oncle.

Saint-Simon, qui ne s'attendait pas à cela, parvint à conserver son aplomb :

– Mais certainement... certainement, bredouilla-t-il en couvrant d'un petit geste protecteur Victor qui s'éloignait effaré.

Honoré-Charles d'Albert de Luynes, pour qui Montfort avait été érigé en duché du vivant de son père, allait vers ses trente-deux ans. Il était l'un de ces jeunes capitaines sur qui le roi comptait. Marié depuis six ans à la fille du marquis de Dangeau, il était doté d'une figure de dieu, d'un air noble, d'une incroyable prestance. Son esprit et sa finesse étaient unanimement révérés. En un mot, il personnifiait cette aristocratie idéale dont on ne manque jamais de demeurer impressionné, excédé quelques fois, subjugué presque toujours.

– Je ne vous ai enlevé que pour votre bien, protesta-t-il à Victor lorsqu'ils eurent fait quelques pas ensemble, avec notre ami je savais trop ce qui vous attendait : vous auriez dû, d'ici la Galerie, saluer dix ducs, trois archevêques, deux maréchaux de France. Vous n'auriez échappé ni à leur généalogie, ni à leur portrait d'humeur... Marchez plutôt à côté de moi, ayant l'air dégagé, ne vous étonnez de rien! Pénétrez-vous de l'idée que vous êtes le héros du jour, que tout le monde ici se demande qui vous êtes, qu'on observe un phénix dont c'est le premier vol, qu'on vous craint déjà comme un rival.

– Ah, monsieur le duc, s'effraya Victor, comment me persuader de cela quand je sens peser sur moi tant de regards farouches?

– Levez les yeux au-dessus des leurs! répliqua Montfort, observez cette foule et ses ridicules puis remémorez-vous quelques-uns de ces animaux à cœurs d'hommes qui plaisaient tant à ce bon La Fontaine.

Là-dessus, il désigna à Victor une vieille araignée de cour aux lèvres aspirées par l'absence de dents et à la peau semée de ces macules couleur de beurre rance qui ne viennent qu'aux vieillards de haut parage. Elle était si maigre et si raide qu'on l'eût dite corsetée du même fil d'archal qui soutenait sa fontange dressée en crête. C'était la duchesse de Verneuil, fille du fameux Seguier, chancelier des temps de la Fronde, fée de quelque quatre-vingts printemps, qui venait de se faufiler avec des airs d'impatience pour se trouver au premier rang de ceux qui commençaient de se masser sur le passage du roi pour la messe :

*– Dame belette, au corps long et fluet*
*Entra dans un grenier par un trou fort étroit...*

Aussitôt, voyant paraître son beau-père, le ridicule Philippe de Courcillon, marquis de Dangeau, paré comme un paon, emperruqué comme un babouin, marchant avec précaution comme si ses chevilles eussent été de sucre filé, Montfort ajouta :

*– Une tête empanachée*
*N'est pas un petit embarras*
*Le trop superbe équipage*
*Peut souvent, en un passage,*
*Causer du retardement...*

Et ceux-là, poursuivit-il sans laisser Victor revenir de sa surprise, en désignant le vieux Lauzun, de qui toute la vie aurait fait un roman, paradant au bras du niais prince de Soubise dont la femme, au su de tous, enjôlait le roi depuis des années.

*– Capitaine Renard allait de compagnie*
*Avec son ami bouc, des plus haut encornés.*
*Celui-ci ne voyait pas plus loin que le bout de son nez*
*L'autre était passé maître en fait de tromperie...*

Continuant à fendre la multitude sans relâcher ce plaisant exercice, ils tombèrent sur la princesse d'Harcourt, furie malpropre et fable d'une cour dont l'hygiène n'était pourtant pas le fort. Tricheuse reconnue au jeu, cible des jeunes princes qui faisaient exploser des pétards sous ses jupes, elle laissait le soir, au travers des salons, des traînées immondes qui la faisaient exécrer des laquais obligés de la suivre avec leurs serpillières. Son physique tenait du hibou, avec un menton qui cognait à son nez, un air ébouriffant de méchanceté, de fausseté et d'artifice.

Montfort l'estocada dans un souffle :

*– Le premier qui vit un chameau*
*S'enfuit à cet objet nouveau...*

Passant à l'abbé Bignon, protecteur des académies sous le chancelier, tête de grive sous une factice chevelure crêpée, spectre à l'effrayante maigreur, il déclama comme en bramant :

– *Dans le cristal d'une fontaine*
*Un cerf se mirant autrefois*
*Louait la beauté de son bois*
*Et ne pouvait qu'avec peine*
*Souffrir ses jambes de fuseau...*

Son voisin, Godet des Marais, le rusé évêque de Chartres, eut droit à :

– *C'était un chat vivant comme un dévot ermite*
*Un chat faisant la chattemite...*

Enfin, sur la duchesse d'Ayen, espèce de hurlupée [1] qui, à la veille d'accoucher, n'avait pas cru possible, en zélée représentante de la tribu des Noailles, de se dispenser de paraître :

– *La bique, allant remplir sa traînante mamelle*
*Et paître l'herbe nouvelle...*

L'effet de ce dernier lambeau de fable fut un prodigieux éclat de rire qui détourna plusieurs regards sur Victor à l'instant précis où il pénétrait dans la Galerie.

– La bique est furieuse, nota Montfort en voyant la duchesse arrondir son œil noir.

– N'ajoutez rien! hoquetait le débutant, réfugié dans l'embrasure de la première fenêtre donnant sur le parc, où je serai bientôt mort de rire avant d'avoir pu saluer mon roi... En tout cas votre bonne humeur m'a tout regaillardi. S'il le fallait, à présent, j'aurais assez de cœur pour affronter les bêtes féroces.

– Commençons par mon oncle, puisque c'est lui que j'aperçois, repartit Montfort pince-sans-rire.

Ils allèrent à un personnage de haute stature qui tournait le dos à la porte vitrée du Cabinet du roi en tenant à la main un petit bâton d'ébène à fleur de lys d'ivoire.

Paul de Beauvillier, fils du premier duc de Saint-Aignan, était à cinquante-cinq ans l'un des personnages les plus considérables de la cour. Seul homme de haute naissance à avoir été fait ministre d'État, siégeant par là au Conseil d'En-Haut [2] depuis bientôt douze ans, il avait été le gouverneur des trois petits-fils du roi. De si hautes

1. Ébouriffée selon la mode du temps.
2. Le conseil qui se tenait au premier étage, en présence des seuls ministres d'État et du dauphin, sous la présidence du roi, et où étaient évoquées toutes les grandes affaires du royaume.

charges, de si grandes distinctions, eussent tourné la tête à plus d'un mais elles avaient laissé à Beauvillier la simplicité de cœur d'un Caton. Reconnaissable à son grand nez qui était la fable de la cour, à sa grande taille, à sa maigreur, il accomplissait ponctuellement, malgré les soucis du ministère, son service de cour, c'est-à-dire qu'il prenait chaque année, durant un trimestre, le bâton de premier gentilhomme de la chambre.

Montfort salua son oncle avec la grâce pleine de simplicité qui le distinguait en toutes occasions :

– Parrain, voici monsieur de Gironde qui doit être présenté au roi, je viens de l'ôter un peu brusquement à la garde d'un de vos plus constants amis pour le remettre à la vôtre.

– Se peut-il ?

– Oui, à celle de monsieur de Saint-Simon...

– En ce cas, renchérit Beauvillier en partant d'un rire franc, vous avez bien fait... Je connais monsieur de Saint-Simon qui a failli être mon gendre. Je l'estime, il jouit de toute mon affection... Je dois avouer toutefois que son raisonnement, sa façon d'être, ses sentiments même, qui ordinairement forcent l'admiration, se trouvent, dans ce palais, à cet étage, et tout particulièrement dans les quelques toises carrées qui jouxtent le Cabinet du roi, affligés d'un tracassin, d'une humeur oscillante faite d'exaltations et d'abattements qui sont à donner le vertige.

– Monsieur de Gironde n'avait pas besoin de cela, opina Montfort, c'est la première fois qu'il entre ici. Tout ce déploiement l'impressionne...

Beauvillier fronça les sourcils.

– Intimidé, soit! gronda-t-il avec bonhomie, mais surtout ni maladroit, ni godiche, le roi n'aime pas ça... Il ne s'arrête qu'à l'aisance et aux airs dégagés. La recette pour donner l'apparence du calme est simple : il faut songer à quelque chose de divertissant... Imaginez par exemple la tête que ferait le duc de Vendôme en vous voyant ici, bon pied, bon œil, couvert d'honneurs, ajouta-t-il dans un clin d'œil, donnant par là à entendre qu'il connaissait l'histoire de Victor.

Après quelques secondes données à la réflexion, il reprit :

– Il est trop de mousquetaires en fin d'année [1] dans la cérémonie d'aujourd'hui... Il faut vous distinguer. Je vais vous installer entre ces quatre abbés. Le roi redouble de grâces pour les ecclésiastiques : vous ferez partie du lot et il ne s'avisera pas de changer de visage pour vous.

---

1. La coutume était de présenter au roi les jeunes aristocrates à la fin de leur temps de mousquetaire pour lui demander ce qu'il lui plairait de faire d'eux.

Il se pencha pour parler à l'oreille d'un huissier à qui il commanda de mener le nouveau venu là où il venait de l'arrêter.

Le mur de glaces, au long duquel s'étaient déjà rangés la plupart des jeunes gens qui devaient être présentés au roi, faisait l'admiration de l'Europe. Depuis qu'il avait été édifié, il n'était pas de prince qui ne se soit piqué d'avoir, dans sa résidence, un cabinet ou une galerie pareille. Aucune, pourtant, ne devait jamais égaler celle de Versailles. La fabrication de ces panneaux, le secret de leur revêtement d'argent et de mercure, celui de leur polissage et de leur cuisson, continuaient d'en faire un décor plus étonnant que s'il eût été revêtu du vermeil le plus fin ou du lapis le plus pur.

Les débutants, et notre héros tout le premier, étaient trop anxieux pour s'émerveiller de cette rareté et jouir des effets que produisait la lumière de midi en éclaboussant cette architecture de cristal. Bouchant sur un rang les faibles interstices que ménageait l'alignement des girandoles en forme de nymphes chargées de cornes d'abondance, des bustes romains rhabillés d'onyx et de brèche, des cratères de porphyre ou de jaspe, ils faisaient face à la meute des courtisans, compacte et resserrée, qui tournait le dos au parc. C'était un des jeux favoris de cette meute que de se repaître de l'ahurissement des têtes nouvelles exposées à sa morgue. Rarement, avant cette heure, Victor n'avait éprouvé ni tel désarroi ni telle sensation de faiblesse. Il se vit soudain dans la peau d'un de ces garçons qu'il avait observés dans son enfance, au sortir de l'hiver, tandis qu'ils se mettaient en rang, au chevet des églises, pour s'offrir à la louée de la saison. Le brouhaha achevait de le décontenancer. On parlait là très fort et plus fort assurément qu'au beau milieu d'un champ de foire. Le bruit levait comme une vague, roulait sous la voûte peinte, retombait en une grêle d'onomatopées qui paraissaient s'être aiguisées au contact des pendeloques des lustres.

Conformément au vœu du duc de Beauvillier, Victor se trouvait placé au milieu d'un groupe de quatre jeunes gens portant le petit collet [1] : deux longs et maigres, plantés comme des cierges, qui se tenaient les plus éloignés, deux autres, gros et rubiconds, posés comme des foudres de part et d'autre de lui. Ces cinq personnages de front avaient quelque chose de comique et faisaient songer à la garniture d'un dessus de cheminée dont notre héros, dans son habit bleu nuit, eût formé la pièce centrale.

Son voisin de droite était un garçon à triple menton suant à grosses gouttes, l'abbé de Tristepotage, que l'imminence de l'arrivée du roi

1. Le petit collet est le col sans dentelle que portent les hommes destinés à l'Église ou les dévots.

avait à peu près jeté au fond d'un gouffre. Tout en passant l'index entre son col qui commençait de faire la corde et son cou moite, il haletait.

– Je crois que je vais tourner de l'œil, finit-il par bégayer en tournant un regard éperdu vers Victor.

– Allons! lui répliqua celui-ci à qui la perspective de devenir à son tour mentor donnait de l'assurance. Faites comme moi... Songez à la fierté qu'éprouverait votre père s'il vous voyait là à cette heure.

– C'est que précisément, monsieur, bredouilla l'autre, il est là, en face de nous, qui me regarde et qui me fait ses yeux durs. Pour lui je n'ai jamais été qu'un gros benêt, je ne sais ni monter correctement à cheval, ni tirer adroitement l'épée et il s'obstine à me le faire sentir à cette heure.

A ce moment, au fond de la Galerie, du côté du salon de la Paix, retentit l'attaque de la petite bande qui précédait chaque apparition publique du roi. Un battant de la haute porte chargée de miroirs du Cabinet du roi commença de s'entrebâiller en produisant un éclair de lumière qui brisa net le roulement des conversations.

Victor, placé comme il l'était, ne pouvait rien voir de tout cela. Il se pénétra de l'importance du moment par la physionomie changée des courtisans massés devant lui. Cette façon qu'avait cette foule de retenir uniment son souffle à l'apparition du monarque n'était pas sans parenté avec l'instant où la piété s'exacerbe à la vue de l'hostie. Notre héros éprouva alors ce qu'ont éprouvé tous les jeunes aristocrates, élevés dans la vénération du système monarchique, au moment d'être placés sous le regard de leur souverain : il vit la fracture d'un séisme s'ouvrir sous ses pas.

Un homme grand et majestueux, un huissier de la chambre, portant un tabard [1] aux armes de France et une longue canne fit trois pas dans la Galerie puis s'immobilisa.

– Le roi! annonça-t-il d'une voix forte.

Tandis que les portes finissaient de s'ouvrir, découvrant un groupe compact de gardes du corps qui vinrent se mettre en ligne pour faire entendre leur fameux frappement des pieds, les violons, secourus cette fois de fifres et de timbales, attaquèrent un air martial.

C'est alors que se produisit un événement prodigieux, un impensable accroc dans toute cette grande liturgie, un incident auquel Louis XIV jusque-là n'avait accoutumé personne : le roi, annoncé à grand renfort de musique et de bruits de pas, différa de paraître.

Victor, qui avait entendu les violons reprendre de nouveau la

1. Manteau court richement brodé des officiers figurant dans le cortège royal.

même attaque, crut d'abord qu'il en allait ainsi chaque fois et que le soleil ne perçait qu'après s'être fait longtemps prier. Il ne se persuada de quelque fait extraordinaire qu'après avoir vu le superbe alignement des fontanges, d'abord plus impeccablement ratissé et planté que les ifs du parc, se dissoudre bientôt dans la houle que produisirent en déferlant les chuchotements. L'huissier, qui avait annoncé le roi, donnait des signes de panique. Il regardait en arrière, cherchant, dans la profondeur des appartements royaux, la réponse à son trouble. Mais quel secours espérer de ce contre-jour béant où ne régnait que confusion ?... On voyait des gardes, de grands dignitaires, des familiers, tourner la tête en tous sens, se dresser sur la pointe des pieds, scruter les recoins du Cabinet comme si le monarque s'était soudain volatilisé par l'effet d'une poudre à merveille. Ce qui n'avait été d'abord que phrases chuchotées, questions hasardées du bout des lèvres et au travers d'écrans d'ébouriffures, devint, en glissant insensiblement, exclamations, phrases étirées jusqu'à de longs développements, puis, selon l'esprit ou le cœur de ceux qui en étaient les auteurs, une rumeur parcourue de gémissements, de ricanements et de cris même, tels qu'il s'en pousse dans les arènes à l'heure des mises à mort.

Le signal donné de refermer les portes mit le comble à l'agitation. La masse des courtisans était alors rendue à l'état de désordre et d'effroi des habitants d'une ville jetés dans la rue en pleine nuit par la secousse d'un tremblement de terre. Ils se harpignaient sur place, non pour fuir mais plutôt pour se rapprocher du tabernacle refermé. Face à eux stagnait le front resserré et piteux des débutants. Dédaignés de leur maître, abandonnés des officiers qui avaient couru se renfermer dans le Cabinet, offerts à la fureur de la foule comme les virginales victimes que les Provençaux abandonnaient autrefois à la légendaire Tarasque.

Pour comprendre quel événement extraordinaire avait retenu Louis XIV de paraître, il est à présent nécessaire que nous entraînions le lecteur au travers de la cloison de miroirs qui vient de dérober le Cabinet du roi à la vue des courtisans. Sautons le pas, revenons cinq minutes en arrière, privilège de la littérature sur les contraintes du temps et de la matière!

Le Cabinet, vaste pièce attenante à la chambre royale. Il a été remodelé deux ans plus tôt, entièrement lambrissé de glaces, orné par Caffieri de dessus de portes sculptés qui servent d'encadrement à des toiles du Poussin [1]. Il brille alors – en plein jour, parce que tous les lieux où le roi passe ou séjourne doivent être illuminés – de l'éclat de plus de cent bougies, dressées sur des girandoles ou ceinturant deux grands lustres dont les cristaux scintillent de reflets mauves. Un feu énorme, surveillé par plusieurs valets, ronfle dans la cheminée. La table ovale du conseil – ce matin-là celui des dépêches – juponnée d'un drap de soie fleurdelysée est encore encombrée des liasses et des maroquins déposés par les participants. Sauf le chancelier, vêtu de sa robe d'or, et les deux ministres d'État convoqués ce jour-là, Torcy et Chamillart, en habit de cour sombre, ils portent le manteau court qui est l'insigne des fonctions de bureau depuis les commis du ministère jusqu'aux secrétaires d'État. Ils se tiennent tous debout, le chancelier et les ministres, à côté des ployants qu'ils viennent de quitter, les autres, ainsi qu'ils n'ont cessé de le faire depuis qu'ils ont été mandés dans cette pièce. A l'appel d'un huissier de la chambre, les soldats qui doivent escorter le roi au sortir du conseil entrent par la porte ouverte à un seul battant de l'antichambre donnant en arrière sur la Cour de marbre : vingt-quatre gardes du corps, deux officiers de régiment que le roi tient à honorer, puis, fermant la marche, le maréchal d'Harcourt [2], capitaine des gardes en quartier.

Louis XIV se lève et s'éloigne de son fauteuil qu'un garçon bleu vient de tirer. Il gagne sa nouvelle chambre [3] alors vide de gens dont la porte vient de s'ouvrir en grand, comme par magie, alors qu'il s'en approchait. Un garçon de la garde-robe l'y attend qui tient un petit miroir, un autre, sur un plateau de vermeil recouvert d'un petit drap blanc, appelé salve, lui tend son chapeau, tricorne de velours rouge qui s'orne d'un plumet et d'une broche de diamants. Le roi ajuste lui-même sa coiffure, à la vue de tous, attentif sans le donner à paraître à la formation du cortège dans lequel il doit prendre place.

Le marquis de Dreux [4], grand maître des cérémonies, chargé d'avoir la haute main à ce que l'on appelle l'ordre des étiquettes, s'avance jusqu'au seuil de la chambre pour signifier que tout est en ordre.

– Sire ! dit-il simplement.

Tandis que les portes se referment sur son passage, le roi, seul couvert, tenant les gants parfumés et la canne à pommeau d'or que deux valets de la garde-robe viennent de lui présenter, se place derrière les

1. Il sera à nouveau modifié en 1755 par l'adjonction du cabinet des Perruques et par le remplacement des panneaux de glace par des lambris de bois sculpté.
2. Henri, marquis de Beuvron, maréchal-duc d'Harcourt en 1703 (1654-1718).
3. Elle vient d'être déplacée en 1701 dans l'ancien Salon, tandis que l'ancienne Chambre était réunie au salon des Bassans pour former le salon de l'Œil-de-bœuf.
4. Thomas III, marquis de Dreux (1677-1749).

huissiers précédant les « charges », qui sont celles du capitaine des gardes, le maréchal d'Harcourt, du premier gentilhomme de la chambre, le duc de Beauvillier revenu de la Galerie afin de prendre rang, du grand maître de la garde-robe, le duc de La Rochefoucauld [1].

Louis XIV se redresse un peu plus quoiqu'on eût pu penser, en le voyant si raide, que la chose fût impossible.

– C'est bon! dit-il de ce ton de roi qui donne de la hauteur et de la solennité à la moindre banalité.

Les premiers gardes du corps paraissent alors dans la Galerie. On entend la rumeur de la cour qui s'affaisse comme meurt en décroissant la rumeur de la vague. La voix de l'huissier de la chambre se fait entendre :

– Le roi!

C'est au moment où parvient, depuis le salon de la Paix, l'attaque des fifres et timbales qu'un clerc de la chancellerie, introduit par la porte du cabinet des Perruques, surgit. Il va vers le chancelier de Pontchartrain [2] qui pâlit aussitôt en déchiffrant le message que l'homme vient de lui tendre.

– Qu'est-ce? demande rudement Louis XIV de ce ton agacé qu'il prend chaque fois que survient un événement imprévu.

– Sire! une minute à part... La nouvelle qu'on m'apporte est d'importance, réplique Pontchartrain d'une voix rabaissée.

Le roi retourne dans sa chambre, suivi du premier magistrat du royaume dont l'ample robe dorée crie en traînant sur le plancher. Les portes se referment sur eux.

– Sire, annonce le chancelier visiblement troublé, lisez!

Le roi, toujours superbe, s'empare du message. Il change aussitôt de visage.

– Quand cela est-il arrivé? demande-t-il.

– Ce matin à cinq heures.

– Mon Dieu! il faut qu'on me laisse seul quelques instants... Quelques instants seulement.

Le chancelier se dispose à sortir mais, au dernier moment, il refait un pas vers le centre de la pièce et, glacé par l'appréhension, il ajoute :

– Qu'il me soit permis de dire à Votre Majesté la part que je prends à son affliction.

Louis XIV a alors un geste inhabituel. Il pose la main sur l'épaule de son ministre :

---

1. François VII de La Rochefoucauld (1634-1714), fils de l'auteur des *Maximes*.
2. Louis II Phélypeaux, comte de Pontchartrain, chancelier de 1699 à 1714 (1643-1727).

– La plus tragique nécessité de mon règne, vous le savez.

Pontchartrain s'agenouille. Il baise la main du monarque avant de s'éloigner d'un pas rapide.

A peine le chancelier reparti du côté du Cabinet, le roi traverse sa chambre puis le salon de l'Œil-de-bœuf qui fait office d'antichambre. A cette heure-là, il est désert, les accès donnant sur la Galerie étant condamnés. Il se trouve également dans la pénombre, les bougies mouchées, les lustres descendus à deux pieds du parquet en prévision de l'absence de passage de tout hôte de marque avant le soir... Les portes s'ouvrent tout de même à deux battants, ponctuellement, sous les pas du roi, tant les huissiers et les garçons bleus sont accoutumés à observer par le trou des serrures tout ce qui se produit du côté de la Chambre. Louis XIV gagne, sur sa gauche, les appartements intérieurs qui donnent au midi sur la Cour de marbre : la grande antichambre où il mange quelquefois en public, la salle des gardes du grand escalier [1], dite Magasin, doublant divers cabinets de la reine qu'il a récupérés pour son usage à la mort de sa femme, il y a tout juste vingt ans, et où sont conservées une partie de ses collections de dessins et de médailles.

Par-delà le palier de l'escalier, qu'il traverse à la stupéfaction des huissiers et des gardes, s'ouvre, sous une arcade, l'appartement de madame de Maintenon : deux longues antichambres en travers, une vaste chambre donnant par un escalier de cinq marches sur un fort grand cabinet qui communique lui-même avec la première antichambre de l'appartement de jour du duc de Bourgogne.

La marquise de Maintenon, la seconde épouse de Louis XIV devant Dieu, installée comme une intruse dans les arrière-cabinets des reines mais à portée d'entrer quand elle le voulait chez l'héritier en second de la couronne... Elle est là justement dans sa chambre, à quelques pas de la fureur courtisane, réfugiée parmi quelques dames de son cercle étroit : mademoiselle Balbien, dite Nanon, la confidente des temps difficiles, madame d'Heudicourt, dame du palais dont elle a fait la fortune et celle de tous les siens, quelques autres, moins fameuses, toutes parées de cet air de modestie qu'elle affectionne : peu ou pas de rouge ni de mouches, des robes montées haut et, presque chez aucune, le décolleté ovale en usage à la cour. La marquise a soixante-huit ans mais elle est magnifique. Les chairs en s'affaissant, en épaississant ses traits, ont conféré à ce visage, d'une beauté naguère altière et sévère, quelque chose de doux et de paisible. Tant pis pour ceux qui ne la voient pas et qui, en sa présence, seraient émerveillés! Madame de Maintenon cultive l'art de se

1. L'escalier de la Reine, toujours existant et qui faisait pendant à celui des Ambassadeurs.

reclure et de se faire rare. Elle ne paraît presque plus en public. Elle ne cherche même plus à lutter contre sa légende déjà établie, sa légende noire – celle d'un dragon soufflant anathèmes et imprécations au travers de ses voiles sombres – elle est la consolation du roi, la sainte-patronne de Saint-Cyr, et cela lui suffit.

Le roi trouve la marquise installée dans sa fameuse niche de damas rouge où elle tente, comme elle peut, de se protéger des courants d'air dont elle a horreur. C'est un lieu pour lui familier, l'un de ceux, dans son château, où il passe le plus clair de son temps depuis bientôt dix ans. De l'autre côté de la cheminée, par rapport à cette niche, il a, pour son usage, un fauteuil adossé à la muraille, une petite table où il pose ses papiers et un ployant destiné à faire asseoir les ministres qui viennent ici, presque chaque jour, travailler avec lui pour ce travail préparatoire aux conseils, tête à tête, qu'on appelle la « liasse ».

Toutes ces dames qui veillent elles-mêmes au feu, se levant à tour de rôle pour secouer les chenets, brodent en silence tandis qu'une jeune fille – une pensionnaire de Saint-Cyr – lit à voix haute un passage de l'*Iliade* dans la traduction de madame Dacier [1]. La porte à peine ouverte, la lectrice se trouble et toute cette petite cour se lève d'un seul mouvement.

A la vue du roi pénétrant chez elle à une heure inhabituelle, le visage ravagé, la marquise congédie son monde.

– Lisez! lui enjoint Louis XIV dès qu'ils sont seuls.

Elle replie le message, après l'avoir parcouru, et s'approche de la cheminée pour le détruire sans pouvoir dissimuler un air soucieux.

– Les dernières nouvelles ne laissaient pas prévoir un dénouement si proche, murmure-t-elle.

– On a demandé avant-hier un confesseur et un médecin. Pontchartrain s'est résolu au confesseur, mon confesseur... J'ai dépêché à son chevet le père de La Chaise sous un nom emprunté.

– Et...

Le roi fait effort pour desserrer les dents :

– L'on n'a pu se résoudre au médecin, c'était prendre trop de risques... Les rares personnes dans la confidence me l'ont maintes fois prédit, ce jour devait être le plus affreux de ma vie. Leurs prophéties étaient en deçà du vrai. Je suis le maître de tout dans ce royaume et j'ai été contraint de commettre, contre un vieillard, le plus inique des crimes.

---

1. Anne Dacier, née Lefebvre (1647-1720), savante helléniste, sa traduction de l'*Iliade* (1699) ranimera en 1713 la querelle des Anciens et des Modernes à l'occasion de l'adaptation en vers qu'en fera Houdart de La Motte.

Madame de Maintenon rejoint le roi et s'empare de sa main.

– Votre volonté n'était pas libre... Dieu, de qui vous tenez votre pouvoir et qui sait tout cela, a accueilli cet innocent dans son paradis et vous a pardonné.

Louis XIV se jette brusquement à genoux aux pieds de la marquise, de grosses larmes roulent sur ses joues.

– Mais lui, lui, madame, il ne m'a pas pardonné... Le père de La Chaise n'a rien obtenu de lui en ma faveur...

– Il faudra une fois encore puiser dans votre personnage public la force de soutenir ce chagrin.

– Le plus grand roi du monde est bien misérable...

– Vous savez bien que vous ne pouvez mettre en balance soixante ans d'un règne glorieux et le malaise de votre conscience... Nous prierons Dieu ensemble afin de le supplier de vous rendre le fardeau plus léger. Rappelez-vous que je souffre avec vous, c'est le pacte de notre mariage : partager les joies, les peines et tout ce qui vous touche en tant qu'homme et que roi.

– Que serais-je à cette heure, seul parmi les loups, si vous n'étiez pas là, Françoise ?

Agenouillés à même la dalle de marbre rose de l'âtre, ils prient un moment en silence.

Lorsqu'ils ont terminé, il l'aide à se relever, avec difficulté et presque en vacillant, puis il la reconduit vers sa « niche ». Il lui baise les mains en abaissant les paupières et va sécher ses joues devant la haute glace de la cheminée. Le peu d'accoutumance qu'il a de laisser paraître ses émotions l'a laissé hébété. D'un geste ralenti et hésitant, il resserre sa cravate de dentelle où brille le fameux rubis de la Côte de Bretagne, puis recale sur sa poitrine le grand cordon moiré qui s'orne de l'étoile constellée de diamants de l'ordre du Saint-Esprit. Ces gestes qu'il répète chaque jour, à plusieurs reprises, avant chacune de ses apparitions publiques, lui paraissent pour la première fois entravés d'un irrépressible engourdissement. Au travers des volutes torses de fumée, qui lèvent d'une torchère portant plusieurs ceintures de hautes bougies de cire, il surprend son visage défait. Là, comme jamais il ne l'avait osé faire, à cause de la rude discipline qu'il s'imposait sans relâche et par crainte des valets qui se tenaient à toute heure dans son ombre, il scrute ces traits qu'il connaît à vrai dire mieux par les nombreux portraits de lui qui ornent ses palais que pour les avoir observés à loisir lui-même. Il découvre avec stupéfaction, strié de rides, ce front qu'il avait promené jusque-là si haut et si crâne puis il détaille l'ombre grise portée par son menton alourdi qu'un simple hochement de la tête ne suffit plus à gommer. Ôtant, pour mieux finir de s'observer, le chapeau qu'il venait de rajuster sur sa perruque il a un mouvement de recul : cette peinture au vrai de la fuite du temps que l'application à l'étiquette et la flatterie des courtisans lui ont dérobée, lui fait peur. Cruel sentiment que celui de la vieillesse lorsqu'il crève en orage dans l'été qu'on se figure de traverser encore.

Madame de Maintenon, surprenant sa posture inhabituelle, son expression d'extrême tristesse, se relève pour le rejoindre.

Elle lui pose la main sur l'épaule.

– Ils attendent, Louis, murmure-t-elle à son oreille, il faut aller.

Il se retourne alors et s'empare à nouveau du poignet de cette plus que favorite pour le porter à ses lèvres.

– De quoi pourrais-je me plaindre ? gémit-il, j'ai bâti mon carcan pièce par pièce...

Il se rajuste alors tout à fait, faisant effort pour reprendre un air de majesté. Il tourne les talons et quitte la pièce d'un pas martial mais, avant d'en franchir le seuil, il porte une dernière fois ses mains à son visage.

Au travers de la succession des portes que l'on referme, la marquise, qui est agenouillée sur son prie-Dieu, entend les violons qui reprennent leur attaque. C'est alors seulement que des larmes viennent rayer ses joues.

Victor, qui pendant les dix minutes qu'avait duré l'incident, avait senti filer tout son courage, vit enfin paraître le cortège royal. Levant la tête, il compta d'abord vingt-quatre gardes du corps, précédant quatre gentilshommes de la chambre et deux files d'huissiers en tabard. Le roi les suivait, vêtu en roi de pied en cap c'est-à-dire reconnaissable entre mille grâce à son justaucorps de velours grenat à parements d'or et à ce chapeau, formant un échafaudage de pierreries et de plumes tout propre à faire oublier sa petite taille, qu'il était seul, à l'intérieur de ses palais, à avoir le droit de porter. Il parut tout d'abord ne prêter aucune attention à la file des débutants, tournant selon son habitude la tête du côté des courtisans, adressant à quelques femmes des premiers rangs d'insensibles hochements qu'on nommait à la cour des saluts et qui se regardaient toujours comme de grandes caresses de la fortune.

Victor vit ainsi l'instant où le roi allait passer devant lui sans s'arrêter, mais le duc de Beauvillier, allongeant le pas, s'entremit :

– Sire ! fit-il assez distinctement, les présentations.

Le roi tourna du côté que lui désignait son ministre et premier gentilhomme en exercice un regard sévère, tout propre à faire fondre les faibles défenses du troupeau qui se trouva ainsi brusquement placé sous son souffle.

– Monsieur de Plancoüet, annonça Beauvillier en présentant un abbé à la figure pleine de croûtes, sanglé dans un habit noir, qui se trouvait placé le premier du côté de la porte du Cabinet, il est parent de Liscoüet qui est à votre neveu.

– Fort bien! fort bien! fit le roi en hochant la tête.

– Monsieur de Châteautiers, poursuivit Beauvillier, il est le neveu de madame de Saint-Valéry.

– Fort bien! fort bien! fit le roi, et comment se porte monsieur de Bretonvilliers qui doit donc être votre grand-oncle et que je ne vois plus ici?

– Il est âgé et malade. Il demeure dans sa maison de Laigle, bredouilla en rougissant Châteautiers, gros garçon à nez camus, qui s'empressa d'ajouter aussitôt : mais il enrage de ne plus pouvoir paraître devant Votre Majesté.

– Mais quel âge a-t-il? demanda le roi avec un air d'inquiétude.

– Soixante-quatre ans, Sire! bredouilla le jeune homme cramoisi comme la crête d'un coq parce qu'il venait, en le disant, de réaliser que c'était précisément l'âge de celui qui l'interrogeait.

– Je n'appelle point cela être vieux, monsieur! trancha Louis XIV d'un ton de grand reproche et il passa au suivant qui était un officier au museau de renard et à la taille bien prise.

– Monsieur de Saint-Girons! annonça Beauvillier.

– Fort bien! d'où venez-vous, monsieur?

– D'Aquitaine, Sire, fit le jeune soldat en se déployant avec grâce.

– L'Aquitaine en talents et bons vins est une des plus riches provinces de mon royaume. Montrez-vous-en digne, monsieur!

Puis ce fut au tour de l'abbé qui se tenait en second à la gauche de Victor : une sorte de dadais monté en asperge, à gros genoux cognant l'un contre l'autre.

– Monsieur de la Broue, dit Beauvillier.

– Êtes-vous parent de l'évêque de Mirepoix? demanda Louis XIV.

– Oui, Sire, je suis son neveu, se trémoussa le jeune ecclésiastique.

– J'espère, monsieur, que vous n'irez pas prendre chez lui l'exemple du jansénisme. J'ai besoin de prêtres qui ne soient pas des séditieux. Ce n'est qu'au prix de la fidélité aux enseignements de l'Église, songez-y bien! qu'on obtient mon appui...

Plantant là le pauvre garçon, abasourdi de l'algarade pour le restant de sa vie, le roi en vint au voisin de Victor qui faisait le pendant de Tristepotage. C'était un basset, affectant par dévotion de porter ses cheveux découverts [1] et troués d'une large tonsure, effrayé de ce qui se passait au point de tordre ses mains et d'en faire claquer les phalanges l'une après l'autre. Le temps que mit le duc de Beauvillier à compulser ses notes pour retrouver le nom de cet infortuné, laissa à notre héros tout loisir de remarquer l'air d'absence qui habitait le regard du monarque.

– Monsieur Bouthillier de Chavigny, finit par annoncer le premier gentilhomme.

– Fort bien! dit le roi, espérez-vous obtenir un évêché comme tous ceux de votre famille?

– Je commencerai par bien servir Votre Majesté, souffla habilement ce prestolet nain qui découvrit un parler de miel tout en roulant des yeux qui crevaient de dévotion.

Le roi sourit à la repartie et glissa jusqu'à Victor qui, fidèle à la recommandation de Saint-Simon, s'était mis à le fixer en levant le menton.

– Monsieur de Gironde qui est à votre neveu... Il est votre parent, Sire, appuya Beauvillier, il vient d'Arnaud de Gironde dont descendait votre lointain aïeul Bernardet d'Albret.

– Ah çà! fit le roi un instant rappelé de sa torpeur, servez bien mon neveu, monsieur mon cousin.

Victor qui, depuis des mois, avait imaginé mille choses simples et courtes à répondre au compliment ou à l'étonnement de son roi, se trouva incapable d'articuler un mot. Ému, mais gracieux tout de même, il se contenta de s'incliner en couvrant sa poitrine de son tricorne de velours gris et, aussitôt, les murmures de la présentation refluèrent de ses oreilles comme le fracas d'un orage qui s'éloigne. Il n'entendit pas l'abbé de Tristepotage bafouiller, bredouiller, il ne le vit pas non plus rougir jusqu'au blanc des yeux. Il ne reprit vraiment ses esprits que pour observer les vingt-quatre derniers gardes du corps qui passaient devant lui, fermant le cortège d'un pas que de fréquents sur-place ne semblaient jamais ralentir.

Le roi, qui avait repris sa marche, s'arrêtait çà et là pour saluer, poser une question, s'enquérir d'une santé. Il faisait tout cela avec un métier et une application admirables. De loin en loin il prenait des placets, roulés et retenus par un nœud de velours, que lui tendaient des courtisans par-dessus l'épaule des gens postés au premier rang. C'étaient des suppliques pour obtenir un emploi, une charge militaire ou d'Église, des requêtes pour se trouver exempté de la juridiction d'un tribunal et, le plus souvent, des demandes de pension ou

1. C'est-à-dire sans perruque.

d'argent sonnant destiné à effacer les conséquences immédiatement funestes d'une dette de jeu. Le souverain, sans se départir de son maintien gracieux, laissait choir ces papiers dans un sac de drap noir qu'entrouvrait derrière lui un huissier et prononçait, de ce ton civil et impénétrable qui n'était qu'à lui, le fameux :

– Je verrai.

Les musiciens du salon de la Paix étaient maintenant relayés par d'autres, disséminés dans les Appartements, où de nouvelles cohortes de courtisans formaient, jusqu'à la chapelle provisoire, une double haie sans faille. Dans la Galerie, le public avait rompu les rangs et s'était mis, pour sa plus grosse part, sans façon, à la suite du cortège. On commentait l'incident de tous côtés. Certains, qui n'y allaient ordinairement jamais, se précipitaient à l'office pour scruter le visage du prince, d'autres couraient aux quatre coins du palais répandre la nouvelle en l'agrémentant de fioritures de leur façon.

Victor, suffisamment impressionné par ce qu'il venait de vivre, pour n'avoir, non plus que ses voisins, décollé de son mur malgré l'ébullition qui se faisait alentour, vit revenir vers lui Saint-Simon.

– Alors le loup ne vous a pas mangé ? railla celui-ci en pressant le poignet du nouveau courtisan comme à quelqu'un à qui l'on tâte le pouls après un accès de faiblesse.

– Non, mais je n'en mène guère plus large à cette heure que l'agneau de la fable.

– La chose est consommée, vous voici à présent noble présenté et puisque la noblesse en France se partage presque organiquement entre celle qui a salué son roi et celle qui ne l'a jamais approché, quoi qu'il advienne de vous désormais, vous serez catalogué en considération de l'instant qui s'achève... Mais je vous ai promis un petit divertissement après l'épreuve. Nous sommes attendus chez madame de Quintin, parente de votre oncle Charles... Il traîne toujours chez elle quelque personnage intéressant. Vous y serez le héros du jour...

S'emparant alors du bras du comte de Gironde, le petit duc, animé d'un frisson de plaisir, se jeta de nouveau au plus profond de la presse.

Il n'était bruit, de quelque côté qu'on se tournât, que des portes du Cabinet refermées, de l'apparition différée du roi, de son trouble.

– C'est un messager qui venait annoncer une défaite du maréchal de Villeroi en Flandres, assurait l'un.

– Non! un désastre du duc de Vendôme en Italie, soutenait l'autre.

– C'est madame de Maintenon qui se trouvait mal, renchérissait un troisième.

– Que Dieu ne l'a-t-il secourue pour de bon! persifla pour le coup une commère à la carrure de cent-Suisse affublée d'une voix de charretier.

Un bonhomme à l'étrange maintien, qui se cambrait en arrière, à tel point qu'on l'eût dit attaqué d'un hideux tétanos, héla Saint-Simon :

– Vous qui avez l'oreille de plusieurs de nos ministres, que croyez-vous qu'on nous cache ?

Le petit duc, chatouillé dans sa vanité, accomplit son meilleur numéro : il fit l'important.

– Quelque chose de capital, c'est sûr! lâcha-t-il après un long silence et d'un accent qui donnait à entendre qu'il en savait long.

– Mais encore! le pressa son curieux questionneur.

– Un secret terrible...

– La guerre ? La paix ?

– Pis que cela! haleta Saint-Simon esquissant un geste de Jupiter tonnant et gardant la pose tandis que son interlocuteur s'éloignait en haussant les épaules.

Au moment d'emprunter l'escalier des Ambassadeurs, au sortir du salon de Vénus, le duc et son jeune ami manquèrent d'être renversés par une trombe.

C'était Jérôme Phélypeaux, comte de Pontchartrain[1], le fils du chancelier, secrétaire d'État à la marine, qui quittait le château en hâte, flanqué de soldats et de laquais.

Pontchartrain, borgne à mine dédaigneuse, était l'une des bêtes noires de Saint-Simon, pourtant extrêmement des amis du père de celui-ci. Cette froideur, pour ne pas dire plus, remontait au temps d'un projet que le guide de Victor avait formé d'épouser mademoiselle de La Trémouille, dans lequel le secrétaire d'État s'était inscrit en compétiteur, démarche qui n'avait pas peu contribué à les évincer l'un et l'autre de ce riche parti.

« La petite vérole l'a éborgné et la faveur l'a aveuglé », avait coutume de répéter le duc, toujours féroce sur le compte du fils du premier magistrat de France.

– De plus la muflerie l'a rendu sourd! ajouta-t-il suffisamment fort pour être entendu en voyant que le fautif continuait son chemin sans faire cas de ses hauts cris.

Madame de Quintin était la fable de la cour. Chez elle siégeait à

1. Jérôme Phélypeaux (1674-1747). Secrétaire d'État à la marine à dix-neuf ans « en survivance » de son père devenu ministre.

toute heure un tribunal dont les sentences sans appel s'étendaient à toutes les matières de courtisanerie, d'usage et d'esprit. C'était une manière de fée, veuve depuis longtemps et qui s'était amusée, pendant des années, à aguicher les hommes sans se laisser toucher le bout du doigt. Finalement, en 1698, ses cinquante ans passés, elle avait cédé au comte de Mortagne, capitaine des gardes du duc de Bourgogne, son cadet de quelque vingt printemps. Cette mère et ce fils avaient fait leurs affaires. Lui, que ses valets n'avaient jamais vu nu, ayant sans doute quelque vilaine lèpre à cacher mais désirant convoler pour échapper aux racontars qu'on commençait de faire sur son compte, elle, crevant d'envie surtout d'avoir un appartement au château pour se mettre plus à portée de ses justiciables, appartement dont monsieur de Mortagne jouissait depuis longtemps grâce à l'amitié que lui portait le petit-fils du roi.

Une fois mariée et logée à pied d'œuvre, madame de Quintin s'était activée de plus belle. Ses réquisitoires, ses plaidoiries ne furent bientôt plus qu'à charge. Ces jugements, qui n'épargnaient que ceux qui les rendaient, eurent pour résultat de faire placarder par le plaisant comte de Fiesque, sur la porte de cette bouillante hôtesse du roi, un panneau calqué sur les avis d'indulgence qu'on voit souvent au porche des églises sur lequel était écrit : « Impertinence plénière. » La cour en fit longtemps des gorges chaudes. Malgré cela le prétoire continua de siéger sans même prendre le temps de vacances que les juges s'accordent ordinairement, si bien que, quelques semaines avant les événements que nous allons narrer, le marquis de Sourches, maître de la police de la cour, était venu lui-même avertir la comtesse de modérer ses avis et de décréter le plus rigoureux huis-clos si elle tenait à continuer de compter longtemps au nombre des invités permanents du roi. La menace, qu'elle avait prise au sérieux, lui avait laissé une espèce de quant-à-soi mais n'avait fait, à dire vrai, qu'exciter la verve de ses assesseurs patentés qui comptaient parmi les esprits les plus libres de la cour.

Ce prétoire redouté était situé dans l'aile nord du palais et il fallait, pour l'atteindre, traverser les vestibules encombrés par les travaux de la nouvelle chapelle et suivre une galerie à arcades sur laquelle donnaient une trentaine de portes. Ces sortes de niches, serrées les unes contre les autres comme les alvéoles dans la ruche, ne prenaient jour qu'à l'arrière, du côté du parc glissant en pente douce, à cet endroit, vers le bassin de Neptune. Elles étaient le *nec plus ultra* de la faveur fixée à son zénith. Tous ceux qui n'étaient ni princes, ni grands officiers et qui n'avaient, à cause de cela, pas d'appartement marqué dans le palais, étaient prêts à commettre des bassesses pour avoir licence de s'entasser en ce lieu. Une fois comblés d'une telle grâce ils abandonnaient tout, châteaux, hôtels, palais abbatiaux, où ils avaient vécu au large, pour se resserrer dans ces rez-de-chaussée où, chez eux, n'auraient pas voulu loger leurs laquais. Vivre là, c'était endurer un tapage continuel devant sa porte, un défilé de marchandes de toilette ou d'éventails, de vendeurs d'almanachs, de tireurs d'horoscope, d'entremetteurs, des allées et venues sans fin, se mettre sur le pied de tenir un en-cas [1] dressé en permanence pour dix ou vingt convives, supporter des cheminées qui tiraient mal et l'odeur des sauces remontées des cuisines qui réchauffaient en brûlant dans les potagers d'un minuscule office. Tel était le tribut que payaient en gloussant d'aise ceux qui s'étaient vu favorisés d'un tel réduit dans la maison du maître.

Sur chaque seuil se tenait un laquais appartenant à l'occupant du lieu. Il avait pour mission d'introduire les visiteurs en les jaugeant sur leur bonne mine mais sans se soucier le moins du monde de savoir s'ils étaient priés ou même désirés. Un courtisan vivait alors comme le roi, il ne choisissait pas ses hôtes et il s'enorgueillissait d'en recevoir beaucoup.

Au-dedans, un dernier semblant d'intimité était sauvegardé par un jeu compliqué de paravents qui, dans une mise en scène réglée par un maître d'hôtel, canalisaient les arrivants selon qu'on les destinait à la curée permanente des collations, à la halte policée du salon ou aux privautés de la ruelle [2].

L'extrême resserrement des gens allait de pair avec l'entassement du meuble : tableaux accrochés bord à bord, profusion de sièges, accumulation de guéridons, de tables et de commodes, de médailliers précieux. Rien n'égalait surtout la débauche de vaisselle plate en argent ou en orfèvrerie présentée sur des crédences car c'était la marque convenue, et pour mieux dire parfaite, de l'opulence et du luxe.

L'appartement de madame de Quintin, qui ne faillissait à aucune des règles impérieuses du bon ton, était en outre fameux pour contenir une *Sainte Famille* du Dominiquin, deux paysages de la campagne romaine du Poussin et une *Tireuse d'épine* de Cellini, chefs-d'œuvre que la bonne femme avait trouvés dans la succession de Montgomery, son père.

L'antichambre, sans autre jour que celui de l'imposte ménagée du côté de la galerie, s'ornait de boiseries de chêne ciré qui réfléchissait

---

1. La table mise dans les riches demeures au cas où surviendrait une visite.
2. Espace compris en arrière de la balustrade qui sépare le lit de la chambre et où sont admis les intimes pour faire la conversation au lever des grands.

la danse hallucinée de flambeaux posés sur des consoles. La chambre et le salon s'ouvraient à la suite. Ils s'éclairaient seulement de verrières et d'impostes percés en direction de cabinets qui demeuraient fermés en permanence pour dissimuler le manège des domestiques. A cause de l'obscurité qui menaçait ces pièces, plus de cent bougies blanches brûlaient sans désemparer en exhalant une fumée qui ne pouvait s'évacuer qu'à la nuit lorsqu'on ouvrait en grand portes et fenêtres.

Telle une reine tenant son cercle [1], mais vitupérant plus fort que ses hôtes, madame de Quintin se tenait assise et raide au centre d'un odéon de fauteuils d'où levait un singulier vacarme. Au physique, cette femme passée maîtresse à assaisonner les ridicules, détestée de ceux qui la craignaient, adulée de ceux qui s'étaient faits à l'étrangeté de son humeur, était une sorte d'échalas pourvue d'une figure longue qui évoquait assez bien les reines de Judée en colonne des portails de Chartres.

Au nom de Saint-Simon, lancé par un vieux maître d'hôtel accoutumé à hurler tout le jour pour se faire entendre, elle s'était aussitôt dressée car son étiquette personnelle était de l'exécuter ponctuellement de la sorte à l'égard des ducs, des cardinaux ou des princes et d'affecter la plus grande immobilité pour tout le reste. Elle portait une robe à corps et casaquin de soie couleur café dont les manches, prolongées d'engageantes [2], retombaient sur des mitaines de dentelle faites à dessein pour dissimuler le réseau de rides qui étoilait ses mains.

– Soyez remercié, ami fidèle, de porter avec vous la jeunesse! s'exclama-t-elle en s'emparant familièrement du bras du nouveau venu.

– Madame, rectifia le duc en agitant une fois de plus son petit tricorne, c'est le jeune âge qui vient s'abreuver à la source de fraîcheur et d'esprit.

– Flatteur! gloussa-t-elle en retirant les doigts qu'il lui avait pressés en s'affranchissant, lui aussi, par amitié, des usages.

Saint-Simon ne laissa pas à son hôtesse le temps d'en venir à Victor. Il piaffait :

– Il faut que je vous raconte...

– Inutile! Lauzun est là qui a couru plus vite que vous et qui nous a déjà tout dit... Stupéfiant vraiment!

---

1. Les membres de la famille royale tiennent le cercle, les soirs de réception, en se plaçant sur un fauteuil au centre de la ronde des tabourets sur lesquels s'installent les ducs et les duchesses.

2. Manches amovibles alors à la mode.

Ravalant sa fureur d'avoir été circonvenu, le cicérone de Victor ne différa pas davantage les présentations.

– Monsieur Davignon est mon cousin, conclut la comtesse lorsque le duc eut achevé son compliment, nous voici donc parents à la mode de Bretagne. Il me parle souvent de vous mais, comme il vous enterre avec lui dans la proscription parisienne, je désespérais de vous connaître un jour... J'ai saisi l'occasion de votre introduction à la cour pour me venger.

– Madame, bredouilla notre héros, presque aussi troublé qu'une demi-heure auparavant devant son roi, je vous rends grâce pour ce doux accueil.

– A votre âge on se contente de peu, l'insolenta-t-elle en riant.

Puis, se tournant vers Saint-Simon :

– ... Mais quand il sera comme nous, revêche et irascible, avec la couenne du courtisan durcie par des lustres de caracole et de piétinement, il nous ressemblera, il deviendra invivable.

– Parlez pour vous, maugréa par jeu Saint-Simon, car il me semble que j'ai beaucoup à faire pour vous égaler.

Elle eut un doux dodelinement de tête qui fit frissonner sa fontange et scintiller ses girandoles d'émeraude puis elle s'écarta pour découvrir l'assemblée que l'arrivée de deux visiteurs n'avait pas retenue de suspendre ses bavarderies.

Saint-Simon, à peine se fut-il avancé de trois pas, darda son œil le plus épouvantablement méchant sur le vieux duc de Lauzun qui continuait de régaler l'assistance d'un récit de la cérémonie des présentations assaisonné à sa façon. Ils étaient beaux-frères ayant chacun épousé une fille du défunt maréchal de Lorges mais cette parenté n'avait guère contribué à les faire s'estimer. Entre eux il y avait l'âge, quarante-deux ans d'écart, mais surtout la défiance, et peut-être la jalousie du plus jeune à l'égard des extravagances de l'aîné. La vie de Lauzun – nous l'avons dit – fournirait toute la matière d'un roman. Cadet d'une famille de second rang, il était parvenu, à force de ruse et d'audace, à se faire duc [1]. Passant pour avoir obtenu les faveurs de madame de Montespan avant tout autre, il avait défrayé la chronique de son temps de ses amours avec la Grande Mademoiselle, la cousine de Louis XIV, qu'il avait épousée en secret malgré les défenses expresses du roi. Payant aussitôt ce coup de folie de neuf ans de prison, suivis de son bannissement à Londres, il devait trouver le moyen de revenir en héros en 1688, ramenant sous sa protection la reine et le prince de Galles chassés par la révolution. Par cette grande action il avait pu se rétablir et même retrouver un sem-

1. Duc à brevet, c'est-à-dire non héréditaire.

blant de faveur. D'allure, c'était un petit homme devenu gras – gourmand il se promenait toujours les poches fourrées de biscuits – sa haute perruque à pointes grises enveloppait un visage assez fade où traversait parfois un reste de l'impertinence qui l'avait rendu fameux. Il était coquet, utilisant comme une femme le langage des mouches et se passant du rouge sur les joues. Son habit et ses manières dataient d'il y avait vingt ans comme pour faire ressouvenir qu'il était un héros d'éternité. Les dames de 1703, qui connaissaient les contes vieux de huit lustres que l'on faisait de lui et qui le voyaient à présent, se demandaient comment ce boudrillon avait pu s'enhardir à s'amouracher d'une princesse. C'était oublier que Mademoiselle était irrémédiablement laide et presque immariable mais la plus riche héritière du royaume. Son mariage avec la nièce de Louis XIII était la grande affaire de la vie de Lauzun qui avait à peu près tout fait pour que le secret n'en fût pas gardé. Remarié à près de soixante-cinq ans avec une femme dont il aurait pu être le grand-père, remarié, comme faisaient les veufs de haut parage, dans le seul but d'éviter de tomber dans la polissonnerie, il affectait malgré cela de continuer de porter le deuil de cette altière cousine du roi.

– Mon beau-frère, le duc de Lauzun, annonça sèchement Saint-Simon.

Victor salua le vieil homme, intimidé et souriant avec excès, ainsi qu'il sied lorsqu'on a dix-neuf ans et qu'on s'incline devant une légende.

Lauzun reçut l'effusion avec la superbe d'un cardinal.

– Alors, monsieur le comte, demanda-t-il à brûle-pourpoint à son jeune interlocuteur, avez-vous été impressionné par le vieux bateleur ?

– J'ai suivi à la lettre les conseils de monsieur de Saint-Simon... Je pense avoir fait bonne figure.

Le vieux duc répondit à cela d'un grognement qui était tout de désapprobation.

– J'espère au moins, renchérit-il, que vous avez remarqué sa figure défaite lorsqu'il est apparu après nous avoir fait attendre.

– Tout au plus un air de lassitude, bredouilla Victor en ayant conscience de s'enferrer.

– Vous n'êtes pas observateur ! s'impatienta Lauzun dont le plus jeune hôte de madame de Quintin avait l'audace de ne pas contresigner le récit tout en sensationnel qu'il venait de livrer à la compagnie.

– Louis XIV est un acteur, s'entremit Saint-Simon, il excelle à cacher ses émotions.

– Peut-être, mais aujourd'hui la farine et le plâtre ont craqué... Le rôle était trop lourd... N'importe qui, appuya-t-il en pourchassant de nouveau Victor du regard, pouvait se rendre compte que quelque chose n'allait pas.

– Mais vous-même, monsieur le duc, reprit Saint-Simon décidément d'humeur à dardilloner son beau-frère, aviez-vous l'esprit si net que cela lorsqu'on vous présenta jadis à Louis XIII ?

– Henri IV tant que vous y êtes! se fâcha Lauzun, je n'avais pas dix ans lorsque le père de notre roi mourut...

Madame de Quintin s'interposa, lançant à la cantonade :

– Le nom de monsieur de Gironde ne vous est pas inconnu, messieurs, vous savez cette affaire avec le duc de Vendôme dont tout le monde a parlé à voix basse au cours du dernier hiver... C'était lui.

Un vieillard, qui se tenait face à Lauzun et à qui il ne manquait qu'une toge pour tenir la pose du parfait philosophe, intervint de sa voix éraillée. C'était Joachim de Lionne, fils du fameux ministre d'Anne d'Autriche, premier écuyer en titre de la grande écurie, fable, lui aussi, de la cour parce que, depuis trente ans qu'il en avait la charge, il n'avait jamais trouvé digne de lui d'aller accomplir son service. C'était un vieux rechigné, à la figure de trois pieds, au menton en forme de patère. L'intelligence chez lui le disputait à la pire des méchancetés. Ne trouvaient grâce à ses yeux que les gens, morts et enterrés, qui avaient macéré au moins deux lustres dans un purgatoire qu'il organisait tout à sa guise comme les gens mieux disposés se constituent des panthéons en y rangeant tous les héros. Il habitait Paris où il vivait seul avec un valet plus vieux que lui et ne venait à la cour, par le coche public, que pour s'empiffrer et dire des horreurs. Madame de Quintin était sa seule amie, la seule « personne du sexe » qu'il estimât fréquentable.

Lionne pointa un index tordu par la goutte en direction de Victor :

– Ne l'avez-vous pas cherchée cette histoire avec Vendôme?... Tourner autour de ce fourbe avec la jolie frimousse que vous avez...

– Prétendez-vous qu'il l'ait provoqué? s'indigna Saint-Simon.

– Monsieur le duc, lorsque l'innocence conduit aux mêmes effets que la rouerie, elle se doit condamner.

– Passe! passe! s'écria madame de Quintin en se ressouvenant brusquement des recommandations que lui avait faites le marquis de Sourches.

C'était là le mot convenu, entre elle et ses turbulents amis, pour signifier qu'il fallait changer de sujet.

– En tout cas, fit l'abbé de Liancourt, janséniste au moins de museau parce qu'il avait la figure d'être d'Église et de pas autre chose, on ne parle plus de Vendôme depuis qu'il est en Italie.

– Baste ! trancha Lauzun, on en reparlera bientôt.

– Voulez-vous insinuer qu'il va nous perdre quelque bataille ?... intervint le chevalier de Foucry qu'un bec de lièvre tenait éloigné des femmes.

– Pas exactement, bien qu'il en soit fort capable, reprit roguement le cousin secret du roi... Je parle de la grande affaire du règne, appuya-t-il en détachant chacun des mots de sa phrase.

Madame de Quintin se leva d'instinct et courut derrière le paravent de l'office vérifier que quelque domestique ne s'y trouvât pas. Elle se figurait avec assez de vraisemblance que, parmi ses gens, se trouvaient les mouches [1] qui l'avaient dénoncée à monsieur de Sourches.

– De grâce, monsieur le duc, parlez bas ! recommanda-t-elle lorsqu'elle fut revenue près de son fauteuil.

– Et pourquoi mollirais-je ? s'emporta Lauzun... Il faut bien qu'un jour ou l'autre la vérité éclate et que Néron rende à Britannicus...

– Passe ! Passe ! cria l'hôtesse qui ne s'était toujours pas rassise.

– Veto, cela m'amuse ! protesta Lionne en élevant la main.

C'était un autre code de cette petite société. Chacun y avait licence, une fois par réunion – à condition de rester prudent – de passer outre aux recommandations de l'hôtesse.

Madame de Quintin, plus morte que vive, se laissa retomber sur son siège. Il se fit un bruit de chaises glissant sur le parquet, un galop d'escarpins et de souliers : le cercle se resserrait autour du beau-frère de Saint-Simon.

– L'« homme » est mort ce matin, lâcha le vieux duc en prenant bien soin de détacher chaque syllabe.

Les hôtes de madame de Quintin se regardèrent, suffoqués.

– Comment le savez-vous ? protesta aussitôt Lionne, incrédule par vice de nature.

– On n'a pas, monsieur, contracté les grandes alliances qui sont les miennes sans être de certains secrets... Épinglez-moi demain si je mens !

– Et, maintenant, que va-t-il se passer ? demanda Saint-Simon, captivé par les révélations de son beau-frère au point d'oublier de lui battre froid.

– Cela dépend de la diligence des parties qui y ont intérêt, estima Lauzun... C'est pour cela que je vous disais que nous entendrons bientôt reparler des Vendôme... En tout cas, depuis tout à l'heure,

1. Espions.

depuis que cet abcès vieux de soixante-cinq ans a crevé, je donne autant de chances à Louis XIV de sauver son trône que de le perdre... Attendons, messieurs et comptons les points!...

– Passe! passe! bégayait la comtesse au bord de la pâmoison.

– Tout ce qu'on murmure là-dessus, hasarda le triste Foucry d'une voix qui blanchissait parce que la panique le gagnait à son tour, n'a jamais pu se vérifier. Si secret il y a, c'est celui de quatre ou cinq hommes qui préféreraient perdre la vie plutôt que de parler.

– Oui mais la Bastille où vient de finir ce malheureux est comme les tambours de vos anciens régiments, chevalier, reprit Lauzun, on n'en voit pas l'intérieur et pourtant tout ce qui vient s'y cogner résonne d'étrange façon. Un confesseur, autre que ceux qui sont accrédités dans la forteresse, a été admis la semaine dernière après s'être présenté à l'entrée du pont-levis sous bonne escorte. Sa mission achevée – c'était à n'en pas douter auprès du prisonnier – il s'est volatilisé comme l'esprit d'une liqueur forte.

– Ce sont ceux qui colportent ces fadaises qui abusent des liqueurs fortes, estima Lionne.

– Parlez bas! recommanda à nouveau madame de Quintin, tournant son regard du côté de la double porte qui donnait sur la galerie.

– Or çà! Vous avez peur qu'il vous entende depuis sa chapelle, ricana Lauzun.

– Dame! fit Liancourt étrangement nerveux à son tour, je suis sûr de ceux qui sont ici mais dire tout cela dans sa maison et tout haut me fait éprouver une sorte de malaise.

Lauzun éclata d'un rire affreux :

– Bah! Vous seriez bien le seul à avoir de ces scrupules car il s'en lance de ces lardons-là, tous les jours et à toute heure, dans ce palais... Voici bien l'unique vengeance qu'il nous soit permis de tirer de celui qui fait tout ployer sous lui depuis plus de huit lustres.

Saint-Simon, qui avait prêté l'oreille à cet échange avec un roulement preste de prunelle, s'insinua de nouveau :

– Celui que tous ici nous pensons être l' « homme », monsieur le duc, vous l'avez bien connu?

– Privilège de l'âge, cher parent, répondit Lauzun avec la grâce qui lui était naturelle dès lors qu'on ne lui disputait pas la primauté, il est officiellement mort en 1669 lorsque j'avais trente-six ans, en ayant lui-même cinquante-trois.

– En ajoutant les trente-cinq années courues depuis cette improbable disparition, remarqua Lionne, il était donc bien vieux si c'est lui qui vient de mourir et pour de bon, cette fois.

– Si vous appelez être bien vieux qu'avoir seulement dix-sept ans de plus que moi, releva malgracieusement Lauzun.

– Comment était-il de sa personne ? insista Saint-Simon.

Lauzun eut un sourire, l'un de ceux qui glissent sur les lèvres à l'évocation d'un souvenir heureux.

– Oncques ne se vit plus grand et plus impertinent seigneur : duelliste redouté, capitaine admirable, casse-cœur [1] impénitent. Il faisait se pâmer toutes les femmes à sa vue, depuis celles de la halle jusqu'aux premières dans le royaume. Parfait gentilhomme, hardi comme un coq, vif-argent sur l'honneur, panier percé, grand faiseur de contes de la Mère l'Oie et, avec cela, pas une once de cervelle. En somme, sans le dernier article, ce que nous nous efforçons d'être, il l'était à la perfection.

– Et l'« homme », poursuivit le petit duc, l'avez-vous connu lorsque vous fûtes à...

Sa langue se glaça dans sa bouche.

– A Pignerol! fanfaronna Lauzun achevant la phrase que son beau-frère laissait en suspens... Je m'enorgueillis de cette prison. J'y ai été enfermé à cause de l'amour et, pour moi, cela vaut autant que la plus belle des blessures reçues au champ d'honneur. En effet, monsieur le duc, je fus prisonnier à Pignerol avec Fouquet et l' « homme »... La belle compagnie! La plus étonnante du siècle, sans aucun doute... Témoin des extraordinaires précautions prises pour que le visage et la voix de cet homme, qui fut l'un des plus fameux de son temps, s'abolissent dans l'oubli, je n'ai fait là-bas que de me conforter dans l'opinion que les gens avisés ont de cette affaire.

– L' « homme », insista Saint-Simon, le reconnaîtriez-vous si on le découvrait devant vous aujourd'hui ?

– Un sourire comme le sien, qui éclatait en permanence, sarcastique et léger, ne s'oublie pas...

– Tant d'années de cachot et solitude ont du pouvoir sur la superbe et le caquet, observa sentencieusement Foucry.

– Croyez-vous qu'on lui rendra quelque honneur ? hasarda Liancourt.

– Vous divaguez, l'abbé! se moqua Lauzun, ce serait nier les décennies d'acharnement contre cette victime de la raison d'État. Ce malheureux...

– S'il a vécu jusque-là, trancha Lionne.

– ... sera tout bonnement jeté dans une fosse! acheva Lauzun. Un des convives qui n'avait rien dit jusque-là, sorte de régent de collège à figure de magicien, portant des lunettes de fer et une curieuse perruque rousse à mèches en tire-bouchon, intervint. C'était Hilaire de Roqueleyne, connu à la cour par le nom de sa

1. Séducteur.

baronnie qui était celle de Longepierre. Il avait été le précepteur du comte de Toulouse, fils du roi, et chassé sous prétexte d'avoir entêté celui-ci d'épouser la fille du grand écuyer. Longepierre, revenu depuis en faveur par les Noailles mais ayant conservé une rancune intacte contre le roi, était connu pour adepte du péché philosophique [1] et auteur de pièces de tragédie, telles *Médée* ou *Electre*, dont on donnait fréquemment des représentations privées à la cour.

– Louis XIV devrait prendre garde à la signification que revêt, dans le registre symbolique, l'enfouissement d'un secret sous la terre... Cette fosse pourrait fort bien s'avérer être celle de la monarchie.

– Cette fois, messieurs, c'en est trop! exhala madame de Quintin, vous me ferez mourir.

– Allons! allons, comtesse! reprit Lauzun, s'emparant de la main de son hôtesse, faussement consolateur, il faut bien rire et mourir un peu...

– S'il y a à rire! maugréa Lionne.

– Moi, je vous dis que c'est maintenant qu'il se prépare des beaux jour pour les drôles, s'entêta le vieux duc.

– Que mettons-nous dans la cagnotte? hasarda l'abbé de Liancourt qu'habitait le démon du jeu et des paris au point qu'on le surnommait abbé Codille, du nom de la plus importante levée qui se fait au jeu de l'hombre.

– Mille écus pour le divertissement, dit Lauzun, rien sur les suites... Prudence, ce sont des fauves! Je ne saurais dire maintenant lequel dévorera les autres.

Sur ces mots, poussant la double porte du cabinet intérieur, le maître d'hôtel reparut. Il était suivi de trois valets portant une table ronde toute dressée. Ce repas, où tout ce que l'on pouvait manger se trouvait disposé dès l'abord, se nommait ambigu. Sans nécessité de domestiques pour faire le service, il était depuis longtemps la règle chez madame de Quintin. Il convenait au caractère frondeur de ses amis, à leurs éclats imprévisibles, à leurs foucades, qui, sans ces précautions de discrétion, auraient fait davantage encore la fable du palais. Il était simple, mais sa simplicité ne le retenait nullement d'être à hauteur du luxe habituel de table des habitants du château : pas moins de cinq entrées froides, autant de chaudes, un service complet de viandes disposé sur les flancs d'une pyramide servant de surtout, surmontée d'un paon en crapaudine regarni de ses plumes.

La maîtresse de maison retrouva quelque superbe pour lancer :

1. La pédérastie.

– Brisons là, messieurs, avec ces affaires qui nous échauffent et dînons!

– S'il y a à dîner! dit Lionne en se précipitant pour occuper la meilleure place tandis que Longepierre intriguait pour s'asseoir à côté de notre débutant, resté bien médusé de tout ce caquetage.

Le lendemain de sa présentation au roi – c'était le mardi 20 novembre 1703 – Victor profita de sa dernière matinée de répit, avant son retour dans les bureaux du Palais-Royal, fixé le jour même à midi, pour se rendre à Notre-Dame-des-Mesches dès l'aube. Il désirait embrasser frère Carolus, le moine savant, qui, onze mois auparavant, l'avait guéri de la blessure que lui avait infligée Ottavio, l'âme damnée du duc de Vendôme [1].

Assis dans la petite pièce attenante au chauffoir, face à la cheminée devant laquelle il était resté trois semaines avec à peine un souffle de vie, il avait narré à son sauveur ses derniers six mois pleins d'aventures. L'impassibilité du moine au récit qu'il lui fit de la mort de son père [2], le bouleversa. Cette douleur maîtrisée par l'entraînement à des douleurs plus grandes, cette émotion qui ne transparaissait que dans quelques mouvements du front ou de la commissure des lèvres, lui furent brusquement plus secourables que les larmes et les embrassements dont l'accablaient Clémire et sa tante depuis trois jours qu'il les avait retrouvées.

Carolus écrasa dans les mains puissantes qu'il venait de faire surgir des profondeurs de sa bure, les poings que serrait Victor en finissant de narrer sa terrible traversée des Cévennes.

– Pauvre garçon! lui dit-il, vous aurez en un an fait toutes sortes d'apprentissages de la cruauté mais il faut vous consoler en vous disant que la malignité, à présent, pourra difficilement trouver pire chantage à exercer sur vous... En ce jour, marqué pour moi aussi par la disparition d'un être cher, je ne puis me retenir de songer à l'auteur de vos jours. La mort injuste d'un homme me pousse chaque fois à douter de mes plus constantes résolutions car, si je me suis dépouillé de bien des ressentiments et persuadé de bien des choses sur le pardon depuis que je porte cet habit, je ne puis toujours pas me résoudre à ce que la violence l'emporte sur l'innocence ni faire comme Notre Seigneur en tendant l'autre joue... Voilà pourquoi je vous admire de parler comme vous faites, sans amertume ni haine, de la fin de votre père.

1. *Le Marquis des Éperviers.*
2. *Le Camp des Enfants de Dieu.*

– Je m'étais depuis longtemps ancré dans l'idée qu'il succomberait quelque jour pour sa foi...

Il y eut un silence ponctué par l'écroulement de deux ou trois tisons dans l'âtre.

– Et votre retour depuis Gironde, demanda Carolus, comment s'est-il passé ?

– Un périple sans encombre, le second en quinze mois à dos de ma vieille jument noire.

– Mais cette fois, s'exclama le moine en renfourchant un ton plus plaisant, pas de folle nuit d'émeute, non plus que de marquis des Éperviers ou de grotte fabuleuse.. Que ce voyage, comparé au premier, a dû vous paraître fade !

– J'étais trop pressé pour musarder, le roi m'avait fixé rendez-vous hier, vous le savez, et il n'est pas précisément le genre d'homme à passer les retards. J'ai mis neuf jours, soit cinq de moins que l'an passé, pour faire tout mon chemin.

– La réussite vous sourit soudain insolemment, constata Carolus joyeux... Reste l'amour, et il n'est pas en reste... Vous aimez Clémire, vous allez l'épouser... Le passé douloureux semble devoir, pour vous, se refermer dans une parenthèse.

– Certes...

On toqua brusquement à la porte.

– Qu'est-ce ? demanda le moine d'un accent redevenu rude.

– Les gens que vous attendiez, frère, fit une voix que Victor reconnut pour celle du portier.

– Vous allez m'attendre ici, dit Carolus sans pouvoir réprimer un air de trouble, j'ai à faire... Ne bougez surtout pas, je ne serai pas long.

Se ravisant brusquement, au moment où il allait sortir, il revint vers Victor.

– Il s'agit de l'ami mort dont je vous parlais. Il a tenu à reposer dans le cloître de ce prieuré : je vais recevoir sa dépouille à la porte. Je passerai la nuit près de lui avant qu'on ne l'ensevelisse à l'aube.

– Je regrette d'être venu vous troubler dans ces moments de peine, bredouilla Victor.

– Ne dites pas de bêtises, gronda le moine en reprenant son bon visage, rien ne peut me causer plus de joie que de vous voir ici.

Carolus sortit en refermant doucement la porte et Victor, demeuré seul, après s'être absorbé quelque temps dans la contemplation de l'âtre, finit par détailler au plafond les poutres qu'il avait comptées et recomptées, moins d'un an auparavant, lorsqu'il gisait-là sans force. Heureux de se sentir parcouru d'un flux de vie à l'endroit où il avait éprouvé la glace de la paralysie, il s'étira de tout son long, raidissant de contentement tous ses muscles et poussant la pointe de ses bottes jusque sous les hâtiers qu'il se mêla par jeu de vouloir soulever.

Il fut peu à peu distrait par la persistance des bruits qui se faisaient à la porte : d'insistants va-et-vient, des pas précipités que ponctuait un cliquetis de ceinturons et d'épées.

– Que tout le monde sorte ! cria bientôt quelqu'un dont la voix paraissait lointaine.

– Et de ce côté ? demanda d'un ton de fausset un homme dont Victor entendait le pas se rapprocher.

Carolus s'entremit :

– Non, ici il n'y a rien... C'est là que je me tiens.

– Allons, pressons, tout le monde dans le réfectoire ! reprit la première voix, celle que son éloignement rendait moins distincte.

– Faites entrer ceux qui attendent à la porte ! commanda le fausset resté dans le chauffoir.

– Nez au mur, vous autres ! aboya méchamment un troisième personnage qui devait se tenir dans la galerie du cloître.

Un nouveau ferraillement d'armes blanches fut suivi du bruit sec d'un loquet et du grincement de la grande porte de la première cour. Il se fit ensuite un piétinement cadencé, pareil à celui de porteurs ralentis par le poids d'une charge.

– Posez ! commanda le fausset.

– Mon Dieu ! articula faiblement Carolus, le revoir après tant d'années.

– On procédera à l'inhumation tout de suite, reprit le même personnage dont la voix détonnait... Le père jésuite qui nous accompagne doit repartir avec nous. Ce sont les ordres !

– Quoi ! s'indigna Carolus, on m'avait assuré que je pourrais veiller le corps toute la nuit.

– On vous épargnera cette fatigue, ce père est d'avis de s'en tenir à l'absoute... Vous comprenez nos raisons. Vous comme moi, aurons tout loisir ensuite de prier pour le repos de l'âme de notre malheureux ami et c'est cela qui compte.

Victor, que tous ces propos avaient déjà passablement intrigué, continuait de prêter l'oreille en retenant son souffle. C'est sans doute cette sorte de tension intérieure qui accentua, sans qu'il s'en rendît compte, le raidissement de tout son être qui lui faisait pousser la pointe de ses bottes vers la flamme. Brusquement il sentit son pied qui ne rencontrait plus de résistance et il vit avec terreur l'un des lourds hâtiers basculer et s'écrouler dans le feu.

– Qu'est-ce ? pesta du dehors la voix la plus terrible, celle venue du cloître en se rapprochant rapidement.

La porte s'ouvrit d'une volée. Un officier vêtu d'un justaucorps rouge à passementeries d'or parut sur le seuil, la main à l'épée.

– Vous nous aviez pourtant dit qu'il n'y avait personne de ce côté! protesta un second personnage – celui affublé d'un désagréable fausset – en se profilant derrière le soldat.

C'était un jeune homme borgne, à figure triste et pâle, vêtu d'une houppelande de loutre qui ouvrait sur un riche justaucorps de soie noire au gilet cousu de boutons de perle dans lequel Victor reconnut aussitôt Jérôme de Pontchartrain, le fils du chancelier, qui, la veille, à Versailles, en haut de l'escalier des Ambassadeurs, l'avait si impudemment bousculé.

Carolus intervint :

– Monsieur de Gironde, l'un de mes amis qui me rend visite.

– Vous saviez pourtant bien que nous venions, s'emporta Pontchartrain, pourquoi fallait-il que vous receviez quelqu'un précisément aujourd'hui ?

– Monsieur, se fâcha à son tour Carolus, mes amis sont rares. Je n'ai pas pour habitude de les congédier, lorsque, quelques fois, ils viennent éclairer ma solitude.

– C'est bon! c'est bon! laissa tomber le jeune borgne en essuyant, à l'aide d'un petit mouchoir blanc, la commissure de ses lèvres où une seule phrase dite avec humeur avait suffi à faire perler une pointe d'écume.

Il se tourna vers Carolus, lui désignant Victor :

– Vous répondez de lui ?

– Tout à fait.

Pontchartrain soupira et, triturant le fermaillet qui tenait aux besicles cerclées d'or balançant sur sa brassière, il exhala d'un ton las :

– Tout ceci est bien regrettable mais j'ai pressenti, à la seconde où mon père m'a chargé de cette commission, que je ne finirais pas la journée sans quelque déplaisir...

Il fit un signe à Carolus et à l'officier, qui s'étaient avancés de quelques pas dans la petite pièce, de rebrousser chemin.

– Allons, finissons-en! Je veux être de retour à Versailles avant la nuit.

Tandis que ces trois personnages ressortaient, Victor, que l'émotion avait figé, près d'un grand fauteuil raide, eut le temps d'apercevoir, à moins de dix pas de lui, sur la civière de planches qui servait à le transporter, le corps du défunt qu'on s'apprêtait à porter en terre : c'était un moine en bure, la capuche rabattue sur le front, dont on ne pouvait apercevoir que les mains décharnées liées par un gros rosaire de buis. Près de lui, la mine sévère, se tenait un homme vêtu de noir, le seul avec Carolus qui parût éprouver du chagrin à se trouver là et qui, au moment où l'ordre fut donné aux porteurs de soulever leur fardeau, s'empara d'une guitare vernie à fond bombé restée jusque-là bizarrement posée à côté du cadavre.

La porte se referma sur cette étrange vision et Victor, retourné à sa solitude, après avoir recalé les rondins d'orme que l'éclatement du brasier avait fait rouler jusque sur le carreau, s'absorba de nouveau dans la contemplation de l'âtre.

Il ne se passa pas un quart d'heure avant qu'un nouveau roulement de pas se fît entendre dans le chauffoir, dix minutes encore avant que Carolus ne reparaisse le visage défait.

– C'est un pan de ma vie que je viens de porter en terre, marmonna sombrement le moine en se laissant tomber sur une chaise.

– Qui était votre ami ? hasarda Victor, pourquoi tant de mystère ?

Carolus secoua la tête :

– Un grand seigneur dont l'existence composerait un bien lamentable récit... Je dois maintenant obtenir de Dieu que toutes les souffrances qu'il a endurées et la force de mes prières cimentent son salut. La partie sera difficile : les péchés que le défunt a commis dans sa jeunesse sont terribles, moi-même, autrefois, j'ai accompli quantité de crimes qui ont largement entamé mon crédit auprès du Très-Haut.

– Vous réussirez, Carolus ! Votre ami a fait le premier pas puisqu'il est mort sous l'habit d'un moine... Quant à ce que vous me dites de votre indignité je n'y puis souscrire : je vous l'ai déjà dit plusieurs fois, je n'ai trouvé nulle part de foi plus communicative et plus rayonnante que la vôtre.

Carolus esquissa son bon sourire mais sans parvenir à secouer le fardeau de sa tristesse.

– Je vous laisse, murmura Victor, j'ai honte de poursuivre mes badinages alors que vous n'avez pas le cœur à m'écouter.

– Vous, Victor ! protesta le moine, vous êtes la coulée de miel qui adoucit mes peines... Je suis persuadé qu'à cette heure où les souvenirs d'une vie turbulente resurgissent pour me harceler, Dieu a dirigé vos pas vers cette maison pour alléger mes tourments.

Le visiteur pressa la main de son sauveur.

– Je reviendrai vite, promit-il.

Tandis que Carolus continuait de le saluer, depuis le seuil du prieuré, Victor s'engagea sur la route de Paris, bordée de deux rangs de platanes sans feuilles.

Jusqu'à ce qu'il fût parvenu en vue des boulevards ceinturant la capitale, il ne cessa de songer à la tristesse qui était venue si soudainement envahir l'esprit de Carolus. Les hommes jeunes et vierges encore de regrets ou de crimes, éprouvent généralement de la difficulté à imaginer de quel poids peut peser un passé obsédant. Victor, tout au contraire, parce qu'il avait porté dès l'enfance le secret de la véritable religion de son père, était accoutumé à rechercher la cause des difficultés présentes dans les événements préexistants, souvent fort reculés et ne laissant plus de prise sur eux. Il se figurait assez justement ce que des catastrophes anciennes et sorties de la mémoire de la plupart des hommes, en continuant de tournoyer et de s'épaissir dans l'âme de quelques-uns, pouvaient laisser à vif de blessures et entretenir de tourments.

Arrivé, un peu avant onze heures, en vue de la Bastille il remarqua des grenadiers, des royaux, vêtus de bleu, qui montaient la garde, baïonnette au fusil, devant des empilements de barriques disposés en forme de chicane en avant de la belle porte Saint-Antoine.

– Halte-là! fit l'un de ces hommes en croisant son arme avec celle d'un de ses compagnons.

– On n'entre plus en ville? s'étonna Victor.

Un brigadier surgit de derrière la barricade. C'était un jeune homme de bonne figure dont la taille était prise par un ceinturon de cuir auquel pendait un sabre.

– On doit décliner son nom et dire ce qu'on vient faire en ville, d'ordre de monsieur d'Argenson [1], fit ce garçon en soulevant poliment un coin de son tricorne.

– Victor de Gironde, au service du duc d'Orléans.

– D'où venez-vous?

– Du hameau de Mesly, par-delà Charenton.

– La rue Saint-Antoine est barrée jusqu'à ce soir... Il vous faut prendre à droite par la rue Neuve Saint-Gilles ou la porte du Pont-aux-Choux.

– Pouvez-vous me dire ce qui se passe? demanda Victor après avoir rendu au brigadier son salut.

– Je n'en sais diable rien, répliqua celui-ci, quelque puissant personnage que l'on mène en prison ou quelque prince à qui il a pris fantaisie d'aller entendre le lucernaire à Saint-Paul...

A l'instant de faire mouvement de côté, pour obéir à l'ordre

1. Marc-René de Voyer d'Argenson (1652-1721). Lieutenant général de police depuis 1697 et futur garde des Sceaux.

qu'il venait de recevoir, le cavalier éleva son regard vers la forteresse. Sa masse compacte se détachait sur un fond de ciel d'orage chargé de nuages activés par un vent violent d'automne. Incapable de prévoir que le destin n'allait pas tarder à ramener ses pas vers ce séjour sinistre, il s'éloigna songeur.

# CHAPITRE DEUXIÈME

## *Hic amiral*

Ce même mardi 20 novembre, à une heure de l'après-midi, ainsi qu'il l'avait arrêté avec les Thésut, accourus l'avant-veille, au soir de son retour, le congratuler sur sa bonne mine, Victor retrouva le Palais-Royal. Un sentiment de joie l'habitait tandis qu'il s'engageait dans le cul-de-sac de l'Opéra au fond duquel ouvrait l'un des petits escaliers menant à l'appartement des deux vieux conseillers du duc d'Orléans. C'était d'abord la perspective de renouer avec des habitudes dont six mois de travail ambulant, dans le carrosse de l'abbé ou sous les stucs des palais d'Avignon, avaient fini par lui donner la nostalgie. C'était aussi impatience de découvrir, comme elle avait fini par le lui concéder après trois jours d'opiniâtre résistance, l'appartement que Clémire finissait d'emménager, à l'opposé du palais, sur ordre du neveu du roi, en prévision de leur mariage prévu pour la Noël.

Notre héros, la tête encore carillonnante des musiques glorieuses de Versailles et qui ne songeait à rien moins, pour inaugurer cet après-dîner tout en douceur, qu'à recevoir l'accueil qui se voit dans l'Évangile réservé au fils prodigue, déchanta rapidement au vu de l'air d'avant-cataclysme qui flottait dans la maison de ses maîtres.

Le vieux majordome de la maison – le meilleur homme du monde au demeurant mais d'un abord toujours rogue – après lui avoir maugréé un bonjour comme s'il l'avait quitté la veille, commença par lui recommander le plus complet silence.

– Ces messieurs travaillent, précisa-t-il, et ne veulent être dérangés sous aucun prétexte !

D'un froncement de ses sourcils, il suggéra, par-delà le magnifique paravent de laque à dix feuilles qui canalisait les visiteurs dès l'entrée, le coin réservé au chevalier où roulait une conversation qu'on devinait abrupte.

Le lecteur se souvient de cette vaste pièce, toute d'un seul tenant, à l'orient du palais, de la longueur exacte de la salle d'opéra – construite par Richelieu – qui lui était parallèle. C'était le lieu de vie quasiment unique des Thésut. A part dormir – encore que le chevalier cédât quotidiennement sur son confessionnal à l'irrépressible besoin de « piquer sa méridienne [1] » – ils y faisaient à peu près tout : ils y recevaient les visiteurs, ils y mangeaient à la suite, jamais ensemble, puisqu'il fallait que l'un « tienne le quart » tandis que l'autre s'attablait, ils y rangeaient leurs livres et leurs papiers, y faisaient, avant de se coucher, cette fameuse « bobinette » au cours de laquelle ils analysaient les événements du jour et arrêtaient le « plan d'attaque » du lendemain. Leurs secrétaires y avaient leur place marquée, sur une succession de gradins qui s'élevaient du côté du vestibule : Victor, le plus près de ses maîtres, Ponceau, un pauvre bachelier qu'ils lui avaient adjoint pour l'aider, un peu plus haut, enfin, la tête dans le plafond, deux garçons, tirés pour leur mérite des bureaux du rez-de-chaussée, qui étaient venus assister le chevalier pendant le temps qu'avait duré l'ambassade en Avignon de l'abbé et de Victor.

Le nouveau comte de Gironde et Ponceau se congratulèrent, mais à voix basse, sous l'œil resté farouche du majordome puis, sans perdre un instant, n'osant pas faire plus que chuchoter, ils se mirent à la tâche.

– Quel est ce bizarre conseil ? s'enquit au bout d'un moment Victor sans paraître se distraire de l'étude d'un premier dossier qu'il avait trouvé tout ficelé sur sa table.

– On délibère depuis l'aube, répliqua Ponceau toujours à voix basse, ce doit être important puisque ces messieurs du premier étage et l'abbé Dubois, avec qui nos maîtres sont sur le pied gauche [2], ont pris la peine de monter.

– Son Altesse ?... hasarda Victor qui songeait à quelque incartade nouvelle du duc d'Orléans.

– Non, le prince est chez lui. Il se tient dans ses appartements. De temps à autre l'abbé Dubois descend le consulter.

Victor parut brusquement songeur :

– Espérons que ce ne sont pas nos démarches d'Avignon [3] qui

---

1. Faire sa sieste.
2. Ne s'entendent pas bien.
3. *Le Camp des Enfants de Dieu.*

nous valent ce branle-bas... Je me marie dans un mois et il n'est plus temps pour moi d'aller à Rome en appeler au pape.

– Dieu vous entende! opina le jeune bachelier, car, pour ce qui me concerne, je n'ai nulle envie que vous me laissiez, de sitôt, seul avec le chevalier...

– Comment! se récria amusé le jeune comte de Gironde, vous ne vous êtes pas bien entendus ensemble?

Ponceau trahit sa gêne par une légère montée de rouge aux pommettes :

– Vous me connaissez, poli, patient, souple... Et pourtant j'ai manqué bien souvent perdre ma belle humeur... Je ne compte pas le nombre de fois où j'ai dû aller ramasser les dossiers dans la cour ou sur ces terrasses, à la nuit tombée, lorsqu'il était survenu dans la journée quelque contrariété du fait de ces messieurs de l'étage du dessous... Les coups...

– Les coups! s'effraya Victor.

– Oui, ceux que notre maître a distribués un jour à l'un des valets de l'abbé Dubois venu lui réclamer, d'ordre de Son Altesse, le petit sceau des commandements afin d'expédier des lettres de nomination en faveur de quelque jésuite ou sulpicien... Il lui fit aussitôt grêler sa canne sur les épaules en hurlant : Tu n'y es pour rien, pauvre diable! mais c'est autant pour ton crispin de maître... Il finit par le renvoyer tout meurtri, lui glissant un bourson de pièces d'argent et lui faisant jurer de ne jamais parler d'autre chose que de la bastonnade.

– Avec le petit sceau?

– Petit sceau qu'il est allé reprendre, dès l'aube qui suivit, et qu'il a remonté en triomphe pour le poser sur sa table de chevet d'où il n'a pas bougé depuis.

Victor, qui avait souri au récit des nobles colères de l'aîné des Thésut, profita de l'instant où il allait classer une première pile de documents, dans un cartonnier placé en contrebas de son bureau, pour glisser un coup d'œil oblique vers le fond du salon.

Il eut une vision singulière : celle d'un cercle partagé en son milieu où des chevelures ébouriffées et neigeuses – vrai parterre d'antiques – faisaient face à des palissades de crins taillées et frisées à la mode. Du côté des têtes chenues, tous tuteurs, soutiens indéfectibles du prince, tous l'ayant vu naître, outre les maîtres de Victor, se tenaient Liscoüet, capitaine des Suisses, Pierre de Rénol de Longeville [1], capitaine des gardes du corps, le marquis de Breauté [2], grand

1. Pierre de Rénol de Longeville, ancien capitaine des gardes du corps de Monsieur, resté attaché à son fils.

2. Charles-Claude de Breauté. Mort en 1711.

maître de la garde-robe et vieil ami du chevalier, La Rongère de Quatrebarbes, chevalier d'honneur de Madame. Leur faisant face, les amis du neveu du roi, qui l'étaient par la crapule mais aussi par le cœur : le président de Maisons [1], seul, parce que juriste émérite, à trouver grâce auprès de la vieille garde, le comte de Saint-Pierre [2], le marquis de Gamaches [3], l'abbé Dubois. Pour ces deux derniers, il aurait été bien impossible de dire lequel était le plus honni des anciens dans la place : l'ancien valet du curé de Saint-Sulpice, répétiteur du prince quand il était jeune, abbé sans foi, prodigieux arlequin, ou bien l'intrigant, joueur impénitent, buveur de même, celui qui, avec Canillac, alors dans les Cévennes, devait bientôt fixer le type parfait du roué.

Des bribes de phrases, venues jusqu'aux oreilles de Victor, le confirmèrent dans la gravité du sujet.

– C'est de la survie de la maison d'Orléans dont nous parlons, s'impatientait Breauté pour faire cesser les rafales de syllogismes tombées de la bouche du cadet des Thésut.

– Sans ces preuves nous voici dans de jolis draps! répétait Quatrebarbes avec l'obstination du barbon de Dandin.

– Le roi et ses ministres nous ont grugés, renchérissait Dubois pratique et terre à terre.

Le chevalier, qui à tout propos réclamait qu'on parlât bas, finit par se planter au milieu du petit cercle. A la stupéfaction de tous, et de son frère tout le premier, il lança d'une voix tonitruante :

– Cela suffit de cette logodiarrhée, de ces patatins et patatas qui ne riment à rien... Il faut des décisions et voici ce que je vous annonce : mon frère et moi rapporterons toutes les preuves qui nous font défaut d'ici à deux mois!... J'en fais serment devant vous tous et devant la bonne Vierge. Nous y parviendrons ou nous y perdrons notre nom.

Victor avait repris place à sa petite table, perdu de plus belle en conjectures, lorsqu'un huissier, qu'il n'attendait pas si tôt, vint le prévenir que Clémire le réclamait.

Puisque nous nous apprêtons, pour la première fois, à quitter l'antre des Thésut pour traverser le dédale des cours et des vestibules du Palais-Royal, quelques mots sur cette ancienne demeure de Richelieu, devenue la résidence parisienne de la branche cadette des

1. Claude de Longeuil (1668-1715). Président à mortier depuis 1701.
2. Louis-Hyacinte de Castel, comte de Saint-Pierre. Frère du fameux abbé de Saint-Pierre.
3. Claude de Rouault, comte de Cayeux, marquis de Gamaches, premier gentilhomme de la chambre du duc d'Orléans.

Bourbons et destinée à servir de théâtre à plusieurs scènes de la suite de cette histoire, ne seront pas de trop.

Richelieu, lorsqu'il avait entrepris de bâtir ce qui devait d'abord s'appeler le Palais-Cardinal nourrissait un fort vaste dessein. A l'occident de sa nouvelle demeure, il prévoyait d'élever une construction quadrangulaire, au centre de laquelle serait placée la réplique de la statue équestre de Marc-Aurèle qui se trouve à Rome et d'y installer toutes les Académies, créées ou à créer, dont il se serait proclamé entre-temps le protecteur. Un hôtel, intégré dans cette cour monumentale, devait être réservé à ses neveux qui auraient porté à perpétuité, après lui, le titre de concierges du palais. Ce « Nouveau Capitole », du vivant du ministre, n'avait été exécuté qu'au quart : une longue et imposante galerie à usage de bibliothèque, formant un bizarre appendice au palais, s'était élevée à la perpendiculaire de cette rue de Richelieu à laquelle le cardinal devait lui-même donner son nom.

En 1703, le palais ressemblait encore beaucoup à celui que Lemercier avait bâti vers 1630. Le fait mérite d'être relevé si l'on songe à la fureur de faire et de défaire des Bourbons mais il trouve son explication dans un motif qui, pour prosaïque qu'il soit, montre que les princes ne sont pas toujours les têtes folles qu'on croit. De 1662 à 1692, Monsieur, frère de Louis XIV, n'avait été au Palais-Royal que le locataire de son aîné, ceci conformément au testament du cardinal qui avait fait don de ses biens à la Couronne. En 1692, pour lui dorer la pilule du mariage de son fils avec sa fille bâtarde, le roi, outrepassant les dispositions de ce testament, avait abandonné le Palais-Royal en pleine propriété à son frère. Ce n'est qu'après cette donation, que Monsieur, se sentant enfin chez lui, s'était lancé dans des travaux avec le sentiment d'avoir trente ans de retard à combler : il s'était d'abord fait aménager de grands appartements dans la fameuse bibliothèque subsistant seule du projet de Capitole puis avait fait élever, le long de la rue de Richelieu, par Jules Hardouin-Mansart, une seconde galerie accrochée à la perpendiculaire de ces nouveaux appartements dont il se promettait de faire la merveille de sa demeure.

L'entrée principale continuait de se faire sur la rue Saint-Honoré par un portail surmonté d'un corps étroit en forme de galerie. Une première cour allait vers un vestibule dont Lemercier avait su habilement percer le mur biais de niches pour le replacer, par un effet de trompe l'œil, dans l'axe de la rue Saint-Thomas du Louvre qui joignait le palais où résidait Louis XIII à celui de son ministre. Une seconde cour, fermée par un portique de sept arcades garnies de grilles dorées, donnait sur les jardins ouverts au public que bordaient des immeubles et des pavillons disparates [1]. On accédait à l'étage, sis au-dessus de ce vestibule, par l'escalier monumental édifié par l'architecte Desargues. Il menait à la Salle des gardes qui avait été celle des gardes du cardinal, à l'Antichambre dont Noël Coypel avait peint le plafond, à l'antichambre des Officiers tendue de tapisseries du garde-meuble royal. De là, si l'on tournait à l'occident, c'est-à-dire à gauche, on pouvait voir d'abord, le long de la seconde cour, la fameuse Galerie des Hommes Illustres [2] peinte par Vouet et Champaigne sur ordre de Richelieu qui s'y était fait tout modestement représenter, face à Louis XIII, présidant un chapitre de gloires parmi lesquelles figuraient Suger, Gaucher de Chatillon, Simon de Montfort, Olivier Clisson, Gaston de Foix... Revenant du côté de la première cour, on rencontrait les appartements de Madame, composés de deux antichambres, de la galerie des Objets d'art, d'un vaste cabinet et de la chambre qui donnait sur la rue Saint-Honoré. C'était là que cette étonnante princesse – la mère du duc – les jours où elle était joyeuse, paraissait à son balcon pour jeter des pièces d'or au peuple ou hurler des cantiques au passage des processions. Continuant, du côté de l'occident, s'étendaient les grands et les petits appartements du prince. Les grands, logés, comme on l'a dit, dans l'ancienne bibliothèque, avec, en enfilade, une antichambre de parade, la salle de Gombaud qui tirait son nom de la tapisserie de Gombaud et Macé qui s'y trouvait exposée, l'Antichambre où l'on mange, la chambre de parade tendue des neuf tentures de l'histoire de Scipion tissées sur des cartons de Jules Romain, la salle d'audience et le cabinet des Glaces. En 1703 les petits appartements étaient l'objet de tous les soins du duc d'Orléans. Monté du rez-de-chaussée où il avait habité jusqu'à la mort de son père comme la plupart des héritiers avant de devenir les maîtres, il ne rêvait que boiseries claires, chantournures lestes, souples rinceaux, en un mot décor déjà rocaille. Gilles-Marie Oppenordt [3] travaillait là, à ses premiers chefs-d'œuvre, remodelant autour du Jardin des princes, des cours de la Bouche et des Réservoirs, tout un dédale de petites pièces, hautes de plafond ou entresolées, de garde-robes, de petits cabinets et d'offices qui allaient fixer les canons du style que l'on appellerait un jour Régence. Enfin, tout au bout des pièces de parade, était ancrée la nouvelle grande galerie, la dernière en date, dont nous avons dit

1. Ces jardins étaient plus vastes que ceux que nous connaissons aujourd'hui. Les constructions de 1781 seront élevées en entier à l'intérieur de l'espace qui leur était affecté, les réduisant ainsi d'autant.
2. Détruite en 1717.
3. Ebéniste et ornemaniste (1676-1742), fils de Jean Oppenordt, ébéniste de Louis XIV.

qu'elle était due à Jules Hardouin-Mansart. Elle était livrée, depuis quelques mois, à Antoine Coypel [1] qui y avait monté ses échafaudages pour peindre l'histoire d'Enée [2].

L'orient du palais gardait presque intact son aspect du temps de Richelieu. L'ancien appartement d'Anne d'Autriche se développait sur la seconde cour avec ses cabinets des Muses, des Bains, des Glaces, l'oratoire, la chambre d'apparat décorée des portraits des Femmes Fortes [3] qui étaient destinés à faire le pendant des Hommes Illustres, enfin divers petits appartements enveloppant la cour des Cuisines et la nouvelle bibliothèque. Du côté de la première cour, la salle d'opéra occupait tout l'espace en bordure de la rue Saint-Honoré. De ce côté l'extension était gênée par des immeubles appartenant à des particuliers ou à l'hôpital des Quinze-Vingt, et les services du prince jouaient à saute-mouton, formant une constellation d'enclaves : l'hôtel de Mélusine, les écuries de Monsieur, les nouvelles écuries de la rue Vivienne, les bains situés dans la même rue. A cette époque, toujours du côté de l'orient, le duc projetait d'élever pour sa maîtresse, madame d'Argenton, un magnifique hôtel dont le jeune architecte Boffrand venait de lui remettre les plans...

Tel était le Palais-Royal, au moment où il s'apprêtait à capter la fougue créatrice qui s'épuisait dans Versailles. Caravansérail, campement d'un luxe extravagant, chantier toujours ouvert, mais aussi muséum puisque, dans beaucoup de domaines, les collections des ducs d'Orléans qui s'y trouvaient conservées surpassaient en qualité celles de la Couronne. La *Léda* du Corrège, *Lord et Lady Snyders* de Van Dyck, *La Guérison du Paralytique* et *le Christ chassant les marchands du Temple* de Jordaens, *la suite des Ducs de Ferrare* du Tintoret, les douze esquisses de *l'Histoire de Constantin* et *la Continence de Scipion* de Rubens, les sept tableaux des *Sacrements* de Poussin, *Hercule terrassant Diomède* de Lebrun, quatre portraits de doges de Bellini, plus de dix Titien parmi lesquels *Actéon*, *l'Esclavone, Philippe II, Persée...* De fameux antiques dont le joyau était le *Taureau Farnèse*, figuraient dans ces collections que le duc d'Orléans ne cessait d'accroître et d'enrichir.

Le peu qu'en vit Victor, en suivant l'huissier que lui avait dépêché Clémire, suffit pour lui tourner la tête. A Versailles, les peintures, les statues, les consoles, lui étaient apparues au large, ici tout s'entassait

1. Le plus fameux des peintres de la dynastie des Coypel (1661-1722).
2. Détruite en 1781 par Philippe Egalité lors du réaménagement du palais et de la construction des jardins actuels.
3. Olympias, mère d'Alexandre, Bérénice, Mammae, mère d'Alexandre Sévère, sainte Hélène, Berthe au grand pied, Blanche de Castille, Livie, Clotilde figuraient parmi ces femmes fortes.

comme dans la caverne d'un pirate. C'était la profusion des accrochages à l'italienne, tableaux bords à bords, statues mises en file dans les galeries, tables de marbre encombrées de céladons ou de bronzes et, sitôt après le dépouillement et l'exotisme de l'appartement des Thésut, il fallait faire effort pour ne pas succomber au vertige.

L'ancien appartement du chevalier de Lorraine, qui se trouvait à l'extrémité orientale des combles de la bibliothèque de Richelieu, se composait de cinq pièces différemment orientées épousant l'angle formé par le raccordement de cette galerie devenue grand appartement avec le palais proprement dit. Un escalier tournant, qui avait servi autrefois à Monsieur pour rejoindre ce favori dont il était à peu près ensorcelé, permettait d'y monter en secret depuis l'un des arrière-cabinets de l'étage noble. C'est là que le nouveau duc, qui songeait avec répugnance aux relations passées de son père, avait décidé de loger Clémire et Victor afin de chasser de son souvenir, par un voisinage charmant, cette terrible vision qu'il gardait du chevalier de Lorraine domestiquant l'auteur de ses jours.

Clémire postée devant les portes refermées, vêtue d'une robe à corps de taffetas couleur de ciel, coiffée d'une fontange réduite selon la mode à un léger carré de dentelle, attendait en prêtant l'oreille aux bruits des vestibules. Stella, la petite muette dont Victor, après l'avoir recueillie sur sa route, avait fait sa mascotte, sautillait d'impatience près d'elle.

Voyant paraître leur seigneur et maître qui filait grand train, elles esquissèrent en riant très fort une parfaite révérence et Stella, prolongeant les politesses, s'inclina pour présenter une petite boîte de nacre.

Victor, qui venait de tirer de ce minuscule coffret la clef du logis, remercia en saluant noblement à son tour. Prenant par jeu une posture désinvolte, il actionna la serrure en un tournemain puis, ayant poussé ses deux admiratrices devant lui et s'étant arrimé à la bosse à peine marquée de leur casaquin, il entra à leur suite en fermant les yeux. Lorsqu'il les rouvrit, après avoir fait le tour complet de la première pièce, il fut ébloui par une vive clarté. Les lambris peints en blanc, qui chantaient depuis le plafond jusqu'au plancher, enveloppaient l'embrasure des fenêtres et l'encadrement des portes en les soulignant de rinceaux et de filets dorés. L'antichambre, où l'on pénétrait en premier, était ovale, garnie de fauteuils aux dossiers à la canne, de consoles à dessus de brèche et, en son centre, d'une grande table aux pieds tors recouverte de porcelaines de Chine à fond rouge. Des rideaux de soie à ramures, des poufs brodés de fleurs des champs, rendaient tout cela gai et charmant. Le salon qui s'ouvrait à la suite, lui aussi tout en lambris, se trouvait entièrement peint d'un ton de céladon avec des médaillons de camaïeu violet et jaune qui racontaient l'histoire de Javotte [1]. Le mobilier, de chêne clair et cérusé, était recouvert au petit point. La chambre, enfin, était à pans coupés, tendue de cuir doré des Flandres, éclairée d'un lustre en verre de Venise à deux rangs de girandoles. Le lit était couronné d'un ciel couleur feuille d'automne, noué aux quatre coins d'une manière si leste et si naturelle qu'on pouvait croire à l'improvisation capricieuse d'un coup de vent. Face à la cheminée, surmontée d'un haut miroir composé de trois panneaux de verre, était accroché la *Fuite de Jacob* de Pierre de Cortone que le chevalier de Lorraine avait « restitué » par testament au fils de son maître et que celui-ci avait tenu à laisser en dépôt à ses jeunes hôtes.

Victor, qui n'avait cessé d'écarquiller les yeux à mesure qu'il avançait, refit, en courant, tout son chemin à rebours. Il reparut finalement, décrivant des sauts de cabri, articulant des cris étranges qui laissèrent Clémire et Stella interdites.

– Pour nous, tout cela! exulta-t-il décrivant une roue parfaite en travers du lit au risque de se rompre le cou.

Il ouvrit la porte des petits cabinets dissimulés dans l'arrondi de l'alcôve, de part et d'autre du chevet du lit.

– Le petit salon de Monsieur! annonça-t-il en se dépliant avec la grâce d'un premier sujet de l'Opéra... Et celui de Madame... Mais, au fait! quel côté choisirez-vous, comtesse?

– Vous le savez bien, répondit Clémire en faisant la mystérieuse.

– Non point.

– Ne vous souvenez-vous pas que nous avons déjà dormi ensemble?

– Vraiment! se troubla Victor.

– Chez madame Grandet... un soir affreux de ce dernier hiver [2], précisa-t-elle piquée.

– Si, si, fit-il en revenant près d'elle pour lui presser la main.

Il jeta un regard alentour :

– Et Stella?

Clémire l'entraîna au travers de l'une des deux portes de l'alcôve. Une succession de petites pièces, dignes d'une maison de poupée, prenait jour, depuis là, sur l'attique dominant les jardins : deux réduits garnis de placards, un cabinet des bains avec son salon de repos, un office, puis une chambre qui avait été autrefois celle du maître d'hôtel du chevalier de Lorraine.

---

1. Personnage du *Roman Bourgeois* de Furetière (1619-1688).
2. *Le Marquis des Eperviers.*

– Ici ! dit-elle, à portée de veiller sur nous et de profiter de la belle vue.

Stella, qui connaissait déjà les lieux, se dirigea en battant des mains vers le balcon sur lequel ouvraient les deux fenêtres de sa nouvelle chambre. S'appuyant à la grille de fer ouvragée, elle salua de-ci de-là des promeneurs flânant autour des bassins qui ne pouvaient l'apercevoir.

Victor, pendant ce temps, avait attiré Clémire contre lui en la prenant par la taille :

– Il me tarde d'être à vous... Que plus rien ne puisse nous séparer.

– Un mois n'est pas de trop pour que tout soit prêt, protesta-t-elle avec sérieux.

– Un mois c'est long, et, se rembrunissant, il ajouta : Il arrive tant de choses en moins de temps que cela.

Voyant que Clémire s'effrayait, il se mordit la lèvre par remords de l'avoir inquiétée et renfourcha un ton plus guilleret :

– Quand on a musardé comme moi tout un semestre en songeant chaque heure à celle qu'on aime, on est bien impatient.

– C'est qu'il nous faut pleinement mériter notre bonheur, railla-t-elle, le chevalier de Thésut – votre maître à penser – ne vous a-t-il pas dit qu'on ne goûte véritablement les choses que lorsqu'on a souffert mille morts pour les obtenir ?...

– Non, bredouilla-t-il sans savoir où elle voulait en venir.

– Moi, c'est ce qu'il me répétait chaque fois lorsque je le croisais... A la fin, je l'aurais envoyé au diable.

– Le pauvre ! murmura Victor, il ne faut pas lui en vouloir, il ne sait pas ce que c'est que d'aimer.

– Voilà qui est violent.

– Soyez indulgente !

– Maintenant que je vous vois, sourit-elle, j'ai toutes les indulgences.

– Et moi, tous les courages ! renchérit-il en s'emparant de son poignet pour le porter à ses lèvres.

Il s'enhardit alors à la faire basculer entre ses bras tandis que Stella, qui avait décrit une galipette pour s'asseoir sur son petit lit, les considérait, coudes posés sur ses genoux, comme si elle avait voulu les narguer.

– Nous sommes arrivés, Clémire, notre barque est à quai. Il n'est plus qu'à descendre sous l'acclamation de ceux qui nous aiment.

– Je suis heureuse, murmura-t-elle en se blottissant contre lui, mes larmes de désespoir sont devenues des larmes de joie.

– Le bonheur nous rend invincibles, appuya-t-il.

A ce moment, brusque et incongru, se fit un appel comminatoire à la porte de l'antichambre.

– Ouvrez! ouvrez, d'ordre de Son Altesse! criait une voix que Victor, tendant l'oreille, reconnut pour celle du majordome de ses maîtres.

En un éclair, l'amoureux de Clémire fut au lieu de l'esclandre.

– Qu'est-ce? fit-il sans pouvoir dissimuler un air de fâcherie.

– Messieurs vous mandent auprès d'eux dans l'instant, annonça le bonhomme plus malgracieux encore qu'à l'accoutumée.

Victor alla embrasser Clémire.

– La peste! fit-elle en le voyant revenir vers elle penaud, vos maîtres seront-ils toujours là pour nous empêcher de vivre à notre guise?

– Service de la maison d'Orléans, sourit Victor en balayant l'air d'un tricorne imaginaire, service de votre maison, songez-y bien, ma douce!

Il s'évanouit de sa vue et de celle de la petite muette et fut en moins de cinq minutes, après avoir retraversé en courant le dédale des pièces du palais, dans le grenier des deux célibataires.

– Puis-je croire que quelqu'une de vos anciennes qualités surnage en vous? lança à Victor le chevalier en guise de bonjour, que six mois de voyage au long cours, de rêveries et d'émollience, la perspective de vous marier bientôt, ne vous ont pas tout à fait gâché?

Le fiancé de Clémire s'inclina et sourit modestement.

– Avez-vous sujet de vous plaindre de moi? demanda-t-il en montrant le plus grand calme.

– Non... non! maugréa l'aîné des Thésut, mais l'heure est grave... Le temps n'est plus aux moutonnades!

– Mettez-moi à l'épreuve! reprit Victor, je suis là, prêt à vous servir comme au premier jour.

A ces mots, le chevalier quitta son masque terrible et s'approcha pour donner l'accolade à son disciple.

– Allez! je savais bien que mes inquiétudes n'étaient pas fondées.

L'abbé, qui se tenait assis non loin, s'irritait des circonlocutions de son frère.

– Non, Théophile, notre Victor n'a pas changé... Et même, ces mois de labeur à Avignon, que vous avez le toupet de qualifier de temps de fainéantise, l'ont rendu meilleur. Sous ma conduite il a achevé de se faire à nos méthodes.

Le chevalier, stupéfait de la sortie de son cadet, secoua la tête de dépit. Puis, sans transition, après avoir reniflé en tous sens, tendu l'oreille pour être sûr que nul n'était à portée de l'entendre, il poussa – plaqua serait mieux dit – son jeune visiteur sur un fauteuil qui jouxtait celui de son frère. Lui-même, dans le même mouvement, approcha une caquetoire sur laquelle il prit place. Ses genoux rentrant dans ceux de ses deux interlocuteurs, retenant sa respiration pour parler bas, il approcha sa petite perruque grise taillée en boule qui était celle des jours de crise.

– Un homme est mort hier à la Bastille, un homme dont le cadavre vaut de l'or, la pièce centrale d'une affaire qui commence à sentir le roui... Nous devons tout savoir sur lui. Il y va désormais de notre honneur puisque nous nous sommes engagés devant tous les serviteurs de notre maître à ce qu'on n'ignore rien des circonstances de la mort de ce malheureux sous deux mois... On l'enterre ce jour, à cinq heures, à Saint-Paul. Il vous reste un peu plus d'une heure pour y courir, tout observer, n'omettre aucun détail, nous rapporter scrupuleusement ce dont vous aurez été le témoin.

– Une heure, s'exclama Victor en esquissant le mouvement de se relever, bigre! c'est peu pour m'assurer d'une bonne place.

Le chevalier le tira par la manche pour le faire se rasseoir. Il approcha un peu plus les lèvres. Il sentait fort le vin, comme tous les après-dîners, mais Victor demeura stoïque sous son souffle.

– L'église Saint-Paul sera fermée et le quartier bouclé... C'est de Saint-Louis qu'il faudra regarder, de la lanterne de l'église ou de la maison professe des bonnets à quatre vœux [1]... A vous d'improviser!

La figure de Victor s'éclaira aussitôt. Une idée venait de lui traverser l'esprit.

– Me prêterez-vous un cabriolet?

– Tout ce que vous voudrez! s'exalta le chevalier... Tous les trésors de notre maître sont à vos pieds... Quoi d'autre?

– Un cocher hardi suffira, sourit Victor.

L'abbé, qui n'avait rien dit car, dans les orages, il laissait à son frère le soin de piloter la barque, courut derrière son disciple tandis qu'il quittait la pièce :

– Couvrez-vous de grâce, il fait froid!... Et ne faites pas d'équilibre sur les toits!

– Ne vous inquiétez de rien, je verrai tout au chaud et vous me direz tout à l'heure si c'était en bonne compagnie.

Une demi-heure plus tard, au chevet de l'église Saint-Gervais,

1. Les jésuites qui prononcent, seuls, un quatrième vœu qui est celui d'obéissance au pape.

d'un cabriolet auquel on avait ôté sa housse princière pour qu'il restât discret, descendaient deux jeunes religieux portant le petit chapeau rond et le collet opaque des jésuites novices. A peine la portière eut-elle claqué qu'ils s'éloignèrent d'un pas rapide, empruntant la rue Geoffrey l'Anier en direction de la rue Saint-Antoine.

Le plus grand, hâlé de visage et gracieux malgré la soutanelle qui lui serrait les épaules, ressemblait trait pour trait au héros de cette histoire. L'autre, qui promenait l'air hagard du dormeur tiré d'un mauvais songe, disciple avéré de saint Ignace, était François Guyot, déjà connu du lecteur [1] et que Victor venait d'enlever à la maison des jésuites novices de la rue du Pot-de-Fer pour en faire son complice.

Nullement suspectés, grâce à leur costume, les deux compères franchirent sans encombre les bornes [2] que les gens de la maréchaussée avaient disposées, pour faire un tri sévère de qui passait, en tête de chacun des accès menant aux églises Saint-Paul et Saint-Louis. Saint-Paul était le siège d'une ancienne paroisse populaire, Saint-Louis, la rutilante basilique des maîtres de la conscience des princes de France. La première [3], dont la façade était tout entière occupée par un porche coincé entre une sorte de poivrière et une tour sur laquelle se déhanchait une échauguette, était d'un gothique lourd et rébarbatif; la seconde, avec ses trois étages de colonnaisons, ses volutes, ses balustres, ses statues, son horloge dorée, ses magnifiques portes sculptées, cadeau personnel de Richelieu, triomphait comme seuls savent triompher ces temples d'un style auquel les jésuites ont si abusivement accolé leur nom. Là, et dans les bâtiments qui la flanquaient, à moins d'une lieue de Montmartre où un siècle et demi auparavant saint Ignace avait fondé l'Ordre de Jésus, était la pépinière en France de cette compagnie qu'on soupçonnait de régenter, depuis plus d'un siècle, toute la chrétienté. Des cours austères, des fenêtres sans ornement, des escaliers sans grâce, c'était à peu près une caserne : un lieu convenant parfaitement à des hommes qui s'intitulaient eux-mêmes les soldats du Christ. Qui, après les avoir vus installés là, dans ce quasi-dénuement, aurait eu le front de dauber sur l'intérêt porté aux biens de ce monde qu'on prêtait aux révérends pères ?

Dans des appartements qui ressemblaient à des cellules, parmi leurs confrères professeurs, astronomes, algébristes, vivaient en 1703 le révérend père Tellier, futur confesseur de Louis XIV, alors en dis-

1. *Le Marquis des Éperviers.*
2. On barrait les rues avec assez de facilité dans l'ancien temps, à la prière de puissantes personnes malades qui souhaitaient le calme par exemple. La maréchaussée plaçait des bornes à l'extrémité des rues interdites.
3. Détruite sous la Révolution.

grâce à cause des condamnations prises à l'encontre des rites chinois [1], les révérends pères de La Rue, Lecomte, de Laubrussel et Robinet, qui comptaient parmi les plus fameux théologiens d'Europe. Certains membres de la compagnie s'étaient éloignés provisoirement de la rue Saint-Antoine pour guider la conduite des puissants, tel le révérend père de La Chaise à Versailles ou le révérend père Daubenton, arrivé en 1701 à Madrid, dans la suite de Philippe V, pour s'emparer du confessionnal des rois d'Espagne, de tout temps jusque-là en possession des Dominicains. D'autres parcouraient la France pour prononcer des sermons où les places se devaient réserver comme à l'Opéra [2], d'autres encore dirigeaient les séminaires où, dans plus de la moitié des diocèses du royaume, les avaient appelés les évêques. Les plus nombreux, enfin, animaient les collèges et les universités, où se formaient les élites de l'Europe catholique. Telles étaient les voies de l'efficacité loyoliste : la compagnie, qui s'était attachée longuement à connaître et démonter les rouages de la puissance, était la maîtresse à présent d'exercer son influence partout à bon escient. Formés à la rigueur par l'entraînement aux Exercices [3], inventeurs de la pédagogie moderne, à la pointe de la recherche et de l'enseignement dans les sciences, premiers vrais spécialistes des langues d'Orient, hébraïsants, hellénistes sans égaux, les Jésuites, cela était patent, donnaient beaucoup à ceux qu'ils séduisaient. Ils divisaient le troupeau des dévots car l'on adhérait à leurs méthodes sans restriction ou l'on se défiait d'eux sans retour.

Pour toutes ces raisons, chez ces hommes sûrs d'eux-mêmes et de leur doctrine, un fils de protestant, comme était Victor, ne pouvait pénétrer sans éprouver de frisson.

François Guyot, qui connaissait bien la maison de ses aînés, entraîna son ami sans hésiter jusque dans l'arrière-cour située à l'est de la maison. De là, par un petit degré de bois noir à balustres, il le fit monter jusqu'au troisième étage où ils s'engagèrent dans un couloir aux murs chaulés de blanc et au parquet blanchi par les eaux détergentes que les révérends pères ne s'étaient jamais souciés de voir cirer.

Comme ils tâtonnaient, essayant de deviner quelle porte dissimu-

1. La querelle des rites chinois est une des querelles capitales des années 1700. Aux Jésuites qui se faisaient fort de convertir la Chine si le catholicisme acceptait certaines concessions doctrinaires, notamment dans le domaine du culte des morts, le pape Innocent XII opposa une ligne intransigeante et condamna la compagnie juste avant de mourir, dans l'été 1700.

2. En réalité les gens importants envoyaient leur valet dès l'aube retenir leur place dans l'église.

3. Les *Exercices Spirituels* : méthode de « gymnastique intellectuelle » rédigée par saint Ignace pour diriger l'âme vers le salut.

lait l'accès aux combles, ils se trouvèrent nez à nez avec une espèce de grand inquisiteur aveugle, surgi d'une cellule au bras d'un domestique. Ce spectre, c'était le RP Bourdaloue, l'orateur le plus fameux de la Compagnie. Depuis des mois il était au seuil du tombeau mais il descendait encore ponctuellement dans la bibliothèque, chaque après-dîner, pour commenter les textes que lui lisaient ses frères.

– Qui marche si vite ? demanda le vieux religieux en entendant un bruit de pas.

Les deux intrus s'immobilisèrent dans l'instant et François Guyot alla à son illustre confrère :

– Le frère Guyot, mon révérend père, j'accompagne un de mes amis qui désire visiter notre maison.

Le prédicateur tourna son visage du côté de Victor. C'était la fixité du masque, l'élégance et la gravité d'un de ces orants qui figurent parfois à l'angle des tombeaux. Ses joues étaient si creusées que sa peau paraissait s'être usée à se tendre sur les os et qu'elle s'était noircie à l'endroit des pommettes. Ses cheveux blancs aux pointes jaunies, tombant sur ses épaules, lui faisaient une sorte d'auréole.

Il chercha les mains de celui qu'il ne connaissait pas et les pressa tout en les auscultant de ses doigts déformés par la paralysie.

– La jeunesse près de moi, c'est toujours le bonheur ! murmura-t-il en animant faiblement ses lèvres transparentes : que ne suis-je allé finir ma vie, de l'autre côté de la Seine [1], parmi vous, mes enfants ?... Ç'aurait été la dernière niche à faire au révérend père Martineau qui a obtenu de notre général un décret pour que je meure à Paris plutôt que de partir pour La Flèche où je désirais me retirer. Mais venez, venez me divertir un peu, allons deviser dans ma chambre !... Cela vaut mieux pour moi que de descendre entendre la lecture de ces leçons de saint Bonaventure que je connais par cœur et qui ne sont pas vraiment faites pour mettre de la gaieté sur le couchant d'une vie.

Victor roula des yeux effarés en direction de Guyot pour le supplier de trouver une excuse mais, à sa grande surprise, le novice, qui n'en menait pourtant pas large depuis qu'il avait passé le seuil de la maison de ses maîtres, se prit à sourire.

– Mon ami, en vérité, ne savait comment s'y prendre pour vous rencontrer, eut-il même l'audace d'ajouter à l'adresse de Bourdaloue, j'avais consenti à un bien grossier subterfuge en lui prêtant ma seconde soutanelle pour qu'il entre avec moi sans être inquiété...

1. Le noviciat était, on l'a dit, rue du Pot-de-Fer, actuellement rue Bonaparte à l'emplacement des n[os] 80-86.

Nous comptions aller vous surprendre à la bibliothèque... Mais, vous voici! et comme d'habitude, vous nous comblez.

Le prédicateur, qui avait souri au récit du novice, congédia son valet et fit entrer les garçons chez lui. Il vivait dans deux petites pièces. La première était un vestibule garni d'armoires bourrées de livres dont les portes grillagées étaient retenues d'être ouvertes par des piles de dossiers et de grimoires entassés à même le parquet, la seconde, une chambre dont presque tout le mobilier consistait en un lit de sangles et qui était encombrée, elle aussi, de quantité d'écrits mal arrimés. Le vieux jésuite savait admirablement se mouvoir entre ces babels d'écriture, souvenirs d'années d'infatigable labeur durant lesquelles il avait usé sa vue à justifier par des raisons supérieures la doctrine de ses confrères. Ces épaves de son temps de plénitude lui étaient douces. Les aspérités d'une reliure, la douceur d'une page effleurée, faisaient resurgir à sa mémoire, avec une limpidité admirable, ramassés et épurés par le temps, les raisonnements théologiques ou philosophiques les plus entremêlés et les plus fins. Agé de soixante et onze ans, ce Berrichon entré dans la Compagnie à quinze ans, passé avec brio par les fameux *Exercices*, avait rassemblé en lui toutes les qualités qui font un grand prédicateur : une expression noble et naturelle, un timbre qui se faisait à ses discours comme l'orgue sait parler à la méditation ou aux transports lyriques de l'âme, une imagination pénétrante et surtout ce don, jésuite au plus haut point, mais qui ne fut jamais qu'à lui dans une telle perfection, de faire une peinture sensible des mœurs où chacun pouvait se voir et se reconnaître. Ses *Carêmes*, ses *Dominicales* [1], ses *Panégyriques* qu'il prononçait toujours les yeux fermés, comme pour ménager cette vue qui devait finalement lui faire défaut, touchaient par leur limpidité. Le grand jeu de la cour, en 1687, à la mort du Grand Condé, avait été de comparer les deux principales oraisons funèbres prononcées pour la circonstance : à Notre-Dame, celle gravée dans l'airain de Bossuet, et, à Saint-Louis, celle, toute d'humanité, de Bourdaloue.

Quant à ses *Exhortations* et *Instructions* elles n'avaient rien à voir non plus avec celles, pourtant fameuses, du révérend père Martineau, supérieur de la maison professe. Les secondes étaient faites pour des surhommes, les premières enhardissaient les humbles et donnaient à espérer aux pécheurs.

– Prenez vos aises! commanda le vieux prédicateur, cherchez dans mon petit meuble noir, vous y trouverez des liqueurs et des pâtes de coing.

---

1. Sermons du dimanche.

– Mon ami dessine, précisa Guyot, ne vous effrayez pas de le voir tourner autour de nous.

– Il va faire mon portrait ? s'enquit Bourdaloue avec curiosité, ah ! ça, je veux bien qu'il... Comment dit-on cela, au fait, avec tant d'immodestie ?... Oui c'est cela, qu'il m'immortalise... Cela ne me gêne pas, je crois trop que Dieu, là-haut, s'active à nous rendre immortels... Mais vous, Guyot, mettez-vous près de moi et parlez-moi de votre petite personne.

– Vain sujet, mon révérend père...

– La vanité c'est de se montrer modeste quand on sait parfaitement ce que l'on vaut... Il est bon que je fasse quelques fois avec vous le point sur votre vocation. La vivez-vous avec bonheur ?... La buvez-vous comme un miel ?

– Ce n'est pas si facile... Il est des jours de doute et cela me fait peur.

Bourdaloue s'empara de la main du jeune homme :

– Me croiriez-vous si je vous disais que, moi aussi, il m'arrive de n'avoir pas la vue claire des desseins de Notre Seigneur ?

– Vous !

– Oui, moi, à mon âge... Si près de ce tombeau dont la proximité fournit d'ordinaire à tous les êtres simples des raisons impérieuses de croire... Et savez-vous pourquoi je finis chaque fois par m'assagir ?

– Non.

– La pensée de l'enfer et de l'éternelle damnation me glace. Elle me retient de divaguer davantage.

Bourdaloue fit claquer ses doigts, comme aurait fait un bourgeois en pleine rue pour héler un fiacre.

– Voilà ! dit-il, c'est aussi simple que cela, dérisoire vraiment... La vie est un combat contre Satan qui nous induit en doute mais aussi contre Dieu à qui nous avons à arracher notre salut... Il serait trop désespérant, mon fils, de partager cette opinion des jansénistes que tout est prédestiné, que nous ne pouvons rien faire par nous-mêmes, que tout est joué dès que nous arrivons sur terre, fassions-nous le bien, fassions-nous le mal... Si tel avait été le cas ne pensez-vous pas que l'homme aurait fini par se lasser, qu'il aurait depuis longtemps cessé de croire ?

– J'en suis chaque jour un peu plus persuadé, marmonna Guyot impressionné par la douceur de ton du vieil oracle.

– Prométhée est notre frère... Comme lui, il nous faut nous lever devant Dieu, l'insulter de nos prières ! Nous sommes des lions non des agneaux. Au fond, en nous comportant de la sorte, nous ne faisons qu'user de la volonté conquérante dont le Créateur nous a dotés... D'ailleurs, Guyot, connaissez-vous beaucoup de fils qui ne se soient pas un jour insurgés contre leur père ? Le droit à l'ingratitude comme contrepartie du pouvoir absolu des géniteurs, est donné aux enfants pour qu'ils s'émancipent... Soyez sûr de vous et qu'importent vos faiblesses si votre âme réclame Dieu.

– Je le supplie tous les jours de m'aimer, balbutia l'ami de Victor.

– Cela est d'un vrai jésuite! opina Bourdaloue en accentuant la pression de sa main sur celle que le novice n'avait pas retirée, pour moi, si près de rendre bientôt des comptes, je ne suis pas persuadé d'avoir assez importuné le Seigneur de mes suppliques.

Tandis que le vieux disciple de Loyola abordait ces sujets austères d'un ton presque joyeux, Victor s'était posté à l'unique fenêtre du petit salon, découvrant qu'elle donnait en plein sur Saint-Paul et sur le cimetière qui s'étendait à son chevet. Ainsi François Guyot, acceptant avec empressement l'invitation du fameux prédicateur, savait-il offrir à son ami un incomparable poste d'observation.

Ce que vit d'abord le jeune comte de Gironde, à trois fenêtres de lui, dans le même corps de bâtiment mais à l'étage du dessous, était un abbé élégant, à museau de renard, son long cou serré d'un collet de dentelle maintenu par un gros saphir, qui s'amusait, avec un curieux appareil, mi-sextant mi-lorgnette, à mesurer la distance de l'endroit où il se trouvait jusqu'au vieux clocher gothique de Saint-Paul couronné du chapeau pointu de son échauguette. Un imposant père jésuite, très déférent à son égard, se penchait par moment, redoublant de courbettes, pour régler l'instrument et donner des conseils de maniement.

Portant ensuite son regard du côté de l'église paroissiale et de son cimetière, Victor remarqua, au bas du porche, deux fiacres noirs garés dans la rue Saint-Paul, barrée à chaque extrémité par des cordons de soldats. Mais ce qui l'intrigua au plus haut point fut l'extraordinaire activité régnant dans l'enclos des morts : quatre groupes de travailleurs maniant la pelle, s'appliquaient à creuser en tout sens, frénétiquement, comme s'ils eussent été à la recherche d'un trésor. Victor prit tout le temps d'en faire le plan et de compter onze excavations. Au bout d'un moment, un petit homme vêtu de noir vint donner le signal à tous ces gens de cesser leur ouvrage puis il les fit sortir en file par une porte ménagée dans une chapelle du transept. Dès qu'il fut assuré d'être seul, ce nouveau personnage retraversa le cimetière et entra dans le presbytère. Il reparut, presque aussitôt, suivi de deux gaillards à chapeaux clabauds, qui portaient avec peine un corps enveloppé d'un linceul qu'ils allèrent jeter dans l'une des fosses fraîchement creusées. C'était la plus à l'est, la plus proche de la ligne d'immeubles longeant la rue Beautreillis. A peine se furent-ils déchargés, que sans prendre le temps de la plus petite oraison, aidés de celui qui semblait tenir l'office d'expéditeur des pompes funèbres, ils se mirent en devoir de reboucher tout, partout, avec vivacité.

Lorsque leur ouvrage fut achevé et que les trois hommes furent sortis en laissant derrière eux onze tumulus reconnaissables au ton sombre de la terre fraîchement remuée, Victor s'éloigna à pas feutrés de la fenêtre. Il prit place sur une petite chaise, pour écouter Bourdaloue tandis qu'il finissait d'instruire Guyot. La faible lueur répandue par le feu dans la cheminée se propageait sur les murs que la tombée du jour assombrissait. Sur le visage safrané du vieux prédicateur, à cette heure du soir qui inclinait à la sérénité, glissait quelque chose de paisible.

– Allons! fit le vieux maître en appliquant une dernière tape sur le dessus de la main de François Guyot, vous m'avez assez entendu divaguer pour aujourd'hui... D'ailleurs votre ami doit être satisfait.

– Je pense... bredouilla le novice.

– Curieux dessinateur tout de même, ricana aimablement le vieux jésuite que celui qui se tient dans votre dos tandis que vous tenez la pose... C'est, peut-être, un peintre de chaises.

Guyot hasarda quelques mots inintelligibles mais son hôte le tira de sa gêne.

– Rassurez-vous!... la curiosité n'a pas été mise au nombre des péchés capitaux... Quant au mensonge, curieusement, il n'y figure pas non plus.

François Guyot se leva, tremblant et pâle, mais Bourdaloue l'embrassa de manière à dissiper tout sentiment de malaise.

– Revenez vite! lui dit-il, car même lorsque vous êtes ici pour faire plaisir à vos amis, vous me rendez heureux.

Au moment où Victor, non moins gêné que son ami, passait à portée de lui, le vieux prédicateur approcha imprévisiblement ses lèvres de son oreille pour murmurer :

– Défiez-vous des fausses pistes, jeune homme!... Moi, si j'avais eu à enfouir un secret, je ne serais pas allé le déposer là, à Saint-Paul, sous le nez des Jésuites qui – tout le monde le sait – sont des langues de vipères.

Le lendemain, bien avant l'aube, dans la nuit et le froid vif, une chaise aux vitres aveugles attendait devant le porche de Saint-Paul. Le rideau s'agitant chaque trente secondes à la portière, à peine le premier coup de six heures sonné, suffisait à traduire l'extrême impatience des occupants de ce véhicule.

Dès que le bedeau, mal peigné, mal raccoutré, le regard encore égaré de sommeil, se fut profilé dans l'encadrement de la petite porte de côté, bâillant et s'étirant sans vergogne, deux boules de fourrures et de mitaines bondirent par-dessus le marche-pied. C'étaient l'abbé et le chevalier de Thésut.

– Ça n'est pas six heures, ça, maroufle! hurla l'aîné des deux frères en faisant osciller sa montre sous le nez du coupable, c'est sept minutes de dévotion à la bonne Vierge que vous nous avez volées.

Tandis que son frère morigénait de la sorte cet humble serviteur de Dieu, l'abbé, déjà dans la nef, trottinait dans l'allée centrale entrecoupant sa course de génuflexions devant les principaux autels. Au sud étaient la chapelle de la Communion où étaient inhumés les membres de la famille de Noailles et celle de la corporation des fouleurs et tondeurs de drap. Le maître autel, en bois doré, venait d'être refait sur des dessins de Jules Hardouin-Mansart, paroissien et marguillier [1] de Saint-Paul. Il succombait sous une époustouflante nuée de chérubins volant autour de la colombe du Saint Esprit qui enveloppait le vieux déambulatoire en ceinturant le sanctuaire. Au nord étaient les tombeaux de l'infortuné Biron, à qui l'on avait coupé la tête sur ordre d'Henri IV, et des trois fameux mignons d'Henri III tués en duel pour l'honneur de leur maître [2].

La sacristie était une vaste salle, plaquée de lambris, garnie d'armoires et de tiroirs où se rangeaient les ornements sacerdotaux. Malgré la somptuosité du lieu, il y flottait une odeur de moisissure qui transpirait du proche cimetière. Un vieux vicaire, aux mains recouvertes de mitaines, enveloppé d'une pèlerine qui montrait la corde, croupissait dans cette obscurité profonde, usant sa vue sous une grosse chandelle de résine à déchiffrer son bréviaire. Les escarbilles, au cours des ans, avaient roussi les poils de sa vieille huque de renard qui, en bien des endroits, ne montrait plus que le cuir.

– La paix soit avec vous, confrère! fit l'abbé en surgissant sans souffle, je désire consulter le registre des morts de cette paroisse!

– De quel droit? A quel titre? bredouilla le prêtre, tiré un peu trop brusquement des méditations que lui inspirait sa lecture.

– Du droit qu'a tout un chacun de savoir qui vit et meurt à Paris! protesta le chevalier qui venait, en paraissant à son tour, d'entendre la protestation du vicaire.

---

1. Membre du conseil de fabrique qui administre une paroisse.
2. Les trois mausolées de Jean Goujon (1578) qui se trouvaient au-dessus de ces tombeaux avaient été détruits par le peuple en 1588 à l'époque de la Ligue.

– C'est que... bredouilla ce dernier, sidéré du ton d'autorité de ce second visiteur.

– Il m'est avis, mon frère, reprit l'aîné des Thésut en lui coupant la parole, que nous aurons à recommander ce chaud parochiste [1] à notre ami Noailles [2].

Au nom de l'archevêque de Paris, son supérieur par-dessus tous les autres, dont la famille exerçait une sorte de patronage sur sa paroisse, à la vue du collet amidonné sortant de la pelisse de l'abbé qui, par sa propreté, lui parut être au moins celui d'un prélat mitré, le serviteur de Dieu se radoucit.

L'abbé sut jouer de cette détente et noyer le vinaigre distillé par son frère sous une coulée de chrême.

– Rassurez-vous! nous n'aimons pas outrer la douleur de Son Éminence... Nous préférons lui désigner ses bons pasteurs, diriger vers eux ses grâces, les pensions, les canonicats, en un mot, réparer le préjudice que tant de religieux dignes se causent à eux-mêmes par ignorance ou modestie.

– Il est là, messeigneurs, s'empressa le vicaire qui montra sur-le-champ qu'il avait reçu le message en désignant un registre grand ouvert.

Les deux frères se jetèrent sur la dernière page. Leurs têtes, longtemps, dodelinèrent de concert par-dessus la sorte de lutrin où s'appuyait le livre.

– Corneguidouille! s'emporta le chevalier, qu'est-ce encore que ce galimatias?

– Marchiali!... murmura l'abbé en relevant le nom qui figurait sous la mention de la dernière sépulture effectuée.

– Inconnu à l'appel! trancha, catégorique, l'aîné des Thésut.

– Marquis?... Maréchal? quelle parodie d'italien est-ce là? continuait d'ânonner son cadet tout en s'essayant à raisonner.

– Qui a écrit cela? demanda brusquement le chevalier en considérant le vicaire avec un recrû de férocité dans le regard.

– Moi! répondit en tremblant l'ecclésiastique, j'ai retranscrit, comme je fais chaque fois qu'il accompagne le corps d'un prisonnier pour l'inhumer ici, le nom annoncé par monsieur Corbé, le neveu du gouverneur de la Bastille.

– Sans vérifier? s'étonna le chevalier.

---

1. Qui est favorable au pouvoir des curés. Sous l'impulsion d'Edmond Richer, théologien de l'époque d'Henri IV, certains curés, s'élevant contre la concentration des pouvoirs qui se faisait en France avec l'appui du roi au profit des évêques, ont soutenu qu'ils disposaient de pouvoirs sacramentels propres du fait qu'ils étaient les héritiers des soixante-douze disciples du Christ.

2. Louis-Antoine de Noailles (1651-1729), frère du maréchal dont nous avons parlé plus haut. Archevêque de Paris depuis 1695, cardinal depuis 1701.

– Que voulez-vous que je vérifie... Les morts de la forteresse, bien souvent, n'ont pas de famille. Ils finissent ici comme les gueux de la morgue... Je prends les noms qu'on veut bien me donner tout en n'ignorant pas qu'ils sont souvent de fantaisie.

– Monsieur Corbé a-t-il agi différemment cette fois ?

Le vicaire eut un instant d'hésitation :

– Il ne m'a pas autorisé à sortir du presbytère pour l'absoute.

– Quoi ! Vous avez abandonné le corps du défunt à la porte de votre église ? s'indigna l'abbé.

– C'est vrai, monseigneur, j'ai mal agi, bredouilla le religieux avec un air de trouble, mais monsieur Corbé m'impressionne... Ah ! je vous en supplie, ne me créez pas d'ennui avec mes supérieurs. Je suis vieux et sans autres ressources que la pension que je tire de cette paroisse.

Le chevalier se fit bonhomme :

– C'est selon ce que vous direz, curé... Qu'avez-vous remarqué d'autre qui soit inhabituel ?

– Les soldats à la porte, trois fois plus nombreux que d'ordinaire... Des fossoyeurs que je n'avais jamais vus, neuf contre trois les autres fois et qui ont retourné le cimetière en tous sens. Ceux qui portaient le corps n'étaient que deux... Je ne les connaissais pas, eux non plus.

– Ne trouvez-vous pas cela étrange, mon frère ? sourcilla le chevalier.

– Somme toute, appuya l'abbé, il s'agit d'un enterrement à la cloche de bois.

– En pratiquez-vous comme cela souvent ? s'enquit le secrétaire des commandements du duc d'Orléans en revenant sur le vicaire avec une figure terrible.

– C'est la première fois, je vous le jure, répondit le prêtre qui sentait ses jambes le trahir.

– Savez-vous que nous pourrions fort bien faire annuler la chose ? s'enhardit l'aîné des maîtres de Victor.

– Annuler un enterrement... répéta le vicaire si effaré que son visage parvenait à blanchir dans les ténèbres.

– Tout juste, reprit le chevalier un brin démoniaque, dire à ce mort en maraude de ressortir, de mourir à nouveau et de ne revenir ici que dans les formes prescrites.

– Ah ! messieurs... messieurs ! je sens que vous allez me faire dépêcher dans un couvent.

Ils furent interrompus par l'irruption du bedeau, plus hirsute encore qu'à son lever, les yeux tout exorbités, qui resta devant eux sans voix, laissant pendre à son bras agité d'un tremblement un falot qui grinçait.

– Qu'y a-t-il bonhomme ? finit par lui lancer le chevalier sans changer d'humeur.

L'autre ne sut que bégayer :

– Dans le ci... Dans le ci...

– Qu'est-ce donc ?... Parle !

– Dans le ci...

– Achève donc, drôle ! car c'est toi, pour le quart d'heure, qui nous scies.

– Le mort... Le mort d'hier...

L'abbé se mit à rire jaune :

– Il nous a entendus... Il ressuscite pour mourir à nouveau dans les règles.

– Non, reprit le bedeau, il est là, étendu sur la terre, le visage en sang.

Le chevalier fit un bond sur place, menaçant le domestique de sa canne :

– Conduis-nous, maraud ! plutôt que de geindre et de te hérisser le cheveu comme une bacchante.

Le bedeau ressortit en clopinant, entraînant après lui les deux célibataires et le vicaire qui se tenait la tête.

Ils pénétrèrent en file dans l'enclos des morts. Il était envahi des dernières fumerolles d'un brouillard de petit matin qui s'arrimait à quelques croix de pierre, de-ci, de-là, penchées. Du côté de la galerie orientale du charnier, bâtie le long de la rue Beautreillis, sur un faible monticule de terre, gisait un corps resté à demi enveloppé de son linceul. Et horreur ! comme l'avait annoncé le bedeau, la figure du cadavre que le chevalier détailla à la lueur de la lanterne était une flaque de sang. Il n'avait plus ni nez, ni œil, ni bouche. On avait buriné sa face comme l'eût pu faire un sculpteur démoniaque en modelant son œuvre dans de la chair vive. Des coups, de plus, lui avaient emporté la moitié de la mâchoire.

– Halte ! fit le chevalier, hardi comme un capitaine à l'assaut d'un rempart, en retenant le reste de la colonne d'avancer.

Il écarta les bras, ne laissant loisir à ceux qui le suivaient que de se pencher par-dessus son épaule pour contempler malaisément ce lugubre spectacle.

– Les gens qui ont fait cela avaient le cœur bien accroché, estima l'abbé qui détourna aussitôt le regard et sortit sa boîte de sels pour soutenir sa vaillance.

Le chevalier montra sur le toit du charnier un rang de tuiles brisées :

– Il m'est avis qu'on avait « arrangé » ce malheureux avant que de le mettre en terre... Pas de trace qu'on ait opéré ici... Nos violeurs de sépulture cherchaient ce que nous cherchons et, comme nous, ils seront repartis déçus.

Après avoir tiré le linceul sur ce visage monstrueux, il parvint à mettre un bras au jour. La main qu'il leva pour la montrer à son frère était déjà verdâtre et crispée mais lisse et sans déformation comme celle d'un homme jeune encore.

L'abbé acquiesça :

– Un innocent!... Un cadavre qui a été mis là et qui a été mutilé pour égarer les curieux.

Il se mit en devoir de bénir l'infortuné tandis que son frère se découvrait.

– On va tout remettre en place comme si rien ne s'était passé! annonça tout à trac le chevalier.

– Nargue! fit le bedeau en pensant s'étrangler.

Le chevalier darda sur lui son œil noir :

– Voudrais-tu, bonhomme, qu'on aille dire partout que tu fais mauvaise garde, que les gens vont et viennent dans ce cimetière comme au Cours-la-Reine, que tu oublies d'ouvrir les portes de cette église à l'heure...?

– Je ferai ce que vous voudrez! déclara l'homme, rendu à ces menaces.

– Bien! grommela le chevalier, et, à vous, vicaire, je demande la même discrétion...

Le prêtre, qui songeait au pacte conclu dans sa sacristie, se confondit en protestations de soumission.

– A part nos visiteurs de la nuit, dont je devine peu ou prou qui ils sont et dont je sais que l'intérêt est de se taire, personne ne doit savoir que le cadavre qu'on a substitué à celui que nous cherchons a été exhumé... Ceux qui ont commis ce forfait doivent se croire insoupçonnés.

Ayant parlé ainsi, l'aîné des Thésut, découvrant une force prodigieuse, monta sur le tas de terre meuble, tira le corps par les pieds et le fit, à lui seul, retomber dans son trou.

Les deux abbés entonnèrent alors le De Profundis tandis que le bedeau, revenu avec une pelle, se mettait en devoir de faire voler la terre. Lorsque tout fut fini, le chevalier distribua les aumônes qui se répartissent habituellement entre le fossoyeur et les clercs : au plus humble des serviteurs de Dieu il remit cinq pièces d'argent, au vicaire, un petit bourson qui contenait cinq à six louis.

Ayant ainsi procédé, il conclut satisfait :

– Voilà! grâce à nous, ce malheureux aura eu l'enterrement auquel tout chrétien peut prétendre.

Le vicaire, homme simple et d'une petite étendue de doctrine, qu'un tourment semblait habiter depuis un moment, prit l'abbé à part au moment où il se disposait à partir :

– Monseigneur, ce malheureux, lorsque son corps ressuscitera, aura-t-il son nez, ses yeux, sa bouche ?

– Voyons ! s'offusqua le plus jeune des maîtres de Victor, c'est tel qu'il était en mourant qu'il montera au ciel... Oubliez-vous que le corps n'est le tabernacle de Dieu que tant qu'il contient l'âme, qu'ensuite il n'est que poussière et que les avanies qu'il subit après la mort, les mutilations, les profanations, ne sont rien ?

– Ah ! monseigneur, exulta l'homme, si Dieu peut rendre le visage que nous avons vu regardable, alors il peut tout.

Victor, arrivant à sept heures pour ce qui devait être sa première véritable journée de travail, découvrit ses maîtres prostrés sur leurs fauteuils, à bonne distance l'un de l'autre, ressassant en silence leur épouvantable vision de l'aube.

– C'est vous, Victor, murmura l'abbé tiré de ses pensées par le défilement d'une ombre devant la fenêtre. Vous nous voyez là bien perplexes car votre vigilance d'hier aura été inutile... Quelqu'un nous a devancés cette nuit. Le corps que vous avez vu enfouir a été exhumé malgré les précautions prises pour que l'endroit de sa sépulture restât secret...

– L'abbé à la lorgnette ! s'exclama aussitôt Victor.

– Que dites-vous ? s'enquit le chevalier ouvrant un œil.

– Oui, un abbé qui se tenait à trois fenêtres de la mienne et qui regardait en direction de Saint-Paul avec une curieuse lunette tandis que j'étais chez le père Bourdaloue.

– Décrivez-le !

– Il devait avoir cinquante ou soixante ans. Il était élégant, de figure fine, avec un col de dentelle fermé par un saphir...

– Ce n'est pas un jésuite, ça ! trancha abruptement le chevalier.

– Comment le savez-vous ? s'agaça l'abbé.

– Nenni, mon frère ! les papicoles [1] sont des brutes, généralement sales, mal précautionneux de leur personne, dotés pour la plupart de figures qu'on ne retrouve qu'à la Grande Boucherie... Et celui-ci, serait-il la perle rare sur le fumier, l'adonis de la Compagnie, que le saphir, sans discussion, le ferait écarter...

– Objection retenue ! concéda l'abbé, fervent admirateur des cabrioles logiques de son aîné.

---

1. Amis du pape. Voulant dire ici jésuites.

– Il m'est avis que ce pitre, dans sa lunette, ne regardait pas la fable de Perrette, poursuivit le chevalier toujours maugréant... J'ai quelque idée sur son nom, et votre ami Guyot pourrait peut-être, en s'informant auprès des bonnets à quatre vœux, nous aider à savoir qui il est.

– En tout cas nous sommes en panne, grommela sombrement le second des maîtres de Victor, le corps que nous cherchions n'est pas celui qu'on a enfoui hier à Saint-Paul... Et, dans cette affaire, qui tient le cadavre tire le lot!

Le chevalier, qui n'avait pas repris sa place, commença un certain va-et-vient depuis les marches du vestibule jusqu'à la porte de sa chambre – c'est-à-dire sur toute la longueur du salon – qui était le signe avant-coureur d'une importante décision.

Victor et l'abbé, l'œil longtemps rivé à ses pas, retinrent leur souffle en le voyant brusquement s'immobiliser.

– A la Bastille! lança le vieil homme en plantant de rage le bout de sa canne entre deux lattes du plancher.

– Quoi! entrer à la Bastille! s'effraya l'abbé.

– Tout juste!

– Vous?

– Oui, mon frère.

– Ah! et comment vous y prendrez-vous?

– Heu... Vous demanderez contre moi une lettre de cachet prétextant que je perds la raison.

– Les fous vont aux petites maisons [1] pas à la Bastille.

– Hé bien! je ferai des dettes...

– Il faudrait commencer par écorner le capital... Cela prendra des années car vous et moi, nous n'avons pas l'habitude du jeu ni des grisettes.

– Alors je commettrai un crime...

– Voyez le fagotage! et qui tuerez-vous?

– Un jésuite.

– Ils sont capables de vous absoudre pour faire la preuve qu'ils sont charitables.

– Peste! peste! mais on ne peut donc pas aller en prison ici quand ça vous chante...

– Cela se mérite, mon frère.

– Quel sultanat que ce royaume!

Victor intervint :

– J'entrerai, moi, à la Bastille.

1. On appelait ainsi le lieu de Charenton où l'on mettait les fous.

– Vous ! s'effraya l'abbé, ah non ! je ne le veux pas, c'est trop de risque.

Le chevalier fut théâtral :

– Viens dans mes bras, mon fils ! j'apprécie ton dévouement.

– Mon frère...

– Il suffit ! trancha le secrétaire des commandements du duc d'Orléans, si la chose tourne mal, j'irai la corde au cou, passant sur le corps des ministres et des gardes du corps, me jeter aux pieds du roi et laver monsieur de Gironde des crimes que je vais l'obliger de commettre.

– Des crimes... ? blêmit l'abbé.

– Et comment croyez-vous, monsieur l'innocent, qu'on entre à la Bastille, quand on n'a pas reçu son carton d'invitation du roi ? On engage deux trois cogne-gendarme, des gaillards disposés à tout, on escalade le fossé, on serre le cou de la première sentinelle rencontrée, on endosse son habit et d'un coup d'espingole [1] l'on supprime quiconque vous retient d'avancer...

Victor se prit à rire :

– Un peu excessif, chevalier, ne trouvez-vous pas ?

– A la guerre...

– ... comme à la guerre, reprit impertinemment celui dont ses vieux maîtres venaient de faire leur complice, non, messieurs, j'entrerai et je sortirai par la grande porte.

– Ah ! ça... venez voir !

Il entraîna Victor et son frère, à sa suite, jusque dans un cabinet attenant à sa chambre, qui faisait le pendant de ce fameux Drageoir aux Épices où nous avons vu les deux vieux serviteurs du duc d'Orléans engranger leurs papiers secrets.

Là, tenant un bougeoir d'une main, portant de l'autre l'index à sa bouche pour faire signe de se taire, au cri de : « abaissons la carnichette [2] ! » il actionna un mécanisme, libérant une grande masse opaque ondée d'un fort relief qui se déplaçait sur un rail. C'était une maquette en bois et en liège coloré de la Bastille, d'une précision stupéfiante dans son plus petit détail.

– Voilà l'endroit ! annonça-t-il faisant glisser son doigt sur la plateforme qui faisait le tour de la forteresse en la ceinturant entièrement, notre ami Vauban, qui est lucide à son égard, en dit ceci : « C'est une prison très sûre dont Dieu nous garde et puis c'est tout. » C'est avouer clairement qu'elle est efficace mais nullement inviolable.

– Huit tours ! souligna l'abbé, ici celle de la Bertaudière où

1. Sorte de tromblon.
2. Tiroir secret.

l'homme est mort la semaine dernière, dans ce cachot, au deuxième étage. Dans une autre de ces huit tours, un prisonnier qui vit encore, incarcéré il y a près de trente ans, pour en savoir trop long à son insu sur un personnage qui touche de près à celui qui vient de mourir. Voilà tout ce que nos espions sont parvenus à sortir de cet abîme... Voilà ce sur quoi vous allez devoir nous éclairer.

Le chevalier commença alors la visite de la prison royale sans omettre le plus petit escalier, le plus modeste cachot, le plus imperceptible réduit. C'était un exposé d'une précision et d'une méticulosité à couper le souffle qui laissa Victor pantois et l'abbé rayonnant de fierté.

Lorsque le vieil homme eut achevé, Victor hasarda une question :

– Ai-je carte blanche ?

– Absolument...

– Je reviendrai ce soir vous exposer mon plan !

Et plantant là les deux célibataires, après leur avoir décoché une révérence digne d'un mousquetaire, il s'échappa.

– La pompe du pont Notre-Dame débite gratis mais il faut y faire la queue en se prenant de bec avec les mégères qui resquillent. Aux autres fontaines, c'est un liard la voie [1] et même un et demi à la Samaritaine, cette fausse charitable, qui fait payer chèrement ses sculptures et ses dorures... Cette voie portée à huit cents ou mille pas de là, montée parfois jusqu'à des sixièmes étages, je la ferai payer vingt liards. Alors, suivez mon raisonnement, si ce qu'on a sur les ponts en payant, se trouve en contrebas sans bourse délier, en ce cas-là, moi je descends.

Sur ces considérations, d'une imparable logique, Jean-Baptiste Cantaloube, qui avait ôté ses galoches et ses guêtres de toile blanche, s'enfonça jusqu'aux genoux dans la Seine glacée pour lancer, au plus fort du courant, ses deux seaux de hêtre.

Victor avait rejoint l'Auvergnat – la première personne à qui il ait adressé la parole en arrivant à Paris – en dessous du quai Malaquais dont le nom rappelle qu'il fut mal acquis autrefois par une princesse qui supprima sans autre forme de procès celui qui en était le légitime possesseur. Là, était établi un dépôt de blocs de pierre blanche de Saint-Leu où les maçons venaient s'approvisionner. Entre deux rangées de ces matériaux, Jean-Baptiste, Dieu sait comment, avait installé une énorme barrique qu'il remplissait plusieurs fois par jour et dans laquelle il venait puiser pour les besoins de ses clients les moins

1. La voie est le contenu de deux seaux contenant, selon le lieu, dix à quinze litres chacun.

exigeants. La chose, bien sûr, était rigoureusement interdite car les nombreux règlements sur l'eau pris par la prévôté défendaient aux porteurs de se constituer des réserves particulières et n'autorisaient les prélèvements dans la Seine – dans le grand bras seulement – qu'aux pompes où l'eau était en principe filtrée. L'eau de la Seine, cette eau dont l'empereur Julien, en 358, dans son *Misopogon*, disait : « on en boit volontiers, elle est très pure et très agréable à la vue » était encore en 1703 l'ordinaire de plus de la moitié des Parisiens éloignés des fontaines où aboutissaient les aqueducs de Cachan, Rungis, Arcueil ou Belleville. Le miracle, dans le cas de Jean-Baptiste, était qu'il ne se soit pas fait encore remarquer par les officiers du Grand Châtelet, chargés de la police de sa corporation.

L'Auvergnat, une fois sa barrique pleine, rechaussa ses pieds bleuis par le froid. Il paraissait perplexe tandis que Victor l'attendait un peu plus haut sur la grève.

– La Bastille, indiqua-t-il enfin, c'est un morceau!

– Je ne te le fais pas dire.

– Je n'y suis jamais allé... Ce sont mes confrères du quartier Saint-Antoine qui ont la concession des fournitures dans ce château du roi.

– Peux-tu m'aboucher avec eux?

– Oh! pour ça, c'est facile... Encore une voie de ce potage à une vieille originale de la rue Dauphine qui se mêle de se baigner tous les jours et je vous accompagne.

Jean-Baptiste était un porteur « à bretelles ». C'était le dernier cri du portage qui avait relégué presque entièrement le système malcommode du balancier de bois, dit courge, dont tous les utilisateurs, hormis quelques virtuoses, étaient voués aux éclaboussures. Les seaux sur bretelles étaient portés aux extrémités d'une sangle de cuir passant sur les épaules et maintenus à distance des mollets par un grand arceau de bois souple. Pour ne pas s'asperger le porteur mettait dans chaque seau la nageoire, un morceau de bois rond qui arrêtait les vagues provoquées par le balancement de sa marche. Ainsi équipé, Jean-Baptiste faisait jusqu'à trente voyages par jour aux prises d'eau publiques et dix au moins jusqu'à sa barrique qu'il nommait d'un mot savant que lui avait un jour enseigné un abbé, flânant sur les quais en quête d'aventures : le surnuméraire.

Rue Saint-Antoine, au pied du parvis de Saint-Louis, devant la fontaine de Birague [1], monument carré d'architecture classique sur-

1. Fontaine, dite aussi des Jésuites, édifiée en 1579 par le cardinal de Birague.

monté d'une fleur de lys de pierre, Victor et Jean-Baptiste retrouvèrent Paul Sadoul. C'était un porteur, passé maître dans sa corporation en 1658, un vieux de la vieille donc, l'un des seuls dans Paris à pouvoir encore parler avec lyrisme des taxes que Colbert avait fait peser un temps sur chaque verre d'eau bu par les Parisiens.

– Grand ministre, concluait invariablement Sadoul, mais qui n'avait pas vécu assez pour taxer l'air que l'on respirait ou le soleil à proportion du temps qu'il dardait ses rayons sur chaque sujet du roi...

Le projet de pénétrer dans la Bastille lui fut exposé par Jean-Baptiste.

– Entrer dans cet enfer? impossible! trancha-t-il catégoriquement. Personne ne dépasse le serdeau [1] ou l'office qui sont dans la première cour. C'est là que nous vidons nos seaux et les gens de monsieur de Saint-Mars font ensuite eux-mêmes la répartition dans la forteresse.

– Qui, à part toi, a quelque chose à faire à la Bastille? demanda Jean-Baptiste.

Paul Sadoul mit son esprit à la gêne :

– Ah, ça! tu me poses une colle.

– Les marchands de vivres?... Les tailleurs? insista l'Auvergnat.

– J'ai bien peur qu'ils n'aillent pas plus loin que moi.

– Les maçons?... Les ouvriers qui viennent exécuter des travaux? hasarda à son tour Victor.

– Pas sûr, estima le vieux porteur d'eau, monsieur de Saint-Mars est si avare qu'il fait faire toutes les réparations par ceux qui sont à l'intérieur : les personnes attachées à la forteresse et, parfois, les prisonniers s'ils sont habiles...

– Les curés?... Les médecins? reprit Victor.

Paul Sadoul ôta son immense chapeau noir, signe distinctif de ceux de sa corporation. Il se gratta la tête :

– Là, vous dépassez le cercle de ceux avec qui j'ai des habitudes... Sauf votre respect, mon bon monsieur, nous voici bien dans la m...

Prononçant ce dernier mot, le vieil homme parut d'un coup se changer en statue de sel.

– Pour sûr! exulta-t-il, je sais bien qui entre à la Bastille et en ressort trois jours après sans qu'on s'avise de s'approcher de lui lorsqu'il repasse la porte... Jean-Baptiste, que tu es bête, comment n'y as-tu pas songé, toi qui as été quelque temps dans ce noble métier?

1. L'endroit où l'on dessert les restes de table dits regras et où on les revend aux regratiers qui en font le commerce.

Au Palais-Royal, au soir de cette même journée, les frères Thésut, incapables de trouver le sommeil, veillaient de part et d'autre de leur petite table de tric-trac. La partie s'étiolait, le chevalier dodelinait du chef, son tabac à priser maculant son jabot. Il était trop abattu pour faire preuve de la hargne et de l'acharnement qu'il apportait habituellement au plus léger amusement. L'abbé rêvassait, la tête noyée dans les fumerolles de sa tisane de véronique.

– L'heure est sombre, grognait de temps à autre l'aîné des deux frères.

– Oui et quand il fera nuit cela ne s'arrangera pas, lui répondit distraitement son cadet tout à ses pensées.

Le secrétaire des commandements du duc d'Orléans haussa les épaules – c'était, dans le dialogue fraternel, la plus constante de ses reparties. Sans y prêter attention, l'abbé, attaqué imprévisiblement d'une démangeaison de gribouillage, s'empara d'un papier qu'il tourna en tous sens.

– Marchiali... Marchiali, ânonna-t-il.

– J'entends bien!

– Marchiali... Je le tiens, cette fois!

Le chevalier leva les yeux au ciel :

– Tétigué! c'est votre esprit pour le coup qui paraît s'assombrir.

– Je le tiens, vous dis-je... Regardez!

Il planta sous le nez de son frère une petite feuille sur laquelle il avait écrit en lettres bâtons MARCHIALI.

– Et maintenant, suivez bien ma main et comptez si les mêmes lettres n'y sont pas!

Fébrilement, sur un coin de la table de jeu, il écrivit HIC AMIRAL [1].

– Sac à papiers! s'écria le chevalier en bondissant par-dessus son fauteuil, c'est lui!... c'est lui!... Mais qui a pu être assez impudent pour nous fournir un tel indice... Qu'importe! qu'importe! Faites sonner la fricassée [2], nous sommes sur la bonne piste.

1. Ce fameux amiral.
2. Sonnerie de tambour pour rassembler les troupes.

# CHAPITRE TROISIÈME

## *Mesdemoiselles fifi*

Pas de pire état dans le Paris de l'ancien temps que celui de vidangeur. Ces préposés à l'infect étaient la honte de la cité qui les dérobait à la vue des gens honnêtes en les contraignant à n'œuvrer que nuitamment et les soupçonnait, entre autres forfaits, de polluer la Seine en allant y répandre en cachette leur épouvantable vendange. Ils passaient aussi pour s'enrichir des prises en or ou en bijoux faites dans le magma excrémentiel et pour s'adonner couramment à des pratiques contre nature. De cette dernière accusation, non fondée, leur était resté le bizarre surnom de demoiselles fifi dont personne ne savait plus l'origine. Tous ces parias, pourtant, payaient un tribut terrible à la fermentation des fosses : lorsque, par miracle, les vapeurs de soufre ne les avaient pas un jour asphyxiés, celles d'ammoniaque, après plusieurs années, finissaient par les rendre aveugles. Passé vingt ans dans ce métier, il n'était pas un homme qui ne fût, pour survivre, contraint de mendier au porche d'une église.

Malgré ces infortunes et l'opprobre jetée sur leur corporation, les vidangeurs n'avaient jamais manqué de bras. Comme il n'y avait autrefois, à Rome, à peu près que des volontaires pour s'enrôler parmi les gladiateurs, les fifis croissaient et multipliaient sans contrainte. Le très honorable salaire d'une livre et demie la nuit, la consolation d'avoir, pour se remettre de leurs barbotages crépusculaires, tout ce que Dieu faisait de soleil et de jour, attiraient dans leurs rangs nombre de gaillards, arrivés de leur province pleins de force mais sans un liard en poche.

Jean-Baptiste Cantaloube, en avril 1701, une semaine après être entré dans Paris, s'était de la sorte retrouvé « demoiselle » mais, parce qu'il nourrissait des raffinements qui ne sont qu'aux Auvergnats sous leur écorce rude, il s'était rapidement pris d'aversion pour son nouvel état. Bien vite, il n'avait vu dans celui-ci que le moyen rapide d'amasser les cent cinquante livres nécessaires à son admission dans la confrérie des porteurs d'eau. Cette montée en flèche du traitement souterrain des résidus à l'approvisionnement en onde pure des étages, ce cheminement à rebours dans la chaîne de la vie liquide, il le devait au père La Houlette, brave homme, sous un mufle terrible et fameux maître fifi de l'est de la capitale.

A cause de sa solitude – le célibat guettait presque immanquablement tous ces gens versés en un art qui les retranchait du monde – le père La Houlette s'était pris d'une rude affection pour sa jeune recrue. Estimant Jean-Baptiste trop sérieux pour le garder longtemps simple « gadouard », il lui avait offert la position de second pour tout le temps où il voudrait demeurer près de lui. Longtemps après, le porteur d'eau continuait de lui en garder de la reconnaissance. Il ne manquait jamais, par exemple, lorsqu'il passait à portée de la rue du Petit-Musc, de venir le saluer au cabaret de l'Ane Testu où le bonhomme tenait chaque soir un bureau d'embauche de demoiselles. C'est là également, les « nuits d'opération », que le maître fifi rameutait ses assistants et qu'il les régalait d'un fil en quatre [1], pour bien leur raccrocher le cœur, avant de les entraîner dans son terrible sabbat.

Traversant d'un pas alerte la salle qui s'enfonçait en contrebas de la chaussée, envahie de la fumée des bouffardes et de l'haleine des pauvres hères qui fouettaient verre sur verre pour se guérir du froid, deux ombres vinrent se planter devant le maître vidangeur.

– Et que dites-vous de celui-là, père La Houlette ? demanda Jean-Baptiste en poussant devant lui Victor qui avait enfoncé en méchant garçon son bonnet de laine et s'était frotté la figure d'amadou comme un gueux de la Cour des Miracles [2].

– Ma foi ! fit le vidangeur, si ce n'était que pour faire la demoiselle, passe !... Gadouard c'est autre chose.

– Il est de bonne souche comme moi et costaud en dépit des apparences, protesta le porteur d'eau, d'ailleurs nous sommes cousins...

– Par le trépied de Belzébuth, il ne te ressemble guère !... Ces épaules étroites, ces joues creusées... C'est tout juste le genre de gars qu'on risque de devoir aller repêcher au fond du moût.

1. Eau-de-vie très forte.
2. Les faux malades se teignaient le visage à l'amadou pour forcer la charité. C'est l'origine du verbe amadouer.

– Mettez-le à l'épreuve! renchérit Jean-Baptiste, foi de votre ancien compagnon, vous ne le regretterez pas.

Victor, tandis que l'œil du vidangeur roulait sur lui, retenait son souffle.

Le père La Houlette cracha par terre. C'était signe chez lui de l'imminence d'une décision.

– Je te propose un marché! annonça-t-il à Jean-Baptiste.

– Dites! Mais je vous vois venir.

– Je prends ton cousin mais c'est à condition que tu m'accompagnes dans ces trois jours de vidange que nous avons à faire à la Bastille... Je n'ai avec moi, ce soir, que des fainéants, des tire-sur-la-ficelle, des godiches foireux, qui risquent de me faire envoyer au diable par le gouverneur du château, monsieur de Saint-Mars, un vieillard irascible et avare.

Jean-Baptiste hésitait mais un clin d'œil de Victor le décida. Maugréant tout de même, il tapa dans la paume du vidangeur :

– J'ai le sens de la famille... Ça me perdra!

Aussitôt pourtant, d'un petit air fat, il ajouta :

– C'est d'accord mais à deux livres pour lui et cinq pour moi.

– Ah, vaurien! se récria le père La Houlette, tu m'assassines.

– Non, mon cher maître, au contraire, je vous tire, à ce que je crois, d'un fameux m....

– Pas ce mot, petit! pas ce mot! s'effraya le nouveau patron de Victor qui nourrissait, entre autres superstitions, celle de ne jamais prononcer le nom de la matière qu'il brassait.

– Quand partons-nous? s'enquit Jean-Baptiste.

– Dès qu'il fera noir et que tous mes chenapans seront là!... Ils ne se pressent guère ce soir car ils n'apprécient pas le séjour de la forteresse. Il faut dire que nous resterons enfermés trois jours sans permission de ressortir, qu'on nous fouillera à l'entrée comme on fait des hôtes ordinaires du roi et qu'on nous resserrera pour dormir sur la paille du premier cachot vacant... C'est un lieu affreux : les bruits du monde expirent à son seuil... Il n'est au-dedans que le carillon des verrous qui vous pénètre les os, que le mugissement des malheureux qu'on enchaîne. Ailleurs il attendrirait les tigres mais, là-bas, personne ne l'entend.

Huit heures venaient de sonner à Saint-Paul. Victor, le cœur lesté de deux chiquets d'eau-de-vie, fermait d'un pas mal assuré le calamiteux cortège des demoiselles. En tête, d'humeur allante, s'avançait Jean-Baptiste. Soit joie d'être secourable à des êtres qu'il estimait, soit excitation à l'idée de reprendre pour un soir des tâches ignobles qui allaient immanquablement lui donner la mesure de la grandeur de sa condition présente, il sifflait. A son sifflement, par-dessus le tintouin des seaux empilés par leurs anses aux ridelles, répondait le grognement satisfait du père La Houlette qui tirait sur son brûle-gueule [1], joyeux d'être tiré d'affaire et d'avoir retrouvé pour trois jours son meilleur disciple. Il avait pris place sur une planche posée à l'avant de son tombereau et piquait mollement, à l'aide d'une longue aiguillade, sa vieille mule aux oreilles raides.

Alors qu'ils longeaient la magnifique façade de l'hôtel de Mayenne, les vidangeurs furent soudain pétrifiés par le roulement d'un tonnerre. C'était un escadron de mousquetaires noirs qui rejoignaient à toute allure leur caserne située en lisière du faubourg.

Par un mouvement général de sauve-qui-peut, à mesure qu'ils prirent conscience du péril, tous les garçons coururent se rencogner entre les bornes cavalières, moulant leurs épaules à la muraille, se dressant sur la pointe des pieds, tandis que Jean-Baptiste, preste et vif malgré sa corpulence, parvenait à tirer la carriole de son maître dans le renfoncement d'une porte cochère.

Un capitaine qui fonçait en tête, tricorne rabaissé sur son front, soubreveste à double croix claquant au vent, fit exprès un brusque écart, criant à tue-tête :

– Gare! gare! chevaliers de la merde... Place aux gens du roi.

Victor, seul à ne s'être pas rangé, fut bousculé et déséquilibré par le déport de l'encolure de la monture de cette brute. Il vacilla, puis, lâchant la pelle qu'il portait sur son épaule dont le manche se brisa net, il roula, ramassé en boule, sous le déferlement de la vague.

Lorsque le reste de la troupe fut passé, sans faire davantage cas des cris des gadouards, la dernière recrue du maître fifi gisait sur la chaussée.

Jean-Baptiste s'époumonait en direction des mousquetaires dont les derniers, qui ne pouvaient d'ailleurs plus l'entendre, s'engouffraient sous la principale voûte de la porte Saint-Antoine.

– Si nous sommes les chevaliers de la matière, hurlait-il de sa voix de gourdin, vous ne méritez pas d'en être la piétaille.

Il ne cessa de vociférer que lorsque le père La Houlette l'eut tiré par la manche pour lui montrer Victor, le nez planté contre terre.

Lorsque l'Auvergnat se fut porté près de lui, le blessé tourna un visage éberlué, demandant avec un air d'idiot :

– Qu'as-tu ? Que t'est-il arrivé ?

– C'est à moi de vous poser cette question, protesta Jean-Baptiste.

---

1. Petite pipe très courte.

Victor grimaça soudain :

– Ma tête carillonne mais c'est mon pied... Mon pauvre pied que ces méchantes gens auront brisé.

– Essayez de marcher! ordonna Jean-Baptiste.

– Je n'y parviendrai pas.

– Essayez tout de même!

Le porteur d'eau leva Victor de terre sans plus de ménagement que la bretelle qui lui servait chaque jour à hisser ses seaux. Cette rude médecine n'eut d'autre résultat que de faire hurler celui à qui elle s'appliquait.

– Je ne puis plus tenir, gémit le jeune comte de Gironde.

– Nous voilà bien! maugréa le père La Houlette qui venait de s'approcher à son tour, si dans une heure nous n'avons pas commencé à abattre notre besogne, le roi ne sera plus mon client.

– Entrons! proposa hardiment Jean-Baptiste, nous expliquerons le cas au gouverneur.

– Morgienne! jura le maître fifi, je savais bien que tout irait de travers cette nuit, mon orteil me démange, c'est un signe infaillible.

Il cracha à la pointe de ses souliers.

– Va! dit-il, ces gens-là choisiront : un gadouard à l'infirmerie et les autres dans la fosse ou, bernique! ils seront rappropriés [1] plus tard.

Cette décision prise, Jean-Baptiste fit rouler Victor sur ses épaules et alla le déposer, avec des précautions de nourrice, à l'arrière du tombereau. La petite troupe s'ébranla de nouveau mais d'un pas que la crainte de l'irruption d'une seconde compagnie de cavaliers avait accéléré.

La Bastille finissait alors de hausser la dentelure de ses parapets en brèche, par-dessus la crête des dernières constructions bordant la rue Saint-Antoine : à gauche quelques modestes immeubles de rapport, à droite le couvent des Filles de la Visitation dont le portail de l'élégante chapelle circulaire ouvrait sur la chaussée de terre battue par un perron en demi-lune.

Sur fond d'un ciel chargé de noir, dans lequel des linéaments de nuages, en glissant, faisaient clignoter les étoiles, la forteresse construite par le féroce Hugues Aubriot changeait d'aspect à mesure que les vidangeurs s'en approchaient. De loin, c'était à peu près un monstre tapi dans le fossé de la ville, à trois cents pas, par le caprice du chatoiement des astres, cette masse informe s'ondait du relief des quatre tours tournées vers Paris. De plus près enfin, apparaissaient des ferrements, des herses, des frises, des épieux, les brèches encore

1. Nettoyés.

visibles faites en 1652 par le canon de Condé, qui pénétraient ses chairs et la rendaient effrayante. Primitivement la Bastille avait servi de porte à la cité, et la rue Saint-Antoine l'avait traversée de part en part. Il en restait encore la blessure dans ses flancs où se pouvaient voir deux grandes enjambées de pierres maçonnées, comblées d'un appareil au mortier plus clair. Lorsque avait eu lieu cette transformation, au début du xv$^{e}$ siècle, la rue avait été détournée vers une poterne bâtie sur d'anciens glacis. Sous Louis XIV, époque à laquelle les anciennes fortifications de Charles V s'étaient aplanies en mails plantés d'arbres, la porte Saint-Antoine, rebâtie en forme d'arc de triomphe, avait fait un écart, et la Bastille, le pied noyé dans ses fossés recreusés, s'était trouvée définitivement isolée comme une île maudite.

L'entrée de ce sombre séjour se faisait fort curieusement par un gracieux portail à pilastres doriques pris entre deux rangs de coquettes maisons. Toutes ces constructions dataient de 1643, époque à laquelle les Filles de la Visitation avaient obtenu permission du roi de bâtir au long du fossé, à charge pour elles d'édifier un portail neuf pour servir d'entrée au château. Ce portail s'adossait à un bâtiment bas dont l'unique pièce de l'étage servait à la fois de magasin d'armes pour la garnison et de musée d'artillerie qui se pouvait visiter avec autorisation du gouverneur. On appelait cet endroit le Magasin de Titon. Un guide du temps, à l'usage des voyageurs, assurait « ... *L'on y trouve abondamment tout ce qu'on peut chercher sur l'article des armes dans un arrangement et une propreté qui font plaisir à tous ceux qui aiment le métier périlleux de la guerre et l'attirail qui le suit.* » Le rez-de-chaussée se composait d'une baie voûtée garnie d'une grille qu'on levait à cinq heures le matin et qu'on abaissait le soir, à dix heures. De part et d'autre de la voûte étaient ménagés deux minuscules corps de garde.

Les gadouards, qui arrivaient encore à temps pour n'avoir pas à se faire ouvrir, s'engagèrent sous le passage et aussitôt deux soldats, que le tintinnabulement de la vaisselle de vidange venait de distraire d'une partie de piquet, passèrent la tête par le guichet.

Le quinquet posé sur l'appui de cette ouverture éclaira leurs figures réjouies.

– Je vous salue, messieurs des basses-œuvres [1]! se gaussa le plus jeune, soulevant par raillerie son tricorne.

– Je te rends ton salut, bouffi! répliqua le père La Houlette sans détourner la tête, je viens te délivrer... Le roi t'engraisse, tu c... trop.

1. Autre nom que l'on donnait par dérision aux vidangeurs.

Sans moi, dans cette étable à fainéants, tu nagerais vite dans ton bousin.

Trente ans de rebuffades et de moqueries sur le chapitre de son art avaient façonné le maître fifi à ces rudes reparties. Elles étaient même devenues son seul style de dialogue avec le monde et elles n'altéraient plus son humeur. Aussi, après avoir lancé ces propos peu amènes, c'est placidement et presque joyeusement qu'il aiguillonna sa vieille mule pour s'extraire de dessous la voûte.

La première cour que l'on nommait avant-cour était cernée de bâtiments sans unité. A droite, se soutenaient comme elles pouvaient de vieilles baraques à deux étages qui servaient à loger les soldats, en majorité des invalides, préposés à la garde de la forteresse. Face au porche d'entrée, une double porte, dite Porte de bois, servait à joindre la cour de l'Orme et l'Arsenal. A gauche enfin, fait plus étrange, s'alignaient une vingtaine de minuscules échoppes sur lesquelles le gouverneur percevait des loyers. Se tenaient là, entre autres, un perruquier, un parfumeur, deux merciers, un confiseur, le cabaretier-cantinier du château... Drôle d'idée, pensera-t-on, que de tenir boutique dans la cour d'une prison! mais le chaland n'y faisait pas défaut et les loyers y étaient réputés parmi les plus chers de Paris. Les Filles de la Visitation, qui n'avaient eu de cesse tout comme le gouverneur de la forteresse d'installer des commerces au bout de la rue Saint-Antoine, avaient prouvé, en s'enrichissant aussitôt, qu'en dignes filles de sainte Jeanne de Chantal elles s'entendaient aux subtilités du monde. La proximité d'une porte, parmi les plus fréquentées de la ville – celle par laquelle continuaient de se faire les entrées royales – le succès dont jouissait depuis toujours la promenade de la Bastille où les badauds s'émoustillaient du secret espoir de pouvoir reconnaître en levant les yeux quelque prisonnier fameux, la liberté – pour ce qui concernait l'avant-cour – donnée au public d'entrer et sortir à sa guise, permettaient de passer sur l'inconvénient de la présence des sentinelles qui dispersaient tout attroupement et sur l'obligation faite à tous d'entrer dans les échoppes au moment où arrivaient ce qui s'appelait les « ordres du roi » [1].

A l'extrémité de l'avant-cour, après avoir longé la ligne courbe que dessinaient les devantures de ces boutiques, à cette heure-là fermées et garnies de leurs volets, les gadouards se trouvèrent devant une porte plantée au ras d'un fossé et précédée d'un double pont-levis dont seule la volée la plus étroite, celle réservée aux piétons, était abaissée. Ce pont-levis et cette porte étaient dits de l'Avancée. Ils

1. On verra plus loin que ces « ordres du roi » étaient non seulement les prisonniers mais tout visiteur ou ministre venant en mission à la Bastille.

étaient la véritable entrée de l'aire strictement réservée au service du château.

Jean-Baptiste, à peine eut-il posé le pied sur la première planche, se trouva arrêté par une sentinelle. Après un bref dialogue fusa un éclat de rire, puis une nouvelle rafale de quolibets, recouverte aussitôt par le mugissement des treuils. Le grand pont se mettait en place pour livrer passage à la glorieuse cohorte du père La Houlette.

Les fifis pénétrèrent dans la cour du Gouvernement où se trouvait, sur la gauche, un nouveau corps de garde dit corps de garde de l'Avancée, composé d'une maison d'un étage qui ne consistait qu'en une petite salle, une chambre et un petit cabinet, où logeait le gouverneur et, sur la droite, plusieurs pauvres bicoques de bois. Victor, depuis la carriole, les épaules battues par les seaux et les cordages, ouvrait grand les yeux. La simplicité du logement de monsieur de Saint-Mars le laissa pantois. Ainsi cet homme qui avait amassé, disait-on, une fortune considérable, acheté terres et château en Bourgogne, vivait-il au bord du fossé putride de sa prison, dans une demeure à peine digne d'un sergent. Là était la marque du caractère de ce serviteur du roi que nous allons apprendre à connaître. Ce que son successeur, pourtant moins noble que lui, refusera, quinze ans plus tard, en faisant construire à son usage un hôtel de belle allure, Saint-Mars l'acceptait pourvu que le service n'en souffrît pas et que son magot s'arrondît.

Entre les bicoques de bois, où, plus mal logés que le gouverneur, s'entassaient ses domestiques, se trouvait l'amorce d'un escalier tournant menant aux fossés intérieurs, celle de l'escalier droit réservé aux fossés extérieurs, tous deux adossés à un petit belvédère regardant vers l'Arsenal qui surmontait plusieurs petites salles à usage de bain. Plus à droite, ouvrait la porte du jardin réservé au gouverneur ainsi que l'accès d'un second passage ménagé trois ans auparavant – en 1700 exactement – entre la Bastille et l'Arsenal.

Un personnage coiffé d'un lampon [1], roulé dans une capote et tenant à la main un falot, s'approcha en boitant. C'était Jacques Rosarges, le major de la forteresse, monstre d'allure et de figure, dont le nez tout en chou-fleur paraissait se charger de vingt ou trente autres petits nez. Il venait de Provence. Il lui en restait l'accent et le mauvais parler. Il était aussi vieux que le gouverneur auquel il était attaché depuis plus de trente ans et de qui il avait pris toute la méchanceté, qu'exacerbait son goût pour de fortes boissons. Ancien ramoneur, entré autrefois dans Paris, en pleine Fronde, la gaule sur l'épaule, il avait par la suite porté le mousquet dans la compagnie

1. Chapeau dont le bord est relevé par une agrafe.

dont monsieur de Saint-Mars était brigadier. Lorsque ce dernier avait été nommé à Pignerol, puis à Sainte-Marguerite – lieux sinistres dont les suites de cette histoire nous obligeront de reparler – il l'avait chaque fois suivi ou plutôt précédé, tenant son cheval par la bride et portant la hallebarde qui était l'insigne du pouvoir des gouverneurs des forteresses royales. Au terme de leur dernière pérégrination, sa fidélité lui avait fait obtenir l'importante charge de lieutenant de compagnie de la Bastille. Cet officier, que l'on nommait plus fréquemment major, devait faire un rapport quotidien au lieutenant de police, ce dont Rosarges eût été bien incapable sans le secours de Du Jonca, lieutenant du roi dans la place. En contrepartie de ces obligations qu'il ne remplissait pas, il recevait six cents livres par an sur le budget de la guerre et cinq livres par jour sur celui de la Maison du roi. Il était exempté d'impôts sur six bussards [1] de vin qui ne suffisaient pas à sa consommation. Il recevait en outre soixante à soixante-dix livres par mois pour les « dépenses extraordinaires des prisonniers » telles que faire frotter la chapelle, fournir aux indigents du tabac, des peignes de corne et de bois, faire friser leur perruque, leur donner de la poudre pour dégraisser leurs cheveux, leur fournir papier, encre, plumes, cire d'Espagne, faire nettoyer les cours.... On verra plus avant que la chapelle était sale, qu'en guise de tabac les prisonniers en étaient réduits à faire sécher leur crotte pour se la fourrer dans le nez, que la teigne leur dévorait la tête... Ces soixante livres demeuraient donc dans la poche du major qui ne favorisait que ceux qui voulaient bien devenir ses espions.

Rosarges qui, malgré sa jambe raide, allait aux vidangeurs d'un pas rapide, traînait dans son sillage quatre des hommes de la compagnie franche du château. Cette compagnie coûtait treize mille livres par an au roi, elle se composait en 1703 de quarante-quatre hommes payés onze livres par mois, de trois caporaux payés onze livres et deux sols, de trois sergents payés quinze livres et d'un tambour qui émargeait à douze. C'étaient pour la plupart des éclopés, parfois des béquillards, que le gouverneur recrutait à sa guise et qu'il habillait de fripes militaires remarquables par leur variété de coupe et de couleur. Ces quatre-là allaient par paires, deux avec des justaucorps gris à longues basques venant d'un régiment appartenant à un colonel, deux en brassière bleue, couleur qui, comme on l'a vu plus haut, était avec le rouge la couleur des troupes royales. Ils portaient la baïonnette sur l'épaule et, tout en avançant à la même allure que le major, se couvraient la face de leur tricorne. Ce n'était pas l'une des moindres curiosités du règlement de la Bastille que l'article qui obli-

1. Le bussard ou muid de Paris contenait 268 litres.

geait les factionnaires de la prison à dérober leur visage pour ne voir aucun des prisonniers qui entraient ou sortaient.

– Chapeau bas, têtes dures! ricana Rosarges qui se trouvait encore assez loin, saluez plutôt messieurs les stercoraux [1].

Il avisa le père La Houlette, resté planté sur le banc de sa carriole avec la dignité d'un sénateur de l'ancienne République.

– Dis donc, chef écopeur! continua-t-il de cette voix grincheuse qui trahissait sa méchanceté, tes gars me font l'effet d'être chaque fois un peu plus mal emminés... Pour qu'ils continuent à faire un pareil métier, il faudrait peut-être que tu te décides à les nourrir.

– Dame! bougonna celui à qui s'adressait le compliment sans presque desserrer les dents du tuyau de sa petite pipe, le roi ne me paye pas suffisamment pour que je les gave de chapons comme on fait de toi ici... Sache d'ailleurs que j'en trouve de moins en moins qui soient désireux de venir contempler ta figure de hibou.

– Tu as du bagou, vieux singe!... Maître filou t'irait bien mieux que maître fifi... Mais, nargue! que tes pendards ne s'avisent pas d'aller verser leurs sauces infâmes dans le fossé... Je ne les quitterai pas de l'œil de ces trois jours.

Il considéra Victor, installé à l'arrière de la carriole.

– Et celui-ci, ce petit maître, cette vraie demoiselle... Que se prélasse-t-il?

– Il s'est blessé en chemin... Je demande pour lui le secours du chirurgien de ce château.

– Le chirurgien! se récria Rosarges en pensant de s'étouffer, tu te trompes d'adresse, fifi, ce n'est pas La Charité ici [2]!

– Et tu n'es pas non plus monsieur Mareschal... Écoute! ce garçon a été piétiné par des soudards de mousquetaires qui n'auraient pas agi autrement s'ils avaient voulu le tuer. Serais-tu par hasard aussi mauvais chrétien que ces gens-là?... De toute façon tu devras choisir : ou je m'en retourne avec tout mon monde et l'air d'ici deviendra irrespirable ou tu soignes mon gadouard et nous descendons dans les fosses.

– Ne serais-tu pas aussi maître-chanteur?... Je vais en référer au gouverneur mais je t'aurai prévenu, fifi, il y a du grabuge en ce moment ici... De vilaines histoires... Des choses qui nous dépassent et qui rendent les gens nerveux. Monsieur de Saint-Mars, par les temps qui courent, n'est pas d'humeur à badiner.

– Va tout de même, major! et rapporte-lui exactement ce que je

1. Merdeux en langue noble.
2. Hôpital situé à Saint-Germain-des-Prés.

viens de te dire... Je compte sur sa jugeote, plus que sur la tienne, pour nous accommoder.

Rosarges, furieux, disparut dans le noir en clopinant.

L'on entendit bientôt, du premier étage du logis, malgré les fenêtres refermées, percer un fausset irrité. C'était précisément le gouverneur :

– Que ces gens aillent au diable!... Ce n'est pas l'heure de me chatouiller, le leur as-tu dit?

– Oui-déa, monsieur! mais le maître fifi s'obstine, il veut que son garçon soit soigné.

– En ce cas, qu'ils repartent! je n'ai que faire ici de séditieux et d'obstinés.

Une voix grave se fit alors entendre. C'était celle de Du Jonca, le lieutenant du roi dans la forteresse.

– Ne pensez-vous pas, monsieur le gouverneur, qu'avec les événements des derniers jours nous risquons d'avoir bientôt des visites?...

– Et quand cela?

– Il serait fâcheux qu'on puisse penser à la cour que l'air ici n'est pas supportable.

Monsieur de Saint-Mars répondit à l'objection par un léger grognement puis, après un silence qu'on devinait tout occupé chez lui par le combat de la raison contre la colère :

– Va! dit-il, quoiqu'à Versailles on n'ait pas de leçons de bon nez à me donner, qu'on laisse entrer ces gens et qu'on soigne leur gadouard... Mais, schelme! je m'en souviendrai. Je n'aime pas être forcé.

Précédés de Rosarges redescendu essoufflé, flanqués des quatre invalides qui s'étaient mis en file de part et d'autre de leur carriole, les demoiselles se disposèrent enfin à pénétrer dans la forteresse.

Nul ne s'était jamais, sans un serrement de cœur, engagé sur le pont dormant, long de trente toises, dit Pont de pierre ou, plus pompeusement parfois, Avenue de la Grande-Cour, qui enjambait, de ses trois arches, le fossé cernant le château d'Hugues Aubriot. A son entrée, du côté de la seconde cour, de part et d'autre d'un parapet de fer, deux petits escaliers donnaient accès au chemin de ronde, dit Galerie de bois qui était accroché en encorbellement à la contrescarpe tout du long des quatre faces du fossé intérieur. Depuis là, nuit et jour, des factionnaires décrivaient une ronde afin de surveiller les tours. Tous les quarts d'heure, revenant près de l'escalier, ils faisaient tinter la cloche attenante à un minuscule corps de garde que surmontait le logis de l'aumônier.

Au bout du pont dormant se trouvait un second pont-levis, double comme celui de l'Avancée. Le passage le plus étroit, le seul accessible à toute heure, était réservé aux piétons. Il s'engageait au travers d'un treillis de fer qui le faisait ressembler à une volière, aussi l'appelait-on communément la « cage ». A l'intérieur de celle-ci, se tenait en permanence une sentinelle qui pouvait alerter à la fois le corps de garde situé au bout du pont de pierre, du côté de la seconde cour, et celui de l'entrée proprement dite du château, installé au pied de la tour de la Comté.

Suite au cri réglementaire de : « On y va! », articulé par cette sentinelle, baïonnette au fusil dans cette sorte de nasse, une sonnette commanda la manœuvre du grand pont. Tandis que les chaînes se tendaient en mugissant, Victor éleva un regard craintif vers le sommet crénelé des tours. Le vent se roulait alors dans le fossé avec force et la mule du maître fifi, immobilisée à trois pas du vide, aussi impassible et fière que celle de ses congénères qui avait autrefois porté Jésus en triomphe, dominait sans en paraître effrayée un précipice de vingt-six pieds.

Le pont franchi, le visiteur éprouvait encore un peu plus d'inquiétude à se trouver au pied d'une double porte peinte en vert, garnie de clous à têtes martelées, bardée de pantures et de lames de fer de l'épaisseur du poing.

C'est là qu'il fallait glisser le mot de passe au factionnaire aposté à l'intérieur du corps de garde dont la figure, bariolée des traînées rouges produites par la proximité d'un foyer, apparaissait dans l'encadrement d'une fenêtre grillagée.

– Bas les masques! cria résolument Rosarges.

Il se fit aussitôt un bruit de verrous capable de faire trembler l'homme le plus aguerri. La porte vacilla, tourna sur ses gonds criards, élargissant peu à peu la déchirure argentée que produisait un reflet de lune mourant au fond de la première cour intérieure : là commençait le séjour des réprouvés.

Une vision funeste, une de ces visions dont on continue d'avoir peur longtemps après la fin d'un rêve, s'offrit à la vue des fifis : jambes écartées, bras croisés, campés dans l'axe du pont tels des bourreaux au bord d'un échafaud, le dos collé à une palissade de bois qui obligeait à faire un détour pour avancer, attendaient deux des soutiers de cet enfer, deux figures glaucescentes : Rû, l'un des porte-clefs, le plus rapace, le plus cruel, le plus fourbe, et le capitaine des portes qui se nommait l'Écuyer, l'une des âmes les plus sales de cette île maudite. Ces deux-là se haïssaient et s'espionnaient mais s'accordaient pour tourmenter les malheureux tombés en leur pouvoir.

Antoine Rû, comme Rosarges, était provençal, lui aussi recrue de

Saint-Mars, entré à son service un an avant le major, c'est-à-dire trente-deux ans auparavant, pour conduire ses chevaux de bât et ses mulets à la guerre. Promu à la Bastille quelque chose comme surveillant des porte-clefs, il était fameux pour avoir « converti » quantité de protestants en les affamant. C'était une sorte de satyre de poil roux non peigné, plus infect qu'un bouc L'Écuyer était tel que Rubens peignait ses bourreaux lorsqu'il voulait nous laisser l'idée sanglante de la passion du Christ. Les épaules grosses et rondes comme une timbale renversée, le nez fait comme le bout d'une andouille, le crâne pelé comme un genou.

Autour d'eux se tenaient quelques succubes inférieurs : des apprentis porte-clefs dont les figures n'étaient encore qu'à demi patibulaires, des soldats de la garnison, manchots, unijambistes affublés de pilons, borgnes, drôles à nez cassés, dont le visage et les hardes avaient pris la couleur de la muraille, enfin des gueux et des chiens maigres, emprisonnés eux aussi, mais qu'on laissait libres d'aller et de venir dans les cours sans crainte de les voir filer parce que la détention avait fini par leur donner l'horreur de la liberté.

Le capitaine des portes, que la mule du père La Houlette, en continuant d'avancer, n'avait pas décidé à bouger, fit un brusque écart et s'emporta :

– Oh là ! butor, viens-tu m'assassiner ?

– Ma mule ne connaît pas les détours ! répliqua le maître fifi nullement effrayé du sombre accueil de ses hôtes.

– Ta mule est aussi impertinente que toi, gadouard.

Le patron de Victor se contenta de hausser les épaules, mouvement que la nuit enveloppa à point nommé pour le dérober à l'œil des deux terribles cerbères.

– Tous les trous sont à curer, vieux renard, dit Rû, sauf dans la deuxième Bertaudière... Défense d'y toucher que je ne sois avec toi !

– Toi dans la fosse, gosier d'éponge ! ricana le vieux vidangeur.

– Nous y pataugerons de concert, répliqua méchamment le porte-clefs.

– Aurais-tu encore perdu une de ces cuillères d'argent, comme celle pour laquelle tu nous as tourmentés si fort l'an passé ?

– La douzaine et tu n'y mettras pas les pattes !

– Qu'un prisonnier soit rusé au point d'avoir encore un jonc de cuivre après que tu aies visité son bagage et plongé tes doigts sales jusque dans son fondement, voilà bien de la magie !

Rosarges s'avança et désigna Victor :

– Celui-là qui est blessé va à l'infirmerie, ordre du gouverneur.

– Ces demoiselles ont droit à tous les égards, maugréa le capitaine des portes avant de laisser étinceler son œil noir pour ajouter à l'adresse du major : Mène-le à Reilhe en lui recommandant de s'informer sur la réalité du mal !

Victor fut aussitôt tiré fort rudement par le major, puis poussé, sans davantage de ménagement, vers l'espèce de cul-de-basse-fosse que formait le sous-sol d'un bâtiment transversal et récent dit Appartements, qui, cinquante ans auparavant, avait coupé en deux la cour primitive. Au fond de cette caverne, percée d'ogives en partie enfouies sous le pavé, officiait le chirurgien Reilhe.

Celui-ci s'y trouvait alors, rêvassant devant la paillasse de son apothicairerie, fumant une pipe de terre et considérant, avec un reste de fascination dans le regard, une grosse araignée noire qui tissait sa toile. Ce serpenteau appelé à devenir serpent n'en était alors qu'à ses débuts à la Bastille et son allure dégingandée, son corps grimpé en échalas, sa figure maigre, ses cheveux huileux sur chacun desquels se sustentaient quatre lentes, témoignaient des rudes privations de sa condition militaire première. Lui aussi provençal – né à Nîmes où il avait été longtemps simple frater [1] avant d'exercer à l'armée – il devait son introduction dans la forteresse à l'aumônier, l'abbé Girault. Il n'avait pas encore cette épaisseur et cette morgue que les prisonniers des temps ultérieurs lui virent prendre lorsqu'il eut appris à contempler d'un œil sec la misère des hôtes du roi, tarifer ses drogues, rançonner les riches, tondre à ras ceux qui étaient gueux ou sans plus d'espoir de jouir à nouveau de la liberté. C'est ce jeune homme non encore moulé à la crapule mais dont l'âme avait toutes les dispositions pour se noircir, resté sensible à la force du serment d'Hippocrate quoique déjà capable de ne pas s'émouvoir, qui avait soin, sous les ordres d'un médecin en titre qu'on ne voyait jamais, de la condition physique des habitants de la Bastille.

Rosarges avait poussé Victor depuis le haut du petit escalier dévalant dans l'infirmerie et celui-ci, sans pouvoir contenir un cri de douleur, s'était affalé au bas des marches sur la boue détrempée et meuble qui constituait le plancher de ce sous-sol.

– Homme cruel ! balbutia le jeune blessé en relevant vers le major, qui venait d'éclater d'un rire affreux, un visage resté froissé d'une grimace.

Reilhe s'était levé pour secourir son visiteur.

– Vous pouviez en effet lui faire très mal, lança-t-il à l'adresse de Rosarges.

– Monsieur le savant, maugréa cette brute, on te paye ici pour réparer ce que l'on casse... Tu bayes aux corneilles et j'arrive à point

1. Aide d'un chirurgien.

pour te donner l'occasion d'exercer tes talents... Mais, d'abord, dis-moi exactement ce qu'a cette demoiselle.

Reilhe s'agenouilla, ôta le soulier rapiécé de Victor que Jean-Baptiste était allé acheter pour lui dans une savaterie [1] et fit glisser son bas d'étame.

– Le pied est enflé, constata-t-il.

Et lorsqu'il eut fait réagir son patient en effleurant sa cheville :

– Une belle entorse à ce qu'il paraît... Un onguent à la graisse de marmotte de ma composition, un bandage serré et je vous le rendrai bien campé dans cinq jours.

– Trois jours, médecin ! tu n'auras que trois jours car d'ici là les fifis seront repartis... Trois jours c'est déjà beaucoup gâcher ta science pour ce vaurien. L'aumônier est bien moins charitable que toi...

Reilhe partit d'un rire jaune :

– Ah ! ne me comparez pas à l'abbé Girault et ne tentez pas de me dresser contre lui... On peut se montrer dur avec les âmes quand les corps sont si bien soignés que je fais.

Rosarges remonta le degré en maugréant :

– Va ! défends l'abbé à qui tu dois tant mais reste dix ans dans ce séjour et, comme lui, tu viendras à plus de férocité.

Reilhe, qui avait haussé les épaules tandis que le bonhomme sortait, vint se camper devant Victor avec un air de grand soupçon.

– Çà ! je n'ai rien dit devant ce rustre mais je vous trouve la cheville bien fine et la peau bien douce pour un vidangeur.

L'absence à cette époque, chez le chirurgien, d'une véritable pratique de la cruauté, laissa à Victor le temps d'exposer le conte qu'il avait à demi forgé dès le moment où il s'était vu blessé.

– C'est que, monsieur, voilà la première fois que j'allais en vidange... Je suis un pauvre cadet d'Auvergne qu'on avait mis à étudier pour être chantre et que la mort de ses bienfaiteurs vient de contraindre à gagner Paris pour vivre. Mon cousin, Jean-Baptiste Cantaloube, la seule personne que je connaisse ici, m'avait fait engager ce soir mais le sort n'a pas voulu que je descende avec lui dans la fosse... Du moins pas aujourd'hui.

Reilhe, ému par l'accent de sincérité de son patient, quitta son masque terrible.

– C'est un signe, opina-t-il, vous n'êtes pas taillé pour faire ce métier.

– L'idée même ne m'en convient pas, appuya Victor.

---

1. Magasin où l'on trouvait des souliers d'occasion.

Le chirurgien, lorsqu'il eut terminé le pansement, considéra son patient avec un air de bienveillance.

– J'ai eu faim, moi aussi, confia-t-il d'une voix qui s'était brusquement nouée, en tout cas, durant ces trois jours, vous n'aurez à vous soucier de rien, ce sera pour vous le pain et le couvert du roi.

Il n'est certainement pas un être au monde pour affirmer de bonne foi avoir pu fermer l'œil dans la première nuit qu'il ait passée à la Bastille. Victor, quoiqu'il y soit entré avec la certitude d'en ressortir bientôt, était trop obsédé par l'épaisseur des mystères qu'il était venu y démêler pour faire exception à cette règle.

Dès que Reilhe fut reparti fumer et rêver près de ses grimoires, emportant avec lui l'unique chandelle de quartier qui donnât un semblant de lueur à l'infirmerie, il s'était adossé au mur. Assis sur son grabat, les yeux grands ouverts, il avait passé en revue les événements de la soirée. Les bruits du dehors lui parvenaient, chargés des menaces dont l'inaccoutumance et l'obscurité colorent chaque son. Ce furent d'abord, au loin, des rires en convulsion que Reilhe, le lendemain, lui affirma être ceux d'un prisonnier fou, les chants gaillards poussés par la voix éraillée des soldats qui montaient la garde en buvottant dans les Appartements, le charivari incessant des verrous et des grilles dont le fracas descendait jusqu'au fond de ce caveau, enfin le tintement aigrelet et lancinant de la cloche que les factionnaires actionnaient chaque quart d'heure. Plus à portée, c'étaient le galop d'une horde de rats, le frottement sourd que produisait le chirurgien en mélangeant ses drogues, la faible stridulation d'un mystérieux cloporte et, par-dessus tout cela, montant et refluant, une plainte qui ressemblait à un gémissement sorti de l'épaisseur des murs.

Victor n'avait toujours pas cédé au sommeil, depuis trois heures qu'il gisait sur sa couche, lorsqu'un pas se fit entendre dans l'escalier. C'était l'aumônier de la forteresse, l'abbé Girault, l'« âme » et la marotte de monsieur de Saint-Mars. Le gouverneur s'en était entiché à Sainte-Marguerite et l'avait emmené avec lui, comme Rosarges, comme l'Écuyer, des bords de la Méditerranée jusque dans cette caverne infernale. C'était au vrai un fort laid personnage avec un long nez rabattant fait en bec de perroquet, de grands yeux creux, une bouche relevée comme celle d'un More, un teint cireux, des genoux de bœuf. Il se piquait d'une propreté toute abbatiale. Le castor le plus lustré, la perruque la plus blonde et la mieux poudrée, le rabat de la bonne faiseuse sur laquelle la nonne la plus critique n'eût pas trouvé à gloser, les souliers les plus mignons, faisaient paraître plus rebutante encore la crasse des deux compagnons venus avec lui dans le cortège du gouverneur. L'« âme » de monsieur de Saint-Mars était une âme noire qui s'efforçait d'accorder sa figure austère à sa prétendue rigueur et qui se délectait à tout propos de faux scrupules. C'était le type de dévot capable de s'accuser en confession d'avoir senti le goût de l'épaule de mouton en mangeant une carpe. Il nous sera donné plus loin d'apprécier l'usage fort peu canonique que faisait Girault de cette élégance, de ce vernis de dévotion et de sa position ecclésiale à laquelle il avait su adjoindre les charges rémunératrices de gargotier et de sommelier de la prison, mais laissons-le passer à trois pas de Victor et rejoindre le chirurgien...

– Voyez ça, Reilhe ! s'exclama-t-il avec un accent de triomphe en tirant de sa soutanelle un papier, le billet d'introduction à la Bastille du mystérieux révérend père qui est venu sous le nom de père Florent visiter le prisonnier la semaine dernière...

Reilhe lui fit signe de parler bas. Il leva sa chandelle dont le cercle, en s'étirant, alla baigner la couche de Victor qui venait d'avoir le réflexe de s'étendre et de faire semblant de sommeiller.

– Où avez-vous trouvé cela ? s'enquit le chirurgien.

L'abbé répondit d'un petit rire. Il s'empara du bras de l'ancien frater et lui serra le poignet comme s'il désirait le faire complice d'une noirceur.

– Lorsqu'il est ressorti d'ici, après que je l'ai assisté dans son office auprès du prisonnier, ce prétendu père Florent m'a fait jurer de détruire toutes les traces de son passage.

– Et vous ne l'avez pas fait ?

– Pas si fou... Ce papier vaut de l'or. Je l'ai retiré au greffe mais je l'ai gardé.

– Cela peut vous coûter la vie ou la liberté.

– Gentil chirurgien ! apprenez qu'il faut quelquefois risquer un peu pour gagner gros... Au fait, avez-vous préparé le narcotique que je vous ai demandé ?

– Que comptez-vous en faire ?

– Endormir monsieur de Saint-Mars et son neveu pour fouiller là où vous savez...

– Que pensez-vous y trouver ?

– Le fin mot de ce secret autour duquel nous tournons... Un secret dont l'oubli me vaudra un évêché.

– Vous êtes audacieux... Mais pourquoi me dire cela à moi ?

– Je veux faire de vous mon allié.

L'abbé considéra le chirurgien avec un recrû de gravité.

– Oui! nous sommes deux intelligences parmi des brutes.... Aidons-nous un peu : vous serez riche, je serai évêque...

– Ou nous croupirons tous deux à jamais dans un pourpoint de pierre [1].

– Homme de peu de foi!

– Je pense, hélas! en avoir plus que vous.

– Je ne parle pas de celle dont nous abuse la frocaille, jeune sot!... Non, je songe à celle qu'il nous faut avoir dans notre étoile... Écoute! après-demain je dois confesser le gouverneur. Je lui verserai ton narcotique et j'agirai à ma guise.

– Mais...

– Ne discute pas! fais confiance à celui qui a su reconnaître ta supériorité et qui a fait de toi ce que tu es... Je t'ai fait appeler dans cette prison, ne l'oublie jamais. Tu me dois déjà trop pour ne pas m'obéir... J'attends ta potion demain à ma sortie de vêpres.

L'abbé ressortit comme il était entré, à pas précipités, laissant Reilhe sans voix et Victor, les yeux écarquillés, recroquevillé dans le noir pour lutter contre le froid qui avait commencé de pénétrer l'infirmerie.

Au matin, Reilhe paraissait étrangement songeur. Il était resté une partie de la nuit accoudé à sa paillasse et le heurtement étouffé de son pilon dans le mortier avait accompagné jusqu'à tard les murmures de la prison.

Il examina le pied du blessé.

– Voici qui n'est plus si enflé, observa-t-il avec la satisfaction presque émerveillée de voir que son art opérait, vous marcherez avec moi tout à l'heure, mes maîtres, à l'armée, professaient qu'il ne faut jamais s'amollir après un accident... Vous porterez mes instruments et le clystère dans ma tournée des prisonniers... Vous me servirez de l'aide que je n'ai pas et que le ladre gouverneur de cette forteresse a décidé, une fois pour toutes, de remplacer par les porte-clefs qui tiennent cet office à tour de rôle.

Deux heures plus tard Reilhe, au retour d'une courte promenade en ville, pouvait jeter un regard satisfait sur l'ouvrage de celui qu'il venait d'élever au grade d'assistant : sept seringues démontées, aux canules de corne savonnées, aux pistons de buis huilés, s'étalaient sur la table de marbre de l'apothicairerie. Leurs flancs d'étain lustrés renvoyaient l'image renversée des pots de l'officine.

1. Nom que l'on donnait à la Bastille à d'étroits cachots dans lesquels le prisonnier ne pouvait pour ainsi dire pas se mouvoir.

– Le matériel est en état, estima Reilhe, les purges seront opérantes.

Et se tournant vers Victor :

– Remettez-moi en mémoire le détail des médecines du jour!

L'apprenti médicâtre décrocha de son clou, pour le lire, le rôle des soins tarifés.

– Quatre lavements pleins à expulser à dix sols, trois lavements à conserver à quinze sols, deux lavements répétés à vingt-cinq, deux petites saignées de précaution à trente sols, une grande saignée de demi-pinte en deux tailles, le tout pour cinquante sols.

– Voici qui est bien! dit Reilhe en se frottant les mains.

Il refit mentalement le compte des gains escomptés dans sa journée avant d'appuyer une moue satisfaite parce que le profit tombait en entier dans son escarcelle depuis qu'il avait racheté, par l'entremise de l'abbé Girault, pour l'exercer parallèlement à celle de chirurgien, la charge d'apothicaire de la Bastille.

– Je ne crois pas aux prodiges des purgations, observa avec cynisme ce hardi Provençal, pourtant les malades payent gros la faveur de se voir de la sorte garnis, depuis le fondement, par ma main... Je ne puis raisonnablement les défausser de leurs croyances.

– Quelle différence d'effet y a-t-il entre toutes ces médecines? s'enquit Victor qui paraissait prendre intérêt aux secrets de son nouvel état.

Reilhe, tout en passant sa toge par-dessus le vieil uniforme de drap de Lodève qu'il avait conservé de son temps de service dans l'armée, entama, avec un air de grand sérieux, l'instruction de son aide. Il était malhabile dans son art, audacieux dans ses pratiques jusqu'au crime comme il nous sera donné de voir, mais sa constance à laver son ignorance était remarquable. Dans ses longues nuits de veille, il repassait inlassablement ses livres de médecine et il en apprenait par cœur des passages sans pour autant devenir meilleur praticien. Il s'enfarinait ainsi de sciences et la leçon qu'il fit à Victor était, au mot près, le corpus sur les clystères en usage à la Faculté :

– Le lavement plein provoque le flux du ventre, celui que l'on conserve et que l'intestin boit, le suit, dans certains cas, pour amollir les organes, celui que l'on pousse jusqu'aux selles rouges n'est autre chose qu'un lavement plein qu'on renouvelle jusqu'à ce que toutes les humeurs malsaines soient chassées et que les substances saponifères attaquent la première pellicule sanguine des muqueuses, la matière que l'on découvre alors lorsque le malade se relâche doit être mi-liquide et d'un beau vermeil uni... Le clystère plein est donc actif, attaquant, stimulant des nerfs et des vaisseaux de la poche digestive, celui que l'on conserve, émollient, doux, calmant des boursouflures et brûlures de l'intestin relâché, il doit humidifier les parois que la matière a desséchées en stagnant... D'ailleurs, vous allez pouvoir constater vous-même la différence de leur composition.

Le praticien entraîna Victor près de l'âtre minuscule ménagé dans une niche à portée de la cheminée de l'officine. Là, fumait le fond commun des médecines purgatives : une bouillie faite de fanes de raves, de radicelles, de figues et de tamarin. Il en soutira quelques louchées qu'il filtra dans une étamine tendue sur un vaisseau de bois puis, à pincées bien mesurées, il ajouta en tournant du sel, de la cendre, enfin du suc de lierre fraîchement pilé, de la poudre de venin, du crottin de cheval et du nihil-album [1]. La médecine à garder se composait pour moitié seulement de ce noble potage ; on la complétait, pour quantité égale, du résultat d'une décoction de raisins séchés mêlés d'orge, additionnée de lait d'amande et de sciure d'ipécacuana [2].

Les seringues furent l'une après l'autre gorgées de leur suc et l'air, aussitôt, expulsé d'une brève rotation de chaque piston qui produisit au-dessus de la paillasse un léger crachin. Victor, chargé de ces instruments brusquement alourdis, passa devant le chirurgien qui, serrant sous son coude quelques bassinets de cuivre empilés et des draps de saignée impeccablement repassés, tenait à la main son faisceau de lancettes.

Parvenu au jour, le jeune comte de Gironde put, pour la première fois, observer, par-dessus son singulier fardeau, l'intérieur de la forteresse. Reilhe lui désigna les six tours surplombant la Grande Cour. En sortant de l'escalier de l'infirmerie, à droite, était celle qui, par une cruelle antithèse, portait le nom qu'on s'attendait le moins à entendre en un tel lieu : celle de la Liberté. Venait ensuite la Bertaudière, puis, flanquant la grande entrée, celle de la Basinière dont le nom venait du sieur de la Basinière, infortuné trésorier de l'Épargne qui y avait fini ses jours. Dans l'angle opposé, celle de la Comté au milieu à gauche, celle du Trésor nommée ainsi depuis qu'y avait été entreposée la dot en or de la duchesse d'Orléans, Valentine Visconti, enfin, à l'autre bout des Appartements qui avaient, comme on l'a dit, partagé en 1650 l'unique cour primitive en deux, celle de la Chapelle où se trouvait la fameuse chambre des Saints où les prisonniers autrefois, tels Biron et Fouquet, entendaient lire leur condamnation. Elles étaient toutes six chargées de canons dont les gueules brillaient au soleil. Entre leurs ventres épais des logis sans presque aucun jour, qu'on eût dit creusés dans les flancs d'une roche tuffique, s'ouvraient

1. Excrément du rat en usage en pharmacie.
2. Racine vomitive et purgative venue du Brésil introduite vers 1700 en France.

sans alignement derrière de doubles ou triples grilles. A gauche, entre la Comté et la Trésor, au-dessus d'un passage qui permettait de gagner le jardin du Bastion, se trouvaient les appartements de quelques officiers et du tailleur, personnage mythique pour les prisonniers puisque, travaillant surtout pour des clients du dehors, il ne les vêtait jamais.

Entre les tours de la Chapelle et du Trésor, dans le creux de l'ancienne porte de Paris, bouchée comme on l'a dit, au XV<sup>e</sup> siècle, se trouvait l'une des curiosités de la forteresse : le dépôt des livres saisis. On embastillait en effet les écrits séditieux tout comme on faisait de leurs auteurs et ce n'était pas les moins pittoresques des « ordres du roi » que de voir arriver sur le pont dormant, entre quatre factionnaires baïonnette sur l'épaule, ces ballots de toile noire destinés à servir de juchoir aux pigeons et aux corneilles. Le reste de cette grande excavation avait été garni de cellules où vivaient quelques reclus qui jouissaient de l'inestimable liberté de pouvoir prendre l'air à leur guise. On disait d'eux qu'ils avaient « l'usage des cours » et on les nommait pour cela « favoris du gouverneur ». Leur seule contrainte, lorsque passait un visiteur, était de devoir aller se cacher dans l'une des niches ménagées au pied de la tour de la Liberté que l'on désignait du nom de « cabinets ».

Le corps des Appartements, bornant la cour en face de l'entrée principale, s'engageait à demi dans les tours de la Chapelle et de la Liberté. Un bel escalier de cinq marches, sous lequel se cachait le misérable degré de l'infirmerie et des cuisines, desservait la grande chambre du Conseil et le « cabinet des papiers et des hardes » qui lui était attenant. C'était là que le lieutenant général de police de Paris et les ministres venaient entendre et juger les prisonniers. Au second étage de ces mêmes Appartements se trouvait le logement du lieutenant et la nouvelle chapelle qui avait remplacé celle établie primitivement dans la tour qui en avait gardé le nom. De ce côté également, la chambre de la Question, lieu sinistre, où les ais, les coins, les cordages – en un mot toute la lugubre machinerie des supplices – fonctionnaient si fréquemment qu'ils ne laissaient jamais aux araignées le temps de tisser leur toile. Sur la droite, entre les tours de la Liberté et de la Bertaudière, quelques sombres logis dits « de la Chapelle » où vivaient le major, le capitaine des portes, les porte-clefs et quelques autres domestiques. Entre la Bertaudière et la Basinière d'autres clapiers, si noirs et tristes ceux-là, qu'on n'avait pas pu se résoudre à les nommer autrement que des « êtres ». Là, subsistaient quelques détenus fort anciens qui émargeaient pour dix sols par jour sur les registres de la prison. Ils auraient pu facilement regagner leur liberté mais, n'ayant déjà plus d'état dans le monde, ils avaient renoncé à le faire. Monsieur de Saint-Mars les ménageait comme un habile épicier ménage un fonds pauvre mais assidu de clientèle. Ils avaient leurs habitudes que personne ne songeait à contrecarrer. Ils descendaient eux-mêmes aux cuisines chercher leur soupe. Ils pouvaient aller laver leur linge au lavoir de la seconde cour, celle du Puits, et le mettre à sécher aux potences de fer fixées sous leurs fenêtres. On leur avait même, dans cette seconde cour, aménagé un jeu de boules.

De la première cour, qui formait un rectangle de seize toises sur dix, le seul côté que nous n'ayons pas décrit est celui de l'entrée. Par illusion d'optique, c'était le plus étroit. Les tours de la Comté et la Basinière paraissaient s'y rejoindre et étrangler les trois étages du Corps de garde surmontant la grande porte. Cette dernière était double, faite de bois croisé à l'intérieur, pleine et renforcée de lames de fer à l'extérieur. De l'endroit où il se tenait, Victor n'en pouvait voir que le haut car elle disparaissait en partie derrière le rang d'épieux serrés qui avait retenu, la veille, la mule du père La Houlette d'aller droit. Cette palissade était là en cas de mutinerie et devait permettre aux sentinelles d'arquebuser les prisonniers qui seraient descendus sans permission dans les cours.

Victor, découvrant du dedans cette sombre arène, s'émerveilla de l'exactitude de la maquette qu'en avaient fait dresser les Thésut et ne put, malgré lui, se retenir de lever les yeux sur la deuxième Bertaudière où s'était trouvé renfermé, jusqu'à peu, celui dont il venait tenter de retrouver la trace. Reilhe, sans remarquer son manège, le poussa rudement, pour le faire se diriger tout à l'opposé, vers la Comté, dont la masse, tandis qu'il attendait, la veille, sur le pont dormant, dans la carriole du maître fifi, lui avait glacé le sang.

L'entrée s'en faisait par une porte basse percée près du passage qui menait au jardin du Bastion. Toutes les tours de la Bastille comportaient un cachot, quatre étages de chambres, simples ou doubles suivant les cas et une calotte. Dans les cachots, tapissés d'un limon gluant et dont tout l'air filtrait au travers des latrincs, étaient logés les prisonniers punis ou oubliés. Dans les calottes, affreux séjours ébranlés continûment par la décharge des canons tirés pour les réjouissances qui faisaient dégringoler les pierres des nervures ogivales jusque sur les lits, où l'été le soleil dévorait et faisait bouillir le plomb, où l'hiver la neige entrait par le plafond et se durcissait comme une croûte de glace, étaient mis ceux que l'on ne souhaitait pas favoriser. Dire après cela que les chambres constituaient un séjour plus plaisant serait exagéré. A la Bastille tout reposait sur le traitement accordé au prisonnier : était-il à la grande ou à la petite bouteille ? En 1703 la grande bouteille n'était accordée qu'à trente prisonniers sur deux cents. Elle avait fière allure. Qu'on en juge par la note de service qui était placardée au pied de chaque tour comme pour mieux tirer un pied de nez à la multitude qui ne jouissait pas de ce régime de faveur :

*Service du maître d'hôtel :*

| | le matin | le soir |
|---|---|---|
| *Dimanche :* | petit pâté | langue de bœuf en ragoût ou foie de veau piqué ou lardé. |
| *Lundi :* | collet de mouton | ragoût de veau ou de mouton. |
| *Mardi :* | petit salé | ragoût de mouton ou de veau. |
| *Mercredi :* | tourte | bœuf à la mode. |
| *Jeudi :* | volaille | ragoût de mouton ou de veau. |
| *Vendredi :* | maigre ordinairement | maigre ordinairement. |
| *Samedi :* | (quand on fait gras) des saucisses | ragoût de veau ou de mouton. |

*Observation :* quand le roty est en mouton, l'autre est en veau. Le mercredi, jour de bœuf à la mode, le roty est en veau.
L'intention de monsieur le gouverneur est que tout soit pour le mieux.

Ces privilégiés étaient servis deux fois par jour dans un grand panier garni de linge blanc, ils recevaient chacun trois petits pains cuits dans la nuit pesant ensemble une livre, du fruit selon la saison mais autant qu'ils en voulaient, une bouteille de vin par repas, de Champagne ou de Bourgogne à leur discrétion. Le maigre ordinaire d'un mois courant alternait les soupes aux écrevisses ou aux huîtres, les saumons frais, les vives, les soles, les perches, présentées bien dorées sur leur lit de verjus. Parmi ceux de la grande bouteille étaient les dix prisonniers pour lesquels le roi donnait, quel qu'en soit le nombre réel, dix livres par jour au gouverneur – cela faisait la coquette somme de trente-six mille cinq cents livres annuelles – sur lesquelles monsieur de Saint-Mars réalisait un énorme profit. Les autres étaient capricieusement choisis pour être bien traités, soit sur la recommandation d'un ministre soit selon l'humeur du major ou de Corbé. Un prisonnier, dans son temps de détention à la Bastille, pouvait être alternativement à la grande et à la petite bouteille et changer de nouveau de régime sans en connaître la raison. Les autres hôtes du roi étaient en principe tarifés. Cinq livres étaient un moindre mal, deux ou trois livres permettaient de survivre. Ceux qui ne figuraient pas sur le registre des subsistances n'avaient que du pain rassis, et les rats, auxquels ils n'avaient rien à abandonner de leur triste pitance, venaient les tourmenter nuit et jour, rats étiques qu'ils finissaient par tuer à coups de botte et qui tiraient une dernière vengeance en allant mourir dans les crevasses des murs et en y répandant une senteur pestilentielle.

Mais revenons aux chambres, elles étaient généralement vastes, pourvues d'une ou deux cheminées qui ne contenaient du feu que dans des cas très exceptionnels. Leur plus ou moins d'agrément venait surtout de la qualité de jour qu'elles recevaient et l'on verra après que bien peu sur ce plan pouvaient se targuer d'être agréables. C'est à la lueur d'une chandelle que Bassompière à la Bastille rédigea ses fameux Mémoires et que Sacy travailla à sa traduction de la Bible.

Avant d'entamer la montée aux étages Reilhe, profitant du dernier rayon de soleil venu de la cour, déplia le rôle des soins à donner. Il eut un haussement d'épaules :

– La Fleury et la Marthon en redemandent... Décidément rien ne leur fait plus de plaisir que de montrer leurs fesses. Ce sont des dévergondées, de fort méchantes filles, qui ont trouvé dans la forteresse même, des jobards qui se sont amourachés d'elles et qui les comblent indignement.

La chambre de ces drôlesses se trouvait au troisième étage. On y accédait par un escalier tournant, un bel escalier de pierre pareil à celui qui desservait chaque tour où se pouvaient croiser sans encombre trois personnes. L'entrée de chaque logement se faisait aux demi-paliers. Les portes étaient pleines, pourvues d'un judas grillagé et garnies de clous en relief sur lesquels les trousseaux des porte-clefs produisaient un lancinant carillon.

Faisant halte à la première porte pour laisser à Victor, ralenti par son fardeau, le temps d'arriver, Reilhe murmura :

– Pressez le pas ! C'est ici que loge un de mes plus constants ennemis, Jean Charras, un chirurgien que son obstination à demeurer protestant a fait renfermer en ce lieu. Il prétend m'en remontrer sur mon art et il tyrannise ses deux compagnons, François Nicomède des Imbers, un fou pommé qui devient fou furieux et Philibert La Salle, un garçon incapable du plus petit méfait ou de causer le moindre déplaisir à quiconque...

– Alors pourquoi le renferme-t-on ? hasarda Victor en reprenant son souffle.

– Son innocence l'a mis dans ce cachot. Elle ne l'en tirera pas de sitôt.

– Son innocence !...

Reilhe eut un rire léger :

– Cela ne se peut nommer autrement. Philibert La Salle était le laquais d'un certain Lefort, chevalier d'industrie et galant homme, que ses excès ont fait un jour conduire à la Bastille. Le pauvre La Salle, fidèle comme le chien d'Ulysse, s'est mis à l'arrière du carrosse qui emportait son maître en prison. Tout un jour il a erré par les cours en disant qu'il cherchait Lefort pour continuer de le servir. Les gardes lui riaient au nez en lui montrant la porte grande ouverte puis on a fini par le mettre au cachot en s'avisant que cette âme toute pacifique ne ferait aucune difficulté pour se faire tarifer cinq livres et recevoir sans protester un traitement inférieur à celui stipulé. Il croupit à cet étage depuis quatre ans, à la petite bouteille, et sans jamais se plaindre. Son maître est ressorti depuis sans se soucier autrement de lui.

Victor, encore sous l'impression du récit de cette iniquité, décrivit un brusque écart. Une forme d'épouvantail, un grand oiseau sans chair qu'on eût dit cloué à l'arrondi de la muraille, haletait à trois pas au-dessus de lui. C'était Rû, le porte-clefs, coiffé d'un bonnet de laine relevé qui ressemblait au tuyau tronqué d'une cheminée. Sous sa veste un empilement de vieilles brassières brodées montrait la corde, lâchant de la bourre de soie par cent déchirures. Il prit la tête du cortège, découvrant ses chevilles maigres qui flottaient dans des sabots. Lorsqu'il fut parvenu à hauteur de la troisième chambre, la lueur filtrant par une archère éclaira son teint de coing, sa barbe de six jours, son poil rouge comme celui de Judas.

Il s'attarda à tourner les clefs dans leur énorme anneau tout en considérant Reilhe avec une sorte d'égarement dans le regard.

– Barbier, je veux te voir leur donner le remède.

– Je vous le défends bien, s'emporta Reilhe, tout comme je vous défends de m'appeler barbier... Être répugnant ! opprobre du genre humain !

Rû articula un grognement qui ressemblait à une menace.

– Tu profites d'elles, tout comme Corbé, tout comme Girault...

– Tais-toi, misérable ! s'effraya Reilhe, tais-toi !... N'offense point les oreilles de ce jeune homme.

– Avec toi, avec eux, il aura tôt fait de perdre son innocence... Et se tournant vers Victor en forçant un horrible rictus, il ajouta : L'air de la Bastille rend mauvais. Ne le savais-tu pas, mon garçon ?

Il ricana méchamment tandis que la porte commençait de grincer sur ses gonds.

Victor, impatient de déposer son fardeau, avança résolument et se vit avec surprise au milieu du plus gracieux boudoir du monde. De belles chandelles de suif, plantées à profusion sur des flambeaux d'argent, relayaient le pinceau de jour qui mourait à trois pas d'une petite ouverture obscurcie par les mailles non-alignées d'une double grille. Un ciel de lit de taffetas gommé, rayé de rouge et de jaune, des paravents de brocatelle couverts de charmants ramages, des courtines de damas bleu turquin, buvaient en les diffusant ces nappes de lumière artificielle douce et orangée. N'étaient les murs de pierre hideux, dont la pénombre dérobait à peu près toute la partie supérieure, on restait émerveillé de tant de raffinement dans un si sombre séjour.

Marthon et Fleury étaient attablées devant leur déjeuner. Il était plantureux : bécasses au suif, pigeonneaux en terrine, saucisses aux choux. Le vin, que leur avait monté le porte-clefs en prélevant au passage une bouteille pour son usage, avait été reversé dans des carafes : c'était un rouge de Bouzy, ce nectar qu'on ne voit couler que sur la table des princes.

La Marthon avait passé une jambe sans façon par-dessus l'accoudoir de son fauteuil. Elle brandissait la cuisse et l'entrecuisse d'un pigeon comme on manie une crécelle. Sa bouche reluisait de graisse, son bavolet échancré, la greille relâchée de son bustier, découvraient une poitrine molle et une peau laiteuse. Son chignon qu'elle ne pouvait pas refaire faute de miroir – le luxe de l'endroit n'allait pas jusque-là – se hérissait de pointes folles comme un épi d'avoine. Avec cela, des dents gâtées, une figure plate et vulgaire, que l'opulence du cotillon ne parvenait pas à rendre avenante. La Fleury était plus frêle, plus mignonne. Ce qu'elle avait attrapé de pire chez sa compagne, cette façon de s'enivrer et de rire sottement, l'atteignait davantage à cause de son peu d'entraînement mais, pour le reste, sa mise et ses façons conservaient une écorce de fraîcheur. Ses grands yeux, son teint frais, ses joues hâves mais nacrées, pouvaient encore séduire.

Reilhe le savait et l'éprouvait. Il aurait voulu ravir la Fleury à l'abbé Girault. C'était là la cause secrète de son peu d'empressement à servir ce prêtre qui l'avait introduit deux ans auparavant à la Bastille.

Marthon, restée toujours aussi bizarrement carrée sur son fauteuil, dévisagea Victor qui venait de nouer ses doigts pour soutenir son fardeau et qui tenait à présent ses seringues comme on porte un fagot.

– Çà, barbier ! s'exclama-t-elle, d'où te vient ce joli petit aide ?

– Il n'est pas pour toi, furie !

– Je veux qu'il me donne ma médecine ou je me plaindrai au gouverneur de tes procédés.

– Tu as bien du pouvoir pour une prisonnière!

– On entend mes plaintes mais aussi mes recommandations, osa la maîtresse coquine... Alors c'est dit?

– Non! s'emporta la chirurgien.

Il bouscula Victor et ordonna:

– Toi, laisse tout cela et sors!

L'apprenti-chirurgien déposa avec soulagement ses seringues au beau milieu des reliefs appétissants disposés sur la table.

– Allons, Marthon, ordonna Reilhe lorsque Victor et le porte-clefs furent sortis, mets-toi en position!

– Commencez par la Fleury, je n'ai pas fini mon déjeuner, protesta la prisonnière.

– Non, toi! commanda sèchement le Provençal.

– Pour que vous alliez profiter de mon indisposition, ensuite, pour caresser mon amie, répliqua Marthon... Nenni, monsieur! et, si vous insistez, je rapporterai tout à l'abbé.

– Dévergondée! pesta Reilhe.

Rû, qui tendait l'oreille depuis l'escalier, paraissait éprouver de la colère. Il approcha ses lèvres, poussant son haleine à l'oreille de Victor:

– Reilhe est un jean-foutre. S'il veut vraiment aller avec la Fleury, il n'a pas à demander l'avis de l'abbé ni celui de Corbé. Ces filles se donnent au plus offrant ou au plus intrépide... Par exemple, monsieur Schrader de Peck, que tu verras à l'étage du dessous, tout le monde sait ici qu'il passe par la cheminée la nuit pour aller leur tirer la révérence et le beau Sandro, qu'on avait mis avec lui jusqu'au printemps, demeurait la nuit entière, couché entre elles, dans leur lit.

– Par la cheminée? s'étonna Victor.

– N'avez-vous jamais éprouvé l'envie de la chair qui vous ferait vous faufiler par le chas d'une aiguille?

Rû étouffa un rire dans un hoquet. Il pressa le poignet de son jeune voisin et ses dents, peintes en ébène par la mastication de la chique, luirent faiblement dans la pénombre. Il haletait.

Victor, effrayé, se rencogna dans l'arrondi de l'escalier.

– Reilhe mentait tout à l'heure, poursuivit le porte-clefs. Il fait endurer à Charras des tourments pires que la mort. Charras est son cousin, fils de Moyse Charras, célèbre médecin de Nîmes. Reilhe est jaloux de lui, comme son père avant lui avait été jaloux de ces cousins trop habiles en un art qui leur était commun... Charras n'est pas entré ici fou, c'est Reilhe qui, jour après jour, le fait devenir tel. Il s'était enfui à Londres à cause de sa religion et n'était revenu secrètement dans le royaume que pour retrouver sa mère. On l'a arrêté, mené ici il y a quatre ans et désespéré au point qu'il a voulu s'ôter la vie. On lui a donné pour compagnon ce Nicomède des Imbers qui devrait être aux petites maisons et dont la manie est de vivre nu devant ses compagnons. La Salle est un idiot qui fait l'officieux avec tous ceux qu'il rencontre mais sans être d'aucun secours pour qui que ce soit...

Tandis que Rû épanchait ainsi son déplaisir en trahissant les secrets de la Comté, les gloussements de la Fleury filtraient au travers de la porte, mêlés de petits rires qu'elle étouffait en mordant son oreiller. Lorsque ce fut au tour de la Marthon, désireuse de se venger de Reilhe, ces rires devinrent râles, cascades, trépignements, que les protestations du chirurgien ne firent qu'amplifier.

Brusquement, il se fit au bas de la tour une galopade. Une ombre preste, tout de noir vêtue, bouscula Victor et le porte-clefs. C'était Corbé, Guillaume de Formanoir, dit Corbé, le Belzébuth de cet enfer, le neveu du gouverneur Saint-Mars, plus laid, plus mal tourné et plus méchant que son oncle. Son front semblait une étiquette de parchemin grillé collée par-dessus deux petits yeux de cochon brûlé, noirs comme des pruneaux relavés. Son nez était pointu, en suppositoire comme ces machines à éteindre les bougies qu'on utilise dans les églises. Il était petit, monté sur deux jambes cagneuses et contournées dignes des pattes d'un basset. Corbé était le fils d'un jardinier de Montfort-l'Amaury et de la sœur de monsieur de Saint-Mars. Il avait été sous-officier d'une compagnie de salades [1] durant dix-sept ans et, sur le point d'en être chassé, avait été appelé par son oncle en 1698 à la Bastille pour le seconder. C'était certainement l'âme la plus laide de la forteresse, animée depuis toujours d'une haine niveleuse à l'égard de tous ceux qui s'y trouvaient renfermés avec lui.

– Qu'est-ce donc ? rugit ce nouveau venu poussant d'une volée la porte qui n'était qu'entrebâillée et venant se camper au milieu de la chambre les bras croisés.

– Monsieur me blesse ! geignit l'horrible Marthon.

– Madame fait exprès de pousser dans l'autre sens et de tout répandre dans ses draps, s'excusa Reilhe.

– C'est vous qui êtes un maladroit ! s'emporta Corbé, et ce n'est pas la première fois qu'on se plaint ici.

La fureur avait rendu le neveu du gouverneur livide. Il était si blanc que son sang paraissait s'être retiré de ses lèvres.

– Barbier ! ordonna-t-il sèchement, tu n'importuneras plus ces

1. Compagnie formée d'hommes tirés de divers corps.

dames, je ferai dorénavant venir pour leur service un de tes confrères de Paris.

– Ah! merci, monsieur, applaudit la Marthon demeurée fesses à l'air, vautrée dans une flaque de purge, c'est nous sauver la vie que de nous retirer des mains de ce ruffian.

Reilhe parut au désespoir. L'idée de ne plus pouvoir approcher la Fleury lui était insupportable.

– Avant-hier encore, bredouilla-t-il, ces dames se félicitaient des prodiges de mon art.

La Fleury s'entremit d'un ton d'innocence.

– Oui, monsieur, sa main est douce.

Le visage de Reilhe s'illumina : c'était la première manifestation d'affection que lui eût jamais prodigué cette faible créature.

Corbé coupa court :

– Je n'aime pas le scandale... Les prisonniers de cette tour iront bientôt se demander ce qui se passe ici, si l'on prend médecine ou si l'on fait la bacchanale.

La plus timide des deux prisonnières s'entêta :

– Un chirurgien du dehors coûtera bien dix pistoles.

L'avarice de Corbé combattit brusquement sa colère :

– J'aviserai! mais pour aujourd'hui, c'est fini, trancha-t-il avant de faire signe à Reilhe de ramasser son matériel et de vider les lieux.

Le chirurgien, ressorti fort malcontent, passa en trombe devant Victor et Rû, avant de bondir à l'étage supérieur. Il continuait de pester et de proférer dans sa barbe de vagues menaces lorsque le porte-clefs, hors de souffle, le rejoignit pour lui ouvrir.

La quatrième Comté était d'un autre monde. C'était le même espace mais un mur rugueux l'étranglait tout entier. Un pied d'ordures sur le plancher empêchait de voir qu'il était de plâtre, trois lits de sangles garnis de matelas de bourre, des couvertures haillonneuses, une table de bois blanc, trois tabourets de paille, en constituaient tout le mobilier. Nulle lumière, de plus, et deux cheminées sans feu dont les manteaux de pierre étaient couverts de graffitis. En jargon de la Bastille ces labyrinthes d'écriture se nommaient les « registres des fous ». Dans cette chambre une large inscription, faite avec la pointe noircie d'un tison, se lisait par-dessus toutes les autres : « La patience est la vertu des ânes. »

Là vivaient trois hommes : l'abbé Rollet tarifé trois livres, un brave religieux autrefois précepteur des enfants d'un riche bourgeois, suborné par un prêtre qui l'avait entraîné, malgré lui, à devenir receleur de livres interdits. Maurice, un pauvre tailleur d'un village des bords de l'Escaut, qui faisait à l'occasion le passeur avec sa barque sans savoir qu'il traversait des protestants. Il était si simple et si honnête que, conduit à Paris par un archer, il avait attendu plusieurs jours par scrupule à Saint-Quentin, devant la porte de la chambre d'une auberge dans laquelle cet accompagnateur était tombé malade. Arrivés à Paris, qu'ils ne connaissaient ni l'un ni l'autre, tous deux sur le même cheval, ayant dû demander plusieurs fois leur chemin, ils avaient fini par se quitter sur le seuil de la forteresse, navrés d'un réciproque chagrin. Le pauvre tailleur croupissait depuis quatre ans, dans cette même chambre, à « l'infinitésimale bouteille », c'est-à-dire à la plus petite qui soit, réduite en plus par Corbé pour cause de protestantisme. Il y avait là enfin, surtout devrions-nous dire, le baron Schrader de Peck tarifé dix livres, donc à la grande bouteille, Allemand, chef d'escadron dans les troupes de Sa Majesté Impériale et ci-devant capitaine de cavalerie dans le régiment français de Surlaube, qu'un duel avait fait condamner avec son frère. Il continuait d'avoir un grand air malgré sa détention, sanglé dans son justaucorps de revesche à longues basques qui montrait la corde. Il exerçait sur ses compagnons, doux et timorés, une sorte de royauté qui s'était, au fil des jours, tournée en tyrannie.

Il se faisait raser la tête chaque semaine par Reilhe afin de ne pas subir l'outrage des poux. Son crâne glabre et bossué lui conférait une allure mi-galérien mi-Tatar qui finissait d'en imposer.

Le baron qui était parvenu – ainsi que le supposait à juste titre Rû – à communiquer avec les femmes renfermées sous sa chambre, avait percé le secret de la passion du chirurgien pour la Fleury. Comme il était d'un caractère qui le portait par-dessus tout à noircir et embrouiller, il se divertissait à exciter la jalousie du Provençal. Ne l'ayant jamais mandé près de lui pour autre chose que pour lui faire la barbe, il l'abordait avec hauteur puis il le tourmentait de fausses confidences sur ce qui se passait à l'étage des femmes. Reilhe, lorsqu'il le quittait, ne savait plus que penser. Sa raison l'inclinait à croire que le baron, gêné par sa corpulence, ne pouvait, comme il s'en vantait, glisser par la cheminée. Il sous-estimait par là gravement le pouvoir de la ténacité aiguillonnée par la passion. Quelques fois pourtant, dans ses pires cauchemars, il imaginait le pouvoir démoniaque qu'aurait eu Schrader de passer les murailles et de visiter les tours à sa guise. Cette idée le faisait frémir et renforçait la crainte que lui inspirait le personnage.

Le baron, pour les soins à donner à son crâne, avait institué une espèce de cérémonial qui témoignait de son goût pour la grandeur. Il s'asseyait à la turque sur la table de bois blanc, revêtu des restes d'une robe de chambre à brandebourgs qu'il était parvenu à sauver de son naufrage. Ses compagnons étaient tenus d'aider le chirurgien, promu officiant d'un culte singulier. Maurice portait la serviette, infâme chiffon de chanvre, que le baron lavait chaque semaine en privant ses compagnons d'eau et qu'il faisait sécher à la grille de la fenêtre. L'abbé, chevalier du blaireau en titre, avait la charge délicate de faire mousser le savon sur l'auguste crâne sans toucher aux oreilles et sans chatouiller la nuque.

Reilhe, qui venait d'aligner ses rasoirs tout ouverts devant son patient, rebrassa les manches de sa toge. Il éprouva le tranchant des lames passées au cuir à émouler sur son avant-bras que plusieurs années de cet exercice avait laissé glabre et tendu comme l'enveloppe d'un tambour. Combien de fois, tandis qu'il préparait ainsi ses instruments devant l'Allemand, avait-il éprouvé la tentation de lui porter à la gorge un coup sec et sans merci ?

– Tiens, Reilhe, vous avez un aide ! remarqua Schrader déjà en posture d'orant, quel est ce myrmidon [1] ? C'est qu'il serait du goût de mes voisines qui réclament de la jeunesse depuis que le beau Sandro n'est plus là...

Le baron avisa Rû, resté planté près de la porte :

– Au fait, Rû, faut-il dire, n'est plus dans la Comté ou n'est plus... tout court ?

– Changé de pigeonnier, monsieur, grommela le porte-clefs.

– Et où est-il passé cet intéressant jeune homme ?

– A la troisième Trésor.

– Ah ! Ah ! pas bête... Juste à hauteur de faire des signes aux demoiselles... Surtout à la Fleury qui lui plaisait assez à ce qu'il m'en disait... Sais-tu, barbier, que ta bonne amie n'est jamais en peine de galant ? Elle a à présent l'abbé Paparasedo. Bien qu'il soit au-dessus de nous dans la calotte, sale à faire peur, hideux et abject, il trouve moyen de lui crier des ordures au travers de notre étage par le conduit de cheminée. Rien de plus salope que ce Napolitain. Il tyrannise son compagnon, le pauvre Sainte-More... Mais voici le plus extraordinaire, entends-tu bien, barbier ! C'est que toutes ces plaisanteries, qui feraient rougir un corps de grenadiers, amusent au plus haut point ta Fleury et qu'elle en redemande.

Reilhe tremblait mais il serrait les dents en continuant son ouvrage, tandis que Victor, qui se sentait observé par Rû, s'efforçait à l'impassibilité dans l'ombre de son nouveau maître.

– Barbier ! murmura soudain Schrader en saisissant le bras du chirurgien d'une poigne d'Hercule, qu'est devenu l'ancien deuxième Bertaudière ?

1. Petit jeune homme.

Le chirurgien blêmit.

– Je ne sais pas... Je ne sais pas, bredouilla-t-il, il est défendu de parler de ces choses...

– Couard! pesta le baron, qui crains-tu ici?... Rû, ce voleur, ce bougre, qui a commis assez de crimes ici pour qu'on l'empale et qu'on le brûle... Corbé, ce rapace... Girault, ce prêtre dénaturé... Saint-Mars, ce vieillard cupide et radotant....

Reilhe replia son rasoir avec humeur, commandant à son aide :

– Essuyez-le! sortons!... C'est assez pour aujourd'hui de ses impertinences.

Victor prit la serviette que lui tendait Maurice. Il s'approcha du géant et, mû par une audace soudaine, il s'approcha pour murmurer à son oreille.

– Le deuxième Bertaudière...

A peine eut-il proféré ces quelques mots qu'il sentit ses doigts écrasés dans un étau.

– Cherche Constantin de Renneville, il te renseignera, murmura Schrader d'une voix si brusquement radoucie qu'il fallait avoir vu remuer ses lèvres pour se persuader qu'elle fût sienne.

Victor, troublé, acheva comme il put la toilette du prisonnier et sortit sans se retourner pour dérober aux hôtes de la quatrième Comté le spectacle de son visage blanchi.

Reilhe l'attendait au bas de la tour. Le col de sa chemise dénoué, suffoquant de tout ce que venait de lui lancer Schrader.

– Sois témoin de l'insolence de ces gens! dit-il à son aide en le voyant reparaître au jour, et juge si le roi n'est pas bien bon de les traiter comme il fait.

Quelques prisonniers qui jouissaient du privilège de la promenade déambulaient à cet instant dans la cour : deux abbés, un vieillard qui portait une sorte d'uniforme, deux autres encore dont le costume en loques ne disait plus vraiment à quel cercle de la société ils avaient appartenu. Victor profita de la colère du chirurgien pour détailler leur physionomie et s'essayer à deviner si Constantin de Renneville n'était pas, par hasard, l'un d'eux.

Reilhe se lesta d'un chiquet, d'une liqueur forte contenue dans un flacon qu'il gardait toujours à portée, dans une des poches de sa toge.

– Allons! fit-il, ce n'est pas tout que de nous laisser circonvenir par la colère... Continuons notre ouvrage!... Rendons visite à ceux du Coin.

La tour du Coin se trouvait à l'opposé de la forteresse. Avec sa jumelle du Puits, elle fermait le plus petit côté du rectangle formé par la Bastille, celui qui regardait au nord. Elles donnaient sur cette seconde cour que nous n'avons pas encore décrite, dite Petite Cour ou Cour du Puits, parce qu'il s'y trouvait un puits profond de trente pieds qui avait servi autrefois aux usages domestiques de la prison avant que le recreusement des fossés extérieurs soit venu le polluer. On y accédait, venant de la Grande Cour, par un passage voûté qui traversait le corps des Appartements, en dessous des cuisines. L'espace délimité par cette seconde enceinte, qui ne dépassait pas vingt-cinq pieds sur cinquante, était extrêmement resserré. L'infection y était permanente. Les marmitons y déversaient journellement épluchures et ordures, les cuisiniers y apprêtaient le poisson, le gouverneur y avait à son usage un poulailler. Dans d'affreux bâtiments hérissés de ferrures rouillées, encombrés à leur pied d'appentis et de guérites informes, s'entassaient les plus bas domestiques de la Bastille, les galopins, les cuisiniers, les plus insignifiants pousse-culs [1] de ce cloaque et, même quelques prisonniers presque abandonnés dans des demi-cachots où ils ne pouvaient se tenir debout, que l'on nommait mésaises.

En novembre 1703 cette tour du Coin était l'une des plus peuplées : elle comptait dix-neuf prisonniers. Il n'était pas jusqu'à son cachot, le plus terrible de tous, car sans air et envahi en toute saison par l'eau des fossés, qui ne renfermât trois personnes. Reilhe y descendait opérer non sans dégoût car il se trouvait là un de ses patients ordinaires, un homme qu'on y avait relégué au dernier mois de juillet avec deux de ses compagnons convaincus comme lui, sur dénonciation, d'avoir « parlé du bâton ». Le langage du bâton était le secret de Polichinelle de la Bastille, les prisonniers l'utilisaient à peu près tous pour communiquer d'un étage à l'autre. On formait des lettres, donnant un coup pour A, deux coups pour B et ainsi de suite. Tout cela était long mais le temps était la chose au monde qui manquait le moins à tous ceux qui s'évertuaient à ce langage.

Les trois malheureux précipités dans cette fosse se nommaient l'un Tozain, l'autre Picot, le dernier du Prey, tous trois tarifés cinq livres. Tozain était le père de ce Sainte-More dont nous savons déjà qu'il croupissait dans la calotte Comté. C'était un vieux procédurier que sa rage de plaider avait fait mettre à la Bastille pour une simple histoire de rinçures. Tout son malheur venait de sa femme qui avait éclaboussé par mégarde une autre femme qui passait sous sa fenêtre. Cette dernière était allée porter ses plaintes aux officiers du Châtelet qui avaient estimé le dommage à vingt livres. Tozain s'était récrié, d'Argenson qui était présent avait surenchéri à cinquante. Tozain avait hurlé, d'Argenson avait doublé l'amende. Les premiers jurons

1. Les plus subalternes des fonctionnaires.

avaient monté le tarif à cinquante écus [1], le cri de « quel juge, Bon Dieu! » à cent écus. Enfin, un peu plus de tapage et l'appel lancé au tribunal pour savoir s'il n'y avait pas d'autres magistrats pour examiner son cas sans passion, l'avaient fait renfermer. Insulter le lieutenant de police de Paris était l'un des crimes en France pour lesquels il n'était pas de pardon. Picot était un pauvre laboureur de Gournay-en-Brie, doué du pouvoir de soigner certains maux. La confrérie des médecins de son pays qui assassinait à grands frais s'était prise d'aversion pour ce drôle qui guérissait gratis et avait trouvé le moyen de le faire enfermer. Le troisième occupant de ce tombeau était le plus étonnant : du Prey, dit Gringalet. Il avait environ quarante ans, une tête hideuse, des dents longues. Il puait à faire évanouir un cureur de puits. Il se disait de Genève et protestant, dénoncé par un faux frère qui l'avait livré à monsieur d'Argenson. Il prétendait connaître toute la philosophie des anciens sans l'avoir jamais apprise. Il soutenait que Dieu lui apparaissait la nuit et, pour se montrer digne d'une distinction si rare, il restait à l'écart de ses compagnons, filant et refilant avec des précautions de bergère, sur un fuseau de fortune, de vieilles bourres arrachées à ses matelas.

Le client de Reilhe dans cet enfer était Tozain. Il le choyait car ce vieillard était, dans la place, un témoignage unique de son habileté. Il l'avait opéré en septembre d'un ulcère à l'épaule et avait obtenu du gouverneur de le garder deux semaines dans l'infirmerie pour parachever sa guérison. Tozain, malheureusement pour lui, avait dû redescendre en pénitence et, depuis le début de novembre, son bras s'était raidi, recommençant de le faire souffrir affreusement.

Depuis deux jours la plaie s'était rouverte. Reilhe l'avait pensé nettoyer à l'huile de scorpion [2] et couvrir d'un emplâtre avec une poudre composée à proportion égale de charpie et de sciure. Il descendait donc anxieux l'escalier du cachot, imaginant déjà qu'en cas d'insuccès il serait contraint, à cause du risque de gangrène, de tenter l'ultime remède – celui qui d'ailleurs, sans qu'il le sache précisément, précipitait le plus souvent l'infection – une terrible entaille d'un pouce de profondeur tout au long de la clavicule. Reilhe, à l'inverse de ses confrères, était délicat. Il n'aimait pas les gestes outrés et spectaculaires. Dans ses cas-là, d'ailleurs, sa main tremblait et il ratait presque invariablement son coup.

Le chirurgien trouva son patient recroquevillé comme un limaçon sur sa couche et grelottant de froid. Il fit approcher de la lumière par le porte-clefs qui avait relayé Rû pour l'escorter dans sa tournée de la

1. L'écu valait trois livres.
2. Médication à base d'huile d'olive dans laquelle on faisait macérer des scorpions.

tour du Coin, un homme pacifique du nom de Boutonnières. C'était un des quatre personnages tenant cet office dans le château, employés au tarif de vingt-cinq sous par jour, dont l'ordre était de « ne parler que de la pluie et du beau temps avec les prisonniers ». Ceux qui, tel Boutonnières, étaient honnêtes quittaient ce métier gueux et presque obligés de mendier, ceux qui, tel Rû, volaient et rançonnaient les hôtes du roi, en ressortaient riches.

La lanterne sourde de Boutonnières n'éclaira d'abord pas autre chose que les barreaux noueux et tous de l'épaisseur du bras, des soupiraux ménagés dans la voûte.

Reilhe, qui en avait été réduit à passer le doigt sur la plaie du malade pour sonder le mal, parut perplexe.

– Le cas est grave! murmura-t-il sombrement, il va falloir faire la grande entaille.

– Non, gémit Tozain, on ne me touchera pas qu'on ne m'ait d'abord rendu justice... Allez dire à monsieur d'Argenson qu'il aura ma mort sur la conscience s'il ne m'écoute pas... Que je consens à tout pourvu qu'on me refasse mon procès.

– Pour ça, railla Gringalet, prépare-toi à mourir, page de Satan!... Perruque noire [1] ne te donnera pas audience à ta guise.

Tozain ramassa toute son énergie pour protester :

– Tu es mauvais du Prey, Dieu te punira!

Gringalet, qui avait parlé jusque-là depuis son lit où il s'affairait à démêler sa quenouille, sauta pieds nus dans la fange qui tapissait le sol et bondit au milieu du cachot. C'était une sorte de singe. Il en avait toute la figure, la vivacité et l'allure. Il improvisa une gigue endiablée :

– On te taillera, Tozain, on te taillera vieux chicaneau! et tu ne pourras faire procès qu'aux murs de cette prison.

– Taisez-vous! ordonna le chirurgien qui se défiait à juste titre de Gringalet comme de l'un des espions de Corbé.

Il se tourna vers Picot dont Victor, encore inaccoutumé à l'obscurité de cette cave, n'avait pas soupçonné la présence.

– Que dis-tu de tout cela, toi, Picot? demanda Reilhe.

– Je dis, monsieur, que vous m'avez interdit hier, avant-hier et les jours qui ont précédé de vous donner mon avis.

– Je te le demande aujourd'hui.

– Ma foi, vous êtes capricieux! s'enhardit le paysan.

– Alors! fit Reilhe avec impatience.

– Moi, monsieur, mais ce que j'en opine ne devra pas se retourner contre moi... Je remettrais cette plaie à vif, je la purgerais à l'alcool car avec votre sciure acide vous ne faites que l'irriter.

---

1. Surnom que l'on donnait au lieutenant de police.

– La sciure boit le sang, ne le sais-tu pas, ignorant ?

Picot poursuivit sans se démonter :

– Dans la chambre où je me trouvais avant de croupir ici, il y avait une petite fenêtre dont l'avancée était recouverte d'un beau moisi blanc et vert qui formait comme une mousse... Vous ferez prélever ceci délicatement sur un linge propre, vous l'apporterez ici et vous me laisserez faire.

– Cette pourriture le fera pourrir plus vite encore ! exulta Gringalet en redoublant de gesticulations grimacières.

Tozain décolla la tête de son grabat :

– J'ai confiance en Mathieu, il n'a pas ta méchanceté... Mais toi, lorsque je sortirai d'ici, je te ferai ton procès dans les règles.

Le rire de Gringalet fut couvert par le bruit d'une galopade. C'était un rat, gris et bien portant, qui avait entendu du remue-ménage et qui, nullement effarouché, croyait l'heure venue de la pitance.

Victor eut un mouvement de recul. Gringalet, l'ayant surpris, se rapprocha de lui après avoir fait grimper cette bête immonde sur son épaule.

– Flique, flaque ! voici le Goulu, il porte bien son nom car c'est le plus gourmand de nos amis. Le prisonnier qui nous a précédés ici, un certain Liard, a eu le temps de les apprivoiser et de les baptiser... Ils entendent leur nom. N'est-ce pas monsieur Goulu ?

Le rat se leva et, prenant appui sur ses pattes de derrière comme l'eût pu faire un chat, il fit entendre une sorte de grognement qui paraissait être de satisfaction.

– Vous verrez tout à l'heure le Friand, Ratapon, Moustachu, qui sont les suivants du Goulu. Les sous-sols de cette tour et les douves de la Bastille sont leur royaume ainsi que celui des crapauds. Quand l'eau remonte de la Seine par les fossés et vient stagner ici, ils sont à leur affaire. Nous avons renouvelé le pacte de Liard, nous leur donnons le tiers de notre pitance et ils nous laissent en paix.

Un second animal sortit de la muraille et vint faire un tour complet de Tozain qu'il s'attarda à considérer comme un médecin qu'on aurait appelé en renfort.

Picot finit par le saisir par la queue et le reposer sans violence à l'écart. Ayant achevé, il considéra Reilhe :

– Êtes-vous d'accord pour faire ce que je vous demande ?

Le Provençal, qui hésitait à paraître céder aux ordres d'un homme poursuivi par la Faculté, roulait des pensées confuses.

– Dans deux jours si nous ne tentons rien ce sera la gangrène, convint-il, puis s'adressant au malade : Qu'en dis-tu toi ?

– J'ai confiance en Picot, gémit le vieil homme, je veux essayer son remède.

– Soit! dit le chirurgien en refermant l'écrin qui contenait ses bistouris, je reviendrai tout à l'heure avec ce que tu demandes... Mais si ton remède vient à faillir ça ne sera plus l'entaille mais bel et bien l'amputation.

– Ils vont te tuer! ils vont te tuer! chantonna l'infâme Gringalet.

Victor était anéanti par le spectacle de tant de misère. Il s'appuya à Boutonnières qui, lui-même, contemplait cette scène d'un cœur navré. Bientôt ce brave porte-clefs, sentant son voisin qui chancelait sur lui, n'eut d'autre ressource que de se charger de ses seringues et de le pousser devant lui pour remonter prestement dans la cour sans être vu du chirurgien.

Ce que notre héros avait pu observer dans ce cachot n'était pourtant que le prologue d'un drame autrement affreux. Dans la première chambre de cette même tour vivait en effet l'un des plus anciens prisonniers de la Bastille, le ministre protestant Cardel, la plus parfaite victime du couple satanique que formaient Rû et Corbé. C'était un Tourangeau, privé de liberté depuis quarante ans, resté malgré cela aussi assuré dans sa foi qu'au premier jour de son entrée dans ce triste séjour et devenu octogénaire. Il était fameux pour être parvenu à convertir à la foi de Calvin l'un de ses compagnons d'infortune, un prêtre, le prieur du Val Sacré. Les privations, les vexations, n'avaient donc rien pu sur cette âme admirable et le Lieutenant général l'avait en représailles abandonné à la férocité des gardiens au cœur de lynx qu'on chargeait de torturer les prisonniers. Il n'était pas un plat depuis des années qui ne soit parvenu jusqu'à lui à demi renversé, souillé d'urine ou de crottes de rats. Il n'avait rien pour se couvrir, même en plein hiver, même dans l'état où nous l'allons voir.

A ce régime le pauvre Cardel était devenu scrofuleux, ses plaies lâchaient du pus en permanence et le faisaient horriblement souffrir. Depuis le printemps de 1703 il n'avait dû qu'à Reilhe de survivre. On peut même affirmer qu'il fut la dernière belle action délibérée du Provençal car, autant celui-ci était capable par maladresse de faire périr certains de ses patients – on va voir bientôt l'abbé Gonzelle, l'une de ses victimes avérées – autant il s'ingéniait à éloigner de la mort ce vieillard qui implorait le Seigneur chaque jour de le rappeler à lui.

Près de ce déjà mourant vivaient deux fantômes dont, par mimétisme, l'habit et le visage avaient pris la couleur de la pierre : Auguste Le Charbonnier, un savant extravagant, coupable d'avoir fait, depuis Reims, une gazette de Hollande [1]. Il prétendait parler l'égyptien mais c'était celui du Pont-aux Choux. Les poches de son justaucorps étaient descendues en dessous de ses genoux. Il portait sur ses épaules, pour que ses compagnons ne la prennent pas, la couverture de son lit pliée en deux et, afin de ressembler tout à fait à un disciple d'Horus, il se coiffait d'une serviette pliée en forme de couronne et surmontée d'un bonnet de laine roulé en croûte de pâté. Il avait des petites croix attachées à sa barbe pour chasser les démons. Jacques Aubert, le second des compagnons de Cardel, était protestant, lui aussi, mais la réclusion l'avait fait tourner à la folie. Il était affublé d'oreilles plates et longues comme des oublies, sa barbe était en permanence salie par le tabac ou plutôt, depuis longtemps qu'il n'en avait plus, par sa propre crotte qu'il faisait sécher sur le rebord d'un soupirail et qu'il se fourrait dans le nez comme d'excellent séville [2]. Il se disait nécromancien et avait longtemps prédit l'avenir aux laitières sur la route de Vincennes. Il éternuait le jour et la nuit avec tant de force qu'il déchaînait l'aboiement des chiens à une lieue à la ronde. Il en était venu, de la sorte, à avoir commerce avec le molosse d'un bourgeois de la porte Saint-Antoine, aussi peu sensé que lui et qu'on ne nommait plus autrement dans le quartier, depuis des mois que durait cet étonnant duo, que le « chien d'Aubert ».

Cardel était donc abandonné à ces pauvres d'esprit. Ils lui étaient charitables et le soignaient lorsqu'ils le pouvaient mais ils avaient achevé de ruiner sa santé en l'abrutissant de discours sans rime ni raison.

Reilhe, au début d'octobre, n'avait plus donné à Cardel que quelques semaines à vivre. Il s'en était imprudemment ouvert à Corbé qui convoitait le pauvre héritage du ministre : un gobelet d'argent. Rû, dont on a vu l'avarice, avait lui aussi jeté son dévolu sur cette maigre dépouille. Ces deux anthropophages s'accordèrent donc pour tourmenter le vieux protestant et le faire mourir plus vite. Corbé réduisit sa petite bouteille à une tasse de lait, Rû inventa un supplice pire que le pal ou la roue : chaque fois qu'il montait à son chevet, sous prétexte de prendre soin du mourant, il commençait par lui arracher violemment sa chemise qui était collée à la chair par le pus qui avait séché. C'était proprement l'écorcher à vif et, sans égard pour les cris du vieil homme, protestant même aux simples d'esprit qui partageaient son cachot que c'était pour son bien, il le frottait ensuite avec une serpillière gorgée de pus et de sang sur laquelle il

1. Les gazettes de Hollande foisonnent depuis le milieu du XVIIe siècle. Écrites en français par des réfugiés elles circulent facilement sous le manteau et sont traquées par la police.
2. La meilleure espèce de tabac.

appliquait un onguent à glairer les selles. Lorsque ce pauvre vieux corps, que ne recouvrait même plus un doigt de peau, ruissselait en abondance, il lui repassait sa chemise qui semblait être un cuir tant elle était raide puis il l'abandonnait.

Cardel, au bout de plusieurs séances de cette épouvantable médecine, tremblait de tous ses membres disloqués lorsqu'il entendait la porte du cachot s'ouvrir. Il pensait à toute heure reconnaître le pas de Rû, revenu près de lui pour le déchirer.

Il esquissa un faible sourire en reconnaissant Reilhe penché sur sa couche. Il était incapable de parler.

Le chirurgien posa la main sur le cou du mourant et huma son doigt : il reconnut l'odeur de l'onguent dont se servait Rû.

– Quelqu'un est venu hier soir ? demanda-t-il à Aubert.

– Non ! fit cet ami des chiens qui mentait effrontément parce qu'il craignait le porte-clefs.

– Je sais ce que je dis ! s'emporta le Provençal.

Il appela Boutonnières qui attendait dans l'escalier.

– Va chercher Rû !... Dis-lui qu'il porte du linge propre et le repas qu'on donne habituellement aux malades dans cette prison.

Boutonnières s'excusa :

– Monsieur, il ne vous entendra pas.

– Va le chercher, te dis-je !

Reilhe entreprit, avec d'infinies précautions, de décoller la chemise du pauvre prisonnier.

Cardel, que cette douleur rendait incapable de discernement, poussa les mêmes cris affreux que s'il se fût agi de son bourreau, ces cris, qui en retentissant dans la spirale obscure de la tour, glaçaient chaque fois le sang des autres prisonniers.

Le Charbonnier, qui, dans les mêmes circonstances par crainte, n'en remontrait jamais au porte-clefs, s'emporta contre le chirurgien :

– Méchant homme ! vous venez ici tourmenter ce vieillard.

– Taisez-vous ! ordonna Reilhe, c'est vous qui êtes coupable en laissant dans cette chambre se commettre des crimes.

Jacques Aubert, qui était une sorte d'Hercule, attrapa Reilhe par les épaules et le souleva par les pans de sa toge.

– Répète ce que tu viens de dire, âne licencié !

Reilhe se vit lestement empoigné, collé le dos à la muraille. Victor lâcha ses seringues. S'étant armé d'un tabouret pour s'en faire un bouclier, il vint se poster, pour le défendre, devant son maître.

Jacques Aubert se démenait en sautillant. Il était jambes nues, en chemise, la tête recouverte d'un bonnet de laine en charpie. La colère le faisait tousser, mais tousser en rafale et par quintes comme seul un ogre peut tousser.

Les aboiements au-dehors répondirent bientôt à son signal, puis ce fut « son chien » qui se mit à hurler, modulant à l'infini comme un loup pris au piège.

Rû, suivi de Corbé, parut.

Corbé était encore plus furieux qu'une heure auparavant. Ses petits yeux renfoncés s'injectaient de rouge comme ceux d'un aspic.

– C'est la deuxième fois aujourd'hui, barbier! que je te trouve sur mon chemin.

– Cet homme subit de mauvais traitements...

– Cet homme est un protestant. Il ne se convertit pas. La volonté du roi est de le punir.

– De le laisser mourir?

– De ne rien faire pour qu'il vive plus longtemps en corrompant ceux qu'on se trouve contraint de laisser près de lui.

– Ah! Corbé, railla le chirurgien, tu t'arranges à ta guise des décrets du roi mais personne n'a ordonné ici de tourmenter et d'assassiner ceux qui paient leurs erreurs de la privation de la liberté...

– Tu parles comme un merle, barbier! mais n'était-ce pas toi, tandis que j'étais dans la cour, qui faisais hurler à la mort ton patient?

– Je tentais de réparer le mal que fait Rû ici.

– Rû a des défauts mais il agit bien avec les prisonniers.

– Il écorche Cardel presque chaque jour.

– Il lui change son linge, il le lave...

– Sa chemise a bien un mois.

– Les ordres du roi sont qu'on ne fournisse pas de rechange aux protestants.

– Cet homme va mourir.

– Bah! fit Corbé en montrant ses dents noires, il ira fertiliser la terre du jardin du Bastion puisque c'est là qu'on enterre ceux qui, comme lui, n'ont pas de religion.

Reilhe ramassa ses boîtes et s'apprêta à sortir.

– Fort bien! annonça-t-il sombrement, je ne viendrai plus ici. Il n'est vraiment plus que la mort pour tirer l'infortuné Cardel de vos griffes.

Rû, resté dans l'ombre de Corbé, ne se contenait pas de sourire lorsque Victor, précédé du chirurgien, passa à sa portée.

Boutonnières courut dans l'escalier devant eux. Il pleurait tandis qu'il ouvrait la porte de la deuxième Coin.

– Qu'as-tu? lui demanda abruptement Reilhe.

– J'ai, monsieur, que je plains le pauvre Cardel.

– Bah! tu en verras bien d'autres, trancha le Provençal en entrant dans cette nouvelle chambre.

Quatre hommes vivaient là, dans un entassement épouvantable. Pierre Bonneau, un médecin d'Aubusson, âgé d'à peu près soixante-dix ans et d'un esprit tout à fait dépaupéré, Samuel Le Pouilloux, un gentilhomme de Poitou, lui aussi enfermé pour sa fidélité à la religion de Calvin, Mathias du Wall, un pilote irlandais, catholique bigot et esprit chaussé tout à rebours, enfin Jean Guesnin, un serrurier de Paris.

Leur chambre était octogone, comme presque toutes les autres à la Bastille, haute de treize pieds, garnie d'une grande cheminée – elle aussi dépourvue de feu – percée de deux fenêtres dont l'une était bouchée et l'autre, accessible par trois marches, tournée vers la maison de Mont-Louis [1] où le père de La Chaise avait installé la maison de repos des Jésuites. Elle donnait un jour si pauvre qu'il fallait se rencogner dans son embrasure pour pouvoir lire.

Ces quatre prisonniers avaient scellé leur malheur en avril en se mêlant de mettre le feu à leur cachot pour protester contre leur condition. Ce qui en avait résulté était bien pire. D'abord ils continuaient tous quatre, et en particulier Le Pouilloux, de se ressentir d'avoir été à demi asphyxiés avant qu'on vienne les secourir, ensuite la petite bouteille à laquelle ils étaient tous abonnés autrefois s'était réduite à un filet que les vexations de Rû, dévorant ou renversant dans la montée de l'escalier la moitié des plats, réduisaient à une misère.

Reilhe se disposa à saigner Pierre Bonneau, au pied, ainsi qu'il faisait chaque deux jours. Cet Auvergnat, diplômé de la Faculté de Montpellier qui avait autrefois abusé de la lancette, exagérait pour lui-même cette médecine redoutable avec une obstination qui confinait au fanatisme. Sa théorie était qu'on devait survivre avec la plus petite quantité de sang possible tout comme les plantes ne devenaient vraiment belles qu'après avoir eu très soif. Il pensait aussi qu'on pouvait bouturer ou marcotter les chairs tout comme on ferait d'un rameau de lierre. Il avait poussé cette vue végétale au corps humain jusqu'au crime et laissé, autour de Saint-Nectaire, plus de cinquante victimes de ses prescriptions botaniques. Il avait vécu là longtemps en compagnie d'une drôlesse, une simple d'esprit, qu'il nommait sa « muse potagère » et qu'il fascinait par la témérité de sa science. Hélas pour Bonneau, les Auvergnats sont gens peu bucoliques – le triste Pascal à la science si numérique leur a fait perdre

1. L'actuel cimetière du Père-Lachaise.

pour toujours le goût du merveilleux – ils obtinrent l'incarcération de ce jardinier des chairs et de sa jardinière. Bonneau était, avec le vieux Le Pouilloux, le plus mal remis de l'incendie de la chambre, mais il était certain qu'il ne viendrait à bout de désencombrer ses poumons cornant comme des sifflets qu'en les vidant tout à fait d'un sang pernicieux altéré par les fumées.

Victor dénuda la jambe du prisonnier que couvrait une teigne affreuse. Ses ongles de pied qu'il ne pouvait pas couper faute de ciseaux s'étaient repliés et recouvraient ses orteils comme des étuis de corne. Il posa le bassinet d'étain qu'il tapissa d'un drap de saignée et Reilhe, d'un coup sec, frappa à la cheville.

Le patient se sentit aussitôt partir avec ravissement. Il poussa un petit soupir et abandonna doucement sa tête sur l'épaule de Victor. Cette douce langueur était la drogue de ceux qui aimaient à se faire tailler.

Mathias du Wall contemplait cette cérémonie avec chaque fois un peu plus de sarcasme. Dans sa rude Irlande et dans la marine où il avait servi, il était suffisamment d'occasions de répandre son sang sans les provoquer. Cela suffisait pour avoir fait de lui un adversaire déclaré de la saignée. De sa primitive condition guerrière, du Wall avait gardé l'abord abrupt. C'était un gaillard de poil blond qui se levait tous les jours avant l'aube, aspergeait d'eau glacée ses compagnons pour les réveiller en même temps que lui, puis faisait son déjeuner de tout ce qu'il parvenait à leur voler. Il se disait noble mais c'était un mensonge. D'abord au service du roi Jacques d'Angleterre, il avait piraté en grand à son profit, puis trahi finalement en ralliant Guillaume d'Orange dont il portait sur lui une lettre de course au moment où les Français étaient parvenus, en 1697, à se rendre maîtres de son bateau.

Lorsque Bonneau fut évanoui pour de bon, l'Irlandais apostropha Reilhe comme il faisait chaque fois.

– Chirurgien! demande du pain pour nous à monsieur de Saint-Mars.

– Demande-le au porte-clefs!

– Les porte-clefs ne sont que des boucs infâmes... C'est à toi, chirurgien, de prendre soin de nous. On te paye pour cela...

– Tu manges plus qu'à ta faim du Wall, protesta le Provençal, tu voles le pain de tes compagnons... Ils s'en plaignent.

– Ah! les beaux amis que le roi me donne : ce fou qui se pâme quand tu le saignes, ce vieil écornifleur qui file tout le jour comme une donzelle et cet autre mufle de Siamois qui passe son temps à pleurer... De femmelettes... De vieilles demoiselles bavardes et médisantes.

Le Pouilloux, qui était le « fileur », avait appris à faire du papier en réduisant en charpie son vieux linge. C'était un vieux gentilhomme de Poitou de plus de soixante-dix ans, blanc comme un cygne, enfermé pour cause de protestantisme et obsédé par-dessus tout de donner de ses nouvelles à sa femme dont il ne savait rien depuis neuf ans qu'il était privé de liberté. Aucune de ses lettres encore n'avait pu quitter la Bastille car il n'avait rien à offrir à Rû qui ne se chargeait de ces sortes de commissions que contre argent. Le pleureur était Jean Guesnin, serrurier protestant de Paris, sans nouvelles lui non plus de sa fille qu'il chérissait. Si ce pauvre homme avait su qu'il devait sa triste condition au séducteur de cette enfant et que c'était elle-même, sous la menace, qui l'avait dénoncé comme protestant, il serait mort à la seconde de saisissement.

Le Pouilloux, qui entendait tout malgré son grand âge, s'était levé, rempli de rage par les paroles de l'Irlandais.

– Écornifleur toi-même ! s'emporta-t-il en pointant sa quenouille vers lui comme il eût fait d'une épée, nous en avons plus qu'assez, ici, nous autres, de ta tyrannie... Tu es bien un papiste, Mathias, cette arrogance, cette morgue...

– Si l'Église protestante est à ton image, vieux sapajou, se gaussa du Wall, elle sera bientôt morte.

– Tes procédés sont ceux du diable ! s'entêta le vieil huguenot en continuant d'avancer.

L'Irlandais s'empara de la quenouille qu'il brisa d'un coup net.

– Et toi, si tu persistes, je ne te ménagerai guère plus que ce morceau de bois.

– J'en appellerai à...

– A ta femme peut-être ! ricana le pilote, sais-tu qu'elle n'est pas pressée de te revoir paraître et qu'elle mène joyeuse vie tandis que tu n'es pas là.

– C'est faux ! c'est faux ! s'emporta le vieillard en éclatant en sanglots sur l'épaule de Jean Guesnin qui s'était approché pour pleurer avec lui.

– Il suffit des fous qui sont ici, pesta Reilhe, monsieur le curé de Léry qui est au-dessus de nos têtes attendra bien demain pour se purger, nous finirons pour ce matin par la tour du Puits.

Cette tour, nous l'avons dit, était la jumelle de celle du Coin. Elle comptait alors dix-sept pigeonneaux – l'expression en terme de Bastille désignait les prisonniers – et Reilhe y effectuait le gros de ses plus rentables opérations.

La troisième Puits, la première des chambres que visitèrent Victor et son maître, renfermait un « cas intéressant », l'abbé Gonzelle, la première et la plus innocente victime de ce qu'il faut bien nommer l'incompétence du praticien attaché à la forteresse. Ce nouveau lieu apparut à Victor, déjà édifié par le spectacle des autres chambres, comme le plus rebutant qu'il ait pu observer depuis qu'il circulait dans la forteresse. Sur le parquet il était un demi-pied d'immondices fait de paille hachée par la vermine, de plâtre et d'excréments qui composait un paysage de dunes plus ou moins meubles et uniment malodorant. Les grilles de l'unique fenêtre étaient triples et leur treillis disposé de façon à ce que leurs mailles coupent la vue en carrés minuscules par lesquels un doigt ne serait pas passé. Le jour mourait à quelques pieds de cette embrasure et l'air lui-même, chargé des vapeurs humides de la pierre, avait toutes les difficultés à s'y couler.

Le premier personnage que découvrirent les visiteurs dans cette obscurité était le plus ancien hôte du lieu, le chevalier du Rosel. C'était un Provençal comme Reilhe, à peu près Don Quichotte d'allure, non de figure puisqu'il était blond, râblé et pourvu d'un regard d'un bleu intense. La haine de son roi, une haine sans raison mais violente et inexpiable, l'avait mené là. Il avait fui en Flandres, quoique catholique. Il y avait excité l'opinion contre Louis XIV avant de se marier. Arrêté lors d'un voyage en France sans motif véritable comme si le lieutenant de police avait su démêler les sentiments qui gisaient dans son cœur, il croupissait à la Bastille depuis dix ans. Il aimait les combats et les dames mais, dans ce trou infâme, il ne pouvait s'escrimer que contre les rats et il ne tirait la révérence à ses voisines qu'en leur dédiant des épîtres. Pour se battre, il s'était confectionné, à partir d'un de ces couteaux émoussés et arrondis que l'on nommait « bastille », dont la particularité était de ne rien couper, une sorte de lardoire qu'il avait ajustée au bout d'un manche à balai. Il en avait aiguisé patiemment la pointe sur un tesson de grès et il la repassait souvent parce que cet instrument lui servait également à graver, dans une taille si douce qu'elle était presque indécelable, les messages qu'il adressait aux prisonnières sur les plats d'étain qui montaient des cuisines. Dans son accablante position, il devint une sorte de cœur de citrouille fricassé dans la neige, se déclarant amoureux de toutes les femmes qui vivaient dans la forteresse. Ce fut là le début de sa folie puisque, dans les suites, il se prétendit aussi aimé des princesses d'Angleterre et d'Autriche. Une certaine Marianne dont il ne savait rien et qu'il avait entrevue dans la tour de la Chapelle avait sa préférence, il trouvait aussi tout à son gré la Bondy et la Dubois qui lui répondaient en écrivant sur les plats à la suite de ces messages. Dans une précédente chambre, pourvue d'une meilleure ouverture, il avait inventé un signal optique fait d'une cuillère écrasée et polie qu'il faisait scintiller au soleil mais il n'avait jamais compris si celui qui lui répondait par le même moyen était une femme ou, à ce que lui disaient ses geôliers en riant, le jeune Le Petit de Boution, mis à la Bastille pour trop aimer ceux de son sexe.

Reilhe ne put se retenir en entrant d'esquisser un mouvement de dégoût.

– Quelle puanteur! quelle pourriture! chevalier.

Du Rosel sourit et montra trois ombres accrochées aux barreaux de l'unique fenêtre :

– Les honneurs, docteur!

C'étaient les cadavres des dernières victimes de ses chasses nocturnes, suspendues par leurs queues nouées autour des barreaux, qui attendaient là leur décomposition.

Les autres compagnons du chevalier, sauf le pauvre abbé Gonzelle qui gémissait sur sa couche, étaient assis autour d'une table vide. Il y avait là Godron, un Flamand hardi, un meneur d'hommes, le coq de sa paroisse aux environs de Lille. Il avait aguerri une centaine de jeunes gens pour former un parti [1] au service de la France. La pire ingratitude et la haine du ministre Chamillart l'avaient jeté là en place de la récompense qu'il pouvait légitimement escompter, Pierre Bertrand, un paysan de Juigny-en-Beauce et le comte de Bréderodes, un noble vieillard de soixante-dix ans qu'une affaire de sorcellerie dont il continuait à se proclamer innocent avait – pensait-il – mené là trente-deux ans auparavant, faisant de lui l'un des plus anciens hôtes de la forteresse. Rien de plus commun que ces sortes de doutes car il se trouvait à la Bastille au moins un prisonnier sur trois pour se demander, tel Bréderodes, quel crime au juste avait bien pu les priver de liberté.

Le dernier prisonnier de la troisième Puits – le lecteur aura compris qu'en jargon de Bastille chaque chambre, sauf le cachot et la calotte, se désignaient de l'indication de l'étage suivi de celui de la tour – était donc l'abbé Gonzelle. C'était un doux homme à la barbe crêpée pourvu d'une belle bosse. Son malheur venait d'avoir un frère, abbé comme lui, mais débauché et joueur, qui avait beaucoup fait parler de lui à Vienne par ses turpitudes mêlées de bonnes fortunes et qui avait fini par entraîner toute sa famille dans sa déconfiture. Ces deux frères vivaient à la Bastille mais sans pouvoir se voir, un troisième de cette famille, qui était capucin, s'était donné la mort. La mélancolie semblait de règle chez les Gonzelle, l'aîné, l'artisan de leurs malheurs, était alors dans la tour de la Basinière, il avait voulu

1. Bande armée autonome qui se met au service de troupes régulières.

lui aussi mettre fin à ses jours en se taillant la veine céphalique et Reilhe l'avait sauvé en lui laissant un bras tout raide. Le cadet, le compagnon du chevalier du Rosel et du comte de Bréderodes, broyait des idées noires. Le poids de l'injustice lui avait donné le dégoût de l'existence. Reilhe le soutenait de drogues et faisait à son insu sur lui des expériences. Il devait en mourir un an plus tard, dans la tour du Coin, au grand scandale de tous les autres prisonniers, après que le chirurgien lui eut fait ingurgiter, pour lui nettoyer l'estomac tout comme on nettoie des bouteilles, un bouillon de bœuf accommodé de limaille de fer.

L'abbé somnolait à demi. Reilhe lui tâta le pouls et versa dans le pichet d'étain qui se trouvait à la tête de sa couche un flacon de liquide brunâtre.

– Comment vous sentez-vous ? demanda le chirurgien.

– Je veux mourir si l'on ne me rend pas ma liberté.

– Nenni ! monsieur, il faut d'abord guérir pour aller dehors... Monsieur le Lieutenant de police veut que les gens qui sortent d'ici aient le teint rose et lui fassent honneur.

Bréderodes se prit à tonner brusquement :

– Ma saignée ! barbier, plutôt que d'endormir ce pauvre homme de contes.

La lampe que tenait Boutonnières éclaira la figure de celui qui venait de parler. Un beau vieillard dont le regard d'un bleu intense était capable d'exprimer dans un même mouvement la douceur ou la fureur. Son front était haut, ses cheveux blancs et lisses cassaient en frisant sur ses épaules. Sa longue détention ne lui avait laissé que le squelette de son justaucorps. Sa culotte, qu'il ravaudait inlassablement lui-même, ressemblait au pantalon d'un Turc.

Victor se remit donc à croupetons et força son naturel plutôt délicat pour préparer la jambe de ce nouveau patient, adepte lui aussi des saignées néroniennes [1]. Elle était plus sale encore que celle de Pierre Bonneau tout à l'heure, clouée de traînées noires, de lentes et de puces, qui marbraient sa peau comme de la brèche.

Reilhe, influencé par les théories simplistes de la médecine militaire, la plus rustre et par là la dernière à s'être persuadée de la circulation du sang, ouvrait tous ses patients à la cheville ou à l'orteil car il pensait que les humeurs s'épanchaient plus complètement par le bas.

Dès que le chirurgien eut frappé, Bréderodes se pencha pour regarder le linge au fond du bassin qui se couvrait d'une traînée sombre.

---

1. Répétées, en terme de médecine.

– Tirez m'en une bonne pinte aujourd'hui! fit-il avec enjouement, je me sens tout gaillard.

Victor, toujours accroupi, dut bientôt accomplir des gestes désespérés pour suivre avec son récipient les convulsions du prisonnier que cet exercice faisait se trémousser de plaisir.

Il se vit bientôt carrément bousculé puis repoussé sur son séant. La tête de Bréderodes se poussa à deux doigts de son front. L'homme jubilait en découvrant ses dents noires :

– Qu'il pisse dru, le bougre!

Notre héros, qui avait assisté stoïque à la saignée toute pacifique du médecin d'Aubusson, se sentit pour la seconde fois de cette matinée sur le point de défaillir. Il se releva d'un bond pour s'accrocher au montant du lit du comte mais, dans sa précipitation, il vacilla du côté de Reilhe en déchaînant sa colère :

– Taupe et tinque, maladroit!

– Il va tout gâcher, renchérit Bréderodes dont la jambe n'était plus soutenue.

Le chirurgien rudoya Victor pour qu'il recalât le bassin.

– Ah! peste!... peste! s'emporta-t-il, quel est ce mistenflutte [1]? Je vais te renvoyer séance tenante chez tes gadouards....

Bréderodes se leva d'un coup sans égard pour son orteil ouvert. Il était jambes nues, les hanches gonflées de son étonnante culotte de moufti.

– Quoi! rugit-il, c'est cela qu'on nous donne à présent?... Je veux voir le gouverneur de ce château sur l'heure... Faire un frater d'une demoiselle fifi... Vous voulez donc notre mort!

Reilhe s'employa à calmer son patient. Il le fit se rasseoir sur le bord de son lit.

– C'était une exagération, monsieur le comte... Regardez! ce jeune homme ressemble-t-il à un gadouard?... Non, c'est un pauvre chantre qui veut apprendre un métier.

Le chevalier du Rosel, qui avait passé une robe de chambre de sa fabrication, vieux haillon agrémenté çà et là de petites bandes de moire ou de dentelle et qui s'appliquait à faire des ronds de fumée à l'aide de sa pipe bourrée d'un tabac gris acheté à prix d'or au major, intervint :

– S'il est chantre, qu'il chante quelque chose, cela nous distraira!

Reilhe houspilla Victor qui revenait à lui.

– Tu as entendu, petit incapable... Obéis à ces messieurs!

– Un air d'opéra...? bredouilla Victor.

---

1. Jeune homme trop délicat.

– Ce que tu veux, mais chante ! menaça Bréderodes, sinon le chevalier te taquinera avec son « bastille ».

On fit taire Pierre Bertrand qui s'était assis sur la couche de l'abbé Gonzelle pour lui faire des prêchi-prêcha, d'histoires de veau, de vache et de cochon, qui constituaient son sujet favori en le faisant vouer aux gémonies par ses compagnons.

Victor se campa au milieu de la chambre et, se remémorant le travail de déchiffrage qu'il avait accompli au dernier printemps avec Diane de Solsac, il entama l'air du garçon dans le prologue de l'*Indian Queen* de Purcell :

« *Wake, Quivera wake, our soft rest must cease*
*and fly together with our country's peace*[1]... »

Son timbre assuré, la délicatesse de son phrasé, donnèrent aussitôt le change et l'on vit, dans l'instant, ces êtres, mal disposés à son égard, s'attendrir. De grosses larmes roulèrent même sur les joues du chevalier, autrefois assidu de l'Opéra et qui, se forgeant dans la seconde une image idéale de l'Indienne Quivera, était en train d'en tomber amoureux.

– Par Belzébuth ! s'enthousiasma Bréderodes, il chante aussi bien que l'ancien deuxième Bertaudière.

– Taisez-vous, malheureux ! s'effraya Reilhe en tournant ses regards du côté de Boutonnières.

Victor ne trahit son intérêt de ce bref dialogue que dans un hoquet et il poursuivit de plus belle :

– « ... *no more must we sleep under plantain's shade*
*with neither heat could pierce nor cold invade*
*where bounteous nature never feels decay,*
*and opening buds drive falling fruits away*[2] ».

Bréderodes exigea un bis et, pour le coup, reprit avec Victor. Il rauquait comme aurait pu faire Braillard, son voisin du dessous que nous allons bientôt apprendre à connaître. Sa voix éraillée, sa mélodie sans nuance, s'accordaient bizarrement à l'agilité de Victor. Mais celui-ci, que le tohu-bohu produit par le prisonnier avait d'abord conduit à ne plus chanter que mezza-voce, à moduler en rétablissant

1. Réveille-toi, Quivera, réveille-toi, notre doux sommeil doit cesser et s'envoler comme la paix de notre pays.

2. Plus jamais nous ne dormirons à l'ombre des bananiers qui nous protégeaient contre la chaleur et le froid, où la nature généreuse jamais ne dépérissait, où les bourgeons enfantaient des fleurs.

comme il pouvait la ligne de chant, finit par reprendre l'avantage et fredonner à nouveau seul car Bréderodes, dont le sang continuait de remplir la cuvette, pris de faiblesse à son tour, n'avait plus la force de poursuivre.

Cette séance s'acheva sur le trépignement du chevalier du Rosel qui vint interrompre un nouveau dénombrement de basse-cour entamé par Pierre Bertrand, d'un cordial et on ne peut plus aristocratique :

– Jeune homme, si j'avais cent louis, ils seraient à vous!

Bréderodes, à qui Reilhe venait de faire respirer des sels, appela Victor près de lui et l'embrassa.

– Il vaut mieux pour toi de continuer cet exercice, la purge et la saignée ne te conviennent pas... J'avais un frère, il avait ton âge, il chantait bien, il savait toutes sortes de choses et voulait être chevalier de Malte. Il n'aurait jamais dû faire autre chose mais mes trois aînés lui avaient mis la gloire en tête... Ils sont partis au siège de Candie. Ils y sont morts tous les quatre.

Reilhe, qui n'avait plus rien à faire là, sortit en saluant à la ronde, ravi de la conclusion heureuse de la séance et Victor, non moins soulagé que lui, lui emboîta le pas.

Les chambres de la Bastille étaient comme les alvéoles d'une ruche mais le spectacle qui attendaient ceux qui – à l'instar de notre héros – avaient le privilège de les voir toutes, était chaque fois différent. La calotte de la tour du Puits était une chambre vertigineusement coiffée d'un dôme percé d'un oculus garni d'une double grille de fer. Le jour ne tombait que par là et, pour en jouir, il fallait se résigner à accueillir aussi la pluie, la neige et le froid. Il se trouvait en ce lieu, dans une niche pratiquée dans le mur, un réduit secret où l'on vidait les terrines contenant les immondices des prisonniers et où l'on montrait une grosse chaîne à laquelle un cordelier, qui avait assommé un porte-clefs, avait été attaché pendant vingt-cinq ans.

Cette sinistre coupole abritait trois prisonniers. D'abord Nicolas Sandro, pauvre garçon du village de Fleury-des-Hayes-d'Avènes dans le Hainaut. Il était venu à Paris vendre des fuseaux de buis lorsqu'un nommé Pierre Pigeon lui demanda s'il voulait louer sa cavale pour tirer jusqu'à Bruxelles une chaise dans laquelle avaient pris place quatre femmes. Il ignorait qu'elles étaient huguenotes et qu'elles quittaient le royaume au mépris des édits du roi. Sandro, qui était bel homme, avait trouvé le moyen, tant qu'il était resté dans la tour de la Comté, d'être l'amant de la Fleury et, depuis qu'on l'avait fait changer de lieu, il se désespérait. François Tercel, le plus âgé, était un confiseur protestant, de Gournai en Normandie, dénoncé par son frère qui voulait accaparer seul la succession de leur père. Il en était à sa dix-septième année de Bastille. Six mois dans un pourpoint de pierre, en 1695, l'avaient décidé à abjurer et, malgré cette abjuration qu'il ne cessait de rappeler à ses bourreaux, à l'abbé Girault, à Corbé, à Reilhe, on continuait de le retenir prisonnier. Le Petit de Boution dont nous avons déjà entendu parler faisait le troisième. Ses débauches grecques qui auraient pu facilement le mener au bûcher – on brûlait encore quelques sodomites à Paris de temps à autre – l'avaient simplement fait placer à la Bastille en raison de sa parenté avec le ministre Caumartin. Il était tel que La Fontaine nous a peint Joconde, beau garçon, avec un visage mutin et encore rose, des lèvres qu'il trouvait le moyen de peindre parce que Rû, sensible à ses charmes, lui passait tous ses caprices comme celui de lui fournir des mouches et du fard.

Entendant le bruit de la clef dans la serrure, Le Petit, qui avait cru à l'arrivée de ce porte-clefs dont il recevait tous les ménagements, eut un mouvement de dégoût en voyant paraître le pauvre Boutonnières.

– Bah ! c'est vous, vilain gobin [1].

– Arrière, bardache ! maugréa le porte-clefs, ces messieurs ne viennent pas pour toi... Ils veulent voir Tercel.

– N'est-ce pas mon jour ? protesta Le Petit qui fit volte-face pour montrer son postérieur tout en passant sa tête grimaçante, sens dessus dessous, entre ses jambes.

– Être corrompu qui prend plaisir et médecine en même endroit, poursuivit Boutonnières... Mais aujourd'hui, tu n'en auras pas, le dernier clystère de ces messieurs est réservé à Braillard.

Le jeune prisonnier se redressa soudain pour montrer un visage fâché. Il venait de surprendre Victor qui entrait et il le toisa comme une coquette aurait pu faire d'une rivale.

– Que veut celui-ci, céans ? se plaignit-il amèrement.

– C'est mon aide, trancha Reilhe... Mais quoi ! il n'est pas à ton goût ?

– Un gamin ! se gaussa Le Petit qui n'avait du penchant que pour les quadragénaires.

Il cracha par terre pour marquer son mépris et regagna sa couche.

Tercel, le vieux confiseur, était au plus mal. Le désespoir, par crises, le poussait à ne plus se nourrir. Reilhe s'approcha de lui, il avait reçu l'ordre de Saint-Mars de le forcer à manger. Ce protestant était l'un des rares à être tarifé dix livres. Le perdre, devoir l'enterrer dans le potager du Bastion où l'on ensevelissait sans cérémonie ceux

1. Bossu.

de sa religion, c'était pour le gouverneur perdre trois mille six cent cinquante livres. Là était d'ailleurs la seule raison du maintien à la Bastille de trois ou quatre protestants désireux comme Tercel, par lassitude, de se convertir : ils avaient eu le malheur – Dieu seul savait pourquoi – d'être mis un jour à la grande bouteille.

Reilhe n'aimait pas être chargé des commissions qui ne ressortaient pas de son art, il n'aimait surtout pas en être chargé gratis. La vue du vieux prisonnier gisant à terre avait ranimé sa colère.

– Alors, vieille bobiche! as-tu décidé de nous faire enrager?

L'homme sourit faiblement. L'idée de désespérer ses bourreaux lui était douce.

– A la schlague, poursuivit le chirurgien, c'est à la schlague qu'on devrait te faire ingurgiter la nourriture que le roi prend la peine de t'offrir.

Le confiseur ne répondit pas.

– Mais je saurai bien te contraindre, s'emporta le Provençal en faisant signe à Victor d'approcher : lève-le! tiens-le par les épaules! ordonna-t-il, je vais le gaver de force comme on gave un chapon.

Pour la première fois, dans cette étonnante matinée, notre héros hésita à obéir mais Reilhe était trop furieux pour remarquer son trouble. Il était allé sur la table du cachot chercher un poêlon qui contenait un miroton de chou refroidi et s'était armé d'une cuillère de bois.

Tercel, surpris par la douceur employée par Victor pour lui faire décoller la tête de sa couche, se laissa relever sans résistance. Reilhe, qui s'était assis sur l'autre bord de cette misérable paillasse, lui écarta les mâchoires avec des gestes de forcené et lui remplit la bouche de trois pleines cuillerées.

Tercel demeura raide et immobile, provoquant la colère du Provençal qui porta sa main restée libre à son cou pour le serrer avec violence. Sous l'effet de la surprise le vieillard fut secoué d'un hoquet qui lui fit recracher tout ce qu'il gardait à la bouche.

Reilhe dont la manche venait d'être salie repoussa le confiseur puis alla vers la table, derrière laquelle continuait de méditer Sandro, pour s'emparer d'un broc d'eau et tenter de nettoyer sa toge.

– Attends! criait-il au prisonnier depuis l'autre bout de la calotte, je n'ai pas dit mon dernier mot, dussé-je t'étouffer je te ferai lécher jusqu'au fer de cette écuelle.

Victor, qui avait tout d'abord senti avec effroi le corps de l'homme dont tous les os perçaient la peau s'affaler sur lui, avait ressaisi son courage. Le souffle de cet infortuné restait court, sa lassitude était extrême. Ce qu'il souhaitait le plus, c'était mourir et la mort ne venait pas le prendre. Le jeune comte de Gironde songea alors à son père qui était mort pour sa foi. Cette pensée lui donna la force de nettoyer le visage du vieux protestant, de frotter à l'aide d'une serviette sa chemise sur laquelle restait répandu le chou qu'il avait vomi.

Il avisa une assiette de fromage de Brie dont il brisa un morceau. Il le porta à la bouche de Tercel en murmurant à son oreille :

– Mangez au moins cela ou il vous torturera... Je suis fils de protestant.

Le confiseur ouvrit un œil et happa une première bouchée pour entendre la suite.

– Vos frères se battent dans les Cévennes, poursuivit Victor, espérez!

Tercel avala, plus goulûment encore, un second morceau.

Tandis que Reilhe s'escrimait à réparer les dégâts causés à son habit, Le Petit se rapprochait de lui à pas de loup.

– Il lui parle, murmura-t-il lorsqu'il fut à portée du chirurgien, il lui dit quelque chose à l'oreille.

Le maître de Victor, détournant la tête pour contempler le miracle qui s'opérait, toisa le jeune sodomite :

– Sans doute lui parle-t-il mais il le fait manger et c'est ce qui m'importe.

Aussitôt, il songea à part lui :

– Décidément cet aide m'est précieux... Dès ce soir je m'arrangerai avec le chef gadouard pour qu'il demeure à mon service.

Lorsque le prisonnier se fut suffisamment sustenté pour satisfaire aux ordres donnés, la procession médicinale redescendit jusqu'à la deuxième Puits, Reilhe satisfait de son projet, Victor content d'avoir épargné davantage de sévices au vieux confiseur. Il leur restait à voir le personnage le plus extravagant de la forteresse : Jean Alexandre Van der Burg, surnommé par les autres prisonniers Braillard. La détention, on l'a vu, inclinait bien des caractères à la bizarrerie, celui-là était devenu fou, fou noir et dangereux. C'était un colosse, un mystique extravagant, un goinfre, qui s'empiffrait si vite qu'il paraissait boire la viande et qui faisait en pleine nuit des oremus si retentissants qu'il privait de sommeil tous les autres pensionnaires de la tour. Il formait un couple étrange avec un petit boudrillon, replet et tout en miaulements, qui, au fil des mois, était devenu son esclave. Celui-là était un ancien médecin qui répondait au nom de Francillon. Il avait abjuré la foi protestante mais, comme il émargeait nommément pour dix livres sur les registres du gouverneur, on ne l'avait pas, lui non plus, libéré.

Décrivons d'abord le théâtre sur lequel s'exhibaient ces nouveaux personnages : c'était l'une des rares chambres à être pourvue d'une grande fenêtre à châssis coulissant, garnie à l'extérieur de trois fortes grilles mais devant laquelle on pouvait se tenir pour voir et être vu. La lumière entrait donc dans cette pièce un peu plus qu'ailleurs mais elle n'atteignait pas l'arrondi du mur qui lui faisait face.

Braillard vivait là presque nu et rien n'était plus impressionnant que cette grande carcasse blanche plus ou moins culottée, aux endroits que la bienséance commande de cacher, de guenilles qui semblaient être découpées du manteau du roi des geux. A cause de lui ou plutôt de ses pigeons, car il en élevait une dizaine de couples dans une caisse en bois de sa fabrication, certains ayant des petits, les autres des œufs, sa chambre était devenue l'endroit le plus pestilentiel de toute la forteresse. Un bon pied de fiente séchée, mais toujours vernie d'une pellicule de matière fraîche et odorante, recouvrait le sol dont on ne discernait plus que la surface fut de plâtre.

Braillard recevait invariablement ses visiteurs sur un fauteuil improvisé avec des planches prélevées au lit du pauvre Francillon qui n'avait plus pour dormir que sa paillasse à terre. Quatre manches à balai hissaient, par-dessus sa tête, un baldaquin de nippes taillées en lanières qui figuraient les litres et les lambrequins du dais royal. Devant ce noble siège se trouvait un prie-Dieu construit aussi bizarrement que la dévotion de celui qui y faisait ses oraisons burlesques. Victor, à qui Reilhe avait indiqué sommairement le protocole à observer, se prosterna trois fois. L'auguste prisonnier était coiffé d'une toque faite de débris de chanvre tressés, chaussé de ce que, à défaut de terme plus précis, nous nommerons des braies qui se présentaient sous forme de chiffons ficelés de cordelettes découvrant par endroits ses jambes musculeuses.

Braillard invita d'un geste large les visiteurs à approcher.

Il se fit présenter le clystère. Il en était friand, il les aimait acides, copieux et tièdes. Il baisa la seringue d'étain, le piston de buis, la canule de corne, récita sur chacun un pater, un ave, que Francillon reprenait après lui en multipliant les génuflexions. Soudain, il se dressa, détacha l'un des manches à balai qui constituaient les quenouilles de sa chaise gestatoire, fit deux tours complets de la chambre en se servant de cette auguste canne comme d'une hallebarde puis, d'un bond, sauta sur son lit et présenta les parties les plus charnues de son être dressées, si nues et si blanches qu'elles évoquaient assez bien l'Olympe enneigé.

Reilhe qui avait repris le clystère des mains de Victor opéra dans le plus parfait silence. Dès qu'il eut dégagé la canule, il fut remercié d'un vibrant « *Deo gratias* » entonné par son patient et repris par Francillon.

Le chirurgien et son aide amorçaient leur retraite, toujours selon le protocole marqué – à reculons – Braillard assis sur son lit, soutenu de son souffre-douleur les bénissait à gestes larges, lorsqu'éclata un rire extravagant.

Il était si gros, si sonore, en un mot si incongru, en conclusion de cette liturgie, qu'il fit perdre sa contenance à Reilhe.

– Qu'avez-vous monsieur de Renneville ? demanda-t-il fâché en considérant un recoin plein d'ombre d'où levait ce vacarme.

– Çà ! monsieur le mousquetaire à genoux [1], je ris de vous voir vous prêter à toutes ces bassesses.

– Je gagne ma vie, monsieur, répondit Reilhe froissé.

– Il est des moyens moins dégradants de le faire que purger ce fou.

Braillard fit entendre un sourd grognement.

– Je fais ce qu'on m'ordonne, reprit le chirurgien d'un ton pincé.

– Vous y perdez le peu d'honneur qui vous reste... Vous gaspillez l'argent du roi.

Van der Burg, cette fois, se leva :

– Vas-tu te taire, vilain poudré ! J'ai besoin de cette médecine pour ne pas dépérir... Tout le monde le sait ici.

– Une aussi méchante bête que toi pour tout traitement mérite le bâton ! brocarda Renneville.

Braillard se rua sur l'insolent qui n'eut que le temps de bondir hors de sa couche et de se mettre à courir autour de la chambre. Hélas pour Renneville cette pièce était si exiguë et les bras du colosse si longs, qu'il n'avait qu'à les étendre, sans presque bouger, pour s'emparer de lui. Brusquement, se voyant sur le point d'être happé, il se suspendit au pigeonnier faisant s'envoler avec fracas toute cette gent plumière qui battit des ailes en grand émoi dans la chambre. Renneville finit par retomber à terre et par se jeter du côté de Reilhe dont il se fit un bouclier, l'obligeant, dans une neige de poussière et de duvet, à tourner de droite et de gauche selon le côté par lequel Van der Burg le menaçait.

– Cela suffit à la fin ! pesta le Provençal dont le chapeau de crépon noir à quatre cornes pointues s'était pris à vaciller.

Victor avait à nouveau posé ses seringues. Il ne savait trop que faire et comme il brûlait d'adresser la parole à Constantin de Renneville, il fit mine d'aller vers lui pour le contenir. Il le poussa vers l'embrasure de l'unique fenêtre, en arrière du pigeonnier qui s'était

1. Surnom que l'on donnait aux apothicaires pratiquant les lavements.

fracassé, puis se campa en haut des marches, bras croisés, arrêtant Braillard qui se ruait de ce côté-là tout en fureur.

Profitant du tumulte et de ce que Reilhe était revenu vers le colosse pour s'employer à le calmer, Victor s'adressa à Constantin :

– Schrader m'a dit que vous saviez tout sur cette prison.

– C'est vrai, je ne suis à la Bastille que depuis dix-huit mois mais j'en puis tenir le journal...

– Le deuxième Bertaudière est mort.

Constantin tressaillit.

– Que veux-tu savoir à son sujet ?

– Tout ce que vous pourrez m'apprendre.

– Et la récompense ?

– Mon maître, qui est puissant, agira pour votre liberté.

Constantin ne prit pas le temps d'ordonner ses idées :

– C'est dit! je te rejoindrai ce soir, à l'infirmerie.

Le chirurgien, redescendu dans la cour, remâchait sa colère :

– Je deviendrai bientôt aussi terrible que Corbé, aussi cupide que Girault... L'indulgence et la charité, c'est vrai, s'arrêtent au seuil de cet abîme.

Corbé, c'était lui justement qui se tenait près du puits, observait le désarroi du Provençal en se gaussant.

– Qu'as-tu barbier ? lui lança-t-il de sa langue grasse.

– J'ai, monsieur, que c'est assez pour moi de gagner vingt sols par saignée, dix sols par purge, en me faisant insulter tout du long de la matinée.

– Tu es faible, Reilhe, cela te perdra si tu ne changes pas, grommela le neveu du gouverneur mi-menaçant mi-paterne lorsqu'il se fut avancé jusqu'au chirurgien.. Tu n'as aucun mécontentement à recevoir de ces gens... Ce sont eux qui doivent te craindre et trembler lorsque tu pénètres chez eux...

Il s'approcha plus près, poussant son haleine immonde au nez de l'ancien frater :

– N'oublie pas, Reilhe, je serai bientôt le maître ici et je ne souffrirai pas que l'on puisse se moquer d'un fonctionnaire de ce château.

Rû apparut à son tour, venant de la Grande Cour par le passage du dessus de l'infirmerie. Il alla à Corbé :

– Où installe-t-on les gadouards qui viennent de finir leur première nuit d'opération et qui sont assis dans la cour en attendant les ordres ?

– Ils doivent sentir l'escafignon et le bouquin! s'exclama le neveu de monsieur de Saint-Mars en partant d'un rire énorme... Qu'ils se décrassent au lavoir et qu'ils s'entassent dans la deuxième Bertaudière... On leur fera grâce de leur tirer le verrou pour qu'ils puissent descendre pisser comme ils voudront.

– La deuxième Bertaudière? releva Rû avec effroi.

– Oui-da! n'est-ce pas la seule chambre de notre auberge qui soit libre aujourd'hui?... Quel esprit crains-tu, escogriffe, n'avons-nous pas chaulé, décarrelé et carrelé de neuf cette chambre depuis que l'homme l'a quittée?

Victor, resté planté trois pas en arrière du chirurgien, n'avait pas perdu un mot de cet étonnant dialogue. Au nom de deuxième Bertaudière il avait dû faire de nouveau un effort pour ne pas laisser, d'émotion, choir son chargement de seringues.

Une heure plus tard, le jeune comte de Gironde, nanti de la permission de son nouveau patron, était dans cette fameuse deuxième Bertaudière où reposaient le père La Houlette et ses disciples. Jean-Baptiste, qui ne dormait que d'un œil comme s'il attendait sa visite, se leva en le voyant paraître.

Une odeur épouvantable stagnait dans l'escalier: c'est que la « matière », malgré l'énergique toilette faite par les fifis dans la cour du Puits, avait imprégné durablement leur vêtement.

– Que ne ferais-je pas pour vous contenter? railla Jean-Baptiste dont la figure était restée estafilée de traînées noires.

– Si nous réussissons tu ne porteras même plus un seau, promit Victor, je te dois trop et, grâce à toi, me voici là où il fallait absolument que je sois.

– Ici? s'étonna le porteur d'eau.

– Oui, dans ce cachot où vivait, jusqu'à la semaine passée, celui dont je recherche la trace.

– C'est que, monsieur, cette chambre est totalement démeublée, qu'elle a été refaite récemment et que d'indices, vous n'en trouverez aucun...

Victor fit un tour complet de la chambre. La faible lueur tombée d'une fenêtre, plus haute que partout ailleurs, se répandait sur l'arrondi du mur couvert d'un badigeon frais.

– A quand dirais-tu que remonte cette réfection? demanda Victor à Jean-Baptiste.

– A six mois peut-être... Le haut est sec mais le bas, qui se ressent de l'humidité montante, a eu le temps de moisir.

– J'aurais voulu que ce fût la semaine dernière... Quel intérêt de faire net si tôt, alors que celui que je cherche vivait ici il y a dix jours à peine ?

– Il n'avait peut-être plus la force de se lever pour laisser quelque inscription qui témoignerait de son passage... On a décidé de nettoyer la chambre alors qu'il était encore vivant et qu'il gisait là...

Victor esquissa un sourire, trouvant la logique de son compagnon admirable.

– Tu as peut-être raison, opina-t-il en continuant d'ausculter la paroi.

Gravés dans l'enduit il repéra plusieurs chiffres qui formaient une date : 1576. C'était trop ancien pour avoir rapport avec ce qu'il recherchait. Poursuivant ses investigations, il découvrit une grande figure géométrique : un carré d'au moins un pied de côté, rempli de lignes parfois interrompues qui délimitaient des compartiments bizarrement agencés comme le plan d'une vaste demeure faite de couloirs et de galeries communiquant entre elles.

– Qu'est-ce que cela ? s'étonna-t-il en prenant la main de Jean-Baptiste pour lui faire effleurer à son tour ce relief.

– Un jeu de patience, estima Jean-Baptiste, il faut trouver la sortie.

– Un labyrinthe ?

– Une forêt touffue, répliqua Jean-Baptiste moins savant que Victor mais doté, sous son gros bon sens, d'une âme de poète.

Notre héros eut beau inspecter tout le reste du mur, il ne trouva rien d'autre. Visiblement on s'était arrangé pour faire dévorer à la deuxième Bertaudière ses secrets.

Au bout d'une heure environ, l'apprenti chirurgien quitta le père La Houlette et ses compagnons. Redescendant pensif l'escalier à vis de la tour, il repassa le visage des prisonniers aperçus dans sa journée : parmi eux avait-il croisé celui mis à l'étroit pour en savoir trop long sur le mystère qu'il essayait de percer ?... Était-ce Constantin à qui l'avait envoyé le baron Schrader de Peck et à qui il devait parler tout à l'heure ? A priori non, à cause de la relative nouveauté de celui-ci dans la prison... Et parmi les plus anciens : Van der Burg, Pierre Bonneau, Mathias du Wall, Samuel Le Pouilloux, Jean Guesnin, le chevalier du Rosel, Godron, Tercel, l'abbé Gonzelle, Schrader de Peck l'aîné, le comte de Bréderodes, Jacques Aubert, Gringalet, Charras, Nicomède des Imbers, Sainte-More, l'abbé Rollet, l'abbé Paparasedo, Jacques Maurice, Francillon, Nicolas Sandro, Mathieu Picot, tous à la Bastille depuis longtemps. Lequel d'entre ceux-là détenait – le sachant ou l'ignorant – le secret du prisonnier qui venait de disparaître ?

Parvenu au seuil de l'infirmerie, il entendit depuis le haut de l'escalier dont la porte était restée ouverte, l'abbé Girault qui s'apprêtait à prendre congé.

– C'est bien, chirurgien, si ta potion fait effet, après-demain nous serons riches... Le pot aux roses gît là-bas, dans l'hôtel du gouverneur... Ne regrette pas ce que tu viens de faire car tu l'as fait dans ton intérêt. Rien de plus doux au fond que de songer à soi.

L'abbé, après avoir jeté un pan de son ample pèlerine par-dessus son épaule, remonta l'escalier quatre à quatre, bousculant Victor qui parvint à lui donner le change en laissant croire qu'il ne faisait qu'entrer.

– Que fais-tu là, toi ? lui demanda rudement le prêtre.

– J'étais allé saluer mes compagnons au lieu de dîner, répliqua Victor d'une voix assurée et en ne quittant pas du regard l'aumônier, j'en avais reçu permission de monsieur Reilhe.

– Baste ! baste ! bougonna le religieux, retourne à ta paillasse et n'en lève pas le nez... Je n'aime pas les fouineurs.

Victor, sans demander son reste, passa son chemin. Il retrouva en bas son maître qui donnait tous les signes d'un abattement profond.

– Je suis à vos ordres, monsieur, lui-dit-il, l'abbé trouve que je musarde.

– Bah ! ne l'écoute pas, répondit le Provençal, son cœur n'est pas tendre... Continue plutôt à préparer les seringues comme tu as fait ce matin pour nos soins de ce soir... Moi, j'ai encore à faire au-dehors.

Et sur ces mots, quittant sa toge, Reilhe ajusta son petit tricorne de ras et s'apprêta à sortir vêtu de son pauvre uniforme d'ancien frater.

Moins d'une heure plus tard, Rosarges apparut titubant en haut de l'escalier de l'infirmerie.

– Monsieur de Saint-Mars veut te voir, jeune braque ! annonça ce vieux soudard que quantité de vin bu fort tristement rendait hargneux.

Victor se leva, attaqué d'un coup au cœur. Dans la seconde, il se vit perdu.

– Boutonne ta brassière ! arrange tes cheveux !... Le gouverneur n'aime pas qu'on se laisse aller.

– Que me veut-il ? bredouilla l'aide du chirurgien qui s'était mis à obéir machinalement aux ordres du major.

– Causer ! répliqua ce dernier en partant d'un rire gras, ta mine ne doit pas lui revenir.

Victor monta dans la cour, livide. Rosarges, qui le précédait, lui donnait des conseils qu'il était le premier à se dispenser d'observer : son lampon sans formes relevé à l'avant, escalopé sur le côté au moyen d'une grande croix de fer, sa chemise grise de crasse, ses bas filés, ses souliers aux talons avachis dépassant d'une sorte de pet-en-l'air, lui conféraient l'allure du chambellan de la Cour des Miracles.

Pour sortir de la forteresse, Rosarges hurla le mot de passe à l'adresse du poste de garde de la grande entrée, avant de se lancer comme un boulet sur le pont-levis des piétons ménagé au travers de la fameuse « cage ». Victor, depuis le pont dormant qu'il voyait pour la première fois au grand jour, observa le fossé où stagnait une eau boueuse et la Galerie de bois sur laquelle une sentinelle marchait vers la cloche dont le tintement rythmait la vie du château. Toujours obsédé de l'idée que monsieur de Saint-Mars ne l'appelait que pour le confondre, il fut pris soudain de l'envie de sauter par-dessus le parapet mais il se ravisa aussitôt, dissuadé par l'éclair vif que produisit la baïonnette du factionnaire dans la lumière et pensant à juste titre qu'il ne ferait, en mettant ce plan à exécution, que se rompre le cou.

C'est plus mort que vif, traînant le pas dans le sillage de Rosarges, qu'il parvint en vue de l'hôtel du gouverneur.

Corbé était là justement, sur le perron, qui humait l'air en faisant l'important. Tout son pouvoir, le neveu de monsieur de Saint-Mars le tenait de cet oncle sans héritier qui lui avait fait quitter le râteau pour l'appeler près de lui au temps où il était encore jardinier à Montfort-l'Amaury. Ce vermisseau se prenait à présent pour un aigle. Il osait lever les yeux vers la succession au gouvernement de la Bastille et vers l'héritage des terres nobles que Louvois avait concédées à monsieur de Saint-Mars pour prix de ses services. Il se faisait déjà donner du monsieur de Formanoir par tous les fonctionnaires du château et malheur à celui – excepté Rû son compagnon de crapulerie – qui s'oubliait en sa présence.

Rosarges, au service du gouverneur depuis plus de trente ans, aussi vieux que lui, mais qui ne désespérait pas de lui survivre en dépit de sa santé délabrée par l'alcool, ménageait l'avenir en caressant Corbé et en lui servant d'espion. Celui-ci en contrepartie fermait les yeux sur son relâchement.

– Que nous ramènes-tu là, major ?

– Ce blanc-bec que votre oncle veut voir.

– Mon oncle ne m'a parlé de rien, répliqua l'ancien jardinier vexé, comment se fait-il ?

– Peut-être monsieur Reilhe...

– Reilhe doit apprendre à passer par moi comme tout le monde ici... On n'a pas idée d'importuner monsieur le gouverneur à tout propos comme il fait. D'ailleurs, tu le sais, je n'aime pas qu'on traîne de ce côté par les temps qui courent.

Rosarges s'excusa avec une vivacité qu'il fallait attribuer à son ivrognerie :

– Allez dire tout cela au chirurgien, monsieur de Formanoir, moi j'exécute les ordres que je reçois.

– Va ! fit Corbé en ouvrant lui-même un battant de la double porte d'entrée, mais je viens avec toi pour savoir de quoi il retourne.

L'hôtel du Gouvernement auquel il ne restait que dix ans à subsister était, comme on l'a dit, lugubre et vétuste. C'était une construction du XVe siècle à léger encorbellement dont les murs à colombages paraissaient bomber sous le poids d'un toit pentu à deux étages de greniers. Le rez-de-chaussée comportait trois petites pièces aux croisées garnies de verres en cul de bouteille sertis de plomb. Le jour glauque filtrant par là éclairait le triste mobilier dont monsieur de Saint-Mars avait hérité de ses pères et qu'il avait précautionneusement traîné après lui de forteresse en forteresse : des coffres tels que les affectionnent ceux qui déambulent, mais aussi des bonnetières, des tables et de vieux fauteuils raides qu'on avait poussés le long des murs, à peu près dans l'ordre où ils avaient passé la porte. Un tour de brocatelle à petits carreaux rouges encadrait chaque ouverture, conférant à l'ensemble l'allure d'indigence proprette d'une maison de charité.

Victor, dont les craintes, à la vue de ce tombeau, n'avaient fait que s'irriter, fut poussé par Rosarges dans l'escalier de bois qui menait à l'étage. Un petit vestibule y desservait cinq ou six pièces, encore plus resserrées qu'au-dessous. C'est là que vivait monsieur de Saint-Mars. C'est depuis cet espace étranglé, sans presque jamais plus en sortir, qu'il administrait la Bastille.

Le gouverneur se tenait dans sa chambre. Il somnolait dans un vaste fauteuil tiré près de la fenêtre et la lumière verdâtre, tombée d'une verrière toute pareille à celles des salles basses de cette demeure, accentuait la morbidité de ses chairs. C'était un vieillard de très maigre et chétive apparence qui donnait l'impression de grelotter en permanence. Sa bouche, qui s'était déboîtée avec l'âge et qui ne fermait plus, laissait avancer un menton pareil au rostre d'une galère. Mais ce qui se remarquait surtout, dans cette figure de vieux parchemin brouillé par les rides, c'était le regard, deux yeux restés furieux pour signifier à tous qu'une volonté terrible électrisait encore tant de décrépitude.

Tel était au physique Bénigne d'Auvergne de Saint-Mars que la postérité devait associer au fameux prisonnier masqué avec lequel il avait, durant trente-cinq ans, formé le couple le plus étrange qu'ait jamais suscité la réclusion. Pendant toutes ces années les deux hommes ne s'étaient pas quittés un seul jour, ils avaient cheminé côte à côte de Pignerol à Sainte-Marguerite et de Sainte-Marguerite à la Bastille. Une fois par jour, dans chacune de ces prisons, le gouverneur était monté lui-même nourrir cette victime-compagnon. Seul il lui avait parlé et, seul, il avait pu entendre en retour quelquefois le son de sa voix... Saint-Mars mérite une place à part dans la longue litanie des serviteurs fidèles : il a accompli sans faillir ni broncher l'une des plus terribles missions qu'un monarque ait jamais confiées à un sujet, se vouant lui-même à la geôle pour que nul autre que lui ne vît se consumer le brûlot confié à sa garde. C'est grâce à lui que le secret du deuxième Bertaudière, mort à la Bastille le 19 novembre 1703, a été si bien gardé. L'abnégation, l'oubli de soi, le sens du devoir ne suffisent pas lorsqu'on montre un zèle si parfait, il faut qu'il y ait aussi un vice. Saint-Mars en avait un que Louvois avait su reconnaître et flatter : l'avarice. De cet orphelin, fils de gentillâtre de Montfort-l'Amaury, élevé à la dure par un lointain parent, monsieur de Blainvilliers, qui en avait fait un enfant de troupe, de cet adolescent chétif devenu péniblement brigadier puis maréchal des logis après trente ans d'un dur service dans les mousquetaires de la première compagnie, il avait fait un geôlier. Mais quel geôlier! le mieux payé de France, le maître après Dieu, au terme de sa carrière, de la première de toutes les prisons royales.

Le temps n'était plus où les rois – tels les Valois en faveur des Montmorency au XVI^e^ siècle – disposaient de la Bastille dans le but de se concilier de grands personnages. Sous Louvois ces sortes d'emploi n'allaient plus qu'au métier et à la soumission. Ce ministre, qui avait eu le génie de débusquer les hommes et de les employer au mieux de leur talent, avait d'abord remis la forteresse dans les mains de Blesmaux qui y était mort, avec toute sa tête, à l'âge extraordinaire de quatre-vingt-huit ans. Il l'avait remplacé en 1698 par Saint-Mars qui en avait soixante-douze. Le type idéal du geôlier de l'absolutisme était fixé : homme de petite noblesse, contraint de servir pour subsister, plus à cheval sur l'honneur qu'un duc, soldat sans reproche, ayant fait dans un long service la preuve de son énergie et de sa souplesse, vieillard près de la tombe, capable de renfermer tous les secrets dans son cœur comme dans une urne scellée et dont la sentimentalité tarie garantissait l'obéissance aveugle.

Saint-Mars sommeillait le jour mais il déambulait la nuit. On le voyait glisser d'une fenêtre à l'autre comme un vieux corbeau auquel ne serait plus restée que la force de sautiller. A son bureau il écrivait des ordres embrouillés à des gens qui dormaient puis il faisait réveiller tour à tour le major, le lieutenant, son neveu, suivant qu'il se figurait d'avoir besoin de l'un ou l'autre. Peu avant l'aube, sans témoins, cet homme avare à manger son pain dans sa poche, s'adonnait à son grand plaisir qui consistait à compter et recompter son or, celui qu'il avait amassé en économisant sou par sou sur son revenu ou en volant les prisonniers.

En 1702 la Bastille avait coûté cent soixante mille livres au roi pour l'année. Là-dessus le gouverneur avait émargé pour quinze mille cent soixante-huit, c'est-à-dire davantage pour lui tout seul que les douze mille neuf cents livres employées dans le même temps à payer la solde et l'entretien des quarante-sept hommes de la compagnie placée sous ses ordres. Outre cela, monsieur de Saint-Mars touchait à peu près six mille livres en propre pour les boutiques bâties sur les fossés, il avait le privilège de « muids et de vins » pour cent barriques qui pouvaient rentrer dans ses caves, franches de droit, et qu'il revendait à un cabaretier nommé Joly pour sept mille livres, il réalisait enfin un très confortable profit sur ce que le roi donnait pour l'entretien des prisonniers. Ce dernier gain n'était fait que sous condition que Corbé, Rosarges, Rû, l'aumônier ou l'apothicaire, n'aient pas été plus prompts pour raccourcir, retrancher, amputer sur l'ordinaire des pauvres « pigeonneaux » mais comme, jusqu'à sa mort, Saint-Mars s'employa à garder la haute main sur les cuisines, le tailleur, les médecines, la chandelle, le savon... c'est le gros de ce « revenant bon » qui tombait dans sa poche. Les autres ne faisaient que rogner sur le nécessaire, c'est-à-dire que, venant en second, ils faisaient de portions congrues des portions indigentes : quand le roi payait pour un chapon, le gouverneur n'accordait au cuisinier qu'un poulet et Corbé ne montait dans les tours qu'un oison.

La fortune de Saint-Mars commence avec la disgrâce de Fouquet. Il est d'abord chargé en 1661 d'arrêter Pellisson, complice du surintendant des finances déchu et de le mener à Angers. En 1664, sur l'avis de d'Artagnan, il est nommé commandant du fort de Pérouse et du donjon de Pignerol où, à la suite de son long procès, Fouquet devait être interné à vie. D'Artagnan et Saint-Mars se sont connus quinze ans auparavant, aux mousquetaires, en un temps où le second, qui n'avait pas pris le sobriquet sous lequel il devait passer à la postérité, se faisait encore appeler Bénigne d'Auvergne. A Pignerol, loin de tout et surtout de la cour, Saint-Mars saura pousser ses affaires. Il se mariera, épousant la sœur du commissaire des guerres Damozeran dont la cadette, madame Dufresnoy, était l'amie de madame de Sévigné mais surtout la maîtresse de Louvois. C'est le tout-puissant ministre de la guerre qui va faire la carrière de ce presque beau-frère dont il goûte les rapports méticuleux et la sévérité. Il va garnir son lointain colombier de pensionnaires de choix : outre Fouquet, qui y mourra au bout de seize ans de détention, il lui dépêchera Lauzun qui y restera enfermé neuf ans. Le plus fastueux des particuliers, celui dont la munificence avait offusqué le soleil, voisin de cachot du plus déluré des courtisans. On donnerait gros pour avoir entendu ce qu'ils se disaient lorsque le dernier arrivé passait par la cheminée pour venir rejoindre son ancien dans la place.

Saint-Mars les traitait avec grand respect, se souvenant de ce qu'ils avaient été et supputant ce qu'ils pouvaient redevenir un jour, par un de ces renversements de fortune dont la vie des grands est coutumière. Cela ne le retenait pas de ne pas souffrir la plus petite incartade : pour une tentative d'évasion, Fouquet fut châtié par la pendaison d'un de ses valets. Pendant plusieurs semaines l'ancien surintendant eut sous les yeux le spectacle du corps de son infortuné serviteur, accroché par le cou, à dix pieds de la fenêtre de son cachot.

Louvois continuait de veiller sur le geôlier de Pignerol et de faire sa fortune sous condition qu'il ne quittât jamais son donjon. Pour exiger cela d'un homme, il faut s'être persuadé sans retour que le goût de la richesse l'emportera toujours chez lui sur celui de la liberté. De fait, durant vingt années pleines, tout en devenant sous-lieutenant de mousquetaires en 1679, bailli et gouverneur de Sens où il ne mit jamais les pieds, seigneur de Dimon et du Palteau, gouverneur du château d'Exiles et enfin, en 1681, gouverneur de l'entière citadelle de Pignerol, Saint-Mars n'eut pas d'autre horizon que celui des montagnes de Piémont. La seule permission qu'il ait jamais sollicitée, celle d'aller en Bourgogne, découvrir le château du Palteau que Louvois venait d'acquérir pour son compte, lui fut refusée. Tant de précautions ne s'expliquent que parce qu'un prisonnier d'un autre calibre était entré à Pignerol : un prisonnier dont Louvois, le 19 juillet 1669 [1], annonçait l'arrivée en ces termes : « ... *il est de la dernière importance pour le service du roi qu'il soit gardé avec une grande sûreté et qu'il ne puisse donner de ses nouvelles en nulle manière à qui que ce soit. Je vous en donne avis par avance afin que vous puissiez faire accommoder un cachot où le mettre sûrement, observant de faire en sorte que les jours qu'aura le lieu où il sera, ne donnent point sur des lieux qui puissent être abordés de personne et qu'il y ait assez de portes fermées les unes sur les autres pour que vos sentinelles ne puissent rien*

1. Lettre à monsieur de Saint-Mars.

*entendre. Il faudra que vous portiez vous-même à ce misérable*[1], *une fois par jour, de quoi vivre toute la journée et que vous n'écoutiez jamais, sous quelque prétexte que ce puisse être, ce qu'il voudra vous dire, le menaçant toujours de le faire mourir s'il vous ouvre jamais la bouche pour vous parler d'autre chose que de ses nécessités...* »

Chaque jour pendant dix-huit ans, dix minutes avant midi, sans jamais hasarder la plus petite altération aux ordres reçus, monsieur de Saint-Mars monta au deuxième étage du donjon porter lui-même à son hôte un repas chaud des mieux accommodés, un petit souper froid pour le soir, deux carafes d'excellent vin, changer l'eau de la cruche, retirer la vaisselle de la veille et la terrine dans laquelle le prisonnier vaquait aux nécessités de la nature. Moment étrange, répété plus de six mille fois, que celui de ce face à face entre un malheureux que le silence et la solitude auraient dû normalement réduire à la folie et cet officier à la mine impassible et revêche, devenu son seul lien avec la vie.

En 1687, Fouquet mort, Lauzun libéré puis exilé en Angleterre d'où il s'apprêtait à revenir en héros, Louvois, estimant que son prisonnier est menacé à Pignerol par la proximité du duc de Savoie dont l'alliance devenait incertaine, songe à le mettre en un lieu plus sûr. Il offre à monsieur de Saint-Mars le gouvernement vacant de Saint-Honorat et des îles de Sainte-Marguerite, persuadé qu'au large de Cannes, en pleine mer, son secret serait mieux gardé. Monsieur de Saint-Mars, qu'une substantielle augmentation d'émoluments a incliné à accepter, se met en route. Il chevauche derrière la litière de son pensionnaire flanquée de deux colonnes de gens armés qui ont ordre de tirer si l'homme tentait de parler ou d'abaisser son masque de velours.

Onze ans plus tard – on l'a dit – monsieur de Blesmaux mourait dans son gouvernement de la Bastille. Louvois, de même, avait quitté ce monde et Barbezieux, son fils, qui détenait tous ses secrets et la plus grande part de ses talents, ne voyait que Saint-Mars pour prendre la direction de la première des prisons royales. Il savait par où prendre le vieux mousquetaire : dans une lettre datée de mai 1698 il lui fait un dénombrement exact du revenu qu'on peut retirer de la place, s'étendant tant à celui qui est avouable qu'à celui qui ne l'est pas. Saint-Mars est appâté, il ne reste plus qu'à ferrer. En juin, l'ordre de changer de lieu arrive : « *Le roi trouve bon que vous passiez des îles Sainte-Marguerite pour venir à la Bastille avec votre ancien*

1. Entendons-le ici au sens de : qui suscite la compassion.

*prisonnier prenant vos précautions pour empêcher qu'il soit vu ni connu de personne.* »

La traversée du royaume, depuis Marseille jusqu'à Paris, en septembre 1698, est le plus connu des voyages de ce couple fatal. Les gazettes, et pas seulement celles de Hollande, des témoignages divers, se sont fait l'écho de cet événement qui pouvait difficilement passer inaperçu : deux litières, la première occupée par le prisonnier, la seconde par monsieur de Saint-Mars, plus mal en point que lors de son précédent périple pour faire de nouveau sa route à cheval, des gendarmes montés tout autour qui ont l'ordre de tirer au moindre geste suspect. Le cortège passe par Lyon, s'arrête à Pierre-Scize, et se dirige sur Palteau dont le nouveau gouverneur de la Bastille est propriétaire depuis quinze ans sans y être jamais venu. Les paysans des environs viennent au-devant de leur seigneur, portant en signe de bienvenue des fruits, des volailles et des ouvrages d'osier. Les deux litières, escortées de ces gens que les gendarmes maintiennent à distance, parviennent dans la cour du château. Monsieur de Saint-Mars descend seul, il va à la litière de tête dont les rideaux sont restés fermés. Il aide son hôte à descendre en lui donnant la main. Paraît un grand vieillard à cheveux blancs, plus âgé que le gouverneur et singulièrement plus majestueux, qui gravit masqué les marches du perron. Le dîner qui suit est servi dans un cabinet du rez-de-chaussée, le prisonnier tourne le dos aux croisées contre lesquelles s'agglutinent les habitants du village, monsieur de Saint-Mars mange face à lui, sans mot dire, avec deux pistolets chargés, posés de part et d'autre de son assiette. Il n'y a qu'un valet pour les servir qui referme soigneusement les portes chaque fois qu'il ressort. La nuit ils couchent au premier étage, dans la même chambre, dans deux lits voisins...

Le jeudi 18 septembre 1698, c'est l'arrivée à la porte Saint-Antoine, l'arrêt devant le pont-levis de la Bastille, le mot de passe, les formalités accoutumées pour « les ordres du roi ». Le prisonnier masqué pénètre dans la forteresse pour n'en plus ressortir que mort. Personne ne le reverra. Du Jonca, lieutenant du roi dans la forteresse, transcrit la mention d'écrou : « *Monsieur de Saint-Mars est arrivé à trois heures après-midi emmenant un ancien prisonnier qu'il avait à Pignerol lequel il fait tenir toujours masqué, dont le nom ne se dit pas et l'ayant fait mettre en descendant de sa litière dans la première chambre de la tour de la Basinière en attendant la nuit pour le mettre et mener moi-même avec monsieur de Rosarges, un des sergents que monsieur le gouverneur a mené, dans la troisième chambre de la tour de la Bertaudière que j'avais fait meubler de toutes choses quelques jours avant son arrivée en ayant reçu l'ordre de monsieur de Saint-Mars, lequel prison-*

*nier sera servi et soigné par monsieur de Rosarges, que le gouverneur nourrira* [1]. »

Voilà ce que toute personne bien informée en France pouvait savoir en novembre 1703 au sujet du mystérieux prisonnier de la Bastille. C'était fort peu, comme il se voit, pour fournir des clefs à la solution de l'énigme mais suffisamment, en revanche, pour l'irriter, l'embrouiller et décourager toute tentative de s'en approcher davantage.

Ces quelques données, que lui avaient rabâchées les Thésut avant de le lancer dans cette aventure, Victor se les remémora dans l'espace de quelques secondes à la vue du gouverneur prostré.

Depuis une semaine que le prisonnier avait expiré, Saint-Mars n'avait à peu près pas bougé de ce siège. Il ne se mettait même plus au lit et dédaignait la nourriture. C'était comme si, avec cette mort, un ressort s'était brisé dans cette énergie farouche. Dans ces quelques jours il avait commencé à n'agir plus que par Corbé ou plutôt Corbé avait entrepris d'agir à sa guise accumulant les erreurs et les crimes qui lui feront préférer, cinq ans plus tard, à la mort de son parent, Bernaville, le capitaine du donjon de Vincennes, pour prendre le gouvernement de la Bastille.

Rosarges, qui s'était effrayé de l'immobilité de son maître, s'avança en poussant Victor devant lui.

– Qu'est-ce ? pesta sourdement le vieillard rappelé à lui en sursaut par la sensation de voir une ombre bondir sur lui.

– L'aide du chirurgien que vous avez demandé à voir, dit le major.

– J'avais dit demain... J'avais dit que cela pouvait attendre, maugréa monsieur de Saint-Mars d'un ton de grande fâcherie.

– Reilhe a insisté pour que je vous l'amène aujourd'hui, appuya Rosarges qui n'aimait ni l'aumônier, ni le chirurgien, ses compatriotes dans la place.

– Monsieur Reilhe ferait bien de se méfier, reprit le vieillard irrité, d'autres guignent sa place...

– Mon jeune cousin d'Aix qui vient d'obtenir sa licence à Montpellier serait parfait dans cet emploi, insinua le major, en outre il ne vous causerait pas le plus petit déplaisir...

– Baste ! baste ! Rosarges, ricana le gouverneur en retrouvant le fausset qui accompagnait ses sarcasmes, s'il boit autant que toi, je plains les prisonniers...

Saint-Mars se rengorgea puis considéra Victor en laissant tomber

1. Il faut comprendre que le gouverneur servira lui-même le prisonnier tandis que Rosarges fera le service et les soins accessoires sans l'approcher.

sur lui un regard froid qui le glaça jusqu'aux os. Il le fit asseoir en lui désignant un profond fauteuil à bras datant du règne de Louis XIII.

– Reilhe veut vous prendre à son service, finit-il par lui annoncer... Vous l'avez entendu, la place n'est pas sûre : convoitée, semée d'embûches par tous ceux qui vous jalouseront, exposée aux ragots et au dénigrement comme à peu près tous les offices de ce château... Cela vous dirait-il car, si j'ai bien compris, vous étiez jusque-là... ?

– Gadouard ! intervint Rosarges en éclatant d'un rire affreux.

– Cureur de puits, c'est ça ? rectifia Saint-Mars qui avait de la délicatesse... Alors que dites-vous de ma proposition ? insista le vieillard en pourchassant son jeune hôte d'un regard qui s'était mis de nouveau à percer comme un stylet.

– Ce serait un honneur, monsieur le gouverneur, bégaya Victor à la fois soulagé de n'être pas trahi et tourmenté de l'inquiétude d'être retenu séance tenante au service de Reilhe... mais j'ai lié mon sort à celui du père La Houlette...

– Le père La Houlette ? s'étonna abruptement Saint-Mars.

– Le chef gadouard, précisa Corbé qui n'était pas encore intervenu et qui se tenait près de la porte.

– Et qu'en dit-il celui-là ? maugréa le gouverneur.

– Ma foi, monsieur, répliqua Rosarges, il ne vous contredira pas.

– Bah ! cet homme est malin, mais c'est son avis qui m'importe... Toi aussi, jeune homme, c'est ta préférence que je veux connaître... Réfléchis ! ne te contrains pas.

Devant ces ménagements inhabituels, qui lui paraissaient être un signe de l'affaiblissement de sa volonté, Corbé s'entremit avec rudesse :

– Mon oncle, il hésite, vous voyez bien qu'il préfère curer les puits que le boyau culier des prisonniers.

– La peste ! s'emporta Saint-Mars, le laisseras-tu parler à la fin ? Victor s'effraya de ces trois tisons d'enfer suspendus au mouvement de ses lèvres.

– La situation que m'offre le chirurgien me convient, murmura-t-il dès qu'il eut retrouvé assez de courage pour articuler, mais je demande un mois de réflexion.

– C'est trop ! se récria Corbé, Reilhe a besoin d'un aide sans délai.

– Quand cesseras-tu ces hargneries, être sans pitié ? s'emporta de plus belle le gouverneur, le chirurgien a coutume de se servir d'un porte-clefs pour l'assister, il peut bien continuer un mois encore.

– C'est au détriment du service, maugréa Corbé.

– J'ai décidé ! trancha le maître après Dieu de la Bastille, il me plaît à moi de laisser à ce jeune homme le loisir de se déterminer... Il est temps ici de se soucier de justice et d'agir en conformité avec les ordres du roi.

Corbé, que l'humeur étrange de son oncle inquiétait de plus en plus, n'osa répliquer.

– La méchanceté, la cupidité, la luxure, sont les seuls moteurs de tes actions, poursuivit Saint-Mars en toisant son neveu... Il faudra apprendre à t'en laver pour pouvoir continuer à vivre ici avec moi... La Bastille doit être un lieu où l'on montre aux prisonniers, par l'exemple, comment s'amender et non le repaire d'arbitraire qu'elle finirait par devenir sous ta coupe... Nous y serons dorénavant sévères mais justes. J'y veillerai.

– Je ne fais pas autre chose, protesta faiblement Corbé.

– Non, misérable! tu as persécuté l'ami que je viens de perdre.

– J'ai agi dans votre intérêt, mon oncle, en appliquant contre votre gré les instructions du ministre.

– Tu as précipité sa mort, me voici seul à présent.

– Vous m'avez! s'exclama Corbé théâtral en s'emparant des mains du vieillard.

– Toi! dit Saint-Mars en relevant doucement sa face safranée, crevée d'un sourire triste... Oui, c'est vrai, avec toi, je suis loti comme je le mérite.

Victor, que cette scène épouvantait, s'était carré sur son fauteuil. Il s'attachait à détailler le réseau des mailles de plomb de la fenêtre dessinant une mosaïque de lumière autour de la tête du gouverneur lorsque son index, avec lequel il suivait les volutes de l'accotoir de son fauteuil, fut arrêté en déviant par une large aspérité. C'était une forme géométrique, finement gravée sur tout un côté du bras. Il y reconnut aussitôt, sans même regarder, cette espèce de rectangle étrangement cloisonné qu'il avait remarqué au toucher sur le mur de la deuxième Bertaudière. Il se raidit d'instinct comme s'il avait eu peur de trahir sa surprise et, laissant courir ses doigts, il s'efforça d'en retenir le dessin.

De chaque côté de cette figure il y avait un mot grec que Victor s'essaya à retranscrire en l'appréhendant d'un coup d'œil puis en vérifiant chaque lettre du bout de son index :

BΛVXIA

Pendant que notre héros s'attachait à recueillir ces informations sans le donner à paraître, le gouverneur s'emportait de plus belle contre son neveu. Son corps frêle était entré en convulsion, ses narines frémissaient.

– J'aurais dû te laisser chez ton père, fripon!... Je savais bien que tu finirais par me causer de grands déplaisirs mais je n'imaginais pas que tu assassinerais ma vieillesse... Hors d'ici maintenant! dès ce soir je demanderai au roi qu'il te relègue à Montfort... Je ne veux plus entendre parler de toi, jamais!

Corbé sortit la tête haute. Il avait l'habitude de ces algarades qui finissaient toutes immanquablement par son rappel, puis par quelques ordres, donnés avec un peu moins de sécheresse, qui lui tenaient lieu de pardon.

Monsieur de Saint-Mars, dès que la porte de sa chambre eut claqué, renversa la tête pour s'ôter l'impression qu'il avait d'étouffer. Ses paupières au travers desquelles transparaissaient ses prunelles sombres, restèrent un moment abaissées, mais lorsqu'il les releva, considérant Victor resté assis en face de lui, il eut un nouvel accès d'humeur :

– Vous viendrez me porter votre réponse mardi soir, à six heures! c'est vrai qu'il ne servirait à rien de vous accorder des délais.

L'aide-chirurgien sortit comme il était entré, tremblant et décontenancé : la dispute de l'oncle et du neveu, la répétition de la figure du cachot sur le bras du fauteuil, la volte-face de l'humeur du gouverneur à son endroit, le laissaient abasourdi.

Sur le perron de l'hôtel, il retrouva Corbé qui ruminait la rude saccade de son oncle.

– Je t'ai à l'œil, petit intrigant! menaça-t-il, tu as du bagou et le pied bien fin pour un gadouard... Tu chantes joliment, à ce qu'on raconte... Je m'informe sur toi et tu apprendras vite que la Bastille est un lieu où il est dangereux de faire paraître trop de talent.

Deux heures après ces événements, Victor, redescendu à l'infirmerie, aidait son maître, en lui passant les pots, à préparer ses drogues. Reilhe pilait la thériaque dans le mortier avec une frénésie telle que des gouttes, perlant à son front, ruisselaient sur la paillasse de grès. Même dans ces basses besognes il conservait sa toge, cette toge qu'il avait eu tant de mal à pouvoir endosser et qu'il passait avec orgueil sur son vieil uniforme.

Tout à coup, il se fit un vacarme en haut de l'escalier. La porte s'ouvrit d'une volée laissant apparaître Rû et Rosarges qui poussaient devant eux une espèce de pauvre chose roulée en boule qui vint se détendre sur le sol.

– Qu'est-ce ? demanda le chirurgien hautain comme un pontife dont on trouble le sacrifice.

– Du travail pour toi, potard! se gaussa Rû, Renneville à qui le Braillard vient d'arranger le portrait.

Constantin, la face contre terre, haletait. Victor courut à lui.

– Mon Dieu! soupira-t-il en découvrant la figure pleine de sang du prisonnier.

– C'est un chien enragé! murmura le blessé, j'espère, après cela, qu'on ne me laissera plus en compagnie de ce fou... Il faut préférer mille morts plutôt que de supporter des êtres pareils.

Reilhe se pencha à son tour sur son nouveau patient :

– Vous l'aviez fort excité tout à l'heure... Vous êtes responsable de ce qui arrive.

– Monsieur Reilhe! répliqua vertement Constantin, les folies de Van der Burg vous rapportent gros... Aujourd'hui, c'est pour moi que le roi paye. Intéressez-vous à mon cas!

Le prisonnier était en piteux état. Ses deux pommettes avaient bleui, l'arcade de son sourcil lâchait du sang frais par-dessus celui qui s'était figé. Son misérable habit apparaissait tout sabouté.

Victor l'aida à s'étendre sur la paillasse où il avait dormi la veille.

Rû contemplait la scène avec son plus vilain rictus.

– Une vraie sœur de charité que ce petit mignon! railla-t-il en s'adressant à Reilhe.

– Baste! Baste! porte-clefs, trancha le chirurgien, laisse là ton fardeau, nous en faisons notre affaire.

Les deux geôliers repartis, le Provençal apporta un onguent de sa composition fait de saindoux et d'herbes de son pays. Il en barbouilla Constantin qui, du coup, se mit à luire comme un quinquet.

– Qu'il dorme maintenant! conclut Reilhe, c'est demain qu'il sera en peine quand la peau lui cuira.

Puis, s'adressant à Victor :

– Tu lui laisseras ta couche pour ce soir... Tu t'arrangeras à l'opposé comme tu pourras.

Notre héros s'apprêtait donc à passer une nouvelle nuit à la Bastille et son cœur battait la chamade. Tout ce qu'il avait vu et appris en un jour l'avait stupéfié et, à présent, Constantin, Constantin si près de lui, n'allait-il pas lui livrer le secret qu'il était venu chercher ? Pour la seconde fois, il vit l'obscurité descendre sur la forteresse et l'envelopper tout entière. Ce fut avec la même appréhension que la veille mais une appréhension qu'annihilait une terrible impatience.

Reilhe, qui avait son lit sous les étagères de sa pharmacie, étala son paravent après s'être assuré que ses deux pensionnaires étaient installés à la place qu'il leur avait marquée. Longtemps la bougie dont il se servait pour étudier, répandit son halo orangé sur les faïences de la modeste officine. Lorsqu'il eut soufflé la flamme, un sourd ronflement, presque aussitôt, vint avertir Victor qu'il avait quartier libre.

Furtivement, ce dernier se glissa près de Renneville qui l'attendait tout éveillé, les yeux aussi grands ouverts que le lui permettaient ses blessures.

– J'espère que votre protecteur n'est pas avare, fit Constantin en guise de bonsoir, voyez! je me suis fait moudre de coups pour vous. J'ai payé d'avance.

Il chercha dans le noir le bras de Victor et s'en empara :

– Mais, dites-moi, pourquoi le sort du deuxième Bertaudière vous intéresse-t-il ?

– Il intéresse mon maître.

– Qui est-il ?

– Le duc d'Orléans.

Constantin contint un petit sifflement d'admiration :

– Certes, le duc d'Orléans a toutes les raisons de désirer en savoir plus... L'homme touchait certainement de près au roi.

– Était-il de ses parents ?

– C'est ce que d'aucuns prétendent. Les fabuleuses précautions prises pour le retrancher du monde prouvent que c'était quelqu'un de connu.

– Qui ?

– Ah! mon petit monsieur, n'attendez pas de moi que je vous livre le pot aux roses... Il est encore trop bien ficelé et enveloppé pour que je me hasarde à échafauder la moindre hypothèse. Je ne veux vous parler que de science certaine... D'ailleurs j'avais compris que la protection de votre maître me serait acquise dès lors que je dirais ce que je sais, tout ce que je sais, sans rien dissimuler ni inventer...

– Oui, bien sûr, s'excusa Victor en se promettant de refréner son exaltation, parlez!

Renneville se cala à la muraille et entama son récit par une question posée sur un ton d'insolence.

– Où pensez-vous que se trouve celui qui était dans la deuxième Bertaudière en août de l'an passé ?

– Je sais que notre homme a quitté la troisième Bertaudière il y a trois ans pour descendre d'un étage et qu'il n'en a plus bougé depuis jusqu'à sa mort... Le prisonnier enfermé dans la deuxième Bertaudière en août 1702, c'était donc lui. Son cadavre, à cette heure, je ne sais où il est. Le corps qu'on a mis en terre à Saint-Paul, le mardi 20 novembre, n'était en tout cas pas le sien...

– Erreur, erreur profonde, jeune homme! celui qui se trouvait dans la deuxième Bertaudière il y a quatorze mois, vous l'avez devant vous...

– Vous ?

– Oui moi ! et je ne suis pour autant ni un mort ressuscité ni celui qui vous intéresse... On m'a mis dans la deuxième Bertaudière du 10 août au 21 novembre 1702 puis dans la troisième Coin où je suis resté dix mois, de là, du 20 septembre au 11 octobre de cette année, au cachot de la tour du Puits où j'ai failli mourir de faim et de désespoir. A ma sortie de ce tombeau, on a continué de me punir en me logeant avec l'affreux Braillard. Je suis près de lui depuis un mois avec le sentiment d'avoir enduré déjà un siècle de tourments... Dans la deuxième Bertaudière, j'avais été précédé par Alexandre de Marainville, dit Ricarville, un drôle, un faiseur de billets et d'épigrammes que vous rencontrerez peut-être dans un des cachots de cet antre.

– Alors, celui que je cherche ?

– Il avait quitté la deuxième Bertaudière avant le 5 mai 1702 qui est la date à laquelle Ricarville lui a succédé.

– Quitté la Bastille ?

– Non ! quitté cette fameuse chambre où je devais moi-même venir, trois mois après Ricarville.

– Comment en êtes-vous certain ?

– La Bertaudière au début de 1702 était la tour la mieux famée de ce château... Du troisième étage, au-dessus de notre ami, dans l'ancienne chambre où celui-ci était resté deux ans avant de descendre d'un niveau, et ce jusqu'au 31 mars 1703, vivait Jeanne Guyon, la bonne amie de Fénelon... Au-dessous de lui, donc dans la première Bertaudière, se trouvait un homme, un kouakre [1], un fidèle de l'ancien roi d'Angleterre, un des plus grands seigneurs anglais, avec qui je suis entré en liaison et qui m'a confié que son voisin de dessus, après avoir longtemps toussé à se faire sauter la tête, avait été sorti sur une civière le 30 avril 1702. Quatre jours et quatre nuits durant, avant de mettre Ricarville à sa place, on a décarrelé la chambre, piqueté les murs et la cheminée, fouillé partout pour s'assurer qu'il n'avait laissé aucune trace de son passage.

– Effectivement cette chambre a été totalement refaite à neuf... Mais qu'est-ce qui vous fait dire que notre homme n'a pas quitté la Bastille ?

– Voici ce que je vais vous apprendre de plus étonnant, jeune homme, le prisonnier est sorti de la forteresse mais sans passer le portail de la rue Saint-Antoine.

1. Mot francisé pour quaker.

– Expliquez-vous!
– Celui qui nous intéresse, de mémoire de tous les plus anciens que j'ai connus ici, n'a jamais eu de communication avec quiconque... Le kouakre a bien essayé de lui parler du balai mais il s'est attiré par le même canal cette réponse terrible : « Taisez-vous, je porte malheur! »... Et pourtant plusieurs d'entre nous, après le 30 avril 1702, ont pu encore entendre cet infortuné.
– Comment cela?
– Il chantait, le soir, de la voix la plus belle et la plus triste du monde, toujours les mêmes airs. Lorsque son cœur débordait d'amertume, c'était le vieux *Miserere* de Lully, lorsqu'il était plus gai il répétait inlassablement deux ou trois airs du *Xerse* de Cavalli.
Constantin s'empara de la main de Victor :
– Moi, je l'ai entendu de nouveau en septembre de cette année.
– Où?
– Dans le logis de monsieur de Saint-Mars, un soir que j'y ai été conduit pour m'entendre condamner au cachot... Oui c'est dans le logis du gouverneur que cet infortuné a passé les dix-huit derniers mois de sa triste existence.
– Rien n'en a transpiré au-dehors, dit Victor... Tout le monde le croit mort dans la deuxième Bertaudière.
– Les secrets qui pourrissent ici sont les mieux gardés du monde... Mais vous-même, vous disiez tout à l'heure qu'on s'était aperçu que ce n'était pas notre homme qui avait été inhumé à Saint-Paul... En êtes-vous certain?
– Un corps a été porté en terre venant de la Bastille, le mardi 20 novembre, à cinq heures après-midi.
– Et ce corps?
– La sépulture a été violée... C'était celle d'un jeune homme dont le visage avait été buriné.
– Je m'en doutais, s'exclama Constantin, deux personnes sont mortes à la Bastille ces jours-ci... Le mystérieux prisonnier, comme vous venez de me l'apprendre et un laquais qui était enfermé dans la tour du Trésor, un jeune Italien dont je ne sais rien hormis qu'il était un espion... Ce laquais est décédé samedi matin, 17 novembre, j'en puis répondre. L'aumônier Girault qui est venu me visiter avant midi, ce jour-là – je devrais plutôt dire me narguer – portait l'étole noire qu'il ne passe que pour aller bénir les corps.
– L'homme est mort le 19.
– Lundi?
– Oui, lundi.
Renneville, au risque de réveiller Reilhe, exulta bruyamment :

– Mais forcément!... C'est le lendemain, par la fenêtre de ma chambre qui donne du côté de Mont-Louis, que j'ai vu sortir à l'aube un cortège formé de deux carrosses et de trois à quatre cavaliers, qui s'en allait par la rue de Charenton.

– Donc le lendemain de la mort de celui qui nous intéresse! reprit Victor au comble de l'exaltation... Tout s'éclaire : le lundi, c'est l'homme dont je recherche la trace qui est mort et dont on a sorti le corps d'ici à l'aube du mardi. Deux jours avant, le samedi, c'est l'Italien qui l'avait précédé dans l'autre monde. C'est lui que j'ai vu enterrer le mardi après-midi à Saint-Paul après qu'on lui ait buriné le visage pour brouiller les pistes.

– Cela se tient, convint Renneville, le corps de celui que vous cherchez n'est donc plus dans Paris.

– Il est un prisonnier qui a été enfermé ici parce qu'il savait quelque chose à son sujet... Connaissez-vous son nom?

– Beaucoup se vantent d'être dans le secret... Cinq ou six vous feront sur lui des contes des Mille et une nuits... Pour ma part je n'ai rien d'autre à dire que ce que je vous ai dit.

– Parlez-moi de lui... Racontez-moi tout ce que vous savez à son sujet.

– Nul n'a jamais pu avoir communication avec lui, poursuivit Constantin, c'était comme s'il participait lui-même à la protection du secret dont il était l'otage... Il a d'abord été enfermé dans la troisième Bertaudière qui fut habitée ensuite par le huguenot Falaiseau puis par la diseuse de bonne aventure Anne Randon. En 1701 on l'a descendu à la deuxième Bertaudière d'où – comme je vous le disais tout à l'heure – il est sorti en avril de l'an passé pour aller dans le logement même de monsieur de Saint-Mars. Tant qu'il est resté dans la tour c'était le gouverneur qui venait une ou deux fois par jour, en personne, lui porter sa nourriture comme le cérémonial ne l'exige dans ce château que pour les princes du sang – tirez-en les conclusions que vous voudrez – ... Personne d'autre ne pouvait l'approcher... Lorsqu'il allait à la messe, il avait défense de parler, bien sûr, mais aussi de montrer sa figure... L'ordre était donné aux invalides de tirer sur lui s'il se découvrait et il n'y avait qu'en sa présence qu'ils tenaient leurs fusils chargés de vraies balles et levés...

– Était-il masqué comme on le dit?

– Oui, son visage était couvert d'un loup de velours noir... Je l'ai croisé un jour de l'an passé qu'il était avec moi dans un des petits cabinets de la chapelle. Il faut vous dire que la nouvelle chapelle est une des constructions les plus laides de cette forteresse. Elle consiste en une grande pièce de bois, logée dans la voûte d'une des anciennes portes de Paris et garnie sur une de ses faces de quatre petites cages ou niches qui peuvent chacune contenir un prisonnier. C'est là que se resserrent les malheureux dévots qui veulent assister à la messe. Au moment du sacrifice on tire sous leur nez un petit rideau qui couvre une lucarne grillée par laquelle – comme au travers d'une lunette – ils peuvent découvrir le célébrant. Cette baraque de foire – je ne puis décemment la nommer autrement – est surmontée du colombier du gouverneur et, pendant tout l'office, on entend les pigeons gratter et roucouler... C'est au sortir de ce lieu bien peu propice à la méditation que je l'ai vu de près, malgré que mon geôlier m'ait fait aussitôt tourner la tête vers le mur. Il était digne, de belle allure, ses cheveux qu'il portait longs, étaient blancs. Il a pris la peine de me saluer d'un hochement de tête...

– Quel âge pouvait-il avoir ?

– A ses mains qui étaient belles et couvertes de macules jaunes, je dirai qu'il avait bien soixante-dix ans, plus peut-être.

– Nulle autre particularité ?

– Non ! c'était une ombre... Les porte-clefs, d'habitude diserts sur le compte des autres prisonniers, ne savaient rien de lui et ne l'approchaient pas... Il ne se manifestait au monde que lorsqu'il chantait le soir. Je n'ai jamais entendu rien de plus triste ni de plus nostalgique que cette voix... Elle nous parvenait malgré l'épaisseur des murs de sa chambre, égrenée sur les accords de sa guitare...

– Une guitare ? dit Victor en pensant s'étrangler.

– Oui, une guitare espagnole, l'une de ces guitares à fond bombé... Il en jouait à merveille.

– Une guitare espagnole ! répéta Victor d'une voix qui défaillait, mon Dieu !... L'ami de Carolus, c'est lui que je recherche.

## CHAPITRE QUATRIÈME

### *Vie de Beaufort*

– Le savon et la cendre n'en venaient pas à bout... C'est l'étrille que les gens de cette maison ont dû se résoudre à passer pour me rendre aussi net que vous me voyez à présent.

Jean-Baptiste Cantaloube, roulé dans une ample serviette qui ceignait la base de son ventre rond, tel un vieux grenadier exhibant ses blessures, montrait les traînées d'un rouge écorché qui striaient sa peau laiteuse.

Depuis un quart d'heure qu'il avait entrepris de frotter Victor qui se carrait mollement dans sa baignoire d'étain, il dépensait tant d'énergie qu'on l'eût pu croire soucieux de prendre sa revanche sur le rude traitement que les valets de monsieur Davignon lui avaient fait subir une heure avant, dans la sellerie, à son retour de vidange.

– Ah! Jean-Baptiste, s'émerveillait le jeune comte de Gironde, dont les chairs mates se nappaient de fumerolles, ne plus respirer ces odeurs, ne plus scruter cette pénombre... N'as-tu pas, toi aussi, l'impression de revivre?

– Pour sûr, monsieur, et je tiens doublement à la vie à présent que vous m'avez pris à votre service.

– Je te devais bien ça...

– Ma foi, si cela vous chante de charrier les médecines dans les tours de la Bastille... Vous êtes bon garçon!

– Tu sais bien que je cherchais quelque chose là-bas.

– Et cette chose, il faut bien que vous l'ayez trouvée pour être si satisfait.

– Je n'en connais que le début, Jean-Baptiste, et déjà je m'en effraye...

Il fut interrompu par une grêle de coups tombée sur le bois de la porte.

Jean-Baptiste, rajustant à la hâte son pagne, se précipita pour ouvrir mais, à peine eut-il entrebâillé, qu'il fut plaqué sans merci contre le mur. La canne en l'air, le souffle court, se bousculant pour passer en premier, il vit surgir les Thésut, venus prendre, sans autre délai, des nouvelles de l'équipée de la Bastille.

Victor, qui avait ordonné à son nouveau factotum d'approcher deux tabourets, se vit incontinent flanqué de ses deux maîtres dont les nez transperçaient le rideau de vapeur telles deux gargouilles le brouillard. Le chevalier appuyait son menton sur ses poings qui moulaient un pommeau d'ivoire en forme de grenade enflammée, l'abbé, penché sur l'autre bord, dodelinait gentiment de la tête.

Jean-Baptiste, que la présence de visiteurs n'intimidait nullement, continuait son service : il rapportait de l'eau chaude, tirait, pour qu'il retombe élégamment sur les bords, le fond de bain dont on était accoutumé de tapisser la baignoire. Toutes ces précautions prises, il se remit à jouer de son gant de crin.

Victor, qui avait profité de ce recrû d'agitation pour différer de parler, se vit bousculé par un roulement furieux de prunelles du chevalier.

– Alors ? s'impatienta celui-ci en vrillant le bout de sa canne sur le parquet.

– Alors! l'insolenta le baigneur, souriant comme un petit fat, me voici...

– Oui-déa! et je vous trouve le teint vermeil pour un prisonnier, grogna l'aîné des Thésut... Mais, jours de Dieu! cessez de nigauder et dites-nous ce que vous avez vu là-bas!

– L'homme n'est pas mort où vous pensez... Il avait été transféré de la deuxième Bertaudière dans le logis du gouverneur, au mois d'avril de l'an passé. C'est dans l'appartement de monsieur de Saint-Mars qu'il a passé les vingt derniers mois de sa vie.

– Intéressant... opina l'abbé.

– Épluchures! fagotages! tortillages! pesta le chevalier... Est-ce là ce que vous avez rapporté pour tout potage ? Racontez-nous plutôt où se trouve le corps que nous vous avions demandé de retrouver.

Victor, surpris de la sortie, commença de se troubler :

– J'ai retrouvé dans la deuxième Bertaudière et dans le logis du gouverneur la même figure... Un enchevêtrement de lignes et de cases qui ressemblait à un plan d'architecte... Il y avait dessous une inscription en grec :

BΛVXIA

– Vlychia! Vlychia! à merveille! ricana méchamment le secrétaire des commandements du duc d'Orléans, voyez la turlutaine, Hyppolite... Vlychia... Cela ne veut rien dire. Ce n'est là que la marque d'un fou!

– Puisqu'il vous dit Vlychia! intervint imprévisiblement Jean-Baptiste, croyant sans doute que ses nouvelles fonctions s'étendaient jusqu'à prendre la défense de son maître.

– Toi, l'adepte du charabia [1], hurla le chevalier devenu lion, continue de savonner et fais-nous grâce de tes discours!

L'abbé dont l'œil s'était mis brusquement à jeter des éclairs, agita la main. Une émotion trop forte le rendait brusquement incapable de parole. Il ne savait que répéter :

– Vlychia... Vlychia...

– Ouiche! pesta le chevalier, qu'ont-ils tous? déraisonnez-vous à votre tour, mon frère?

– Vlychia est le nom d'un fleuve de l'île de Candie [2], articula enfin l'abbé lorsqu'il fut parvenu à ressaisir son souffle.

Le chevalier se leva d'un bond :

– De Candie, mort de ma vie!...

– C'est l'affluent du Kairatos... C'est la rivière qui baigne les murailles de l'ancien palais de Cnossos.

– Cnossos, ahana à son tour le chevalier, cette figure que monsieur de Gironde a vue, ce serait donc le labyrinthe, notre labyrinthe!

– Cnossos à moins d'une lieue de cette ville de Candie qui a donné son nom à l'île tout entière, songez-y bien, mon frère! appuya l'abbé.

Le chevalier, passé en un clin d'œil de la colère aux larmes joyeuses, couvrit de baisers sonores le disciple quelques secondes auparavant honni. Il improvisa avec son cadet, autour du baquet fumant, une stupéfiante danse des Iroquois qui laissa Jean-Baptiste pantois.

– Et ce cadavre? et cet homme qui est incarcéré là-bas pour en savoir bien long? lança-t-il revenu, aussi vite qu'il y était entré, de sa grisante humeur.

Victor crut pouvoir profiter de l'euphorie pour avouer à demi le souci qui le tenaillait depuis la veille :

– Au sujet du prisonnier resserré à la Bastille pour en connaître

1. Le patois auvergnat.
2. La Crète actuelle.

long sur ce mystère, je n'ai rien découvert. Pour le reste, je ne dispose que d'une piste... Je vous en reparlerai...

Le chevalier reprit son masque terrible :

– Ah ! vous faites un plaisant mignon... Rester là avec un cul de plomb ! Perdre du temps à vous pomponner comme une pimpesoué [1] tandis que nos ennemis dressent des murs derrière lesquels meurent les secrets... Savez-vous bien ce que représente la détention des clefs de cette énigme pour la maison d'Orléans ?

– Oui, balbutia Victor...

– On ne le dirait pas, mon joli !... Qu'attendez-vous ? Vous devriez déjà être à cheval... A cheval ! à cheval !

Et tombant à genoux, théâtral :

– Partez, je vous en conjure !

– Je serai là où je dois me rendre dans moins de deux heures, promit Victor.

L'aîné des Thésut, que Jean-Baptiste avait aidé à se remettre sur ses jambes, tira sa montre de gousset.

– Rapport à cinq heures, dans notre bureau !... Nous touchons au but grâce à mon plan...

– Grâce à monsieur de Gironde, protesta l'abbé qui commençait à se hérisser des rudes manières de son aîné.

– Oh ! je n'ai pas la vanité, moi, de m'attribuer les actions éclatantes, répliqua le chevalier en s'échauffant, c'est grâce à qui vous voudrez, mon frère, du moment que ce soir le secret du prisonnier de la Bastille devienne celui de notre maître.

Sur ces paroles, qui ne donnaient qu'une faible idée de son état de fébrilité, l'aîné des Thésut quitta le cabinet en trois bonds. Son cadet lui emboîta le pas, non sans avoir esquissé, à l'adresse de Victor, un geste d'impuissance.

Lorsqu'ils furent ressortis, Jean-Baptiste referma à clef.

– Ces messieurs ont l'air de tenir très fort à connaître ce que vous êtes allé chercher dans cette prison, remarqua-t-il.

– Voilà bien ce qui me navre, répliqua songeur le jeune comte de Gironde à présent blanc comme Jean-Farine [2] parce qu'il venait de s'enduire le visage de mousse pour se faire raser.

A peine commençait-il de tendre le cou au tranchant que son zélé serviteur, découvrant un savoir-faire de barbier gagé, avait affilé sur un cuir, qu'il se fit à nouveau du bruit à la porte. C'était, cette fois, un grattement léger.

Jean-Baptiste, sans pouvoir contenir un soupir excédé, retourna

---

1. Femme prétentieuse.
2. Autre nom donné autrefois au personnage de Pierrot.

ouvrir. La vue de Clémire, accourue aux nouvelles, embarrassa sa langue.

– Attendez!... Ne bougez surtout pas!... Monsieur n'est pas visible.

Victor, amusé, tira l'Auvergnat d'embarras, lui criant depuis son bain de laisser passer la visiteuse.

Elle arrivait essoufflée, les joues rosies pour avoir traversé la Seine en marchant d'un bon pas.

– Nargue! s'exclama-t-elle, je suis ici trop tard...

– Ou trop tôt... rectifia Victor.

– Non, car ce n'est plus l'heure de vous voir en demoiselle.

– J'en ai quitté l'odeur et c'est ce qu'il y avait de plus exotique.

– J'ai eu si peur pour vous depuis trois jours, murmura-t-elle en devenant sérieuse.

– Vous avez été ma bonne étoile... Je vous dois d'être ressorti de ce gouffre sain et sauf.

– Au moins avez-vous satisfait ceux qui vous avaient dépêché là-bas?

– Pas tout à fait...

– Mort! ils sont donc insatiables.

– Exigeants... sourit-il.

– Et que leur manque-t-il à présent? s'enquit-elle impatientée...

– Le fin mot... Un secret dont la solution m'épouvante, confia-t-il tandis que sa gorge se nouait.

Effrayée de ce changement de ton et de mine, elle se laissa couler sur le tabouret que Jean-Baptiste avait approché pour le chevalier :

– Pourquoi devrions-nous nous mettre martel en tête? Ceci nous dépasse tellement... Dites les choses telles que vous les savez et, pour les suites, faites confiance à la sagesse des conseillers du prince. Et lorsque vous vous serez acquitté de vos devoirs, pensons à nous, à nous enfin...

– Mais Clémire, l'un de mes amis est en cause... se désola Victor, retenu de se lamenter davantage par le geste énergique que venait d'effectuer Jean-Baptiste pour lui faire redresser le menton.

– Nous saurons nous tirer de là, s'enhardit-elle en voyant qu'il continuait de s'assombrir... On est plus fort lorsqu'on est deux et qu'on aime.

– Oui, ma belle, opina-t-il, impressionné par sa vivacité, en étirant le bras hors de l'eau pour lui prendre la main, nous sommes invincibles.

Elle étouffa un gloussement au creux de son épaule et prit un air mutin :

– Voulez-vous que je vous parle du 23 décembre?

– Le 23 décembre ? répéta-t-il en contrefaisant quelque subite distraction.

– Nos épousailles, monsieur, ne vous déplaise, précisa-t-elle à demi piquée.

– Qui sait, qui sait ?... Il se passe tant de choses en quatre semaines, l'agaça-t-il en s'amusant de sa mine fâchée.

Elle se leva, releva légèrement sa robe battante de satin bleu et esquissa la plus parfaite des révérences.

– Eh bien, monsieur de Gironde, si parfois vous étiez là, ce sera à onze heures précises, le soir, au Palais-Royal. Vous êtes attendu avec votre oncle, votre tante, Jean-Hercule de Meriadec qui vous servira de témoin...

– Un duel, grand Dieu !... Ne vous a-t-on jamais dit que j'étais lâche et que vous risquiez de vous retrouver seule par défaut de contradicteur ?

– A minuit, monsieur, on ne se bat plus, on s'épouse... Monseigneur et Madame la duchesse d'Orléans douairière signeront notre contrat... La messe sera dite dans la chapelle du palais par l'abbé de Thésut... L'abbé fera le prône devant le lutrin, puis son frère un discours au sortir de la noce, dans le vestibule.

– Quel étrange cérémonial !

– Ils voulaient parler tous les deux. C'est le seul moyen que votre tante et moi avons trouvé pour que le chevalier ne soit pas contrarié sans retour.

– Après cela, on soupera j'espère ?

– Des huîtres de Grandville... Des poissons de Grandville... Des choux de Grandville... Du cidre de Grandville... Tout ce qui vient de ce fief dont je porte le nom et dont Son Altesse veut m'offrir la jouissance viagère ce jour-là pour de bon.

– Vous voici grande vilaine ! osa Victor en se dégageant brusquement de l'étau qu'avait improvisé Jean-Baptiste pour offrir sa pomme d'Adam à son instrument de mort.

– Et comme je suis bonne et qu'il s'agit d'unir deux cœurs et deux pays, je vous ferai servir des pâtés, des saucisses et des noix de votre Rouergue... Philippe [1] est ravi de mon idée.

– Il a raison Clémire... Quelle bouffée d'air vous faites pour lui... et pour moi.

Jean-Baptiste, sans crier gare, déversa le contenu d'un broc d'eau glacée sur la tête de son maître.

– Arrêtez, s'effraya la visiteuse, vous allez le noyer !

L'Auvergnat s'inclina cérémonieusement :

1. Prénom du duc d'Orléans qui est, on s'en souvient, le demi-frère secret de Clémire.

– Non, madame, je vous le rafraîchis... Je veux qu'il soit digne de vous, aussi beau que vous êtes belle.

Sur ce rude compliment, qui la fit sourire, Clémire se leva pour aller s'enquérir du costume de Victor. Dans la penderie du petit cabinet attenant, elle souleva, les unes après les autres, les housses contenant les habits serrés comme les pages d'un livre et finit par tirer la manche d'un justaucorps vert bronze ourlé de chenille noire. Elle alla ensuite, dans le plus haut tiroir d'une commode marquetée, choisir une brassière de soie en accord avec le ton obscur du vêtement qu'elle venait de pendre à la clef d'une porte. Elle tira également, d'une petite armoire, une chemise au jabot de dentelle empesé, des bas à coin brodé et des souliers neufs à boucle cavalière d'argent rangés dans leur caisse de bois. Elle reparut, ainsi chargée, dans le salon des bains et, avant de s'esquiver, étala ses trouvailles sur le lit de repos où les baigneurs étaient accoutumés de s'étendre par précaution au sortir de l'eau.

Une demi-heure plus tard, Victor, que le chirurgien Reilhe, son patron de la veille, n'aurait pu reconnaître sous sa perruque galamment tortillée et son habit qui lui prenait joliment la taille, entrait dans le bureau de son oncle. Il désirait le consulter, comme il avait pris l'habitude de le faire dans les occasions délicates, sur la conduite à tenir dans cette affaire nouvelle dont il pressentait déjà tous les périls.

Le conseiller l'écouta avec sa bienveillance accoutumée sans toutefois dissimuler un air d'embarras.

– Victor, je dois te prévenir, annonça-t-il en considérant gravement son neveu, tes maîtres sont à l'affût d'un secret terrible... Je n'ai pas à les juger, leur devoir est de servir leur prince... Mais toi, jeune innocent, te voici entraîné dans tout cela par hasard car, tu ne dois plus en douter désormais, le malheureux que tu recherches a bien été enseveli à Notre-Dame-des-Mesches...

– Que feriez-vous à ma place ? s'inquiéta le jeune comte de Gironde qui venait d'éprouver les paroles de son oncle comme la première tension d'un collet sur son cou.

– Ah ! pauvre enfant... Comme sujet du roi, attaché depuis toujours à la paix de ce royaume et à la force de l'État, je serais tenté de te dire : oublie tout, ne retourne jamais voir Carolus, quitte messieurs de Thésut... En tant qu'homme, soucieux d'équité et respectueux de la fidélité que tu dois à tes maîtres, je ne puis te conseiller la même chose.

– Guidez-moi, je vous en conjure ! supplia Victor, je sens bien que je suis encore à cette heure maître de vivre en bonne intelligence avec les conseillers du prince ou de me brouiller avec eux sans retour...

– Il est au moins une chose que tu ne peux pas faire, c'est de leur dire de but en blanc où se trouve le cadavre qu'ils cherchent... Tu abuserais Carolus à qui tu dois tant et qui te fait confiance... Voici ce que je te conseille : retourne à Notre-Dame-des-Mesches. Peut-être que, lorsqu'il découvrira ton tourment, ton ami te livrera des indications suffisantes pour te mettre en paix avec tes maîtres. Ceux qui, comme lui, rachètent tard une vie de débauche ont l'étoffe des héros et des saints : ils sont justes, attentifs et secourables... Sans doute rudoieras-tu beaucoup sa conscience mais il t'aidera... Sans doute mettra-t-il des conditions mais il te faudra toutes les accepter – si dures soient-elles – parce que, faisant ainsi, il n'agira qu'avec le désir de t'aider... Lorsque tu reviendras, nous réfléchirons à la suite. Sache que je suis, moi aussi, intéressé à la paix de l'État et à l'apaisement de tous les drames qui vont découler de la mort de ce prisonnier, que je ne ménagerai aucun effort pour te venir en aide.

Victor s'empara de la main du conseiller :

– Décidément, chaque fois que mon chemin devient scabreux, je vous trouve.

– Hélas ! ce terrible mystère, dont plus d'un dans ce pays sait le fin mot sans toutefois pouvoir en rapporter la plus petite preuve, j'adressais au ciel des prières pour qu'on n'en reparle jamais... C'était me bercer d'illusion. L'homme est ainsi fait qu'un jour ou l'autre il demande son dû, fût-il le plus parfait des êtres, fût-il le duc d'Orléans... Mais qui sait, après tout, si le ciel n'a pas déjà exaucé mes prières et s'il ne t'a pas envoyé à dessein comme instrument de la modération dans cette affaire ?... Peut-être pourrons-nous grâce à toi juguler les périls, ramener les réparations qui sont dues au prince, ton maître, dans de justes bornes et faire même que de tant de périls conjugués naisse quelque chose d'utile et de salutaire pour l'État...

– Croyez-vous ? demanda faiblement Victor qui s'était pris soudain à douter de tout.

– Je l'espère, mes pressentiments en tout cas sont tels... Une autre chose encore, mon enfant, tu vas te rendre compte que le dédale dans lequel tu t'engages comme on pénètre dans une forêt, que ce voyage pendant lequel je ne te tiendrai pas la main puisque je ne pourrai t'aider que lorsque tu viendras me parler ici en secret, c'est aussi celui des Vendôme, du duc dont tu gardes le si cuisant souvenir et du grand prieur, son frère, qui vaut son aîné en manège et en fourberie.

– Je les retrouverai donc sur ma route.

– Presque à coup sûr... C'est là encore un signe que la providence t'a dépêché dans ce bourbier comme un justicier blanc...

– Vert bronze, ce matin, grâce à Clémire! nota malicieusement Victor en se levant pour faire admirer à son oncle la coupe de son bel habit neuf.

Dire les pensées qui assaillaient notre jeune comte de Gironde tandis qu'il chevauchait vers Notre-Dame-des-Mesches, serait à peu près recommencer le récit de ses premières heures de route lorsque la proscription, quinze mois auparavant, lui avait fait quitter la demeure de son enfance. Campé sur ses étriers, le tricorne rabattu sur le front, il fendait l'air en serrant les poings de rage. Le bois de Vincennes qu'il traversa un peu avant midi lui apparut noyé de brume, jonché de grandes flaques d'eau qui miroitaient à l'infini parmi les broderies dorées qu'improvisaient les tapis de feuilles séchées. A sa voix son cheval noir fonçait sur les chemins ramollis par les boues, soulevant de grandes envolées de terre, aussi est-ce crotté jusqu'aux genoux, qu'il parvint en vue du prieuré.

Carolus était sur le seuil de la chapelle qui semblait l'attendre.

– Je savais que vous reviendriez vite, confia-t-il avec un étrange sourire, sans doute que le mouvement qui s'est fait ici la semaine passée n'y est pas étranger?

– Oui, avoua le cavalier, et pour la première fois, je crains de ne pas me présenter devant vous l'âme en paix.

– Je ne désire rien tant que vous tirer d'embarras... Mais d'abord, dites-moi, qui sait exactement que vous êtes près de moi à cette heure?

– Mon oncle, lui seul.

– Pas messieurs de Thésut... Pas le duc d'Orléans, vous m'en donnez votre parole?

– Oui Carolus, je ne vous mentirai jamais. C'est d'ailleurs pourquoi je vous annonce, sans vous rien farder davantage, que je suis lancé sur l'ordre de mes maîtres à la recherche d'un cadavre, celui-là même, je le tiens pour certain, qu'on a porté en terre dans l'enclos de ce prieuré tandis que je vous rendais visite mardi dernier.

– Je ne tenterai pas de vous abuser, mon enfant, vous avez été le témoin malgré vous, malgré moi, du dénouement d'une des plus tristes affaires de ce temps... Maintenant, écoutez-moi! car j'ai réfléchi depuis votre dernier passage aux moyens de nous tirer du piège où nous voici tombés tous deux.

– Ah ! Carolus, souffla Victor avec des yeux qui crevaient de reconnaissance.

– Taisez-vous, malheureux ! ordonna le moine en découvrant sur le seuil du chauffoir un visage subitement durci, savez-vous qu'entre toutes les solutions que j'ai envisagées, il y avait celle de vous supprimer tout bonnement dans le cas où vous seriez venu ici sans avoir prévenu quiconque ?

Victor, électrisé par un effroi rétrospectif, s'empara de la large main de son ami.

– Que me cachez-vous qui puisse vous inspirer de si noirs desseins ?

– Vous allez le savoir mais je suis lié par un serment terrible – il s'agit du salut de l'âme du plus constant de mes amis. Il faut donc me promettre d'abord de garder un silence absolu sur tout ce que je ne vous autoriserai pas à rendre public... Ma décision est prise, vous serez ma voix dans le monde. Je vous instruirai de la vérité à mesure des nécessités... J'espère ainsi, en restant le maître de dénouer les fils d'une intrigue dont la providence a voulu que je connaisse, plus que tout autre, les rouages, rendre moins funestes les conséquences de leur publicité... Allons ! il faut jurer.

Victor considéra le moine, son ami, frappé de ce que ses préoccupations fassent à tel point écho à celles de son oncle.

– Je jure... commença-t-il faiblement.

Carolus lui prit la tête avec violence, la pressant comme en un étau entre ses poings. Il le força à élever le regard vers un grand cucifix de bois noir sur lequel un christ peint suffoquait en pleurant des larmes de sang.

– Non ! c'est devant lui qu'il faut jurer, ordonna-t-il tandis que sa mâchoire se crispait.

Victor reprit d'une voix que l'émotion avait rendue plus grave :

– Je donne ma foi à Dieu de ne rien rapporter sans votre expresse permission de ce que vous allez me révéler.

Le moine étreignit convulsivement son jeune ami, soupirant longtemps sur son épaule puis il le fit asseoir face à la cheminée où déclinait un feu de bois d'orme. Son visage, convulsé de fureur quelques secondes auparavant s'était progressivement recouvert d'un voile paisible.

– L'homme qui a vécu trente-cinq ans sous un masque, commença-t-il, s'appelait François de Vendôme, duc de Beaufort... Ce nom n'évoque rien pour vous qui êtes jeune mais ce fut celui d'un des plus considérables personnages de la cour dans le temps de la minorité de Louis XIV et du ministère de Mazarin. Beaufort était fils de Françoise de Lorraine et de César de Vendôme, lui-même fruit des amours du Vert Galant et de Gabrielle d'Estrées. Il était donc, quoique par la main gauche, petit-fils d'Henri IV, neveu de Louis XIII, cousin germain de Louis XIV. Il vécut du 6 janvier 1616 jusqu'au 19 novembre 1703, c'est-à-dire la semaine dernière, où il mourut à la Bastille avant d'être enseveli dans ce cloître... Pourtant, si vous parlez de lui autour de vous, tout le monde vous dira qu'il a disparu, il y a trente-cinq ans dans l'île de Candie... C'est son histoire que je vais vous donner à lire, dans un petit carnet que j'ai rédigé l'an passé pour garder par-devers moi le détail de sa vie et des tourments qu'il traversa sans presque cesser de sourire. Vous allez y voir comment la simple vérité dépasse parfois les plus folles inventions et comment la légèreté peut consommer la perte d'un homme regardé comme intouchable.

Carolus tira de sous sa bure un petit cahier à reliure de maroquin du Levant qu'il tendit sans hésiter à Victor.

– Lisez! lui commanda-t-il avant de sortir, je reviendrai dans une heure.

Notre héros demeura un moment interdit, pénétré du sentiment que ces quelques feuillets lui brûlaient les doigts et qu'il était encore, pendant quelques secondes, maître de différer d'entrer dans les arcanes de ce mystère ou de s'y perdre corps et biens.

Il s'assit sur la margelle du foyer central et, poussé par un instinct plus fort que tous les raisonnements, il entreprit de déchiffrer la fine écriture du moine :

Vie de Beaufort

Monsieur l'Amiral [1] fut fait en naissant prince de Martigues et prénommé François parce que sa mère l'avait voulu placer sous la protection de François de Sales qu'elle vénérait depuis qu'il avait été, au temps de sa jeunesse, son tuteur et son directeur de conscience. Cette mère dont il m'a maintes fois parlé avec émotion était étonnante, avec des yeux insignifiants et un parler franc et vert sentant son temps d'Henri IV, capable quelques fois de faire rougir les crocheteurs du Port-au-foin. Le père – ce fameux fils aîné d'Henri IV et de Gabrielle d'Estrées – était l'un des plus beaux hommes de la cour, blond comme seront ses fils. Il s'entourait de mignons et, à cause de cela, l'on appelait son hôtel, bâti à l'endroit de notre nouvelle place Louis-le-Grand [2] : Hôtel de Sodome. Il était au demeurant homme d'esprit. C'était là tout le bien qu'on en disait.

1. Beaufort, on va le voir, fut grand amiral de France. C'est ainsi que le désigne souvent Carolus dans son récit.

2. Notre actuelle place Vendôme dont le nom a gardé précisément le souvenir de l'hôtel des parents du duc de Beaufort.

Ce couple étrange fit trois beaux enfants, Louis l'aîné, duc de Mercœur puis de Vendôme et plus tard cardinal dont je n'aurai que trop l'occasion de reparler, François, celui dont ce petit opuscule prétend retracer l'existence, Élisabeth enfin, la pauvre Élisabeth, qui devait épouser, pour son plus grand malheur, le duc de Nemours, Charles-Amédée de Savoie.

Ces trois petits-fils d'Henri IV qui paraissaient faits au moule, étaient rieurs, espiègles, d'un esprit délié, pleins de santé. Ils n'avaient ni le nez tombant des Bourbons, ni la lippe enflée des Habsbourgs, ni les yeux de cochon recuit des Médicis. Leur grand-mère était la belle Gabrielle, leur arrière-grand-tante Diane de Poitiers. De ces deux beautés ils avaient hérité la grâce, l'esprit, le charme. Eux seuls semblaient mériter d'être rois et c'était là un premier crime. Leur second tort était d'être ce qu'ils étaient, c'est-à-dire des enfants de l'amour. Louis XIII, à cause de cela, les poursuivit toute sa vie d'une haine marâtre. En 1621, François avait cinq ans, il le fit enlever en compagnie de son frère et de sa sœur pour s'en servir d'otages. Dans le même temps, il ordonna de renfermer à Vincennes leur père César et leur oncle Alexandre, grand prieur de France, le second fils d'Henri IV et de Gabrielle. La troisième chose que Louis XIII ne pouvait pas passer aux Vendôme c'était d'être riches et riches insolemment comme l'ont été de tous temps, dans ce royaume, les bâtards de haut lignage, surtout ceux des rois, accoutumés à compenser par des largesses les sujétions honteuses auxquelles étaient condamnés les rejetons de leurs maîtresses. César était gouverneur de Bretagne et grand amiral de France. Le roi, qui guignait ce gouvernement de Bretagne, parvint à le lui faire résigner en le bernant de la promesse qu'il serait bientôt libre. César se dépouilla et il ne sortit pas du terrible donjon où son frère Alexandre, qui continuait de partager son sort, devait mourir l'année suivante, entre ses bras, de toutes les privations qu'il y avait endurées.

François, à quatorze ans, sort de cette enfance menacée comme un oison effarouché. Il est déjà ce qu'il sera tout sa vie « *brave de sa personne et plus qu'il n'appartenait à un fanfaron* », ainsi que le dira de lui son ami d'enfance, devenu plus tard son rival, le cardinal de Retz, le futur cardinal émeutier. César enfin libre se réfugie en Hollande avec ses enfants et c'est à Amsterdam que, de prince de Martigues, François est à l'âge de dix-sept ans fait par son père duc de Beaufort, du nom de ce duché que Henri IV avait donné autrefois à Gabrielle. Il apprend la guerre. Il s'y montre brillant. Le prince d'Orange dit de lui : « *La leçon à laquelle il serait le plus indocile serait celle de se ménager.* » Ses vingt ans accomplis Beaufort rentre en France. Il s'engage comme simple volontaire dans l'armée du comte de Soissons et s'illustre à la bataille de Braye.

Louis XIII, qui, lorsqu'il s'agit de reconnaître le mérite, n'a pas usurpé son titre de Juste, finit par nuancer, à l'égard de François, la haine qu'il nourrit pour le sang de Vendôme : il lui expédie, malgré sa jeunesse, une commission pour commander sa cavalerie... Beaufort a vingt et un ans et déjà ses cheveux blonds font tourner les têtes... Aucune femme de France ne reste insensible à ses charmes : Geneviève de Bourbon-Condé qu'il espère un moment épouser, madame de Montbazon qu'il aimera pendant vingt ans, les femmes du peuple même, qui l'allaient voir en cortège lorsqu'il se baignait nu dans la Seine près de l'Arsenal, enfin la reine elle-même, Anne d'Autriche, qui dès cet instant, lui témoigne une faiblesse dont il se reverra bien des marques par la suite...

Un homme, hélas! ne partage pas l'engouement général. Cet homme, le plus puissant de France, c'est Richelieu. Il a la méfiance des grandes lignées mais, sous couvert de défendre les prérogatives de l'État, c'est pour mieux asseoir la puissance de ses neveux. Il suscite à César et au comte de Soissons un procès, les accusant sans preuve d'avoir voulu l'assassiner. Il contraint, de la sorte, le premier à fuir en Angleterre, le second à se barricader dans Sedan. Ce n'était que le début de ce que préparait le cardinal pour clore les dix-huit derniers mois de son règne.

En 1642, ce terrible ministre, qui commençait à ne regarder le monde qu'au travers de la fumée de ces terribles flambeaux qu'on allume aux mourants, décida de consommer son œuvre par la guerre à outrance avec l'Espagne et d'irréversibles traités d'alliance avec les puissances protestantes. C'était, quelle que fût la grandeur du dessein, vouloir mettre l'Europe à feu et à sang. Une énorme conjuration se trame presque aussitôt à l'appel de Cinq-Mars, ancien favori de Richelieu devenu depuis peu celui du roi. De Thou, son ami, autre coqueluche de la cour, sert à Cinq-Mars de confident. La jeunesse, la beauté, le panache, rangés autour de la reine qui tremble de voir l'Espagne, sa patrie, menacée de mort. De Thou, qui n'est pas l'âme du complot mais qui en sait tous les rouages, fera plusieurs voyages à Vendôme où vient de se retirer Beaufort pour fuir les menaces de Richelieu.

Et soudain, brusquement, inexplicablement, la conjuration vient aux oreilles du cardinal et du roi. Comment?... Surtout, quelles preuves ont pu être assez fortes pour que Louis XIII accepte de sacrifier Cinq-Mars dont il s'était – j'ose l'écrire – entiché comme de la plus influente des maîtresses?... C'est un des grands mystères du temps dont le fin mot, presque indicible, met en cause Anne d'Autriche, acculée à trahir tous ses alliés. Richelieu voudrait bien que le nom de Beaufort glisse sur les lèvres des conjurés qu'il vient de faire arrêter. Il offre même la vie à de Thou, coupable seulement d'avoir gardé par-devers lui le secret des projets de Cinq-Mars, à condition qu'il laisse planer le doute sur la teneur de ses entretiens à Vendôme avec le petit-fils de la belle Gabrielle. Mais de Thou, digne des héros de l'Antiquité, lui fait cette réponse : « *Je mérite de mourir puisque je n'ai pas su dissuader Cinq-Mars mais je réponds sur mon salut que Beaufort n'était pas des nôtres.* » Toute sa vie Beaufort s'en souviendra et vénérera la mémoire de ce jeune homme dont la mort sur l'échafaud fut celle d'un saint.

Quelques semaines plus tard, Richelieu suit Cinq-Mars dans la tombe. Louis XIII, qui ne lui survit que quelques mois, a dans sa poche une liste des criminels politiques qui ne doivent revenir en France sous aucun prétexte : César de Vendôme y figure en premier. Admirateur de la vaillance, juste, comme je l'ai écrit, sur le chapitre de la capacité de ses sujets, il offre toutefois à François la charge de grand écuyer vacante par la mort de l'infortuné Cinq-Mars. Anne d'Autriche presse son jeune ami d'accepter mais il s'entête comme il s'entêtera souvent. « *Madame*, répond-il, *je ne veux de bien que par vous.* » La reine l'estime « *et au-delà* » dit-on.

Le jour de la mort de Louis XIII, à Saint-Germain-en-Laye, le 14 mai 1643, c'est à lui qu'Anne d'Autriche s'en remet pour parer les manœuvres de Gaston, son beau-frère, et de Condé, son cousin, qu'elle soupçonne de vouloir s'emparer de l'enfant qui va monter sur le trône. Elle lui écrit cette lettre stupéfiante dont je reprends ici les termes mot à mot tels qu'il me les a souvent redits : « *Vous êtes l'homme du monde en qui je me fie le plus et veux vous en donner une marque considérable : le roi étant à l'extrémité, je veux me rendre auprès de lui, je laisse mes enfants entre vos mains pour les garder et empêcher que les princes du sang ne s'en saisissent s'il arrive faute au roi et pour que vous le puissiez plus facilement, je vais ordonner aux commandants des gendarmes des chevau-légers des régiments des gardes-françaises de ne point reconnaître d'autres ordres que les vôtres...* » Le lendemain, 15 mai, Beaufort marche en tête des troupes qui ramènent le jeune Louis XIV dans Paris...

C'était un astre montant – on l'appelait « *l'épée de chevet de la reine* » – mais cet astre était de caractère à ne souffrir aucune éclipse. Il voyait derrière la reine Mazarin et la vue de ce nouveau personnage l'emplissait de fureur. Dès lors il formera les serments les plus forts pour couronner la perte de ce second cardinal. Or voici ce qui arriva, c'est qu'il ne fallut pas trois mois à l'héritier de Richelieu, et encore avec l'air de ne le faire qu'avec dégoût, pour venir à bout de ses compétiteurs. Le cardinal de Retz dans ses Mémoires qui circulent aujourd'hui sous le manteau a admiré à juste titre les débuts de Mazarin : « *Les audiences étaient aisées, l'on dînait avec lui comme avec un particulier, il relâcha même beaucoup de la morgue des cardinaux les plus ordinaires. Enfin il fit si bien qu'il se trouva sur la tête de tout le monde quand tout le monde croyait l'avoir encore à ses côtés.* » La conduite d'Anne d'Autriche, dans ces premiers temps de la Régence, ne s'explique pas pour qui ne sait pas de quelle façon infaillible Mazarin, d'héritage de Richelieu, la tenait en son pouvoir : elle ne rappelle pas d'exil ceux qui ont souffert et se sont compromis pour elle, elle laisse, le 18 mai, les Vendôme pérorer au Parlement sur la réforme de l'État et, à la même heure, intronise Mazarin premier ministre. A César, accouru en hâte sans sa permission, elle n'accorde que les honneurs attachés à la fonction de grand amiral mais sans pouvoir aucun et, à Beaufort, la simple survivance de cette même charge... Elle brûle ce qu'elle a adoré d'une énergie et d'une volonté qui ne paraissent pas lui appartenir ni s'accorder à son caractère.

La lutte entre le cardinal étranger et l'homme du jour s'annonce terrible. Dépité par l'indifférence de la reine qu'il relance en vain – ce dont il n'est pas d'exemple ailleurs – jusque dans son bain, il se tourne aux affaires de la mer, reprenant l'un des vastes projets de Richelieu qui l'avait si peu ménagé. Il aimait la Bretagne où sa grand-mère, la duchesse de Mercœur, veuve d'un gouverneur autrefois adulé des gens de cette province, l'avait en partie élevé... Il s'y sent aimé et s'efforce d'y mettre en son pouvoir plusieurs places fortes : l'île d'Yeu, Belle-Ile, les places du duché de Penthièvre qui appartiennent à son père, Saint-Malo et Saint-Brieuc. Il ébauche ainsi le projet d'une ligue côtière mise en défense dont il serait le maître et dont nous verrons bientôt les suites grandioses et funestes...

Beaufort a des amis. Ils ont le tort d'être remuants et de parler trop haut de la réforme de l'État... On les affuble du sobriquet d'« Importants ». Très vite Mazarin pense qu'il ne viendra à bout de cette coterie qu'en abattant son chef et il sait qu'il n'atteindra le grand amiral survivancier [1], trop droit et trop naïvement honnête, que par les femmes. Beaufort, abandonné de Geneviève de Bourbon-Condé qui lui a préféré le duc de Longueville, abandonné également, si cruellement et si brusquement, de la reine, se tourne à madame de Montbazon, délaissée de ce même duc de Longueville. Cette « Laïs » aux yeux noirs immenses et grandements écartés est un démon. Sous la grande dame gît la courtisane. Elle aime la puissance, elle ne dédaigne pas le crime. Elle enchante les hommes à l'instar d'une sirène. Elle dit de Beaufort : « *il est l'amant de mon âme* ». C'est avouer jusqu'à quel point elle s'est rendue maîtresse de lui. Anne d'Autriche, dont Mazarin a su réveiller à point le sentiment jaloux qu'elle continue de nourrir presque malgré elle pour le plus séduisant des Vendôme, exile la duchesse de Montbazon. Aussitôt voilà l'amant esseulé qui se répand dans Paris en insolences. Le cardinal aigrit les choses et, comme son maître Richelieu, crie sans preuves à l'attentat. La reine continue de donner des marques de son étrange attachement et s'emploie de tout son cœur à sauver Beaufort sans voir exactement où Mazarin a décidé d'en venir. Ils

1. Qui a la survivance d'une charge comme Beaufort celle de son père.

sont ensemble, la reine et son bel ami, au milieu de la cour, à Vincennes, dans l'après-midi du 1er septembre. Elle élève vers le donjon un regard embué comme pour le prévenir du malheur prêt de fondre sur lui mais il continue de rire et montre un sans souci de page. Le lendemain, ce sont sa mère et sa sœur, en pleurs, que le fringant cousin du roi rencontre au Louvre. Il les repousse en fanfaronnant : « *On n'oserait!* » La reine l'accueille avec une sollicitude incroyable mais, à peine a-t-elle quitté la pièce, qu'un capitaine des gardes s'approche et lui annonce qu'il est chargé de l'arrêter. Beaufort se tourne alors vers madame de Chevreuse et Marie de Hautefort qui étaient là et, d'un air presque angélique, leur dit : « *Vous voyez, mesdames, la reine me fait arrêter, l'eussiez-vous dit il y a trois mois ?* » Anne d'Autriche, au vu de toute la cour, se coucha en pleurant mais, le lendemain, ayant appris qu'il avait bien soupé et dormi, « *elle loua devant tous sa grandeur et son courage* ». Voici donc Beaufort dans le donjon de Vincennes, il y recueille de son oncle Alexandre, le grand prieur, et de son père dont il est le successeur désigné sur la mer, un sinistre héritage. Les plus mal disposés à l'égard du bouillant chef des « Importants », ceux qui l'avaient chansonné :

*Beaufort est dans le donjon*
*Du bois de Vincennes;*
*Avec moins de peine;*
*Zeste, zeste!*
*Il aura sa Montbazon*
*Deux fois la semaine.*

ne souhaitent pas pour lui cette détention que Mazarin déclare devoir être perpétuelle et, de toutes parts, on entreprend d'agir pour sa libération. Sa sœur Élisabeth, l'épouse du beau Charles Amédée de Savoie, duc de Nemours, reléguée par Mazarin à Anet, agite la coterie des Guise à laquelle elle tient par sa belle-famille. Gaston d'Orléans et sa fille, Mademoiselle, intercèdent auprès de la régente. La mère de François enfin, ameute le « parti des saints » : le père du cardinal de Retz, l'ancien duc de Retz entré dans les ordres au soir de sa vie, qui avait recueilli Beaufort à Belle-Ile lorsque celui-ci avait dix ans, Vincent de Paul qui intercède à plusieurs reprises auprès de Mazarin. Rien n'y fait... Beaufort malgré ses amis s'enfonce dans l'isolement.

La prison le désespère, il refuse les visites, ne veut plus voir personne, puis il rentre en lui-même, s'assagit et, se souvenant qu'il est né prince de Martigues, mûrit un projet politique : faire une paix solide avec l'Espagne et l'Empire pour pouvoir ensuite se tourner à la Méditerranée. Toujours l'appel du large et l'attrait de la mer, cette mer qui finira par lui être fatale.

Fin 1647, alors que cette détention entre dans sa quatrième année, un astrologue prédit à la duchesse de Vendôme que son fils sera libre le 1er juin 1648. La bonne dame répand ingénument la nouvelle. Mazarin, qui croit aux tarots comme beaucoup d'Italiens, fait vérifier la chose par l'abbé de Marigny, curieux prestolet qui lui sert de devin et de chiromancien. Celui-ci la lui confirme à un détail près, l'année 1648 étant bissextile, l'évasion, car il ne peut s'agir que d'une évasion, aura lieu le dimanche de Pentecôte, 31 mai. Mazarin aussitôt redouble de précaution. Il fait venir l'exempt La Ramée pour renforcer la garde du donjon de Vincennes et celui-ci s'adjoint un certain Pierre d'Ayon, seigneur de Vaugrimont, « *d'une extravagante grossièreté envers Beaufort qui laisse bien augurer de sa fidélité* », soulignera La Ramée en relatant le fait au cardinal... C'était trop de cette grossièreté comme il va se voir. Vaugrimont était un homme violent, entré, à la suite d'un duel, dans une compagnie d'archers afin de bénéficier de l'amnistie attachée à ce genre de corps. La Ramée en faisant enquête sur lui n'avait oublié qu'un détail : Vaugrimont était Breton et son père avait porté le mousquet dans la garde du duc de Mercœur, grand-père de Beaufort.

Le 31 mai au matin, Mazarin exulte, il fait venir l'abbé de Marigny pour se moquer de lui. « *Que Votre Éminence attende encore un peu, la journée n'est pas écoulée* », répond ce prêtre étrange et, de fait, à une heure après-midi, tandis que Beaufort fait sa promenade sur la plate-forme du château, la garde s'enivre joyeusement du vin léger qu'il leur a fait offrir. Monsieur de Chavigny, le gouverneur, est absent, en retraite chez les chartreux. Soudain l'un des buveurs se trouve mal, c'est Vaugrimont. Il s'échappe en enfermant ses compagnons à clef, rejoint Beaufort et, à eux deux, se jettent sur le pauvre La Ramée. Ils le ceinturent de l'écharpe or et argent qui barrait la poitrine du duc. Vaugrimont veut tuer l'exempt mais Beaufort l'en empêche – toujours cette horreur du sang et de la supériorité qui ne s'est pas affirmée dans un combat loyal – il lui proteste en effet : « *Je ne courrai à la liberté que quand le chemin qui me conduit ne sera pas taché de sang.* » Beaufort, d'une tourte de Vendôme que lui a fait parvenir sa sœur Élisabeth, extrait une corde et deux dagues. Il exige que Vaugrimont passe le premier, puis il le suit mais, la corde s'étant rompue, il est contraint de sauter d'un étage et se casse le bras. Pour lui faire franchir la dernière muraille, ses complices, qui l'attendent sur le jet du fossé, doivent nouer une corde à sa taille et le hisser comme un fardeau. Il court, il est libre, il s'échappe tandis qu'on tire déjà vers lui depuis les chemins de ronde. Il est fou de joie, il veut se faire reconnaître. Dans Charenton il emprunte le chapeau d'un bourgeois et fait des cabrioles après l'avoir posé sur sa tête. De là, il part se cacher dans les terres de son père. Les esprits sont frappés : les badauds viennent à Vincennes voir pour deux sols la corde par laquelle il a glissé hors du terrible donjon. En privé, la reine ne cache pas sa satisfaction mais, sur ordre de Mazarin, proteste publiquement qu'elle ne veut pas revoir ce cousin à la cour – toujours, chez elle, cette lutte du sentiment et de la raison d'État. Beaufort écrit à tout le monde, à Condé, à Gaston d'Orléans et surtout à la reine cette lettre incroyable, encore une autre que je citerai mot à mot et qu'il devait souvent me redire de mémoire, par la suite : ... « *Je tiendrai la vie plus insupportable que ma prison dans laquelle Votre Majesté sait et saura, après les dernières épreuves de ma patience, que j'ai toujours demeuré ferme dans les termes de respect et d'obéissance que je dois à Vos Majestés, leur assurant que ni le présent ni le passé ne changera jamais en moi* L'EXTRÊME PASSION *que j'ai de me conserver toute ma vie avec la dernière humilité, Madame, de Votre Majesté, le très humble et très obéissant et très fidèle sujet et serviteur.* »

Beaufort se terre et joue à cache-cache avec les sbires du cardinal. Lorsqu'on vient le chercher dans son beau château de Chenonceaux, tandis que les greniers et les caves sont passés au peigne fin, il est là qui rit, caché dans un réduit secret ménagé dans une des piles de maçonnerie de la galerie qui enjambe le Cher...

1648, les événements de la Fronde se préparent. Beaufort, le premier, a lancé autrefois les mots de réforme et de liberté et la machine commence à s'animer sans lui. Le Parlement s'agite, l'arrestation de Broussel met le feu aux poudres. Mazarin, tout en appelant Condé à la rescousse, négocie, temporise, autorise, entre autres concessions, le retour à la cour de François. Le 6 janvier 1649 la cour s'enfuit à Saint-Germain. Le lendemain la régente exile le Parlement et l'armée de Condé, sur son ordre, encercle Paris.

Le 12 janvier Beaufort est dans la capitale, prêt à s'enrôler comme volontaire contre la régente dans l'armée du Parlement. Moment de gloire pour lui, il franchit la porte Saint-Antoine dans un enthousiasme indescriptible. Il passe en riant, porté sur les épaules du peuple, le fossé de la Bastille que les Parisiens ont prise au roi le matin même... Ce fossé qu'il devait repasser si misérablement en litière, quelque cinquante ans plus tard, comme le montrera la suite de ce récit... Il descend chez un baigneur de la rue d'Orléans, sa maison est remplie de femmes et résonne de cris joyeux, les hommes viennent lui hurler sous sa fenêtre qu'ils le serviront jusqu'à la mort... Le voici, après cinq ans de relégation, plongé à nouveau, d'emblée, dans un univers triomphal. Il ne néglige rien pour se faire aimer, il réunit chez lui les enfants d'ouvriers et, tandis que leurs parents travaillent, leur apprend à lire et à écrire. Il prend pour conseiller spirituel le modeste curé de Saint-Merri, enfin, il va au Parlement se faire recevoir pair de France en l'absence de toute lettre royale autorisant sa réception. Là, de sa voix tonnante, il vitupère « *contre le nommé Jules Mazarin* ». Cette assemblée, si austère et si formaliste, subitement charmée de sa légèreté, lui accorde tout sur-le-champ. Il lève des troupes pour l'armée des frondeurs et, en souvenir de François $1^{er}$, fait adopter pour elle le drapeau noir semé de flammes.

Les trois épisodes qui s'enchaînent dans le déroulement de la Fronde enveloppent les épisodes les plus connus de la vie de Beaufort qui parut s'évertuer à tout faire à peu près pour se conformer à ce qu'énonçait ce quatrain forgé sur lui au début des troubles :

*Dans un combat, il brille, il tonne*
*On le redoute avec raison*
*Mais de la façon dont il raisonne*
*On le prendrait pour un oison.*

L'homme qui sauva Paris de la famine en prenant à Corbeil la tête d'un convoi de vivres que les troupes royales empêchaient de passer, celui qui sortit secourir Condé écrasé par Turenne sous les murs de la capitale, c'est le même qui, au plus fort des désordres, accepta de se laisser charger d'honneurs par Mazarin sans comprendre que ce dernier s'apprêtait à le compromettre en l'associant à la fameuse arrestation des princes, Condé, Conti et leur beau-frère Longueville. Le héros qui gagna du peuple le surnom de roi des Halles, celui que la Fronde fit gouverneur de Paris, celui qui, plus que tout autre, força Mazarin à fuir en février 1651, fut le seul à ne pas voir que le cardinal se disposait à rétablir sa légitimité en s'insinuant dans la famille royale, et précisément, pour comble de cynisme, par le truchement de ses proches, réglant en sous-main, depuis le lieu de son exil, le mariage de sa nièce Victoire Mancini avec Mercœur, son frère aîné.

Mais le pire, dans cette guerre civile, c'est à nouveau par sa famille qu'il devait l'endurer. Cette fois par son beau-frère Nemours, jaloux de le voir, au titre de gouverneur de la ville insurgée, en tête de troupes qu'il était allé lever en Hollande pour Condé, et qui l'appelle en duel, en juillet 1652, à quelques semaines du terme de ces quatre années de guerre civile. Beaufort fait tout pour ne pas être contraint de répondre mais l'acharnement de Nemours est celui d'un homme qui se noie. Dix hommes se proposent pour être les seconds de François, ses amis Héricourt, de Ris, le comte de Bury. Au petit matin, sur le marché aux chevaux, à deux pas de l'hôtel de Vendôme, a lieu ce tragique esclandre. Les témoins se battent les premiers, à l'épée, tandis que Beaufort, dans le feu des procédés [1], essaie d'incliner son beau-frère à la paix. Héricourt et de Ris sont tués. Beaufort est effondré, il veut arrêter le carnage mais

1. Préliminaires du duel lui-même, comprenant l'affrontement des témoins.

Nemours continue et avec son épée lui entaille la main. Beaufort réplique d'un coup de pistolet et tue le mari de sa sœur. Il n'a que le temps de lui crier : « *Mon frère songez au ciel!* » avant d'aller séparer les seconds et de se pencher sur le comte de Bury qui vient de tomber à son tour... Horreur! bêtise! le malheur a fondu comme la foudre. Beaufort, dans les jardins de l'hôtel de sa famille, va de long en large, gémit. Il entre en retraite chez les Chartreux et songe plusieurs jours à se faire moine tandis que sa sœur, échevelée, hagarde, s'en va exiger sa condamnation en plein Parlement... On voit ici à quel point le vieux Corneille n'a à peu près rien inventé et comme l'honneur alors se soutenait bien ridiculement.

Le 9 août 1652, trois semaines après ce drame, il reparaît en public pour prendre officiellement au Palais ses fonctions de gouverneur. Ce fut la dernière cérémonie de la Fronde. Tout le monde négociait alors en prévision de la victoire de la cour, tout le monde avait perdu espoir, sauf lui. Son obstination devenait même le dernier obstacle à la paix. Gaston n'avait plus que la velléité de résister. Condé s'était déjà enfui pour rejoindre les Espagnols et le jeune roi s'apprêtait à recevoir les acclamations des Parisiens. Les chefs frondeurs étaient exclus de l'amnistie et priés de sortir de la capitale...

Beaufort, entré dans la Fronde porté en triomphe par le peuple, s'éloigne piteusement pour un nouvel exil. Il a trente-six ans. Mazarin, qui n'a plus à le ménager, donne libre cours à sa haine. Il fait défense aux fermiers du droit d'ancrage de lui payer ses pensions et, négociant le contrat de mariage de Mercœur, frère aîné de François, avec sa nièce Victoire, il exige du vieux César qu'il déshérite à peu près son cadet. Victoire Mancini, soit dit en passant, sera l'innocente victime des intrigues de son oncle : mariée à Mercœur qui l'emmène en Provence dont il vient d'être fait gouverneur au détriment de son cadet, trompée aussitôt par ce mari léger qui s'éprend de mademoiselle du Canet, elle reviendra à Paris avec ses trois bambins dont les deux survivants sont l'actuel duc de Vendôme et son frère, le grand prieur. Il ne lui restera plus alors qu'à s'associer aux bonnes œuvres de sa belle-mère avant de mourir délaissée à vingt ans. Quant à Elisabeth, devenue veuve dans les circonstances que j'ai rapportées, elle entra à la Visitation de Moulins rejoindre une autre veuve tragique, celle de l'infortuné connétable de Montmorency [1]. Elles y mourront avec la réputation de deux saintes.

Beaufort, qui n'a songé au couvent que dans les jours qui ont suivi son duel avec Nemours, n'est pas encore le forcené mystique que nous découvrirons bientôt. Pourtant l'enseignement de François de Sales qu'il a entrevu enfant et la dévotion des femmes de sa famille cheminent et font leur œuvre en lui. Pour l'heure, il s'occupe de ses

1. Henri II de Montmorency, décapité à Toulouse en 1632 sur ordre de Richelieu.

nièces, filles d'Elisabeth, à qui la sœur-concierge de la Visitation de Moulins a prédit qu'elles seraient l'une reine et l'autre souveraine. Je dirai plus loin comment il prendra soin lui-même que leurs destins s'accomplissent en conformité avec les dires de cette humble servante de Dieu. Il console le vieux Gaston d'Orléans définitivement domestiqué par Mazarin, le rabiboche avec sa femme et sa fille, et, par-dessus tout, se voue à sa Montbazon. Cela fait plus de vingt ans qu'il l'aime, qu'il la quitte et qu'il la retrouve avec chaque fois plus de déraison. A quarante ans la duchesse est, aux dires de l'ambassadeur de Suède, « *la plus belle femme d'Europe, la plus appétissante grand-mère de France* ». Ils résident à Chenonceaux, digne écrin de leurs amours. Rien ne laisse présager, lorsque la duchesse est rappelée à Paris par la mort de ce vieux mari qu'elle avait saintement oublié toute sa vie, qu'ils ne se reverront plus. Elle reparaît à la cour et chacun s'émerveille : les crêpes et les voiles de deuil la rendent plus désirable encore mais brusquement, à son tour, inexplicablement, elle meurt. Elle n'avait auprès d'elle, pour la consoler, dans ses derniers moments, qu'un abbé de cour, fripon, buveur, bretteur et joueur, l'abbé de Rancé. Revenant pour donner l'absoute à celle « *qui n'avait aimé sur terre que son plaisir et par-dessus son plaisir son intérêt* » il voit sur son cercueil une tête coupée que l'embaumeur n'a pas encore traitée et ces lèvres encore vermeilles le convertissent... On sait qui fut Rancé à la suite de cela à la Trappe... Beaufort, à la mort de son amante, s'oblige à un deuil austère mais le temps de renoncer n'est pas encore venu. D'ailleurs un homme tel que lui, qui ne sait pas intellectualiser, pense que s'il doit un jour servir l'Église, ce sera l'épée à la main.

En 1658, Mademoiselle, fille de Gaston, reparaît à la cour et met pour condition à sa paix avec la régente que Beaufort rentre en grâce avec elle. Le duc revoit Paris après six ans d'absence : les têtes lui paraissent presque toutes changées sauf celle de Mazarin « *puissant comme Dieu le Père au commencement du monde* ». Il le confesse lui-même : « *il ne se sent plus de saison* » aussi, pour se rajeunir, s'amourache-t-il d'une jeunesse, mademoiselle de Guerchy, une sotte qui finira entre les mains d'une faiseuse d'anges...

Cette cour veut s'amuser à l'exemple de son roi. Eh bien, soit ! Beaufort sait encore rire et donner des leçons. Il est de toutes les fêtes : il invite Lully qui n'en est encore qu'à ses débuts au feu d'artifice qu'il donne pour la restauration de Charles II d'Angleterre. Il paraît dans les ballets féeriques et tient le rôle du récitant qui célèbre les amours du jeune souverain. Il donne, dans le parc de Fontainebleau, un bal qui dure deux nuits où les charmilles sont éclairées *a giorno* par des centaines de lumignons et de lustres de cristal. Il a quarante ans, il a coupé sa crinière de lion pour passer la perruque, mais il fait encore tourner les têtes, telle celle de madame d'Olone, la Messaline de La Bruyère.

S'occupe-t-il d'affaires sérieuses ? Oui, mais en sous-main, car il sait que le cardinal continue de le surveiller. Dans le nouveau personnel de la fin de la Régence il repère un homme qui lui ressemble : Nicolas Fouquet, promu par Mazarin surintendant des Finances. Il l'approche et décide d'agir par lui. Ce fringant ministre reprend, après Richelieu et après Beaufort, le projet de fortification des côtes de l'Atlantique et de la Manche qui finira par le perdre. Comment ne pas voir dans ce grand dessein la patte de notre futur amiral : l'île d'Yeu où Fouquet a passé avec la propriétaire, madame d'Asserac, le même traité qu'autrefois François lui-même, les îlots de Penthièvre qu'il acquiert sans difficulté du vieux César de Vendôme, Belle-Ile qui – l'on s'en souvient – est également aux mains d'alliés des descendants de Gabrielle et où il entreprend d'édifier des défenses qui seront la seule cause de sa condamnation ?... Mazarin mort, Louis XIV devenu le seul maître, Fouquet, qui offusquait ce soleil naissant est arrêté et resserré à Pignerol. Pour calmer les gens de mer qui aimaient le surintendant on décide de redonner son lustre à la flotte et qui croyez-vous qu'on aille chercher pour mener à bien cette tâche ?... Le grand amiral survivancier, Beaufort en personne.

Il commence par se faire tout modeste et proteste au vice-amiral de Nuchèze « *qu'il veut faire, sous ses ordres, l'apprentissage de sa charge* ». Très vite il se risque sur la mer au grand effroi de sa pauvre mère qui « *prie Dieu que la mer ne soit pas débordée quand son fils serait dessus* ». Il tranche sur tout à son habitude mais se montre efficace. Partout il fait rétablir la discipline, entraîne à sa suite des dizaines de volontaires, débusque parmi eux les talents. On lui doit la promotion des plus grands marins du temps : Tourville, Château-Renault, Valbelle. Il s'attire les louanges de Duquesne, pourtant rien moins que tendre, et l'admiration des gens de métier.

En 1664 Colbert fait sonder les côtes d'Afrique du Nord en vue d'y fonder un établissement français. Beaufort est nommé chef de cette expédition. Il avance le nom de Djidjelli puis, sur la foi de nouvelles études mettant en évidence les difficultés d'approvisionnement en eau et la soumission aux Turcs des populations de cette partie de la côte, il propose Bougie. Le ministre, qui commence à regarder l'activité du plus bouillant des Vendôme d'un œil soupçonneux, conseille à Louis XIV de tenir pour Djidjelli « *pour ne pas laisser, au choix, ce général passer d'un objet à l'autre* ». On équipe quinze vaisseaux et il est convenu que l'ordre de Malte prêtera ses galères.

Djidjelli tombe entre nos mains dès l'arrivée de la flotte française mais ce que redoutait Beaufort se produit en plein : le lieu est trop pauvre pour s'établir durablement. Les galères de Malte, qui n'étaient là que pour participer au siège, repartent. Voici donc l'armée du roi isolée dans un pays hostile où les renforts arabes ne cessent d'affluer de l'arrière-pays. Le duc décide de reprendre la mer pour s'opposer aux bateaux ennemis qui viennent au secours de la place. Il prend trois vaisseaux aux Turcs et tue cinq cents de leurs hommes. Le 22 août 1665, dans le port de Cherchelle, il force une escadre algérienne, incendie deux vaisseaux, en enlève trois autres. Le 25 novembre, il signe un traité avec le pacha de Tunis, Mehmet Lapsi, et, en mai 1666, un second avec celui d'Alger.

Depuis le 22 octobre 1665, jour où son père meurt, il est, sans le savoir, grand amiral en titre, enfin! et le premier titulaire de cette haute charge, depuis plus d'un siècle, à se risquer sur un navire. Il conquiert en deux mois à la France cette « mer de Corsaires » où elle n'était presque plus présente. Devant son pavillon les navires anglais et espagnols sont contraints au salut et il exige, pour lui, du grand maître de Malte, les honneurs dûs au sang de saint Louis...

Avant d'en venir à l'expédition de Candie où Beaufort, pour l'histoire, tira sa révérence, il me faut narrer les dernières frasques qui, dans les années 1666 à 1668, le firent regarder définitivement, et par le roi lui-même, comme un épouvantable gêneur. J'ai dit qu'il s'occupait de ses deux jolies nièces dont il avait si malencontreusement tué le père. C'étaient deux têtes folles et elles le montrèrent publiquement en se prenant toutes deux d'une passion sans frein pour ce séducteur ridicule que faisait alors Lauzun... Cet homme n'a jamais été beau, ni valeureux mais il jouissait de ce don qui, en France, éclipse toutes les vertus : il était à la mode. Ces deux cervelles d'oison décident de le jouer aux dés : la perdante irait s'ensevelir dans un couvent pour laisser le champ libre à la gagnante... Or, l'aînée, qui se prénommait Marie-Jeanne Baptiste, et qu'on connaît surtout sous le nom de mademoiselle de Nemours, épousa le duc de Savoie qui était promis à Mademoiselle, nièce de Louis XIII, et la cadette, mademoiselle d'Aumale, ainsi que vous l'entendrez toujours nommer, épousa Alphonse VI, roi du Portugal. Du coup, Mademoiselle partit se consoler avec Lauzun et fit ce mariage secret, malgré la défense de Louis XIV, qui fut l'une des grandes affaires du temps. Cette nièce de Beaufort, devenue duchesse de Savoie est la grand-mère de notre petite duchesse de Bourgogne qui sera reine de France un jour [1] et de sa sœur, la reine d'Espagne. Quant à mademoiselle d'Aumale, son histoire est tout à fait extraordinaire : l'époux qu'on lui destinait, Alphonse VI, était hébété et à demi paralytique. La pauvre enfant arriva à Lisbonne avec l'idée qu'elle venait y faire son salut. On avait imaginé de lui donner pour gouvernante la veuve du poète Scarron [2] mais celle-ci ne trouva pas le Portugal à sa hauteur et l'on sait combien elle se trouva bien d'attendre... Le grand amiral obtint de partir escorter sa nièce

1. Il s'agit de la mère de Louis XV qui mourra en 1712 sans être reine.
2. Madame de Maintenon.

sous prétexte de la protéger de la flotte anglaise qui croisait dans les parages. Il fut, comme à son habitude, fastueux, recevant le roi du Portugal à son bord et persistant à prendre un siège devant lui comme s'il était lui-même le roi de France... On finit par s'aigrir de part et d'autre et Beaufort de trouver à la fin que ce roitelet lusitanien n'était pas digne de sa lignée. Il conseilla à la reine de demander l'annulation de son mariage et la restitution de la dot fabuleuse que Louis XIV avait offerte sans barguigner pour soutenir sa réputation... Il gagna par là sur toute la ligne : les Cortès s'effrayèrent de devoir reverser tant d'argent et préférèrent destituer leur roi. On appela au trône le beau prince héritier, frère d'Alphonse, que la coquine épousa sur-le-champ. L'annulation du premier mariage fut faite sans attendre, et par qui ? Par l'oncle Louis, l'ancien duc de Mercœur, devenu cardinal après son veuvage, par la volonté de Louis XIV pour qu'il n'épousât pas la jolie mademoiselle du Canet. Décidément les Vendôme avaient l'esprit de famille !...

Le grand amiral s'intéressa également à ses neveux, surtout à Philippe dont il décida de faire un grand prieur de France comme l'avait été autrefois Alexandre, l'oncle infortuné. Dès ses douze ans, il l'emmena avec lui en mer et les marins ne le nommaient pas autrement que « *l'enfant gâté de monsieur l'amiral* ». Mais cet enfant était digne de sa lignée, c'était un lion. A Louis XIV qui le félicitait d'avoir vu le feu si jeune, il répondit fièrement qu'il l'avait vu à l'âge qu'avait Henri IV la première fois qu'il parut à l'armée. C'était faire sentir que, par leur bravoure, seuls les Vendôme étaient à présent dignes du sang d'Henri IV...

Beaufort entreprend tout et donne son avis sur tout : il imagine cette action concertée avec la Hollande contre l'Angleterre qui avorte par l'engagement prématuré des Hollandais, il s'oppose, non sans raison, à la création du port de Rochefort qui ne répondra jamais aux grands desseins que l'on avait pour lui. Colbert s'inquiète chaque jour davantage de la collusion de l'amiral avec Duquesne et, pour le contrer, en septembre 1668, il fait entrer au conseil de marine, d'Estrées, cousin mais ennemi de tout temps des Vendôme. En 1669, le traité que le fils de César passe au nom de la France avec le pacha de Tunis Mehmet Lapsi met le feu aux poudres... Qui est le roi en France ? Voici une question que Louis XIV n'aime pas devoir se poser. Colbert, qui avait appelé Beaufort pour réorganiser la marine à l'époque où tous les marins ne songeaient qu'à la course, règne à présent sur un corps auquel celui-ci est parvenu à insuffler l'esprit de discipline. Il n'a plus besoin de lui. Le temps d'ailleurs n'est plus où les marins « *ne prenaient la mer que pour l'amour de monsieur l'amiral* ». Il songe même à réduire considérablement les prérogatives de la charge de grand amiral.

C'est alors que se présente une occasion extraordinaire : une croisade !... L'île de Candie, le « boulevard de la Méditerranée » est sur le point de succomber à l'assaut des Turcs au terme de vingt-quatre années de résistance opiniâtre. Le pape appelle au secours toute la chrétienté et Beaufort, sur l'heure, se porte volontaire pour figurer dans cette guerre sainte : le mysticisme de son ascendance Lorraine l'a, à présent, envahi tout entier, le chant des prières, à l'hôtel de Vendôme et à Chenonceaux, à demi abandonné par sa mère à des communautés religieuses, l'accompagne à chaque heure, le portrait de Godefroy de Bouillon – son ancêtre – qui se trouve accroché dans l'antichambre des appartements de feu son père, paraît l'encourager du regard. Saint François de Sales, qui s'était autrefois déplacé à Paris pour présider aux obsèques du duc de Mercœur, son grand-père, avait demandé publiquement lequel des héritiers de celui dont il prononçait le panégyrique prendrait un jour pour devise : « *Plus fidei quam vitae* » [1]. François, à présent, ne doute plus que ce soit lui et il fait tout pour obtenir le commandement de cette expédition. C'était dès le départ faire bon marché d'une redoutable équivoque : la France répondait à l'appel du pape parce que, en tant que fille aînée de l'Église, elle ne pouvait s'en dispenser mais, restée fidèle à l'alliance turque qui depuis François I^er^ lui permettait de créer un point d'agitation en arrière de l'Empire, elle était décidée à ne faire preuve en l'occurrence d'aucun zèle. On commença par refuser les services de Turenne dont on craignait le génie et l'on confia l'expédition au plus faible de tous les officiers français, au duc de Navailles, un simple d'esprit tenu jusque-là régulièrement écarté de toute affaire importante : c'était lui, un jour, qui voyant le Grand Condé en peine d'un petit ruisseau oublié sur une carte lui avait présenté une mappemonde pour le tirer d'embarras. On décida en outre que Vivonne, général des galères, commanderait les vaisseaux à rames et Beaufort seulement ceux à voiles. Tout le monde s'indigna de ce plan de bataille et Duquesne proclama bien haut que c'était sciemment organiser l'échec. Le grand amiral, à force de prières, obtint qu'il commanderait aux galères en cas de jonction des deux flottes mais sous condition de rester partout subordonné à l'armée de terre. On verra le résultat de ces belles instructions : Vivonne, musardant en route pour ne pas se trouver placé sous l'autorité de Beaufort et faisant défaut au moment de l'engagement. A Beaufort, de plus, on refuse tout secours pour supporter les frais de l'équipement. Il s'endette dès lors et de façon irréparable comme s'il savait qu'il ne reviendrait pas.

Il quitte Paris le 28 février 1669 en compagnie de son neveu Philippe, et, tandis qu'il roule en carrosse, Colbert lui fait ôter le commandement des troupes de marine sous prétexte que les Italiens refusent de lui donner de l'Altesse. Beaufort, informé à son arrivée à

1. Plutôt la foi que la vie.

Marseille, fait ce que sa fierté, jusque-là, l'avait toujours retenu de faire : il renonce à toute prérogative. Il décline l'Altesse pourvu qu'on lui donne du vous en français et du “ lui ” en italien. Il reconnaît, par-dessus lui, l'autorité de Vincenzo Rospigliosi, général des galères de Rome. Il proclame que sa seule ambition est de se dévouer corps et âme à la défense du crucifix. N'est-ce pas la marque invincible qu'il est dès cette seconde un autre homme et qu'il s'est converti ? Sa vanité se tourne alors à ne frapper les imaginations que pour la plus grande gloire de Dieu : il veut que son vaisseau soit digne d'un chef de croisade. En avril il se rend à Toulon à plusieurs reprises pour inspecter l'achèvement de cette merveille, qu'on apprête selon ses volontés. C'est un fier navire baptisé *le Monarque*, percé de quatre-vingts pièces de canons, chargé de cent mille écus de dorure et planté de quatre pavillons d'une grandeur extraordinaire. Ces drapeaux sont faits selon le modèle de celui que le premier consul d'Avignon est venu lui remettre le 12 avril de la part de Clément IX. C'est, sur fond de damas cramoisi, l'étendard du Christ en croix soutenu des armes de saint Pierre et saint Paul. Louis XIV ne peut que s'incliner devant la sympathie du pape pour son bouillant cousin. Juste avant son départ, il le rétablit dans le commandement à terre des détachements de marine. Le grand amiral se cabre. Il prend la concession de haut et, pendant tout le reste de la campagne, ne se fera appeler que capitaine général des armées navales de l'Église. Louis XIV sent qu'il faut faire un autre geste, il accorde enfin les gratifications pour l'équipement de la flotte. Trop tard au gré de Beaufort qui, ostensiblement, distribue la somme, lorsqu'elle lui parvient, aux pauvres de Marseille. C'est donc un homme disgracié et disgracié de son fait qui quitte Marseille le 4 juin 1669 non sans avoir écrit au roi cette dernière lettre stupéfiante :

« *Je ne prétends être au monde que pour obéir aux ordres de Votre Majesté avec tout le respect imaginable. Je prie Dieu qu'il m'abandonne si j'ai d'autres pensées... Toutes sortes de raisons m'y obligent* ET BEAUCOUP PLUS CELLE QUE JE N'OSERAIS DIRE, *pour ne pas manquer au respect, que celle du devoir...* »

C'est ici qu'il faut me glisser, moi, pauvre Carolus dans le récit de cette vie exceptionnelle. J'embarquais en même temps que Beaufort venant de deux lieues à peine, de la campagne aixoise où j'étais né le dernier de six garçons de la vieille lignée d'Amfortas. J'étais âgé de vingt et un ans et connu sur les galères de Toulon comme un jeune officier énergique et ambitieux. Il se découvrira plus loin le bel usage que les hommes de Colbert voulaient faire de ces qualités... Je suis placé par Navailles sur *le Monarque* et le grand amiral, qui dès les premières heures de traversée perce mon caractère, se prend d'une rude amitié pour moi. J'avais quelque scrupule à ce débordement de faveur pour la même raison que j'expliquerai tout à l'heure et celui qui lira ces lignes jusqu'au bout trouvera sans doute qu'on en aurait eu à moins.

Tout au long de la traversée je m'émerveille de cet homme, le plus endurant de nous tous malgré son âge, le plus drôle, le plus facétieux; grand seigneur, grand marin, chanteur d'opéra au plus fort des tempêtes. Les vexations de Navailles excitent son bel esprit, les petitesses des autres officiers le grandifient. Lorsque nous arrivons en vue de Candie, le 19 juin, après avoir brûlé les étapes, contrairement à ce qu'attendaient ceux qui m'avaient mis à ses côtés, je suis devenu l'homme lige du fils de César de Vendôme. Nous sommes les premiers à être arrivés en Crète, Vivonne qu'on surnomme « *le gros crevé* » n'est pas là, il flâne le long des côtes italiennes. Rospigliosi, le général des vaisseaux du pape, lui non plus, n'est pas au rendez-vous. Candie nous apparaît exsangue. Après dix ans passés sous les batteries des Turcs, ce n'est plus qu'un chaos de pierres et de ravins. Dans le créneau qui protège le port apparaît le lion de Saint-Marc dont les ailes de pierre sont brisées. La lutte qu'ont soutenue ici Francesco Morosini, le capitaine général des armées de la République et Saint-André Montbrun, un vétéran de la défense, un Français au service de Venise, est admirable. Mais ils n'ont plus que quelques semaines, voire quelques jours, de résistance à opposer. Partout les murailles de la ville sont longées de boyaux de travers, coupées d'enfilades, de caponnières et certainement de sapes souterraines. Les Vénitiens s'acharnent pourtant, ils viennent d'expérimenter une arme terrible : des bonbonnes de verre renfermant des gaz nocifs. Le 17 mars ils ont anéanti de la sorte, dans un même boyau, deux cent cinquante Turcs affairés à miner un rempart.

Nous mettons pied à terre sous la mitraille. Le grand amiral est légèrement touché à la main. Présage sinistre, ne dit-on pas, par superstition, que le chef du parti qui souffre la première blessure est celui qui doit succomber ? Beaufort et Navailles rejoignent Morosini. Navailles refuse aussitôt les offres du Vénitien qui veut lui procurer une avant-garde connaissant le terrain. Il répugne à saluer Montbrun qu'il traite en mercenaire alors que les Candiotes ne le nomment pas autrement que leur « dieu tutélaire ». Il tourne les talons tandis que Beaufort marque son désir de rester à terre pour passer la nuit en compagnie de ces deux chefs admirables. Tout le monde est d'avis qu'il faut attendre Vivonne et Rospigliosi mais Navailles, au mépris des ordres du roi, décide d'attaquer sans délai. Le 24 juin, dans l'après-midi, il écrit à Beaufort qu'il « *irait aux ennemis avant la pointe du jour et que, s'il désirait être de la partie, il pouvait le faire* ». L'amiral réunit ses officiers dans la chambre du Conseil du *Monarque*. Ils sont d'avis unanime que c'est une folie et réclament au moins trois jours pour se préparer. Beaufort les remercie de leur avis mais il leur annonce qu'il se joindra à l'attaque puisqu'elle doit avoir lieu, ajoutant qu'il paraîtrait en tête pour assurer le moral des troupes. Les officiers qui lui sont attachés : Lafayette [1], son ami le plus intime, qui commande sa garde, Colbert de Maulevrier, l'un de ses plus fidèles lieutenants, quoique parent du ministre, Keroualle, tentent de le dissuader tout au long de la soirée. A Philippe, son neveu, qui bouillant d'impatience, demande à l'accompagner, Beaufort, après l'avoir confié à deux de ses officiers les plus sûrs, accorde permission de figurer dans le combat qui se prépare à condition que ce ne soit jamais où il serait.

Le grand amiral, après avoir tenté en vain de revoir Montbrun que Navailles avait expédié à dessein à l'autre bout de la ville et s'être opposé violemment à Morosini qui juge son entreprise insensée, revient au *Monarque* et s'isole. Il passe la nuit en prières dans sa chambre tendue de damas aurore puis, vers trois heures, paraît sur la dunette, vêtu d'un simple corps de buffle qui dissimule une croix de cuivre. Il prend place sur la première chaloupe sans mot dire. Des quinze cents marins qui doivent être sous ses ordres, à peine quatre cents se trouvent réunis. Les autres, montés sur les vaisseaux qui ont jeté l'ancre plus loin pour ne pas s'échouer – le port de Candie est ainsi fait – n'arriveront qu'après le combat. Si l'on avait attendu Vivonne, ces mille hommes restés dans la rade auraient pu prendre place sur les galères et s'approcher à force de rames... Beaufort rejoint la gauche de l'anse de Candie où il doit porter son attaque, Navailles s'étant, quant à lui, réservé le côté droit. J'ai pris place dans sa chaloupe, nous glissons en silence sur l'eau paisible. Que ces nuits d'Orient sont claires! Qu'elles sont longues et éprouvantes pour les nerfs dans leur douceur!... Le grand amiral est debout, coiffé d'un chapeau noir dont la plume oscille imperceptiblement au vent. C'est un galant qui file à quelque rendez-vous. De sa main blessée il moule l'arrondi de la crosse de son mousquet... On touche terre, une terre dont Morosini a dit hier qu'il la pensait minée et, première désagréable surprise, Soisigny, l'aide-major de Beaufort, découvre que, pour passer en ordre de bataille de la position qu'a choisie Navailles à celle que l'on doit attaquer, il faut se précipiter d'une contrescarpe dans une ravine et remonter par un chemin escarpé où les Turcs ont tout le temps de fusiller à leur gré ceux qui passent. Beaufort se couche à terre avec ses hommes. Résigné, il attend la levée du jour... Que le soleil est donc long à paraître!

Soudain, du côté de Navailles, on entend une décharge puis lès tambours qui battent la charge alors que l'aube n'est pas assurée : les bataillons avancés du chef de l'expédition ont éveillé par mégarde

1. Jacques de Lafayette, chevalier de Malte, le frère de Louise dont il sera question plus loin.

les ennemis les plus proches. Il ne reste plus qu'à attaquer dans l'obscurité et l'on sait, lorsqu'on a commandé au feu aussi longtemps que Beaufort, qu'à la guerre, en pays inconnu, la nuit est souvent funeste. Quelques soldats détachés sautent du haut de la contrescarpe, entraînant malencontreusement le gros du bataillon en ordre dispersé. Beaufort, qui a couru après eux afin d'être le premier dans le fossé, parvient à imposer une halte et à remettre de l'ordre mais des Turcs qui se trouvaient là sortent de leur trou, ajustent quelques Français à l'aide de leurs longs fusils, tirent et sèment la panique. Les derniers bataillons de la halte, se croyant cernés, ripostent par méprise sur des gardes français restés au faîte de la contrescarpe. Beaufort, qu'un éclat a blessé à la jambe, saute par-dessus la ravine et criant : « *Saint Louis! saint Louis!* » il grimpe avec ceux qui le suivent sur le terrain opposé. Il s'arrête pour encourager les traînards et, brusquement, doit se reporter en tête car, sur une autre épouvante, les premiers à être passés refluent sur leurs compagnons en les bousculant en contrebas. Il allait rallier ses troupes lorsqu'une explosion terrible jette tout le monde à terre et fait trembler tout le pays autour de Candie. Était-ce un fourneau turc, comme le pensèrent sur le moment ses hommes? Non! c'était une batterie ennemie dont Navailles venait de s'emparer et qu'un accident venait de faire exploser. Les ennemis, qui d'abord s'étaient épouvantés au fracas de ce tonnerre, se rallient à la vue de notre désordre. Le grand vizir fait donner ses troupes qui sortent de souterrains, sabre au clair et en poussant des cris affreux. Kupruli Ahmed Pacha est venu dans l'intention de vaincre. Il a promis quinze piastres au lieu des dix données habituellement par tête tranchée et soixante-dix piastres pour chaque prisonnier que l'on ferait. Beaufort ne peut ranimer qu'une faible part des trois cents marins qui le suivent. On ne voit à peu près que lui, allant et venant dans les premières lignes : « *Courage, enfants!* hurle-t-il, *puisqu'ils font jouer un fourneau devant nous c'est une marque certaine qu'ils s'enfuient!* » A ce moment, nouveau malheur! les troupes de Navailles, qui n'était pas parvenu à avoir raison de la panique dans leurs rangs, se rabattent sur les nôtres et font un si grand désordre que personne, bientôt, ne reconnaît plus personne. Beaufort se démène au milieu du tumulte, il commande à ses aides de camp de porter l'ordre partout, il crie : « *Saint Louis! à moi mes enfants, je suis votre amiral, ralliez-vous près de moi!* » Cette fois l'épouvante est si universelle qu'on ploie de tous côtés. Ne pouvant presque plus se tenir à cause de sa blessure, il enfourche le cheval que lui présente un officier. Un coup d'œil, du haut de sa monture, lui confirme notre débâcle. Les rapides coursiers des Turcs déferlaient dans l'aube encore mal assurée culbutant les débris de nos régiments. Alors que fit l'amiral? Le seul acte que puisse accomplir un héros lorsqu'il se voit perdu, un acte digne de Curtius : il se dégage de la mêlée des fuyards et, plongeant dans cette mer mugissante où flottent les bannières vertes du prophète et où palpite l'éclat des cimeterres, il pique vers l'ennemi...

Aucun de ses officiers ne devait jamais plus le revoir. Le combat après cela se poursuivit pendant trois heures encore. Les Turcs nous avaient invinciblement repoussés, nous laissions sur le terrain plus de trois cents des nôtres. Le jeune Philippe de Vendôme s'était battu comme un lion, avait essuyé un coup de mousquet qui avait brûlé sa perruque et éraflé sa tempe. Il s'inquiète aussitôt de son oncle et tous les officiers, les yeux à terre, doivent lui avouer qu'ils l'ont abandonné. Quelques chevaliers plus hardis que les autres, pour plaire au jeune prince, reviennent dans la matinée sous le feu des assiégeants voir si le grand amiral ne se trouve pas parmi les morts : l'ennemi est déjà passé par là, qui a décapité les corps chrétiens, emporté les selles d'argent, les harnais dorés, les boutons d'émeraude, les bagues de rubis... Jamais armée n'avait été si magnifique, jamais magnificence au bout du compte ne se trouva si piteuse!... Philippe, toujours lui, parce que Navailles ne veut faire aucun effort pour s'enquérir de Beaufort, envoie au grand vizir un parlementaire sous drapeau blanc, c'est le jeune chevalier de Flacourt qui sait la langue turque. On n'a pas de façons plus exquises qu'à la guerre : le vizir le reçoit avec courtoisie et lui proteste de son désir de le servir. Flacourt dit qu'il est en peine de l'un de ses amis dont il fait la description sans préciser qu'il s'agit de son chef mais Kupruli Ahmed Pacha n'est pas de ceux qu'on berne facilement. Il comprend aussitôt qui l'on cherche et prie Flacourt de revenir le lendemain. Les Turcs ont tué trois cents Français et fait seulement neuf prisonniers. Le comte Sabin de Dalmatie, le chevalier de Lescasse, gentilhomme provençal, monsieur de Saint-Rémy, gentilhomme breton âgé de trente ans, sont du nombre de ces captifs.

A monsieur de Saint-Rémy le vizir demande s'il reconnaîtrait la tête de son chef. Il fait porter au prisonnier un premier sac où se trouvent trente têtes, toutes blondes conformément à la description de Flacourt. Saint-Rémy dit qu'il ne retrouve là que ses compagnons. Sortie d'un second sac, Saint-Rémy identifie la tête de Beaufort... C'est du moins ce que racontera ce gentilhomme lorsqu'il sera revenu en France dans des conditions qu'il faut expliciter. Il dira que, reconnaissant la tête du petit-fils d'Henri IV, il avait aussitôt pâli. Le vizir ayant remarqué ce trouble lui aurait demandé ce qu'il avait et Saint-Rémy aurait eu la présence d'esprit de dire que c'était la tête de son meilleur ami. Le vizir lui aurait souri en disant : « *Qu'importe! il suffit que je sache que votre amiral est mort.* »

C'est sur ce seul témoignage que repose l'évidence de la mort de Beaufort. Ce Breton, le plus jeune et le plus hardi des neuf prisonniers faits à Candie, avait su plaire à ses geôliers. Il fut envoyé à Constantinople à la prison des Sept Tours et bien soigné de ses blessures. Lorsqu'il fut guéri, dans l'automne 1669, il fut libéré par le vizir qui le renvoya avec des présents, le priant « *s'il avait l'honneur de parler à Louis XIV de lui faire connaître la manière dont il en avait usé avec lui et de lui mander ensuite quel sentiment il aura témoigné de sa conduite* ». C'était pour ce Turc tenir vraiment beaucoup à l'alliance de notre roi. Or que fit Saint-Rémy qui arriva à Aigues-Mortes le 2 février 1670 ? Il demanda à Seignelay, fils de Colbert, de l'introduire auprès de son père pour révéler ce qu'il savait de la fin du grand amiral. C'est au sortir de cette entrevue qu'il sera, pour la première fois, fait état de cette histoire de tête tranchée et, pour nombre de gens, il n'est pas douteux qu'elle fut forgée, en ce début de 1670, dans le cabinet du ministre...

Mais revenons au chevalier de Flacourt qui retourne le lendemain, 26 juin, au camp des Turcs et qui se trouve nez à nez avec le pacha de Damas. Celui-ci lui dit mot à mot en l'accueillant : « *Si c'est votre maître que vous cherchez, le cousin de votre roi, il est mort !* » Flacourt insiste : « *S'il est en vie nous l'échangerons contre ce que vous voudrez, s'il est mort nous donnerons le pesant d'or de son cadavre.* » Le pacha étend la main vers deux bûchers énormes, en contrebas de son camp : là, achèvent de se consumer les corps de tous les ennemis tués. « *Il est mort, c'est tout ce que nous avons à dire, il est mort !* » martela obstinément le pacha à l'adresse de Flacourt qui ne put en tirer autre chose.

Après cela la lutte reprend mais l'arrivée de Vivonne et de Rospigliosi ne rétablit rien. Vivonne refuse d'obéir à quiconque, Navailles déclare haut et fort, à la suite d'instructions reçues de Colbert, que Louis XIV n'était pas en guerre avec les Turcs, que les Français ne se trouvaient là que pour plaire à Sa Sainteté le pape. Il prépare son départ et s'en va début juillet, malgré les supplications de Rospigliosi et la procession jusqu'au port des évêques latins et grecs conduisant un défilé de femmes et d'enfants. En chemin Navailles croise Valbelle, accouru avec huit vaisseaux de vivres au secours des assiégés. Il lui intime l'ordre de rebrousser chemin mais Valbelle a été élevé à l'école de Beaufort : il passe outre. Ces vivres permettront aux Candiotes d'attendre la conclusion des pourparlers de paix qu'a entamés Morosini. Cette paix sera des plus honorables puisque Venise, en dépit de sa défaite, conservera trois places en Crète. L'héroïsme de Beaufort, la bravoure de Valbelle qui fut autrefois son disciple, ont sauvé l'honneur du roi. Partout on sanctifie le héros. Rome et Venise, dans la pompe funèbre, rivalisent d'écrasantes machines et d'oraisons théâtrales. Le pape, sanglotant comme un enfant, marmonne devant ses cardinaux que : « *quand on aurait chassé les Turcs de cette maudite place, il ne serait pas consolable d'avoir perdu son prince, qu'il ne doutait plus après cela, en un si grand malheur, que Dieu ne voulût punir toute la chrétienté* ». A Paris, le 13 août 1670, accompagnés des lamentations du peuple, deux adolescents mènent le deuil à Notre-Dame : Louis-Joseph, le tout nouveau duc de Vendôme, et Philippe, son cadet, le futur grand prieur de France, revenu inconsolable de Candie. Le 16 août 1669 leur père, le cardinal, était mort de la vérole et, le 8 septembre 1669, la duchesse, leur grand-mère, après avoir vécu assez vieille pour contempler tant de malheurs, expirait à son tour en odeur de sainteté. Une dernière tentative pour s'assurer de la réalité de la mort du grand amiral devait être faite dans l'automne de 1669 par monsieur de Saint-Marc, capitaine des gardes du cardinal de Vendôme, resté sur place après le départ des Français. Il obtint un passeport et se présenta devant le grand vizir : il lui demanda permission d'envoyer des officiers à Beaufort pour le servir. Le grand vizir lui sourit comme il l'avait fait à l'adresse de Saint-Rémy et répondit « *qu'il y avait déjà du monde auprès de lui pour s'acquitter de ce soin* »... Il n'était que deux façons d'interpréter sa réponse : soit le grand amiral partageait le sort de tous ses compagnons qui l'avaient suivi dans l'autre monde, soit il vivait... Mais je puis en témoigner, moi, il vivait et nous étions deux à le servir.

Remontons dans ce récit à l'instant où Beaufort, à grands coups d'éperon, s'élance vers l'ennemi. Il disparaît dans une nuée épaisse, or je me trouvais dans cette nuée, à pied, soutenant l'un de mes compagnons blessés, un garçon doux comme un agneau, le chevalier de Brédérodes, jeune homme de quinze ans que trois frères plus âgés avaient entraîné dans cette effroyable aventure pour l'aguerrir. Ces trois frères étaient morts, quant à leur cadet, voici comment il devint mon compagnon... Beaufort nous voit en peine, il saute à terre pour nous porter secours et son cheval, effrayé par la sonnerie des trompes dans lesquelles s'époumonent les cavaliers turcs, s'enfuit... Nous voici trois âmes en peine au milieu des lignes ennemies. C'est alors qu'une seconde explosion nous couche la face contre terre, renversant au-dessus de nos têtes, ainsi qu'une marmite immense, la citerne que le souffle d'une bombe vient de déterrer. Nous demeurons un instant hébétés, ne percevant les bruits de la bataille qu'assourdis et lointains. Un rai de jour nous montre un long couloir, c'est le chenal asséché qui descendait à la citerne. On peut y cheminer en courbant la tête. Nous nous y glissons et gagnons une sorte de chambre étroite qui servait autrefois de siphon. Nous demeurons là trois jours sans manger ni boire, Brédérodes et moi sans espérance, Beaufort gardant, malgré ses blessures, un sans souci de tête brûlée... Il était là ce grand capitaine, flanqué de deux enfants tremblants. Nous suffoquions le jour, nous grelottions la nuit et, sans faiblir, il soutenait notre courage... Dieu sait par quel prodige nous échappâmes si longtemps aux Turcs qui passaient et repassaient par-dessus nos têtes pour ramasser les cadavres de leurs frères et ceux de nos compagnons.

Au soir du second jour passé dans cette tombe, je me mis en tête, je ne sais pourquoi, que j'allais mourir dans la nuit. Je pris à part le grand amiral tandis que Bréderodes, exténué par la douleur que lui causaient ses blessures et la faim, sommeillait. « Monsieur, lui dis-je, j'ai besoin de votre pardon. » Il se mit à rire comme lui seul savait le faire, d'un rire tonitruant et haché, mais j'insistai pour lui faire ma confession. J'étais venu sur sa frégate, par ordre de Vivonne, afin d'exécuter l'instruction que Louvois avait donné verbalement de l'exposer au danger et au besoin, dans la mêlée, de voler au secours de la destinée en l'assassinant. Nul ne doutait qu'il ne s'affranchisse bien vite de l'obligation que lui avait faite Colbert de demeurer à bord. Le trouver mort ensuite et mort par désobéissance, c'était se donner les gants d'avoir sous-estimé sa légèreté. J'avais reçu cinq mille livres d'acompte pour ce forfait et je devais en recevoir le double une fois Beaufort disparu. « Louvois, dites-vous ? » se contenta de relever le grand amiral. « Oui, répondis-je, sûr de moi, c'est un receveur de l'armée qui m'a fait tenir le premier versement. » « Ah! ils sont décidés à tout pour me faire taire », blêmit-il et, là-dessus, revenu en un instant de la torpeur dans laquelle le manque de nourriture nous avait fait entrer, il m'embrasse avec transport : « Merci, mon enfant, merci, grâce à toi je retrouve des raisons de vivre! je parlerai au roi et je tirerai vengeance des félons qui agissent à son insu. » Si d'aventure quelqu'un lit un jour ces lignes, il imaginera ma stupéfaction...

Le lendemain soir ce fut un petit chien qui révéla notre présence aux janissaires. Nous fûmes pris et traités avec beaucoup d'égards car les Turcs respectent toujours les ennemis hors de combat. On nous mena à la tente du vizir devant laquelle, à proximité des bûchers refroidis, sur lesquels s'étaient consumés les corps de nos compagnons, nous attendait un lugubre spectacle. Alignées comme à la parade, fichées sur des piques enfoncées en terre, étaient exposées les têtes de tous les Français morts. Sanglante palissade au milieu de laquelle Bréderodes reconnaît les visages déjà verdâtres de ses frères. Soutenant notre jeune ami qui défaillait, nous paraissons devant le Turc. Celui-ci nous annonce en plaisantant que nous arrivons trop tard pour nous joindre aux neuf prisonniers qui ont été embarqués la veille pour Constantinople. Détaillant la figure de Beaufort, il ne doute pas un instant qu'il tienne l'homme dont le chevalier de Flacourt est venu s'enquérir le matin même. Il part lui-même communiquer la nouvelle au Sultan et, en attendant, nous confie au pacha de Candie, Ibrahim Bey, qui se montre fort civil envers nous. Il fait soigner le grand amiral par ses médecins, nous donne une tente magnifiquement ornée à proximité de la sienne où, avec toutes les apparences de la liberé, il ne nous laisse manquer de rien. Les Turcs n'ont pas l'esprit si tortueux que nous. Ils se disent : nous tenons l'un des chefs de l'armée ennemie, qui plus est le cousin du roi de France, ces gens donneront cher pour le récupérer. Ils ne savent pas qu'en France les rivalités à la tête de l'État sont si fortes qu'on les assouvit très souvent au mépris de l'intérêt public. Chez eux les amiraux qu'on étrangle sont ceux qui ont perdu la bataille, chez nous ceux qui s'apprêtent à la livrer.

Le Sultan dépêche un plénipotentiaire qui arrive, au su de tous, à Toulon, dans les premiers jours de septembre. Il est mené à Paris où Louvois le reçoit en secret et lui tient à peu près ce langage : « Le grand amiral est entre vos mains, fort bien ! mais nous ne souhaitons pas le revoir... La rançon que vous demandez, nous vous en paierons la moitié si nous n'entendons jamais plus parler de lui. » Voici l'envoyé du Sultan, abasourdi de la réponse et du marchandage, qui reprend la mer. Les conseillers du Grand Seigneur, attachés, malgré les récents événements, à l'alliance française, inclinent à accepter. L'ordre, l'ordre terrible de supprimer Beaufort, et donc de nous supprimer tous les trois, arrive à Candie mais il embarrasse le pacha... Le charme, l'élégance de l'aristocrate chrétien ont séduit l'aristocrate de l'Islam comme autrefois Frédéric II avait séduit Malik Al-Khamil. C'est là-bas que je m'en suis persuadé : tout ce que nous n'avons pas, les fils du Prophète en jouissent au plus haut point ; tout ce qu'ils n'ont pas se trouve chez nous. Les rives chrétiennes et musulmanes de la Méditerranée sont les deux ventricules d'un même cœur. Comment voudriez-vous qu'en se rencontrant deux esprits supérieurs, tels qu'étaient le pacha et Beaufort, n'aient pas été mutuellement charmés ? Trois mois durant, ils avaient fait assaut de sarcasmes, de bons mots, de chansons. Ils se parlaient grec, Beaufort utilisait la langue classique, celle de Thucydide, que le Turc dominait encore mieux que lui. Après cela ils ne faisaient rien de plus prodigieux que de s'enseigner l'un l'autre leur langue, accomplissant chaque jour, chacun, des progrès stupéfiants...

Un soir, pourtant, nous voyons paraître Ibrahim Bey avec un visage défait. Il nous annonce la réponse faite par Louvois à la demande de rançon et l'ordre, reçu en conséquence, de la cour ottomane de nous égorger. Jamais je n'oublierai la scène qui suivit. Comme il l'avait fait pour moi, lorsque je lui avais avoué de quel forfait j'étais chargé à son endroit, Beaufort embrasse le pacha et, après lui avoir demandé grâce pour nous, lui tend la gorge. Le pacha sort son poignard de sa ceinture, le remet en gage d'amitié à l'amiral et l'étreint à son tour. Il s'offre ensuite à nous laisser la vie à condition que nous ne quittions pas la Crète et que nous y vivions tous trois, dans un petit monastère chrétien abandonné depuis vingt ans qui se trouve à moins de deux lieues de la ville. Beaufort proteste qu'il n'acceptera de vivre caché que pour pouvoir demeurer près de celui qui l'a sauvé. Nous voici aussitôt menés en pleine nuit de janvier, par le pacha lui-même, au travers d'un paysage de ruines vers une pauvre bicoque édifiée autrefois, avec d'anciens marbres, par un ermite vénitien. Au matin, nous nous découvrons seuls, éloignés du bruit et de la fureur. Ces décombres qui nous entourent, nous l'apprendrons plus tard, sont ceux du labyrinthe de l'antique palais de Cnossos...

Là, nous tenons la promesse faite au pacha et nous nous terrons sans chercher à rencontrer quiconque... Nous allons quelquefois à tour de rôle au village voisin acheter du pain et des fromages. Le Turc, en nous quittant, nous avait laissé suffisamment d'argent pour subsister durant plusieurs mois. De fait, pendant plus de deux ans, nous nous improvisâmes moines avec assez de succès et, dans les derniers temps, je crois, beaucoup de conviction... Le grand amiral achevait de se convertir sous nos yeux : le souvenir de sa vie agitée, les derniers événements qui lui avaient fait à plusieurs reprises risquer la mort par bravade ou trahison l'inclinaient au repentir. Pour moi, le poids du remords de ce que j'avais accepté d'entreprendre contre lui me donnait à réfléchir. Bréderodes également cherchait la paix de l'esprit. Longtemps, dans les débuts, il se réveillait au milieu de la nuit, tout en sueur, tourmenté de la vision des trois têtes coupées de ses frères... Notre trio n'avait plus rien de conquérant ou d'insolent et la discipline que nous nous imposions était à la mesure de notre repentir : terrible et sans mesure. Beaufort avait jeté les règles de notre petite communauté; sur un fort fond de prières nous entremêlions travaux agricoles et études. Avec l'argent du vizir, nous achetâmes des brebis et des chèvres dont Bréderodes et moi avions la charge, le soir, nous travaillions ensemble à la traduction de manuscrits grecs. Il en était tout un lot que j'avais acquis à vil prix chez des paysans qui s'étaient approprié les archives d'un couvent dévasté par la peste quelque vingt ans auparavant. Après cela, la nuit, nous la passions au pied du crucifix. Le dimanche nous avions repos. Cela consistait en parties d'échecs improvisées à l'aide de curieuses figures que Beaufort avait taillées dans du bois d'olivier ou en musique puisque l'amiral et Bréderodes, qui chantaient à ravir, s'accompagnant d'une sorte de guitare que l'on ne trouve qu'en Crète, me divertissaient d'airs de Cavalli ou de Lully et de cantates incongrues sous ce ciel lointain...

Mois de bonheur durant lesquels l'azur du ciel candiote nous parut préfigurer le paradis. Je ne désirais plus autre chose que cette existence paisible, Bréderodes aussi. Quant à Beaufort, il était rayonnant. Comme l'abbé de Rancé, amoureux jadis comme lui de la Montbazon, converti, comme je l'ai rappelé plus avant, par la vision terrible de la tête coupée de cette belle pécheresse, il gravissait un à un les degrés de la perfection... Une circonstance nouvelle vint renforcer la nécessité de nos prières : nous nous étions étonnés de n'avoir jamais revu le pacha qui nous avait pourtant promis en nous quittant de revenir nous visiter. Un jour, au port, j'appris qu'il avait été rappelé à Istanbul où il avait subi les derniers supplices pour cause de félonie. C'était, à n'en pas douter, nos vies qu'il avait payées de la sienne. La tristesse du grand amiral fut immense et, dès lors, il eut le pressentiment du malheur prochain. Il pensait à juste titre que les mêmes personnes qui avaient rapporté au Sultan la nouvelle de la trahison de son pacha devaient être persuadées que nous étions en vie...

Ainsi arriva-t-il le 26 février 1671... Nous étions Bréderodes et moi partis avant l'aube, comme chaque jour, après le dernier dizain de la nuit, mener paître notre troupeau. La nature succombait sous un grand soleil blanc d'hiver. Les fleurs des moutardiers et la parure de feuillage nouvelle des grenadiers alternaient au long des chemins leurs houppes jaunes et rouges. Nous écarquillions les yeux avec peine parce que Beaufort, mû par le pressentiment de l'imminence de notre séparation, nous avait fait écrire presque toute la nuit. Il nous avait dicté l'histoire de sa vie et nous avait, par là même, révélé le terrible secret qui lui avait fait encourir la haine de Colbert et de Louvois. Après avoir relu nos deux liasses et nous les avoir rendues paraphées de sa main, il nous avait fixés avec une gravité inhabituelle : « Mes enfants je vous demande un serment solennel : s'il m'arrive malheur, vous quitterez ces lieux, vous vous séparerez et vous courrez chacun de votre côté, le plus loin possible, en emportant le texte que je viens de vous confier. Trois ans, jour pour jour, après votre séparation, vous vous retrouverez ici même et, si je ne me suis pas manifesté à vous entre-temps, vous serez libres, libres selon le point auquel vous auront menés votre méditation et votre cheminement vers une vie de perfection, de faire ce que vous croirez le mieux, dans l'intérêt de tous, de ma confession... »

Nous en étions encore tout abasourdis et nous allions parmi les sentiers, parmi les oliviers aux plumets argentés, les caroubiers et les mimosas qui lançaient en vrillant leurs feux d'artifice dorés, serrant, sous les vestes de laine que Beaufort avait tissées pour nous, ces pages qui nous brûlaient les doigts. A cette confession authentifiée en double, il avait ajouté une petite cassette qu'il m'avait remise. C'était une petite boîte de nacre provenant de la reine Anne d'Autriche et qu'il nous annonça contenir dans son couvercle la preuve des choses stupéfiantes qu'il venait de nous révéler. Nous passâmes le gros du jour dans un champ qui dominait la mer, sans dire un mot et sans oser nous regarder. Lorsque nous revînmes au soir Beaufort avait disparu. Des traces de lutte dans notre pauvre maison témoignaient qu'il ne s'en était pas allé de son plein gré. Nous courûmes au port. On nous parla d'un bateau marchand de Marseille qui, trois jours auparavant, avait reçu permission de la capitainerie turque d'accoster. Il venait de lever l'ancre lorsque nous arrivâmes sur le quai après qu'une chaloupe ait ramené sept hommes à bord. C'était, à n'en pas douter, un enlèvement. La mort dans l'âme, nous revînmes à Cnossos pour préparer notre départ. De là, nous allâmes passer notre dernière nuit sur l'île dans notre bergerie, tant nous craignions que ces gens ne reviennent pour s'emparer aussi de nous. Nous convînmes ensuite que l'un de nous deux irait dans le Péloponnèse, l'autre dans les îles. Nous tirâmes au sort, j'étais celui qui devait gagner le continent, Bréderodes affronterait les tempêtes. Nous attribuâmes de la même façon la petite cassette de nacre : elle revint à mon compagnon. Je l'accompagnai le lendemain au port où il trouva un brigantin dont le pilote, un marin de Cythère, voulut bien se charger de lui. Nous étions convenus de ne jamais chercher à nous donner de nos nouvelles pendant ces trois années mais de songer l'un à l'autre, où que nous soyons, à sept heures, en récitant notre chapelet. Nous nous confirmâmes notre rendez-vous lointain et nous nous séparâmes, navrés d'un chagrin réciproque... Mais une fois encore l'histoire du grand amiral ne devait pas s'achever avec sa disparition. Ma route de nouveau allait croiser la sienne... Beaufort supposé mort à Candie, Beaufort enlevé à Cnossos le 26 février 1671, ne continuait de respirer que pour mieux s'enfoncer dans l'oubli...

En avril de cette même année 1671, au château de Pignerol, dans les Alpes orientales, arrive un mystérieux personnage voyageant en litière, sous bonne escorte... Ceux qui connaissent bien le chapitre que j'aborde à présent vous diront que, au moment de l'arrivée de ce cortège, un homme était au secret depuis deux ans, depuis l'été 1669, subissant dans cette forteresse un régime d'isolement et de secret tout à fait exceptionnel. Cette antériorité, qui a souvent égaré les gens curieux de cette affaire, est le résultat de la stupéfiante manière qu'avait Louvois d'anticiper les événements. Je m'en explique. Dès le 19 juillet 1669, moins de trois semaines après les funestes événements de Candie, le ministre de la Guerre sait par ses espions que Beaufort est vivant, que sans doute mis au courant des menées de ses agents venus avec lui à Candie lui faire un mauvais sort, il est devenu dangereux et ce d'autant qu'il est détenteur d'un secret d'État, un secret qu'il pourrait fort bien divulguer par vengeance. Le parti auquel on se résout est de le faire enlever en Orient et de le mettre au secret à perpétuité. On choisit Pignerol comme la plus inaccessible et la plus imprenable des forteresses royales. Louvois ne doute pas un instant de la réussite de son plan. Il a raison. Quand on veut quelque chose aussi fort que lui on l'obtient forcément. Il prépare donc les gens de Pignerol à s'accoutumer à la présence d'un détenu sans identité. Pour cela il déniche un pauvre hère dont il ordonne l'isolement. Ce malheureux, valet de son état, se nomme Eustache Dauger. On le fait vivre durant deux ans comme vivra Beaufort lorsqu'il sera là : le gouverneur, monsieur de Saint-Mars, le visite seul et lui monte une fois par jour ses deux repas, il n'a de commerce avec nulle autre personne dans la place. En août 1670 Louvois en personne vient inspecter Pignerol. Étonnant pour un homme qui ne voyage jamais! Il n'a enduré trois cents lieues de chemins épouvantables que pour s'assurer de la bonne exécution de ses ordres et donner de vive voix ses dernières instructions. Il ne restait plus alors qu'à se saisir de l'amiral à Candie et à le conduire à Pignerol. Lorsqu'il arrive là-bas on le substitue à Dauger qui n'est qu'une âme simple et qui retrouve un régime moins sévère sans demander son reste. Dauger deviendra même le valet de Fouquet, Dauger parlera à Lauzun, autre prisonnier fameux de la citadelle, de ses dix-huit mois de secret qui n'ont pas d'autre motif que celui que je viens de révéler...

Voici donc le grand amiral, après qu'il eut pris la place de Dauger, au pouvoir de monsieur de Saint-Mars. Personne ne devait plus le voir autrement que dissimulant son visage sous un masque de velours. Seize ans à Pignerol, onze ans à Sainte-Marguerite, enfin à la Bastille où il fut écroué le 18 septembre 1698...

Mais revenons à moi puisqu'il m'allait être donné de pouvoir à nouveau croiser la route de celui dont je raconte la vie. Le 27 février 1671 je voyais du port de Candie s'éloigner Bréderodes... Le lendemain je m'embarquais à mon tour sur un caïque qui faisait voile vers Nauplie. De là je partais à Mistra où j'entrais dans un couvent orthodoxe pour tenir l'emploi qui serait en France celui de frère lai... On me chargea des ânes que je menais en file, attachés l'un à lautre, paître et boire au fond de ruisseaux sauvages. Les trois années que je passais là-bas furent heureuses. Je m'émerveillais de ce pays aride, où toute la fertilité paraît s'être réfugiée dans les âmes. Les parfums de la nature – l'odeur sucrée des citronniers et des jasmins surtout – sont, là-bas, les plus capiteux du monde. La vibration de la lumière délie l'intelligence en la rendant capable d'entrelacer les idées les plus hautes. Lorsqu'on s'y laisse prendre, ces sensations incorporelles mènent infailliblement à la sagesse.

Trois ans, jour pour jour, après mon départ, je revenais à Cnossos pour répondre à mes engagements. J'essuyai pour arriver une terrible tempête mais je m'en moquais : j'avais trente ans à peine, mon cœur débordait d'allégresse, je croyais en Dieu qui m'avait comblé de ses grâces. Pendant une semaine j'attendis Bréderodes. Tout le jour je demeurais sur le port et mon cœur battait chaque fois que je voyais se rapprocher une voile, la nuit, je dormais dans notre petite maison rendue aux ronces et aux serpents. Hélas! mon ami ne vint pas au rendez-vous et je dus me résoudre à regagner mon couvent où je demeurai seize années pleines, jusqu'en 1690, toujours dans les mêmes humbles fonctions... Je continuais à mener mes ânes sous les oliviers et il n'était pas de jour où je ne songeasse à Beaufort et à Bréderodes. Le temps insensiblement les enveloppait de la gangue qu'il tisse autour des morts, c'est dire combien je considérais d'avoir peu de chances de les revoir un jour et pourtant...

J'ai dit que j'étais issu d'une vieille famille de chevalerie aixoise, celle d'Amfortas. J'avais six frères dont l'un Albert, mon cadet de dix mois, m'était particulièrement cher. Je lui écrivis à trois reprises, les trois seules fois où les moines, pour les affaires du monastère, me laissèrent retourner à Nauplie... Lors de ma dernière tentative, alors que je remettais mon pli à un capitaine qui s'en allait à Gênes – neuf ans avaient passé depuis ma première lettre restée sans réponse – j'éprouvai le sentiment de jeter une nouvelle bouteille à la mer... Or quelle ne fut pas ma stupeur six mois plus tard de recevoir de l'aubergiste de Nauplie, chez qui j'avais élu domicile, un pli qu'il me fit porter par une paysanne qui s'en revenait à pied du côté de notre monastère... Albert, dont je n'avais pas lu l'écriture depuis vingt-deux ans, me répondait. Il avait fait fortune aux Antilles. Il s'y était marié et avait eu onze enfants. C'est en revenant s'établir à Marseille qu'il avait reçu ma dernière lettre sans avoir jamais eu connaissance des deux qui l'avaient précédée. Dire que ces lignes ne me causèrent pas l'une des plus violentes émotions de mon existence serait mentir. Songeant à Albert et à cette autre partie de ma vie dont il me renvoyait l'écho, pressant sur mon cœur ces quelques feuillets noircis de son écriture appliquée, je pleurai des jours entiers en gardant mes ânes peu farouches. Albert me donnait des nouvelles qui, par dix détails au moins, me laissaient deviner que je ne reconnaîtrais pas, si j'y revenais, le pays que j'avais quitté un quart de siècle auparavant. Comme il savait que je m'étais embarqué sur le bateau de Beaufort, il croyait plaisant de rapporter le bruit qui circulait alors à Marseille : Beaufort, assurait-on, ne serait pas mort à Candie et serait détenu aux îles Sainte-Marguerite. Mon sang, à cette nouvelle, ne fit qu'un tour. Comme je n'avais pas lieu de douter de la première partie de cette rumeur et qu'on pouvait en conséquence supposer que le reste de ce qui se murmurait n'était pas sans fondement, je décidai de rentrer en France.

Je quittai la Grèce avec le pressentiment qu'à vingt ans de lumière et de paix allaient succéder le désespoir et la grisaille. Je me séparai des moines devenus mes amis. Ils avaient l'innocence et la douceur des anges. Ils étaient si peu curieux de nature qu'ils n'avaient, par exemple, jamais songé à me demander mon nom ni d'où je venais. Je pris place sur le premier bateau faisant voile à l'ouest. Il allait à Civitavecchia où j'empruntai, pour finir mon voyage, une vieille canonnière transformée en caboteur. J'arrivai le 15 août 1690 en vue de Marseille, presque en fraude, plus de vingt ans après en être parti avec la flotte du roi, étendards claquant au vent. Dire mes étonnements ! Ils furent innombrables... Raconter mes retrouvailles avec Albert, j'en ai encore le cœur serré : j'avais quitté un jeune homme paisible et presque timide, je retrouvais un négrier cruel et arrogant, un homme devenu dur et d'une avarice insatiable. Lui, qui croyait retrouver un aîné turbulent qui l'aurait diverti du récit de ses fredaines, se retrouvait en face d'un moine devenu presque bègue à force de solitude. Nous cachâmes comme nous pûmes nos désillusions et je le quittai au bout de huit jours, bien vêtu, reposé des fatigues de mon voyage en mer, nanti du petit pécule qu'il m'avait très chichement compté de la succession de notre père. Conforté, par tout ce que j'avais entendu, dans l'idée que le grand amiral était le prisonnier de monsieur de Saint-Mars, je décidai d'aller à Sainte-Marguerite.

Je m'installai près du petit village de Cannes, à l'ombre du fort du Suquet. J'observai à la lunette les mouvements vers l'île. Ils me parurent extraordinairement réglés et je remarquai que bien peu de pêcheurs avaient reçu permission d'accoster sur l'îlot. En quatre jours je vois les six mêmes pauvres embarcations chargées de deux hommes s'approcher. Un seul d'entre ces six-là change régulièrement d'équipier. C'était un vieux grison, ridé comme pomme en Carême, portant un bonnet de laine à longue panse qui retombait sur le côté. Sa barque était d'un beau bleu clair qui, tout inconsciemment, m'avait rappelé la Grèce. Je me trouve le cinquième jour, bien avant l'aube, au môle de Golfe Juan d'où partait cet homme chaque jour. J'étais vêtu en marin, heureux d'avoir quitté l'habit de gentilhomme, endossé chez mon frère, auquel je ne me faisais pas. J'avise le vieillard sur le seuil de sa masure et lui propose mes services. Sa lanterne éclaire son regard clair que le sel et le soleil paraissent avoir brûlé. Il me jauge et m'estime bon gaillard. « Ce sera pour toi le quart du poisson que nous prendrons jusqu'à midi ! » me dit-il en me jetant un filin pour signer notre pacte. Je saute dans sa barque et nous voici aussitôt voguant vers le fort qui n'est encore qu'une ombre dans la nuit toute resplendissante de lune.

Mon cœur se serre et lorsque nous doublons l'île, je ne sais comment l'expliquer mais j'éprouve le sentiment très vif de me rapprocher de mon amiral. Nous allons lever des filets et des balances que mon nouveau maître dispose près du rivage. Le bonhomme est connu, car, à l'aube, une sentinelle armée, qui se tient à la pointe de l'île, lui adresse un salut. Pendant sept heures d'affilée, nous ne ménageons pas notre peine et, lorsqu'il est midi, notre barque s'est enfoncée d'un pied sous le poids de ses deux caques remplies de poissons. Le vieux s'émerveille de ma vaillance et, en témoignage de satisfaction, m'offre de partager sa pitance : de beaux rougets que nous faisons griller en contrebas du fort. Mon cœur bat à tout rompre. La seule sentinelle, celle qui nous a salués le matin, se tient à plus de cinq cents pas. Trois des fenêtres de la prison royale sont à portée de voix. Notre repas fini, aiguillonné par je ne sais quelle inspiration, je me mets à chanter en grec :

– ΚΑΛΕ ΜΟΥ ΦΡΑΓΚΙΣΚΕ, ΚΑΛΕ ΜΟΥ ΦΡΑΓΚΙΣΚΕ, ΠΟΥ ΕΙΣΑΙ [1].

1. Petit François, petit François, qu'es-tu devenu ?

Du fort, presque aussitôt, une voix me répond, la sienne. Elle dit simplement : « ΕΔΟ ΕΙΜΑΙ, ΚΑΔΟΠΕ [1]. » Je modifie comme je peux la ligne de mon chant qui devient une espèce de litanie :

– ΕΡΧΟΜΑΙ ΑΠΟ ΤΗΝ ΕΛΛΑΔΑ ΟΠΟΥ ΕΜΕΙΝΑ ΠΟΛΥ ΚΑΙΡΟ ΣΕ ΕΝΑ ΜΟΝΑΣΤΗΡΙ. ΠΙΣΤΕΥΟ ΣΤΟΝ ΘΕΟ... ΤΙ ΓΙΝΕΣΑΙ ΕΣΥ ΦΡΑΓΚΙΣΚΕ ΜΟΥ; ΕΧΟ ΤΗΝ ΕΧΟ ΤΗΝ ΕΞΟ-ΜΟΛΟΓΗΣΗ, ΣΟΥ. ΜΕΣ ΜΟΥ ΤΙ ΠΡΕΠΕΙ ΝΑ ΚΑΝΟ [2].

Du même ton, l'amiral me répond :

– ΠΡΟΣΕΥΧΗΣΟΥ, ΑΝ ΚΑΙ ΣΥ ΠΙΣΤΕΥΕΙΣ... Ο ΧΡΟΝΟΣ ΕΣΒΗΣΕ ΤΟ ΜΙΣΟΣ ΑΠΟ ΤΗΝ ΚΑΡΔΙΑ ΜΟΥ, ΔΕΝ ΠΕΡΙ-ΜΕΝΟ ΠΙΑ ΑΛΛΟ ΑΠΟ ΤΗΝ ΒΟΗΘΕΙΑ ΤΟΥ ΚΥΡΙΟΥ. ΔΟΣΕ ΤΗΝ ΕΞΟΜΟΛΟΓΗΣΗ ΜΟΥ ΣΤΟΝ ΒΑΣΙΛΕΑ. ΑΝ ΘΕΛΗ-ΣΕΙΣ ΝΑ ΠΑΡΑΜΕΙΝΕΙΣ ΛΑΙΚΟΣ ΘΑ ΓΙΝΕΙ Ο ΕΥΕΡΓΕΤΗΣ ΣΟΥ, ΑΝΜΑΝΙ ΛΗΣΕΙΣ ΝΑ ΣΥΝΕΧΙΣΕΙΣ ΣΤΟΝ ΔΡΟΜΟ ΠΟΥ ΞΕΚΙΝΗΣΑΜΕ ΜΑΖΙ ΘΑ ΣΟΥ ΠΡΟΣΦΕΡΕΙ ΤΗΝ ΓΑΛΗΝΗ ΕΝΟΣ ΜΟΝΑΣΤΙΡΙΟΥ [3].

Tandis que le pêcheur en silence range son matériel j'ai encore le temps, par ce canal étrange, de lui dire que je ne sais plus rien de Bréderodes. Pour la dernière fois sa voix se fait entendre :

– ΑΣ ΕΙΣΑΙ ΕΥΛΟΓΗΜΕΝΟΣ ΠΑΙΔΙ ΜΟΥ... ΑΣ ΕΙΝΑΙ ΕΥLΟΓΗΜΕΝΟΣ Ο ΘΕΟΣ ΠΟΥ ΜΟΥ ΕΠΕΤΡΕΨΕ ΝΑ ΖΗΣΟ ΤΟΣΟ ΟΣΤΕ ΝΑ ΞΑΝΑΚΟΥΣΟ ΤΗ ΦΟΝΗ ΣΟΥ... ΦΥΓΕ ΑΠΟ ΕΔΟ ΚΑΙ ΜΗ ΞΑΝΑΓΥΡΙΣΕΙΣ ΠΟΤΕ, ΠΟΤΕ! ΝΑ ΠΡΟ-ΣΕΥΧΕΣΑΙ ΓΙΑΜΕΝΑ ΚΑΙ ΝΑ ΜΕ ΦΥΜΑΣΑΙ [4]!

Je remonte dans la barque, ému comme on peut l'imaginer et c'est alors que le vieux pêcheur, me considérant de son regard au bleu éteint, me dit dans la plus parfaite langue grecque :

– ΕΛΠΙΖΟ ΝΑ ΜΗΝ ΕΙΝΑΙ ΚΑΝΕΝΑΣ ΣΤΟ ΚΑΣΤΡΟ ΚΑΙ ΝΑ ΜΗΝ ΑΚΟΥΣΑΝ ΑΥΤΑ ΜΟΥ ΕΙΠΑΤΕ [5].

Cet homme venait de Corse mais il était né au sud du Péloponnèse, dans le Magne, chassé de chez lui, à l'âge de seize ans, après un soulèvement manqué de ceux de sa contrée contre les Turcs. Plusieurs de son village avaient gagné Cargèse où ils avaient fondé une petite colonie. Bouleversé par ce qu'il venait de dire, je me jetai à ses

1. Je suis là, petit Charles.

2. Je reviens de Grèce où je suis resté longtemps dans un couvent. Je crois en Dieu... Comment vas-tu petit François ?... J'ai ta confession en poche, dis-moi ce que je dois en faire ?

3. Tu dois prier si tu crois... Le temps a vidé mon cœur de haine et je n'attends plus que le secours de Dieu. Remets ma confession au roi : si tu désires rester dans le siècle, il te comblera de bienfaits; si tu veux persévérer dans la voie que nous avons inaugurée ensemble, il t'accordera la paix d'un monastère.

4. Bénis sois-tu mon enfant... Béni soit Dieu qui m'a permis de vivre assez longtemps pour entendre à nouveau ta voix... Pars d'ici, n'y reviens plus jamais, jamais!... Prie pour moi et souviens-toi de moi!

5. J'espère qu'il n'y aura eu personne au fort pour comprendre ce que vous disiez.

pieds et lui contai mon histoire. Parce que j'avais confiance en lui et parce que l'interdiction de tenter de le revoir que venait de proférer Beaufort m'avait désorienté, je le prenais pour confident. Nous pleurâmes longtemps tous deux sur nos malheurs tandis qu'un vent léger nous ramenait vers la grève. Il me proposa de venir habiter chez lui, je l'y suivis avec reconnaissance. Je vécus là presque six mois, lui servant de second et suppléant par mes forces à celles qui commençaient de l'abandonner. Nous partions pêcher chaque jour avant l'aube sans rencontrer quiconque. Cette régularité convenait à mon âme inquiète car j'avais fini par me faire à l'idée de voir grossir chaque jour comme un remords l'île où se trouvait enfermé l'amiral et de tourner presque continûment autour d'elle... Je serais sans doute encore pêcheur à cette heure si mon maître n'était mort de la maladie qu'il traînait déjà lorsque je fis sa connaissance. Je l'assistai dans ses derniers instants, je l'enterrai de mes mains, moi seul, puis après avoir mis le feu à sa pauvre cabane, comme il me l'avait ordonné, je détournai une dernière fois un regard embué de larmes vers le fort de l'île Sainte-Marguerite et je filai vers Paris...

Les paroles du grand amiral résonnaient toujours dans mon esprit. A vrai dire, entre les deux voies qu'il m'avait suggérées, mon choix était fait depuis longtemps. L'idée de la fortune qui m'aurait fait tout abdiquer vingt-deux ans auparavant ne me touchait plus. Je ne désirais rien tant alors que me libérer de mes chaînes, remettre sa confession au roi et gagner le droit de vivre en paix... Vous dire comment je découvris Paris et surtout Versailles en 1692, Versailles qui existait à peine lorsque j'y étais venu jeune aspirant en compagnie d'un de mes oncles en 1666, serait faire la chronique de mes émerveillements et le dénombrement de mes désillusions. Mon attente dans la sotte espérance d'obtenir une entrevue du monarque, mes démarches dans cette cour où la plupart des personnes que j'avais connues autrefois étaient mortes ou disgraciées...

Un jour enfin on daigne me faire savoir que Barbezieux, fils de feu Louvois, va me recevoir... Je n'ai pas à m'expliquer longtemps : ce ministre sait parfaitement qui je suis, d'où je viens, ce que je serre sous ma chemise. Il s'attend à ce que je lui demande de l'argent et il est presque déçu lorsque je pousse la confession de Beaufort sur son bureau en n'exigeant de lui que la paix d'un couvent. Il me considère avec sévérité, il me dit qu'il sait que nous sommes deux à avoir survécu en même temps que Beaufort. Il m'interroge à propos de Bréderodes. Il veut savoir où il est. Je lui réponds la vérité : que je n'ai aucune nouvelle de lui depuis plus de vingt ans. Alors il me pose une question terrible, celle que je redoutais : Bréderodes, lui aussi détenait-il la confession authentifiée de Beaufort ? Je réponds oui parce que je ne sais ni ne veux plus mentir mais, dès cet instant, j'éprouve le sentiment d'avoir livré mon ami, s'il vit encore, à la dague de quelque assassin... Pour ma part, je ressors libre de chez

Barbezieux qui me fait même l'honneur de me raccompagner jusque dans son vestibule et de me protester de son amitié. Le fils de Louvois était plus fin et sans doute meilleur que l'auteur de ses jours : l'argent, le goût du pouvoir, la galanterie, étaient ses valeurs journalières mais, à côté de cela, il était juste et secrètement pieux. Il avait su démêler mes sentiments et sonder le tréfonds de mon âme. Aussi avait-il pris l'incroyable risque de me faire confiance après avoir exigé de moi seulement que je m'engage séance tenante par un serment solennel sur le repos de l'âme de l'amiral de ne jamais révéler de mon vivant ce que contenait la confession que je lui remettais. Avec Louvois j'aurais été voué au cachot perpétuel, avec son fils je gagnais ce même oubli par des voies qui me convenaient davantage. Sur sa recommandation, j'entrai dans l'ordre de Grandmont, d'abord à l'abbaye de Lizay, ensuite dans ce prieuré où je vis, priant Dieu chaque jour pour mes amis François de Beaufort et Jean de Bréderodes.

*Notre-Dame-des-Mesches le 2 janvier 1701*
Charles d'Amfortas, en religion frère Carolus.

Victor, refermant ce petit cahier, se sentit envahi d'une confusion de crépuscule.

Il était trop jeune pour savoir exactement quel personnage avait fait Beaufort en son temps. Il ne connaissait de son histoire que ce qui en avait surnagé : une figure de roman, le type même de la tête brûlée, le parangon de l'insolence aristocratique, le sectateur et l'adepte d'un mode de vivre nouveau dont le mot, neuf en ce temps, paraissait avoir été forgé pour lui : la désinvolture. Ce qu'il venait de lire lui montrait que les contes que l'on faisait à son sujet étaient en deçà du vrai... Mais, au juste quel crime avait pu valoir au grand amiral un enfermement pire que mille morts, une agonie de trente ans par préférence au silence radical que les hommes de Louvois, venus à Candie pour s'emparer de lui au mois de février 1671, eussent pu obtenir en l'assassinant sans témoin ?

L'espèce d'engourdissement qui retint longtemps Victor de quitter la dalle du chauffoir, lui laissa loisir de repasser mentalement les séquences du manuscrit et d'en relire certains passages afin d'en mieux mémoriser les enchaînements.

Carolus, revenu à pas de loup, ne se signala au jeune homme que par la chaleur de son souffle sur sa nuque.

– Vous voici édifié ? demanda sombrement l'ancien chevalier d'Amfortas.

– Dérouté plutôt... balbutia celui qui demeurait sous l'écrasante impression de sa lecture.

– Tout ceci vient d'un autre temps, poursuivit Carolus d'un ton de voix opaque.

– Le duc de Beaufort, puisque c'est de lui qu'il s'agit, devait être extrêmement âgé lorsqu'il est mort.

– Quatre-vingt-sept ans exactement mais il était, par sa grand-mère Gabrielle d'Estrées, d'une famille où l'on cultive l'art de durer. Jean d'Estrées, le grand-maître de l'artillerie, son bisaïeul, est mort à quatre-vingt-cinq ans, François-Annibal d'Estrées, le maréchal, son grand-oncle, à quatre-vingt-dix-sept ans, ses cousins Jean et César d'Estrées ont atteint respectivement quatre-vingt-trois et quatre-vingt-sept ans.

– Qu'expiait-il si durement ? osa Victor.

– Si je vous le disais là, en cinq mots, parce que cet aveu terrible n'en nécessite pas plus, je vous entraînerais avec moi dans le serment prêté à Barbezieux sur le repos de son âme. Je serais obligé de vous demander de vous lier par un serment tout pareil au mien et vous n'auriez plus qu'à quitter vos maîtres dans la seconde, ne pouvant plus faire un geste ou dire une parole sans craindre de vous parjurer... Croyez-moi ! ne cherchez pas à connaître ce que payait Beaufort, vous y perdriez le repos.

Victor interrompit Carolus en gardant le regard abaissé.

– J'ai le pressentiment que messieurs de Thésut ne me laisseront pas en paix...

– C'est évident puisqu'ils supputent le secret de Beaufort, tout comme le duc d'Orléans, tout comme les Vendôme, mais sans en détenir la plus petite preuve. Votre force à vous c'est, au contraire, de pouvoir justifier tout le mystère sans en connaître le fin mot : le corps de l'amiral ici, dans ce cloître, sa seconde confession et sa cassette, très loin, dans les îles grecques... Aux innocents les mains pleines ! vous pouvez vous risquer à tout et, hormis que vous détenez toutes ces informations de moi, hormis que le cadavre de Beaufort se trouve ici, vous pouvez vous servir de tout ce que nous avons dit.

– Carolus, il faut que je vous avoue au sujet de votre ami Brédérodes...

– Quoi ? s'impatienta le moine.

– Je connais son frère qui est à la Bastille et qui se trouve depuis plus de trente ans dans cette prison sans en connaître la raison.

– Vous la connaissez pour lui à présent, se gaussa Carolus... Eh bien ! servez-vous de cette circonstance... Je tiens pour certain que Brédérodes, s'il vit encore, essaye d'avoir contact avec cet aîné, le seul de ses frères à survivre après la mort des trois autres à Candie, l'innocent qui endure à cause de lui une épouvantable prison... Par leur liaison, si elle existe, vous pourrez faire un pas...

– Comment cela ? se désola Victor, l'Orient est si vaste.

– Que sais-je ?... Les bateaux, les ports de Méditerranée, la poste... La poste, bien sûr! puisque tout ce qui vient de loin passe obligatoirement par elle.

– Carolus, vous me sauvez! s'enthousiasma Victor.

– Hélas non, mon pauvre enfant, prophétisa sombrement le moine, je m'attends même à vous voir revenir ici bien vite.

Le bureau de la Ferme générale des postes à Paris s'était installé, vers 1690, dans le quartier des Halles, au coin de la rue des Déchargeurs et de celle des Mauvaises Paroles. C'était un vaste immeuble, adossé au vieil hôtel de Villeroy, que Louvois, alors surintendant général de cette grande administration, avait loué au financier Pajot. Il donnait à l'arrière sur la rue de la Limace, coïncidence fâcheuse qui avait excité la verve des Parisiens, enclins à voir là une allusion à la lenteur de l'acheminement de bien des plis. Dans les étages se trouvaient les bureaux d'où le fermier général et ses aides animaient cette vaste machine en correspondant avec les six sous-fermes, plus de cinquante bureaux principaux installés dans les grandes villes du royaume, les agences ouvertes à Genève et Venise, les maîtres des postes royales et plus de cinq cents maîtres de poste libéraux liés par contrat avec la Ferme. Le rez-de-chaussée était une ruche laborieuse où le public avait accès. Là s'effectuait le rassemblement des dépêches en partance, déposées directement rue des Déchargeurs ou relevées par les porte-boîte chez une cinquantaine de buralistes agréés.

C'est au guichet que s'effectuaient le tri et la taxation. Le port des lettres, sauf pour ce qui regardait l'étranger, était alors payé par le destinataire. Cette règle de commodité était devenue règle de politesse et, mis à part le cas où l'on écrivait à une personne très pauvre à qui on voulait éviter une dépense, ç'aurait été faire affront à quelqu'un que d'avancer la taxe de la lettre qu'on lui adressait. D'où des abus qui donnaient du tracas au surintendant tels que les « fausses-lettres », gribouillis et galimatias fabriqués par des filous qui se présentaient chez les particuliers pour percevoir la taxe, et les « lettres d'attrape », lettres envoyées anonymement, pour leur faire un débours inutile, à des particuliers à qui l'on souhaitait nuire.

Le tarif avait été fixé par la Ferme de ville à ville. Il figurait sur un grand tableau accroché au-dessus des guichets. Il se répartissait depuis Louvois en quatre catégories : la lettre simple qui consistait en une simple feuille écrite et repliée, la lettre avec enveloppe, tarif plus élevé créé par le surintendant, de son propre aveu « *pour se prémunir contre la facilité de joindre deux lettres en un seul envoi* », la lettre double et les paquets tarifés au poids. Ainsi un envoi de Marseille à Paris coûtait-il cinq sols dans la première catégorie, six dans la seconde, huit dans la troisième et le paquet valait-il quinze sols l'once. Lorsqu'un pli partait ou aboutissait à une ville ne figurant pas au tarif, il y avait une taxation à la distance « tant en droiture qu'en traverse » établie par tranche de vingt-cinq, soixante et quatre-vingts lieues. Entre les villes figurant au tarif le courrier circulait au moins deux fois la semaine et ce trafic était protégé à outrance par le monopole.

Louvois, en effet, s'était ingénié à entraver tant qu'il avait pu la marche de ceux qui auraient pu concurrencer la poste. Pour cela il avait supprimé toutes les anciennes messageries, interdit à tout voiturier, sous peine de confiscation du véhicule pour le propriétaire et de fouet pour le cocher, de transporter des plis ou des paquets, à tout charroi de circuler après la tombée du jour alors que les voitures de la poste quittaient généralement Paris à minuit. Par-dessus tout, il avait fait obligation à chaque entrepreneur de transport de mettre un temps minimum pour parcourir la distance entre deux villes : par exemple jamais moins de six jours entre Paris et Lyon, là même où il enjoignait expressément aux employés de la Ferme de n'en pas passer plus de cinq. C'est pour cela qu'aller vite se disait alors « aller train de poste ». Voilà pour les privilèges mais comme ce grand ministre était d'un temps où l'on pensait que le monopole imposait également des devoirs, les peines édictées contre les maîtres de courrier qui surchargeaient leur voiture, contre ceux qui transportaient des hardes ou des fruits au mépris du règlement ou qui chargeaient des malles de plus de cent vingt livres, risquant de ralentir leur allure, étaient terribles.

La poste de 1702 était donc digne d'admiration et le chevalier de Thésut, organisateur dans l'âme, n'y trouvait qu'une chose à redire : cette organisation était l'œuvre de Louvois qu'il abhorrait. Aussi lorsqu'il passa, en compagnie de Victor, le porche de la rue des Déchargeurs, encombré des guérites des écrivains publics posées à la rangette, abordant pour la première fois en modeste usager le monde du guichet, entrait-il tout plein d'un fort a priori contraire.

La presse était grande dans le vestibule où beaucoup de badauds stationnaient devant les pancartes indiquant la provenance des dépêches. Certains n'y avaient rien de marqué à faire et n'étaient là que pour se donner l'illusion de revenir d'un long voyage. Les autres étaient, pour la plupart, ceux qui avaient pris l'habitude de se déplacer eux-mêmes au bureau, à la fois pour ne pas attendre l'employé qui, dans les grandes villes, ne portait les plis à domicile que deux fois la semaine en faisant descendre les destinataires dans la rue au son de son claquoir mais également pour déjouer les manœuvres des filous dont on a parlé plus haut.

Au premier guichet, qu'une grille séparait du public, se faisait la taxation du courrier de province à province, tarifé à l'encre directement sur le pli pour sa première tranche de parcours. Compte tenu de la quasi-inexistence de liaisons transversales – les plis adressés de Lyon à Bordeaux passaient par Paris – ce travail était considérable. Au second guichet percé d'une sorte de chatière, se faisaient les remises et dépôts d'espèces car la Poste, toujours depuis Louvois, se chargeait aussi des fonds. Au troisième, s'effectuaient les opérations du « déboursé », sorte de taxe intermédiaire calculée sur les plis qui ne faisaient que transiter par Paris. Au suivant se faisait la délivrance des plis surtaxés en contrepartie de l'émargement d'un registre par le destinataire. La dizaine de guichets ouverts à la suite était le lieu où se traitaient ordinairement les dépêches reçues. Le règlement prescrivait qu'il ne devait pas s'écouler plus de deux heures entre le moment où la voiture postale franchissait le proche de l'hôtel de la Ferme et celui où les plis auraient été traités et répartis selon leur adresse de destination par liasses de cinquante environ que l'on nommait des melons.

Au moment où Victor et son maître pénétraient dans la grande salle, une pancarte, glissée par un employé sur le rail d'une potence de cuivre, annonçait la malle de Rouen, provoquant une ruée vers les guichets.

Le chevalier allà à l'opposé, en direction d'un jeune homme qui rêvait à la Suisse derrière son comptoir.

– Le courrier de l'étranger ? demanda-t-il en tapant du pommeau de sa canne sur le large rebord de marbre vert.

– Londres, Amsterdam, Bruges, Gand, Bruxelles, Séville, Madrid, Gênes, Venise, Rome, Milan ou Genève ? s'enquit l'employé avec l'accent d'un écolier qui recorde sans passion ses déclinaisons.

– Sont-ce là toutes les terres étrangères ? s'étonna Thésut.

– Les seules en tout cas que nous connaissions à ce guichet, reprit l'employé en se mettant négligemment à tailler sa plume.

– Singulière courte vue ! pesta le maître de Victor... Et le courrier de la Porte [1], jeune homme, où va-t-on le chercher ?

Le garçon esquissa un sourire comme s'il avait prévu de longue main l'objection :

---

1. La Porte désigne Constantinople.

– Monsieur, le courrier lointain passe obligatoirement par l'une des villes que je viens de nommer... Celui qui vient d'Orient transite généralement par Venise mais il peut aussi arriver par Marseille et cela change tout.

– Tout ? s'étonna Thésut.

– Oui ! car votre correspondant a pu payer un marin pour qu'il jette le courrier dans une boîte sur le quai de ce port. En ce cas vous serez taxé tout comme un particulier qui reçoit des nouvelles de Provence... Au contraire si le pli est passé par Venise, il a fallu que, là-bas, quelqu'un paye d'avance la taxe depuis la frontière du royaume jusqu'à notre bureau...

– Ouiche ! et ça marche ? rognonna Thésut avec un air de soupçon.

– Attendez-vous un pli ? s'enquit l'employé sur le ton de l'homme qui s'apprête à faire une démonstration.

– Une lettre des îles grecques ! s'entremit Victor.

L'employé alla fouiller dans les melons de l'étranger qui étaient classés par pays. Il rapporta une liasse de quatre ou cinq lettres.

– Voici tout ce que j'ai à cette heure en attente... Il faut dire que les lettres de la Porte sont rares, excepté celles destinées aux ministres que nous faisons tenir immédiatement, en franchise, selon le privilège de gratuité des secrétaires d'État... A part cela ce sont peu ou prou les mêmes destinataires... Qui êtes-vous, Monsieur ?

– Bréderodes... Le comte de Bréderodes, trancha Thésut sans apparence de gêne.

– Je n'ai rien à ce nom, répondit l'employé en se fiant à sa mémoire.

– Cherchez bien, je suis certain du contraire ! protesta le chevalier.

– Voyez vous-même, monsieur ! se raidit le garçon de la Poste en étalant les lettres sur le comptoir, ceux qui ont quelque chose ici, je les connais tous : Joseph Pitton de Tournefort, professeur au Jardin du roi, c'est un savant qui prépare un livre sur l'archipel grec... Madame Bénéfice, rue de Bièvre, il s'agit d'une vieille bourgeoise ayant là-bas un neveu qui lui envoie une ou deux fois par an de ses nouvelles... Mamdour Batchour, marchand de brocarts rue des Lombards, il fait commerce avec la Porte...

Le chevalier flaira les plis :

– Et qu'est-ce qui me dit qu'il ne se perd rien ici ?

– Le livre d'émargement ! répliqua du tac au tac le préposé, la somme que votre correspondant a payée d'avance voyage par le courrier précédent le pli. Elle n'est encaissée ici que lorsque le destinataire a signé pour accuser réception... A chaque somme doit correspondre un pli, mardi je reçois la somme, vendredi le pli. Le rapprochement permet de vérifier que rien ne se perd.

Thésut réprima un soupir admiratif pour se recomposer, dans la seconde, un masque sévère.

– Mais si l'envoi vient par Marseille, vous n'avez aucun moyen de vérifier.

– Impossible en effet.

– Je pensais bien qu'il y avait une faille!

– Une faille! s'offusqua le guichetier.

– Parfaitement, mon garçon! d'après ce que vous venez de me dire, n'importe quel mufti ou nègre, peut, quand ça lui chante, inonder le royaume de brûlots et d'écrits séditieux et vous n'y voyez que du bleu... Ah! elle est jolie la Poste dont on nous rebat les oreilles, elle sert de chausse-pied aux espions et aux envahisseurs.

– Mais, monsieur...

– Il suffit! ce n'est pas à vos malles que je confierai mon argent... Venez, monsieur d'Argenton, nous ne laisserons pas tomber un rouge liard dans cette Babylone.

Et, sans un salut pour le pauvre jeune homme effondré, le faux comte de Bréderodes entraîna le faux baron d'Argenton vers la sortie.

Ils se jetèrent dans un fiacre qui les attendait rue des Mauvaises Paroles.

– Vous avez bien noté le nom de tous ces gens?... En selle, en selle! mon nez me gratte, je sens que derrière l'un d'eux se cache ce monsieur de Bréderodes dont parle l'informateur dont vous vous obstinez à taire le nom.

Victor s'efforça d'opposer un sourire au reproche.

– Chevalier, avant de me lancer dans ces recherches, je dois porter ce soir, à monsieur le gouverneur, la réponse dont je vous ai parlé... Je retourne à la Bastille.

– Faites attention qu'on ne vous garde pas! recommanda rudement Thésut sans donner à croire qu'il plaisantait.

Cette réponse, le lecteur s'en sera douté, était celle que Victor devait rapporter à monsieur de Saint-Mars sur sa vocation d'apothicaire. L'idée d'un retour dans ce séjour dont il avait éprouvé l'horreur s'imposait à lui puisque, n'ayant été rassasié à Notre-Dame-des-Mesches que d'une partie de la vérité et se sentant acculé par ses maîtres à en savoir plus, il n'espérait plus que dans une nouvelle descente dans la spirale obscure de la prison royale pour détendre le collet qui commençait de l'étrangler.

Il rendossa donc, avec l'aide du fidèle Jean-Baptiste, l'habit de vidangeur. S'il y a au début quelque plaisir à hérisser son cheveu ras pour se faire la tête d'un mauvais garçon, il en est déjà moins à se plonger dans un bain saupoudré d'un peu de suie destiné à ternir l'éclat de son teint, et moins encore à gratter de ses ongles l'âme de la cheminée dans le but d'exhiber à l'extrémité de ses mains, frottées avec un soin honnête, un large liséré noir, stigmate des travaux harassants.

Accompagné jusqu'au bout de la rue Saint-Antoine par Jean-Baptiste, redevenu pour la circonstance porteur d'eau, Victor se présenta un peu avant six heures, au bord du pont-levis de l'Avancée. La nuit était tombée et les devantures de petits carreaux des échoppes de la première cour reluisaient faiblement de la lueur des quinquets à l'huile accrochés au-dessus de chaque porte. Une bourrasque de vent, en s'engouffrant dans le fossé, fit grelotter le visiteur tandis qu'il attendait la réponse des factionnaires du poste de garde. Ainsi exposé à la morgue des soldats apostés dans une salle basse et au froid coupant, il fallut à Victor compter un bon quart d'heure, ponctué d'allers et retours d'une jeune ordonnance, pour être introduit sous bonne escorte dans la seconde cour.

Sur le perron du vieux logis de monsieur de Saint-Mars il croisa une ombre, personnage maigre de haute stature, à longs cheveux blancs, qu'il reconnut aussitôt pour l'homme qui, dans le cortège funèbre du duc de Beaufort à Notre-Dame-des-Mesches, suivait le corps en portant à la main une guitare espagnole. Le nom de ce spectre lui fut fourni par un archer qui s'inclina en le saluant bien haut de son titre qui était celui de lieutenant du roi. C'était donc le fameux Du Jonca, exerçant depuis quinze ans cette importante fonction dans la forteresse, celui dont l'autorité avait combattu la colère du gouverneur lorsque les vidangeurs s'étaient présentés dans la cour du Gouvernement.

Frissonnant un peu plus de recevoir une confirmation si nette de ses déductions, Victor fut poussé par un valet dans cet appartement qu'il connaissait déjà.

Le bureau de monsieur de Saint-Mars était plongé dans une obscurité épaisse. On n'y discernait, après avoir accommodé longuement le regard, qu'un vieux chat de pelage tigré couché sur un coffre et appliqué à lisser sa patte près d'une unique chandelle de quartier dont la lueur n'atteignait pas le parquet.

Une voix fit tressaillir Victor, resté planté à deux pas du seuil.

– C'est vous, l'aide de Reilhe ?... Je pensais que vous ne reviendriez pas.

– Pourquoi ? demanda Victor en ramassant toute son énergie pour mentir, la situation que vous m'offrez m'intéresse.

– Pauvre imbécile ! ricana le gouverneur, car c'était lui qui parlait dans l'ombre, n'avez-vous pas compris que vous perdriez votre liberté et votre raison ici ?

– Monsieur, je suis gadouard... Croyez-vous que ce soit un sort plus enviable ?

– Au moins profitez-vous du soleil pendant le jour !

– Oui mais, à présent, j'ai le dégoût de descendre dans la fosse et de humer cette matière qui tient à ma peau comme l'odeur de la sauvagine au renard.

– Faites ce qui vous chante mais méfiez-vous de Reilhe, il est mauvais... Ici vous serez son souffre-douleur.

– Bah ! je sais me défendre.

– Vous avez bien des talents à ce qu'on murmure.

– Qui dit cela ?

– Mon neveu qui ne vous aime pas et qui n'aime personne... Gardez-vous de lui aussi ! Il est sournois et tuerait sa mère par cupidité s'il en avait encore une. Je l'ai fait venir près de moi pour me consoler et il assassine ma vieillesse.

– Et que me prête-t-il comme talent ?

– Il dit que vous chantez... Que vous chantez à ravir.

– Oui, je l'ai dit à monsieur Reilhe... Avant de me résoudre à être gadouard, j'avais été chantre dans ma paroisse.

– Pauvre garçon ! N'auriez-vous pas bien préféré être commis de boutique ou porter des paquets plutôt que vous vouer à ces tâches répugnantes ?

– Je pensais qu'en gagnant deux livres la nuit je pourrais reprendre mes études.

– Chantez-moi quelque chose, la musique me manque depuis quelques semaines.

– Comme cela ?...

– Oui ! s'impatienta le gouverneur, ici je suis le maître d'obtenir ce que je demande.

Victor, se voyant pour la seconde fois mis à l'épreuve dans la forteresse, effrayé cette fois par le regard de vipère du gouverneur, s'exécuta.

Traversé par une inspiration soudaine, il entonna un air du *Xerse* de Cavalli qu'il connaissait assez bien et que le prisonnier masqué, il le savait par Constantin de Renneville, affectionnait tout particulièrement.

L'effet que cette mélodie fit sur monsieur de Saint-Mars ne se peut décrire. Il se leva brusquement comme un automate et vint à Victor dont l'émotion faisait trembler la voix. De grosses larmes coulaient sur ses joues en suivant naturellement le sillon de ses rides.

Victor, vaincu par le spectacle de la souffrance convulsant le visage de son hôte, s'interrompit au milieu de son chant.

– Continue! supplia monsieur de Saint-Mars passant imprévisiblement au tutoiement, continue!... J'ai l'impression de l'entendre.

– Qui?

– L'homme qui me chantait ceci, ici même, il y a un mois à peine... Cet homme, mon seul ami, mon frère...

– Il est mort?

– On a tout fait pour le tuer et le ravir à mon affection.

– Se peut-il, monsieur, que dans ce lieu austère vous ayez pu trouver une âme sœur?

– Lui seul était digne d'intérêt et d'admiration. Pendant trente-trois ans nous ne nous sommes pas quittés, nous avons vieilli ensemble... Sais-tu ce que sont des habitudes de trente-trois ans? Sais-tu ce qu'il arrive lorsqu'elles cessent et qu'on n'a plus la force de désirer changer? Tu éprouveras forcément un jour ce que c'est que de perdre une autre partie de soi.

– Cela doit être bien terrible...

– Dix-huit mois dans cet appartement il m'a émerveillé de sa sagesse, de ses chants, de sa piété... Il était vieux mais il avait l'esprit vif, celui d'un homme décalé d'une génération et chez qui six lustres de solitude avaient eu le pouvoir de suspendre le vieillissement. Il a vécu seul dans un cachot jusqu'à l'orée de l'an dernier qu'on l'a autorisé à rester avec moi ici : trente ans de silence qu'il voulut rattraper d'un seul coup en me prenant pour confident. Il s'était fait à moi et moi à lui : dix ans, quotidiennement, je l'avais toisé sans proférer un mot, un jour je m'étais risqué à un bonjour et il m'avait répondu d'une voix étonnamment mâle et joyeuse. A moi qui étais son bourreau cette voix devint un réconfort. Je m'impatientais de lui porter sa pitance pour l'entendre répondre avec transport à mon salut. Quinze ans de la sorte, nous nous bonjourâmes sans rien ajouter et puis, il y a cinq ans, il y eut ce voyage... Nous traversâmes la France ensemble, il couchait chaque soir dans un lit dressé à côté du mien. C'est à partir de ce temps-là que nous nous risquâmes à échanger quelques paroles et que je commençai à m'attacher à lui... J'ai tout perdu en le perdant et ta voix vient de raviver ma douleur...

Victor, ému par le désarroi du vieillard, s'empara de sa main :

– Vous êtes donc si seul!

Le terrible Saint-Mars agrippa à son tour le poignet de son visiteur.

– Ce malheureux a souffert ce qu'il y a de pire : l'indifférence... Je veux qu'il vive à présent... Que son souvenir demeure!

– On l'a remis entre vos mains tout justement pour qu'on l'oublie...

– C'est ce que je ne veux à aucun prix... Je ne continuerai pas à le murer mort comme j'ai fait de lui vivant. Il était mon ami, il faut qu'on sache ce qu'il a souffert par moi, par les ministres et par le roi, ce qu'il a souffert sans se plaindre. Il faut qu'on sache que c'était un saint... Je veux vivre assez pour voir le pape mettre son nom sur le calendrier et l'encenser comme un martyr.

Victor roulait des yeux suffoqués. Il bredouillait :

– Reprenez place sur ce siège... Vous êtes faible.

– Je suis fort! se cabra le gouverneur, assez fort pour te recevoir, toi l'archange venu pour le venger...

– Je ne suis qu'un pauvre gadouard, marmonna le jeune comte de Gironde de plus en plus stupéfait.

– Dieu t'a choisi, mon enfant, pour révéler au monde ce secret... J'ai commencé mais qui me comprendra?... J'ai mis moi-même son véritable nom sur le registre des morts :

MARCHIALI c'est-à-dire HIC AMIRAL.

– On saura que vous êtes sincère...

– Que je me repens d'avoir précipité sa fin... Chante-moi à nouveau cet air et je te donnerai quelque chose qui lui appartenait... Tu seras le messager.

Victor, qui préférait chanter que de continuer de s'effrayer des divagations de Saint-Mars, reprit l'air de *Xerse* où il l'avait interrompu.

Lorsqu'il eut achevé, le gouverneur fouilla sa poche :

– Tiens! tiens, voici sa bague, sa dernière bague, sa demi-bague. Je l'ai sciée moi-même avant de prévenir quiconque de sa mort... L'autre moitié est à son doigt, là où il repose. Qui réunira les deux parties de ce bijou vengera mon ami.

Et sur ces mots, serrant dans la main de Victor l'anneau scié, Saint-Mars se détendit comme un ressort :

– Voilà!... Tu ignores de qui vient ce que je t'ai donné mais tu l'as dans ta poche... Tu sais tout ce que je pouvais dire au monde pour honorer la mémoire de mon ami... Tu quittes la Bastille libre alors que j'aurais parfaitement pu t'y retenir pour le restant de ta vie sans que personne jamais puisse trouver à y redire. De bons amis, surtout venant du Temple, t'ont recommandé à moi pour cela... Je sais d'où tu viens, que tu n'es pas plus gadouard ou chantre que moi archevêque de Paris... Mais tu appartiens à un prince qui m'est plus sympathique que tous ceux qui te veulent du mal et ta mine me revient... Cette bouteille à la mer que je lance pour qu'on n'oublie pas mon amiral, je crois qu'il te revient de t'en charger... Maintenant pars! pars vite! ne retourne jamais ici... Crains que je ne m'effraye de ce que je viens de faire et que je ne change d'avis.

# CHAPITRE CINQUIÈME

## *Madame Bénéfice*

Madame Bénéfice était une vieille bourgeoise de Paris, forte en bec, haute en couleur. Elle habitait rue de Bièvre, rue vouée à bien des machinations sulfureuses depuis que Dante y avait habité et imaginé autrefois quelques-uns des cercles qui peuplent son Enfer. C'était une espèce d'égueulée, haute du col comme une girafe, sècheronne [1] à faire peur, toujours raccoutrée de haillons du temps de Louis XIII et d'un curieux chapeau rond qui lui faisait la tête de la Mère-Sotte. Elle était fille et veuve de propriétaire, ce qui l'aurait certainement, à double titre, fait taxer à la contribution des gens aisés, appliquée quelque temps sous Richelieu, mais qui la rendait au quotidien riche surtout des promesses de ceux qu'elle logeait. Rien de moins rémunérateur en effet sous Louis XIV que la condition de bailleur : depuis déjà un demi-siècle l'on rit de monsieur Dimanche, ne pas payer son terme a passé dans le monde des rapins et des poètes pour devenir titre de gloire. Aussi, nécessité faisant loi, madame Bénéfice se mettait-elle en route bien avant l'aube pour tenter de prendre ses locataires au nid. Ses allées et venues, ses traques sans fin dans Paris, avaient quelque chose des chevauchées désordonnées de Don Quichotte. Elle conservait près d'elle deux laquais chargés de maigre, qu'elle nourrissait de mauvais brouets et de pain sec, qui étaient passés maîtres à secouer sa chaise au plus haut du pavé et à se frayer un passage aux carrefours à coups de gourdin. Ils lui restaient attachés dans la naïve espérance que les loyers qu'ils poursuivaient depuis des années seraient un jour payés – intérêts et arriérés compris – et qu'alors ils partageraient la fortune de leur maîtresse.

1. Personne maigre.

Le lendemain du jour où il avait reçu l'étrange confession de monsieur de Saint-Mars, c'était le mercredi 28 novembre, Victor se mit à l'affût de madame Bénéfice. Dès avant le jour, encore plein d'illusion sur la force des droits de la propriété, il l'avait suivie vers Saint-Germain où elle partait réveiller en fracas les habitants d'un immeuble de la rue du Dragon, tous artistes étrangers sans le sou. Ces garçons lui avaient répondu dans leur jargon en se mettant aux fenêtres : l'un parlait anglais, l'autre allemand, un troisième italien, il y avait même un Polonais. Le premier s'était pris à chanter en s'accompagnant de sa guitare, le second à faire la poule, le plus haut perché, en position de rivaliser avec ses compères des gouttières, s'était mis à miauler. Brandissant très haut un placet, qu'elle menaça aussitôt de porter au juge, la bonne femme remonta en chaise et se fit porter à la Foire Saint-Germain où, dans le carreau des merciers, elle possédait deux étals. Victor l'observa depuis l'entrée d'un des seize pavillons qui garnissaient l'enceinte de la foire tandis qu'elle vitupérait puis il la vit ressortir de chez une chaussetière [1], les bras chargés de rubans, de galons et de frise, qu'elle jeta en colère sous son siège. Elle commanda à ses laquais de la poser au Pont-au-Change, chez Tapineau, marchand de buvard, qui lui devait trois ans d'arriéré pour un logement qu'il habitait rue Dauphine. L'homme était nerveux, aussi resta-t-elle carrée derrière sa petite porte vitrée et dépêcha-t-elle l'un de ses domestiques qu'on vit ressortir promptement, poursuivi par un boudrillon coiffé d'une calotte noire et armé d'une toise. Les cris de la bonne femme venant au secours de son laquais, les hurlements du boutiquier, l'indifférence du chaland, commencèrent à persuader à Victor, un peu avant midi, que la condition de propriétaire n'était pas de tout repos.

A deux heures, sans avoir mangé ni fait manger ses gens, madame Bénéfice, après être passée derrière Saint-Germain l'Auxerrois où elle s'était débarrassée, dans un antre crasseux, de ses rubans pour trois livres, courait en pleines Halles. Elle tourna trois fois autour du pilori où un pauvre bougre perclus de dettes montrait sa face hideuse au travers du carcan puis, dès qu'une cloche eut annoncé la fin du marché, fondit sur une marchande de volailles à l'instant où elle regarnissait sa hotte. Cette bonne femme, locataire d'un taudis vers le Pont-aux-Choux, s'avérait incapable de payer son terme. Aussi l'un des valets, sur l'ordre de sa maîtresse, alla-t-il se saisir d'un lapin vivant qu'elle n'avait pas vendu pour le jeter dans un sac... Et voici l'équipage, alourdi de cette prise gigotante, reparti de plus belle.

Victor commence à s'ébahir de l'entrain de la vieille rentière

1. Marchande de bas.

qu'aucune contrariété ne paraît devoir arrêter. Il la suit à Saint-Eustache, jusque devant l'autel de saint Expedit, où elle brûle un cierge de deux sols à ses loyers perdus. Il l'observe ensuite, tandis qu'elle se résoud enfin à offrir une main d'oublies et deux verres d'eau d'orge mondée à ses laquais tout en leur recommandant formellement de happer cette riche nourriture sans cesser de trotter. A l'entrée de la rue Montmartre, c'est une commère tenant guérite de la loterie royale qu'elle descend embrasser, s'attardant auprès d'elle à entendre des cancans qu'elle lui paye deux sols. Rue Montorgueil, presque dans le même mouvement, elle hèle un morceau d'homme [1] qui lui doit cinq livres et, comme celui-ci affecte de continuer de cheminer sans l'entendre, elle manœuvre sa glace et, commandant l'abordage, lui larde les côtes de la pointe ferrée de sa canne. L'autre, plutôt que de résister, tire ses grègues et détale sous un hourvari d'injures.

A quatre heures, nouvel arrêt devant l'église Saint-Nicolas-des-Champs. Décidément, pense Victor, la Bénéfice est bien dévote, mais, cette fois, elle reste obstinément carrée dans sa chaise. C'est un gros abbé qui vient à elle et qui lui susurre quelque secret à l'oreille avant de lui glisser une pièce d'argent. Paraît, sans autre intermède, une dame bien mise qui se penche à sa vitre pour lui adresser un long compliment au terme duquel elle se déleste à son tour d'une somme coquette.

Drôle de commerce! songe Victor : la Bénéfice empoche en deux minutes davantage que dans toute sa matinée de traque... Et, soudain, tandis qu'il est en proie à ces interrogations et que quatre heures sonnent à Saint-Martin, l'équipage fait volte-face, gagne l'hôtel d'Antin, passe la cour d'honneur sans encombre et s'engouffre dans le vestibule alors que le lapin, prisonnier de son sac, s'agite toujours dans le dos du second des laquais... Morbleu! la bonne femme a ses entrées... Une demi-heure plus tard, la voilà qui ressort, l'air un peu moins malgracieux qu'à l'aller. Elle retrouve la dame et le gros abbé, innocemment placés sur sa trajectoire et leur adresse un petit signe. Elle avise sa montre, estime qu'elle a le temps de passer rue Saint-Honoré, chez un pauvre ouvrier tailleur, son débiteur, qui ne rentre de son ouvrage qu'à la nuit... Arrivée à pied d'œuvre en vingt minutes, elle bondit dans le triste immeuble où habite cet homme, monte quatre à quatre les étages. On l'entend du dehors qui secoue la porte, qui hurle et qui vitupère, visiblement, il ne s'y trouve personne. Elle repart pour les Tuileries, traverse la

1. Un tout petit homme.

Seine au Pont-Royal. Victor l'accompagne du regard, éreinté de sa journée, jurant à part soi ses grands dieux qu'il vaut mieux cent fois être gadouard que propriétaire.

Joseph Pitton de Tournefort était professeur de botanique au Jardin du roi. Il avait été nommé à ce poste en 1683 lors de la démission de Fagon, alors médecin de la reine, qui l'avait recommandé à Louis XIV pour être son remplaçant. Il s'y était fait une renommée en publiant onze ans plus tard ses *Éléments de botanique*, résultats d'une campagne d'herborisation en Espagne et au Portugal. A quarante-sept ans c'était, par mimétisme avec les ombellifères dont il avait recensé les espèces aux quatre coins de l'Europe, un être dont le long cou flexible oscillait sous la masse d'une perruque renversée en forme de corolle. Son teint maladif paraissait avoir pris la translucidité des pousses qu'il forçait dans ses serres doucettement chauffées. Avec cela c'était un être timide, mal assuré, le regard toujours tourné à l'oblique, l'oreille sans cesse aux aguets.

Depuis deux ans qu'il était revenu d'Orient et qu'il travaillait à la chronique de son voyage, Joseph Pitton était publiquement en quête d'un mécène qui l'aidât à supporter les frais d'une édition. L'abbé de Thésut avait donc trouvé là un prétexte commode pour lier connaissance et, de son côté, le botaniste s'était trouvé suffisamment impressionné, à la vue d'un chambellan de la maison d'Orléans à la porte de son modeste logis, pour fixer rendez-vous au conseiller du prince le matin pour l'après-midi de ce jeudi 29 novembre 1703.

Le Jardin du roi, au bout du quai Saint-Bernard, était le second des jardins botaniques établis à Paris. Il venait après celui que les frères Robin, sous Henri IV, avaient aménagé à la pointe de l'île Notre-Dame et où les dames de la bonne société avaient eu longtemps coutume de se rendre en carrosse pour trouver des motifs à leurs travaux de broderie. Héroard, le médecin de Louis XIII, en avait eu l'idée mais ce fut son disciple, Guy de la Brosse, qui au milieu du règne de Louis XIII, se porta acquéreur pour le roi d'un terrain inculte de vingt-quatre arpents situé entre la sinistre butte des Coupeaux [1] et la Seine. Dès la fondation les collections avaient compté dix-huit cents plants. Elles ne devaient guère tarder à surclasser celles de Padoue, d'Hampton-Court ou d'Oxford, réputées jusque-là les plus fameuses d'Europe. Au jardin, qui avait pour mission « la conservation des arbres et des herbes », était attaché un éta-

1. Coupeaux veut dire immondices. C'était une butte artificielle dont la rue des Coupeaux nous laisse le souvenir.

blissement d'enseignement qui, comme le Collège Royal [1] sous François Ier, avait été placé par le roi en dehors de l'autorité de l'Université.

En ce début du nouveau siècle, nulle science plus que la botanique ne se trouvait sujette au grand pétardement des idées. La méconnaissance où l'on était de la sexualité et de la physiologie des végétaux laissait place aux plus folles hypothèses et pourtant, de nombre de hardiesses accumulées, la vérité commençait à jaillir par pans entiers. Ainsi l'abbé Mariotte pensait-il que la substance des plantes provenait des atomes de l'air, brisés par les éclairs, dissous ensuite dans l'eau par laquelle ils passaient dans les racines. Claude Perrault, à la même époque, professait que la sève circulait comme le sang avec ses veines, ses valvules et ses artères. L'un comme l'autre se trompaient et pourtant le premier posait le principe de la spécificité chimique des végétaux et, le second, celui de la circulation de la sève. Par-dessus tout cependant, l'encyclopédisme naissant et le totalitarisme du savoir nouveau s'employaient dans le recensement et la classification des plantes. Les grands herbiers qui ont permis de jeter les bases de la botanique moderne datent des années 1680 à 1700, ainsi en cette fin du siècle John Ray [2], le « Pline anglais », ne décrivit pas moins de dix-huit mille six cent quatre-vingt-dix-neuf plantes rangées en dix-neuf familles, classées selon les particularités de leurs corolles et de leurs fruits.

Tournefort était à la pointe de ce grand mouvement. Ses *Éléments de botanique*, avec leurs quatre cent cinquante et une planches dues au peintre Aubriet, venaient d'être traduits en latin, passage toujours obligé pour une diffusion universelle du savoir. Le premier, il avait compris le parti qu'on pouvait tirer de la disposition conjointe des corolles et des fleurs et il avait créé la grande distinction qui subsista après lui des apétales, monopétales et polypétales. Tout en conservant la néfaste distinction entre herbes et arbres, il avait mis dans les végétaux un ordre inconnu avant lui. Son traité, le *Corollarium Institutionum rei herbariae*, écrit avant la fin du siècle mais publié en 1703 au retour de son voyage d'Orient, lui avait valu ce qui équivaut à l'apothéose chez un homme de science : les sarcasmes de ses principaux confrères.

Tournefort était à la fois moderne et vrai sectateur du passé, implacable dans ses raisonnements et incroyablement crédule à l'égard des écrits de l'Antiquité. Presque seul au Jardin du roi, il

1. Actuel Collège de France.
2. John Ray (1628-1705) professeur à Cambridge, auteur du *Plantarum Methodus Nova* (1682) et de l'*Historia Plantarum Generalis* (1686-1704).

adhérait encore, « pour n'avoir pas expérimenté le contraire », à la théorie de la végétation des pierres et accordait un crédit illimité aux descriptions de Pline et de Strabon.

Ce fut à cause de cet attachement aux Anciens qu'il désira accomplir le voyage en Orient, se trompant par là lourdement de champ d'expérimentation et revenant de si loin à peu près bredouille. Ce périple qui aurait dû durer quatre ans allait être réduit de moitié et son retour décidé brusquement. Ses amis prétendaient qu'il avait fui la peste, lui, soutenait que le manque de moyens l'avait retenu de poursuivre, les plus malintentionnés à son égard – ils étaient les plus nombreux – affirmaient qu'il avait précipité les choses dès qu'il avait reçu avis que Fagon son protecteur allait subir la grave opération de la taille [1], craignant de manquer le poste de démonstrateur des plantes s'il venait à vaquer. Par là Joseph Pitton de Tournefort laissait percer son côté faible : l'ambition, une ambition sans frein. Il vivait dans les combles des bâtiments de l'administration du Jardin du roi, insatisfait, les yeux perpétuellement braqués sur l'appartement de l'étage noble où résidait Fagon lorsqu'il n'était pas à Versailles. En novembre 1703, sa crainte était que l'échec de son voyage en Orient ne l'ait irrémédiablement écarté d'une succession qu'il continuait de briguer avec fureur.

Tournefort, depuis une heure sur le qui-vive, se précipita au-devant de l'abbé de Thésut qui s'était fait accompagner de Victor.

– C'est ce qui s'appelle accéder à la science! railla le frère du secrétaire des commandements du duc d'Orléans en finissant de gravir hors d'haleine le petit escalier des bâtiments de la conservation du Jardin du roi.

– Révérence, monsieur! protesta le professeur de botanique en agitant depuis le haut des marches son petit tricorne de ras gris.

– Voici donc le père des ombellifères, l'ami des fougères, le chantre du lilas! lança l'abbé emphatique.

– Serviteur, monsieur, serviteur! bégayait le savant en se fendant par-dessus sa rampe d'un chapelet de révérences.

– Jeune homme, ouvrez grands les yeux! reprit Thésut à l'adresse de celui qui le suivait mais tout en parlant assez fort pour être entendu de son hôte, vous avez devant vous le plus grand botaniste de ce temps... Ici, dans ce pauvre grenier, il s'emploie à remettre de l'ordre dans l'œuvre de Dieu le père.

– Révérence... révérence! s'époumona Pitton qui, de contentement, sautait d'un pied sur l'autre.

Il introduisit ses visiteurs dans son petit bureau où patiemment,

---

1. Opération d'extraction des calculs de la vessie.

jour après jour, il retranscrivait ses notes, rêvant au secrétaire qu'il aurait à son service lorsqu'il serait démonstrateur en titre.

Thésut prit place. Il étala sa belle houppelande de chaque côté de son fauteuil et tira négligemment de sa brassière de soie la chaîne d'or de sa montre. Qui le connaissait aurait pu reconnaître sur son visage l'air canaille et immodeste qu'il prenait chaque fois qu'il s'apprêtait à dorer la pilule à quelque vaniteux personnage.

– Son Altesse Royale, commença-t-il, nourrit pour vos travaux la plus profonde admiration.

– Révérence... révérence, messieurs! bredouilla le savant en se relevant à demi pour s'incliner.

– C'est que nous sommes persuadés que la connaissance des plantes fera accomplir à la médecine des pas de géant...

– Nous saurons, si l'on nous en donne les moyens, découvrir les sucs qui nous rendront tous immortels.

Thésut balaya l'idée d'une sorte de chiquenaude :

– Bah! le monde deviendrait vite fade si l'on ne mourait pas quelquefois.

Tournefort craignit d'avoir déplu :

– Dans ce cas, monsieur, si vous le désirez, nous trouverons aussi des sucs pour faire trépasser qui nous voudrons...

– Des poisons!

– Des poisons tant que vous en voudrez.

– Ma foi, monsieur je vous trouve bien accommodant.

– Révérence, monsieur... Révérence! protesta le savant, à nouveau soulevé de son siège.

L'abbé leva le pommeau d'or de sa canne à hauteur de son front, obligeant son interlocuteur à le fixer droit dans les yeux.

– Le prince, notre maître, dit-il, s'intéresse fort à votre voyage en Orient et il veut que vous ne lui cachiez rien là-dessus.

– Je suis parti là-bas pour l'honneur de la science et de la botanique... Je pensais avoir tout épuisé de la connaissance des espèces de l'Occident que j'étais allé glaner dans les pays proches et je songeais depuis longtemps à vérifier les assertions de Pline, Strabon, Dioscoride et Théophraste, retrouver les herbes dont Galien et Esculape se servaient autrefois pour guérir leur prochain... Monsieur Fagon, mon bienfaiteur – je ne le dirai jamais assez – a soutenu mon entreprise auprès de monsieur de Pontchartrain, ministre dont l'autorité s'étend à la tutelle des universités et des écoles, et de l'abbé Bignon, secrétaire de l'Académie des sciences. J'ai obtenu deux compagnons pour m'assister, trois mille livres payées d'avance, le remboursement de mes frais à condition qu'ils demeurent raisonnables. Le projet originel était de nous rendre en Grèce, à Constantinople, en Arabie, en Égypte et sur les côtes de Barbarie...

– Mais les plantes, était-ce là tout le but de ce grand voyage ?

– Non, nous devions rechercher aussi les métaux, les minéraux, nous instruire des maladies et des remèdes en usage, observer les mœurs, les costumes et la religion et aussi comparer l'ancienne géographie à la moderne.

– Programme passionnant! s'enthousiasma Thésut, et comment l'avez-vous exécuté ?

– Nous quittâmes Marseille le 27 mars 1700 pour y revenir le 3 juin 1702. Pendant vingt-six mois nous fûmes donc hors du royaume.

– Et vos compagnons ?

– Je les avais choisis moi-même, le peintre Aubriet qui a acquis une renommée dans le dessin des fleurs et le docteur Gundelscheimer, un Allemand, qui exerce la médecine à Anspach.

– C'était bien là tout votre petit monde ?

– Oui... Sur place nous devions recevoir l'aide des consuls représentant notre nation mais, comme vous le verrez par la suite, leur secours s'avéra vite illusoire.

– Qu'avez-vous visité ?

– D'abord Candie.

– Pourquoi Candie ?

– Ma foi, monsieur, c'est la première île importante qui se présente sur la route lorsqu'on fait voile vers l'Orient et j'étais impatient de comparer la réalité de ce pays aux descriptions de Pline, Ptolémée et Ovide que j'avais en tête... Nous y fûmes d'ailleurs neuf jours à peine après avoir quitté Marseille, favorisés d'un vent qui nous fit brûler les étapes.

– Et qu'avez-vous découvert là-bas ?

– Nous n'y trouvâmes point, à proprement parler, de plantes bien nouvelles, c'est là d'ailleurs la grande déception de ce voyage. Mais pour chacun d'entre nous, c'était le premier contact avec l'Orient et nous nous laissâmes sur-le-champ prendre au charme du temps et des populations. C'était le printemps. L'île était en galanterie, couverte d'anémones de tous les tons, de pimprenelles, de coquelicots... Qui n'a jamais passé avril en Orient ne sait pas ce que sont les couleurs...

– Avez-vous vu le fameux labyrinthe de Cnossos ?

– Je n'ai vu qu'un labyrinthe, il n'était pas à Cnossos mais à Gortyne... Cnossos n'est qu'une lande désertée, on y retrouve à peine la trace de travaux humains.

– Vous y êtes donc allé ?

– Oui mais cela n'a aucun intérêt, je puis vous l'assurer.

Thésut abaissa les paupières et renversa la tête tel le poète s'apprêtant à pincer sa lyre :

– Ah ! monsieur de Gironde, n'auriez-vous pas aimé, quant à vous, voir le Vlychia où se baignait Thésée ?... Remettre, sans le secours du fil d'Ariane, vos pas dans celui du héros ?

Mais se reprenant aussitôt :

– Qu'avez-vous vu d'autre à Candie ?

– La ville de Candie, bâtie sur les ruines de l'ancienne Héraclée qui a donné son nom actuel à cette île que les anciens appelaient la Crète, la Canée, le Cap Mélies, Rétimno, Girapétra, le monastère d'Arcadi...

– Et après cela ?

– Nous fûmes dans les îles cycladiques.

– Pourquoi pas sur le continent ?

– Nous en avions formé le projet, bredouilla Tournefort qui commençait à s'étonner du feu roulant de questions de son visiteur, mais le danger qu'il y avait à passer dans le Péloponnèse où les Vénitiens sont revenus en force – vous le savez – en 1690 et où les frontières ne sont pas encore fixées entre chrétiens et musulmans, nous a déterminés à partir au large.

– Aussi ne vîtes-vous jamais Athènes et Sparte ?

– Nous comptions y passer au retour, or les circonstances nous en ont retenus... D'août à décembre nous visitâmes dix-huit îles, restant deux mois à Mykonos qui est au pouvoir des Turcs puis, après avoir quitté les Cyclades, trois semaines à Chios reprise depuis peu par les Vénitiens, enfin à Mytilène d'où nous passâmes au début de 1701 à Constantinople. En 1701 ensuite, nous traversâmes l'Asie d'Erzeroum à Erivan, de Bursa à Smyrne. Début 1702 nous reprîmes la mer pour gagner Samos. Nous espérions encore trouver un bateau à Patmos qui nous conduirait en Égypte mais, là, nous dûmes renoncer définitivement...

– Pourquoi cela ? s'étonna Thésut.

Le savant parut embarrassé :

– Le manque d'argent, monsieur, nous ne trouvions pas chez les consuls de France les dépôts que nous avait promis monsieur de Pontchartrain qui, seuls, auraient pu nous permettre de poursuivre.

– Montrez-moi sur la carte votre périple ! demanda Thésut.

Tournefort mena ses visiteurs près d'un petit pupitre de chêne où était étalée une carte vénitienne de l'archipel. L'abbé l'examina, posant son doigt tout déjeté sur Candie et suivant sans hésiter l'itinéraire que venait de lui décrire le botaniste.

– Nargue! monsieur, voilà qui s'appelle osciller... N'aviez-vous donc point de boussole?

– Le vent, monsieur, c'est lui le responsable. Il nous poussait d'une île à l'autre sans nous laisser le temps de nous demander où nous voulions aller.

Thésut fit la moue :

– J'ai peur que cela nous fasse un récit bien décousu.

La remarque parut jeter l'alarme dans l'esprit du savant.

– Je dis tout au contraire, protesta-t-il d'une voix qui blanchissait, que la diversité des paysages et des gens fait tout l'intérêt de ce livre... J'ai imaginé d'ailleurs de le composer sous forme de lettres adressées depuis l'Orient à ceux qui ont rendu ce voyage possible. J'y souhaite intégrer les planches qu'a gravées monsieur Aubriet.

Il entraîna ses visiteurs devant un meuble garni d'étroits tiroirs desquels il tira, l'une après l'autre et avec d'infinies précautions, les gravures protégées par des serpentes gaufrées. C'étaient des représentations de costumes, d'outils, de maisons et de plantes tracées avec un art consommé.

– Un costume de papas [1]... Un costume de caloyer [2]... Un fouet à cueillir le laudanum [3], commenta le savant... Et ici quelques-unes des espèces les plus typiques de la Crète : le *stachys cretica*, plante à fleurs roses qui pousse aux environs de la Canée, le *caryophyllus groecus* qui est une sorte d'œillet gridellin venant en arbuste, enfin le fameux dictame, dont nous avons reconnu une espèce particulière à Candie, le *dictamus creticus*.

L'abbé de Thésut, qui avait sorti une loupe de son manchon et qui l'avait longtemps frottée aux basques de sa soutanelle, détailla goulûment les planches que son hôte faisait défiler à sa vue.

– Intéressant... intéressant, marmonnait-il invariablement en s'arrêtant longuement sur chacune, mais je persiste à croire qu'il faut un chapeau à tout ceci.

– Un chapeau? s'inquiéta Tournefort.

– Oui une sorte de préface qui rendrait l'ouvrage cohérent... J'y verrais bien la reproduction des instructions que vous a données monsieur de Pontchartrain lorsqu'il vous a chargés de cette mission.

Le botaniste, resté planté devant son meuble, paraissait éperdu.

1. Pope.
2. Moine orthodoxe.
3. Plante qui rend une gomme que l'on mâche comme calmant.

– Car enfin, des instructions, vous en reçûtes bien ? insista cruellement Thésut.

– C'est que, monsieur, elles n'étaient que verbales... Le 6 mars 1700, avant de quitter Paris, je m'en suis allé à Versailles avec mes compagnons recueillir les ordres du ministre... Il nous a accordé audience l'un après l'autre.

– Rien de secret, dans ce qu'il vous a dit ?

– Non, soutint Tournefort sans baisser les yeux.

– Alors il nous faut le texte de ces instructions mêmes remises en forme après coup. Monsieur de Pontchartrain, pour l'honneur de la science, ne peut pas refuser d'expliquer clairement les buts de votre mission.

– Je ne sais...

– Le respect porté au lecteur moderne, à l'amateur de science, consiste à ne rien lui cacher. Il faut qu'on sache tout de votre voyage, sinon l'on pourrait aller s'imaginer que vous étiez là-bas pour faire les espions du roi.

Thésut avait dit espion en dardant un regard d'aigle sur le regard mal assuré du botaniste.

– Voilà ! conclut-il après avoir fait trois pas en direction de la porte du modeste logis, s'il y a du neuf vous me le faites savoir. Pour moi, c'est tout à fait clair, je n'engagerai l'argent de mon maître que sur un succès.

La porte claqua tandis que Tournefort se laissait choir sur un petit tabouret.

– Cet homme nous cache quelque chose, dit Thésut à Victor tout en se dirigeant vers le cabriolet qui avait attendu près des bâtiments de l'école.

– A quoi songez-vous ?

– Ce voyage fait de sauts de puce, ce retour précipité... Il m'est avis que monsieur de Pontchartrain manœuvrait ces trois savants depuis Paris.

– Y aurait-il un rapport avec notre homme ?

– Tout juste !

– Croyez-vous les trois membres de la mission complices ?

– C'est ce qu'il nous va falloir découvrir.

L'après-midi qui suivit cette visite au Jardin du roi, Victor, décidé à explorer au plus vite toutes les pistes nouvelles qui s'offraient à lui, passa au Palais-Royal chercher Clémire. Il lui recommanda de se vêtir modestement.

– Où allons-nous ? demanda-t-elle tandis qu'il la tirait par la main en lui faisant dévaler les degrés.

– Chez Mamdour Batchour, marchand de tissus et de drogues rue des Lombards, je veux vous faire présent d'une écharpe.

– Et pourquoi chez un Turc ? pouffa-t-elle, je saurais bien me contenter de broderies, de dentelles ou de fourrure de chez nous.

– N'insistez pas, j'ai mes raisons ! Vous serez vêtue de brocart et de soie ainsi qu'une reine d'Orient.

– Irons-nous au bal masqué ? insista-t-elle en accompagnant sa question du poids de son regard qui n'était jamais si beau que lorsqu'il mourait.

– Qui sait ? trancha-t-il en lui opposant un masque impénétrable.

Aiguillonnée par ce parfum de mystère et la promesse d'un présent de cœur auquel ne résiste aucune femme, elle cessa de se laisser traîner et se mit à trottiner pour compenser les longues enjambées de son galant.

Dans cette rue des Lombards qui garde le souvenir de l'ancienne colonie des juifs italiens de Paris, pourvoyeurs de la cassette royale au Moyen Age, la boutique de Mamdour Batchour était à peu près la travée d'un souk d'Orient transporté au moyen d'un tapis magique sur les bords de la Seine. L'odeur forte mais délicate du cumin saisissait le visiteur qui écartait les tapis bédouins condamnant l'entrée. Venant par effluves dans cette pénombre, se répandaient cent autres senteurs plus subtiles : l'encens, les tamarins, la cannelle, le poivre, l'opoponax, le baume blanc, le storax, les mastics, la rhubarbe et la myrrhe. Toutes ces drogues acheminées de contrées mystérieuses par les khans d'Alep, de Smyrne et d'Alexandrie, passaient par Chypre où le père de Mamdour avait sa maison principale puis par Marseille où était établi Achour, un autre de ses neuf fils. Mamdour, dernier maillon d'une chaîne qui tenait aux Indes et à la Chine, était à Paris devenu tout occidental. Il portait l'habit européen sur un gilet de damas tramé d'or. Il n'avait toutefois pas pu se faire à la perruque et continuait de se coiffer d'un turban de soie sur lequel brillait un rubis si gros que tous ses visiteurs s'égaraient à le croire faux.

Mamdour, qui se tenait sur un pouf à l'entrée de la boutique, avait coutume d'héler les chalands pour leur faire partager le thé dont l'eau chauffait en permanence à portée de sa main. Il tendit à Victor l'embout de corne du narguilé puis présenta à Clémire des pâtes de loukoum et une timbale d'eau de rose. Son visage était fin, sa jeunesse resplendissait dans son sourire. Du fond du magasin, qui se présentait comme un couloir desservant de petites loges, fusaient des cris joyeux et la babillarde mélopée d'un fifre plus gai qu'un rossignol.

– Soyez les bienvenus, annonça le marchand et si ce sont les préparatifs du bal du duc de Villeroi [1] qui vous conduisent ici, sachez que ceux dont vous entendez le tapage m'ont déjà mis au pillage.

– Nous venons plus modestement choisir un châle pour ma fiancée, précisa Victor après avoir pensé s'étouffer avec le narguilé dont le charbon sollicité par son aspiration venait de s'embraser d'un coup.

– Les tissus que vous trouverez chez moi, reprit le Turc, peuvent rivaliser avec ceux de Lyon mais les taxes considérables qu'on leur fait supporter pour protéger les métiers français les rendent plus chers que ceux produits dans le royaume. Leur prix se multiplie par cinq dès qu'ils accostent à Marseille... Ceci dit...

Mamdour se pencha vers Victor, resté incommodé de la bouffée de fumée qu'il venait d'avaler.

– ... tout ici ne supporte pas l'intégralité de la taxe et je puis vous montrer des merveilles dont le prix s'accorde à votre jeunesse.

Le Turc mena ses clients à l'écart du chahut que continuaient de produire quatre jeunes lionnes en virevoltant autour de deux petits marquis experts en fanfreluches.

– Parmi ces produits, en est-il qui proviennent de la Grèce ou des îles cycladiques ? demanda Victor en paraissant s'intéresser à des soies bleues roulées sur des cylindres de bois.

– Pauvre ami ! se désola Mamdour, les pays dont vous parlez ne font plus que des ouvrages grossiers, de viles toisons de chèvre, de bien mauvaises laines... Non ! ce qui est beau vient de beaucoup plus loin...

– Ces contrées qui atteignirent jadis la perfection... insista Victor.

– Le soleil, la mer, des rochers sans végétation, des villages sans grâce... Voici, je t'en puis répondre d'expérience, hormis des ruines, tout ce qui reste de cette Grèce que tu n'imagines que par tes lectures... Au fond, comme souvent les garçons de ton âge, tu ne viens ici que pour te passer l'envie de refaire le voyage d'Ulysse.

Victor se troubla :

– Peut-être...

Le Turc, dans un sourire, posa sa main sur celle de Victor :

– Va ! Mamdour sait bien qu'il n'est pas un marchand ordinaire et qu'il vend aussi des rêves... Mais, dis-moi, pourquoi t'intéresses-tu tant à la patrie d'Aristote ?

– J'y connais un ami, un moine, qui vit près de Candie et qui ne me donne plus de ses nouvelles.

1. Louis-Nicolas de Neufville, marquis d'Alincour, fils du maréchal de Villeroi. Duc de Villeroi par renonciation de son père depuis 1694.

– Moi, je ne connais bien que Chypre où j'ai grandi... Il est vrai qu'il se trouve là-bas toutes sortes de gens : des Latins, des Grecs, des Musulmans, des blonds descendants des Francs, des Circassiens, des fils d'esclaves à la peau de pruneau, des fils de Périclès à nez droit et toison bouclée, des Vénitiens enfin qui font là-bas un théâtre permanent d'Italiens habillés d'or et coiffés de turbans... On y parle tous les sabirs, et toutes les langues mortes et vivantes de la Méditerranée et cela donne assez bien l'idée de ce que fut Babel après que Dieu se fut fâché contre les hommes... Quant aux moines, surtout les catholiques, il en est au moins un par île entre la Grèce et la Turquie et ces îles se comptent par centaines. Les hommes s'y réfugient, cherchent l'oubli. La mer se referme sur eux et le silence les engloutit... Va! ne t'inquiète plus de ton ami : s'il est mort, il est heureux, s'il ne te répond pas, c'est qu'il ne se soucie plus de toi.

Victor parut se désoler de ces rudes paroles que le marchand venait de proférer sans cesser de montrer un visage avenant. Clémire, brusquement inquiète, s'était interrompue dans le maniement des coupons que lui présentait un valet de la boutique, jeune garçon au regard de miel, vêtu à l'orientale.

Mamdour, réalisant le trouble qu'il venait de semer dans l'esprit des jeunes gens, déchira d'un geste précis environ deux toises d'une soie bleu céladon qu'il ajusta en châle aux épaules de Clémire et qu'il agrafa d'une broche d'argent figurant l'aigle bicéphale de Byzance. Sur le seuil de la boutique, il ôta un petit bijou, un trident de corail, qu'il portait au revers de son justaucorps et l'ajusta au jabot de dentelle qui serrait le cou de Victor.

Comme ce dernier avait tiré sa bourse de son gousset et s'inquiétait de payer, le marchand le dissuada d'un froncement de sourcils.

– L'Orient vous a pris un ami, dit-il d'une voix douce qui contrastait avec la dureté soudaine de son visage, et pour vous aider à le retrouver, je vous donne ce petit talisman. Il décuplera l'acuité de votre regard.

Et sans laisser aux deux fiancés, ébahis, le temps de remercier, il disparut comme par enchantement derrière les tapis pendus tels les portants des décors d'un théâtre, qui retenaient la lumière de pénétrer dans sa fabuleuse caverne.

Un cri, tel qu'il faudrait le nommer plutôt rugissement, venait de déchirer l'habituelle torpeur vespérale du grand salon des frères de Thésut.

– Je suis l'aîné, vous obéirez! venait de tonner le chevalier.

– C'est moi que Son Altesse a pressenti en m'informant le premier, répliqua vertement l'abbé, bien décider à marquer qu'il ne se laisserait pas faire.

– Croyez-m'en, monsieur l'important! Son Altesse ne vous a parlé d'abord que parce qu'elle voulait vous poulotter [1]... vous adoucir la nouvelle qu'elle désirait me charger seul de cette affaire.

– Moi, reprit l'ecclésiastique en s'efforçant tout de même de rabaisser le ton, je sais fort bien à qui s'adressait notre maître en me parlant. Il se méfie de vos emportements, c'est clair.

– C'était par allusion condamner votre mollesse et vous n'avez pas saisi la finesse.

– Son Altesse sait surtout qu'il ne faut pas vous apparier avec Dubois pour répondre de la réussite!

Le chevalier pensa s'étrangler.

– Dubois... de la partie?... Voilà du tortillage! C'était donc là votre botte de Jarnac.

L'abbé prit un air modeste.

– Je voulais que vous laissiez la place de vous-même, par égard pour moi, par respect pour la volonté du prince... Je ne voulais pas que ce fût sous le coup du déplaisir et voilà que vous m'y contraignez.

– Si Dubois y va, je n'irai pas, c'est net, martela le chevalier, je me connais... Je serais capable de cassepêter [2] et de donner raison au grand prieur rien que par plaisir de clouer le bec à ce misérable.

L'abbé écarta les mains et sourit avec onction :

– Alors! vous voyez bien... Il faut me laisser aller.

– Point que je ne vous aie au préalable rédigé le rôle de tout ce que vous aurez à dire et à répondre.

– J'irai sans recevoir vos ordres! se cabra le cadet des Thésut.

– C'est cela, va-t'en au Temple quérir des nèfles [3]! s'emporta le secrétaire des commandements du duc d'Orléans, quittant la séance sur un terrible bruit de porte.

L'ordre des Hospitaliers, dit aussi de Saint-Jean-de-Jérusalem, et, depuis le XVIe siècle, de Malte, devait sa fortune tardive à l'anéantissement de l'ancien Temple. Des spoliations iniques, ordonnées en 1313 par Philippe le Bel, il avait recueilli à peu près tous les biens ecclésiastiques que ce roi n'avait pu s'approprier comme il l'avait fait

1. Entourer de petits soins.
2. D'éclater.
3. Mot plaisant que l'on réservait aux provinciaux fraîchement débarqués à Paris en leur faisant accroire qu'on distribuait des nèfles gratis au Temple.

de toute la fortune séculière des chevaliers condamnés par sa haine au bûcher. Qu'était l'ordre de Malte en 1703 et, plus particulièrement, cette maison du Temple de Paris qui en était le joyau ?

De l'institution originelle, militaire et religieuse, fondée en 1099 à Jérusalem pour secourir les pèlerins et qui s'était poussée vers la mer au fur et à mesure des défaites chrétiennes de Terre Sainte, à Margat, à Acre, à Chypre, à Rhodes enfin, qu'elle ne devait céder qu'en 1523, sept ans avant d'être réinstallée en triomphe par Charles-Quint à Malte, il ne subsistait à peu près que les biens et ces biens étaient immenses. Ils se répartissaient entre huit circonscriptions appelées langues qui se rangeaient dans un ordre de marche. C'étaient la Provence, l'Auvergne, la France [1], l'Italie, l'Aragon, l'Angleterre, l'Allemagne, la Castille. Chacune de ces langues se faisait représenter à Malte par un Grand-croix, dit chef de langue. C'est la réunion de ces huit dignitaires formant le chapitre général qui élisait le grand maître. Chaque langue se subdivisait en grands prieurés, eux-mêmes répartis en chambres, commanderies et membres. A la tête de chaque grand prieuré était un grand prieur assisté d'un chapitre composé de commandeurs. Pour être commandeur il fallait avoir rempli tous les devoirs de chevalier : être resté cinq ans au couvent de Malte après s'être revêtu de l'habit et avoir fait trois caravanes ou campagnes sur les galères de la religion. La langue de France, la troisième dans l'ordre de marche, comprenait trois grands prieurés : France, Aquitaine et Champagne.

Le grand prieuré de France avait son siège au Temple à Paris. Il était considéré depuis longtemps comme le plus bel apanage des bâtards ou des favoris des rois. De lui dépendaient quatre chambres prieurales constituées des plus importantes possessions existant dans le ressort du grand prieuré [2], trente-six commanderies de premier rang et dix de second rang. L'ensemble en 1703 ne comptait pas plus de cent frères hospitaliers, tous de la plus haute noblesse, mais, pour les besoins du service, on y appelait des clercs, des chapelains gagés pris en dehors de l'ordre au nombre de trois cent cinquante et également deux mille cinq cents huissiers, sacristains, domestiques et gens de service de toute sorte. Quant aux paysans travaillant sur les domaines du grand prieuré de France, fermiers, journaliers et brassiers, c'est par milliers qu'ils se comptaient.

Concernant plus strictement le Temple de Paris où le grand prieur avait fixé sa résidence, les soins du service de Dieu étaient

1. Au sens premier de France : province ayant son centre au nord de Paris.
2. Ces quatre chambres étaient le Temple à Paris, Saint-Jean-de-Latran au sud de Paris, Launay-lès-Sens, Choisy-le-Temple.

délégués à un commandeur du prieuré coiffant le prieur des religieux, dit petit prieur, qui faisait fonction de curé de l'église Sainte-Marie-du-Temple, sise au centre de l'enclos. Les cinq frères hospitaliers résidants remplissaient l'office de vicaires, aidés pour le service de profès, de clercs, d'enfants de chœur, d'organistes gagés. La vie de ces frères hospitaliers était restée austère. On verra qu'ils y avaient grand mérite au centre de cet enclos de tous les plaisirs. Ils ne mangeaient de la viande que quatre jours la semaine, observaient deux carêmes : l'un des Cendres à Pâques, l'autre de la Saint-Martin [1] à Noël. Ils ne pouvaient rien posséder en propre et portaient un costume de bure noire à croix blanche à huit pointes appliquée à gauche sur leur poitrine. Il fallait donc, au début de ce nouveau siècle qui affichait déjà son hostilité à toutes les organisations monachiques, une forte vocation à tous les cadets d'illustre lignage qui s'enrôlaient à Malte. La vie religieuse y était observée avec plus de rudesse qu'ailleurs et l'on ne continuait à s'y pousser dans la hiérarchie que par la guerre périlleuse contre les infidèles.

Le grand prieur de France était le plus important seigneur féodal de Paris : trois à quatre mille personnes vivant dans son enclos dépendaient de lui. Au plan religieux, il ne relevait pas de l'archevêque mais directement du pape. Au plan civil, il exerçait lui-même la police par un bailli, par un commissaire chargé de l'ouverture et de la fermeture des portes, par des gendarmes et des sergents qui portaient sa livrée. Il attachait le même soin jaloux à la défense de ses droits de justice, avait sa prison, son tribunal et possédait de plus, pour appliquer les peines édictées par celui-ci, une échelle à carcan, un échafaud pour marquer au fer et un gibet où l'on avait pendu encore « haut et court » sous le grand prieur Amador de La Porte, oncle de Richelieu. Cette juridiction du Temple de Paris s'étendait aux terres qui en dépendaient hors de l'enclos : les Billettes, le fief des Bretons, la Petite Bretonnerie, Reuilly...

L'enclos lui-même formait un quadrilatère irrégulier de 16 440 toises [2] entièrement bordé d'un mur de dix-sept pieds [3] jalonné de « jambes étrières » [4]. Il était percé de deux portes : celle, dite de l'Enclos, bâtie sur une poterne, au pied de deux tours, celle, plus récente, du palais prieural, dont l'ouverture ménagée au fond d'un hémicycle était envahie de vendeurs d'herbes et de légumes dont le profit des redevances allait au Suisse, personnage considérable du lieu.

---

1. 11 novembre.
2. Six hectares environ.
3. 5,45 mètres.
4. Bornes cavalières.

Au centre du quadrilatère se trouvait l'église Sainte-Marie-du-Temple, composée d'une rotonde et d'une nef. Cette rotonde à voûte en ombrelle, était fameuse et avait été longtemps la plus vaste du genre en France. Elle était un des chefs-d'œuvre des Templiers qui avaient voulu faire là la réduction du Saint-Sépulcre-de-Jérusalem. La nef était flanquée des chapelles du Saint-Nom-de-Jésus, de Notre-Dame-de-Lorette et de Saint-Pantaléon. Là, se trouvaient les plus beaux vitraux de Paris, tant du XIIe siècle que du XVIe, les tombeaux de tous les grands prieurs et les cénotaphes de ceux d'entre eux, devenus grands maîtres, qui reposaient à Malte. Au porche se dressait une statue colossale, le dernier à Paris de ces Saint-Christophe dont le peuple continuait de faire grand cas car on lui attribuait une force hors du commun et le pouvoir de protéger jusqu'au soir qui l'aurait regardé au moins une fois depuis l'aube.

Contre l'église, et presque dans l'église, venait le cloître, surmonté de deux étages à grand comble, un dortoir pour les religieux inférieurs, cinq appartements de trois pièces chacun destinés aux frères, le réfectoire, la sacristie, les bureaux des confréries des « toicturiers de Paris » et « marchands pain d'espiciers » qui avaient toujours eu leur siège au Temple. En arrière, se trouvait le fameux donjon de frère Hubert, dit Grosse Tour, qui servait de dépôt d'archives depuis que le roi, après l'avoir réquisitionné pour prison jusque vers 1680, l'avait restitué au Temple. Plus en arrière, une seconde tour, la tour de César, dite aussi Colombier. En avant, vers l'ouest, s'étalait le magnifique palais prieural construit en 1667 pour Jacques de Souvré. Sa cour, ouvrant sur la seconde porte ménagée dans l'hémicycle que nous avons mentionné plus haut, était en forme de fer à cheval, bordée d'une terrasse à balustres portée par cinquante-deux colonnes géminées assemblées par couple. Ce palais, où nous pénétrerons tout à l'heure, était à corps de logis central, avec deux corps à angle droit et pavillon central saillant, hissé sur un perron de cinq marches. C'était l'un des chefs-d'œuvre de Mansart.

Toutes ces constructions étaient les joyaux du Temple mais son sang et sa vie s'écoulaient à gros bouillon dans les cours, les échoppes, les campements improvisés, qui occupaient le reste de l'espace : deux cent trente-quatre garnis, quatre-vingt-sept boutiques, une centaine d'échoppes distribuées en confusion dans un dédale de grandes baraques de bois, une dizaine de beaux hôtels, et à peu près quinze vastes appartements cédés à bail autour du palais prieural.

Franchissant la poterne et la porte de l'Enclos sous laquelle s'ouvrait un poste de garde où stationnaient à toute heure les sergents portant la livrée des Vendôme, on pénétrait dans la grande cour, vaste mais quadrillée de constructions en planches qui la subdivisaient en cinq ou six petites cours. De là, à droite, par un passage bifurqué, on gagnait la cour de l'Indemnité entourée des bâtiments où se tenaient les services de bouche du grand prieur : la lingerie, la pâtisserie, l'argenterie, les logements des domestiques, l'apothicairerie. De là, un second passage voûté permettait de passer dans la Basse-cour d'où un double escalier couvert accédait aux jardins du palais prieural ouverts de tous temps fort libéralement au public. Au-dessus de cet escalier était une longue galerie de seize toises qui faisait communiquer le palais au donjon. Ce dernier et le colombier qui était à côté donnaient sur une arrière-cour dite cour des Tours où demeuraient les services de justice du Temple : l'auditoire, la grand-salle, le parquet, le greffe, les logements du bailli. De cette cour on pouvait repasser sur la gauche, dans l'enclos de l'église et, de là, gagner en arrière d'autres cours, cours de la Corderie, du Lion d'Or, du Chameau, bornées de bâtiments mi-maçonnés mi-charpentés où vivaient les nombreux artisans.

Le droit de franchise du Temple qui permettait à tout artisan d'exercer sur son domaine tout métier ou commerce en dehors des droits ordinaires des corporations de Paris attirait là depuis longtemps toutes sortes d'activités. Les boucheries étaient les plus anciennes et comportaient même, par jonglerie, et malgré les incessants procès de la Grande Boucherie de Paris, de petites annexes, en dehors de l'enclos, rue du Temple. On y trouvait des batteurs d'or, des orfèvres, des joailliers, des éventailliers, des dominotiers [1], des lapidaires, des joailliers, des horlogers, des fondeurs, des distillateurs, des cafés vendant un vin exonéré, des bains, des salles de billard... Tout ce que les édits du roi défendaient de vendre dans Paris, telles les sauvagi et toiles d'indienne [2], les soies étrangères, l'or sans titre légal, les faux de toutes sortes allant des happelourdes [3] aux dessins falsifiés d'artistes en renom, se fabriquait et se négociait dans l'enclos. La faculté de médecine ne pouvait y gêner ni les marchands de tisanes, ni les fabricants de drogue ou d'élixirs, tel Rossignol, médecin du grand prieur, dont les poudres à tous usages se vendaient à prix d'or.

Mais c'est par-dessus tout le droit d'asile qui était le privilège le plus exorbitant du Temple. Tout individu poursuivi par la justice royale pouvait s'y réfugier à condition que ce ne fût ni pour crime de sang, banqueroute ou atteinte aux bonnes mœurs. L'enclave du

1. Fabricants de papier colorié et d'images.
2. Les cotonnades.
3. Fausses pierres ayant l'éclat des véritables.

grand prieuré était ainsi devenu le refuge des débiteurs qui y vivaient en 1703 au nombre d'une bonne cinquantaine, astreints à quelques formalités simples : se faire inscrire au greffe du bailliage lorsqu'ils arrivaient, et s'y présenter de trois mois en trois mois pour renouveler leur permis de séjourner gratis. Obligation leur était faite de loger en garni journellement payé et non en chambre à loyer, ce qui constituait un fond de clientèle assidue pour les hôteliers du lieu. Ces débiteurs, généralement d'extravagants et très dispendieux personnages, étaient fort considérés. Ils traînaient leurs guêtres dans les cours, à peu près tous désœuvrés et ne pensant qu'à dépenser le petit pécule qu'ils avaient pu sauver en se réfugiant dans l'enclos. La plupart finissaient, au bout de quelques mois, par ressortir, nantis de bons accords avec leurs poursuiveurs – des réductions de dettes parfois fort considérables – car rien n'effrayait plus un créancier, dans le Paris de ce temps-là, que la menace de son débiteur de s'en aller au Temple pour s'y rendre intouchable.

L'abbé Dubois et l'abbé de Thésut pénétrant pour la première fois dans le palais prieural étaient tous deux trop accoutumés aux raffinements des résidences de leur maître commun pour s'ébahir vraiment. D'ailleurs ce fut tout le contraire, car indisposés dès le vestibule par la profusion des stucs et des dorures, ils s'accordèrent mezza-voce pour trouver tapageuse l'enfilade du rez-de-chaussée qui, à partir du vestibule, comprenait la chambre des Nobles, une salle de billard, un grand salon à huit fenêtres et deux portes croisées ayant vue sur les jardins précédant la salle des Nobles. Rien de commun, on s'en souvient, malgré cette connivence de circonstance, entre l'ancien précepteur du duc d'Orléans, roué mais ignare, impie de profession, qui se vantait tout haut d'avoir fait sa première communion le jour où il avait dit sa première messe, et le très savant frère du secrétaire des commandements de Son Altesse le duc d'Orléans, jusque-là même – on le sait – surtout de la froidure et de la pique. Pourtant ils étaient abbés – abbés de cour en plus – et cela les rendait capables de sourires, de circonlocutions et de ménagements.

Thésut tout en loutre, Dubois affectant par modestie une cape de drap noir et des souliers à boucles d'argent, furent introduits dans la salle des Nobles au sol marqueté de marbres qui modulaient sur tous les tons de l'arc-en-ciel. Là, vint à leur rencontre un prêtre poudré comme un merlan qu'on va frire, en soutanelle moirée et culottes de soie, qui portait une canne à rubans et qui prisait en marchant avec de grands renversements de la tête.

– Je suis l'abbé de Chaulieu, fit cet extravagant confrère en s'approchant des visiteurs, bailli du Temple, confesseur du duc de Vendôme et de monsieur le grand prieur, son frère, qui m'honorent de leur confiance.

– La même chose, monsieur, vaut pour nous venant de son Altesse le duc d'Orléans, répondit Thésut pour ne pas demeurer en reste.

Les trois ecclésiastiques se mirent alors en devoir d'exécuter quelques surprenantes figures de ballet, sautillant de droite et de gauche sur le grand damier de dalles lustrées tels de fiers pigeons entamant quelque parade de noce.

Les portes d'un cabinet s'ouvrirent, tirées par d'invisibles valets. Deux feux de cheminée ronflaient à gros bruit, faisant étinceler des chenets de vermeil et monter un grand rougeoiement jusqu'à la base des hautes glaces inclinées sur le revêtement de brèche de consoles à pieds dorés. Dans le prolongement se trouvait un cabinet ovale au décor frais et pimpant de boiseries rechampies et peintes au vernis à la bronze où, derrière un bureau, raide comme un oracle, attendait le grand prieur de France.

Cet arrière-petit-fils d'Henri IV avait hérité de sang la royauté du maintien mais avec une dureté dans l'expression qui empêchait qui que ce soit de pouvoir soutenir longtemps son regard. Bien qu'à demi Italien par sa mère, il avait un goût tout castillan des couleurs sombres qui paraissaient s'accorder à son âme. Il arborait le petit collet, un morceau de toile translucide mais sans dentelle qu'ajustaient à leur cou les hommes d'Église et les dévots, sur lequel retombait une croix de Malte en diamants. Son habit s'ornait par modestie d'une ganse de soie anthracite mais les boutons de sa brassière de soie grise étaient tous d'agate et ce n'étaient nullement de ces fameuses biffes [1] qui se fabriquaient dans l'enclos.

Le cadet des Vendôme affecta la plus parfaite impavidité tandis que l'abbé de Chaulieu installait les visiteurs.

– Fort bien! lâcha-t-il pour tout bonjour tandis qu'une grande contrariété continuait de gripper son visage, puisque mon cousin ne daigne ni me recevoir ni se déranger... Je vous écoute.

– Son Altesse, protesta d'emblée Thésut, ne demande rien.

– Le duc d'Orléans a tort, grand tort, ricana le grand prieur, lui seul à cette heure est en position d'exiger quelque chose. Ne rien faire, ne rien dire aujourd'hui, c'est choisir à jamais de rabaisser sa race.

– Et que proposez-vous? s'enquit Dubois.

---

1. Fausses pierres.

– Unir nos forces...

– Dans quel but ? insista l'ancien précepteur du neveu du roi.

– Pour contraindre Louis XIV à rabattre un peu cette autorité qu'il fait peser sur la France comme un joug.

– Mais jusqu'où irez-vous dans cette voie ? s'inquiéta le cadet des Thésut en paraissant marquer de l'effroi.

– Mon frère et moi irons jusqu'où le duc d'Orléans décidera d'aller.

– Jusqu'ici, observa Dubois sans pouvoir contenir une pointe de sarcasme, la maison de Vendôme s'est plutôt bien accommodée du pouvoir de Louis XIV... Le duc, votre aîné, et vous-même n'avez pas eu tant à pâtir du roi qu'autrefois vos père et grand-père de Louis XIII.

– Exact, concéda le grand prieur, mais tout ce qui nous est concédé par crainte et non par respect nous blesse. Si votre maître s'obstine à rester inactif, si le cadavre qu'on vient de retirer de la Bastille demeure à jamais englouti là où il se trouve, la crainte que le roi nourrit à notre égard n'aura plus de fondement... Les lignées de Vendôme et d'Orléans, après cela, n'auront droit à aucun ménagement et, même, pour avoir eu connaissance de ce qu'il fallait à tout prix ignorer, elles seront en danger.

– Les conseillers du roi sont habiles, enchaîna Thésut, vous savez tout comme nous que depuis soixante-cinq ans personne n'a pu rapporter le moindre indice de ce que vous cherchez à établir et que, depuis le drame de Candie, le fil qui reliait l'acteur principal de tout ce mystère au prisonnier qui vient de mourir est rompu... Nous sommes certains qu'il s'agit du même homme et nous ne pouvons avancer ni les uns, ni les autres, aucun argument pour le prouver.

– Deux pistes, messieurs, trancha le grand prieur, et je ne vous les suggère que parce que je sais que vous les explorez aussi... Le prisonnier qu'on a enseveli à Saint-Paul n'est pas celui que nous cherchons.

Dubois paya d'effronterie.

– Ça par exemple ! fit-il avec un accent d'époustouflante candeur.

Le maître du Temple ponctua l'interruption d'un grognement.

– Il paraît même, s'obstina Dubois, que la sépulture du malheureux enseveli à Saint-Paul a été violée et le corps exhumé.

– Ce n'est pas nous ! protesta aussitôt Vendôme en plantant son regard du côté de l'abbé de Chaulieu pour recueillir son assentiment.

– Et l'autre fait ? supplia Thésut qui craignait que l'intervention de son confrère n'ait dissuadé son hôte de poursuivre.

– L'autre fait, messieurs, et vous devez en être persuadés comme nous, c'est qu'il se pourrait bien qu'il existe une confession authentifiée par notre homme, très loin d'ici, en direction du Levant.

– Hypothèse très vraisemblable! convint Thésut avec bénignité, les ministres du roi paraissent également s'en être persuadés... Et que comptez-vous faire de tout cela?

– D'abord trouver le cadavre de celui que nous cherchons, l'exhumer, le mettre en lieu sûr... Négocier avec les ministres et, si l'on ne nous entend pas, dire publiquement qui était cet homme et pourquoi on l'a traité comme on l'a fait... Quant à la piste d'Orient, il faut l'explorer à fond, passer les îles grecques au peigne fin...

– Plutôt vider la mer avec un seau! estima Dubois.

– J'ai quelque idée sur ce que l'on peut tenter mais je ne m'en ouvrirai à mon cousin que pour autant qu'il y ait pacte préalable entre nos maisons.

– Pacte... répéta machinalement Thésut qui depuis un moment déjà paraissait fasciné par un détail de la boiserie et ne prêtait plus qu'une attention distraite aux paroles du grand prieur.

– Pacte de famille! précisa celui-ci.

– C'est à voir, reprit Dubois qui venait de remarquer le trouble de son allié.

– Chaque jour, chaque heure comptent désormais, insista le maître du Temple.

– Vous aurez de nos nouvelles avant demain, reprit Dubois de plus en plus inquiet de l'espèce de stupéfaction qui venait d'électriser la figure de l'abbé de Thésut.

Vendôme eut un hochement froidement poli de la tête pour signifier qu'il désirait en rester là. Il demeura assis, ne raccompagnant ses visiteurs que de l'œil tandis que l'abbé de Chaulieu, muet tout au long de ce bref entretien, redoublait de sauts et de rebonds pour regagner le vestibule. Dubois s'était fait volubile pour dérober au confesseur du grand prieur l'espèce d'hébétude qui faisait se mouvoir Thésut avec la raideur du pantin mécanique, les lèvres agitées sans qu'il pût en sortir aucun son, comptant et recomptant sur ses doigts comme quelqu'un qui exerce un prodigieux effort sur sa mémoire.

Lorsqu'ils furent dans la cour, le vieux conseiller du duc d'Orléans reprit son énumération à haute voix :

– *Stachys cretica.... Caryophyllus groecus... Dictamus creticus...*

– Qu'est-ce encore que ce rébus? s'impatienta méchamment Dubois.

– Je les ai vus, vous dis-je, tous peints sur les boiseries de ce salon comme sur les planches que m'a montrées monsieur de Tournefort.

– Mais alors, s'exclama l'ancien valet du curé de Saint-Eustache en exultant, l'espion qui renseigne le grand prieur, c'est votre botaniste.

– Je dirai plutôt Aubriet, le peintre qui est parti avec Tournefort dans l'archipel grec... Lui seul a pu peindre ces fleurs avec tant de métier.

Les heures qui suivirent cette entrevue furent, au Palais-Royal, pleines d'allées et venues et de conciliabules. Deux partis, comme à l'ordinaire, s'affrontaient : d'un côté ceux qui, par pure politique, acceptaient de faire un bout de chemin en compagnie des Vendôme. Au nombre de ceux-là, toujours les mêmes, l'abbé Dubois, Maisons, Saint-Pierre, Gamaches. A l'opposé, ceux qui ne voulaient entendre parler à aucun prix de collusion avec la branche bâtarde : Longeville, Breauté, Liscoüet, Quatrebarbes et, avec eux, bien sûr, les Thésut. Le prince balançait. Il savait qu'il fallait agir vite, qu'il n'était au pouvoir de personne d'arrêter le grouillement de la vermine sur un cadavre mais il avait aussi assez précisément conscience que la revendication de ses droits ne pouvait se faire que par des voies irréprochables.

Le samedi 1er décembre, en fin d'après-midi, alors qu'une nouvelle réunion avait lieu dans les grands appartements, au premier étage du palais et qu'il gardait seul leur bureau, Victor fut averti par le vieux majordome de ses maîtres que l'abbé de Chaulieu était à la porte qui demandait audience.

Quelques mots sur ce nouveau personnage que nous venons d'entrevoir au Temple ne seront pas de trop. L'abbé de Chaulieu, d'une paresse croupissante, d'une sensualité débordée, mais d'un esprit des plus rares et des plus ornés, avait gâché le gros de ses talents dans l'emploi d'ordonnateur des fêtes du Temple, d'Anet et de Chenonceaux. Sa réputation, qui aurait dû rivaliser avec celle de beaucoup des littérateurs du temps, ne se soutenait déjà plus que comme celle du premier bouffon de cette cour des bâtards où l'on vivait continûment la coupe et le sourire aux lèvres.

Chaulieu disait du Temple : « *Toutes les vertus y habitent à la chasteté près qui n'y a jamais mis les pieds, vertu froide qui d'ailleurs ne subsiste qu'autant de temps qu'elle n'est pas attaquée.* » C'était à peu près l'axiome sur lequel il avait édifié l'olympe de ses maîtres. Trois déesses régnaient à son sommet : madame tante, madame de Bouillon, mal avec son mari, mal avec ses fils, mais toute à ses neveux, le duc et le grand prieur, fils de sa pauvre sœur Victoire qu'elle adulait. Elle venait là avec ses chiens, ses chats, ses perroquets et ses singes, qui la suivaient partout dans un carrosse roulant derrière le sien.

La seconde déesse de ce lieu, presque tutélaire celle-là tant sa renommée la précédait et son nom semblait s'accorder à cette enceinte du plaisir, c'était Ninon, Ninon de Lenclos, vieillissante mais toujours charmeuse. L'abbé disait à son propos : « *L'amour s'est réfugié jusque dans les rides de son front.* » La troisième, la sublime, alors dans la fleur de sa beauté, était madame de La Sablière, bonne amie autrefois de La Fontaine et du marquis de La Fare, avec qui elle avait formé un étrange trio. Pour venir chez les Vendôme, elle s'échappait du séjour enchanteur de la Folie-Rambouillet [1], où son mari, Antoine de Rambouillet de La Sablière, menait joyeuse vie tout en restant son compère. Son esprit, son effronterie, sa grâce, faisaient le miel de cette cour.

Quant aux folichons rassemblés par Chaulieu, qui immolaient leurs talents ou épuisaient leurs forces sur l'autel de ces trois indomptables, poètes charmants, légers, d'une grâce toute moderne, connus et moins connus, c'étaient Du Boulay, l'ancien secrétaire du grand prieur, grand faiseur de livrets d'opéra dont les plus fameux furent *Orphée* et *Zéphire et Flore*, Regnier, l'élève de Lully, le successeur de ce maître qui avait usé ses dernières forces pour donner à Anet *Achille et Polixène*. Assidu également, Palaprat, capitoul de Toulouse à vingt-cinq ans, ordonnateur dans sa ville de fêtes et de mascarades jamais surpassées et qui devait rejoindre le troupeau de Chaulieu à trente ans. Il partageait un logement dans l'enclos avec son ami l'abbé Brueys, celui-ci composait des ouvrages de théologie, Palaprat des odes et des sonnets, mais, ensemble, ces deux amis qui allaient au théâtre chaque soir, écrivaient des comédies, tel le charmant *Concert ridicule*. Jean-Galbert de Campistron, le secrétaire du duc de Vendôme, élève puis rival de Racine, sur lequel nous aurons à revenir... L'abbé Têtu, la coqueluche du beau sexe, prodigue en contrepèteries, opiomane et tireur d'horoscopes dont le badinage spirituel et incessant lui avait valu le surnom de « Têtu-tais-toi ». Autres affidés du Temple, l'abbé de Châteauneuf, dernier amant de Ninon, qui madrigalisait ou brodait au petit point assis aux pieds de sa maîtresse. Le marquis de La Fare, prince des sybarites, auteur de ce petit bijou qu'est *La louange de la paresse*. Il venait, encore cinq ans avant les événements que nous narrons, accompagné de madame de La Sablière qui donnait l'autre bras à La Fontaine, La Fontaine qui au Temple rabattait beaucoup du moraliste pour devenir l'auteur de strophes légères :

1. Il reste le souvenir de ce lieu sublime dans l'appellation de la triste rue de Rambouillet derrière la gare de Lyon à Paris.

*Nous faisons au Temple merveilles*
*L'autre jour on a bu vingt bouteilles*
*Regnier en fut l'architiclin*
*La nuit était sur son déclin*
*Lorsque j'eus vidé mainte coupe*
*Lanjamet, aussi de la troupe*
*Me ramena dans mon manoir*
*Je lui donnai, non le bonsoir*
*Mais le bonjour : la jeune Aurore*
*En quittant le rivage More*
*Nous avait à table trouvés*
*Nos verres nets et bien lavés.*

D'autres encore peuplaient cette cour faite à la main de Chaulieu : grands seigneurs à double ou triple vie : Lauzun, Rochefort, Brancas, Foix, acteurs tels que les deux frères Raisin, Jacques et Jean-Baptiste, artistes, tel le claveciniste Chambonnieres, pauvre et vaniteux, qui avait accroché un mannequin de paille derrière sa chaise roulante pour faire croire qu'il avait un laquais, sorciers tel que le fameux Le Sage [1], venu au Temple dire l'avenir et faire des tours de magie dont la rumeur excitait soit l'envie soit le dégoût qu'on avait d'entrer dans cette cour.

En 1703, Chaulieu, à soixante ans passés, animait encore toutes ces machines et soutenait toutes ces saturnales apparemment sans faiblir. Chapelle, Lully, La Fontaine disparus, il régnait sans éclipse et se disposait à régner encore assez longtemps pour, un jour pas très lointain, vrai passeur entre deux siècles, accueillir dans l'enclos le jeune Voltaire et lui présenter Ninon. Chaulieu, nous l'avons dit, avait été galant, il s'apprêtait à devenir polisson sans toutefois tomber dans la débauche débordée de ses maîtres. De ce désir de plaire aux dames il lui restait le maintien presque efféminé, marque des séducteurs suprêmes qui se sont tellement faits aux manières des femmes qu'ils finissent par leur en ravir les apparences. Longtemps il avait aimé Marthe Le Rochois, cette cantatrice que nous avons vu créer la *Clorinde* de Campra [2], et qui avait été la *Proserpine* et l'*Armide* de Lully. Puis ils s'étaient séparés, et Chaulieu s'était tourné à madame d'Aligre, veuve en premières noces d'un petit-fils du chancelier d'Aligre et remariée par désœuvrement à Chevilly, capitaine aux gardes, qu'elle bernait.

1. Adam Caevret, dit Le Sage, compromis dans l'affaire des poisons comme compagnon de la Voisin.
2. *Le Marquis des Éperviers.*

Elle fut l'Artenice des *Caractères* et pour Chaulieu elle sera tour à tour Catau, Iris, Lesbie, Cloris, Catin. Il lui dédiera ses plus beaux poèmes et tout ce cycle si charmant du *Voyage de l'amour et de l'amitié* :

... *Puisse la nouvelle année*
*passer comme une journée*
*ses jours comme des moments!*
*Que du reste des ans*
*la course soit fortunée!*
*Et que notre destinée*
*nous fasse, avec ces beaux jours*
*Si doux, si dignes d'envie*
*Trouver la fin de la vie*
*dans la fin de nos amours!*

Quatre années d'une passion qui devait expirer au seuil de l'an 1700 tout en les laissant bons amis car, c'était aussi l'une des marques de tous les affidés du Temple, ils se quittaient, ils se déchiraient mais ils ne se fâchaient jamais. L'abbé, jusqu'à la mort, lui enverra le 1er janvier un bouquet poétique. Celui de 1700 est le seul amer :

*Autrefois l'Amour vainqueur*
*Dans son cœur*
*Aujourd'hui t'eût étrenné*
*Mais il est mort, dans l'autre année,*
*De douleur.*

Après elle, Chaulieu avait brûlé d'un amour impossible pour une enfant dont il aurait pu être le grand-père, Julie de Guenani – anagramme d'Enghien – fille naturelle du prince de Condé. Mais Julie n'avait que du charme, guère de cœur et pas du tout d'esprit. Elle ne faisait pas oublier Cateau, toujours là aux fêtes du Temple... avec son mari.

Aux misères du cœur vint s'ajouter la goutte dont il fit au début quelques chansons : *Sur la première attaque de goutte que j'eus,* et dont il n'eut très vite plus l'envie de rire. Tous ces déboires, au début de 1703, l'avaient conduit aux premières pensées amères, telle cette notation en marge de son journal :

« *On devrait avaler un crapaud chaque matin pour n'être pas dégoûté le reste de la journée quand on doit la passer dans le monde.* »

Le bouffon du Temple lorsqu'il paraît dans cette histoire est donc un bouffon morose.

Victor, prévenu de la visite de l'abbé de Chaulieu, fit passer au chevalier un message par le canal d'un garçon bleu. Celui-ci, toujours retenu chez son maître, lui répondit au bas du même billet, de sa grosse écriture hachée :

« Installez-le, lanternez-le ! j'arrive. »

Nanti de ces sommaires instructions, le jeune comte de Gironde se hâta de rejoindre le visiteur qui attendait dans le vestibule, le dos tourné, le nez collé à la glace d'un miroir accroché au-dessus d'une console à revêtement de marbre turquin, mettant beaucoup d'application à rectifier l'étagement des marteaux de sa perruque sur son front.

Victor racla sa gorge pour signaler sa présence.

– Monsieur... annonça-t-il avant que ses lèvres ne se glacent à la vue de la figure de l'homme lige du grand prieur qui s'était retourné brusquement en devinant une présence.

– Monsieur ! répéta l'abbé en remarquant le trouble du jeune homme, je désire voir le chevalier ou l'abbé de Thésut.

– Je suis leur secrétaire, bredouilla Victor sans parvenir à retrouver son aplomb.

– Même dans cette austère besogne, c'est toujours plaisir de voir resplendir la jeunesse ! complimenta l'abbé en relevant les deux pans de son justaucorps et en jetant sa jambe maigre en avant pour se fendre de la plus coulante des révérences.

Victor, éperdu de la fixité du regard de l'ecclésiastique, ne savait plus que bégayer :

– Le chevalier m'a ordonné de vous lan... de vous faire patienter, rectifia-t-il rougissant jusqu'au blanc des yeux.

Plus il s'enferrait et plus Chaulieu paraissait jouir de son trouble :

– Rien ne presse...

– C'est que, monsieur, je suis également chargé d'aller avertir dès que vous serez à vos aises, s'excusa Victor sans trouver l'autorité nécessaire pour soutenir son mensonge.

– Je ne suis pas pressé de voir ici ces faces de parchemin en place de la vôtre, protesta l'abbé tout en se dépliant à nouveau galamment.

– Je reviens, promit Victor.

Il fut en trois bonds dans la première antichambre des grands appartements du prince. C'était une pièce hors de mesure, percée de cinq hautes fenêtres et tendue de cuir doré des Flandres. La fameuse tenture de *Gombaud et Macé* et le non moins fameux *Hercule terrassant Diomède*, chef-d'œuvre de Le Brun [1], en faisaient tout l'ornement.

Un chambellan, au tabard rehaussé d'épaulettes d'or, alla à la demande de Victor quérir le chevalier.

– Ventre Saint-Georges! j'espère que vous ne m'importunez qu'à bon escient, maugréa le vieil homme en surgissant, tel un diable, des profondeurs de la seconde antichambre.

Il paraissait tout hérissé. Le tour pris par les entretiens que présidait le prince allait à rebours de ses espérances. Il avait rué tous les grands coups qu'il pouvait mais Dubois, Dubois le sacripant, l'homme sans foi ni scrupule, était en train de prendre l'avantage. Le pacte avec les Vendôme dont les Thésut avaient dénoncé tous les dangers, se profilait inéluctablement et cette issue leur remplissait le cœur d'épouvante.

– Monsieur de Chaulieu vous attend! annonça Victor incongrûment guilleret.

Le chevalier pétillait de rage mais l'importun le désarma en continuant de lui sourire :

– Je voulais simplement vous dire que le visage de cet abbé ne m'est pas inconnu... C'était lui, le jour de l'enterrement de notre prisonnier au cimetière Saint-Paul, qui prenait des mesures avec un étrange instrument depuis une fenêtre de la maison professe des jésuites, placée juste au-dessous de celle où je me tenais moi-même...

– Par le trépied de Belzébuth! s'écria le chevalier en serrant les poings de contentement, pouvez-vous attester de cela devant le prince?

– Si fait! répondit calmement Victor avant de se voir, sur-le-champ, aspiré au travers de la seconde antichambre, de la chambre de parade, de la salle d'audience puis poussé dans le saint des saints, le cabinet des Glaces, au milieu d'un cercle de fauteuils dorés.

– Altesse, écoutez! annonça Thésut, ravi de faire une fois de plus la bombe claquepêtant dans cet élixir de cour en interrompant Gamaches, alors sur un pied, à faire le joli cœur, pour porter la dernière estocade au prince.

Victor fut entendu, interrogé tour à tour par le neveu du roi et, après lui, ses conseillers. L'abbé Dubois dut convenir devant tous que le grand prieur l'avait assuré, l'avant-veille au Temple, n'avoir été au fait de la présence de la dépouille d'un prisonnier de la Bastille, au cimetière Saint-Paul, que par le bruit qui avait suivi la profanation de sa tombe.

1. Aujourd'hui au musée de Nottingham.

L'abbé de Thésut ahanait d'émotion : la duplicité des bâtards était patente. Gamaches s'essaya bien, çà et là, d'insinuer qu'on poussait l'honneur un peu ridiculement, Dubois demeurait coi et Maisons, surpris dans sa bonne foi, paraissait anéanti.

A la fin, le prince se leva et s'adossant à l'un de ses cabinets de laque sur lequel s'étageaient quantité de précieux plats de faïence de Casteldurante à figures d'or sur fond bleu, il proclama d'un ton d'autorité qui rompait tout palabre :

– Ma décision est prise, nous n'avons rien à faire avec des gens qui ne jouent pas franc jeu... Dussé-je en pâtir, ce n'est que par des voies irréprochables que je compte faire valoir mes droits... Je m'en remets à Dieu. C'est ce qu'il décidera qui sera bon pour ma maison.

Les abbés se signèrent. Dubois à la hâte et comme par dépit, Thésut avec des gestes larges, élevant les mains vers le ciel, les joues rayées de larmes.

– Altesse! enchaîna le chevalier en tirant son épée du fourreau et en posant la lame nue sur son cœur, je renouvelle mon serment, je vais tout faire pour que vous n'ayez jamais à regretter cette décision...

Puis, changeant brusquement de ton, et presque gai :

– Rien ne nous retient donc plus d'aller dire son fait à l'abbé de Chaulieu?

– Rien! confirma le duc d'Orléans surpris de la question.

– Alors je vais l'envoyer faire lonlaine, reprit Thésut qui partit telle une flèche en ronronnant de satisfaction.

Son cadet s'était élancé à sa suite mais son pied déformé ralentissait sa course.

– Attendez, attendez! suppliait-il en s'appuyant par instant au chambranle des portes.

– Nenni, mon frère! lui répondait l'autre en continuant de courir... Vous êtes allé au Temple vous divertir contre mon gré. A moi maintenant de savourer!

– Que je voie seulement, seulement voir... par pitié! s'essoufflait le plus jeune des deux conseillers du prince en maudissant son infirmité.

Le chevalier parut seul devant Chaulieu. Il était agité d'une espèce de frisson qui le faisait se trémousser et mugir sourdement. Cette rage jubilatoire était le prélude d'un quart d'heure de vraie folie : devant le visiteur, furieux d'avoir attendu si longtemps et qui venait de souligner sa fâcherie en tortillant deux pointes de sa perruque pour en faire des cornes qui tenaient plus à celles du diable qu'aux rayons de lumière parus sur le front de Moïse, le digne secrétaire des commandements de Son Altesse le duc d'Orléans improvisa les premiers pas d'une convulsive danse des Mohicans. Ce furent ensuite trois bonnes minutes d'onomatopées où alternèrent glapissements, borborygmes, hurlements pareils à ceux du loup, modulés au travers d'un cornet improvisé à l'aide de ses deux mains soudées l'une à l'autre en forme de conque marine. Le clou, après cela, ce fut un chapelet de pets mais de pets d'empereur dont le vieux conseiller du prince se délesta sur une légère cabriole, toutes basques relevées et à hauteur convenable du nez d'une finesse tout aristocratique de l'envoyé du grand prieur.

Chaulieu, rencogné dans un angle de vestibule, se couvrant la face de son bras replié, articulait de petits cris d'oiseau qui dessinaient des fêlures sur la croûte légère de son fard.

– Fort bien! finit-il par lâcher lorsqu'il se fut suffisamment ressaisi pour brasser l'air de son mouchoir parfumé, je vous abandonne le terrain, dans l'état où vous venez de le mettre, monsieur, et vous en laisse tout l'agrément... Dommage pour vous que mon maître n'ait pas l'esprit aussi assaisonné que le vôtre, nous aurions continué de rire sur un chapitre où je pourrais vous en remontrer.

– Expédié! conclut le chevalier, dans un parodique mouvement de manchette, lorsque la porte eut claqué.

L'abbé, qui était arrivé assez tôt pour jouir de la conclusion du spectacle, hoquetait de contentement quoiqu'il fût sans souffle. Victor, qui suivait et qui avait croisé Chaulieu suffisamment tourmenté pour n'avoir pas prêté attention à lui, fut embrassé par les deux frères.

– Merci! le complimenta rudement le chevalier, grâce à vous c'est une once de bon sang de bue et tout d'une haleine... Personne ne viendra nous la tirer du bec, celle-là.

Diane de Solsac, la confidente des débuts des tendres sentiments qui unissaient Clémire à Victor, que ce dernier n'avait presque pas eu le temps de revoir depuis son retour à Paris, musardait en compagnie d'une amie dans le passage couronné d'une voûte à caissons qui, au Palais-Royal, conduisait de la cour d'honneur aux jardins s'étendant au nord.

Victor, tout à ses pensées, et qui marchait d'un pas rapide, la croisa sans la voir.

– Hé, ho! monsieur de Gironde, cria-t-elle en claquant des doigts comme aurait pu faire une crocheteuse du Port-au-foin, où courez-vous ainsi?

– Je rentre chez moi, bégaya-t-il étonné de la découvrir là.

Diane retira son bras de sous celui de sa compagne, lui signifiant qu'elle irait la rejoindre dans le jardin, et le prêta à Victor pour revenir avec lui en direction de la cour d'honneur.

– Alors comment vont vos affaires ? demanda-t-elle.

– Embrouillées, décidément embrouillées, répondit-il en hochant la tête avec une moue de déplaisir.

– Je ne parle pas de celles de vos maîtres qui le seront toujours mais de celles de votre cœur.

– Celles-ci agissent sur celles-là et je n'y puis rien faire.

– Vraiment !

– Oui, reprit-il avec le sentiment de prêter un peu plus le flanc à la causticité de Diane.

– A miracle ! Vous acceptez que les Thésut soient les cornacs de votre cœur ? s'emporta-t-elle... Et Clémire, qu'en dit-elle ?

– Elle me conseille de céder à tout ce qu'on exige de moi pourvu que nous vivions tranquilles.

– Le beau système ! persifla Diane avec la même fougue.

– Et que proposez-vous ?

– En tous points le contraire de ce que vous faites l'un et l'autre : agir selon votre penchant, dans votre métier comme dans votre cœur. Cesser de vous faire mener par le bout du nez, tant par vos grincheux de patrons que par Clémire.

– Mais je l'aime, se désola Victor.

– Croyez-vous ? l'insolenta Diane... Peut-on être certain de ses sentiments quand on agit aussi peu volontairement que vous faites ? Moi je n'y mettrais pas ma main au feu. A cette heure j'ai sous les yeux une couple [1] de nigauds de campagne qui singent la transe du sentiment, ratiocinent avec de vieilles gens tyranniques, se mangent des yeux sans se comprendre. Mademoiselle s'est jetée à corps perdu dans l'ameublement de son palais et ne voit plus ses amis, monsieur avale toutes sortes de couleuvres pour ne pas la mécontenter et frissonne comme un tremble dès qu'il s'installe à son bureau le matin... Sont-ce là les amants conquérants que j'ai vus, l'an passé, surmonter des drames autrement épouvantables sans pour autant cesser de se soutenir l'un l'autre ?

– Singer la transe du sentiment ! releva Victor suffoqué.

– Tout justement, je n'appelle pas ça de l'amour mais de la convention et ce n'est pas en tout cas comme cela, moi, que je désire être aimée, appuya-t-elle tandis que son regard passait, dans un éclair, du courroux à la béatitude.

– Vous ne croyez pas que je l'aime ? insista-t-il la mine déconfite.

1. Couple était féminin.

– J'en demande la preuve.

– Mais laquelle ?

– Que vous me disiez : Clémire adhère à tout ce que je fais, soutient mes plans, je suis heureux avec elle car je puis compter sur son secours quels que soient les traverses et les soucis.

– Ainsi je...

– La même chose vaut pour elle et je le lui dirais si quelquefois j'avais le bonheur de la voir... Voilà! dit-elle en dégageant son bras et en souriant enfin de ce sourire cynique et enjôleur qui n'était qu'à elle, voilà ce que j'avais sur le cœur et je vous l'aurai dit.

Depuis un an que Victor avait fait sa connaissance, Antoine Watteau était resté apprenti sur le pont Notre-Dame, chez le même peintre marchand d'images de dévotion qui faisait en série des petits portraits de saints. Ce bonhomme, vingt ans auparavant, avait été reçu maître à la « Compagnie des maîtres de l'art de peinture et de sculpture, gravure et enluminure de Paris ». C'était là tout simplement le nom de l'ancienne communauté de métier des peintres de la capitale. Son origine remontait au XII^e^ siècle, ses statuts lui avaient été octroyés par Charles VI en 1391. Ses premiers membres avaient été les enlumineurs et les fresquistes dont les noms, pas davantage que ceux de leurs confrères, faiseurs de pâtés, fabricants de chapeaux ou drapiers, ne devaient passer à la postérité. En ces temps-là l'œuvre picturale ne se réduisait pas encore aux portraits et aux peintures de chevalet destinées, du fait de la facilité de leur transport, à devenir objets de commerce et de prix. L'enlumineur prolongeait avec humilité le travail du copiste et le fresquiste servait docilement l'architecte dans la pénombre des chapelles. La communauté des peintres ne devait entrer en crise qu'au XVI^e^ siècle, au moment où les rois commencèrent d'appeler des étrangers pour décorer leurs palais et, davantage encore, au siècle suivant, lorsque Mazarin, en fondant l'Académie royale et en la gratifiant de privilèges exorbitants, contraignit les plus talentueux des peintres à venir immoler leur talent sur l'autel monarchique. Les règlements de 1654, créant les trente fauteuils de cette Académie, accordant l'exclusivité du titre de peintre du roi à ses seuls membres, instituant un concours annuel « *sur un sujet célébrant les actions héroïques du roi* », comportaient une clause qui, dans l'esprit du cardinal, devait anéantir l'ancienne communauté de métier des peintres : la défense faite à tout autre corps d'ouvrir une école de dessin et de réunir ses membres.

Cette défense, quoique confirmée à plusieurs reprises par le Parlement, ne découragea jamais la vieille compagnie et, en un demi-siècle, par sa ténacité, elle devait regagner sa cause. En 1671 elle reçut permission du fameux La Reynie d'assembler ses adhérents à son siège, rue du Haut-Moulin, dans l'île de la Cité, pour traiter des affaires de la communauté. Elle obtint surtout confirmation de ses privilèges qui comportaient « *défense à tous maçons, charpentiers-menuisiers, selliers, carrossiers, charrons, de peindre par eux-mêmes sans avoir recours à ses membres, et aux fondeurs, potiers d'étain, plombiers, épiciers-ciriers, colporteurs, entrepreneurs de spectacle, de faire fabriquer aucun ouvrage de dessin ou de décoration sans en passer par ses maîtres* ».

Fin 1703 la communauté, qui commençait à se parer du titre d'Académie de Saint-Luc pour faire plus ostensiblement la nique à l'Académie Royale, exerçait jalousement ses prérogatives. Depuis le 1er janvier, sept de ses compagnons avaient présenté un chef-d'œuvre et avaient été reçus maîtres, onze apprentis, après cinq années passées chez un maître, avaient payé leurs treize livres pour obtenir leur brevet d'apprentissage. Un vent nouveau, depuis la mort du terrible Le Brun, favorisait même la vénérable institution. Les besoins d'argent du roi aidant, monsieur de Pontchartrain s'apprêtait, moyennant une taxe de vingt mille livres, à confirmer l'hérédité des offices de syndic-juré, à maintenir les pouvoirs de la jurande [1], enfin, cinquante ans après les défenses faites par Mazarin, à reconnaître à la communauté le droit d'ouvrir une école [2]. L'effondrement du génie créatif qui commençait à se ressentir dans Versailles, la vogue nouvelle de Paris, l'émergence de ces grands amateurs bourgeois qui devaient encourager le renouveau de l'art, allaient justifier la prétention de l'ancienne communauté à prendre une revanche sur sa prestigieuse rivale. Ses maîtres n'étaient pas simplement des décorateurs mineurs, les barbouilleurs de portes de carrosse et de trumeaux, que les académiciens se plaisaient à rabaisser. Ils possédaient pour la plupart une virtuosité et une technique que pouvaient leur envier les peintres du roi. Leurs statuts, qui leur recommandaient de se soucier d'abord de la qualité des peintures, des huiles, des médiums, des toiles, du bois, des dorures, leur avaient inculqué le goût de la belle ouvrage. Leur manière se ressentait de l'absence de joug et, tout en continuant d'observer la défense faite à leur corporation de « *réaliser des portraits d'hommes et de femmes nus en tout ou en partie à*

1. En gros la chambre disciplinaire de la communauté.
2. Ce sera chose faite par la déclaration royale du 17 novembre 1705 : « Permettons aux maîtres de ladite communauté d'avoir dans leur bureau un modèle naturel, pour eux, leurs enfants, apprentis et compagnons seulement, étudier, dessiner, modeler et peindre d'après nature, pourvu que ce soit à huis clos et avec toute la décence convenable. »

*l'exemple d'Artein*[1]*, avec des postures lascives qui blessent la chasteté...* », ils exécutaient leurs œuvres avec une liberté qui était en elle-même objet de scandale. Sous Le Brun qui les avait méprisés en se voulant, contre eux, le sectateur du trait, ils étaient restés les maîtres de la lumière, préparant ainsi la révolution picturale du siècle qui s'ouvrait.

Watteau était arrivé à Paris au moment de tous ces bouleversements. Fin 1703 il ne songeait qu'à terminer son apprentissage et il n'envisageait pas encore de fréquenter les cours de l'Académie royale comme il était pourtant loisible aux apprentis de la communauté des peintres de Paris de le faire. Des voix pourtant commençaient de l'éclairer sur son génie. Il avait fait la connaissance de Claude Gillot[2], de onze ans son aîné, presque son sosie de figure et de caractère, qui allait bientôt tant compter dans la formation de son goût. A Saint-Germain-des-Prés, dans les beuveries des tavernes de ce faubourg remuant qui échappait à la juridiction de la communauté des peintres et même à celle de l'Académie, il s'était lié aux peintres Nicolas Vleughels[3] et Jean-Jacques Spoede[4], figures de proue du cénacle sans statut ni contrainte mais non sans talent des peintres étrangers du quartier de la Croix-Rouge. Sur le pont Notre-Dame, à dix toises de la boutique dans laquelle il travaillait six jours la semaine, à raison de dix heures par jour, il entrait parfois dans l'échoppe du sieur Jacques Oudry et là, avec cet ancien maître de la communauté et le fils de celui-ci, Jean-Baptiste, son cadet de deux ans, il parlait du dessin de la nature et des animaux, du mouvement des meutes et des équipages. Il glanait donc ses leçons au hasard. Il moissonnait, tout en donnant à croire qu'il musardait.

La communauté des peintres de Paris, comme toute corporation tant soit peu importante, avait une confrérie. Elle se nommait confrérie de Saint-Luc en honneur de l'évangéliste dont la tradition a fait un médecin et un peintre. Plusieurs siècles durant, elle avait fait ses cérémonies dans diverses chapelles sises dans les églises paroissiales des bords de Seine. Mais en 1702, sentant sa faveur recroître, elle avait négocié l'achat – c'était le comble de la notoriété pour une confrérie – d'un sanctuaire à son seul usage. C'était en plein cœur de la Cité, à l'ombre de Notre-Dame, l'église longtemps abandonnée Saint-Symphorien[5] dont le clocher touchait presque

1. Déformation de l'Arétin (Pietro Bacci dit) (Arezzo 1492-Venise 1556). L'un des pères de la licence dans les arts.
2. Claude Gillot (Langres 1673-Paris 1721).
3. Nicolas Vleughels (Paris 1668-Rome 1737).
4. Jean-Jacques Spoede (Anvers 1680-Paris 1757).
5. L'acte définitif d'achat sera signé le 3 mai 1704.

celui de Saint-Denis-de-la-Chatre. Ces deux petits édifices n'étaient en effet séparés que par une venelle de la largeur des épaules d'un homme, la rue des Hauts-Moulins. Attenante à cette chapelle s'élevait la maison de cinq étages où la communauté tenait bureau depuis un siècle et où elle devait ouvrir incessamment son école.

Watteau, qui était fort chrétien et chrétien tourmenté, venait là ponctuellement, chaque dimanche, depuis l'été 1703 que les peintres avaient commencé d'y faire leurs dévotions. Ce 2 décembre, premier jour de l'Avent, le vidame et Victor, qui devaient, après l'office, aller, de concert avec le jeune apprenti, déjeuner à Arcueil l'avaient accompagné.

Le petit sanctuaire n'avait subi encore aucun aménagement pour s'adapter à son nouvel usage. On s'était contenté, au-dessus du maître-autel, de suspendre un grand tableau représentant saint Luc, le pinceau à la main. La nouveauté du lieu attirait une foule considérable. On reconnaissait là quelques-uns des plus fameux peintres de lambris, d'herbiers, de bannières de procession ou de prédelles de retables, quelques graveurs, sculpteurs-ornemanistes, des marbriers, des doreurs, des vernisseurs de meubles, de tableaux et de tabatières, des marchands d'estampes. Cette assemblée figurait assez ce qu'on s'attendait à trouver dans une communauté de métier : les maîtres, gros à lard et fiers d'eux, portant leur manteau à col de fourrure ouvert sur le côté pour laisser entrevoir la chaîne d'or d'une demi-toise de leur montre de gousset, près d'eux, leurs femmes, coiffées de la barbe de dentelle des bourgeoises de Paris, sur les bancs, en arrière, les compagnons, de corpulence moyenne, ceux sur le point de payer leur bejaune [1], déjà pleins de morgue, enfin, se rangeant sur les côtés comme ils pouvaient, se hissant sur la pointe des pieds pour sourire aux filles des maîtres qui faisaient leurs oraisons avec grand sérieux, les apprentis, maigres et nerveux, vêtus d'un habit – leur seul habit – presque uniformément de drap gris de Sedan.

A la sortie de la cérémonie, tandis que le bourdon de Notre-Dame sonnait midi, écrasant de ses ondes de bronze le roulement des conversations, Watteau poussa Victor du coude :

– Voici maître Aubriet que vous souhaitiez rencontrer!

Il désigna un homme de mince allure, de figure farineuse, avec des yeux enfoncés, qui se tenait à l'écart de ses collègues assemblés par petits groupes et qui paraissait aux aguets.

– Si vous voulez lui parler, c'est tout de suite! insista le jeune apprenti du pont Notre-Dame en poussant son ami devant le peintre des végétaux.

---

1. C'est-à-dire de passer maître. Le bejaune était le repas que le compagnon payait au maître à cette occasion.

– Que me voulez-vous ? demanda roguement celui-ci en dévisageant Victor qui venait de lui barrer la route au moment où il se disposait à s'éloigner.

– Vous parler ! bredouilla Victor, vous parler d'un ami que j'ai à Candie...

– Je ne connais que les herbes et les arbres de cette île, protesta Aubriet.

– Vous avez croisé le chemin de celui que je cherche, j'en suis sûr...

– Peut-être ! mais c'était sans le savoir.

– Je veux vous dire son nom...

– Son nom m'importe peu ! trancha Aubriet en faisant un brusque écart pour poursuivre son chemin.

Le Palais des Tuileries formait, au bout du parc de Le Nôtre, un prodigieux mur de scène qui s'ordonnait de part et d'autre du pavillon central que l'architecte Le Vau avait démesurément enflé sitôt après avoir détruit l'élégante construction dans laquelle Philibert de l'Orme, un siècle plus tôt, avait enchâssé son fameux escalier tournant. Ce vandalisme commandité dans le but de ramener la cour à Paris par Colbert qui voyait avec désespoir Versailles occuper le cœur du roi à l'instar d'une maîtresse ruineuse, n'avait servi à rien. Sous les œuvres brossées par les plus grands artistes des débuts du règne de Louis XIV : Nocret, Champaigne, Vouet, Mignard, Bourdon, Coypel et Quillerier, alignées bord à bord dans de vastes salons aux volets sempiternellement clos, les beaux messieurs et les belles dames n'étaient jamais venus danser.

A cette bouderie, le peuple de Paris avait trouvé son compte car l'accès de ce jardin lui revenait sans partage depuis presque un demi-siècle et les loueurs d'ânes, les montreurs de singes, les danseurs de corde, les joueurs de pantomime, se trouvaient là chez eux. A la belle saison le parc se présentait comme une mosaïque d'espaces clos dans lesquels alternaient berceaux fleuris et corridors d'ifs taillés. Sous les kiosques, enfouis sous les charmilles, de belles limonadières, pimpantes et court-vêtues [1], régalaient les causeurs et les beaux esprits qui passaient là les jours ensoleillés. On jouissait, depuis ces lieux, d'une vue étendue sur les broderies des parterres qui continuaient d'être entretenus avec le même soin que si le roi allait surgir à l'improviste. Les badauds y déambulaient, s'arrêtant par instant pour

1. Court-vêtues (comme la Perrette du pot au lait), c'est-à-dire habillées de vêtements moins longs que ceux que portent les femmes de qualité.

voir sur la Seine flotter le bois de chauffage et rire des cabrioles des garçons des bateliers, debout sur leurs bachots, disputant, lorsqu'ils s'accostaient, d'homériques tournois à l'aide de leurs gaffes.

A l'automne, les frondaisons des ormes, rabotés en de plans encorbellements, perdaient leurs placages de feuillage et, au travers des ramures dénudées, éclatait la blancheur des cratères, des termes, des groupes de marbre dont l'accumulation en ce lieu servait à dégager Versailles du trop-plein des pièces de réception des futurs sculpteurs du roi. Le décor alors devenait minéral, il s'ordonnait non plus en carrés mais en de longues plates-bandes qui se déroulaient jusqu'au palais, visible alors dans son entier.

Victor et Jean-Hercule, en ce matin du troisième jour de décembre, marchaient à petits pas sur la terrasse du bord de l'eau. L'air vif avait rosi leurs joues. Un grand soleil rouge, levant au-dessus des tours de Notre-Dame, balafrait les flots gris d'une large déchirure cuivrée qui s'en allait mourir au pied des collines de Chaillot.

Victor venait de recenser âprement ses sujets d'inquiétude. Secouant la tête, après cela, il avait conclu :

– Je dois me marier dans vingt jours et je crois que cela ne se fera pas...

– Pourquoi ? se récria le vidame, avez-vous quelque chose à reprocher à Clémire ?

– Rien... rien! protesta Victor en paraissant réaliser tout le sacrilège de ce qu'il venait de formuler... Je l'aime, je l'aime à la folie, je n'aime qu'elle! C'est moi seul qui doute mais je ne puis contenter les Thésut et mon prince... Je trahis leur confiance en ne leur découvrant pas tout ce que je sais et, du même coup, je fais défaut à celle que j'aime... Comment, connaissant ce que je connais – ce que toute la maison d'Orléans aspire à connaître – pourrai-je demeurer muet devant Clémire si attachée, et attachée par le sang, au neveu du roi ?

– Partagez avec elle ce secret!

– Impossible!

– Vous ne lui faites pas confiance ?

– Oh que si! mais j'ai donné ma foi de n'en parler à quiconque... Je suis prisonnier de mon serment, Hercule, tout comme celui qui m'a parlé est prisonnier du sien.

– Que pouvez-vous divulguer sans trahir ?

– Presque rien! Tous ceux dont mon informateur m'a abandonné la piste comme des gens intéressés à l'énigme du prisonnier de la Bastille, sont morts ou introuvables. Il est aussi des documents, ils sont inaccessibles. Il est un corps, il se décompose et je n'ai pas le droit de dire où il se trouve. Il est des personnes que je poursuis dans Paris : une bourgeoise, un Turc, un botaniste, un peintre d'herbiers et ils ne m'apportent rien.

– Que vous conseille votre oncle ?

– Point par point ce que j'exécute. Il s'attend à ce que ma situation devienne intenable... Il a déjà prévu, si cela survenait, de m'éloigner et de me cacher quelque part afin de dérober ma confusion.

– Espérez, Victor ! les fils de cette affaire se dénoueront forcément.

– Mais, Hercule, à un mois de mon mariage !...

– Parlez à Clémire ! ne lui dissimulez rien. Quand on aime comme elle aime, on comprend tout sans poser de question.

– Je la vois ce soir... J'essaierai.

Peu avant la tombée du jour, en même lieu, le long de la balustrade à laquelle s'appuyaient, à cette heure plus paisible, quelques couples d'amoureux rêvant en silence à la vue du fleuve, Victor allait nonchalamment au bras de sa fiancée. Lui paraissait sombre, elle, exaltée.

Depuis qu'il l'était allé prendre à pied au Palais-Royal, elle l'entretenait d'un avenir proche et joyeux. Elle discourait sur le bonheur avec entrain et paradoxalement ces douces images, ces mots si suavement murmurés, rajoutaient au trouble de son soupirant. A chaque pas davantage, celui-ci se persuadait qu'il était sur un astre qui s'éloignait invinciblement de celui sur lequel avait pris place sa belle amie et que leurs mains, pour se toucher, se tendaient au-dessus d'un gouffre.

Elle ne remarquait pas cet air d'égarement. Elle s'amusait tout haut du public et de la mine des gens qui commençaient de quitter à regret le jardin.

Voyant un enfant, un garçonnet de dix-huit mois en robe de velours et bonnet de dentelle qui faisait ses premiers pas, tenu dans les lisières par sa nourrice, elle se rapprocha et, s'abandonnant un peu plus au bras de Victor, elle murmura :

– Avant que les feuilles ne reviennent, mon ami... Peut-être aurons-nous, nous aussi, reçu la nouvelle d'une telle joie...

– C'est si loin ! bégaya-t-il.

Elle serra son poignet, comme pour conjurer l'objection et continua de lui sourire :

– A moins que tout ceci ne vous effraye...

– Peut-être! appuya-t-il avec une sorte de détermination froide.

– Mais enfin, qu'avez-vous?... Quand tout s'offre à nous, voilà la mine que vous faites!

Il resta muet sans pouvoir dérober un air de confusion.

Il y eut un silence insupportable. Le désert s'était fait alentour. Les statues et les vasques blanchissaient dans la pénombre descendante.

– Clémire, je le sens, notre mariage ne se fera pas dans les temps que nous avons prévus.

– Que dites-vous? pâlit-elle.

– Oui, ma douce, je vais bientôt me brouiller irrémédiablement avec messieurs de Thésut et Son Altesse... Je n'ai pas le droit de vous entraîner dans ma disgrâce.

– Je suis de votre côté quoi que vous fassiez.

– Je n'ai pas le droit, vous dis-je, de vous faire fâcher avec ceux qui sont tout pour vous et desquels, d'ailleurs, je ne m'éloignerai qu'à contrecœur.

– J'empêcherai cela!

– Vous ne le pouvez pas et bientôt personne ne pourra rien pour me réconcilier.

– L'amour peut tout, protesta-t-elle, je ferai des miracles, au besoin contre votre volonté...

– Vous ne ferez rien, je vous le défends!

– Victor! cria-t-elle brusquement en s'emparant de ses poignets pour y planter de rage ses ongles, c'est vous qui êtes en train de bâtir votre enfer.

– Sûrement, balbutia-t-il les yeux fixés sur elle comme s'il la dévisageait pour la première fois.

– Avons-nous mérité cela? pleura-t-elle de rage.

– Pas vous, ma douce... J'enrage de ce qui arrive. Je voudrais ne jamais être venu à Paris, avoir été enrôlé dans un de ces bataillons où l'on place à quinze ans les fils de huguenots...

– Vous déraisonnez... Vous voulez m'ôter cette joie de vous avoir trouvé sur mon chemin.

– Clémire! sanglota-t-il en la prenant dans ses bras... ah! il m'était plus doux de vous chercher dans tout Paris tandis que je vous croyais perdue que, ce soir, d'avoir à vous livrer mes craintes.

– Croyez-vous en nous? demanda-t-elle en s'écartant de lui et en se raidissant soudain.

– C'est la seule pensée qui me soit agréable mais je sais qu'il vous faudra tôt ou tard prendre le parti de la maison d'Orléans contre moi...

– Je ne déciderai jamais rien contre vous... D'ailleurs je trouve que vous vous imaginez bien du crédit en vous figurant que vos intérêts divergent de ceux du neveu du roi... Comment prétendriez-vous être le rival d'un prince ? S'agit-il de dignité ?... S'agit-il de capacité ?... Victor ! nous sommes deux enfants, aimés comme la chair de leur chair par tous ceux dont vous prétendez ce soir devoir vous séparer... Quel mal nous pourraient-ils vouloir ? Quel péché ne nous pardonneraient-ils pas aussitôt que nous le commettrions ?...

– Ah ! vous ne comprenez pas ! ce secret, ce secret dont je détiens les clefs... Ils veulent le connaître à tout prix. Il n'y a plus d'enfant qui tienne lorsqu'on veut savoir de telles choses : l'innocence, la bonté, l'humanité, s'abolissent.

– Ce secret qui nous dépasse...

– Ce secret qui m'obsède.

– Au point de tout gâcher ?

– Non, au point de le percer tout entier, quel que soit le prix à payer. Ce n'est que de cette façon que je puis rester en paix avec ma conscience.

– Paisible avec sa conscience, qui l'est plus que vous ?

– Le serai-je demain ? Le serai-je dans vingt jours ?

– Dans vingt jours vous serez mon mari devant Dieu.

– Si je n'ai pas à rougir en vous donnant ma foi devant l'autel.

– Oh ! mon Dieu, si ces vingt jours pouvaient passer dans une seconde !

– C'est vrai, blêmit-il, si je savais, pendant toutes ces heures, ne pas quitter votre main.

– La voici, Victor, ne la lâchez pas !... Elle n'est qu'à vous. Sans vous, elle séchera... Sans vous je sécherai tout entière.

– Clémire, si la voie de l'honneur m'éloignait quelque temps de vous, sachez bien que je n'aurais de cesse de vous reconquérir.

– L'honneur avec moi, c'est tout ce que je souhaite.

– Vous êtes mon honneur.

– Et vous ma vie... Ne partez pas ! ne me quittez pas ! j'en mourrai.

– Je serai toujours là... Jamais je ne...

– Ah ! Victor, que vous savez donc inquiéter et rassurer.

– Ah ! Clémire, que vous savez aimer.

La nuit, tout à fait tombée, déroba le spectacle de leur dernière étreinte aux porte-clefs qui finissaient leur ronde en s'escrimant de leurs sifflets pour annoncer la fermeture des grilles.

L'une des libéralités de la Bastille sous monsieur de Saint-Mars était que les gardes laissaient s'approcher et gesticuler à leur aise, à condition qu'ils fussent seuls, les promeneurs qui désiraient saluer un prisonnier.

Victor s'était engagé envers Constantin de Renneville, dont la chambre de la tour du Puits était visible depuis l'esplanade qui s'étendait par-delà la porte Saint-Antoine, à venir le saluer de la sorte, chaque premier mardi du mois à midi et ce mardi 4 décembre était celui où devait s'initier l'accomplissement de cette promesse. Il s'était approché de la forteresse, inquiet de risquer de croiser le regard de gens qui l'auraient pu reconnaître et s'était posté au bord du fossé, à côté de badauds qui, tout en levant le nez au ciel, décrivaient de grands gestes qui les auraient pu faire passer pour fous. Il y avait là une bonne femme encombrée d'enfants morveux qui grapignaient des croûtes dans les poches de son tablier. Elle élevait au-dessus de sa tête un marmot sanglé dans ses bandelettes pour le montrer à son mari condamné, sans espoir d'y restaurer ses affaires, à croupir là pour dettes. A côté d'elle un amoureux transi, pleurant d'amour comme la Joconde de la fable, fixait une fenêtre vide, et un vieillard, que sa figure austère désignait comme protestant, s'employait à saluer avec gravité l'un de ses infortunés coreligionnaires reclus.

Constantin était dans sa lucarne grillée, très reconnaissable malgré la distance. Son sourire disait sa joie de se voir secouru par l'amitié dans l'abominable voisinage de Braillard et de Francillon. On ne se figure pas ce qu'était la solitude dans cette étuve infernale, le désespoir des prisonniers livrés à l'arbitraire de leurs geôliers et à la proximité de personnages malfaisants. L'attente d'un visage compatissant constituait à peu près l'unique pensée qui les aidât à se soutenir.

Constantin et Victor étaient convenus d'un code pour se parler à distance. Le nom du personnage serait annoncé d'abord avec la main gauche : Saint-Mars, c'étaient cinq doigts grands ouverts, Rosarges quatre, monsieur du Jonca trois, l'abbé Girault deux, Corbé un, le poing fermé suivi de l'indication de chaque lettre par le rang qu'elle occupait dans l'alphabet désignerait les autres personnages. La main droite, plus agile, était chargée de donner les nouvelles : un zigzag de haut en bas signifiait la maladie, de bas en haut la guérison, trois traits verticaux barrés de trois traits horizontaux, l'incarcération dans un cachot.

Constantin signifia ainsi que le gouverneur était toujours malade et que le malheureux Cardel approchait de la mort. Le geste qu'il fit ensuite en se référant à l'abbé Girault et en pointant l'index vers Victor ne fut pas compris de celui à qui il s'adressait. Le prisonnier recommença ainsi plusieurs fois comme s'il avait voulu prévenir d'un péril.

Dans l'impossibilité de se comprendre, ils échangèrent longuement sourires et saluts. Constantin s'était arc-bouté tout entier dans sa fenêtre pour répondre plus à son aise aux manifestations d'amitié de Victor mais, au moment de le quitter, il lui rappela le nom de l'aumônier en faisant mine de s'arracher les cheveux.

Comme notre héros repassait la porte Saint-Antoine perplexe, il entendit un grand éclat de rire du côté du premier portail de la forteresse dont on se souvient qu'il faisait une entrée cochère, de largeur fort ordinaire et flanquée de deux pilastres doriques, qui ouvrait directement sur la rue, entre deux maisons de rapport. Par-dessus des quolibets et des injures montait, stridente et impérieuse, une voix de commère qu'il reconnut bientôt pour celle de madame Bénéfice.

La bonne femme, car c'était elle, était là dans sa chaise, entourée de ses deux laquais qui l'avaient posée au beau milieu de la chaussée, après avoir retiré les bâtons qui servaient à la transporter pour en user comme d'armes contre ceux qui se mêlaient de lui vouloir faire un mauvais parti.

– Allez au diable! écumeurs de tripot, caqueteux, vérolés! et laissez-nous passer, criait la bonne femme dressée à sa portière.

Cinq ou six hommes du corps de garde commencèrent d'improviser une gigue autour du singulier équipage.

– C'est Dame-Sotte qui veut entrer dans la Bastille! chantait en sautillant l'un de ces garçons, jeune rouquin leste et déluré.

– Qu'a-t-elle à y faire? demandait tout haut son voisin.

– Ses affaires, ses affaires!... scandait le rouquin.

– De sales affaires, de sales affaires! reprenaient en chœur ses compagnons.

La vieille brandissait sa canne.

– Vous verrez bientôt de quel bois je me chauffe, porcs que le roi engraisse à ne rien faire!

– Il nous paye pour t'accueillir, Carabosse!

– Beau comité de soudards et d'ivrognes!

Rosarges, le plus infect soutier de cet enfer, parut à son tour sous le porche. Il titubait quoiqu'il ne soit pas encore une heure et l'espèce de gros balandran qu'il portait pour sortir de la forteresse apparaissait, en plein jour, maculé de traînées douteuses.

– Peste! fit-il en donnant deux ou trois coups de botte pour interrompre la farandole dont son apparition n'avait pas ralenti l'entrain, puis se tournant vers la Bénéfice sans changer d'humeur : C'est toi, vieille haquenée, qui cause ce tintouin?

– Je t'apprendrai la politesse, répugnant maquereau! répliqua la bonne femme en s'extirpant pour de bon de sa boîte... Je suis née bourgeoise de Paris et, comme telle, j'ai droit à des protections dont ne jouissent pas les ânes accourus, comme toi, du fin fond des campagnes.

– Oh là! mère ripopée, je te passerai bientôt l'envie de venir ici chaque mardi semer la tempête.

– J'y viendrai, pauvre hère, tout mon soûl et tant qu'il me plaira... L'air de ce fossé est à tout le monde.

– Tu raisonnes, tu as du bagou, haridelle! mais moi j'ai l'autorité du gouverneur de ce château pour moi...

– Je te ferai un procès, brin de vergette!

– Un procès à un officier de la Bastille! ricana le Provençal.

– Un procès pour ton insolence, un autre pour ta saleté, un autre...

– Baste! Baste! vieille bamboche [1], ou tu achèveras de te ruiner en mémoires...

– Si les juges n'étaient pas tes compagnons de chopine, il y a longtemps que tu aurais servi de parement à quelque gibet.

Rosarges força un rire hoqueteux.

– Et toi, empoisonneuse, faiseuse d'anges, mère ordurière, c'est miracle que tu n'aies pas encore été brûlée... Viens-tu à nouveau porter ici céans de tes lettres infâmes?

– Oui, triste sire, je subsiste de mes avis et de mes petites commissions et s'il est quelque honnête personne pour me charger d'une missive à remettre à l'un de ces pauvres prisonniers que tu maltraites, j'exécute scrupuleusement ses ordres...

– Contre argent?

– Toute peine mérite salaire et il faut bien vivre... J'ai aujourd'hui plus de charges que de profits car mes locataires sont tous comme toi, bouffi, ils ont depuis longtemps cessé de payer leur loyer.

– Pour sûr, il faudrait être fou astheure que de régler son terme, estima Rosarges d'un ton de parfaite candeur.

– Je m'acquitte assez bien de ces menus services. Mes lettres passent quelquefois le seuil de cette prison lorsque j'y trouve un mufle moins rebutant que le tien.

– Elles passent... Elles passent pour les prisonniers qui jouissent des libertés de la forteresse mais pour ceux des tours, jamais!

– On me paye pour essayer...

– Et c'est encore le comte de Bréderodes que tu veux joindre?

– Oui, coquin!

1. Marionnette.

– Bernique!... Celui-là n'a pas le droit de recevoir des nouvelles.

– Je ne me décourage pas... C'est deux livres pour moi chaque semaine que je viens ici et cela dure depuis bientôt six ans... Il se trouvera bien un jour un cerbère moins impitoyable que toi.

– Tu pries pour que je meure, harpie!

– Je prie pour que Dieu, dans sa bonté, mette un jour un bon major à la Bastille.

– Tu me menaces, bec fourchu!

– Je me contente de prier, se cabra madame Bénéfice en joignant les mains.

Rosarges, hors de lui, poussa la rentière dans la direction de sa chaise.

– Ouste! Ouste! disparais de ma vue ou je te fais entrer avec tes deux escogriffes là-dedans pour un séjour dont je te garantis qu'il sera long.

– Oui je vais respirer un air plus pur, s'entêta la bonne femme, mais tu me reverras et avant mardi encore... Je reviendrai accompagnée d'un huissier, d'un juge, d'un recors...

– La peste!

– Ton compte sera bon, vermisseau!... La bouteille sera la cause de ta chute.

C'en était trop pour le major, nargué par Reilhe et l'abbé Girault qui sortaient de la forteresse en regardant la scène avec amusement. Il ramassa quelques menus cailloux pour les lancer à pleine poignée sur les laquais qui s'étaient pris à fuir à toutes jambes en emportant leur maîtresse.

Victor fut aussi prompt qu'eux, à la fois pour ne pas perdre de vue madame Bénéfice et pour ne pas être aperçu – du moins l'espérait-il – du chirurgien et de l'aumônier. Il rattrapa le noble équipage de la vieille bourgeoise sous les marches de l'église des Filles de la Visitation.

– Madame! madame! criait-il en tapant contre la vitre de la Bénéfice qui soliloquait de colère.

– Que me voulez-vous? ne voyez-vous pas que je fulmine? lui lança la bonne femme en manœuvrant de fort mauvaise grâce sa glace.

– Madame... Écoutez-moi!

– Parlez en marchant! j'ai des affaires à régler tout au long de cette rue qui ne permettent pas de me poser.

Les laquais couraient toujours en zigzaguant parmi les charrois et les voitures. Victor se régla sur leurs bonds, tout en continuant de se pencher à la portière.

– Madame, le comte de Bréderodes est de mes amis.

– Qui êtes-vous ?

– Quelqu'un qui veut du bien à ce pauvre prisonnier... J'étais l'aide de monsieur Reilhe, le chirurgien de la Bastille, j'ai approché le comte de Bréderodes qui se désole tous les jours de ne pas avoir de nouvelles de son frère...

– Vous paraissez en savoir long !... Mais ce frère, vous a-t-il dit par hasard où il se trouvait ?

– En Orient... Dans les îles grecques.

– Çamon ! je veux bien vous accorder ma confiance.

Ordonnant enfin à ses laquais de modérer leur allure et changeant de figure sans toutefois pouvoir se tourner à devenir aimable, madame Bénéfice fit signe à Victor de s'avancer à la portière.

– Si vous m'aidez à faire tenir ce pli, un quart pour vous de ma récompense ! fit-elle en rabaissant la voix.

Victor allait protester de son désintérêt mais il pensa à juste titre que la vieille femme se méfierait d'un commissaire qui proposait de tout faire gratis.

– Combien ? dit-il en forçant un regard dur.

– Chacune des lettres que je dois remettre est accompagnée d'un billet de rente sur l'Hôtel de Ville [1], au porteur, datant de 1688, d'une valeur de cent livres non réduite à ce jour. Je reçois à peu près deux lettres l'an – j'en ai aujourd'hui treize – qui produisent ensemble un intérêt de deux livres la semaine et qui m'ont rapporté, au début où je me suis chargée de cette affaire, c'était en 1695, tous les intérêts courus sur sept années que j'ai pu encaisser.

Elle tendit le cou de manière à parler plus bas encore.

– Au cas où les lettres parviendraient à leur destinataire et à condition que le comte de Bréderodes réponde, ces titres de rente seront à moi... Cela fera treize cents livres dont je vous donnerai le quart : trois cent vingt-cinq livres, précisa-t-elle sans paraître se livrer à de longs calculs.

Victor contrefit l'impassibilité.

– Topons-là ! je suis votre homme.

– Venez chez moi demain à sept heures, j'habite rue de Bièvre, au-dessus d'un cabaret qui se nomme le Tombeau des Jaloux, je vous

1. Les rentes sur l'Hôtel de Ville ou rentes perpétuelles ont été fondées par François Ier en 1522. On les surnomme non sans raison le pot-au-feu de Paris. C'est le service de la dette de l'État qui provient des emprunts forcés ou volontaires lancés depuis l'origine auprès des particuliers, dont les parts en capital ont été rognées cyniquement par Henri IV et surtout par Colbert. Sur le grand livre de cette rente figurent ces prêteurs fort malmenés mais aussi des pensionnés à qui le roi veut créer un avantage et qui viennent émarger là sans titre. Les billets de l'Hôtel de Ville peuvent se négocier, se céder et circuler entre particuliers comme des lettres de crédit ordinaires.

remettrai quatre de ces lettres... On verra si j'ai eu raison de me fier à vous.

Victor, le lendemain, tandis que les ténèbres s'étendaient encore sur la ville, n'eut qu'à longer la Seine pour passer de l'hôtel Davignon à la rue de Bièvre.

Un vent coupant se roulait dans la rue Dauphine. Il paraissait pousser vers le Pont-Neuf des hordes de journaliers et d'employés qui martelaient le pavé d'un grand pétardement de galoches. C'étaient les apprentis, les petites mains, les garçons de boutique et les trottins, qui, depuis les misérables villages de Montrouge et du Petit Gentilly rejoignaient leurs ateliers. Victor, en les croisant, découvrait ces regards, creusés par une matinée de traque déjà longue, qui se fixaient avec envie sur les entresols éclairés à la chandelle où domestiques et chambrillons, logés bien au chaud sous les pieds de leurs maîtres, entamaient à peine leur journée.

L'immeuble s'élevant au-dessus du cabaret du Tombeau des Jaloux, rue de Bièvre, faisait une sorte de pain de sucre incongrûment poussé au milieu d'une succession d'habitations basses et d'hôtels bourgeois. Dans le but d'augmenter le nombre de locataires, il avait été surélevé par le grand-père, puis, après lui, le père de madame Bénéfice. Cela faisait une construction de six étages de deux fenêtres, à la façade crépie de blanc des carmes qui était une sorte de badigeon dur blanchissant avec le temps, inventé par les moines du couvent de la rue de Vaugirard et devenu depuis le secret de quelques rares maçons agréés par eux.

Victor emprunta le petit couloir qui menait à l'escalier et chercha à tâtons la première marche.

Il y avait au premier étage un chanteur, fort matinal pour un artiste, qui faisait ses gammes en s'accompagnant d'une épinette. Sa voix s'essayait sur différents tons puis s'enflait en vibrant sans paraître gênée des cris d'un nouveau-né tombés de l'étage supérieur.

Victor s'élevait toujours dans l'obscurité, se tenant à la rampe poisseuse de crasse, lorsqu'il entendit un sourd mugissement qui ressemblait à un râle entrecoupé de ravalements de morve.

Une porte était ouverte qui laissait filtrer un pinceau à peine perceptible de lumière jaunâtre. Il la poussa et discerna, dans l'angle de la pièce, qui occupait tout l'espace du côté de la rue, dans le faible contre-jour des deux fenêtres caressées d'un reflet de lune, les laquais de madame Bénéfice qui pleuraient à grands hoquets.

– Qu'y a-t-il ? demanda-t-il en s'approchant.

– Ah! monsieur, fit l'un des hommes en reconnaissant le visiteur, notre maîtresse, notre bonne maîtresse, on l'avions assassinée!...

– Assassinée!

– Oui, on lui avions bien souhaité le bonsoir, vers dix heures, comme à notre ordinaire, après avoir récité avec elle la prière à la bonne Vierge... Ce matin, en descendant de notre galetas pour faire chauffer l'eau, à cinq heures, comme chaque matin, c'est Brindavoine qui l'avions trouvée morte.

– Et qui vous dit qu'on l'a tuée?

– Voyez! tous les meubles fouillés... La porte de son petit secrétaire brisée. Le crime remonte à hier soir car elle ne s'étions point déshabillée... L'assassin, c'est sûr, a dû attendre que nous soyons couchés.

– Qu'allons-nous devenir? se lamentait le plus jeune des deux laquais, moins délié et plus prosaïque que son compagnon, nous n'avons, cette fois, plus un sou vaillant!

– On va nous accuser! s'effraya l'autre... Dans cette ville, on accuse toujours les valets lorsqu'il y a crime et on leur fait donner la question...

Le second des serviteurs de la défunte parut réaliser d'un coup le péril de sa situation.

– C'est ça! bégaya-t-il, on va venir nous arrêter... Fuyons!

Victor le retint par le bras comme il esquissait le mouvement de sortir.

– Non! restez! disparaître serait le meilleur moyen de vous perdre... Je m'occuperai tout à l'heure d'aller, avec vous, voir le prévôt du Châtelet... Je sais des gens qui sont justes et qui ont du poids dans cette ville.

– Défendent-ils les domestiques? demanda le laquais retenu dans son élan mais passablement incrédule.

– Leur métier et leur cœur les ont placés au service des innocents quels qu'ils soient. Mais d'abord inventorions un peu ce que l'on a volé pour en faire rapport à la justice... De l'argent?

– Notre bonne maîtresse n'avions pour ainsi dire rien... Nous passions notre temps à courir après trois liards.

– Son courrier! ses affaires! et surtout les lettres que je lui avais promis de remettre à leur destinataire, car je crains bien que ce soit cela qui ait attiré ici son meurtrier.

– Tout son courrier était dans le petit secrétaire! précisa le plus âgé des laquais dont le surnom était Tibri.

Victor alla vers ce meuble, secouru de la chandelle que venait d'approcher Brindavoine. Le lien de soie qui reliait les lettres cachetées dont madame Bénéfice devait assurer la distribution avait été tranché avec un stylet abandonné sur le dessus du meuble. De ces missives – elles étaient neuf en tout – aucune n'était adressée au comte de Bréderodes. Parmi les destinataires on retrouvait à quatre reprises la vendeuse de la loterie royale de la rue Montmartre. La bonne femme tenait une sorte de boîte à lettres pour couples illicites et madame Bénéfice se chargeait quelques fois, par son truchement, des missives de dames ou d'ecclésiastiques galants.

– Les lettres que je venais chercher ce matin ont toutes été dérobées! constata Victor aussi désappointé que les deux domestiques.

Il alla vers le corps de madame Bénéfice qu'un premier rayon de jour commençait d'éclairer. Il ne l'avait jusque-là pour ainsi dire pas observée. Son visage s'inclinait vers la droite, sa bouche était ouverte. Son long nez tourné vers la fenêtre paraissait avoir dérobé la chair de ses joues pour continuer de pousser après la mort. Visiblement son crâne avait été fracassé à l'aide d'une étrange petite statue de pierre blanche qui gisait, un peu plus loin, sur le parquet. Un air paisible habitait la figure de cette créature forcenée mais pas méchante au fond qui avait eu la passion, poussée jusqu'au sordide, de l'exercice de ses droits. Victor qui, deux mois auparavant à peine, en pleines Cévennes, avait fermé les yeux de son père [1], avança la main au-dessus de ce visage osseux. Ayant déjà éprouvé le froid contact de la mort, il ne tressaillit pas en sentant au bout de ses doigts, comme sous l'effet d'un ressort, les paupières se rouvrir. Il décida d'appuyer plus fort pour en venir à ses fins mais le cou de la bonne femme pivota, ramenant la tête dans le menton et faisant basculer tout le corps de côté.

Il se recula, saisi d'un double effroi. La colonne vertébrale était brisée comme seul savait les briser, sans le secours d'aucune arme, Don Ottavio, l'âme damnée des Vendôme. Au même moment, de la main crispée de madame Bénéfice, dont le bras venait de se dresser en se détendant d'un coup de dessous son dos où il était resté prisonnier, jaillit un papier. C'était une lettre, une lettre destinée au comte de Bréderodes, qu'à la faveur de la nuit, la vieille rentière avait pu dérober à son assassin.

Victor prit la lettre et, profitant de l'absence momentanée des valets remontés dans leur galetas, il la glissa dans sa chemise.

Lorsque les deux drôles reparurent, vêtus de leurs longues livrées comme s'ils allaient dans la minute emporter la chaise de leur maîtresse, Victor les encouragea d'un sourire.

– Venez avec moi et faites-moi confiance!

---

1. *Le Camp des Enfants de Dieu.*

– Nous ne vous lâchons pas d'une semelle, s'empressa d'acquiescer Tibri, nous ne comptons plus que sur vous pour nous tirer de là.

Au Châtelet de Paris, siégeait la vraie justice des Parisiens. Les juges y avaient à connaître en première instance et parfois en appel de tous les cas civils et criminels nés dans leur ressort, de l'exécution et du contrôle des décisions de police, du fonctionnement des communautés de métier dont ils avaient seuls pouvoir d'enregistrer les statuts. Ouvertement jaloux des immenses prérogatives du Parlement, leur voisin, ils perpétuaient une solide tradition de vider les querelles jusque dans leur plus infinitésimal détail afin de voir le moins possible appeler de leurs sentences devant ce rival honni. A cause de cela ils étaient reconnus comme de grands praticiens, et leurs adages, particulièrement en matière de propriété mobilière [1], devaient durablement influencer le droit français. Il existait deux Châtelets, le Grand, sur la rive droite, à usage de prison criminelle et de cour de justice, le Petit, sur la rive gauche, servant de poterne au Petit-Pont et où se trouvait la prison des suspects gardés à vue ainsi que le siège de la prévôté de Paris. Ce Petit Châtelet avait été bâti par Hugues Aubriot, le constructeur de la Bastille, qui s'était obsédé toute sa vie de bastionner Paris pour le protéger de l'humeur changeante de ses habitants.

Le Petit Châtelet, malgré l'arasement de ses tours au siècle précédent dans le but d'aménager une terrasse à l'usage des prisonniers, ne le cédait en rien à son grand frère pour l'aspect rébarbatif. Une ordonnance de Charles VI datant de 1398, décrit le dedans de cet agréable séjour : « *Il contient plusieurs prisons, les unes fort convenables, sûres et compétamment aérées, où créature humaine sans péril de mort ou meshaing, peut estre et souffrir pénitence de prison, et trois chartres basses et non aérées esquelles homme mortel, par faulte d'aer, ne pourrait vivre longuement.* »

En 1703, et pour quatre-vingts ans encore, le dépôt des suspects se faisait dans ces trois « chartres » retaillées et agencées, sans guère plus de jour ni de lumière que sous Charles VI. On y avait aménagé, les pieds dans l'eau, neuf espèces de stalles au sol boueux dont les murs s'arrêtaient à mi-hauteur de voûtes en ogive.

Les interrogatoires avaient lieu dans le corridor commandant l'accès de ces boxes, espace étroit qui ne recevait de l'air que par trois

1. Ainsi l'actuel article 2272 du Code civil « En fait de meuble la possession vaut titre » nous vient-il du Châtelet.

soupiraux garnis de fortes grilles, ménagés à une brasse à peine au-dessus du niveau de l'eau.

Victor, qui s'était fait annoncer seul au lieutenant du prévôt, un gros courtaud de Bourgogne enterré dans ses sacs [1], malpoli et crasseux, déclina son identité avant de raconter comment, ayant rendez-vous avec madame Bénéfice, il l'avait retrouvée morte veillée par ses deux domestiques.

Brindavoine et Tibri, introduits à leur tour, furent accueillis par ce magistrat inférieur d'un œil soupçonneux :

– Il se voit tous les jours dans cette ville des valets qui assassinent leur maître, estima en propos liminaire ce bonhomme à la figure oursine et à l'esprit massif.

– Zeste! s'effraya Tibri en regardant Victor, je vous avions bien dit qu'on nous accuserait... Ces gens-là vont nous rouer, ce qui est grand dommage vu que nous ne soyons pas coupables.

– L'innocence se démontre, elle ne se présume pas! appuya le lieutenant en cherchant du coin de l'œil l'approbation de ses deux archers, apostés de part et d'autre de la porte derrière laquelle s'amorçait le départ de l'escalier qui remontait vers la cour.

Il montrait par là que le Châtelet de Paris, en 1703, s'entendait plus valablement à fixer les règles durables des droits de la propriété que ceux des libertés publiques.

– Monsieur... hasarda Victor.

– Laissez-moi interroger ces misérables! trancha le lieutenant, intimant au jeune comte de Gironde l'ordre de se rasseoir, avant de considérer Tibri pour lui lancer : Depuis combien de temps étais-tu à son service?

– Moi cela faisions vingt-trois ans à la dernière Saint-Martin et Brindavoine seize...

– Le temps de mûrir votre projet assassin! estima le magistrat.

– Monsieur, elle étions ruinée... Pas un sou astheure dans son bourson, avec cela bonne chrétienne. Dès qu'elle avait quatre liards, elle nous en donnait un... Toujours le quart! Elle disait qu'il ne fallait oncques abandonner plus du quart dans une affaire... Nous n'étions pas payés, mais nous avions toujours du potage le soir et elle nous faisait partager sa prière...

– Il suffit de ces patatins!... S'il n'y a rien dans son bourson, c'est que tu l'as vidé... Cela ne sert à rien de prendre le chemin de Niort [2].

– Nenni! juge, se rebella Tibri.

1. Les sacs dans lesquels on mettait toutes les pièces d'une affaire. « L'affaire dans le sac » étant celle prête à être jugée.

2. Expression populaire pour nier.

– Tu passeras à la question, aux ais, aux cordages, aux brodequins... Je t'interrogerai sur les matelas [1]. Tu éprouveras une par une toutes ces babioles qui délient la langue.

– Monsieur, je ne craignons que la souffrance car pour le reste, zeste! je soyons pauvre mais j'avons de l'honneur.

– C'est ce qu'on va voir!... grogna l'imposant représentant du prévôt en commandant à ses archers : passez-leur les osselets [2]!

Tibri fit enfler sa voix à laquelle, par sa capacité de héler ses connaissances d'une rive à l'autre de la Seine, il devait son surnom, qui était une déformation plaisante de petit bruit.

– Par le bon saint Antoine, nous soyons la paire, tous deux, innocents, vous vous faites grand tort, juge...

– C'est à moi d'en décider! s'opiniâtra le Bourguignon.

Victor s'approcha des prévenus.

– Je ne vous abandonne pas, avant deux jours, je vous en donne ma foi, vous serez relâchés... Je sais moi de quoi est morte votre maîtresse.

S'adressant au lieutenant :

– Et moi, suis-je libre?

– A condition que vous ne vous éloigniez pas à plus de deux lieues de Paris.

– C'est ce que je compte faire et c'est moi qui reviendrai vous voir avant que vous ne me rappeliez.

Franchissant la poterne de ce lieu infâme avec un épouvantable sentiment d'oppression, Victor longea les berges de la Seine pour revenir chez son oncle. Lorsqu'il passa devant le porche gothique de l'église Saint-André-des-Arcs, sa paroisse depuis qu'il était à Paris, l'envie de lire la lettre destinée au comte de Bréderodes le démangea si fort, qu'il entra pour chercher un endroit protégé des regards. Après s'être signé à la porte, il alla vers la chapelle de Saint-Augustin où se trouvait le splendide mausolée de la famille de Thou. Là, un singulier vitrail de la Renaissance qui représentait Jésus-Christ foulé dans un pressoir comme le raisin de la treille, frappé de biais par la lumière d'hiver, jonchait le dallage de marbre blanc d'une flaque couleur de l'arc-en-ciel. Cette verrière était légendée par ces paroles du prophète Isaïe :

« *Quare rubrum est indumentum tuum*
*et vestimenta tua sicut calcantium in torcular?*
*Torcular calvaci solus et, de gentibus non est vir*

1. Une des phases de la question.
2. Les menottes que passaient les archers du guet.

*mecum; calvaci eos in furore meo, et conculcavi*
*eos in ira mea, et aspersus est sanguis eorum super*
*vestimenta mea, et omnia indumenta mea inquinavi*[1]. »

Victor, qui gardait encore collée au front la moiteur des basses-fosses du Châtelet, prit place sur un prie-Dieu qui se trouvait au pied du tombeau de cette fameuse victime de Richelieu. Sa pensée inquiète s'égarait. Son tourment s'irritait à l'évocation des destins tragiques qui avaient hanté ce sanctuaire à présent si calme : c'était dans cette nef qu'il avait entendu rouler, depuis la chaire, le dernier prône de Brandelis de Grandville, le frère de Clémire[2]. Il songea aussi au sublime de Thou qui reposait sous le couvercle de marbre blanc qu'il pouvait pratiquement heurter du front. Soixante ans après son exécution, il personnifiait encore, pour la jeunesse, la probité et la fougue impitoyablement brisées dans la main de fer du cardinal. De Thou était mort, mort en héros, le sourire aux lèvres, des paroles de consolation à la bouche, simplement pour n'avoir pas livré le duc de Beaufort à la vengeance de Richelieu.

Victor osa lever les yeux vers la figure de marbre de ce héros, noble et belle, agenouillée pour l'éternité au pied du Christ piétiné auquel il avait fini par ressembler. Le poids de la raison des puissants qui commençait de l'étreindre lui-même comme un garrot, lui fit communier par-dessus les ans avec cet infortuné jeune homme. Comme celui-ci l'avait fait après avoir gravi les degrés de l'échafaud et s'être incliné aimablement devant son bourreau sous les pleurs universels de la foule de Lyon, fermant les yeux, il récita un fervent *in manus*[3].

C'est seulement après cette prière qu'il se décida à ouvrir la lettre que madame Bénéfice, par-delà la mort, lui avait remise. Voici quel en était le texte :

« Le 17 juillet 1701,

Ma voix résonne toujours en vain mais je sais que Dieu, que je prie chaque jour pour cela, me permettra bientôt de vous donner de mes nouvelles. Je vais bien. Les Français qui sont ici à ma recherche, un botaniste, un peintre, un médecin, m'ont croisé sans me reconnaître.

---

1. Pourquoi donc ta robe est-elle rouge
Pourquoi tes vêtements te font-ils ressembler à ceux qui foulent le raisin dans le pressoir ?
Au pressoir j'étais seul à fouler et de tous les peuples
personne n'est venu avec moi, aussi je les ai foulés avec
colère, piétinés avec violence, leur sang a rejailli sur
mes vêtements et j'ai taché tous mes habits.
2. *Le Marquis des Éperviers.*
3. Prière par laquelle, dans un péril pressant, l'on met son âme entre les mains du Seigneur.

La solitude et l'éloignement ne me pèsent que faute de vous parler. « B » mouillera bientôt comme chaque année à portée du seul endroit d'où je puisse espérer me faire entendre de vous. Je bénis ceux qui porteront mon message et je prie pour qu'il vous parvienne. J'espère entre-temps avoir reçu par notre amie des nouvelles du pauvre Bellérophon.

Votre affectionné Jean. »

– Il vit... Bréderodes vit! exulta tout haut Victor élevant son regard vers le Christ outragé et joignant les mains pour les poser sur sa bouche comme s'il avait voulu réprimer un éclat de rire.

Dans l'instant, un flux de jour pénétra son âme : il allait peut-être pouvoir donner satisfaction à ses maîtres sans se parjurer. La seconde confession de Beaufort se trouvait quelque part en Orient, sous la garde d'un homme qui, deux ans auparavant, était encore en mesure d'écrire à son frère. Mais il n'était pas une seconde à perdre car, dans le même temps, il n'en fallait pas douter, la plus grande partie de cette correspondance se trouvait au Temple, entre les mains du grand prieur de France. Douze lettres qui fournissaient sans doute davantage d'indices que cette simple feuille et qui rendaient certainement la localisation du cadet du comte de Bréderodes possible. Tombé de la sorte au pouvoir des Vendôme, qu'on savait disposés à tout pour récupérer la confession de leur oncle, le frère du prisonnier de la Bastille était exposé à tous les dangers.

La première pensée qui vint à Victor au sortir de Saint-André-des-Arcs, à peu près comme s'il continuait d'agir et de penser sous l'inspiration du Christ outragé, fut de repasser la Seine et de retourner dans l'antre de Mamdour.

– *Le Bellérophon* ?... Le 17 juillet 1701 ? pauvre ami, je ne voudrais pas vous décevoir mais, tant que je voyageais là-bas, d'île en île, j'ai rencontré au moins vingt *Bellérophon*... Quant à savoir lequel passait chez votre ami le 17 juillet 1701, c'est une gageure... Les marins du Levant ne sont pas ceux de votre roi, ils ne tiennent pas le journal de leur navigation... Ils voguent comme nous nous marchons... Aucun d'entre eux ne serait capable de vous dire ce qu'il faisait tel jour, il y a deux ans...

Voyant la déception se peindre sur le visage de Victor, le Turc lui prit la main :

– L'Orient est une fournaise qui brûle tout mais qui, pour ceux qui savent lire dans ce qui s'abolit, conserve dans ses cendres la trace de toute chose... Croyez au miracle! priez votre Dieu pour qu'il vous donne la faculté de lire dans la poussière.

Posté sur le seuil de sa fabuleuse caverne, le marchand retint son visiteur par les épaules.

– Je ne crois pas vous faire perdre votre temps en vous contant l'histoire de Bellérophon : Bellérophon est un héros de l'ancienne mythologie grecque. Fils de Poséidon, petit-fils du pauvre Sisyphe, il réussit à dompter le cheval Pégase, tua la Chimère, vainquit les Amazones. Le roi de Lycie lui donna sa fille en mariage et lui légua son trône. C'est donc le héros des conquêtes impossibles : du cheval ailé, du monstre à tête de lion et de chèvre portant une queue enveloppant la face d'un dragon, de l'armée de ces chasseresses terribles qui se brûlaient un sein pour n'être pas entravées lorsqu'elles tendaient leur arc. Apprenez pour finir, puisque tout se lie en Orient, que si un navigateur baptise son bateau *Bellérophon*, c'est qu'il a quelque part l'âme de Bellérophon.

Mamdour effleura ses lèvres de son index pour signifier qu'il n'en dirait pas plus et aussi, peut-être, qu'il en avait déjà trop dit. Il raccompagna Victor et, considérant son air morose, il le gronda aimablement :

– Ne vous ai-je pas donné un talisman, la dernière fois que vous êtes venu ici ?... Il devait vous aider à reconnaître ceux qui vous voulaient du mal. Que diable ne l'utilisez-vous ?

Victor porta la main au petit trident de corail qui pendait sous sa chemise.

– Comment ?... demanda-t-il.

Mamdour lui fit un signe impérieux de se taire et même, pour la première fois, un air de fureur zébra son regard :

– Ne posez jamais cette question ! vous détruiriez le charme de cet objet... C'est à vous de vous laisser guider par lui et d'éprouver son pouvoir.

Ayant ainsi parlé, laissant son visiteur un peu plus perplexe que lorsqu'il était arrivé, Mamdour disparut à sa manière, comme par enchantement, derrière le tapis chatoyant de cent couleurs qui servait de portière à sa boutique.

Victor, la tête basse, fit quelques pas dans la rue des Lombards. Il paraissait étrangement pensif.

Au coin des rues de la Poterie et de la Verrerie, obsédé des paroles du Turc, il s'immobilisa pour faire passer sa petite amulette pardessus le jabot de sa chemise. Après qu'il eut examiné ce léger branchage de corail avec scepticisme et qu'il l'eut laissé retomber dans un sourire à demi narquois, il fut stupéfait de reconnaître l'abbé Girault qui marchait dans la foule.

L'aumônier de la Bastille était méconnaissable, rasé de frais, sans collet, portant par-dessus un justaucorps de velours un ample manteau à col de castor qui laissait entrapercevoir sa chemise de fin cambrai [1]. Il marchait d'un pas décidé.

Victor n'eut que le temps de faire volte-face pour n'être pas reconnu tandis que ce bon serviteur de Dieu atteignait le carrefour et passait à sa portée. Le voyant s'engouffrer dans la rue Bar-du-Bec, il se décida à le suivre. L'aumônier allongeait le pas comme quelqu'un qui sait à coup sûr où le mène sa course. Au bout d'un quart d'heure, par les rues Sainte-Avoie et du Temple, il se rapprocha de l'enclos sur lequel régnait le grand prieur.

Il longea le mur extérieur de l'hôtel prieural sans en franchir le porche, puis, lorgnant de droite et de gauche avec un air d'inquiétude, s'engouffra sous la porte de l'enclos. Tournant aussitôt à droite par le passage bifurqué il traversa la cour de l'Indemnité et emprunta le passage voûté qui le ramena dans la cour d'honneur. Après être ainsi allé chercher par ruse cette voie détournée, il finit par gravir, sous l'œil de Victor médusé, les cinq marches du pavillon central qui, dans la magnifique façade du chef-d'œuvre de Mansart, venait légèrement en saillie.

– Girault, scélérat! ne put s'empêcher de murmurer à part lui notre héros en s'asseyant sur une borne pour reprendre son souffle, l'espion des Vendôme à la Bastille c'est donc toi... C'est à toi que je dois d'avoir été recommandé par le grand prieur à monsieur de Saint-Mars, c'est toi aussi qui, pour m'avoir vu lui parler et l'avoir répété, portes la responsabilité de la mort de madame Bénéfice, je te tiens, coquin!

Au bout d'une demi-heure, l'aumônier reparut sur le perron, l'air grandement satisfait. Il retraversa la cour d'honneur et, repassant par le passage bifurqué, il rejoignit la grande cour d'entrée où se trouvaient les fameuses « baraques ».

Il s'attarda longuement devant les vitrines des orfèvres, détaillant surtout les parures de femmes et ajustant à son œil en amateur éclairé une petite loupe qu'il avait tirée de son gousset. Il entra chez Lescure qui passait pour l'un des plus habiles joailliers du Temple.

Victor le vit longtemps palabrer, s'approcher de la porte pour examiner la finesse des torsades d'un bracelet d'or et finalement traiter, tirant, d'un bourson assez ventru qu'il avait sorti de sa poche, une poignée de louis.

Raccompagné sur le seuil avec toutes les prévenances qui distinguent un excellent client, il continua du côté des parfumeurs

1. Lin très fin fabriqué à Cambrai.

achetant à profusion huile d'amande, savons de roses, cire à épiler, parfums pour le corps, pour les mouchoirs, pour les gants.

C'est un bourgeois bien encombré et dont on ne voyait presque plus que le tricorne dépasser par-dessus des monceaux de paquets qui s'apprêtait, assez fier de lui, à repasser la porte de l'enclos.

La foule en cet endroit était considérable, attirée par le beau temps et la préparation de Noël.

Profitant du grand concours de monde et de l'absence des archers qui avaient déserté le poste de garde, Victor força son naturel plutôt réservé pour lancer, dans un grotesque assaut de révérences, un sonore :

– Mais c'est monsieur l'abbé Girault!

L'aumônier manqua de vaciller en s'entendant ainsi apostrophé. Il reconnut qui l'interpellait et pour le coup rougit.

– Mais oui, c'est le bon aumônier de la...

Girault se protégeait la figure de ses paquets et, tout en considérant Victor d'un regard oblique, il menaçait :

– Taisez-vous, petit impudent! ou je vous fais arrêter...

– L'aumônier veut me faire arrêter! cria Victor en montant sur une borne et en prenant le public à témoin.

La scène promettait d'être grotesque, aussi les cochers et les porteurs de chaise, qui attendaient leurs maîtres dans la rue du Temple, formèrent-ils un vaste cercle. Quelques couples de bourgeois et d'aristocrates, qui entraient ou sortaient, s'approchèrent également pour prêter l'oreille.

Girault s'était adossé à la borne cavalière sur laquelle s'était juché son interpellateur. Il s'essayait à coups d'épaules de le faire redescendre mais Victor profitait de sa position pour plonger la main dans les paquets avec lesquels l'abbé continuait de se vouloir cacher. Il extrayait les savons, l'huile d'amande douce et les montrait au public :

– Peste! vous avez la peau bien fine pour l'aumônier d'une prison!

– Misérable naquet [1]! écumait le prêtre en déchaînant le gros rire des domestiques qui se communiquait par contagion au reste de la foule.

– Si vous ne voulez pas que j'en dise plus sur votre compte il faut tout avouer...

– Que pourrais-tu bien dire sur moi, jeune coquin? demanda Girault découvrant son visage et se rebiffant soudain.

– Je pourrais par exemple demander à la maison professe des

1. Dans son premier sens, garçon qui ramasse les balles dans les jeux de paume, puis, par extension, garçon de rien.

Jésuites quel éminent de leurs confrères est venu sous le nom de père Florent confesser un prisonnier ?

L'aumônier, à ces mots, ne put se retenir de laisser paraître son embarras :

– Tu oserais ?

– Oui et j'ajouterai même qu'on supplie ce père de dire s'il se souvient d'avoir demandé à un certain de ses confrères de rechercher au greffe son billet d'introduction dans la forteresse avec mission, sur son serment, de le brûler...

Girault parut réaliser d'un coup qu'il était pris au piège. La seule indication de ces faits, connus de lui seul et de ce fameux jésuite, suffisait à le perdre.

– Va ! je te suis dans un endroit tranquille.

Victor s'adressa à la foule qu'il salua à la manière de Scaramouche.

– Je vous remercie, bonnes gens ! grâce à vous, mon ami est redevenu raisonnable.

Il fut applaudi tandis que Girault, qui avait enfoui à nouveau sa tête dans ses paquets, était copieusement conspué.

Victor connaissait un cabaret tranquille qui se trouvait dans la cour du Chameau. C'était le Vieux Casque, un endroit fréquenté par les gardes du corps du grand prieur et qui se donnait à cause de cela des allures de café militaire. On descendait deux marches pour se trouver dans une salle dont les murs, garnis de boiseries cirées, disparaissaient sous les panoplies d'armes rayonnant autour de corps de cuirasses briqués comme des miroirs.

Girault, dont le visage était caressé par le reflet d'un de ces trophées, était d'une pâleur extraordinaire. Victor, qui avait besoin, lui aussi, de soutenir son audace, commanda du vin de Saumur qu'on vantait sur une ardoise comme la spécialité de l'établissement.

– In vino veritas ! lança-t-il à l'aumônier en forçant son rire.

Girault répondit par un grognement, élevant la main pour vitupérer et tenter de reprendre l'avantage, mais son jeune contradicteur le cloua d'un mouvement impérieux du doigt :

– Vous êtes l'espion du grand prieur à la Bastille !

– Je renseigne celui qui fut autrefois mon chef, voilà tout ! protesta le prêtre, car je fus quelque temps aumônier d'un régiment qui appartenait à monsieur de Vendôme.

– Vous avez continué à le servir dans vos actuelles fonctions contre le serment que vous avez prêté en entrant en charge dans la prison royale...

– Il est vrai... bredouilla Girault que l'air de fureur de son commensal impressionnait.

– C'est vous qui m'avez dénoncé à votre maître après que le chirurgien vous ait dit que je n'étais pas un vrai gadouard.

– Je n'ai fait que rapporter ce fait parmi d'autres... C'est le grand prieur lui-même qui, sur la description que je lui faisais de vous, s'est douté de qui vous étiez.

– Les frères de Vendôme, décidément, me portent dans leur cœur!

– N'espionniez-vous pas, vous aussi, dans la prison du roi, pour le compte du duc d'Orléans? demanda Girault avec un retour de morgue dans le ton.

– Peut-être, mais moi, monsieur, je n'y ai commis aucun crime.

– Un crime? s'offusqua l'aumônier.

– Oui, en rapportant au grand prieur que vous m'aviez vu quitter la Bastille avec madame Bénéfice, vous avez condamné celle-ci... Elle a été assassinée ce matin, chez elle, par quelqu'un que je sais et qui a agi sur l'ordre de vos protecteurs...

– Cela reste à démontrer!

– C'est tout démontré. La justice se souvient encore – car il n'y a pas un an de cela – de l'assassinat de maître Péruchot et de celui de Brandelis de Grandville [1], tous deux de même façon, tous deux comme cette pauvre vieille femme, la nuque brisée avec le plat de la main.

Girault se tint coi.

– Vos protecteurs, monsieur l'Aumônier, appuya Victor, sont gens bien peu recommandables...

– Qu'allez-vous exiger de moi maintenant que vous m'avez menacé de me livrer aux jésuites?

– Deux choses: d'abord que vous vous engagiez à ne plus renseigner le grand prieur...

– Il sera furieux, il se vengera, j'y...

– Vous y perdrez, n'est-ce pas ce que vous alliez dire? demanda méchamment Victor... Hé bien, oui, monsieur Girault, la Marthon et la Fleury se passeront d'amande douce, de benjoin et de cire pour leur petit doigt... Attachez-vous un peu plus à la cantine des prisonniers dont vous avez pris la charge et qui, sous votre férule, est devenue la honte de la Bastille!

L'aumônier baissa le regard.

– Et la seconde chose? demanda-t-il d'une voix qui blanchissait.

– Quelques renseignements complémentaires qui manquent à mes maîtres... Ce confesseur, ce prétendu père Florent, qui était-il?

– Je croyais que vous le saviez, s'étonna Girault.

1. *Le Marquis des Éperviers.*

– Nous n'en avons que le soupçon, rusa Victor.

– Le plus puissant des jésuites de France, le père de La Chaise, le propre confesseur du roi, venu, en personne, à la prière de son maître, consoler seul à seul le prisonnier.

– Que faisiez-vous tandis qu'ils étaient ensemble ?

– J'attendais dans l'antichambre de monsieur de Saint-Mars, portant le saint viatique...

– N'essayiez-vous pas d'entendre ?

– Je n'entendais que des sanglots.

– Ceux du prisonnier ?

– Non ! Ceux du père de La Chaise !

– Parlait-il ?

– Je n'entendais que confusément sauf cette phrase : « Fils de saint Louis, dites-moi que vous lui pardonnez !... Dites-le-moi je vous en supplie !... » Cela dura un bon quart d'heure avant que le père de La Chaise, les yeux toujours rouges, ne vienne me chercher pour approcher la communion. Le révérend père paraissait hors de lui, sans doute pour n'avoir pas obtenu du mourant ce qu'il lui réclamait.

– Vous avez vu le prisonnier ?

– Je le voyais souvent quand il se rendait à la chapelle mais là, je l'ai touché... J'ai relevé sa tête pour lui donner la communion et, profitant d'un instant de distraction du père de La Chaise, je me suis acquitté d'une commission de mon protecteur.

– Du grand prieur ?

– Oui. Je lui ai simplement dit : Philippe vous aime et prie pour vous. Alors je l'ai vu sourire.

Victor un instant partagea l'émotion de l'aumônier.

– Pour cela au moins, monsieur, Dieu vous rendra grâce... Mais, dans les derniers mois, tandis que le prisonnier vivait dans l'hôtel du gouverneur, lui rendiez-vous visite ?

– Jamais ! monsieur de Saint-Mars écartait tout le monde... Nous n'étions d'ailleurs que quatre à savoir que le deuxième Bertaudière était l'hôte secret du gouverneur : Corbé, Reilhe, Saint-Mars et moi-même... Après sa mort, monsieur de Saint-Mars est devenu inconsolable, sa santé, depuis, ne laisse pas de nous inquiéter. A longueur de journée à présent, il fait la louange du défunt qu'il n'appelle pas autrement que son ami.

– Vivre près de cet homme devait être un privilège... Que sait exactement le grand prieur aujourd'hui sur cette affaire ?

– Il ne me le dit pas...

– Et le comte de Bréderodes, que connaissez-vous à son sujet ?

– Bréderodes ! Qu'a-t-il à voir là-dedans ?

– Son frère était à Candie et connaît beaucoup de choses... Le grand prieur le sait....

– Il ne m'en a jamais parlé. Il est vrai qu'il m'a demandé quelques fois des nouvelles de Bréderodes... Bréderodes aurait été à son père autrefois...

– Et ne vous êtes-vous pas demandé pourquoi, dans ce cas, il n'a fait aucun effort pour le faire sortir de la Bastille ?

– Non, il m'a dit une fois que c'était un coquin, que son frère, le duc de Vendôme, avait une lettre de cachet en blanc pour le faire libérer quand il voudrait, mais que ce prisonnier ne méritait pas cette grâce.

– Trente-deux ans de Bastille pour de la coquinerie. Ne trouvez-vous pas que c'est cher payé ?

– Je ne suis pas juge, mon petit! reprit l'aumônier en retrouvant un reste d'insolence.

– M'avez-vous appris tout ce que vous saviez ? demanda Victor, averti par le changement de ton du prêtre qu'il n'avait plus grand-chose à espérer.

– Tout à fait! confirma Girault en ramassant son tricorne et ses gants de bourgeois.

Victor, bon prince, l'aida à se recharger de ses paquets.

– Souvenez-vous de votre promesse, je me souviendrai de la mienne, lui dit-il au moment de le quitter sur le seuil du cabaret.

L'aumônier leva le nez avec superbe mais pour qu'il n'osât pas répliquer davantage, c'était signe qu'il avait fait son profit du conseil.

Victor regagna le Palais-Royal d'un cœur plus léger et, sans prendre le temps de passer embrasser Clémire, il gravit quatre à quatre les marches du petit escalier qui menait au grenier de ses maîtres.

– Enfin, vous voici au rapport! lui lança pour tout bonsoir le chevalier, on ne vous a pas vu ici de la journée.

– Je n'ai pourtant pas chômé, protesta Victor en souriant.

– Compte tenu de la tournure que prennent les événements et de votre réticence à nous apporter votre aide pour flairer le melon à la queue [1], le moins que nous puissions attendre de vous, c'est que vous soyez ponctuel.

Victor, sans se troubler autrement de l'algarade, conforté d'ailleurs par le sourire complice de l'abbé, raconta sa journée fertile en rebondissements : l'assassinat de madame Bénéfice par Don Ottavio,

1. S'essayer à percer un mystère.

l'interrogatoire au Châtelet, la rencontre avec l'abbé Girault. Ce furent les révélations de ce dernier qui retinrent surtout l'attention du chevalier.

– Le père qui a consolé notre prisonnier était le révérend père de La Chaise en personne, répéta Victor à la demande de son maître... Il était venu arracher du mourant un pardon pour le roi et il ne l'a pas obtenu.

– Beaufort, quel homme tout de même ! s'émerveilla le chevalier.

– Certes, mais ce n'est pas d'un chrétien, rectifia l'abbé.

– La faute était trop lourde... Pardonner, cette fois ç'aurait été s'en aller avec le guidon [1] entre les jambes.

– Oubliez-vous qu'il n'est pas de borne au pardon, chevalier ? s'indigna le cadet des Thésut.

– Si ! le ridicule... Moi, mon frère, je vous pardonne tous les jours parce que vous êtes un innocent mais si vous étiez une bête immonde – ce qu'à Dieu ne plaise – si vous m'enfermiez ici la chaîne au cou, avec un quignon et un broc d'eau claire, pourquoi voudriez-vous que j'aille vous baiser les mains ?

Ce fut Victor qui termina la dispute.

– Voyons, messieurs, nous reprendrons cet intéressant débat de morale plus tard... Quel est notre plan ? Quels sont vos ordres à présent que le temps presse ?

Le chevalier récapitula en comptant sur ses doigts :

– La Bénéfice morte des mains du sinistre Ottavio... Une seule lettre sur treize que détenait la bonne femme en notre possession... Son texte aussi limpide que celui de l'Apocalypse de Jean. Le reste volé et, ce qui est épouvantable, à cette heure sur le bureau du grand prieur... Le jeune Bréderodes s'il a eu l'imprudence de livrer davantage d'indications sur sa retraite, menacé tout crûment de la dague des séides de messieurs de Vendôme... La confession de Beaufort en danger d'être subtilisée par les bâtards.

– Exposition parfaite du problème ! applaudit l'abbé qui ne s'était jamais lassé d'admirer, même lorsque le contenu en était, comme en l'espèce catastrophique, la clarté des exposés de son aîné.

Le chevalier reprit en paraissant faire fi du compliment :

– De notre côté, nous avons avancé les choses avec monsieur de Tournefort, nous allons l'aider à imprimer son livre à condition qu'il vienne ici avec Aubriet raconter son voyage à Son Altesse... En réétudiant sa route avec notre vieil ami Nolin [2], le géographe, nous avons

1. Le drapeau.
2. Jean-Baptiste Nolin, dessinateur et graveur de cartes, géographe ordinaire du roi.

acquis la certitude que ces gens-là, sur place, butinaient autre chose que des pâquerettes.

– Et puisque vous avez déjà accroché le grelot au sieur Aubriet, ajouta l'abbé à l'adresse de Victor, Son Altesse trouvera sûrement bon que vous assistiez à l'entretien... Tournefort et son complice viennent demain à une heure, nous montrer toutes leurs planches et préparer l'entrevue qu'on doit avoir avec le prince.

– Cela me laissera la matinée pour aller délivrer, en me faisant accompagner d'un avocat, les deux serviteurs de madame Bénéfice... Nous savons qui a commis le crime, ils sont innocents.

– Prenez Floquet, dit le chevalier, c'est le plus brillant de nos conseils, mais ne titillons pas actuellement les Vendôme... Faites libérer ces gens sans mettre en cause Ottavio. Il sera toujours temps par la suite de faire payer à ces renégats le capital et les intérêts de leur crime.

Sept heures sonnaient à Saint-Séverin lorsque Victor, accompagné du jeune avocat prodige de la maison d'Orléans, descendit d'un fiacre à la porte du Petit Châtelet.

Tibri et Brindavoine, aussitôt tirés de leur cachot, étaient méconnaissables. Toute la nuit ils avaient trempé leur pain de leurs larmes. Lorsqu'on n'en connaît pas le terme et qu'on sent peser sur soi le poids de l'injustice, quelques heures d'un pareil régime, c'est déjà plusieurs jours de souffrance au banc d'une galère.

Le lieutenant du prévôt, lui, était d'humeur inchangée. C'était le même Bourguignon, gros à lard, qui, après plusieurs heures passées dans un lit bien douillet, avait des idées plus claires mais la vue toujours aussi courte.

– Le cas de ces misérables ne sent pas bon, annonça tout de go ce magistrat subalterne, nous avons fouillé chez madame Bénéfice...

– Hé bien! s'impatienta Victor.

– Ils héritent, le testament de la vieille est en leur faveur... La bonne femme était avare mais riche...

– Hé bien! répéta Victor changeant de ton et s'impatientant.

– Quoi! cela n'est-il pas clair?... Cherchez à qui profite le crime! des valets qui héritent ont forcément tué leur maîtresse...

Tibri et Brindavoine se regardèrent interdits.

– Ah! la bonne maîtresse, partit à sangloter Tibri.

– On lui fera un mausolée avec l'argent qu'elle nous laissons, renchérit l'autre.

– Ah! canailles, vous n'êtes pas près d'en jouir, vitupéra le lieutenant du prévôt.

Le jeune Floquet, un jeune homme à front fuyant et museau de belette, s'avança. Il portait la haute perruque à marteaux blanchis des gens de justice et la robe noire dont l'épitoge d'hermine soulignait qu'il avait été reçu au nombre des docteurs du Décret[1].

– Le duc d'Orléans se porte fort pour ces gens...

– Il m'est avis qu'il use son crédit, maugréa le Bourguignon.

– Ce n'est pas à vous d'en décider. Son Altesse sait que ces gens sont innocents.

– Il faut payer caution...

– Le petit sceau de la maison d'Orléans vous garantit de tout.

Floquet sortit un cachet d'argent accompagné de tout un attirail qui tenait dans sa poche et tandis que l'officier, de fort mauvaise grâce, rédigeait l'ordre de mise en liberté, l'avocat, d'un geste nonchalant, fit ramollir à la flamme de son briquet l'extrémité d'un petit bâton de cire rouge.

– Voilà! proclama-t-il lorsqu'il eut fini d'appliquer la marque de son maître au bas du billet, ces malheureux sont libres.

– Vous connaissez la loi, monsieur, objecta le lieutenant, qu'ils ne s'éloignent pas à plus de deux lieues de Paris et qu'ils répondent sur-le-champ à toute convocation de la justice... Vous en répondez?

– J'en réponds!

Tibri et Brindavoine, encore ébahis de leur liberté, se congratulèrent et serrèrent sans façon dans leurs bras leurs libérateurs. Sans rancune ensuite, ils allèrent bonjourer le Bourguignon qui ne put se retenir de les morguer :

– Ce n'est que partie remise... Les rats de ce château n'aiment pas qu'on leur fausse compagnie.

Le fiacre qui attendait devant l'entrée du Châtelet redémarra en trombe. Les deux serviteurs de madame Bénéfice, qui s'étaient juchés sur les marchepieds et qui s'accrochaient aux portières en tenant leurs tricornes, respiraient à pleins poumons.

Arrivée rue de Bièvre, devant le cabaret du Tombeau des Jaloux, montant quatre à quatre les étages, la carrossée eut la désagréable surprise de voir le scellé du Châtelet sur la porte de la défunte. Une voisine confirma que le corps de la vieille bourgeoise avait été transporté à la morgue du pont Saint-Michel et que les gens du guet et leur recors avaient en sortant placé les marques de justice.

– Il faut entrer, dit Victor, je suis persuadé que son assassin, en pleine nuit, a laissé quelque indice.

Il songeait à la lettre qu'il avait récupérée au matin du crime et il ne doutait pas qu'il y eût autre chose.

1. Le droit civil.

– L'expédition du testament prendra plusieurs semaines, estima Floquet avec gravité.

– Il y a un vasistas qui donne de notre chambre sur l'office, indiqua Tibri.

– Allons-y! commanda Victor.

Brindavoine, qui était mince et leste, se laissa glisser le premier, suivi de Victor. Floquet entravé par sa toge et Tibri, par son bedon, restèrent dans la misérable chambre.

Victor retrouva en plein jour l'appartement qu'il n'avait observé qu'avant l'aube dans la confusion de la découverte du corps de la vieille bourgeoise. Sur ce désordre, sur ces objets entassés, qu'il avait appréhendés sous le coup d'une émotion intense, flottait déjà le voile gris qui rend moins cruelle la fréquentation de l'univers des disparus. Les meubles de madame Bénéfice s'accordaient à l'étrangeté de son caractère : de vieilles chaises du temps de Henri IV, il y en avait plus de vingt comme si elle avait tenu là quelque permanent cénacle. Elles s'alignaient le long des murs sous des bambochades un peu lestes, venues d'Italie, que lui avait abandonnées un de ses débiteurs, un vieux professeur de rhétorique connu pour libertin. Dans l'office, il était un superbe meuble hollandais, d'un bois blond et patiné, surmonté de rares chinoiseries en Delft. Le tout était digne de la demeure d'un prince et s'encadrait de quatre tableaux italiens d'excellente facture racontant l'histoire de Méléagre. La chambre était un véritable cabinet de curiosité où Victor retrouva quelques-uns des objets avec lesquels le goût éclectique des Thésut lui avait appris à se familiariser : des verreries à reflets irisés du temps de Rome et de Byzance, des ivoires coptes, une étonnante série de palettes à fard égyptiennes, des petits bronzes, plus récents, ciselés avec la grâce de Cellini, un automate qui représentait une bergère dévidant sa quenouille et, morbide et terrifiant, derrière une grande vitrine, cinq petits chiens empaillés désignés par de discrètes plaques de cuivre qui rappelaient leur nom et leur date : « Mademoiselle Lucie 1671-1677 », « Monsieur Jape 1675-1680 », « Monsieur Alphonse 1681-1685 », « Monsieur Ratapoil 1685-1696 », « Bellérophon 1698-1703 »... Victor dissimula comme il put à Brindavoine le haut-le-cœur qui le secoua à la vue du nom de ce pauvre animal.

– Ce sont les chiens de Madame... Quand ils mouraient, elle disait toujours qu'elle n'en voulait plus mais elle finissait toujours par en reprendre...

– Bellérophon, le dernier, n'était pas de même race que les autres ?

– Oh lui ! c'est toute une histoire... C'est un cadeau qu'on lui a fait et qui est venu de Marseille par la poste dans une petite cage d'osier.

– De Marseille !... Madame Bénéfice avait donc de la famille là-bas ?

– Non, elle était Parisienne et prétendait savoir le nom de tous ses ancêtres bourgeois de Paris depuis Charles V... Nous ne savons point qui lui a envoyé ce petit animal. Elle le fourrait sous son siège, dans sa chaise, et il ne décollait pas de dessous ses robes.

– Quand ce chien est-il mort ?

– Au printemps l'an passé, mais il avait traîné longtemps après avoir été piétiné dans la rue par un cheval.

Victor repassa dans sa mémoire le billet resté entre les mains des Thésut. C'était celui daté du 17 juillet 1701 par lequel Jean de Brérodes s'inquiétait du pauvre Bellérophon, espérant en recevoir des nouvelles par B.

– A quand cet accident remontait-il ? demanda-t-il.

– C'était peu après le début de l'an 1700.

– C'est donc ça, je tiens Bellérophon ! exulta Victor, et si Brérodes savait que ce pauvre animal était blessé, c'est signe qu'il parvenait à correspondre avec madame Bénéfice... « B. » désigne donc le messager qui les mettait en rapport.

Se réjouissant de sa trouvaille, il repassa dans la première pièce, celle où l'on avait trouvé la vieille rentière assassinée.

Les gens du Châtelet avaient procédé à un sommaire rangement après avoir terminé leur enquête : les tiroirs du secrétaire avaient été refermés, le paravent de laque à huit feuilles, qui s'était écrasé dans la lutte, était replié et incliné contre le mur, les objets qui gisaient à terre avaient été rassemblés sur un petit guéridon de marbre, parmi eux, la statuette de marbre blanc dont s'était servi Ottavio pour fracasser le crâne de sa victime après lui avoir brisé la nuque à main nue.

Victor fouilla le secrétaire. Il ne s'y trouvait à peu près que des reconnaissances de dettes et des actes d'huissier, c'était le pourrissoir des espérances de madame Bénéfice. Quelques-uns de ces documents remontaient à soixante ans et, à la mine de plomb, année après année, la vieille femme s'était obstinée à en calculer les intérêts indexés sur les rentes de l'Hôtel de Ville. Le solde cumulé des créances exigibles pourrissant dans cette armoire aurait suffi pour construire et équiper un vaisseau de guerre... On ne renonce pas facilement aux chants de sirène de telles illusions.

Victor inspecta les armoires dans lesquelles des draps de lit, des taies, des fonds de bain, des serviettes à saignée, rangés par piles près de sachets d'odeur embaumant à plein nez la lavande, donnaient toutes les marques d'un honnête confort. Cet ordre, cette régularité, c'était le soin maniaque de madame Bénéfice appliqué aux détails de son quotidien.

Au moment de quitter ces lieux, il jeta un regard circulaire sur cet univers qui s'enfonçait déjà dans l'oubli et, attiré par ses formes épurées et singulières, par son grain lisse et translucide, il alla caresser le petit marbre dont Don Ottavio avait fait un si criminel usage. A pleine paume, s'attardant à ce froid et doux contact, il moula la tête et les épaules de cette petite figurine qui représentait un joueur de harpe. Il fut alors distrait par Brindavoine, déjà regrimpé dans son galetas avec une agilité de chat, qui l'appelait en sifflant pour lui prêter son bras afin de l'aider à remonter.

# CHAPITRE SIXIÈME

## *Les tribulations de Joseph Pitton de Tournefort dans l'archipel grec*

Les Thésut apprirent avec étonnement quel modeste personnage faisait Bellérophon dans cette histoire.

Le chevalier bougonna :

– Ce « B. » qui reste dans l'ombre est encore plus gênant... Au moins avec Bellérophon pouvions-nous – comme j'avais commencé de le faire – faire recenser par les consuls de France au Levant tous les bateaux de ce nom sillonnant la Méditerranée... Avec « B. » que voulez-vous faire ?

– Surtout que cela veut peut-être tout simplement dire bateau, hasarda l'abbé.

– Vous faites tout pour me désespérer ! s'exhala le chevalier... Et puis, mon frère, je ne vous suis pas, si cela était le cas, monsieur de Bréderodes aurait écrit bateau en clair. Cela ne le compromettait pas.

– Il doit effectivement s'agir de quelqu'un, opina Victor.

– Beaufort ! exulta l'abbé.

Pour le coup le chevalier s'arrêta de tourner :

– Vous perdez le nostrum [1] !... Le 17 juillet 1701, Beaufort était prisonnier dans l'hôtel du gouverneur à la Bastille, il n'en était plus – hélas pour lui ! – à voyager dans les îles.

– Ce « B. » est bien effronté ! pesta l'abbé.

– Il nous bloque ! surenchérit son frère.

S'adressant à Victor :

– Et vous dites qu'il existe douze autres lettres !... Si elles sont du même tonneau, monsieur de Vendôme, à l'heure qu'il est, doit bien

1. La raison.

s'amuser car c'est une chose de ne pas comprendre le sens d'un message, mais lorsqu'on en a douze qui vous font douter cela devient douze jacquemarts qui vous bossèlent le crâne.

L'abbé, toujours boudeur, voulut rabattre un peu de la joie que son frère excitait pour continuer de croire à sa bonne fortune.

– Pour se réjouir ainsi, monsieur l'optimiste, il faudrait être certain que les cartes qui sont dans la main du grand prieur ne sont pas plus limpides que les nôtres.

Le chevalier flaira l'insolence :

– Vous irez lire par-dessus l'épaule de ce sacripant, monsieur l'important!

– Je connais son bureau, moi! se vanta l'abbé.

– Il n'a tenu qu'à moi d'y être à votre place.

– Et grâce au ciel j'y suis allé et j'ai reconnu la *Stachys cretica* qui aurait certainement échappé à votre sagacité.

Le chevalier ne releva pas. Il paraissait abîmé dans un vertige de réflexion.

– Il nous faut un espion au Temple! conclut-il.

A cet instant précis le vieux majordome s'avança pour annoncer que le peintre Aubriet, à l'heure pour son rendez-vous, attendait dans le vestibule.

– Aubriet, bien sûr!... Voici une crapule qui doit se vendre au plus offrant... Allez le chercher, monsieur de Gironde, cela le mettra en condition que d'être accueilli par quelqu'un qu'il a éconduit et qu'il ne s'attend certainement pas à retrouver ici.

La surprise du peintre des plantes à la vue de Victor qui l'avait abordé au sortir de la chapelle de sa confrérie, fut telle que l'espéraient les Thésut. Il se contint pourtant, passant longtemps par nervosité d'un bras sous l'autre les deux maroquins de cuir qu'il avait apportés avec lui.

– Monsieur de Tournefort a été appelé d'urgence au chevet d'un de ses plus illustres patients, l'un des plus fameux prélats de ce royaume, bredouilla le peintre, il m'a chargé de venir seul montrer les planches qui accompagnent son ouvrage.

– Fort bien! dit Victor augmentant le trouble du peintre par la fixité de son regard, mes maîtres sont impatients d'examiner votre travail... Ce voyage en Orient les tient en haleine. Tous les ouvrages de la bibliothèque de Son Altesse qui traitent de la géographie de l'Empire ottoman sont à cette heure sur leur table...

– Voilà qui est parfait! bredouilla Aubriet, au moins ne craindrai-je pas d'importuner.

Le visiteur fut introduit dans le grand salon inondé de lumière par ses huit lucarnes ovales qui le faisaient paraître un navire lancé à l'assaut du ciel. A gauche se voyaient les mansardes barbouillées de bleu de l'attique de l'Opéra, à droite à l'équerre des grands appartements de son père, les échafaudages de la Galerie d'Énée que le duc d'Orléans finissait de faire décorer.

Aubriet, très décontenancé, s'attarda gauchement à louer la somptuosité du lieu, la munificence de la branche cadette, la libéralité de son chef.

– Monsieur! ce prince, que vous admirez à juste titre, ne vous veut que du bien, glissa adroitement le chevalier, il connaît vos dessins pour le livre des *Éléments de botanique*, il les a fort goûtés et nous a marqué son désir d'examiner lui-même, ces jours prochains, vos planches pour le *Voyage en Orient*.

– Je les ai là au complet! précisa le peintre rouge d'orgueil en exhibant ses deux maroquins.

L'abbé, qui avait réglé son numéro avec son frère, intervint avec sa suavité accoutumée :

– Je le disais à monsieur de Tournefort, la semaine passée, lorsque nous fûmes avec monsieur de Gironde au Jardin du roi, ce qui nous chagrine dans votre périple c'est le caractère chaotique, le manque de plan... Nous redoutons que tout ceci incline le lecteur à la confusion et, de là, à la lassitude.

– Il n'y avait pas de plan, confirma Aubriet, nous savions d'avance que les caprices des marées et des vents nous retiendraient de le suivre si nous en formions un. Nous visitâmes d'abord la Crète qui faisait une base commode où nous pensions pouvoir revenir mais nous fûmes déçus du manque de plantes nouvelles. Nous décidâmes donc de repartir pour les îles cycladiques en incurvant notre trajectoire autant que faire se pourrait en direction de Constantinople.

L'abbé reprit la parole, dépliant, sous le regard médusé du peintre, une carte toute griffonnée.

– Mais, monsieur, ces mouvements de pendule bizarres, ils ne s'expliquent pas par les conditions de climat à l'époque de votre passage... Voyez comme nous nous intéressons à votre voyage!... Nous avons reporté là tout votre périple avec les dates et nous avons noté, avec l'aide de deux navigateurs attachés à notre prince, monsieur de La Villaudoin et le comte d'Estrées, la force moyenne des vents qui aurait pu vous empêcher de décrire la courbe que vous dites avoir voulu suivre. Ces forces auraient dû être extraordinaires...

Aubriet ne parut perdre pied qu'une seconde. Du tac au tac, forçant un étrange sourire, il apostropha les Thésut :

– Messieurs, de grâce ! quels sont vos buts ?

– N'imprimer que des choses irréprochables, trancha le chevalier et, pour cela, ne rien ignorer de votre mission... monsieur de Tournefort nous a rapporté que vous aviez été reçu à Versailles par le chancelier les uns après les autres et, après cela, tous ensemble... De quoi pouvait donc vouloir vous charger le ministre qu'il souhaitait que monsieur de Tournefort ne sût pas ?

– Je ne puis...

– C'est le droit moral de l'éditeur de ne rien ignorer des débordements de ses auteurs, reprit le chevalier. C'est lui qui paye, ne l'oubliez pas... J'ajoute que, dans le cas de Son Altesse, personne jamais ne s'est trouvé mal payé de lui dire la vérité.

– Son Altesse, appuya l'abbé, ne retient que ce qui lui est utile, sa libéralité s'étend jusqu'à protéger ses informateurs des foudres de la justice et de tous ceux qui voudraient leur nuire...

Les figures rougeaudes des deux frères s'étaient rapprochées de celle, livide, d'Aubriet.

– Que me proposez-vous ?

– Un pacte qui vous venge, vous qui êtes malcontent du roi, chuchota le chevalier.

– Qui vous l'a dit ? se raidit Aubriet.

– Il n'est pas besoin d'être grand clerc !... Vous avez déplu ainsi que votre ami Tournefort : monsieur de Ponchartrain, au bout de quelques mois, ne vous a plus gratifiés de ses subsides, vous avez dû écourter votre voyage, vous ne parvenez pas, depuis bientôt deux ans, à faire éditer votre récit.

– Oui, nous avons encouru la disgrâce du ministre, avoua le visiteur.

– Qu'aviez-vous fait ?

– Rien... justement rien.

– Que deviez-vous faire ?

Aubriet dévisagea tour à tour avec calme ses deux hôtes, puis il se lança :

– Retrouver dans les îles grecques la piste d'un homme, un Français, auquel le roi s'intéressait, effacer les traces de son passage ainsi que celles d'un autre personnage, revenu depuis près de trente ans dans le royaume.

– Nous nous en doutions, nota le chevalier en dissimulant comme il pouvait son exaltation.

Aubriet paya d'effronterie.

– Et moi je savais, en venant ici, que ce n'étaient pas précisément mes dessins qui vous intéressaient...

– Pas seulement vos dessins, protesta l'abbé.

– Soit! dans ce cas combien me donnez-vous du reste? demanda froidement le peintre.

Le chevalier répondit du tac au tac comme un maître maquignon dont les répliques étaient fourbies d'avance :

– Assez de pièces d'or pour couvrir, en les posant bord à bord, toutes les planches que vous nous portez dans ces deux serviettes.

Aubriet frissonna d'aise mais, presque aussitôt, parut se rembrunir.

– Et votre discrétion?

– Vous parlez ici dans un sépulcre... De votre côté ce sera promesse d'allégeance totale à la maison d'Orléans... C'est nous à présent que vous devrez servir et servir exclusivement.

Et comme l'autre paraissait ne pas entendre l'allusion :

– On ne peut servir deux maîtres, appuya l'abbé, le grand prieur devra se résigner à n'avoir plus de *Stachys cretica* sur ses lambris.

Aubriet reçut le coup dans un sourire.

– Oui-da! je garderai toutes mes fleurs pour vos maîtres, j'en ferai des guirlandes pour la Galerie d'Énée.

– Chaque dessin que vous ferez ici vous sera compté double de ce qu'on vous payait ailleurs.

– Je tope, messieurs, exulta le peintre, c'est trop de joie que de voir enfin mon talent reconnu.

– Tous vos talents! appuya le chevalier à demi sérieux.

Un dernier doute torturait l'esprit du peintre des plantes:

– Son Altesse avalisera-t-elle ces promesses?

Le chevalier se leva pour aller prendre sur son bureau le petit sceau de la maison d'Orléans dont il avait la garde.

– C'est ça, grommela-t-il en homme blasé, vous avez raison, le monde n'est pas sûr... Faisons nos affaires d'abord!

Il rédigea en faveur du maître-peintre une lettre d'acompte de cinq mille livres qu'il timbra et à laquelle il donna force exécutoire par sa signature, précisant qu'il serait payé trois écus d'or par pouce carré de dessin original livré par Aubriet.

Le peintre, qui écarquillait les yeux en voyant s'aligner les zéros, demanda à s'asseoir pour dominer son émotion. Le chevalier, qui jubilait intérieurement d'une victoire si facile, revint en trois bonds vers le centre du salon, agitant le reçu devant le nez de son visiteur sous le fallacieux prétexte d'en faire sécher l'encre.

– Hé bien! monsieur, racontez-nous tout et dites-nous pourquoi monsieur de Pontchartrain vous avait confié la véritable direction de cette expédition!

– Ça aussi vous l'aviez deviné ?

– Nous n'imaginions monsieur de Tournefort ni en espion ni en chef d'une telle entreprise... Dans cette affaire, il ne s'est prêté qu'à une chose, faire croire qu'il vous coiffait pour vous permettre d'agir dans l'ombre et, de cela même, il s'est fort mal acquitté.

Aubriet se rengorgeait. Les talents crapuleux finissent toujours par se lasser de l'ombre et se satisfont presque invariablement d'être quelque jour traversés et reconnus.

– Je suis depuis sept ans l'agent secret de monsieur de Pontchartrain, son espion dans la corporation des peintres de Paris, ce ministre me connaissait par les rapports que je lui faisais tenir régulièrement par l'un de ses secrétaires. Il eut la faiblesse de trouver bon mon ouvrage de peintre et de me commander les planches d'un herbier pour l'Académie dont il est en titre le protecteur... En 1698, il me fit venir, par les derrières, dans son cabinet à Versailles. Il paraissait soucieux. Il venait d'apprendre, qu'en prévision de la succession espagnole qui devait être disputée entre la France et l'Autriche, les services de Vienne avaient dépêché en Orient des agents pour s'emparer d'un certain secret dont la révélation pouvait perdre irrémédiablement Louis XIV... Le roi avait donné ordre de prévenir ces envoyés de l'Empereur et de se rendre maîtres avant quiconque de ce que ces envoyés de Vienne cherchaient. Le ministre me demanda alors de monter en quelques jours une expédition qui – sous couvert d'aller étudier la flore et les mœurs de l'Orient – aurait eu pour véritable but de rechercher et de détruire ce qui pouvait accabler notre roi. Je mis tout sur pied mais sans pouvoir finalement embarquer. La réoccupation d'une partie du Péloponnèse par Venise en 1695 nous avait momentanément brouillés avec la Porte et nous ne reçûmes pas l'autorisation de débarquer dans les ports ottomans. Il fallut, à Marseille, abandonner ce premier projet. De toute façon Charles II mourait en 1700 et, contre toute attente, les Bourbons devenaient ses héritiers... Monsieur de Pontchartrain, profitant des heureuses circonstances que le royaume connut dans les débuts de cette succession, en particulier par la mort de notre ennemi le roi Guillaume d'Angleterre, prit le temps de notre réconciliation avec la Porte pour relancer son affaire.

Tournefort, avec qui j'avais travaillé pour illustrer les *Éléments de botanique* et que je savais désireux de faire le voyage d'Orient, donna l'accord que je lui demandais pour me couvrir et prendre en apparence la tête de notre petite expédition. Quant au docteur Gundelsheimer qui devait nous servir d'assistant, vous verrez tout à l'heure son véritable rôle... Ma mission me fut précisée par monsieur de Pontchartrain tête à tête : je devais retrouver le chevalier de Bréderodes, compagnon autrefois du duc de Beaufort, dont on était sans nouvelle depuis la fameuse bataille livrée par les armées chrétiennes devant Candie en 1669... Les dernières informations secrètes reçues à la cour étaient que le survivant du désastre de Crète continuait de vivre en Grèce sous l'habit d'un moine. C'est pour cela que nous vînmes en premier dans l'île où il avait officiellement disparu et que nous nous y intéressâmes tant à la vie religieuse comme vous le constaterez en entamant l'ouvrage de monsieur de Tournefort. Nos recherches furent dès l'abord fructueuses. Au couvent de la Trinité, près de la Canée, nous apprîmes que trois moines français, trente ans auparavant, avaient vécu près des ruines du palais de Cnossos. On murmurait que le chef de cette petite communauté avait été enlevé par des marins venus de Marseille et que les deux autres avaient alors quitté l'île dans des directions opposées. Le premier, Charles, serait allé sur le continent, l'autre Jean, préférant le nom grec de Yannis, aurait cinglé vers le large. Monsieur de Pontchartrain nous avait demandé de ne nous intéresser qu'au seul Jean de Bréderodes, autrement dit Yannis. Les moines nous assurèrent qu'il serait parti sur le brigantin d'un marin de Cythère dont l'habitude était de relâcher à L'Argentières.

L'Argentières est le surnom de l'île de Chimoli [1] qui lui vient des nombreuses mines d'argent qui s'y trouvaient autrefois. C'est une île que tous les marins connaissent puisqu'elle n'est à peu près peuplée que de femmes dont les maris sont marins au service des Turcs ou des pirates et dont les fils leur sont retirés, à douze ans, pour faire l'apprentissage de mousse. Les mœurs y sont déréglées à l'extrême. Ces femmes s'ennuient et n'ont pas d'autre industrie que celle de leurs charmes. Les plus belles jouent de la harpe près du port, devant le seuil de leur maison, elles sont à tout le monde. Les marins qui vont à Chimoli savent que l'amour les attend là pour quelques drachmes. Les plus vieilles, réfugiées en haut du village avec les enfants, tissent les bas de coton blanc qui sont la seule activité avouable du lieu... Dans l'église de ce village, dédiée à sainte Irène, il existe une sorte de registre composé à même les voussures du cloître sur lequel les voyageurs marquent leur destination. A notre grande stupeur nous trouvons cette mention en grec : « Frère Yannis, remettant son âme à Dieu, en partance avec son guide pour Milos, en quête d'un lieu pour prier Dieu en paix. » Suivait cette date en français : 13 mars 1671. Le pauvre Yannis avait dû attendre

1. Kimolos.

dans ce modeste sanctuaire que son marin de Cythère ait vidé au port ses joyeuses affaires. Nous mîmes donc le cap sur Milos qui n'est qu'un rocher spongieux, une croûte poreuse de soufre et de sel. Là nous interrogeâmes des paysans qui faisaient de grands feux de bouses séchées pour fabriquer du plâtre, des vignerons qui nous offrirent un vin ignoble renfermé dans des cruches où il bouillait sans marc avec de l'eau salée et trois poignées de ce même plâtre : le souvenir de Yannis paraissait s'être aboli. Nous parcourûmes les landes désolées, hérissées de figuiers de Barbarie et d'ajoncs, nous escaladâmes des falaises de tuf creusées d'abîmes profonds au fond desquels bouillaient des eaux soufrées, nous longeâmes des rivages où la mer était si huileuse de débris poissonneux qu'elle s'enflammait parfois. Tout cela nous parut maléfique. Tournefort pestait parce que nos investigations le retenaient en un lieu stérile pour sa science. C'est alors que Gundelsheimer nous tira d'embarras...

– Quel est ce personnage et quel était son rôle au juste ? demanda le chevalier.

– J'y viens... Gundelsheimer est un Allemand de Franconie, né à Anspach. Il avait été autrefois conseiller et médecin du prince électoral de Brandebourg mais de très graves affaires l'avaient contraint à quitter l'Allemagne et à venir se réfugier en France. Je fis sa connaissance à Paris...

– Où ça ? insista abruptement le chevalier.

– J'allais vous le dire, sourit Aubriet, n'ai-je pas promis de ne rien vous cacher ?... Oh ! le lieu de notre rencontre nous prédisposait à nous montrer charitables l'un vis-à-vis de l'autre : c'était un tripot et le plus noir des tripots, dans l'enclos du Temple, un lieu terrible tenu par un cadet de vieille famille englouti d'honneur et de réputation... Messieurs, si j'ai besoin de riches protecteurs, de gens dont la générosité s'accroisse et ne s'amenuise jamais, c'est que le jeu est mon démon, tout comme il était celui de Gundelsheimer... Sur notre bateau, tandis que nous voguions de Cyclade en Cyclade, nous nous gagnâmes et nous nous reperdîmes des fortunes. Mais Gundelsheimer n'était pas que joueur, il était aussi alchimiste, empoisonneur, tireur d'horoscope et algébriste.

– Quel programme ! jubila le chevalier que l'apparition de ce nouveau personnage émoustillait.

– J'avais fait enrôler Gundelsheimer dans notre expédition à cause du don extraordinaire dont il jouissait, qui était de suivre à distance quelqu'un à l'aide d'un document écrit de la main de cette personne ou d'un objet lui ayant appartenu... Il s'était fait connaître par cette étrangeté proprement diabolique à la cour de Prusse, il a même commis un petit opuscule sur la question, *Des flux que les personnes émettent à distance*, qu'il a signé sous le nom d'abbé Constantin Adler.

La première fois que monsieur de Pontchartrain me parla du voyage en Orient et de ma mission, je fus perplexe et je trouvais qu'il y avait si peu de chance de remettre la main sur Jean de Brédérodes, trente ans après sa disparition, que mon premier mouvement fut de refuser malgré les dédommagements très conséquents qu'on m'offrait et la prime inouïe qu'on me promettait en cas de réussite. A la veille de rapporter ma réponse à Versailles, je rencontrai Gundelsheimer là où je vous ai dit. Il gagna sur moi de telles sommes ce soir-là, en ne me perdant jamais du regard, m'électrisant proprement, que je m'épouvantai et que, contre toute prudence, je lui livrai ce qui me tourmentait. Il me dit qu'il se faisait fort de retrouver Bréderodes s'il vivait encore et me pria de le présenter au chancelier pour qu'il le mette à l'épreuve. Il ajoutait que si je tentais seulement cette démarche, il me ferait remise de tout ce que je venais de perdre. Je revins à Versailles avec lui. Monsieur de Pontchartrain, qui lisait toutes les chroniques de l'Europe et dont la mémoire était prodigieuse, connaissait le nom de Gundelsheimer mais, grâce au ciel, n'avait pas encore entendu parler de sa chute à la cour de Prusse... Il le mit à l'épreuve. Il lui donna deux lettres de ses commis, l'un travaillait à la Chancellerie, c'est-à-dire dans la ville de Versailles, l'autre dans les petits bureaux que le chancelier possède dans l'aile du Midi au château. Gundelsheimer les localisa l'un et l'autre sur un plan de la ville... C'est ainsi que le chancelier, homme au demeurant peu enclin aux sortilèges mais qui estimait qu'il fallait placer toutes les chances de notre côté, nous adjoignit cet étrange savant et, sur la demande de celui-ci, nous remit toutes les lettres de Bréderodes contenues dans son dossier militaire.

– Revenons donc à Milos au moment où, pour la première fois, Gundelsheimer doit expérimenter son fameux... disons, procédé! indiqua le chevalier, soucieux de ramener un peu de rationalité dans ce récit qui s'enfonçait dans l'étrange.

– Il faut savoir que ce don permet de déterminer où se trouve, à l'instant précis où vous le recherchez, un homme placé à distance convenable d'opération...

– Qu'appelez-vous distance convenable d'opération? s'enquit l'abbé.

– Gundelsheimer fixait cela à une journée de cheval...

– Commode lorsqu'on est en mer! ironisa le chevalier.

– Il s'agissait d'une indication destinée à illustrer sa théorie... Disons que dans les Cyclades la sensibilité de notre Allemand ne pouvait s'éveiller que si Bréderodes, ou un signe laissé par lui, se trouvait dans une île à portée de notre vue... Or, vous vous en souvenez, notre mission ne consistait pas seulement à le retrouver mais aussi à effacer les traces qu'il aurait pu laisser au cours de ses pérégrinations... Il fallait donc, non seulement le localiser, mais encore reconstituer tout son périple...

– Mais, dans le cas où Bréderodes n'était plus physiquement quelque part, comment opérait le don de votre docteur ?

– Il fallait impérativement qu'il ait abandonné sur place un objet lui ayant appartenu ou un écrit de sa main.

– Et alors ? s'impatienta l'aîné des Thésut.

– Stupéfaction ! lorsque Gundelsheimer ouvrit la cassette contenant les courriers du jeune aspirant que le chancelier nous avait fait porter, le don opéra.

– Comment se manifestait cette intervention ? insista le chevalier en fronçant les sourcils avec un air de méfiance.

– Le docteur seul pourrait vous l'expliquer : pour nous qui étions à côté de lui, il se mettait à suer, son doigt avançait sur la carte comme s'il n'avait pas été le maître de son mouvement... Ce soir-là, c'était le plan de Milos qui réagissait. Gundelsheimer, sous notre regard médusé, revenait obstinément sur la maison du capitaine du port. Nous nous y rendîmes aussitôt. Ce capitaine était un Turc fort ignorant, et comme j'insistais en lui montrant un sequin d'or, il nous autorisa à inspecter ses registres : le doigt du docteur se colla avec force à quelques-uns de ces volumes dont les dates tardives – elles allaient de 1681 à 1686 – ne laissèrent pas de nous surprendre... Il ouvrit d'abord celui de 1681 et à l'endroit où son fluide le guida nous pûmes lire en grec :

« 26 janvier 1681 : entrée deux heures avant le couchant du caïque de J. de Roseberd, capitaine-marchand français. »

De Roseberd, nous le comprîmes aussitôt, était l'anagramme parfaite de Bréderodes. Son départ pour Siphantos [1] figurait à la date du lendemain. A plus de vingt reprises durant ces cinq années Bréderodes était venu relâcher à Milos et en était reparti tout aussi régulièrement pour Siphantos. La signature extrêmement complexe que nous pouvions lire sur les papiers que nous avait remis le chancelier n'était pas sans parenté avec celle de ce capitaine marchand. Ainsi cinq lustres auparavant le moine que nous recherchions s'était-il fait capitaine...

1. Sifnos.

– Que fîtes-vous alors ? s'impatienta le chevalier.
– Nous mîmes le cap sur Siphantos... Comparé à Milos, c'était le paradis.
– A Siphantos tout est excellent, tout vient à profusion, enchaîna Aubriet, les femmes y sont belles et font de jolis chapeaux de paille finement tressés qu'elles vendent dans les autres îles... Nous interrogeâmes donc les plus âgées, persuadés qu'un capitaine marchand qui relâchait si fréquemment dans leur port s'était intéressé au commerce de leur ouvrage. L'une de ces femmes nous parla d'un Gaulois – Français se dit encore là-bas Gaulois – dont elle se souvenait parce qu'il était le seul de sa nation à ne pas se montrer assidu auprès des dames. Il portait la croix catholique sur sa veste de cuir et elle l'avait vu, durant cinq à six années, revenir à peu près chaque trimestre pour remplir sa cale de chapeaux. Depuis quinze ans elle était sans nouvelles mais elle craignait le pire pour avoir reconnu un jour, au large, son bateau tombé aux mains d'un pirate, un autre Gaulois apparu dans les parages depuis peu.

La bonne femme ajouta que le commerce des chapeaux, entièrement aux mains des musulmans vers l'est, n'était possible pour les chrétiens qu'au nord, vers Seriphos et Antiparos... Nous avions bien besoin de trouver quelque piste nouvelle, car nous eûmes beau passer et repasser sur le môle, traverser l'île en tous sens en faisant mine d'accompagner Tournefort qui garnissait son herbier, le don de Gundelsheimer n'opérait plus. Nous décidâmes donc de lever l'ancre en direction de la peu accueillante Seriphos. La légende prétend que les grenouilles y sont muettes et il est vrai que le silence y règne sans partage, en donnant un avant-goût du néant des enfers. A Seriphos, nulle trace de notre homme. Le don de notre docteur s'émoussait-il à mesure que nous nous éloignions de Milos ? On prétendait Sériphos infestée de serpents et, comme Gundelsheimer nous avait prévenus que la seule approche de ces animaux le faisait entrer dans de terribles convulsions, nous nous éloignâmes sans regret.
– Pour gagner Antiparos ? demanda le chevalier qui suivait en faisant glisser sa mine de plomb sur la carte posée à même ses genoux.
– Oui, Antiparos où nous accostâmes aussi perclus de doute que les marins de Colomb après vingt jours passés sur leur caravelle. Antiparos a été décrite avec grand soin par monsieur de Nointel, envoyé par notre roi dans ces parages entre 1673 et 1676. A cette époque le ministre Louvois avait chargé cet ambassadeur d'investigations discrètes qui ressemblaient fort à celles, qu'un quart de

siècle plus tard, monsieur de Pontchartrain reprenait à son compte. Nointel, dont le chancelier m'avait remis les notes secrètes, était arrivé à Antiparos venant de l'est, nos recherches se recoupaient donc en ce lieu. D'ailleurs, dès qu'il eut posé le pied sur le port, notre docteur « sentit » la présence de Bréderodes. Nous décidâmes de ne rien négliger. L'île était fameuse pour ses cavernes béantes où monsieur de Nointel s'était mêlé de faire célébrer, à deux reprises à Noël, la messe de minuit. Gundelsheimer se sentit tout aussitôt appelé de ce côté. Ces abîmes que nous visitâmes avec un guide turc, un flambeau de poix à la main, avaient servi au cours des siècles de repaire à nombre de gens traqués. Tournefort se piqua d'y relever des inscriptions dont il nous fit mesurer les déformations pour conforter sa lubie de la végétation des pierres. C'est là que notre docteur, invinciblement guidé par un fluide dans ce labyrinthe de roches, mit le doigt sur cette phrase en français :

« Moi, Yannis, moine chrétien de Naxos, obligé de fuir mon ermitage pour me réfugier dans cette caverne à cause de l'arrivée des espions de mon roi.

Le 14 juin 1674. »

Notre homme avait donc vécu là au début de sa fuite et Nointel était passé à portée de lui, à portée de cette inscription, sans la voir. D'Antiparos se voyait Paros, l'île de marbre. C'était un continent à visiter mais nous nous persuadâmes, et cela fut conforté par l'absence de « sensibilité » de notre docteur, que Bréderodes n'avait jamais fait qu'y passer au large. Nous cinglons donc vers Naxos, Naxos la géante, la plus vaste et la plus étrange des Cyclades où nous savions, par l'inscription trouvée dans les cavernes d'Antiparos, que Yannis avait habité au début de sa fuite... Naxos où l'insolent Thésée abandonna la pauvre Ariane, l'île que les anciens nommaient Ile Ronde et dans laquelle ils prétendaient que coulait une source de vin.

Les orangers, les oliviers, les limoniers, les cédriers, les grenadiers, les figuiers, qui ont été vingt fois brûlés et déracinés par les guerres intestines, y sont tout rabougris. La roche affleure partout alors qu'elle devrait disparaître sous un manteau de verdure. Dans cette île, Latins et Grecs se détestent fort et leur haine a transformé la luxuriance en désert. Cette inexpiable rivalité fait le jeu des Turcs qui ne se montrent jamais plus arrogants que là. Les Grecs pour dénoncer les Latins, les Latins pour desservir les Grecs, paraissent devant l'occupant en bonnet rouge comme des forçats de galère. Le commerce des Turcs qui pillent Naxos en la dépouillant de son coton, de sa soie, de son lin, de son sel, de l'émeril qui sert à lester les bateaux et de l'huile de lentisque, attire les corsaires. Telle est l'île où nous débarquons le 8 septembre 1700. Gundelsheimer pose pied sur la jetée dans un état de fébrilité incroyable. Il ne lance même pas un regard à la ville qui s'étend au-dessus du port, pressée de ses murailles blanches et couronnée d'un château vénitien. Les pieds dans l'eau, au bout de l'anse du port, se trouve la petite église de Saint-Antoine-l'Ermite, autrefois bâtie par les chevaliers de Rhodes. Notre Allemand y court, attiré par une force mystérieuse et là, près de l'ambon, il découvre une dalle portant ces mots en français : « J de B, en religion Yannis – 1652-1700 ».

L'église appartient à des capucins génois, les plus ignares et, sans nul doute, les plus crasseux de cet ordre qui se pique pourtant si peu d'intellect et de distinction. Le supérieur de ce petit prieuré ne sait que nous répéter que Yannis est mort un mois auparavant sur le bateau d'un corsaire français venu de Policandro. Ce corsaire aurait payé la tombe et trois dizaines de messes avant de disparaître. Nous voici donc hébétés devant cette dalle, dont le liant de ciment est encore frais.

Nos recherches devaient-elles s'arrêter sur ce couvercle froid ? C'est au moment où nos sombrons dans la plus profonde perplexité que montent imprévisiblement des accords angéliques : une procession de femmes catholiques, vêtues de grands et magnifiques costumes de dentelles, pénètre dans le sanctuaire en chantant. Nous étions le 8 septembre, fête de la Nativité de la Vierge. Il y avait là des descendantes de la vieille aristocratie génoise et vénitienne, pieds nus, faisant assaut de dignité ridicule, précédées chacune de dix servantes qui portaient en signe ostentatoire l'une ses bas, l'autre ses chaussures, l'autre son miroir, telle autre ses marmites et sa vaisselle... Dans cet appareil immodeste, elles venaient honorer la mère du sauveur.

Quoiqu'anéantis par notre déconvenue, nous restons un moment à écouter leurs chants qui étaient magnifiques. C'étaient les cantiques usuels des Latins mais ils pleuraient et modulaient comme des chants d'Orient. La longue théorie de ces femmes couvertes de voiles blancs continuait de s'écouler par le portail que les capucins venaient d'ouvrir à deux battants. Les deux créatures qui marchaient en tête étaient pareilles à deux déesses, leur démarche était souple et leur grâce païenne. Elles jetaient des pétales de roses audessus de leur tête qui virevoltait dans le rai de jour violent concentré par une mince archière. Elles s'approchèrent de la tombe de Yannis sur laquelle elles tournèrent longtemps en se déhanchant dans des poses lascives. Les autres assistantes formaient un cercle et ne quittaient pas de leur regard la dalle du sépulcre. A la fin, lorsque les deux jeunes filles eurent repris place dans le cortège, toutes ces femmes passèrent l'une après l'autre, foulant de leurs pieds nus le tombeau, déposant tout autour des corbeilles de citrons, d'oranges, de cédrats, de grenades et de figues. Elles continuèrent de la sorte, dans une touchante harmonie, de chanter et de rouler leurs voix en quittant le sanctuaire.

Nous demeurons là bien étonnés en compagnie d'un capucin qui compte le produit des offrandes. Nous lui demandons la raison de cet hommage. Il nous répond que cette tombe est sacrée depuis quelques jours pour les femmes de l'île, qu'on prétend qu'un ermite qui commençait à devenir un saint y a été enterré avec une statue miraculeuse de la Vierge. Nous lui demandons ce qu'il en est exactement puisque cette tombe est si fraîche. Il répond que c'est le corsaire lui-même qui s'est occupé de tout, de nuit, les chassant de l'église et les remerciant grassement ensuite de leur discrétion.

Gundelsheimer est resté près de la porte de l'église, « empêché » nous dit-il de s'approcher davantage. Une force soudaine l'attire vers l'extérieur. Il exulte : « Bréderodes n'est pas mort! il est venu ici il y quelques semaines pour assister à ses propres funérailles puis il est reparti, reparti sans doute avec ce corsaire, chez lui, à Policandro! » Le lendemain nous levons l'ancre et passons au large de Stenofa, lande désolée où ne vivent que quatre à cinq bergers qui s'enfuient à notre approche. Nous délaissons également Nicauria – vision fugace d'un paradis primitif – qui est un bloc de marbre tombé dans l'eau bleue, assailli de perdrix rouges magnifiques. Amorgos apparaît à la suite avec son château médiéval protégeant la jolie baie de Katapola. Nous y relâchons à côté d'un caïque ventru dont l'équipage est à terre. Des femmes, coiffées d'écharpes de toile jaune et de ces robes rouges qu'on fait ici depuis les temps antiques, au point que le nom de ce lieu veut dire tout simplement île rouge, viennent nous offrir des citrons. Elles nous mènent en dehors de la ville en marchant devant nous d'un pas léger. Après une longue marche nous découvrons l'église de Saint-Georges-le-Valsamite où siège le plus fameux oracle du temps.

Cet héritier de la Pythie et des Sibylles est un vieillard ratatiné que tous les habitants des Cyclades vénèrent. Lorsqu'il ne fait pas trop chaud, comme c'était le cas ce jour-là, il siège sous le portail de la petite église entouré d'une myriade de dévots, lorsqu'au contraire son banc de pierre devient brûlant, il se réfugie dans le petit sanctuaire, devant l'iconostase, où les popes le laissent officier car sa présence les a rendus prospères. Quand nous entrons nous entendons une voix énorme, celle d'un Français qui, dans notre langue, se moque du devin : « Tête bleue pleine de reliques! tu ne m'impressionnes pas, je sais moi, foi de Barberoussette, que je mourrai dans mon lit, dans mon pays et non sur tes rochers à chèvres. » Le devin hochait la tête :

« ΘΑ ΔΕΙΣ, ΘΑ ΔΕΙΣ! [1] »

Barberoussette, puisque ainsi se nommait cet homme, était un gaillard de six bons pieds, resté coiffé dans cette église d'un feutre à plumes rouges et dont le justaucorps à boutons dorés se galonnait des dentelles d'une vieille rhingrave. Sa figure était pleine comme une lune, touffue depuis la barre de ses sourcils jusqu'au menton. Un coin de sa joue, fendue d'un coup de sabre, montrait une rigole sanglante au creux de laquelle la barbe n'avait pas repoussé. Ses bottes s'avachissaient sur leurs talons, découvrant la seule chose qui fût fine dans cette masse impressionnante : des chevilles si minces qu'elles semblaient lui conférer une assise fragile. Sa voix était tonitruante, son allure formidable. A la mise en garde du vieux sage, il répondit par un éclat de rire qui roula jusqu'à l'intérieur de l'édifice comme un tonnerre : « Vieux bandit! s'époumona-t-il, si je t'avais donné vingt drachmes tu m'aurais prédit que je deviendrais centenaire... Tu veux m'effrayer mais personne ne fait peur à Barberoussette! »

Gundelsheimer nous fit signe d'avancer. Nous bonjourâmes le Français qui nous fit l'accueil le plus gracieux du monde, commandant aussitôt à l'un de ses hommes – il traînait après lui sept ou huit gaillards à mine patibulaire qui s'interpellaient dans tous les sabirs du Levant – d'aller chercher un broc de vin à la taverne qui jouxtait l'église. Nous apprîmes ainsi que Barberoussette était corsaire – il n'en faisait aucun mystère – qu'il était né à Sète et qu'il écumait les Cyclades et le Dodécanèse depuis bientôt quinze ans, s'attaquant là aux Turcs, là aux Italiens mais jamais à ses compatriotes tant était grand son amour pour le roi de France. Les larmes coulaient sur ses joues tandis qu'il évoquait son Languedoc, les quatre enfants qu'il avait mis en pension à Pézenas et qu'il n'avait pas revus depuis quatorze ans. Tournefort répondit sur le même ton que nous cherchions des plantes pour la plus grande gloire de Louis XIV. Barberoussette à ce nom lève son chapeau, le pose sur sa poitrine et s'incline profondément. Il se recouvre, s'émerveille que l'on puisse

1. Tu verras bien! tu verras bien.

venir jusque dans cet enfer d'eau salée et de feu pour cueillir des salades et des herbes alors que les contrées du roi sont si vertes. Lui ne connaît que les piastres, les ducats, la soie et les joyaux qu'il pille et qu'il revend. Il nous parle des Juifs qui lui rachètent ses prises et des Grecs qui sont pires que les Juifs, Gundelsheimer dont la voix, fort curieusement, s'est faite hésitante indique alors qu'il est à la recherche d'un de ses amis, Jean de Bréderodes, devenu moine et qui se fait appeler depuis Yannis. A ce nom l'œil du corsaire étincelle par-dessus le bord de sa chope, sa lourde paupière papillote : « Ce moine est mort et bien mort, mort sur mon bateau au début du mois passé... Je l'ai enterré moi-même, avec le pécule qu'il m'avait laissé dans cette intention, dans l'église de Saint-Antoine-l'Ermite à Naxos.

– Est-ce cette tombe que vénèrent les femmes de l'île en prétendant qu'elle renferme une statue de la Vierge ?... » insistai-je en place de notre docteur dont la langue paraissait s'être glacée. « Oui, une statue sacrée sur laquelle j'ai croisé moi-même ses mains..., répond le pirate. – Vous ne savez rien d'autre à son propos ? lui demande Tournefort. – Vous devez en savoir plus long que moi, vous qui prétendez être ses amis, nous rétorque-t-il rudement tout en précisant : il devait avoir cinquante ans, ses cheveux étaient blancs, il était d'une maigreur d'épouvante. – Où l'avez-vous pris à votre bord ? demandai-je. – A Policandro d'où il revenait d'un pèlerinage vers Patmos qu'il avait entrepris au printemps, me répond Barberoussette. – Où vivait-il auparavant ? insistai-je. – Je n'ai pas réussi à le savoir... Je pense qu'il bougeait beaucoup. En tout cas il connaissait toutes les îles par lesquelles je suis passé avec lui : Calogero, Cheiro, Skinofa, Racha, Nio, Sikinos, Policandro. – Où vous avait-il demandé de l'accompagner ? demande Tournefort. – Il disait qu'il verrait où il devait s'arrêter. C'est la mort, messieurs, qui a fixé son port », conclut Barberoussette, se découvrant à nouveau, le chapeau sur le cœur. Tout d'un coup, il s'agenouille : « Prions ! prions pour ce pauvre moine, pour ce sujet de notre roi. » Des larmes à nouveau se perdirent dans sa barbe. Barberoussette au fond était un tendre.

Tandis que le colosse invoquait Dieu à gros sanglots on vit glisser de sa musette un serpent luisant et noir qui vint s'enrouler à son bras avec une surprenante familiarité. Pour le coup ce fut Gundelsheimer qui pâlit et acheva de perdre contenance. Barberoussette attrapa la tête de l'animal et la balada sur sa barbe : « Mes amis, voici Nepomucène, le seul compagnon dont je sois sûr à présent ! »

Et là-dessus, le corsaire nous tire sa révérence. Nous restons seuls avec Gundelsheimer blanc comme un linge, incapable de parole une heure après que Barberoussette ait quitté la place.

« N'en doutez plus, messieurs, nous dit l'Allemand dès qu'il eut recouvré ses esprits, la tombe de Yannis est infestée de serpents qui veillent sur quelque secret de ce corsaire... Je n'explique pas autrement mon malaise à son contact et l'attirance que les femmes de l'île éprouvent pour ce lieu car vous savez tous que celles-ci, pendant leurs menstrues, ont le don de charmer les reptiles... – Il faut revenir à Naxos, opinai-je, et fouiller cette tombe. Nous voici donc sur l'heure repartis pour l'Ile Ronde. Le bateau de Barberoussette quittait le port d'Amorgos tandis que nous levions l'ancre.

Nous décidons d'opérer de nuit, nous attendons que la dernière chandelle des capucins soit éteinte aux fenêtres de leur couvent bâti près de la petite église, puis nous forçons la porte du sanctuaire. Gundelsheimer sent à nouveau sa tête s'alourdir et la sueur perler à son front. Il reste près du porche. Tournefort, à qui j'ai demandé de l'aide, claque des dents. A l'aide d'une barre de fer nous soulevons la pierre. Nous approchons une lanterne près de la fosse d'où monte un sinistre sifflement. L'excavation grouille de reptiles immondes et au fond, serrés par petits tas comme une armée de soldats de plomb, nous observons de petites figurines sans yeux ni bouche, dotées de grandes têtes aplaties, à peu près une dizaine, debout, assises, toutes de marbre blanc.

Nous laissons retomber la dalle, éberlués de notre découverte. Près de la porte nous retrouvons Gundelsheimer évanoui et nous l'emportons à notre auberge. Dès lors, jusqu'à la fin de notre périple, il ne devait plus éprouver aucun de ces dons magnétiques qui nous avaient permis de suivre les traces de Yannis, il devait d'ailleurs, à cause de cela, se montrer irascible et fort mauvais compagnon... Nos recherches, par la suite, furent vouées à l'échec. Nous nous transportâmes d'île en île sans retrouver jamais la trace ni de Barberoussette, ni de Yannis... Nous gardions l'espoir de revenir plus tard mais ce que nous ne savions pas, c'est que nous étions déjà perdus de réputation auprès de monsieur de Pontchartrain... Vous connaissez la suite, la colère du ministre, l'argent que nous ne trouvions pas aux escales, notre retour précipité.

Le chevalier de Thésut tirait une mine aussi longue que celle qu'avait dû faire monsieur de Pontchartrain à la lecture des lettres de Tournefort :

– Voici, en effet, qui s'appelle tourner court.

L'abbé, plus pratique, était allé chercher une carte.

– Montrez-nous là, monsieur, votre voyage après que vous soyez reparti pour la seconde fois de Naxos!

Aubriet s'exécuta :

– Depuis Naxos, Nicouria, Amorgos, Skinofa [1], Raclia [2], Ios, Sikinos, Phobigandos [3], Santorin, Mykonos, Delos, Syra [4], Thermie [5], Zia, Macronise, Andros, Tinos, Scio [6], Samos, Patmos... Nous n'avions plus d'espoir qu'à refaire le pèlerinage qu'avait fait Yannis revenant de cette île pour mourir à Naxos comme nous l'avait soutenu l'étrange Barberoussette.

– Combien de temps a duré le reste de ce périple dans les îles ?

– Six mois : le 10 septembre nous quittions Naxos, le 3 mars de l'année suivante nous atteignions Patmos. Nous ne négligeâmes aucune visite, aucune piste, aucun port où nous pensions avoir la chance de retrouver la trace de Yannis.

– Tout cela en vain ? insista le chevalier.

– En vain !

L'abbé qui paraissait ne pas écouter suivait avec sa règle le trajet des deux navigateurs.

– Mais ces poussières d'îles, monsieur, les avez-vous visitées ?

– Toutes absolument, c'est ce qui explique le temps que nous avons passé là-bas, nous ne laissâmes rien au hasard après que le don de Gundelsheimer eut cessé d'opérer, ces îles ne sont pas hautes, tout s'y voit à la lunette... Nous en faisions le tour avec notre bateau plusieurs fois et lorsqu'il ne s'y voyait que des perdrix ou des faucons nous ne descendions pas. Dès qu'il s'y trouvait la plus petite cabane, nous accostions pour explorer.

– Celle-là, là, près de Naxos ? s'enquit l'abbé.

– Koufonissia, oui, monsieur, nous l'avons visitée, les rivages en sont magnifiques mais hormis trente chèvres qui sont à la garde d'un pauvre berger à qui chaque mois un équipage lance un paquet de biscuits, nous n'y avons rien vu.

– Et celle-là en face ?

– Keros, c'est un pic étroit couvert de figuiers mais le docteur nous a priés de nous en éloigner au plus vite sans même en faire le tour. Ce fut la seule fois... C'est un désert et, notre pilote nous l'a confirmé, elle n'est peuplée que de serpents.

– Et là ?... reprit le cadet des Thésut qui s'aidait à présent d'une loupe.

Aubriet se prêta ainsi de bonne grâce, pendant plus d'une heure,

1. Skinoussa.
2. Héraklia.
3. Folégandros.
4. Siros.
5. Cythnos.
6. Chios.

au feu roulant des questions de l'abbé et, à la fin, ce fut le chevalier, exténué, qui leva la séance.

– Hé bien, monsieur, nous avez-vous tout dit ?

– Tout ce que je sais, protesta Aubriet, voilà l'histoire véridique de cette lamentable expédition.

– Fort bien, vous n'aurez pas obligé des ingrats. La protection du duc d'Orléans vous est acquise. La chancellerie de Son Altesse honorera notre promesse et règlera désormais nos... disons... rapports.

Le peintre des herbes s'inclina :

– Il ne faut pas que j'oublie ce pourquoi je suis venu. Je devais vous remettre la collection complète de mes dessins... Voulez-vous que je les commente ?

Le chevalier s'effraya de devoir repartir si loin sans avoir bu ni soupé.

– Non ! non ! laissez vos portefeuilles ici, monsieur, nous les examinerons à loisir et nous vous dirons cette semaine ce que nous en pensons... Monsieur de Gironde, raccompagnez notre ami !

Victor redescendit avec le peintre qui, sans la plus petite apparence de gêne, se composait un air de triomphe.

Au moment de le quitter, sur le palier de l'escalier qui descendait dans le vestibule de l'Opéra, notre héros posa la question qui lui brûlait les lèvres depuis un quart d'heure.

– Monsieur, ces statuettes sans yeux ni bouche, comment sont-elles exactement ?

– Vous en verrez une dans mes planches... J'ai trouvé fortuitement chez un pope de Naxos un sujet tout pareil et je l'ai dessiné... Ce pope, qui n'était qu'un ignorant, comme presque tous les popes, n'a rien su me dire à son sujet...

Victor, la porte à peine refermée, remonta quatre à quatre. Il bouscula l'abbé qui avait commencé à se pencher sur l'un des portefeuilles tandis que le chevalier, rompu, était allé s'étendre sur son confessionnal.

– Laissez-moi voir ! commanda-t-il au comble de l'excitation.

Il tourna fébrilement les pages.

– Que cherchez-vous ? s'inquiéta le cadet des Thésut.

– Une statuette, une statuette toute pareille à celles qu'ont vues Tournefort et Aubriet dans la supposée tombe de Bréderodes... Une statuette telle que je crois en connaître une, ici, à Paris.

Après quelque vingt planches de fleurs, de costumes, la petite figurine observée par Aubriet apparut en pleine page : c'était un petit buveur tenant un gobelet, assis sur un tabouret à quatre pieds en fuseau, épuré de forme et dont le long visage, lisse mais convexe, ne s'ornait que d'un nez triangulaire. En tous points, sauf dans la nature du geste qu'il effectuait, ce petit personnage paraissait le frère de celui de madame Bénéfice.

Deux heures plus tard, Victor, après s'être réintroduit dans l'appartement de madame Bénéfice, avec la complicité de Tibri et de Brindavoine, était de retour au Palais-Royal et posait sur le bureau du chevalier la statuette du petit harpiste de marbre.

– Qu'est-ce que cette horreur ? demanda ce dernier, tiré de son demi-sommeil par la jubilation de son disciple.

– Un objet qui se trouvait chez ma rentière de la rue de Bièvre, un objet tout pareil à celui qui figure dans les planches d'Aubriet.

– Quelque chose sans doute fort ancien, estima l'abbé après avoir fait le tour de la trouvaille de Victor.

– A miracle ! pesta le chevalier en fixant le petit musicien d'un regard haineux, nous voici de plus en plus avancés.

*Deuxième partie*

# SŒUR ANGÉLIQUE

*« La sor Angelica figlia di Vendomo »*
Mazarin, Carnets secrets

## CHAPITRE PREMIER

## *Le harpiste de Kéros*

Rose Bonheur était couturière, des plus habiles et des plus prisées dans Paris. Ses robes se vendaient à Londres, à Amsterdam, à Madrid et dans les plus importantes principautés d'Allemagne, où elle avait imaginé d'en montrer les modèles, à ses clientes fortunées, sur de petites poupées de cire qu'elle expédiait par la poste. Son magasin, rue Guénégaud, sur trois étages, était une ruche où les minois frais et roses des petites mains et des couseuses pétillaient çà et là, dans la bourre des soies et des crépons. Cette femme était une maîtresse femme : sous sa férule, l'accessoire, qui n'aurait jamais dû être autre chose – comme son nom paraissait l'indiquer – qu'un détail ajouté à l'élégance pour la rendre piquante, allait devenir, par son accumulation et par son luxe, aussi important que le vêtement lui-même. Rose Bonheur avait été pour beaucoup dans la mode des « engageantes » – ces manches amovibles qui s'ajustaient au coude sous les volants couvrant ordinairement le bras et qui consistaient en trois rangs étagés de dentelle ou de linon, froncés sur un bracelet de toile. C'est elle, également, qui avait à nouveau ganté les dames en leur imposant, l'hiver, l'usage des gants à longs crispins brodés d'or ou d'argent, l'été, des mitaines de jersey ou de soie. Dans sa boutique étaient nés les premiers manchons de fourrure faits de toute la dépouille d'un renard, avec vraies pattes, vraies dents et fausse langue d'étoffe rouge, que Rose avait pris l'habitude de fourrer de poches et de goussets pour que les frileuses puissent y loger leurs boîtes à poudre ou à mouches, leurs mouchoirs et leurs tabatières. Elle fut de ceux qui généralisèrent la distinction du soulier droit d'avec le gauche, pas toujours faite jusque-là et qui enrichirent de broderies d'or, d'argent et de sablé [1] les empeignes de velours ou de cuir. Avec cela, elle ne paraissait jamais chez une cliente sans proposer dix modèles d'ombrelles en indienne ou taffetas gommé, des parapluies en toile cirée, des cannes et des joncs à rubans ou pommeau d'agate, des mouchoirs à moucher, des mouchoirs de deuil, des mouchoirs pour danser ou pour pleurer, tous magnifiques, en mousseline de Chine, au point d'Alençon ou en lampas. Ajoutez à cela les éventails aux lamelles d'ivoire, peints sur canepin ou taffetas, les devants de corsage ornés d'un filigrane d'or, les boutons qui, dans bien des cas, de l'avis de cet oracle redouté des maris économes, ne pouvaient être d'autre chose que de diamant ou de perle.

Appeler Rose Bonheur chez soi, c'était donc, à coup sûr, s'engager dans les plus extravagantes dépenses. Il fallait pour cela être prince ou bien amoureux. Le duc d'Orléans qui était l'un et l'autre, prince par le sang, presque amoureux de sa demi-sœur, Clémire, et qui voulait que tout fût parfait pour son mariage, avait envoyé d'avance trois cents écus à la couturière pour qu'elle accoure.

Flanquée d'une première maîtresse, de deux essayeuses, d'une couseuse et de trois trottins qui portaient les housses et les écrins, Rose Bonheur, quoiqu'elle sût par avance qu'on la ferait patienter deux heures dans un vestibule, s'était présentée à sept heures à la porte du palais. C'était la politesse des fournisseurs que d'attendre longtemps et, plus ils attendaient dans une antichambre bien famée où ils faisaient leur réclame en se montrant, plus ils donnaient l'impression d'être satisfaits.

Victor était là, lui aussi, mais déjà installé dans la chambre de sa fiancée où il avait été prié de passer pour donner son avis.

A demi étendu sur une méridienne à côté de Stella, tandis qu'une femme de chambre achevait de peigner Clémire, il ne pouvait dissimuler un air soucieux. Pour tromper sa nervosité, il faisait sauter son tricorne, le rattrapant par la même pointe, après lui avoir fait exécuter en l'air, trois tours complets.

– Nous sommes le samedi 8 décembre, mon bon, constata négligemment Clémire en s'essayant à surprendre la mine de son galant dans le reflet de son miroir, et il n'est survenu aucun des événements abominables que vous me prédisiez... Aujourd'hui on essaye ma robe de mariée, dans deux semaines je la passerai pour de bon puis nous nous marierons.

– Certes, murmura Victor en forçant son entrain, je prie pour que les heures s'écoulent, jusqu'à ce jour béni, sans plus d'aspérité.

– L'abbé, qui est mon confident depuis que vous boudez, mon-

1. Petite broderie de perles.

sieur, m'a dit qu'un petit musicien vous avait joué hier une musique de harpe bien douce à entendre...

– Tout ceci reste lointain, trop lointain pour que je sois le moins du monde rassuré... Nous tournons autour du pot aux roses, c'est vrai, mais cette statuette garde tous ses secrets.

– Il faut la faire parler! proposa hardiment Clémire.

– Plus je la regarde fixement – et je l'ai fixée sans pouvoir dormir une partie de la nuit – plus elle me semble indéchiffrable... Imaginez une forme d'homme faite de linéaments et de surfaces polies comme un grossier pantin et cela, beau tout de même et d'une pureté qui fait que le regard ne s'en détache qu'avec beaucoup de déplaisir.

– Portez-la tout à l'heure! Stella et moi lui ferons les yeux doux... Elle passera aux aveux.

– Je suis désormais certain que l'homme que nous cherchons a envoyé cette statuette à madame Bénéfice pour lui signifier quelque chose... Que cet indice, venant de quelqu'un qui a appris à se méfier de tout, est plus important que les douze lettres tombées aux mains du grand prieur.

– Vous avez sans doute raison, mais promettez-moi de n'y plus songer et de n'avoir que moi à l'esprit pendant cinq minutes.

Elle ne reprit la parole que lorsqu'il lui eut souri en signe d'assentiment :

– Vous allez me dire ce que vous pensez de ma robe... Je vous ai fait venir exprès pour cela.

Stella, qui gambillait d'impatience, courut ouvrir aux couturières.

Rose Bonheur, entrée d'un pas martial à la tête de son petit monde, s'immobilisa au centre de la chambre pour donner le signal d'une cascade de révérences. En la voyant si platement courbée, Clémire et Stella partirent ensemble d'un petit rire qu'elles ravalèrent bien vite en constatant que l'étonnement de la bonne femme, à ce fracas joyeux, ressemblait à de la désapprobation.

La première maîtresse s'avança à son tour. C'était une sorte de gendarme femelle, aux poignets enfouis sous des demi-manchettes de deuil, qui portait, par-dessus le bustier de sa robe noire, un sautoir d'or de deux toises faisant six fois le tour de son cou. Le reste de son costume s'accordait à l'austérité de sa figure : pas la plus légère ganse, pas la plus petite freluche. Elle tenait à la main une canne dont elle se servait non pour se soutenir mais pour régler, avec des gestes de dompteur, le ballet de ses aides.

A son signal, deux des trottins déroulèrent l'une des housses et exhibèrent une robe blanche d'une ampleur extraordinaire dont le bustier constellé de perles couronnait une avalanche de dentelles retombant en fuseaux et en longs pans déchiquetés qui superposaient leurs architectures transparentes et suggéraient des figures moirées dont le dessin se modifiait au plus léger mouvement.

Stella applaudit tandis que Clémire écrasait une larme et que Rose Bonheur se répandait de nouveau en génuflexions.

– Madame, jugez vous-même, annonça cette dernière d'un ton de miel, nous nous sommes surpassées depuis le dernier essayage... La commande de Son Altesse m'honore et je tiens à ce que tout soit parfait.

La couturière laissait par là percer l'un de ses plus secrets désirs : obtenir la clientèle de la duchesse d'Orléans, fidèle encore, comme ses sœurs, aux fournisseurs de la cour ayant pignon sur rue à Versailles.

La première maîtresse venait à nouveau d'élever son bâton de fée.

– Les souliers, je vous prie!

Une jeune fille, belle comme un astre, avec des joues de coquelicot, vint s'incliner profondément en présentant une caissette de bois ouverte.

Clémire donna son avis, joliment, dans son style franc et naïf :

– Oh! les gentils petits sabots...

Rose Bonheur, sur qui le mot de sabot venait de faire l'effet d'un gant de crin, crut bon de préciser :

– Chacune de ces merveilles est ornée de dix perles de trois grains et de cinquante d'un grain... La boucle est d'or...

– Ce ne sont pas les souliers de tout le monde, opina sans malice la promise de Victor.

– C'est que, madame, ils ne sont pas faits par l'habilleuse de tout le monde, répliqua la couturière pour ne pas être en reste.

Clémire laissa glisser son pied nu dans l'escarpin.

– Je ne passerai pas la robe... Je suis superstitieuse mais cela je puis... Qu'en pensez-vous monsieur de Gironde?

Cette question posée tout à trac à Victor, le fit sursauter :

– Mais oui, ma chère, mais oui, vous pouvez tout.

– Je peux tout si vous en êtes d'accord... Je ne veux rien faire autrement mais vous êtes incorrigible... Vous ne me tenez pas parole...

– Moi? s'exclama dans une grimace de déplaisir le seul représentant du genre mâle dans ce déballage de mousseline et de soie.

– Oui! vous ne pensez qu'à vos soucis alors que vous m'aviez promis de ne songer qu'à moi un instant.

– J'essaye mais de noires pensées sans relâche me harcèlent.

– Savez-vous, Victor, que je m'effrayerai bientôt.

– J'ai besoin de toute votre indulgence.
– Elle vous est acquise mais vous la mettez à rude épreuve.
– Ma mie, ne m'abandonnez pas!

Il se leva précipitamment et se dirigea vers la porte à grands pas. Au moment de sortir, se retournant et offrant un visage défait à toutes ces femmes qui le dévisageaient avec stupeur, il répéta :

– Ne m'abandonnez pas!

Au début de l'après-midi de cette même journée, Victor retourna dans le magasin de Mamdour. Il portait sous son bras un sac de toile écrue duquel il tira, pour la montrer au marchand, la petite statue recueillie chez madame Bénéfice.

– Où avez-vous trouvé cela ? s'enquit le Turc en quittant brusquement sa belle humeur.

– Chez une vieille bourgeoise de Paris qui a été assassinée avant-hier et qui a rapport avec l'ami vivant en Orient dont je vous ai parlé.

Mamdour ausculta le petit marbre puis, et prenant le temps de la réflexion, il indiqua :

– Pas de doute, vous voyez là une idole, l'une des plus anciennes de celles que l'homme ait façonnées...

– Quel âge a-t-elle ?

– On ne peut le dire précisément : trente ou quarante siècles peut-être.

– D'où vient-elle ?

– Elles ont toutes été sculptées dans les îles entourant Naxos... On les trouve dans les tombes anciennes.

– A quoi servaient-elles ?

– Le petit nombre de gens qui s'intéressent à elles n'ont pas d'opinion certaine sur leur fonction... Mon père prétend qu'on les trouve dans les tombes des chefs militaires ou religieux des Cyclades où elles servaient autrefois de substituts aux sacrifices humains qui se faisaient à l'occasion des funérailles... Quoi qu'il en soit ces statues sont sacrées, très rares, recherchées par les amateurs – surtout les princes turcs ou allemands – qui les cachent dans leurs cabinets de curiosités comme des gages d'immortalité. Je n'aurais jamais imaginé qu'il y en eût d'autres que les miennes dans Paris.

– Les vôtres ?

– Oui j'en possède deux que je vais vous montrer.

Mamdour entraîna Victor au fond de l'une des alvéoles de sa prodigieuse caverne.

Là, sur une sorte d'autel, où brûlait de la myrrhe, étaient placées deux petites statuettes qui paraissaient être les sœurs de celle que Victor posa sans hésiter entre elles : l'une était un joueur de fifre, l'autre un berger qui soufflait dans une corne. Tout comme le harpiste de madame Bénéfice ils étaient en marbre blanc à gros grain, avec un visage concave mais sans yeux, traversé d'un long nez en forme de triangle. Ces trois personnages étaient assis sur un siège sans dossier dont les quatre pieds finissaient en fuseau.

– Incroyable! balbutia Mamdour, mais il faut que j'explicite davantage pour vous les raisons de ma stupeur : le joueur de fifre appartenait à mon grand-père qui le tenait lui-même de ses aïeux, l'autre, le sonneur de cor, je me le suis procuré l'an dernier grâce à l'un de mes frères établi à Marseille qui a pu se rendre acquéreur d'un lot de quatre de ces statuettes... Ainsi, ce que je croyais jusqu'à peu un objet unique, existe-t-il, à quelques variantes près, en plusieurs exemplaires.

Victor ne voulut pas demeurer en reste de confidence.

– Il y aurait dans l'île de Naxos, dans un tombeau qui se trouve dans l'église de Saint-Antoine l'Ermite, un dépôt de ces statuettes.

– Ces statuettes ne viennent pas de Naxos mais d'une île qui lui est proche... Une île insignifiante où elles n'auraient jamais dû cesser de veiller sur le sommeil des morts et où, je le crains, quelqu'un à présent les traque.

– Comment s'appelle cette île ? demanda Victor.

– Je vous le confie sous promesse de votre discrétion car ceux qui attachent de l'importance à ces idoles, et qui ne souhaitent pas qu'elles viennent au jour dans des conditions douteuses, doivent s'engager à ne pas divulguer le nom de cet îlot... Il s'agit de Kéros.

Victor exulta bruyamment.

– Kéros! l'île aux serpents... La seule île que monsieur de Tournefort, Aubriet et Gundelsheimer n'aient pas passée au peigne fin.

– Personne n'habite en ce lieu. Il ne s'y trouve en effet que d'immondes reptiles pour veiller sur le secret que je viens de vous confier.

– A Kéros, j'en suis sûr à présent, gît également un dépôt qui touche aux intérêts supérieurs de la France.

– A Kéros, pour qui s'y aventure, ne se trouve que la mort... N'allez jamais là-bas, promettez-le-moi!

Victor sourit en s'emparant de la main du Turc.

– Qu'irais-je faire si loin, grand Dieu ?

– Les idoles de Kéros n'ont pas d'yeux à dessein. C'est pour que l'éclat de leurs prunelles ne les trahissent pas et que leurs sentiments demeurent impénétrables. Je suis persuadé du pouvoir de ces statuettes : elles sont bénéfiques à ceux qui les respectent, maléfiques à qui s'approche d'elles sans pudeur... Éloignez-vous d'elles car je sens que, de dessous la terre de Kéros, elles réclament le sang des profanateurs...

– Que faire de celle que j'ai en dépôt, Mamdour... Si je la laissais chez vous ? Je la sens apaisée de se retrouver ainsi à côté de ses sœurs.

– Gardez-la, ce sera votre porte-bonheur, mais déposez-la en lieu sûr...

– C'est cela, je la porterai à Notre-Dame-des-Mesches où vit mon ami Carolus.

– Ah ! Victor, faites en sorte que ce ne soit pas vous que vos maîtres envoient en Orient percer le secret du roi.

– Comment savez-vous ?

Mamdour posa un doigt sur sa bouche et, tirant hors de son col la chaîne d'or qu'il avait donnée à son jeune visiteur, il l'ouvrit et remplaça l'amulette de corail par une minuscule pierre d'obsidienne.

– Cette fois ce sera pour attirer à vous ceux qui vous peuvent aider... Pauvre ami ! vous allez en avoir besoin.

Et là-dessus, à sa manière accoutumée, l'étrange marchand disparut, laissant Victor perplexe devant la portière de tapisserie restée, plusieurs secondes après sa disparition, animée d'un léger frémissement.

Aubriet, fidèle au pacte conclu avec les Thésut, revint dans la soirée de ce même 8 décembre au Palais-Royal, la mine triomphante. Par l'abbé de Chaulieu il savait à peu près la teneur des douze lettres de la main de Jean de Bréderodes tombées aux mains des Vendôme. Le bailli du Temple l'avait en effet interrogé, sans se défier de lui, pour qu'il l'éclaire de l'expérience de son voyage d'Orient sur beaucoup de points restés obscurs dans les missives dérobées par Ottavio chez madame Bénéfice. Le peintre avait pu ainsi apprendre que cette correspondance s'espaçait de 1695 à 1703, que c'était celle d'un homme se sachant traqué au point de ne livrer en clair aucune indication de lieu ou de personne. Mis à part « B. » que le grand prieur avait identifié à Barberoussette dont Aubriet lui avait plusieurs fois conté l'histoire, la perplexité des habitants du Temple était grande. Le nom de Bellérophon qui revenait sans cesse les intriguait pardessus tout : ils étaient enclins à y voir tantôt un bateau, tantôt une personne vivant à Paris. Le magicien Le Sage, appelé aussitôt au palais prieural, battait ses tarots, activait ses brouets, invoquait Belzébuth, mais tout cela en vain.

Les Thésut jubilèrent sous cape des facéties posthumes du petit chien de madame Bénéfice.

Deux lettres surtout avaient attiré l'attention du peintre au point qu'il les avait apprises par cœur.

La première donnait ceci :

« Septembre 1699,

Je vous fais remettre par B. qui sera à Marseille à la fin d'octobre un objet qui enchantera mon frère puisqu'il a rapport avec notre famille. »

L'autre missive, la dernière reçue, elle n'avait que quelques semaines, celle qui avait motivé la dernière démarche de madame Bénéfice à la Bastille, était encore plus intéressante :

« Septembre 1703,

B. sera à Marseille, un peu plus tard que les autres années, à Noël... Notre moisson a été fructueuse. Il aura sur lui de quoi racheter votre liberté. »

– Cristi ! nous sommes le 8 décembre, observa le chevalier, il ne faudrait pas que Barberoussette se soit avisé d'être à l'heure... Il serait en danger.

Aubriet confirma, les yeux à terre, qu'à peine ce message connu, le grand prieur avait dépêché Don Ottavio à Marseille.

– Quand cela ? s'effraya le chevalier.

– Avant-hier.

Les Thésut, d'un même mouvement inquiet, fixèrent le régulateur, marquant le quantième des jours, qui se dressait dans un recoin de leur bureau.

– Ah ! fichtre, si c'est cela, nous sommes joués, dit l'abbé.

– Ce sacripant est à présent à Lyon, surenchérit le secrétaire des commandements du prince.

– Oui et quant à Barberoussette, malheur à lui ! il est en entier dans la main du grand prieur.

Victor arriva sur ces entrefaites. Comme il se défiait d'Aubriet, il attendit la sortie du peintre pour faire part à ses maîtres des révélations de Mamdour.

Les Thésut, au nom de Kéros, se jetèrent à nouveau sur la carte des Cyclades. Le chevalier reprit sa ronde folle, décrivant à partir du médaillon armoiré d'un tapis de la Savonnerie un cercle qui s'élargissait comme les volutes d'un cyclone.

Il se planta soudain près de son bureau, frappant son front de rage.

– Nous sortons enfin des ténèbres et qu'arrive-t-il ? Nos deux pistes sont aussi scabreuses l'une que l'autre : à Marseille, nous sommes devancés, à Kéros, il nous faut trois mois au moins pour aller et revenir... D'ici là nous serons joués, les Vendôme auront tout empoché.

– Vous ne savez pas ce qu'il y a sur le bateau de Barberoussette, objecta Victor, si ce n'est que de l'argent amassé pour payer la liberté du comte de Bréderodes... rien de perdu.

– Mais si c'est la confession du duc de Beaufort, objecta le chevalier en se hérissant, c'est la fin de tout... Les papiers de l'amiral aux mains de ses neveux, c'en sera fait des légitimes revendications de notre maître. Tout est dit lorsque je dis cela!

– Je pars pour Kéros aujourd'hui même! annonça Victor, sublime.

– Vous n'y pensez pas... Impossible d'attendre votre retour! Il faut en sortir et tout de suite.

Le chevalier marcha sur Victor :

– Mon petit, il n'est plus temps de vous sucrer la moutarde [1], tout est entre vos mains!

Victor qui appréhendait cet instant depuis trois semaines sentit dans la seconde les jointures de son âme se distendre.

– Entre mes mains? répéta-t-il en blêmissant.

– Oui! Vous avez un informateur qui a exigé de vous le silence par serment. Vous nous l'avez avoué... Cet homme sait quelque chose de plus parce qu'on ne connaît pas depuis si longtemps le début de cette affaire sans en savoir bien long. Nous devons partager son secret... Il nous faut ce cadavre, entendez-vous... Ce cadavre vous savez où il se trouve, vous nous l'avez dit par innocence mais il n'est plus temps pour nous de respecter l'innocence... Il y va de l'honneur de notre maître, de sa vie, de notre honneur, de notre vie... Vous n'avez pas d'autre issue que parler ou encourir notre disgrâce.

Victor chancelait tandis que l'abbé pâlissait. Cette scène qu'il avait redoutée et qui, chaque fois qu'il l'avait imaginée, l'avait laissé hébété comme après la fin d'un mauvais rêve, tournait au cauchemar.

– Je ne puis, mes chers maîtres, bredouilla-t-il, j'ai juré sur le crucifix.

– Faridondaine! objecta le chevalier, mon frère est abbé, il soignera votre conscience... Lorsque l'honnêteté est sur le point d'être bafouée, lorsque la cause est juste, c'est Dieu seul qui pèse la valeur des serments.

– Je ne puis, je ne puis, répétait Victor en tremblant... Vous m'êtes témoin, qu'hormis vous révéler ce que je me suis engagé par serment à taire, j'ai fait auprès de vous toutes mes diligences.

– Certes, certes, bougonna le chevalier.

1. De vous adoucir la vérité.

– Je suis entré à la Bastille, j'ai retrouvé madame Bénéfice, j'ai...

– La peste! on sait tout cela... C'est le fond du sac qu'il faut vider à présent... Dites-nous le lieu de cette sépulture et l'on vous couvrira d'or.

Les yeux de Victor s'emplirent de larmes.

– Chevalier! comment pouvez-vous croire que l'or puisse me dispenser...

– L'or... Clémire, votre devoir, l'honnêteté... Que sais-je, moi? Ce que vous voudrez, mais parlez!

Et, joignant les deux mains pour en couvrir sa bouche :

– Parlez! je vous en conjure... Moi aussi j'ai tout essayé pour vous ménager mais voilà, nous sommes dans un gouffre, chaque seconde qui passe maintenant nous égare un peu plus... Pour moi, c'est simple! je ne survivrai pas au déshonneur. L'avis donné à mon maître, contre ses plus intimes conseillers, de ne pas lier son sort aux Vendôme, faudra-t-il que je le regrette?... La voie choisie de la probité contre celle de la crapule, faudra-t-il que ce soit mon calvaire?

Victor ne savait plus que bredouiller.

– Alors, mon enfant, ne me désespérez pas! insista le chevalier.

Tout en baignant cette supplication de larmes chaudes et abondantes, le vieil homme avait pris Victor dans ses bras.

– A moi le péché, à moi la honte et la damnation... Je boirai tout cela à votre place, d'un cœur léger, si nous réussissons.

– Vous ne le pouvez pas... sanglotait Victor.

L'aîné des Thésut s'écarta et fixant brusquement le jeune homme d'un regard radouci :

– En ce cas, brave cœur, je vous en supplie, tentez pour nous une dernière démarche, allez demander à votre informateur qu'il vous délie du serment inhumain qu'il a exigé de vous.

Victor, surpris de la proposition, y vit l'occasion de s'arracher à cette scène épouvantable.

– Çà, chevalier, je puis toujours le demander... Je ne me fais aucune illusion sur la réponse mais, pour l'amour de vous, je veux bien essayer.

– Allez! allez! s'impatienta dans la seconde le vieux conseiller du prince, et ne reparaissez ici qu'après avoir réussi.

Et pour donner force exécutoire à cet ordre, il quitta le bureau en trombe, sans saluer.

Victor, resté seul avec l'abbé, essuyait ses larmes. Il mit un genou à terre et posa son front sur la main de ce second de ses maîtres qu'il savait moins farouche.

– Mon Dieu, monsieur, mon cœur va se briser... J'ai si peur à cette heure de ne plus vous revoir.

Le cadet des Thésut pleurait lui aussi :

– Il ne faut pas mal juger mon frère... C'est le combat de sa vie qu'il livre en ce moment avec des forces usées... Les événements ne se font plus à sa main, tout ce qu'il échafaude s'effondre...

– Je comprends, je comprends, cher abbé...

– Ce que je crains le plus au monde, moi aussi, c'est de vous perdre... Ne plus entendre votre rire, ne plus me réjouir de votre malice comme je me réjouis depuis un an que vous êtes ici, ce serait bien terrible.

– J'y suis si heureux! Vous m'avez tout appris au sujet de la malignité des hommes et du carrousel de leurs petitesses. Pour m'en amuser chrétiennement, vous m'avez enseigné la rouerie et l'indulgence.

– Il est vrai, Victor, que ce qui est contenu dans les papiers de Jean de Bréderodes est la chose la plus incroyable mais aussi la plus dangereuse pour la monarchie depuis qu'elle existe... Contre ceux qui, comme Dubois ou les Vendôme, voudraient en faire un usage irraisonné et criminel, nous ne pensons mon frère et moi qu'à éteindre un brûlot au mieux des droits et des devoirs de chacun... Ce secret entre nos mains, c'est l'assurance qu'il ne sera pas nocif, que le venin se changera en miel... Voilà qui justifie que nous nous montrions si tenaces...

– Je vais tenter d'expliquer cela à mon ami.

– Allez! je prie... Je prierai d'ailleurs jusqu'à ce que vous reveniez.

Il esquissa le mouvement de sortir dans la direction que venait d'emprunter son frère puis il se ravisa.

– Victor!

– Oui, cher abbé.

– Je vous aime comme mon fils.

Et rabaissant la voix :

– Prenez garde qu'on ne vous suive pas!

– J'y veille.

– Mais dès la porte de ce palais, précisa Thésut avec un air de candeur effarée.

– Je m'en serais douté, cher abbé, répliqua le jeune homme en trouvant, pour la première fois, la force d'esquisser un sourire.

Descendu aussitôt dans la cour des écuries, Victor alla s'équiper dans la sellerie avant d'enfourcher l'un des chevaux gris que le premier écuyer du duc d'Orléans tenait en permanence prêts pour le service des messagers de son maître. Ayant réglé ses étriers à la genette [1] pour filer plus vite et s'étant échappé en trombe par la rue Saint-Honoré, il fit une brusque embardée sans changer de direction au carrefour de la Croix-du-Trahoir. S'immobilisant pour feindre de jeter un coup d'œil au travers des vitres sales du cabaret du Grand Monarque, il remarqua deux cavaliers, derrière lui, qui ralentissaient désespérément leur allure.

Il décida d'obliquer sur sa droite et, revenant du côté du Louvre par les rues du Coq et de Beauvais, il coupa par la rue Fromenteau afin d'emprunter la rue des Orties qui longeait, du côté opposé au quai, la galerie joignant l'ancien palais des rois aux Tuileries. Il s'engouffra sous le guichet puis tourna à gauche, en direction du port Saint-Nicolas.

Rien n'y fit. Les cavaliers, bien qu'à distance respectueuse et avec l'air de musarder, ne relâchaient pas leur traque. Victor, jetant un coup d'œil sur le côté au moment d'atteindre la colonnade de Perrault, reconnut dans le plus âgé des deux un officier des chevau-légers du duc d'Orléans qui, par un excès de précaution tout propre à attirer l'attention sur lui, avait enfoui son justaucorps rouge sous une cape d'un ton de terre brûlée. Il paraissait furieux de ces voltes et de ces circonvolutions qui montraient d'évidence, qu'en dépit de ce luxe de discrétion, sa victime se savait poursuivie.

Au carrefour des Trois Maries, qui s'ouvrait, rive droite, dans l'alignement du Pont-Neuf, Victor, en se retournant, n'aperçut plus que le second de ces hommes. C'était le plus fringant. Il se tenait debout sur ses étriers avec toute la légèreté du voltigeur. Ayant entrepris de nouveau de presser son allure mais ayant constaté que son argus accélérait de même, le fugitif décida de continuer à caracoler entre la Seine et la Boucherie en attendant que la nuit tombe.

L'approche de Noël emplissait le quartier des Halles, dont les étals restaient ouverts exceptionnellement tard, d'une foule bigarrée qui se faisait particulièrement dense, tout près de Saint-Eustache, au carreau des volailles. Ces pauvres volatiles, qui ne se vendaient alors que vivants, passaient en ville, à cause de leur rareté, pour des animaux fabuleux. Rivaux alimentaires de l'homme, et regardés bien souvent comme des causes d'accroissement des famines parce que nourris de blé ou de seigle, ils fournissaient une viande qui n'allait que sur la table des gens aisés. Aussi ne voyait-on, tâtant et palpant cette noble denrée, que les pourvoyeurs des grandes maisonnées ou des bourgeoises sévères, soucieuses de veiller elles-mêmes à l'économie de leur domestique. Au long des quatre faces du pilori, des oies tiraient une forêt de têtes au travers des mailles de leurs clisses d'osier, des

1. Étriers réglés courts.

canards, liés par un même écheveau de paille, s'agaçaient à coups de bec, des poules hérissées et conquérantes formaient la cour claquetante de quelques rois dindons, entravés eux aussi, mais qui trouvaient assez d'énergie pour rouler du jabot. Cette gent plumière excitait par-dessus tout la curiosité des enfants qui s'attardaient longuement à l'observer et à imiter ses cris.

Victor, d'un seul coup d'œil, se pénétra de la configuration des lieux. Sur le parvis de la halle, ouvraient les rues de la Cossonerie, des Prêcheurs, de la Petite Truanderie, la rue aux Fers, celles de la Lingerie et des Piliers. Le plan, qu'il exécuta avec autant de promptitude que d'audace consistait à sauter au milieu du marché, d'y semer la confusion et de disparaître à la faveur de l'ombre.

Son poursuiveur sauta sitôt après lui au milieu du carreau mais, pour le coup, eut droit à la colère des mégères qui, passée la surprise du carrousel inauguré par Victor, s'étaient ressaisies pour faire front. On vit son cheval noir pressé de coiffes blanches et de barbes de coutil, le cavalier, empêtré dans la plume, secoué par les basques de son manteau, malmené d'injures et d'horions et qui malgré ses grands coups d'éperons, ne put se dégager à temps pour voir de quel côté celui qu'il pistait s'échappait.

Ce dernier avait filé par la rue Réale, venelle ouvrant également sur la Halle, enjambée d'un passage couvert de maisons qui la faisait communiquer avec la rue de la Truanderie. D'abord il se rencogna sous l'encorbellement d'un vieux balcon de bois, attendant de voir si se profilait une ombre dans l'échancrure que dessinait la lune à l'entrée opposée de cet étroit boyau. Rassuré au bout de quelques minutes, il entreprit de décrire une large boucle par les rues Montmartre et Montorgueil puis, gagnant le boulevard et, franchissant la porte Saint-Denis, il fila vers Charenton.

Carolus était au Salut dans la chapelle. Il fit demander à son visiteur de l'attendre dans le chauffoir.

Victor ne revoyait jamais sans énormément d'émotion, à la porte de cette petite pièce donnant sur la galerie du cloître, la statue de la Vierge qui, un an auparavant, presque jour pour jour, avait souri à sa tante pour lui annoncer qu'il était sauvé. Il s'attarda à en caresser les lèvres d'une main dont il ne pouvait calmer la fébrilité. Il savait, en venant là, que seul Carolus pouvait le décharger du fagot d'épines sous lequel il se voyait prêt de succomber, qu'il ressortirait de Notre-Dame-des-Mesches libre d'épouser Clémire en vivant en paix avec ses maîtres ou obligé de fuir et de s'éloigner de Paris sans retour.

Carolus parut enfin. L'espèce d'extase qui accompagne la prière du moine imprime sur son visage un air de sérénité qui se communique à tous ceux qu'il rencontre.

– Vous voici revenu, constata celui-ci et, je le suppose, désireux de m'interroger...

– Mes maîtres, Carolus, ils veulent savoir où se trouve le cadavre de Beaufort.

– Leur avez-vous dit que c'était impossible, le leur avez-vous dit ? demanda le moine en roulant des yeux suffoqués.

– Je l'ai dit mais ils ont insisté pour que je vienne vous supplier de me délivrer de mon serment.

– N'avez-vous pas été suivi au moins ?

– Je l'étais mais j'ai su fausser compagnie à ceux qu'on avait mis à mes trousses.

– Il n'est pas en mon pouvoir, vous le savez, de vous exonérer de ce que j'ai exigé de vous... Si cet engagement pris envers Dieu n'avait été fait que sur le salut de mon âme, c'est avec joie que je me damnerais pour vous mais j'ai juré à Barbezieux sur le droit au paradis du grand amiral qui repose enfin en paix dans ce cloître après avoir enduré mille morts.

– Il n'y a donc pas d'issue ?

– Je le crains.

– Je le savais, dit Victor, je n'étais venu ici que pour obliger mes maîtres une fois de plus mais, en les quittant, je pressentais aussi que je les voyais pour la dernière fois...

– Non, Victor, vous les quitterez tout juste le temps qu'il faudra... Après les ténèbres reviendra le soleil... C'est moi qui vous sortirai de ce gouffre, je vous en fais serment.

Victor pressa la main du moine :

– Alors, en attendant que vous me releviez du néant, dites-moi tout... Dites-moi pourquoi le secret qu'emporte le duc de Beaufort est si terrible... J'aurai la force après cela d'attendre. Je connaîtrai enfin le fin mot de tout ce que je paye si cher.

Carolus fit asseoir Victor sur le bord de la pierre du foyer pour entamer son stupéfiant récit :

– Il faut reprendre très loin pour ressaisir le fil de ce que je vais vous narrer, remonter jusqu'en 1616, lorsque le jeune roi Louis XIII qui n'avait que quinze ans épousa Anne d'Autriche, son aînée de quelques jours. Cette princesse était belle, piquante et sensible. Elle quittait l'Espagne en pleurant car elle y avait vécu heureuse. Sa plus grande douleur était de se séparer de son père, Philippe III, qu'elle aimait tendrement et qu'elle savait ne plus jamais revoir à cause de cette coutume terrible qui exige qu'une reine ne retourne jamais au pays de son enfance. Le roi, en la quittant, ne put se retenir d'épancher publiquement sa douleur. La pressant contre son cœur devant sa noblesse assemblée, il balbutia à plusieurs reprises : « *quérida mia! quérida mia!* » On eût dit qu'il pressentait tous les périls qui allaient assaillir en France sa chère enfant.

Par tous les tableaux, toutes les tapisseries que vous verrez dans Versailles, vous pourrez vous faire une idée du contraste de ces deux cours : celle d'Espagne, vêtue de noir de pied en cap, peuplée d'hidalgos à mines pâles, celle de France remplie encore des compagnons d'Henri IV aux faces colorées et aux pourpoints déboutonnés... Pour une princesse élevée dans la délicatesse c'était dès l'abord devoir en rabattre beaucoup, d'autant que la froideur de Louis XIII achevait de la décontenancer. Le roi de France était hardi guerrier, hardi chasseur, mais vierge encore à un âge où son père avait effrayé la Navarre de la précocité de ses bonnes fortunes... Anne décida donc de rester tant qu'elle pourrait espagnole : ne parlant que sa langue, vivant dans ses appartements avec les dames venues en France dans sa suite et sa nourrice Estéfania... Il fallut attendre jusqu'en janvier 1619 pour que Louis XIII, sur l'instance de son favori, le connétable de Luynes, qui dut le mener pour cela par la main un soir jusqu'à la chambre de la reine, consentît à consommer son mariage. Le mieux qui s'ensuivit ne devait durer que deux ans, le temps pour Anne de faire deux fausses couches dont le roi parut finir par lui marquer de la rancœur.

De 1621 à 1643 le couple royal ne se raccommodera pas. Louvoyant parmi les écueils, il ne fera que sauver les apparences. Vingt-deux années dans la plus grande partie desquelles un démon qui porte la barbiche et la robe rouge du cardinal de Richelieu, suivant ses vues et suivant l'heure, attisa la haine, fomenta les crises, ménagea les réconciliations... L'histoire d'Anne d'Autriche est celle d'une rebelle qui accède au pouvoir vaincue et contrainte, en dépit de ses sentiments les plus forts, de poursuivre la politique de son pire ennemi. Cette défaite de la femme, cette victoire de la souveraine, c'est, de façon posthume, la plus stupéfiante des réussites de Richelieu...

Mais revenons à 1621. L'humeur sombre de Louis XIII, sa religion inquiète, son goût des combats chevaleresques, la suite de ses passions paternelles et platoniques à l'égard des plus belles jeunes filles et des plus beaux jeunes gens de sa cour, ne purent se concilier avec la légèreté, la drôlerie naturelle, la dévotion théâtrale, l'amour des beaux-arts et ce qu'il faut bien nommer la coquetterie de la reine. Elle se lia avec Marie de Rohan, l'ornement de la cour, jeune épouse du connétable de Luynes que le siècle, après son remariage avec un vieux cousin du duc de Lorraine, devait connaître sous le nom de duchesse de Chevreuse. La duchesse de Chevreuse fut l'ange gardien et le démon de la reine. Ce fut elle, dans l'affaire de Buckingham, qui, pour la première fois, entraîna Anne d'Autriche à deux doigts de sa perte.

En 1623, pour négocier les épousailles d'Henriette, sœur de Louis XIII, avec Charles Ier – une union vouée à la tragédie [1] – l'Angleterre avait dépêché en France deux des plus beaux hommes qui se soient jamais vus ensemble dans une ambassade : Lord Holland et le duc de Buckingham. Buckingham avait ensorcelé son souverain, Jacques Ier, austère fils de Mary Stuart qui avait un goût affiché pour les plus beaux garçons de son royaume. Il faillit de la même façon livrer à sa merci la reine de France. Il n'avait fallu que quelques heures à la duchesse de Chevreuse pour devenir la maîtresse de Lord Holland. Pour Buckingham et Anne, les choses, bien sûr, n'allèrent pas aussi vite : une reine de France, Espagnole de surcroît, souffre d'aimer longtemps et ne cède que rarement. Buckingham avait l'audace de son jeune âge, l'insolence de ceux qui croient qu'aucune fée ne manquait à leur berceau. A Amiens un soir, tandis que la suite qui accompagnait la future reine d'Angleterre à Calais campait au bord de la Somme, il profita de l'obscurité pour poser indiscrètement la main sur Anne... Celle-ci ne put contenir un cri de stupeur qui fit aussitôt accourir les principaux seigneurs français. Ce n'était qu'un incident, la bonne foi de la reine était entière mais Richelieu dont l'étoile montait s'ingénia, tant qu'il put, à introduire le soupçon dans l'esprit du roi. Lorsque sa femme s'en fut revenue à Paris, Louis XIII épura sa maison, renvoya ses plus fidèles amies et presque tous les Espagnols qui vivaient près d'elle. Elle était isolée mais il restait encore près d'elle, pour son plus grand malheur, la duchesse de Chevreuse.

Celle-ci avait un nouvel amant, le maître de la garde-robe de Louis XIII, le beau comte de Chalais qu'elle excitait de toute sa hargne pour qu'il vengeât la reine. C'était en 1626 et cela se termina fort mal : la conjuration éventée par la redoutable police du cardinal, Chalais jugé, exécuté par un maladroit qui frappa vingt-deux fois avant de séparer la tête du corps, le corps porté encore chaud à sa mère qui priait dans une chapelle à cent pas du lugubre échafaud. La duchesse de Chevreuse fut exilée en Lorraine, la reine, pour

1. Charles Ier sera exécuté en 1649 à la suite de la révolution initiée par Cromwell.

finir, interrogée comme une criminelle, assise sur une sellette [1], dans un conseil de famille où figurait le premier ministre. Première terrible humiliation.

Devenue à Nancy la maîtresse de Charles IV, duc régnant et cousin de son vieux mari, la duchesse de Chevreuse continuait de comploter et d'animer l'Europe contre le cardinal. En 1628 ce dernier fit enlever et arrêter milord Montaigu qui passait sur les terres de Charles IV porteur du texte d'un traité auquel Anne d'Autriche avait mis secrètement la main. Richelieu le savait, il voulait s'en servir, initier un grand procès contre la reine, la faire répudier. Celle-ci, par ses amis, obtint de Montaigu in extremis que son nom ne soit pas mentionné. Ce fut un miracle et ce miracle la sauva. Pendant les sept années qui suivirent Anne essaya de se montrer prudente mais le soupçon flottait sur tous ses actes et Richelieu la faisait espionner sans relâche. Louis XIII et elle paraissaient de plus en plus éloignés l'un de l'autre. Le roi vivait à la guerre, la reine au Val-de-Grâce qu'elle venait de faire édifier et d'où elle pouvait correspondre avec qui lui plaisait.

En 1635 la guerre avec l'Espagne se rallume avec une incroyable violence. Anne est effondrée. Elle a gardé en entier un cœur d'Espagnole. Elle écrit à ses frères, Philippe IV et le cardinal-infant, gouverneur des Flandres : elle les aide en les renseignant dans leur terrible projet de prendre le royaume de France en tenaille. A Château-Thierry où séjourne la cour, Louis XIII découvre un soir, sur le bureau de sa femme, plusieurs lettres rédigées de sa main, destinées à la cour de Madrid. Il les jette publiquement au feu, achevant de la sorte de se brouiller avec elle...

Mais le pire restait à souffrir. Le 12 août 1637, Goulard, capitaine des mousquetaires du roi, va sur l'ordre de son maître arrêter Pierre de La Porte, le porte-manteau ordinaire d'Anne, pour le mener à la Bastille. On trouve sur lui une lettre de sa maîtresse – au contenu plus qu'anodin – destinée à madame de Chevreuse réfugiée à Tours, que ce fidèle serviteur devait remettre le lendemain à un certain La Thibaudière pour qu'il la porte à sa destinataire. Anne d'Autriche, le jour même, est appelée à Chantilly par le roi sous couvert d'y fêter l'Assomption. Chantilly c'est le château que Louis XIII a confisqué cinq ans auparavant, par droit de suzerain après l'exécution de l'infortuné Montmorency. Le roi, qui reçoit sa femme avec froideur, lui annonce sans préambule qu'il la soupçonne de correspondre avec l'étranger. Anne nie farouchement. Dans la soirée, en application d'un plan préétabli conçu pour la désespérer, Le Gras, son secré-

1. Le siège sur lequel on installait les prévenus au cours des procédures d'instruction.

taire, espion secret du cardinal, vient l'avertir de l'arrestation de La Porte. Ce que la reine ne sait pas c'est que La Thibaudière, le messager qui devait gagner Tours, pris de panique à la nouvelle de l'arrestation du porte-manteau, est allé de lui-même tout avouer aux gens du cardinal qui, deux mois auparavant, étaient parvenus à intercepter une lettre du comte de Miribel, ambassadeur d'Espagne, venant en réponse à l'un des courriers d'Anne. Ce qu'on s'empresse de lui annoncer le lendemain, pour l'effarer un peu plus, c'est que madame de Chevreuse, affolée de la tournure que prenait l'incident, venait de se réfugier en Espagne.

Seule dans ses appartements de Chantilly, séparée de ses suivantes les plus fidèles, elle va subir la pire des humiliations, celle qu'aucune reine de France avant elle n'avait endurée : elle va être fouillée sur sa personne par le chancelier de France, Seguier... Seguier, lui-même terriblement embarrassé de devoir obéir à un ordre du cardinal dont il n'était pas d'exemple et qui va s'acquitter de sa mission avec un tact qui lui vaudra éternellement l'estime de la reine... Par un de ses hommes de confiance, il la fait avertir qu'il doit venir et qu'il se montrera brutal. Brutal il le fut. Il demanda à Anne de jurer sur les saints évangiles de dire toute la vérité. Elle jura : « Moi, Anne, reine de France et princesse espagnole, je jure de n'avoir pas écrit en pays étranger... » Il fouilla son secrétaire et, devant les dames qui étaient là, lui demanda de vider ses poches sur une table...

Le soir, éloignée du roi qui l'a fait prier de rester chez elle, elle doute... Elle songe un moment à faire seller un cheval, à fuir, à gagner Bruxelles pour rejoindre son frère, le cardinal-infant... Elle prie en répandant des larmes brûlantes et cette prière lui fait soudain prendre conscience de la machination ourdie par Richelieu, la même qu'il avait échafaudée contre la reine mère, Marie de Médicis, son ancienne protectrice en juillet 1631, à Compiègne, en l'acculant au désespoir : la forcer à fuir et par là se débarrasser d'elle plus immanquablement que s'il lui eût fait un procès public... Au plus fort de ses sanglots, elle se fait à elle-même un serment, un serment d'Espagnole : elle demeurera en France, elle demandera à voir le cardinal, elle lui tiendra tête. Je dirai tout à l'heure quelle autre raison, non moins déterminante, la retenait de s'échapper.

Richelieu, le lendemain, 16 août, vient à Chantilly. Il monte chez elle. Il lui proteste de ses respects, il lui susurre même de ces douces paroles qui, plusieurs fois, par le passé, ont fait sentir à Anne qu'il était épris d'elle et mortifié de la sentir insensible à ses appels. Comme elle se cabre, il change de visage, il l'accuse de parjure. Elle tremble. Soufflant à nouveau le chaud, il fait entrer deux de ses ministres et, devant eux, promet à la reine de la sauver dans l'esprit du roi si elle avoue sa correspondance avec ses frères. Anne reprend ses esprits, elle observe d'abord qu'elle n'est pas parjure, qu'elle a prêté serment la veille, devant le chancelier Seguier, comme reine de France et princesse espagnole, que, dans son cœur, Madrid, Bruxelles, Naples et Milan, possessions des rois ses ancêtres, ne sont pas l'étranger. Pour finir, elle admet avoir correspondu avec Philippe IV, avec le cardinal-infant, avec le comte de Miribel et l'ambassadeur d'Espagne à Londres par le truchement de son porte-manteau. Le cardinal la quitte après trois heures de tête à tête. Elle est à demi vaincue, lui à demi satisfait car elle n'a fait que confirmer ce qu'il savait, sans rien ajouter qui eût pu la perdre et surtout sans dire un mot du chiffre utilisé par La Porte, qui aurait pu rendre limpide la réponse du comte de Miribel à ses lettres tombées aux mains du cabinet noir [1].

Richelieu veut pousser son avantage en exploitant le désarroi des amis d'Anne. Il fait conduire La Porte, depuis la Bastille dans son palais, pour l'interroger lui-même. Le porte-manteau qui ne sait pas, et pour cause, ce que la reine vient d'avouer, nie tout en bloc, avec calme et détermination. C'est bien là ce qu'espérait le ministre : le refus de parler du serviteur jette le discrédit sur les aveux de la reine. Pour se donner le beau rôle, le cardinal autorise La Porte à écrire à sa maîtresse pour qu'elle lui dicte sa conduite. Anne est prise au piège, elle ne peut qu'enjoindre publiquement à son porte-manteau de tout dire et, aussitôt, se mettre à prier pour que celui-ci l'entende à demi-mot et ne révèle pas le code de ses correspondances secrètes... La Porte entend-il ces prières ? En tout cas, il continue de tout nier et son silence est presqu'aussi terrible que ses aveux.

C'est alors que deux archanges viennent au secours d'Anne, deux personnes essentielles pour éclairer les tenants de notre mystère. Deux beautés attachées à la reine par miracle puisque c'est Richelieu, chaque fois, qui les a placées près d'elle pour en faire ses espionnes. Elles n'étaient ni l'une ni l'autre à Chantilly et Anne avait ressenti cruellement leur absence. Ces deux filles avaient été également remarquées par Louis XIII qui avait un faible pour l'angélisme et la jeunesse. Aussi, avant de les introduire dans la maison de sa femme, les avait-il prises l'une après l'autre pour confidentes.

La première ne pouvait pas se trouver à Chantilly puisque, en mai 1637, trois mois avant ces terribles événements, elle était entrée en religion comme novice, sous le nom d'Angélique : c'était Louise de

1. Le bureau qui contrôlait en secret la teneur des courriers émanant des grands personnages.

Lafayette. Elle s'était réfugiée au couvent de Saint-Antoine, dans des circonstances qui avaient mis toute la cour en émoi. Richelieu, qui avait deviné l'amitié dont elle s'était prise pour la reine, en dépit du marché qu'il avait passé avec elle, avait hâté son départ avec l'aide du révérend père Carré, un dominicain à sa solde. Le révérend père Caussin, confesseur du roi, qui travaillait de son côté pour Louis XIII, s'était, tout au contraire, employé à faire traîner les choses. Louise avait fini par partir et le roi en avait été malade au point d'aller se mettre au lit dans son petit rendez-vous de chasse de Versailles, sans rien manger ni boire d'une semaine. Au début de juin, n'y tenant plus, il s'était présenté à la porte du couvent de Sainte-Marie pour la revoir. Ces rencontres du monarque et de la novice, séparés par la grille de la clôture, se poursuivront tout l'été de 1637. Le roi éprouvait un plaisir intense à ces entretiens qui roulaient chaque fois davantage sur des sujets mystiques. C'est sous leur impression qu'il entreprit de lire Bérulle, saint François de Sales, saint Ignace, qu'il composa sur sa guitare des musiques pour les grandes festivités de l'année et en l'honneur des saints dont l'exemple le touchait. Venu rue Saint-Antoine avec le secret espoir de tirer Louise du cloître, il l'accompagnait pas à pas dans l'affermissement de sa vocation qui devait aboutir tout normalement, en novembre de cette même année, à la profession solennelle des vœux que fit la jeune fille au grand autel de Notre-Dame.

C'est au commencement de l'automne 1637 – donc avant la prise d'habit de Louise et avant la conception de Louis XIV qui se situe au plus tôt au début de décembre – que le roi, au plus fort de cet échauffement de piété, décida de faire à son amie, à l'occasion de son entrée en religion, le plus incroyable des cadeaux : lui offrir son royaume sous couvert de le consacrer à la Vierge.

Le second de ces archanges était Marie de Hautefort, dame d'atour Anne. On l'avait surnommée Aurore tant il était vrai que par sa beauté, qui éclipsait celle de toutes les autres femmes, elle s'était affirmée comme l'astre de la cour. Elle était, de plus, piquante, impertinente, effrontée, avec beaucoup de manège et d'à propos. Moins encore que Louise, elle avait paru disposée à obéir à Richelieu. Aurore était arrivée la première dans le cœur du roi et, à cause de son indocilité, le cardinal l'avait fait remplacer par la future religieuse. En 1637, l'entrée au couvent de Louise venait de lui redonner sa place dans le cœur de Louis XIII.

Voici donc quelles étaient les bonnes amies du roi, devenues les confidentes de la reine. Voici comment elles réussirent à tirer Anne du précipice... La première, dans le parloir de son couvent, s'employa, dès qu'il fut revenu de Chantilly, à calmer le courroux du roi et à écarter par la force de ses prières le projet de répudiation tenu prêt à l'instigation du cardinal. La seconde fit mieux. Grimée en servante, elle accompagna sa parente, madame de Villarceaux, qui rendait visite à la Bastille au gouverneur de Jars, personnage à qui son bouillant caractère avait fait encourir la haine de Richelieu. Elle lui indiqua au travers d'un guichet ce qu'il fallait que Pierre de La Porte dise pour que la reine puisse être sauvée et, le soir même, par le truchement de pauvres paysans compromis dans la rébellion des Croquants qui attendaient l'heure d'aller se balancer au gibet de Saint-Paul, La Porte fut mis au courant de ce qu'il devait avouer précisément.

De cette terrible crise la reine sortait grandie. La marque de Louis XIII, vous le verrez encore tout à l'heure tandis que je vous décrirai la plus terrible et dernière convulsion de son règne, c'est l'hésitation. Sa volonté balance sur un fil, le moindre souffle peut lui faire quitter le parti de ses plus constants amis. Tous le savent et en premier lieu le cardinal qui craint à bon droit chaque jour pour son crédit. Les ennemis de Richelieu – jamais personne en France ne donna de tels motifs de se faire haïr – ces ennemis donc, croient leur heure venue. Le révérend père Caussin est mandaté par la reine et par ses proches pour porter l'estocade. Il entreprend Louis XIII sur un des sujets les plus pénibles de son règne : l'exil de la reine mère, Marie de Médicis. C'est, en 1637, une vieille femme contrainte de vivre de la charité de petits princes allemands. Louis XIII est dénué de sensibilité, peut-être justement parce que cette mère l'a médiocrement aimé, mais il sait les devoirs que l'Évangile impose de rendre à ses géniteurs. Son confesseur ressort de son cabinet avec permission d'aller conférer avec le cardinal du retour de la veuve d'Henri IV. On est à la mi-décembre. La cour retient son souffle. Le lendemain de Noël, un ordre sec et comminatoire signé du roi exile à Rennes le révérend père Caussin qui ne devait plus faire de bruit dans le monde que par sa mort si étrange [1]. Richelieu est donc toujours le maître en France.

... Début janvier 1638 une rumeur stupéfiante se répand à la cour : la reine est enceinte. La nouvelle paraît si peu croyable, après vingt-deux ans de mariage stérile, qu'on pense à l'œuvre de quelque mauvais plaisant. Marie Hautefort que sa privance avec le roi autorise à poser la question, s'entend répondre par celui-ci : « *qu'une truie songe toujours bren* [2] ». Elle ose remontrer au roi que l'expression est

1. Le RP Caussin, qui se piquait d'astrologie, avait prédit la date de sa mort. Au jour prévu, il se mit tranquillement au lit et mourut.
2. Une truie songe toujours à l'ordure.

ignoble et celui-ci, de fort méchante humeur, lui tourne les talons. Toutefois, le 14 janvier, Bouvard, médecin du roi, rend la nouvelle publique. Un tremblement de terre n'eût pas plus profondément affecté l'Europe...

Il faut prêter grande observation aux événements qui suivent cette nouvelle et à leur enchaînement pour comprendre ce que je vais vous révéler. En janvier et février 1638 le courroux du cardinal est extrême à l'égard des deux archanges de la reine : contre Louise de Lafayette il agit par les jésuites pour qu'ils remontrent au roi l'inconvenance de continuer de l'aller entretenir dans son couvent depuis qu'elle a prononcé ses vœux. Contre Marie Hautefort, à qui Louis XIII est si publiquement attaché, il va mettre en œuvre l'un des plans les plus machiavéliques parmi tous ceux sortis de son imagination : sachant jusqu'où il peut aller pour modeler le cœur inquiet et indécis de son roi, jouant avec un art consommé de la malléabilité de son caractère, de son émotivité, de ses faiblesses, il va oser ce qui aurait pu paraître insensé à tout autre : il va le pousser à aimer un garçon en place des jeunes filles qui jusque-là ont eu son cœur. Ce garçon c'est Cinq-Mars, il a vingt ans, il est l'amant de Marion Delorme, c'est peut-être le plus beau garçon que porta jamais le sol de France, toutes les têtes tournent lorsqu'il passe. Grand, souple, lançant la mode, doué d'une voix qui module comme un violon, il est en entier dans la main du cardinal et, parce qu'il est ambitieux et ambitieux sans aucun frein, il va se prêter au jeu. Le 27 mars 1638 il est nommé grand maître de la garde-robe et, dès lors, jusqu'à sa mort tragique, quatre ans plus tard, jamais ne verra-t-on plus Louis XIII sans qu'il soit dans son ombre. Passion platonique comme toutes les autres mais extrême de ce roi solitaire, prêt à cet instant à s'éloigner des femmes comme si l'image qu'elles lui renvoyaient, surtout depuis qu'Anne était enceinte, avait quelque chose de diabolique... Auprès de la reine, grosse, Louis XIII ne s'attarde pas, il part à la guerre et il y passe l'été en compagnie du nouveau favori.

Le dauphin naît à Saint-Germain, le 5 septembre. La naissance est difficile. Louis XIII propose qu'on fasse de la musique pour ne pas entendre les cris de sa femme, la sage-femme s'y oppose. « *Hé bien! Laissons braire* », répond-il... Quelques heures plus tard, au début de la délivrance qui paraît mal s'annoncer, Marie de Hautefort sort de la chambre, épouvantée. Elle se jette aux pieds du roi : « *Sire, Madame se meurt. – A-t-on l'enfant*? réplique sèchement celui-ci avant d'ajouter : *Calmez-vous, ne songez qu'à lui! Vous aurez tout lieu ensuite de vous consoler de la mère.* » Marie de Hautefort retient ses larmes et se souvient de cette prière que ce prince lui faisait encore à l'automne précédent : « *Lisez-moi l'histoire des rois qui sont devenus veufs et qui ont épousé leur sujette...* » Ensuite, quand le futur Louis XIV pousse son premier cri , Louis XIII refuse d'embrasser la reine. Il doit être poussé vers le lit d'Anne par Marie de Hautefort : « *Baisez, Sire! baisez ou je ne vous parlerai plus de toute ma vie.* » Ce singulier père embrasse de mauvaise grâce sa femme en maugréant : « *Vous avez beaucoup souffert, ce me semble, mais je suis bien aise que vous m'ayez donné un fils.* »

Ce manque d'enthousiasme, et c'est un euphémisme, devait être suivi pour Anne de bien d'autres rebuffades. La naissance du dauphin correspond à quelques heures près au désastre de Fontarabie. Elle fut à n'en pas douter satisfaite au fond de son cœur de cette victoire de son frère Philippe IV. Richelieu, en tout cas, l'en soupçonna fort et s'en plaignit au roi. Malgré l'héritier donné au trône, il n'avait pas renoncé – comme on va le voir – à faire répudier la reine. C'était comme si elle avait commis un crime dont la maternité ne pouvait pas emporter la rédemption. Ainsi commença-t-il, moins d'un mois après cette naissance, à faire ordonner par le roi une épuration complète de la maison de sa femme : le surintendant, le secrétaire furent changés au profit de créatures dévouées au premier ministre. La fidèle madame de Sénecey, l'évêque de Limoges, aumônier de la reine et oncle de Louise de Lafayette, prirent le chemin de l'exil.

Ce n'était qu'un début. Il fallait achever la punition d'Anne en lui ôtant son dernier soutien : Marie de Hautefort. Ce fut l'œuvre de Cinq-Mars qui, dans ces temps-là, était encore en entier dans la main du cardinal. Il exigea deux choses du roi : l'une pour lui, devenir grand écuyer en place du duc de Bellegarde, vieux compagnon d'Henri IV, l'autre, pour le cardinal, faire chasser Mme de Hautefort. Il obtint l'une et l'autre à Fontainebleau, le 8 novembre. Marie de Hautefort reçut ce matin-là l'ordre de quitter la cour avant la tombée du jour. Les adieux furent déchirants, et au-delà de ce que tous pouvaient craindre, puisqu'au moment de partir, Marie, dans un escalier, se retrouva nez à nez avec Louis XIII qui passait en compagnie de son favori... Scène comme il n'en existe que dans les romans : le roi remué dans son insensibilité à la vue de son ancienne affection qui s'échappe, magnétisé au même moment par les lèvres de Cinq-Mars qui ne cesse de répéter : « *Sire, pressons!* » Louis XIII pleure, Marie aussi. Entraîné par son grand écuyer dont le titre n'a que quelques heures, il trouve la force de crier depuis son carrosse, au travers des rideaux de cuir qui frémissent : « *Mariez-vous, madame, je vous ferai du bien!...* » Voici Anne isolée comme jamais, entièrement aux mains des créatures du cardinal et ceci deux mois seulement après la naissance de son fils. Quel crime méritait un tel châtiment ?

Après cela l'année 1639 fut celle des périls et du bonheur. Péril immense que celui venant de l'espèce d'aversion que Louis XIII s'était mis à éprouver au printemps pour son fils sous prétexte que l'enfant criait à son approche et paraissait le craindre. Le roi marqua à plusieurs reprises son intention d'enlever le dauphin aux femmes et, par là, à la reine, pour le mettre à Chantilly sous la garde d'un gouverneur. Cloîtrer ce nourrisson, le tenir prisonnier dans le château de l'infortune qui rappelait à Anne de si cuisants souvenirs, cela paraissait monstrueux. C'était une menace brandie à tout instant sur cet immense bonheur, le premier éprouvé par Anne depuis vingt-deux années qu'elle vivait en France.

Elle ne paraissait presque plus dans les réceptions de la cour pour mieux se consacrer à son fils. Elle l'appelait publiquement : « *Nino mio!* » Elle l'adulait. Elle restait au lit avec lui des jours entiers, l'ôtait à ses servantes pour le baigner elle-même dans un grand baquet. L'enfant, qui se plaisait en sa compagnie, lui réservait tous ses sourires...

A Noël 1639 Louis XIII vint à Saint-Germain en état de grand abattement : sœur Angélique qu'il continuait à voir à la grille de son couvent avait œuvré pour qu'il apaise les inquiétudes de la reine. Son nouveau confesseur, le révérend père Sirmond, qui commençait à se détacher de la sujétion de Richelieu, l'avait également poussé à pacifier son domestique. Mené jusqu'à la porte de la chambre de la reine par Cinq-Mars qui, insensiblement dans ces temps-là, devenait l'adversaire du cardinal, parvenu au pied de la couche royale, fébrile, torturé d'une passion pour son grand écuyer qu'il savait ne jamais pouvoir assouvir, il honora la reine et, ce, pour la première fois depuis de nombreuses années. Cinq-Mars, satisfait de le planter là pour aussitôt courir à Paris rejoindre ses amis et Marion, accompagna ainsi plusieurs fois le roi au souffle court jusqu'à la porte d'Anne...

Et ce fut à nouveau ce cri incroyable : la reine est enceinte! La reine toujours objet de suspicion et de haine mais en état d'indicible bonheur devait donner jour, le 21 septembre 1640, à un second fils... Deux ans nous séparent encore de la mort de Richelieu, deux ans et demi de celle du roi. Les événements qui se bousculent à partir de là expliquent les futurs bouleversements de la régence. On va y voir comment – par un crime perpétré contre tous ses amis – la reine de France devint trois ans plus tard, en digne héritière du sang de Charles-Quint, l'omnipotente maîtresse du royaume.

La fin de 1641 voit naître le plus grand danger qu'ait jamais eu à conjurer Richelieu, alors à quelques mois de la tombe. Une immense cabale se lève contre lui à cause de la poursuite de la guerre espagnole. Tous veulent la paix, la reine pour l'amour de son frère, Cinq-Mars pour aimer tout à son aise la belle Marie de Gonzague, beaucoup, à l'exemple de Monsieur, frère de Louis XIII, par ambition pure, parce qu'ils pensent qu'on intrigue plus à son aise à la cour qu'à l'armée. Rares sont ceux qui, dans leur désir d'arrêter les combats, songent à épargner au peuple davantage de misère. Les conjurés s'abouchent avec l'Espagne, avec Marie de Médicis exilée à Cologne, avec l'Angleterre, ils dressent les articles d'un traité de paix générale. Celui-ci ne suppose qu'une chose pour entrer en vigueur : que le cardinal disparaisse. Anne est au centre du complot mais, dans cette affaire dont elle flaire tous les dangers, elle fait montre d'un étonnant sens politique : pour se disculper par avance elle convoque le père Carré qui est l'espion de Richelieu et lui dit tout le mal qu'elle peut de Cinq-Mars, devenu pourtant en secret son allié. En février 1642 Louis XIII et Richelieu font route vers le Roussillon. Le cardinal vient de réussir contre l'Espagne deux coups de maître : le Portugal s'est soulevé à son incitation et la Catalogne française a appelé à son secours Louis XIII en le proclamant son comte.

Pourtant, cette cour qui descend vers le sud joue une tragédie ambulante. Le cardinal perclus d'abcès, porté en litière, en barque, à demi-inconscient, d'une maigreur de spectre. Louis XIII observant, goguenard, les progrès vers la mort de son ministre et qui, écoutant sans se fâcher les conseils d'en finir que lui fait à Moulins le beau Cinq-Mars, répond tout simplement : « *Il est cardinal et prêtre, je serais excommunié.* » Cette curieuse objection, ce n'est rien d'autre au fond qu'une demi-permission. Le roi, dans son for intérieur, jubile à l'idée d'être débarrassé du moribond mais cette pensée digne de Ponce Pilate il la confie à Cinq-Mars, jeune homme qui manque autant de décision que de cœur... Valence... Avignon... Aix passent et le cardinal n'est pas inquiété. Anne d'Autriche s'en épouvante : elle voit l'horizon se fermer de noir, les événements aller à rebours de ses espérances. Elle a raison de douter!... Vers la fin d'avril, de Perpignan, lui parvient une nouvelle terrible : Louis XIII lui écrit qu'il a donné l'ordre au comte de Brassac, resté à Paris, de lui ôter la garde de ses enfants séance tenante. Le cardinal, de sa litière, a reçu des nouvelles du complot et de la culpabilité d'Anne. Il a informé le roi et il a imaginé en représailles de donner cet ordre démoniaque pour désespérer la reine. Trois nuits Anne reste sans sommeil, trois nuits elle tourne dans sa chambre au Louvre en ressassant ses tourments.

Le 30 avril au matin elle accomplit le crime qui la sauve, qui va permettre à Richelieu de mourir ministre et à la monarchie de rester autocratique : elle envoie au cardinal l'exemplaire qu'elle détient du traité de paix. Elle trahit sa foi, ses amis, son frère même, pour l'amour de ses enfants. Richelieu recevant le traité des mains d'un messager de confiance qui a volé jusqu'à lui pousse un immense soupir : ce n'est pas pour sa vie qu'il sait presque finie, c'est pour son œuvre qu'il voit sauvée. La reine, cette reine, qui d'un jour à l'autre peut devenir la tutrice de ses enfants, a compris enfin où résidait l'intérêt de l'État. Il a dû mener presque vingt ans d'enfer à Anne pour lui rendre la tête politique et il y est parvenu in extremis, en la brouillant sans retour avec les ennemis du pouvoir absolu... La suite vous la connaissez, Cinq-Mars et de Thou jugés, leurs belles têtes coupées, sous les pleurs du peuple de Lyon, la frayeur de tous ceux qui ont eu à voir dans ce complot, Gaston en fuite et déchu de ses droits de succession au trône, la reine triste et impavide, étrangement sereine. Le cardinal revient à Paris pour y mourir, le 4 décembre, et recommander Mazarin au roi. Louis XIII qui ricane de cette mort, qui ricane de celle de Cinq-Mars, décline lui-même à toute allure pour s'éteindre six mois après son ministre, sans plus aucune de cette jeunesse rieuse autour de sa couche, éloigné de la reine et de Gaston malgré les efforts pour tout concilier du nouveau cardinal, l'Italien, le Mazarin... Voici! voici l'histoire véritable d'Anne et de Louis XIII... Ne la trouvez-vous pas étonnante?

Victor, qui avait suivi sans en rien perdre le récit de Carolus, prit pour la première fois la parole :

– Il est vrai que Louis XIII fut un étrange père.

– Oui, Victor, voici le nœud de l'énigme... Louis XIII fut un étrange père, tout simplement parce qu'il ne fut pas le véritable père de Louis XIV...

– Que dites-vous?

– La vérite et je vous l'explique... Vous avez vu Louis XIII laisser se commettre des violences contre la reine dans l'été de 1637. Il est vrai qu'en ce mois d'août, à Chantilly, le cardinal lui conseillait la répudiation non pas principalement parce qu'Anne trahissait le royaume – elle avait toujours écrit en Espagne et tout le monde le savait – mais parce que la reine, presque publiquement, affichait une liaison.

– Un amant!... la reine.

– C'était le premier, elle avait trente-six ans... Il n'y eut qu'un autre homme après celui-là dans sa vie : Mazarin qu'elle devait épouser secrètement bien plus tard. Anne d'Autriche n'était pas Marguerite de Bourgogne... Deux années seulement d'entente avec son mari, vingt années de suspicions et de brimades avaient fait que celle qui s'était effarouchée du geste insensé de Buckingham avait fini par céder à l'être le plus voluptueux de sa cour...

– Qui ?

– Beaufort.

– Beaufort qui vient de mourir si vieux...

– Oui Victor, Beaufort l'insolent, Beaufort le chevaleresque, Beaufort dont vous comprenez enfin pourquoi il fut l'ennemi constant de Mazarin... La reine, depuis longtemps, avait deux soupirants, tous deux ses cousins, tous deux volages et troublants : le comte de Soissons et Beaufort... Le comte de Soissons, avec ses boucles blondes ombrées de feu et son nimbe de héros, était un amant terrible. Toutes les femmes tombaient à ses pieds. Mme de Montbazon, qui devait bientôt, après le départ en exil de Soissons, tant compter pour Beaufort avait été sa maîtresse, Mme de Guéménée aussi... Il aimait les femmes mais il les battait. Soissons, vous le savez, devait mourir dans les troubles de la Fronde, dans cette fameuse bataille de La Marfée qu'il venait de gagner. Beaufort avait au moins aussi grand air que lui mais, lui, il cajolait les femmes et il les faisait rire. En 1637 on le disait désireux d'épouser Geneviève de Bourbon-Condé mais c'est la reine qu'il aimait... Il avait commencé par lui déclarer sa flamme, en lui écrivant comme un collégien. Elle eut la faiblesse de lui répondre. Le Veneur de Tillières qui fut leur confident nous le dit dans ses Mémoires : « *Beaufort avait une cassette toute remplie de ses lettres.* » Que croyez-vous que cherchait le chancelier de France sur la reine à Chantilly : des lettres politiques ? elle n'aurait pas eu l'imprudence de les garder... Des lettres d'amour ? plus sûrement, car ce sont celles-là que les femmes conservent dans leur bustier... Pourquoi croyez-vous que la reine, dans cette nuit cruelle du 16 août à Chantilly, égarée comme elle l'était, ne se soit pas décidée à donner dans le piège du cardinal, c'est-à-dire à fuir comme avait fait sa belle-mère à Compiègne six ans plus tôt ? C'est qu'elle aimait et que Beaufort était son amant, qu'il était demeuré à Paris et qu'elle ne voulait pas s'éloigner de lui... Que croyez-vous qu'on voulait faire avouer à La Porte ? Il était l'homme du chiffre de la correspondance avec l'Espagne, certes, mais il était aussi celui qui portait les lettres du futur grand amiral à sa maîtresse et qui lui en retransmettait les réponses... Richelieu, sur ce point, ne put tirer de ce fidèle serviteur aucune preuve de déshonneur. Louise de Lafayette agissait dans l'ombre, elle calmait le roi et même, pour la première fois, à cause d'elle, ce fut Louis XIII qui imposa silence au cardinal. Le roi était convenu avec la religieuse d'étranges épousailles mystiques : il avait accepté de lui voir prendre le voile, ce qu'elle fit, je vous l'ai dit, au grand autel de Notre-Dame en novembre de 1637. Il devait faire immortaliser cette offrande, aux termes même d'une Déclaration royale projetée dès la fin septembre 1637, par l'érection de sa propre statue agenouillée, dans le chœur de Notre-Dame, au lieu même où cette beauté allait lui échapper pour courir vers Dieu...

– Un mariage de marbre, dit Victor.

– Un mariage dont le vœu fut finalement rendu public le 10 décembre 1637, avant d'être repris solennellement dans une déclaration royale, le 10 février 1638... Lorsqu'il se fit bruit que la reine portait un fruit, de la Noël 1637 jusqu'au 14 janvier 1638 que la nouvelle fut publique, rappelez-vous les hésitations puis l'ironie méchante du roi en réponse à la question que lui posait Marie de Hautefort. Puis après cela, tout d'un coup, le roi, comme par miracle, qui accepte d'être traité en père... Sœur Angélique ! C'est elle, elle seule, qui a produit ce revirement, elle dont l'action a permis l'avènement de Louis XIV... « *Aimez cette bonne religieuse,* devait dire plus tard Anne d'Autriche à son fils aîné, lorsqu'ils vinrent ensemble en visite au couvent de Chaillot qu'Angélique dirigea par la suite, *vous lui devez beaucoup...* » Sœur Angélique fut celle qui fit accepter à Louis XIII, au nom de leur mariage mystique, l'idée de recevoir le premier enfant d'Anne comme son héritier, comme l'héritier de la couronne en France...

– Pourquoi agissait-elle ainsi ?

– Pour plusieurs raisons : ce fut par sollicitude pour le royaume, par amour pour Louis XIII qu'elle aida à porter le fardeau de ce choix, mais aussi pour une raison cachée et plus déterminante encore, elle était la parente secrète de Beaufort, sa parente très proche...

– Sa proche parente ?

– Sa sœur !

– La mère d'Angélique, Marguerite de Bourbon-Busset, qui était la fille de César de Bourbon-Busset, avait été un temps la bonne amie d'un autre César, le père de Beaufort, plus fameux pourtant par ce vice italien auquel il s'adonnait presque publiquement. Je l'ai écrit, souvenez-vous-en, dans le petit cahier qui retrace la vie de Beaufort, Angélique reconnut cette parenté au point d'être la tutrice des petites filles de César de Vendôme, nièces du grand amiral, la reine du Portugal, et sa sœur, la duchesse de Savoie... Angélique ne fut pas seule de cette couvée. Il y eut également un fils, Jacques de Lafayette, chevalier de Malte qui – vous vous en souvenez – était à Candie près de Beaufort. Dans mon récit je disais qu'il se trouvait là comme son ami le plus intime. Il était en réalité son frère. Mazarin savait cette parenté. Il en a même fait mention en italien dans ses carnets secrets dont quelques copies ont circulé sous le manteau.

– Mais Beaufort, acteur de cet effarant mystère, il aurait dû être le premier au moment de la Régence...

– Beaufort régna sans partage sur le cœur de la reine jusqu'au 30 avril 1642.

– Pourquoi cette date ?

– Ne vous souvenez-vous pas que c'est précisément celle du « crime de la reine » ?... Le 30 avril au matin, pour garder ses enfants près d'elle, elle décide d'envoyer son exemplaire du traité à Richelieu... Pendant les trois jours qui suivent la nouvelle que le comte de Brassac est chargé de lui ôter la garde de ses enfants, deux hommes se sont succédé dans son cabinet : Beaufort qui lui demandait de fuir, d'aller à Bruxelles avec lui en emportant ses fils... L'autre était Mazarin, à qui Louis XIII venait de remettre à Valence la barrette de cardinal, cardinal laïque sans ordres religieux, et qui était remonté à Paris faire entendre un écho adouci des terribles paroles du premier ministre. Il conseillait à Anne de trahir ses amis pour sauver le trône et, par-dessus tout, établir le droit menacé de son fils aîné. Il lui représentait que la colère du roi s'étendait non seulement à la voir séparée à jamais de ses fils mais encore à vouloir déclarer l'aîné bâtard.

– Mon Dieu, l'épouvantable dilemme ! blêmit Victor.

– Elle se déterminera, sans doute en prenant l'avis de Vincent de Paul, et son choix montre qu'en elle coulait le sang de Charles Quint... Elle s'éloigna de Beaufort mais ce fut pour offrir le trône au fruit de leurs amours. Personne ne peut prétendre porter de jugement sur ce qu'elle fit dans cette occasion... Dès qu'elle eut pris parti elle devint l'otage du nouveau cardinal jusqu'au point, plus tard, longtemps après être devenue veuve, de l'épouser secrètement. Après cela, tous les événements de la régence et l'ingratitude d'Anne trouvent leur explication : Cinq-Mars, dont elle ne veut pas après la mort du roi qu'on refasse le procès, la duchesse de Chevreuse, qu'elle laisse croupir dans son exil, Marie de Hautefort, à qui elle enjoint dès l'automne de 1643 de quitter la cour, La Porte même, à qui elle devait tant, remercié en 1653... De temps à autre pourtant reparaissait un peu de sa passion pour Beaufort dont elle ne s'était séparée qu'avec douleur. Ressouvenez-vous de cette lettre par laquelle elle lui mande que Louis XIII va mourir et qu'elle ne compte que sur lui pour garder la personne du dauphin. Ressouvenez-vous aussi de l'ordre que Mazarin lui arrache de l'arrêter. Elle pleure après cela en le recevant au Louvre parce qu'elle sait qu'il dormira le soir même au donjon de Vincennes. Elle ne mange plus tant qu'on ne lui a pas annoncé que le prisonnier de son côté a bien soupé dans son cachot. Ressouvenez-vous aussi de la lettre que Beaufort lui adresse après avoir fait la nique à ses gardiens.

– Quelle affaire !

– La grande affaire de ce temps, la blessure que la mort du grand amiral vient de rouvrir au flanc de la monarchie.

– Mais le duc d'Orléans, père de mon maître ?

– Le frère de notre roi était le vrai fils de Louis XIII... Vous ne l'avez pas connu puisqu'il est mort deux ans avant que vous n'arriviez à Paris mais c'était le portrait recraché du feu roi : tout noiraud, tout Médicis, aimant les intrigues, doté d'une âme tourmentée. Je vous ai raconté sa conception et je pense n'être pas éloigné du vrai. L'extraordinaire fébrilité du roi, alors dans le fort de sa passion pour Cinq-Mars, en cette Noël 1639, firent que celui-ci ordonna pour la première fois depuis des années que l'on plaçât son chevet chez la reine... Louis XIII d'ailleurs n'eut pour le petit duc d'Anjou aucune des rebuffades qu'il marqua au futur Louis XIV.

– Mais ce récit que l'on trouve partout de la nuit où fut conçu Louis XIV, de cet orage qui fit que Louis XIII, détourné de ses projets, fut contraint de demander l'hospitalité de la reine chez qui il n'avait pas couché depuis des lustres...

– Cette fable se démonte d'elle-même lorsqu'on sait où le feu roi prit cette « décision » et qui la lui souffla.

– Sœur Angélique !

– Sœur Angélique en effet... C'est à elle que Louis XIII, venant de son petit rendez-vous de chasse de Versailles et se rendant à l'abbaye de Saint-Maur où il désirait entendre le premier prône de l'Avent, rendait visite en ce samedi 5 décembre 1638. Il lui porte le texte de la déclaration royale entérinant le mariage mystique qu'ils ont arrêté de conclure deux mois auparavant et dont la déclaration verbale devait être faite à la cour cinq jours plus tard.

– Mais après cela, le roi alla-t-il chez la reine ?

– Non et ce qui se produisit ensuite, tel que me l'a raconté le grand amiral, vous n'en trouverez la trace nulle part... Le roi qui est depuis plus d'une heure à la grille du parloir en compagnie d'Angélique s'apprête à partir lorsque Goulard, son capitaine des mousquetaires, qui est aussi l'espion de Richelieu, lui tend un petit billet. Ce billet informe Louis XIII que le duc de Beaufort vient d'entrer dans les appartements de la reine... La preuve, la preuve de l'adultère, que Richelieu, moins de trois mois auparavant, essayait d'obtenir par la force à Chantilly, jusqu'à faire fouiller la reine, cette preuve est là, à portée de main. Il suffit d'aller au Louvre pour confondre les amants... Louis XIII, depuis quelques minutes, était l'époux mystique d'Angélique. Il ne pouvait plus et il ne désirait plus rien lui cacher. Il lui montre le billet et c'est Angélique, une fois de plus, qui va sauver Anne d'Autriche et qui – favorisée à cet instant de la prescience qu'un enfant devait naître de la reine et du duc de Beaufort, son frère – décida de fonder les droits de ce futur neveu.

– Ainsi Louis XIII n'alla pas au Louvre!

– Non, il passa cette nuit du 5 au 6 décembre en prières avec Angélique, en pleurs, portant ensemble ce fardeau amer, sauvant ensemble la dynastie promise à l'extinction faute de mâle.

J'ajouterai un détail pour expliquer comment Richelieu s'y prit pour faire taire tous les commentaires qui ne manquèrent pas, dès l'annonce de la grossesse de la reine, d'aller leur train... Ici le cardinal devient démiurge ou diable selon ce que vous préférerez. Dernier politique à oser se tourner du côté des magiciens, seul sans doute à l'avoir fait avec autant d'autorité et d'à-propos, il va transcender la monarchie et l'enfant ensemble, les mettant hors d'atteinte des critiques rationnelles et fondant par là presque invinciblement le dogme de l'absolutisme.

Cette naissance si attendue et si inopinément survenue réactiva le vieux fonds de merveilleux et de magie que l'humanisme du siècle précédent avait malmené. Si aujourd'hui – soixante-cinq ans après ces événements – Fontenelle peut constater avec assez de vraisemblance qu'il n'y a plus de prophètes, ils étaient en 1638, en un temps où l'astrologie était encore regardée comme une science et une méthode de savoir, passablement nombreux et reconnus par le pouvoir religieux ou civil. Plusieurs d'entre eux, dans le règne de Louis XIV, devaient se succéder dans la charge d'astrologue du roi. La stérilité du couple royal était le terrain préféré de leurs disputes et de leurs prédictions. Fabroni, plus ou moins patenté des jésuites, prétendait depuis dix ans que Louis XIII mourrait sans héritier, Campanella, un moine calabrais, soutenait que le roi et la reine obtiendraient du ciel deux garçons.

Tommasso Campanella avait été libéré des prisons du Saint-Office à Rome en 1634 sur l'intervention de l'abbé Mazarin qui n'était rien encore en France mais qui, déjà, avait lié en secret sa fortune à celle de Richelieu. Campanella était l'un des esprits les plus libres et les plus déliés de son temps : à la fois panégyriste de Galilée, chantre de la tolérance, visionnaire comme saint Augustin d'une cité idéale et communautaire. Il fut sans doute le dernier homme doté d'une telle qualité de savoir à mâtiner sa science de considérations astrologiques. Il fut soutenu publiquement en cela par quelques-uns des plus grands esprits de cette France où il venait de trouver asile : Vincent de Paul, le cardinal de Bérulle et, le successeur de celui-ci à la tête de l'Oratoire, Charles de Condren. Dès son arrivée Louis XIII lui accorda une confortable pension. Chaque semaine il voyait Richelieu tête à tête. Celui-ci l'engagea à ses côtés comme pourfendeur du protestantisme et comme thuriféraire de la monarchie autoritaire qu'il édifiait. Il prêtait au cardinal sa plume, son intelligence, sa façon si personnelle et si fine de mettre en forme les visions qu'il prétendait recevoir du Très-Haut.

Louis XIV, en naissant le jour où il fêtait ses soixante-dix ans, procura à Campanella une sorte de royauté sur les esprits que Richelieu lui demanda d'exploiter aussitôt de deux façons : par ses fameuses *Églogues* qu'il eut tout juste le temps de composer avant de mourir et par lesquelles il devait fonder le mythe du « Roi-soleil » et par ce non moins fameux horoscope de l'enfant que le moine publia après l'être allé voir trois fois à Saint-Germain-en-Laye et l'avoir longtemps caressé dans son berceau. Voici quel en est le texte, qui mériterait par sa justesse de figurer en tête de toutes les vies de Louis XIV : « *Erit puer ille luxuriosus sicut Henricus quartus, et valde superbus. Regnabit diu, sed dure, tamen feliciter. Desinet misere et in fine erit confusio magna in religione et in imperio* » [1].

Rarement dans l'histoire des prophéties, prophète ne fut si limpide. Nous qui examinons cet oracle soixante-cinq ans après qu'il ait été rendu pouvons nous persuader de la longueur, de l'éclat, du succès dans ses débuts, du règne de Louis XIV, des périls qui s'amassent en ce moment sur la religion et sur l'État à cause de la succession d'Espagne, dans ce qu'on peut penser être la fin de ce règne. Vous remarquerez surtout, pour ce qui nous occupe, que l'allusion à la bonne santé sentimentale du futur roi passe par-dessus Louis XIII et que, par omission, Campanella laisse entendre que cette sensualité débordée que le temps nous a appris être celle du roi ne rejoint Henri IV que par Beaufort.

– Je comprends maintenant la fébrilité de messieurs de Thésut...

– Oui vous savez tout et, de plus, vous êtes seul avec le roi et messieurs de Pontchartrain à partager avec moi le secret du lieu de la sépulture de Beaufort...

---

1. Cet enfant sera luxurieux comme Henri IV et très orgueilleux. Il règnera longtemps et durement, malgré tout avec bonheur. Il achèvera son règne misérablement et, à la fin, il y aura une grande confusion dans la religion et dans le pays.

– Mais le mystère de la paternité de Louis XIV, les ducs d'Orléans le connaissaient-ils eux aussi ?

– Bien sûr... La fabuleuse manière dont fut doté le frère de Louis XIV ne s'explique qu'à cause de cela, la façon dont il fut élevé et traité toute sa vie aussi. Jamais cadet de la lignée royale ne reçut de si grands avantages, jamais aucun d'eux ne fut si sciemment dénaturé... Louis XIV fit des ponts d'or au chevalier de Lorraine pour pervertir Philippe. En contrepartie, par scrupule et par remords, il ne le laissa jamais manquer de biens ni d'honneurs, le comblant plus que son propre fils, plus qu'il ne pourra jamais le faire pour aucun de ses petits-enfants... Lorsque Monsieur mourut, il y a deux ans, Louis XIV renouvela à votre maître toutes ces donations et ce train de maison dont il n'est pas d'autre exemple en France. Monsieur, une seule fois, osa se révolter. Ce fut la veille de sa mort. Il s'agissait de défendre les prérogatives de son fils que le roi refusait d'employer à l'armée. Au fort de sa colère, il osa se plaindre au roi des ailes qu'il lui avait toute sa vie rognées, rappeler qui ils étaient l'un et l'autre et arguer des droits imprescriptibles de sa lignée. Il se hasarda jusqu'à dire que d'autres, après lui qui n'en avait pas eu le courage, pourraient un jour les faire valoir... Le roi reçut tout ceci sans broncher. Monsieur revint à Saint-Cloud, étonné lui-même de ce qu'il avait fait et dit. La fièvre le prit presque aussitôt, il se mit au lit et mourut dans les heures qui suivirent.

La scène qui suivit du roi sifflant de contentement à l'annonce de la mort de son frère est universellement connue. Monsieur laissait après lui ce fils que Louis XIV, avec la complicité du chevalier de Lorraine, avait tout fait pour faire sombrer dans la débauche. Il s'était ingénié à l'éloigner des affaires et, par-dessus tout, l'avait forcé à épouser la fille qu'il avait eue de madame de Montespan, étendant ainsi sur lui la tache de la bâtardise... Après avoir entendu cela relisez *Britannicus*, dédié par Racine au duc de Chevreuse que monsieur de Saint-Simon vous a présenté à Versailles et qui est avec son beau-frère de Beauvillier, par leur beau-père Colbert, l'un des seuls au fait du détail de ce grand secret : écoutez comment en France on peut murmurer indéfiniment des choses sous condition de ne jamais outrepasser l'allusion, peindre Louis XIV en Néron, Anne d'Autriche en Agrippine et Philippe d'Orléans en victime de la raison d'État. La veuve de Louis XIII, écartée des affaires après la mort de Mazarin, n'aurait-elle pas pu dire à son fils ? :

« Vous régnez. Vous savez combien votre naissance
Entre l'Empire et vous avait mis de distance... »

– Quelles sont aujourd'hui les preuves écrites de tout ce que vous venez de me révéler ? s'enquit Victor.

– Les lettres de Beaufort à la reine sont restées dans les papiers d'Anne d'Autriche et, à sa mort, ont été recueillies par Louis XIV. Celles d'Anne d'Autriche à Beaufort étaient contenues dans un portefeuille dont Beaufort ne se séparait jamais. Elles furent volées, vous vous en souvenez, par les hommes de Louvois lors de l'enlèvement du grand amiral à Candie le 26 février 1671. Ainsi toute la correspondance des deux amants se trouva-t-elle réunie entre les mains du roi qui ne put plus douter, après cela, des véritables circonstances de sa naissance... Mais il est un autre document, un document capital qui a existé en double, la reconnaissance conjointe de filiation de Louis Dieudonné (prénom de Louis XIV), signée d'Anne et de Beaufort... Cette reconnaissance datée du 28 avril 1642, tandis que la reine hésitait encore sur le parti à suivre face aux menaces d'enlèvement de ses fils, avait pour but d'opposer aux hommes du roi, qui seraient venus s'emparer du dauphin, l'autorité paternelle du duc de Beaufort... Le grand amiral ne voulut jamais rendre l'exemplaire qu'il détenait, quelles que fussent, plus tard, au temps de la régence, les instances d'Anne. Il avait là le plus beau des sauf-conduits pour continuer de vivre à sa guise. Il se trouve aujourd'hui encore placé dans le couvercle à double compartiment de cette boîte de nacre que l'amiral tenait de la reine et qu'il nous a assuré avoir contenu jadis de fameux ferrets, cadeau de Louis XIII à sa femme. Or, vous vous souvenez sans doute, par ce que vous avez lu il y a quelques jours, que si la correspondance a été emportée par les hommes venus enlever le grand amiral, le coffret, avec la double confession de Beaufort est resté entre nos mains... Bréderodes et moi, conscients du prix de cette petite boîte, avons tiré au sort pour savoir qui l'emporterait et c'est à lui qu'échut cette mission.

– Ainsi donc ce document se trouve-t-il actuellement encore entre ses mains ? exulta Victor.

– Oui, s'il vit toujours. Quant à l'autre reconnaissance, celle restée aux mains de la reine, tout porte à croire – encore qu'on ne puisse en être assuré – qu'elle a suivi le sort de la correspondance et qu'elle est tombée aux mains de Louis XIV qui s'est empressé de la détruire.

– A mon tour, Carolus, de vous faire une confidence : Bréderodes vit... Il vivait encore il y a trois mois dans l'île de Kéros à côté de Naxos. Mais il est en danger, le grand prieur a su avant mes maîtres qu'un certain pirate, nommé Barberoussette, devait accoster à Marseille avant Noël en apportant de quoi racheter la liberté de monsieur de Bréderodes, l'aîné, qui se trouve à la Bastille... Ce pirate s'il est pris risque de trahir votre ami.

Au nom de Barberoussette, Carolus éclata d'un rire incongru et tonitruant.

– Barberoussette, dites-vous ?

– Oui un marin de Sète qui écume les îles cycladiques.

– Un marin de Sète! hurla de plus belle Carolus en se tenant les côtes.

– A cette heure Don Ottavio, l'âme damnée des Vendôme, est parti à sa rencontre... rajouta Victor en continuant de s'effarer.

– Ottavio n'a qu'à bien se tenir car Barberoussette a plus d'un tour dans son sac...

– Vous connaissez Barberoussette ?

– Pardi!

– Qui est Barberoussette ?

– Un nom que j'ai trouvé.

– Que vous avez trouvé ?

– Oui, Victor, c'est ainsi que je surnommais Jean de Bréderodes lorsqu'un léger duvet commença de couvrir son menton.

– Ainsi Bréderodes et Barberoussette ne font qu'un!

– Qu'un absolument!

Victor, proprement mis en transe par cette révélation, refit pour Carolus tout le récit d'Aubriet et de la traque de Jean de Bréderodes par les agents de monsieur de Pontchartrain.

– Tout ce que vous venez de m'apprendre sur Barberoussette aujourd'hui, conclut Carolus, me conforte dans l'idée que votre Ottavio à Marseille tombera sur l'homme le plus retors du monde... Tournefort, Aubriet, Gundelsheimer surtout, malgré sa science magnétique, mis nez à nez avec lui, ne sont pas parvenus à percer son secret... Ottavio, qui n'est qu'une brute, sera, lui aussi, sa dupe mais qu'il prenne garde, il est patent que Bréderodes charme les serpents et qu'il sait lire dans les âmes comme dans un livre.

– Ainsi beaucoup de choses s'expliquent : ces lettres qui venaient si régulièrement à madame Bénéfice chaque année, c'était lorsque Bréderodes, alias Barberoussette, relâchait à Marseille... Que vous me rassurez, que vous m'inquiétez. Le savoir si près et penser qu'Ottavio tourne autour de lui...

– Rassurez-vous, personne ne l'attrapera... Il est revenu pour négocier la liberté de son frère. Obtiendra le coffret d'Anne d'Autriche celui qui lui ménagera cette grâce... Voyez à quelle dérisoire bagatelle se trouve suspendu le trône des lys!... Faites comme moi, vous qu'à présent le silence condamne à n'être qu'un spectateur. Retenez votre souffle et observez dans quel sens balancera la Providence! priez, si le cœur vous en dit, pour que vos héros l'emportent... Vous ne pouvez plus autre chose.

– Puis-je dire à mes maîtres avant de m'éloigner que Bréderodes et Barberoussette ne font qu'un ?

– Vous le pouvez mais c'est la dernière chose que vous ferez pour eux... Vous les aurez beaucoup aidés en dépit de ce que vous reproche le chevalier.

– Donc à cette heure, résuma Victor, pour ceux qui veulent connaître le secret de notre roi il n'est que deux moyens : traiter avec Barberoussette ou deviner que le corps de Beaufort est ici.

– Le roi, les deux Pontchartrain et nous sommes seuls au courant du lieu de cette sépulture... Le roi couvre les Pontchartrain d'or et de charges pour qu'ils partagent avec lui le secret de Beaufort qu'ils tiennent de Louvois, nous, nous sommes murés par le serment que j'ai prêté à Barbezieux. Et puis, Victor, laissons les morts en paix... Dans six mois, lorsque les vers auront accompli leur œuvre de destruction, qui pourra dire que le grand amiral est l'homme qui repose à Notre-Dame-des-Mesches ?

– Sauf si l'on réunit ceci et ceci, annonça Victor en sortant de sa poche la demi-chevalière sciée que lui avait remise monsieur de Saint-Mars.

Carolus observa l'anneau d'or où se remarquait distinctement la barre de bâtardise qui surmontait le haut de l'écu aux fleurs de lys des descendants d'Henri IV et de la belle Gabrielle.

– Qui vous a donné cela ? demanda-t-il en blêmissant.

– Le gouverneur de la Bastille, inconsolable comme vous d'avoir perdu un ami...

– Voyez les égarements que pouvait provoquer cet homme !... Le plus fidèle des geôliers lançant, comme cela, des pistes pour que l'on ne perde pas la trace de celui dont il était chargé d'abolir jusqu'au souvenir...

– C'est ce même Saint-Mars, Carolus, qui a fait enterrer à Saint-Paul le prisonnier qu'on devait prendre pour Beaufort sous le nom de Marchiali, anagramme parfaite de *Hic amiral*.

Carolus devint songeur.

– Quel effet cela vous fait-il, Victor, d'avoir le sort du royaume au fond de votre poche ?

– Je n'ai pas ce sentiment... Je suis allé aussi loin que pouvait me mener mon désir de percer cette énigme. J'y suis parvenu et je demeure comme anéanti... Je reste sans voix, sans réaction et, comme je le craignais, je ne puis à présent retourner chez mes maîtres... Le serment que je vous ai fait m'en empêche et pourtant je ne regrette pas de m'être lié de la sorte envers vous.

– Quel est votre plan maintenant ?

– Partir ! quitter Paris !

– Renoncer à Clémire ?

– Provisoirement... qui sait ?

– Pauvre enfant !... Vous souffrez mais je vous jure bien, moi, que vos souffrances ne seront pas éternelles. Où irez-vous ?

– Mon oncle m'envoie en Normandie chez une de ses cousines.

– Écrivez-moi où que vous soyez ! je vous consolerai... Croyez-moi, Victor, dès que je le pourrai, je mettrai moi-même un terme à vos tourments.

– Grâce au ciel, je vous ai, Carolus...

– Ne vous moquez pas...

– Je suis sérieux... Je voulais toucher au fond du labyrinthe quel que fût le prix à payer. Ce n'était pas une méchante curiosité mais je voulais me persuader tout à fait qu'il était impossible d'obéir à mes maîtres, qu'entré là où je suis entré, la seule voie de l'honneur était, provisoirement du moins, de m'éloigner.

Carolus raccompagna son jeune ami. Mille ans pesaient sur ses épaules.

– Victor, dit-il en l'étreignant sur le seuil du prieuré, partez puisqu'il le faut... Mais espérez ! Une seconde fois, je vous sauverai.

Quatre jours après ces événements, Stella retrouvait Clémire en pleurs dans son cabinet blanc. A ses pieds gisait cette lettre :

A mademoiselle de Grandville au Palais-Royal à Paris.

« A la poste de Verneuil, le lundi 10 décembre 1703.

Ma bien-aimée,

A douze jours de notre mariage, je cours à la poste. Ce n'est pas vous que je fuis, ni mes maîtres, ni mon prince, c'est ma légèreté et ma faiblesse. Je suis indigne d'un ange tel que vous mais, à cette heure où tout me donne le regret de vous, de votre rire, de votre entrain, je veux que vous sachiez que votre pensée ne me quitte pas.

Votre Victor qui vous aime.

PS : Écrivez-moi à la poste d'Alençon où je ferai prendre mes lettres. »

# CHAPITRE DEUXIÈME

## « *Sur le Racine mort le Campistron pullule* »

En cette fin de 1703, dans la rue Sainte-Anne, tranchée ouverte un demi-siècle plus tôt en l'honneur d'Anne d'Autriche sur le tracé de l'immonde rue au Sang, s'éteignait Bossuet. A soixante-seize ans passés, l'Aigle de Meaux avait touché là au port. Les fracas des oraisons funèbres et des carêmes prêchés devant la cour depuis longtemps retombés, leur style même contesté à cause de l'émergence d'une piété qui ternissait à force de vouloir s'intérioriser, il baignait dans la demi-disgrâce qui avait fini par rejaillir sur tous ceux qu'on soupçonnait de tiédeur à l'égard des jésuites. C'est sans amertume pourtant, ayant cessé depuis longtemps d'être glorieux, que monsieur de Meaux se voyait écarté de la faveur royale. Il s'amusait même de constater que cette monarchie absolue qu'il avait magnifiée jusqu'à la vouloir tirer des propres paroles de l'Écriture sainte [1] vivait fort bien hors sa tutelle, abusant à son égard de la permission qu'ont toujours eue les princes d'être ingrats.

Sa santé n'avait commencé à se dégrader qu'au début de 1702. Ses yeux l'avaient trahi en premier et, pour lire, il avait dû apprendre à se servir d'une loupe. Après cela, la mort, une mort atroce dans l'esprit du temps, celle à laquelle on n'a pas le temps de se préparer, avait failli le saisir, le 24 août 1703, dans son appartement de Versailles. Trois jours durant il avait perdu l'usage de la parole et s'était vu livré à la glace de la paralysie. Le quinquina l'avait sauvé et il avait pu regagner Paris, vers la fin de septembre, porté en chaise de Versailles à Sèvres et, depuis là, par voie d'eau, jusqu'au débarcadère des Tuileries. Dès lors il n'avait fait que décliner lentement mais

1. *La politique tirée des propres paroles de l'Écriture sainte*, ouvrage où Bossuet justifie la monarchie absolue par référence aux textes sacrés.

inexorablement, continuant cependant de suivre les affaires de son diocèse, d'où ses vicaires généraux venaient à tour de rôle, chaque semaine, lui rendre visite.

Ses dernières forces il entendait les consacrer tout entières à l'écriture et à l'étude. L'abbé de Saint-André, son ami depuis toujours, l'abbé Ledieu, son secrétaire, l'abbé Bossuet, son neveu, ne le quittaient plus et l'aidaient à faire le dernier ménage dans son œuvre. Le saint évêque savait qu'à présent il lui faudrait déployer considérablement plus d'énergie pour tirer dans son dernier sillon la charrue à laquelle, jeune, il avait si plaisamment associé son nom [1], soulignant par là à quel point, dépourvu naturellement d'aisance et de grâce, il n'était devenu le premier que par application.

Sa journée, dans ces derniers temps de sa vie, commençait vers six heures par une conférence impromptue avec ses familiers sur l'Évangile, surtout celui de Jean qui, par sa douceur, convient si bien à ceux qui voient leur fin venir. Ensuite il reprenait ses travaux habituels, toujours quatre ou cinq à l'occuper en même temps et qui étaient la refonte de son *Histoire Universelle*, sa *Défense de la tradition et des saints pères sur la grâce contre Richard Simon* [2], sa *Lettre à monsieur de Valincour sur la prophétie d'Isaïe* et sa *Paraphrase du psaume XXI « Deus, Deus meus, respice in me »*, qui devait être publiée quelques jours avant sa mort, et qui, dans le style sublime, allait constituer l'un des plus beaux chants laissés sur l'espérance par un homme qui s'apprête à tout quitter.

Le soir, lorsqu'il avait fini de discourir et de dicter, tandis que les trois abbés s'affairaient à remettre au net les notes de la journée, il descendait pour aller profiter de l'air vif dans le jardin voisin de l'hôtel de Coislin que la vieille duchesse douairière de ce nom avait mis à sa disposition. Quelques badauds l'attendaient devant sa porte cochère qu'il bénissait simplement et à qui il distribuait de petites médailles d'émail bleu figurant le profil de la Vierge dont il tenait une petite réserve dans la poche de son grand manteau noir.

Un ange veillait sur Bossuet pendant ce long enlisement. Cet ange c'était madame Desvieux de Mauléon, le secret le mieux gardé du vieux prélat. Sans doute autrefois avait-elle été sa bonne amie, peut-être même son épouse secrète à Metz [3], du temps où il était glorieux et où il pensait qu'une maîtresse publique ne serait pas inconvenante

1. *Bos suetus aratro* : le bœuf accoutumé à la charrue. Devise que Bossuet avait lui-même forgée sur son nom.

2. On parle peu de Richard Simon (1638-1712), l'un des esprits les plus libres du XVII<sup>e</sup> siècle. Il prétendait appliquer les principes exégétiques dérivés de Spinoza aux textes saints. Cette position que l'Église n'admettra qu'en 1943 (encyclique *Divinest Afflante Spirito*) fut combattue par Bossuet qui – dans les perspectives de son époque – en pressentait les périls.

3. Thémiseuil de Saint-Hyacinte soutiendra vers 1720 être issu de cette union.

au prélat de cour dont il avait paru un moment vouloir contrefaire le personnage. De tout cela il était revenu au point de ne plus se souvenir très bien si ces caresses et ces baisers furtifs avaient existé. Il lui avait offert son affection qui ne s'était jamais démentie et il s'était habitué à voir dans son ombre cette robuste fille de petite aristocratie qui prenait soin de lui comme une gouvernante et qui agissait en sous-main sur son domestique avec autant de discrétion que de zèle. Madame de Mauléon se montrait digne d'une telle amitié. Elle était tout à son aise pour disputer de morale et de théologie, ceci d'une manière qui convenait parfaitement à monsieur de Meaux puisqu'elle était la sienne, consistant à rationaliser et à humaniser un matériau de prime abord revêche pour le rendre limpide et sensible. Elle fut sans doute, par sa présence, cause que le Dieu de Bossuet nous soit resté si proche, si paternel, aussi apaisant et généreux que ce Beau Dieu de Sées qui paraît avoir été sculpté sous l'impression de la lecture d'une page de l'*Histoire Universelle*.

Cette fidélité à madame de Mauléon, Bossuet devait en payer le prix fort. C'est à cause d'elle que l'orateur favori de Louis XIV, le précepteur du dauphin de France, ne fut jamais autre chose que le titulaire d'un des plus petits évêchés du royaume et qu'il ne reçut jamais la barrette [1]. Un jour le père de La Chaise, confesseur du roi et tout-puissant ministre de la feuille [2], croisant à Versailles monsieur de Meaux, l'avait toisé comme seuls les jésuites savent toiser ceux qui ne plient pas à leurs lois et lui avait lancé à la tête : « *Pour vous, monsieur, on sait bien que vous êtes plus moléoniste que moliniste* [3]. » C'était un de ces bons mots dont on ne revient pas, et le prélat au cœur simple avait compris, ce jour-là, qu'il ne quitterait jamais sa cathédrale des bords de Marne. Au fond il était réjoui de savoir qu'il resterait à portée de Paris et de la cour, dans un diocèse qui ne l'accaparait pas et lui laissait le loisir de travailler et d'étudier à sa guise.

Monsieur de Meaux aimait la capitale comme un vieux bourgeois à qui, longtemps après qu'il se soit retiré des affaires, les cris de la rue, le fracas des roues cerclées des équipages, le roulement de la besogne, sont indispensables pour continuer de trouver des raisons de survivre. Cette grande cacophonie de la ville, dans les derniers temps, activait même son énergie et soutenait ses forces créatrices. Cet homme qui ne renia jamais son milieu et fut absolutiste comme seuls les ministres issus du Tiers-État pouvaient l'être, qui fut bon

1. L'insigne du cardinalat.
2. Celui qui tient la feuille des bénéfices ecclésiastiques à la nomination au roi et qui soufflait souvent au souverain le nom des candidats.
3. Partisan des doctrines du père Molina, jésuite espagnol.

économe de la parole de Dieu, procureur scrupuleux de l'Évangile, greffier génial de l'Ancien Testament, avec la même application qu'avaient apportée ses ancêtres, marchands de Dijon, à la tenue de leurs livres de comptes, avait aussi ceci de moderne qu'il pensait qu'il y avait pour un chrétien, dans la cité, mille fois plus de cas à méditer et d'occasions d'exercer sa charité qu'au fin fond des campagnes.

Tel était Bossuet lorsqu'il paraît dans cette histoire, tel était ce roc au corps délabré mais à l'intelligence intacte. A cette monarchie à laquelle il avait tant donné, à cette monarchie à son égard si injuste, il lui restait à rendre le suprême service.

L'abbé de Thésut, de tout temps son ami, s'attristait fort de la décrépitude de l'évêque de Meaux tout en se réjouissant de leur voisinage nouveau. Le Palais-Royal était à trois minutes de la rue Sainte-Anne et il s'était accoutumé à s'échapper de son grenier, l'après-midi, vers quatre heures, pour faire une petite halte du côté de l'hôtel de Coislin. Là, il retrouvait le prélat qui depuis le début de sa maladie, avait abandonné sa perruque frisée grise pour découvrir ses longs cheveux blanchis dont quelques mèches dépassaient du curieux chapeau polonais qu'il vissait sur sa tête pour se protéger du froid.

– Comment se porte le monde du bureau ?

C'était par cette phrase empreinte de moquerie légère que Bossuet accueillait presque invariablement son ami lorsqu'il le voyait s'engager dans le petit corridor d'ifs qui menait à l'odéon où son hôtesse faisait descendre chaque jour à son intention quelques fauteuils bien embourrés.

L'abbé répondait habituellement sur le même ton mais, cet après-midi là, sa bouche se plissa d'une grimace de déplaisir : aux côtés du saint homme se tenait la duchesse de Coislin, bavarde et babillarde impénitente, échappée par extraordinaire du château de Versailles qu'elle avait la réputation de trouver tout à son goût.

– Comment se porte le monde de l'esprit ? demanda Thésut, d'un ton de voix dont seul monsieur de Meaux perçut l'altération, avant de se tourner à la duchesse et d'ajouter dans un même souffle mais en inclinant au reproche : Et celui où l'on danse ?

– Il fait relâche aujourd'hui, répliqua madame de Coislin levant haut sa main que l'abbé ne soutint, pour la baiser, qu'avec une sorte de répugnance.

– Monsieur de Thésut vient ici me tenir compagnie chaque soir, madame la duchesse, dit Bossuet, il me porte l'air de la ville, et moi un écho affaibli de la parole de Dieu, nous amalgamons le tout comme nous pouvons...

– Méfiez-vous, monseigneur, trancha la commère de sa voix grave et cassée, messieurs de Thésut ne sont pas gens à bavarder impunément... On prétend que, pour se tenir continûment au fait de tout, ils ne dorment qu'à tour de rôle et que celui des deux qui n'est pas de quart sommeille les yeux ouverts tout comme un lièvre.

– Que voulez-vous qu'ils extorquent à un vieillard qui n'est plus de rien ? protesta en souriant l'Aigle de Meaux.

– Vous, monseigneur, vous devant qui tout ployait jusqu'au dernier été, vous qui avez la privance du roi.

– Cela n'est plus...

– Lorsque vous serez guéri et que vous reviendrez à la cour...

– Dieu m'en garde !

– Je n'ai fait ce voyage à Paris que pour m'assurer que vous seriez bientôt de retour... Je veux être la première à l'annoncer.

– Quel personnage ferais-je là-bas sur un fauteuil ?

– Nous avons besoin de vous comme du feu dans la cheminée... Vous vivrez dans votre appartement... dans les jardins. Nous serons autour de vous, vous serez notre oracle.

– Tout ce qu'il fallait dire sur la conduite des puissants de ce royaume, je l'ai dit, je l'ai écrit, je l'ai signé.

– Le roi confiait la semaine passée à mon beau-frère, le cardinal [1], qu'il ne se sentait plus en sûreté depuis qu'il ne vous voyait plus. C'est vrai, monseigneur, depuis quelques mois, depuis que vous n'êtes plus près de lui, Louis XIV a changé. Ses ressorts se sont brisés.

– La guerre d'Espagne, objecta Bossuet, tenir tête à l'Europe coalisée, en Italie, en Flandres, par-delà les Pyrénées et sur mer, voici bien la plus grande aventure dans laquelle le roi ait lancé son royaume depuis qu'il tient les rênes...

– Non, non, s'entêta madame de Coislin, ce n'est pas cela. Lui qui excellait à donner le change, à demeurer dans les malheurs imperturbable, voici qu'il ne se contraint plus. Le public l'effraye, les fêtes l'ennuient et, c'est bien le comble ! la belle Soubise [2] ne parvient plus à lui tirer un sourire. Vous seul, vous, monseigneur, pouvez remettre de l'huile à la lampe...

Bossuet secoua faiblement la tête :

1. Pierre du Cambout de Coislin, cardinal en 1697, grand aumônier de France depuis 1700 (1630-1706).

2. Anne de Rohan-Chabot (1648-1709), épouse de François de Rohan-Montbazon, prince de Soubise.

– Vous vous méprenez, madame, je n'ai pas le pouvoir que vous croyez.

– Enfin! n'avez-vous pas conscience d'être le soleil de la cour?

– De grâce! protesta l'Aigle de Meaux en posant par jeu son doigt sur ses lèvres qui venaient d'appuyer une expression de narquoiserie, si le roi vous entendait.

– Vous ne voulez rien promettre, s'emporta la duchesse en se levant, mais vous êtes prévenu, je suis née en Bretagne et j'ai la tête aussi dure que le granit de mon pays [1]... Je reviendrai à la charge mais, pour l'heure, je laisse la place au mauvais génie qui ne va pas manquer de vous souffler de faire tout le contraire de ce que je vous recommande.

Et, là-dessus, elle exécuta pour Bossuet une de ces parfaites révérences qu'elle réservait au roi, se contentant, à l'égard de l'abbé de Thésut, d'un hochement léger de la tête, ponctué du déploiement de son grand éventail de canepin à demi incongru en ce mois de plein hiver.

– Vous venez de l'entendre, murmura Bossuet en se penchant vers son ami avec un air de grand sérieux, on me trouve indispensable.

– Pour ma part, je n'en ai jamais douté, repartit l'abbé qui n'avait pas le cœur à rire, et franchement je pense qu'en ce moment vous êtes plus utile ici qu'à la cour.

– La duchesse avait raison, vous ne pensez pas comme elle, et je sens bien que vous allez encore me parler de cette grande affaire pour laquelle vous sollicitez mes avis depuis un mois bientôt... Je suis comme vous, je ne songe presque plus qu'à cela et j'enrage de ne vous être d'aucun secours.

– Détrompez-vous, monseigneur, mon frère s'est apaisé depuis qu'il sait que vous êtes dans notre confidence. C'est avec courage, à présent, qu'il attend la suite des événements.

– Voyez l'effet de nos prières!

– Des vôtres surtout, monseigneur, Dieu sait ce qu'il vous doit.

– Tout de même, cher abbé, nous voici sur une poudrière. Je ne voulais pas l'avouer à madame de Coislin mais le roi a toutes les raisons d'être soucieux... Nous nous sommes tout dit là-dessus et je respire un peu depuis que je sais par vous le duc d'Orléans décidé à se contenter d'un *mezzo termine* [2] : ni publicité de ses droits, ni pouvoir nouveau, seulement une reconnaissance secrète s'imposant à tous les membres présents et à venir de la famille de Bourbon et fondant à

1. La duchesse est née Madeleine du Halgoët. Veuve du duc depuis 1702, elle mourra le 9 septembre 1705.

2. Accommmodement.

part eux la prééminence de la branche cadette jusqu'au jour où elle pourra s'exercer publiquement sans bouleversement. Je ne doute pas que vous soyez les inspirateurs de tout cela. Je vous l'ai dit, au cas où le roi me ferait l'honneur de me consulter, je suis disposé à employer mes dernières forces à la construction d'un compromis acceptable par tous...

– Il n'y tardera pas, gageons-le.

– Tout de même, cette confession du duc de Beaufort qui cingle en ce moment vers Marseille, qui se l'appropriera ?

– Nous ou les Vendôme, la différence est capitale.

– Et les gens du roi, y avez-vous songé, monsieur l'abbé ?

– Non, par ma foi, s'étonna Thésut, les lettres de madame Bénéfice ne sont connues que des ducs d'Orléans et de Vendôme et d'une poignée de leurs fidèles...

– C'était déjà trop de monde que cela, cher abbé, objecta doucement Bossuet, il est au Temple quelqu'un qui a cru de son intérêt de prévenir monsieur de Pontchartrain de l'existence de Barberoussette et de son arrivée prochaine en France... A l'heure qu'il est des gens du roi sont en route pour Marseille...

Thésut leva les yeux au ciel en pâlissant :

– Si le roi parvient à s'approprier la confession de l'amiral, c'en est fait des droits de son neveu.

Bossuet sourit imprévisiblement :

– Je vous dis moi qu'il vaut mieux que ce soient les gens du roi qui s'emparent de ces documents plutôt que les séides des Vendôme dont on sait que l'obsession est d'asseoir par n'importe quel moyen – fût-ce au prix du scandale et de la guerre civile – leur puissance... Laissez-moi faire car je crois avoir barre sur l'un de ceux que monsieur de Pontchartrain vient de dépêcher au-devant de votre pirate. Je sais que lorsqu'il reviendra c'est chez moi qu'il passera en premier et cela avant même que de se présenter chez le ministre... Je vous le répète, je tiens à ce pacte secret entre les membres de la famille royale. C'est le seul moyen d'assurer quelques décennies de paix au trône des lys en ne recommençant pas, dès lors que le roi mourra, de pernicieuses disputes. Tout cela, je m'attacherai à l'obtenir envers et contre tous.

Accentuant la pression de sa main sur celle de l'abbé dont il s'était emparé tout en parlant, monsieur de Meaux conclut :

– Allons, faites-moi confiance et priez Dieu aussi souvent que moi. Je sais qu'il écoute les vieux serviteurs de sa fille aînée, la France.

Cette trame ourdie, dont nous verrons bientôt l'effet, il nous faut à présent traverser la France et faire le conte de Marseille, de l'éléphant, du tigre, du renard et de la fouine. Là, dans un autre style que celui de La Fontaine, raconter comment les hommes de main du roi, du grand prieur et du duc d'Orléans, tentèrent, chacun, de s'emparer de la petite boîte de nacre de Barberoussette que seuls les émissaires du Palais-Royal savaient être le même personnage que le chevalier de Bréderodes.

Paris et Marseille, à l'époque de la Ligue, s'étaient dérobées en même temps à l'autorité d'Henri IV, la première sous Mayenne, la seconde sous Charles de Casaulx. La paix faite, le roi ne leur avait pas marqué de différence dans son pardon. Un demi-siècle plus tard, dans les troubles qui marquèrent la minorité de Louis XIV, Paris, qui était allé aussi loin qu'on peut aller dans la sédition, avait gagné dans sa capitulation le maintien de tous ses privilèges, une amnistie totale, l'abolition de ses remparts qui devait lui permettre aussitôt de s'étendre à sa guise. Marseille, tout au contraire, à la suite de la mémorable révolte pour les libertés municipales initiée en octobre 1658 par le marquis de Glandevès de Niozelle, s'était vu punir de l'anéantissement de ses franchises et enserrer dans un corset de pierre – les lices – aboutissant à un nouveau fort, le Fort Saint-Nicolas, dont la plupart des canons étaient pointés vers son cœur.

Cette différence de traitement des deux cités tient à ce que la première fut pacifiée sous la régence souple et paterne de Mazarin, la seconde aux temps déjà avérés de l'absolutisme. Louis XIV, ulcéré de l'attitude des Phocéens qui avaient lacéré publiquement la dernière remontrance qu'il leur avait adressée, exigea, en entrant dans Marseille, le 2 mars 1660, de passer par la première brèche qu'avaient pratiquée ses artilleurs tout comme s'il s'était agi pour lui de pénétrer dans une place étrangère vaincue. Il faut dire qu'en ces temps-là la Provence n'était pas tout à fait la France : elle n'avait été rattachée au royaume qu'un an après la mort du roi René, en 1481, et l'on y dépêchait encore des gouverneurs dont la cour pleurait le départ à peu près comme à Madrid ceux de Santiago ou de Lima. On y parlait une langue que les gens civilisés ne comprenaient pas. On y croisait des commerçants venus de Smyrne, de Céphalonie et de Zante dont les costumes donnaient aux halles un air de souk et transformaient les vieux entrepôts en caravansérails.

La renommée légendaire du trafic qui se faisait par Marseille avec les échelles du Levant et de Barbarie [1], la part qu'y prenaient les plus anciennes familles de Provence, les Cabre, les Albertas, les Forbin, les Riquetti, la célébrité des entrepreneurs qui s'y étaient illustrés, Jacques Cœur sous Charles VII, puis Thomas Lenche, fondateur de la fameuse Compagnie du Corail au siècle suivant, faisaient, qu'avant de l'avoir vu, on se figurait ce port aussi grouillant de gens et encombré de ballots que l'Alexandrie de Cléopâtre ou l'Ostie de Scylla. Au lieu de cela le voyageur qui arpentait pour la première fois le bassin dont la taille n'avait pas varié depuis le Locydon des Grecs s'étonnait de constater que les quais étaient étroits et que la flotte marchande en occupait un peu moins du quart. C'était le tour de force des Marseillais, depuis deux siècles, d'avoir appris à se serrer, à décharger un caïque en deux heures, à évacuer caques et ballots vers leurs magasins à mesure qu'on les posait sur le quai. C'est que, nécessité faisait loi, il avait fallu laisser presque toute la place aux galères du roi que Colbert avait mises au large et que Seignelay, son fils, avait achevé de rendre les maîtresses du port en en portant, en 1696, le nombre à quarante-deux.

Les bateaux des marchands n'avaient besoin que du vent, ceux du roi nécessitaient dix mille rameurs, forçats ou esclaves, presque autant de gardes-chiourmes, d'argousins, de sous-officiers, d'aumôniers et de comptables. Les galères faisaient en 1703 la première occupation de Marseille et cela suffisait à rendre la ville splendide. On voyait des uniformes partout : c'était une folie de rouge, celui plutôt brunâtre des casaques des galériens et celui écarlate à parements d'or des officiers généraux nobles de la marine royale. Ce rouge le disputait au noir et à l'argent puisque, dans la flotte du Levant [2], une bonne partie des marins du roi étaient aussi chevaliers de Malte. Tout en servant à l'ordinaire ils conservaient leur vie durant, de l'ordre religieux et souverain, le costume sombre, la croix à huit pointes et, la plupart du temps, l'astreinte au célibat. Être de Malte, avoir « fait ses caravanes », était le meilleur des titres de gloire pour monter sur les vaisseaux à rames du roi. Ces chevaliers, qui faisaient toujours ressouvenir que la Méditerranée était la mer des Croisades, passaient généralement pour galants. Ils entretenaient presque tous, dans le quartier de la Blanquerie, des grisettes et des filles de petite condition chez qui ils passaient, en s'assemblant par petits groupes, des soirées gaies et frivoles. Aux bals de l'Intendance,

1. Les échelles de Barbarie sont celles de la côte africaine : principalement Tetouan, Tunis, Tripoli, Alexandrie, Rosette. Celles du Levant les nombreux comptoirs dalmates, grecs, ceux des îles grecques et de la côte syrienne.

2. La flotte du Levant (de Méditerranée) s'oppose à celle du Ponant (de l'océan et de la Manche).

dignes par leur éclat de ceux de la cour, ils captaient tous les regards. Leurs bonnes fortunes, leurs duels, la réputation qu'ils s'étaient acquise dans des combats lointains, leur condition presque sacerdotale, en faisaient des êtres fabuleux, parmi « ces messieurs des galères ».

L'arsenal était le saint des saints de la ville, la merveille qu'on montrait en premier aux visiteurs, le symbole le plus parlant de la toute-puissance royale. Il avait quadruplé sa surface en quarante ans, dévorant d'abord, à l'est du bassin, dans son premier agrandissement de 1667, tout ce qui restait du Plan Fourmiguier. C'est là que se trouvaient ses plus anciens bâtiments remontant à Louis XII et ses entrées officielles : la première incurvée du côté de l'eau, dans le prolongement des darses et surmontée de trophées de marine, la seconde, du côté de la ville, enjambée par l'une des galeries de la salle d'armes dont on reparlera, la troisième, la principale, plus à l'intérieur encore, frappée en son fronton de marbre de cet orgueilleux distique :

*Hanc Magnus Lodoïx invictus classibus arcem*
*Condidit, hinc domito dat sua jura mari*[1].

La grande extension de 1687 s'était faite au sud, à angle droit, sur cette Rive Neuve que Louis XII avait aménagée en entrepôts, après avoir racheté aux moines de Saint-Victor les salines que l'empereur carolingien Louis l'aveugle leur avait concédées. C'est de ce côté surtout, au pied de la grande abbaye fortifiée, que l'enclos des galères apparaissait formidable. Sa longue façade de briques, rythmée de portails de pierre, de pilastres sculptés et des entrées béantes des formes de construction et de radoub, s'étendait tout au long du quai, coupée de passerelles de bois qui enjambaient les canaux acheminant l'eau dans l'enclos pour les besoins des scieries et des forges. Ce quai ainsi tronçonné s'appelait successivement quai de la Mâture car là se trouvait la grue à mâter les galères, Palissade aux huiles, quai du Marquisat puis, vers le fort Saint-Nicolas, quai de la Pierre de Marbre.

Passé la porte principale flanquée de corps de gardes, on se trouvait face au pavillon de l'Horloge enrichi de dorures comme un reliquaire et surmonté d'une fleur de lys obèse. Il venait en tête d'une succession de pavillons aux façades ocre contenant les ateliers à l'usage des bagnards qui s'étendaient en longueur, sur à peu près

1. Louis le grand, aux flottes invincibles a bâti cette citadelle
D'ici il dicte ses lois à la mer domptée.

deux cent vingt toises, coupés en leur milieu d'un pavillon carré où se trouvait un escalier sans presque aucun décor mais monumental. De part et d'autre de cette galerie lui faisaient face un bâtiment encore plus long à usage de corderie et un canal sur lequel avaient été édifiées les forges. A droite du porche et donc du pavillon de l'Horloge, subsistaient des bâtiments plus anciens datant de Louis XII et d'Henri II mais réaménagés par Colbert et Seignelay, son fils, que l'on désignait sous le nom de Parc. Ils s'articulaient autour de plusieurs cours dont la première, à droite, avait été remodelée en jardin exotique avec des plates-bandes à la française, ce qui lui avait valu l'appellation de Grand Jardin du roi. Au fond de ce jardin se trouvait le magnifique Logis du roi, refait à neuf en 1700, avec des salons à lambris clairs et rinceaux dorés qui donnaient sur place, à Marseille, une idée du Versailles de la deuxième époque. Dans ce logis résidait l'intendant, dont le titre exact était celui d'« intendant de justice et finance des fortifications de Provence et de Piémont et des galères de France ». C'était alors Jean-Louis Habert, seigneur de Montmort, comte de Mesnil-Habert, dit le plus souvent Montmort, que nous allons bientôt apprendre à connaître. Bien qu'il fût sur place le représentant du roi, il n'était en titre que le second personnage des galères.

Celui qui avait le pas sur lui et qui ne paraissait pour ainsi dire jamais dans Marseille avait aussi son logis sur ce jardin, aussi somptueux que celui de l'intendant, mais vide comme le tabernacle du dieu invisible au nom de qui tout s'ordonne. Ce personnage était le général des Galères de France. Celui qui régnait alors n'avait mis qu'une seule fois les pieds à Marseille – pour prendre possession de sa charge – et, fait plus étrange, n'était jamais allé sur l'eau. Son nom pourtant était fameux dans la guerre qu'il faisait pour le roi avec succès et insolence aux quatre coins de l'Europe. C'était un personnage que nous connaissons : Louis-Joseph de Vendôme, le duc de Vendôme. Il avait racheté le généralat, par pure spéculation, au duc du Maine, fils adultérin de Louis XIV, qui en avait été pourvu à l'âge de dix-sept ans.

Vendôme était représenté dans l'arsenal par deux hommes de moindre volée mais considérables tout de même. Le premier, sur lequel il n'avait pas de pouvoir puisqu'il achetait sa charge, était le lieutenant général des Galères, depuis quelques mois Louis de La Rochefoucauld-Roye, chevalier de Roucy, le second entièrement dans sa main, qu'il nommait et révoquait à sa guise, était le secrétaire général des Galères. En 1703 il s'agissait de Jean Galbert de Campistron, secrétaire particulier du général et académicien français. Ces deux derniers vivaient également, près du logis vide de leur général, dans de magnifiques appartements donnant sur le Grand Jardin du roi.

Dans la continuation de ces bâtiments de parade, bornant à l'est l'arsenal de 1667, se trouvaient les bureaux des contrôleurs, ceux des commissaires de cette salle d'armes, fameuse dans toute l'Europe. Elle comportait au premier étage quatre galeries qui se coupaient en formant une croix, dans lesquelles étaient rangés dix mille mousquets et autant de sabres. En se dirigeant vers le nouvel arsenal on trouvait le second Jardin du roi, la cour des Bois de construction, la cour des Hôpitaux avec la boulangerie des Galères, l'atelier des armuriers, l'atelier des sculptures, la cour des Rémolats [1] et l'atelier aux rames. Enfin, du côté du fort Saint-Nicolas, par-delà les formes des grandes galères, la darse et le canal des forges, se trouvait un très long bâtiment, ocre de façade comme tous les autres, à usage de magasins, qui revenait buter contre la suite des pavillons du bagne et de la corderie, pour clore ce vaste quadrilatère.

Les casernes des soldats et des forçats, les hôpitaux où l'on séparait de la même façon les patients selon qu'ils étaient libres ou serviles, se trouvaient hors de l'enceinte mais tout proches, immenses cubes de quatre ou six étages qui flanquaient l'enclos en le surplombant comme des réservoirs inépuisables de muscles. Là s'entassait la chair que dévoraient les Galères : les forçats jetés à Marseille chaque année par les trois chaînes de Paris, de Bretagne et de Guyenne qui, par étapes organisées, vomissaient à la chiourme le résidu des prisons présidiales. Aux condamnés s'ajoutaient les Turcs achetés pour trois cents livres sur les marchés aux esclaves de Venise ou de Malte, les nègres et parfois les Iroquois, enfin les volontaires italiens, nommés *bone voglie*, pauvres hères se vouant eux-mêmes à l'inhumanité et qui ne jouissaient que de deux privilèges : celui d'être payés quatre sous par journée de vogue et de garder leur moustache.

Les condamnés par la justice du roi l'étaient pour toutes sortes de fautes parfois anodines et légères : sur huit mille forçats il n'en était à peu près que la moitié à s'être rendus coupables de crimes de sang. Le reste était un mélange de vagabonds, de mendiants, de faux-sauniers, de déserteurs, d'importateurs clandestins de coton et surtout, en 1703, de huguenots. L'ordre donné aux juges par tout le royaume était de remplir la chiourme et ils ne s'en privaient pas, commuant quelques fois le châtiment des crimes qui supposaient une condamnation à mort mais, plus souvent, exagérant l'impor-

1. Les rémolats ou rémolars sont les officiers chargés d'entretenir les rames des galères.

tance des délits qui n'étaient passibles que de prison ou d'amende, pour les transformer en peine de galère.

Comme dans la Rome de Vespasien, il se trouvait dans l'arsenal plus d'hommes de condition ignoble que de gens libres et, parmi les gens libres, un éventail allant des calfats misérables aux plus grands noms de France. Cette cohabitation dans un enclos de moins de trente-sept mille toises carrées ne se perpétuait sans drame qu'à cause de son extrême hiérarchisation. Le monde de la chiourme était à cet égard le plus complexe.

L'aristocratie de ces esclaves, les meilleurs à la vogue, les plus endurants, les plus respectés, étaient les Turcs. Eux-mêmes établissaient l'échelle de leurs mérites selon le prix auquel leur maître les avait cédés : l'esclave payé quatre cents livres regardait de haut celui qui n'en avait coûté que trois cents. La seconde partition, qui cette fois ne ressortait que du jugement de leurs maîtres, était entre ceux qui s'étaient convertis au catholicisme, ayant leurs heures marquées pour aller prier dans une chapelle qui n'était qu'à eux, et ceux, restés musulmans, à qui l'on avait concédé une petite mosquée au milieu de leur cimetière. Inutile de dire que les Turcs fidèles à l'enseignement du prophète détestaient leurs renégats. Le mérite et l'endurance de ces sujets du sultan étaient soutenus d'un régime alimentaire spécial : vingt onces de biscuit par jour, parfois du pain frais, le dimanche six onces de bœuf salé et trois onces de riz, les autres jours trois onces de morue, deux anchois ou sardines, trois onces de fayols, jamais de porc. Enfin du vin ou de l'huile selon qu'ils étaient musulmans ou renégats.

Les condamnés, forçats par décision de justice, estampés au fer comme les nègres réduits en esclavage ou les boucanières saisies dans les bordiaux par la marque de la fleur de lys sur l'épaule, étaient à peu près tous sujets français sauf ceux que le pape tirait de ses États d'Avignon et le duc de Savoie, de Piémont et de Nice, pour en faire de temps à autre cadeau au roi. Les forçats avaient le triste privilège de porter la manille au cou et à la cheville. C'était un anneau soudé en forme de bélière sur un collier ou un bracelet qu'ils ne quittaient pas et qui permettait de les enchaîner. Les plus dangereux étaient gratifiés des fillettes du roi, chaîne reliant leurs chevilles pour les empêcher de courir. Ils se reconnaissaient entre eux par leur chiourme d'origine, celle qui les avait conduits à Marseille : un forçat de la chaîne de Guyenne était un huron pour son congénère de Bretagne et vice versa mais l'excellence qu'ils s'attribuaient les uns les autres était à raison du motif de leur condamnation. Les protestants, qui montaient presque à mille, formaient un bloc vivant à part et méprisé. Les coupables de crimes prétendaient aux premières places et tiraient honneurs et prérogatives à proportion de l'horreur de leurs forfaits, enfin la lie de ces gens condamnés, la piétaille infâme qui n'inspirait ni le respect par la crainte ni la commisération à titre de martyr, étaient les vagabonds et les mendiants sur qui, depuis 1661 [1], pesait la menace, qui ne s'exécutait qu'en cas d'insuffisance de Turcs et de faible rendement des chaînes, d'être enrôlés dans la chiourme.

Les nègres [2], les « Russeaux », les Iroquois même, un certain temps, formaient de petites minorités qui avaient grand besoin de s'entendre pour faire bonne figure. En 1703, elles n'étaient plus que l'exotisme de la galère : ce qu'il restait des expédients avortés de Colbert et de son fils, désespérant de pouvoir jamais rassembler dix mille hommes forts et soumis en même temps pour faire glisser leurs navires. Les nègres étaient venus d'abord par l'éphémère Compagnie du Sénégal créée à Rouen, puis par des achats ponctuels opérés auprès d'armateurs de Nantes ou de Bordeaux. Leur mortalité était effrayante et la conclusion du lieutenant général en place en 1690 s'était imposée à tous ses successeurs : « *Les nègres sont la pire race d'esclaves, parce que la plupart meurent de mélancolie.* » D'Iroquois il n'y avait plus à Marseille depuis 1689 et ç'avait été la honte des ministres du roi que d'en laisser deux cents, pendant cinq à six ans, devenir galériens après que le marquis de Denonville les aient arrêtés par ruse sur le lac Ontario au moment où ils se rendaient à une conférence pour la paix. Les Russeaux étaient très prisés mais ils faisaient un des abus les plus criants de la chiourme : c'étaient des esclaves chrétiens, des Moscovites, des paysans de Kiev, que les Tartares enlevaient pour les vendre comme esclaves sur le marché de Constantinople. Rachetés par des chrétiens, s'attendant à bon droit à la liberté, ils se retrouvaient à la rame. Arnoul, prédécesseur de Montmort, avait justifié le procédé : « *Ces Russeaux sont bons hommes. Ils sont chrétiens mais ils sont mieux, infiniment, sur les galères de Sa Majesté qu'en Turquie où ils se renieraient presque tous.* »

Après cela, il restait encore un degré à descendre, parce que ce rebut de l'humanité produisait une lie qui se nommait le bagne. Le bagne servait de réceptacle à tous ceux qu'on ne pouvait plus employer à la vogue. Les Turcs n'y allaient presque jamais puisque leur soumission faisait qu'on trouvait toujours à les revendre, géné-

1. Édit de 1661 : « Considérant que la mendicité opiniâtre et affectée par les personnes valides est la source de tous les crimes contre Dieu et le public... voulons... que les mendiants valides qui auront été pris trois fois par les archers seront châtiés de la prison et du fouet, et, s'ils sont encore repris mendiant, condamnés à servir en nos galères pendant cinq ans... »

2. On ne les appelait pas autrement alors.

ralement en Italie, où pour quarante à cinquante livres ils finissaient leur vie attachés à la roue d'un moulin ou employés aux travaux des chaussées pontificales. Parfois – lorsque vraiment l'on ne pouvait plus rien obtenir d'eux – ils avaient la chance d'être rachetés par de pieux marchands de leur religion qui les ramenaient mourir chez eux, dans leurs terres sacrées. Pour ceux qui s'y trouvaient reclus la vie du bagne était sans espoir. L'établissement de ce régime terrible était l'œuvre du terrible intendant Arnoul qui, en 1667, avait affecté plusieurs vieilles galères à titre de mouroir aux galériens qui ne pouvaient plus ramer. Trente-cinq ans plus tard, il y avait encore deux de ces carcasses à demi pourries, amarrées à la pointe de la corniche, pleines d'anciens rameurs au caractère indomptable mais à l'énergie brisée. La construction en 1687 d'un bagne dans l'arsenal avait humanisé l'institution. Les plus vigoureux de ces recalés infâmes étaient employés aux travaux du port, ils recreusaient le bassin, le vidaient de sa vase, pavaient les quais, toujours enchaînés et sous la surveillance de pertuisaniers. Les plus faibles travaillaient aux ateliers de l'arsenal, à la corderie ou aux filatures où se fabriquaient plusieurs types de grossiers tissus : des cordillats, des herbages, des draps suzains, des cadis, des cadissons et des estoupières [1].

La nuit, cet enclos de treize mille âmes était un lieu tout fait pour procurer le frisson. En arrière de l'hôtel de l'Intendance où se donnaient presque chaque soir des bals et des fêtes sans pareils, derrière les barrières de bois qu'on installait au coucher du soleil pour isoler la partie maudite de l'arsenal, les argousins et les prévôts circulaient, armés jusqu'aux dents, avec ordre de tirer sur quiconque ne connaîtrait pas le mot de passe. En revanche, en plein jour, avec leurs avenues et leurs jardins, ces pavillons, ces casernes, ces ateliers redevenaient le lieu du monde le plus policé. Par des allées, qui épargnaient aux gens délicats de les croiser, les galériens et les bagnards étaient menés, ajustés deux par deux par le cou et mis en file en longueur par une chaîne appelée cadène qui se glissait dans la manille de cette sorte de joug, les uns vers les galères, d'autres vers les ateliers, d'autres encore, sous la conduite d'archers, en ville où ils travaillaient les jours où ils n'étaient pas à la vogue pour des entrepreneurs ou dans des baraques sur le port dont on appréciera plus loin la singularité. Les forges, la corderie, les formes de construction, la scierie, le radoub, les ateliers de tissage, s'animaient dès l'aube d'un sourd grondement lancinant et régulier qui était le bruit de fond accoutumé des civilités renaissantes. Vers midi, les officiers qui

1. C'est là que sera établie à partir de 1730 la première filature de coton française.

n'étaient pas de quartier s'étiraient, la perruque dénouée, en robe de chambre, la pipe de terre aux lèvres. Ils guettaient les élégantes aguichées par la présence de tant de beaux messieurs qui accouraient en voiture, en chaise portée ou à cheval et qui se pavanaient là avec plus de volupté encore que lorsqu'elles déambulaient sur le Cours [1].

Derrière ce peuple disgracieux, derrière ce peuple raffiné, il faut imaginer un monde de gens moyens, d'artisans, de drapiers, de charpentiers, de biscuitiers, de vermicelliers, de petits officiers, d'argousins, de chirurgiens, de danseurs, de musiciens et de prêtres, qui vivaient de l'arsenal, de sa peine et de ses fêtes. Ils étaient disséminés dans l'enclos, dans les combles, par-dessus les passages des cours, dans les caves. Les plus étonnants, au nombre de deux à trois cents, étaient les occupants sans titre que l'intendant, presque chaque semestre, se mêlait de vouloir chasser en placardant aux portes qu'ils eussent à sortir sous un mois. L'ordre restait chaque fois lettre morte parce que plus personne ne savait exactement quel titre il fallait pour occuper un logis à l'arsenal. Il y eut ainsi des veuves supposées, des tireuses de cartes, des valets sans maître, qui n'eurent jamais d'autre domicile que le camp des galères et qui y vécurent toute leur vie fort bien et respectés.

Hors l'arsenal qui s'était étendu autour du port en quadruplant comme on l'a dit sa surface depuis 1660, la ville elle-même s'était reculée jusqu'aux limites du nouveau corset de pierre que lui avait assujetti Louis XIV. Les fortifications de l'ingénieur Clerville, achevées en 1696 et percées de huit portes traçaient un grossier carré, bossu d'enclaves, ondulant dans les remplis des collines au nord et se découpant en chiquetades du côté de la mer. Ce mur neuf avait englobé la couronne d'institutions religieuses, la seconde population par le nombre à Marseille, qui s'arc-boutaient aux pentes du cirque que dessinait la ville pour contenir les dangers venus du large : la foi des infidèles, la tempête, la peste. Près de la porte de la Joliette, dessinée par Pierre Puget, les jésuites, les clarisses, les ursulines, près des portes d'Aix et de Saint-Lazare, les recollets, les religieuses de la Visitation, les capucines, les religieuses de la Miséricorde, les lazaristes, près de la porte de Rome et vers Saint-Victor, les franciscains, les capucins, les mathurins, les pères de la Merci, les servites, les grands carmes, les grands augustins. Presque toutes ces fondations imposantes étaient la tête de missions vers l'Orient. Elles étaient actives, considérables par le nombre et, avant de les imiter un jour prochain, morguaient les vieilles institutions bénédictines mortes de

1. Le Cours qui avait été achevé en 1687 était la voie triomphale des nouveaux quartiers de Marseille.

leur opulence : l'abbaye Saint-Sauveur et surtout Saint-Victor dont les moines, autrefois les premiers de la Gaule, avaient compté plus de cent fondations sous leur crosse. En 1703 les chanoines – comtes de Saint-Victor, réfugiés dans leur impressionnante forteresse adossée à la corniche, ne priaient plus : dans leurs appartements douillets aux fenêtres grillagées, ils jouaient au trictrac et tenaient un cercle où n'étaient admis que les membres des plus vieilles familles de Provence.

Telle était Marseille où devait paraître Barberoussette et son secret.

Le mardi 18 décembre 1703, à la nuit déjà tombée, un cavalier qui, pour se protéger de la froidure et du sable, s'était enveloppé le visage dans une espèce de foulard, passa en trombe la porte de l'Ourse, dite aussi de la Joliette. Il connaissait la ville car il parut aussitôt à son aise dans le dédale des rues rayonnant autour de la Major [1]. Il descendit par la rue du Palais vers le port et, en quelques minutes, se trouva sur le quai de la Vieille Ville, celui qui s'étendait sur trois cents toises au nord et qu'on avait carrelé d'un beau dallage pour mettre en valeur l'Hôtel de Ville, vieux de trente ans à peine, qui, dressant son haut chapeau d'ardoises face à ceux des grandes formes des galères, symbolisait la puissance municipale.

Reprenant en arrière du quai est par la rue Saint-Gilles, le voyageur se dirigea vers le grand portail ouvrant en face du pavillon de l'Horloge, puis, tirant un papier de son manteau et allant, du regard, plusieurs fois de ce document aux bâtiments qui l'entouraient, il s'engouffra sous une voûte qui le fit ressortir le long de l'atelier des barrillats [2].

L'étage de ce bâtiment qui servait de logement à divers officiers était desservi par deux petits escaliers tournants donnant sur de petits perrons circulaires éclairés par des quinquets à huile.

En trois bonds l'homme se trouva devant une modeste porte de chêne clair à laquelle il frappa résolument.

– Qu'est-ce ? fit au-dedans une voix sans chaleur et nasillarde.

– L'envoyé du grand prieur, répondit le voyageur.

La clef joua aussitôt dans la serrure et, dans la faible auréole du jour produit par le flambeau d'argent à cinq bras qu'il tenait à la main, apparut un personnage de haute stature. La lumière accusait sa maigreur, la pâleur de sa peau qu'on eût dit poudrée, le foisonne-

1. Antique et fameuse église de Marseille.
2. Où se faisait la construction des barils qui étaient sur les galères.

ment artistement exagéré de sa perruque crêpée à pointes blanchies comprimée d'un bandeau sombre qui lui couvrait un œil.

Ce pensionnaire de l'arsenal, qui portait une robe d'intérieur de damas cafard [1] à rebras noirs et une croix de Malte en argent sur son jabot, s'inclina.

– Je suis le chevalier de Listrac, pour vous servir, monsieur.

Et comme son visiteur, qui venait de franchir le seuil et de refermer lui-même la porte après s'être assuré que personne ne se trouvait dans le couloir, demeurait muet en continuant de dérober sa figure, le chevalier de Listrac poursuivit :

– Maître Ottavio, je suppose.

– Si fait! articula le reître en rabaissant sa voix terrible.

– Monsieur le grand prieur m'a prié d'être à vos ordres... Je lui dois trop pour ne pas lui obéir.

– Il vous a sauvé du bûcher, du bûcher des sodomites, ricana Ottavio en découvrant enfin son visage qu'éclairait une grimace sardonique.

Le chevalier de Listrac, qui avait grande allure malgré sa maigreur et sa borgnerie, toisa son visiteur.

– Que puis-je faire pour vous? demanda-t-il avec un mépris dans le ton qu'il ne cherchait pas à dissimuler.

– Me cacher dans cet arsenal jusqu'à ce que j'aie rempli ma mission.

Listrac réfléchit un court instant :

– Je ne puis vous garder avec moi dans cet appartement... Je n'ai que deux pièces et je reçois parfois des visites.

Ottavio, malgré sa colère, trouva la force de sourire en supposant quelque crapulerie.

– Alors? s'impatienta-t-il aussitôt.

– Je commande à la caserne des galériens et je puis vous y loger en vous faisant passer pour garde-chiourme. Monsieur de Campistron, qui est prévenu de votre venue, m'approuvera sûrement.

– Bravo! exulta le Calabrais, personne n'ira me chercher là-bas, parmi les forçats.

Le chevalier de Listrac s'installa à son bureau et rédigea une lettre d'introduction sur le papier du généralat timbré d'un trophée mêlant faisceaux de licteur, ancres de marine et cordages.

– C'est le chevalier de Flacourt, capitaine de *La Terrible*, qui est de quartier aujourd'hui. Je vais vous faire escorter jusqu'à lui par un valet...

– Je reviendrai demain vous dire ce que je pense de la situation

1. Damas mêlé de soie.

que vous me procurez, appuya insolemment Ottavio pour bien marquer qu'il ne tenait pas quitte cet obligé de son maître dans la place.

Ottavio, devenu garde-chiourme, prit la mer dès le surlendemain. La veille, c'est-à-dire le jour qui suivit la première nuit passée dans la caserne des galériens, il avait employé toute sa matinée, ainsi qu'il l'indiqua le soir même au chevalier de Listrac s'inquiétant de son emploi du temps, « à prendre des mesures ».

Cet air de loup-cervier qu'il promenait partout, lui désigna aussitôt ses complices dans la place en la personne des rares sujets de l'équipage de *La Terrible* à oser soutenir le feu de son regard. Il repéra ainsi un gaillard de trente ans, bâti comme un foudre, puissant comme un chêne, garde-chiourme comme lui, que tous dans l'arsenal nommaient Nez-en-Trompette. Ce surnom lui venait de ce qu'il n'avait plus de nez, celui-ci lui ayant été coupé dix ans auparavant par décision de justice après qu'il eut trempé dans une méchante affaire d'évasion de trois dangereux forçats. La force de caractère de Nez-en-Trompette gisait dans cette faculté qu'il avait eue, après cela, de se refaire une réputation tout en continuant, au mépris des défenses terribles faites aux gardiens de s'aboucher avec les galériens, de passer d'illicites contrats avec ceux des forçats qui pouvaient l'enrichir.

Parmi ceux qu'il était chargé de surveiller, Ottavio remarqua deux autres personnages : un droit commun coupable de deux crimes, beau et solide gaillard de vingt-cinq ans, Pierre Vilain, dit Rasie. Ce garçon avait gagné ce délicat surnom qui collait si mal à son physique tout en muscles pour avoir tenu le rôle d'Orasie, la confidente d'Irinice, dans la tragédie de *Tiridate* de monsieur de Campistron. Ce dernier avait imaginé en 1703 de faire mimer son œuvre devant le Tout-Marseille, dans le Jardin du roi, par des galériens costumés, tandis que des acteurs, derrière des paravents, déclamaient le texte. Rasie était cupide, tourmenté par les garces et le jeu. Le second de ces hommes était un brigand protestant du nom de Jean Rigal, l'une des plus vilaines hures de cette caserne, que l'intendant Bâville avait sauvé du bûcher pour faire sa cour à Pontchartrain, nouveau ministre de la marine, en lui offrant ce véritable hercule pour ses galères. C'était un double-chaîne, c'est-à-dire qu'il était par précaution doublement ferré. Ce réchappé de la potence était fameux dans l'enclos et personne ne l'appelait autrement que Tapaucul. Pour comprendre cet irrévérencieux patronyme, il faut expliquer ce qu'était le tap et ce qu'était le cri terrible de « tap en bouche ! »

venant tout d'un coup sur celui de « passe vague ! » qui était la litanie perpétuelle de la galère en mer. Le tap était un bouchon de liège que les galériens portaient en permanence autour du cou, fixé par un lacet tout comme une médaille. Ce bouchon, au moment d'attaquer et donc de ramer à pleine cadence, ils recevaient l'ordre de le mettre en bouche et de le mordre. C'était pour que l'on n'entendît pas leurs cris au moment de l'abordage. C'était aussi pour qu'ils enragent vraiment de ne pas pouvoir crier et que cette rage décuple leurs forces dans ce moment affreux où le rameur, aveuglé dans sa soute, se demande s'il fond sur une barque de pêcheur ou sur un vaisseau de quarante canons. Jean Rigal s'était illustré en 1701, trois mois après être rentré dans la chiourme de *La Galante*, pour avoir lancé son fameux « tap au cul ! » à la face du marquis de Voville, lieutenant de cette galère, dont le comite venait de lancer l'ordre de « tap en bouche ! ». Il avait payé l'insolence de cinquante coups de bâton et de trois mois de cachot mais le surnom lui était resté.

Le plan d'Ottavio était d'avoir trois ou quatre fidèles dans la place, prêts à tout risquer pour lui, qu'il rendrait, en contrepartie de leur aide, riches ou libres selon qu'il les aurait trouvés au départ galériens ou fonctionnaires de la chiourme. Il commença par les appâter de cette manière rude et grossière dont le succès ne se dément jamais dans le règne brutal : sous de vains prétextes, il leur jeta des pièces pour boire à sa santé et ces pièces étaient d'or. Dans ce monde qui ignore les circonlocutions, l'éclair jaune du métal abolit les questions et scelle les pactes les plus forts.

L'après-midi de ce premier jour Ottavio le passa sur les quais à observer les bateaux et les mouvements du port, à interroger les matelots, les calfats, les commis des négociants de la Palissade aux huiles, à leur lancer, à eux aussi, quelques pièces pour parfaire son réseau d'obligés. Il revint le soir à l'arsenal, persuadé qu'il était arrivé dans la place avant Barberoussette.

C'est donc le lendemain qu'il partit en mer après s'être porté volontaire pour une sortie dont la fraîcheur de son engagement aurait pu l'exempter. *La Terrible* devait faire ses exercices ce jour-là, escortée de trois sensiles qui n'étaient pas autre chose que des galères de taille plus modeste (26 bancs de rameurs au lieu de 29). Sa promenade au bord du bassin, la veille, ce qu'il avait observé la mine renfrognée, les questions qu'il avait posées avec son air terrible, l'avaient rendu savant sur le travail de la rame [1]. Comme souvent les esprits pauvres il s'était attaché d'abord à retenir ce qu'il y avait de plus compliqué et de plus inutile, les noms des huit voiles de la galère : le

1. La galère en général.

maraboutin, la misaine, la boufette, le fréou, le grand trinquet, le second trinquet, le trinquetin, le polacron, les noms de subdivisions du pont, capion de poupe, joug de poupe, épale, conille, tambouret, les noms des chambres qui sont sous le pont dans leur ordre de la poupe à la proue, gavon, chambre du conseil, scandalard, compagne, paillol, Sainte-Barbe, taverne, chambre des voiles, chambre des cordages, chambre de proue, gavon de proue.

Colbert, l'entomologiste, le classificateur né de toutes choses, avait fixé invariablement l'équipage d'une galère ordinaire à trois cent quinze forçats répartis sur vingt-neuf bancs, trente-neuf matelots dits de rambarde qui étaient chargés de parer aux manœuvres, notamment des voiles, cinquante-sept mariniers dits aussi matelots de rame chargés de diriger les canots, de faire l'aiguade [1] et le bois mais aussi, quelques fois, employés à la vogue lorsque la vitesse faiblissait, six proyers qui étaient des petits garçons de sept à treize ans accomplissant leur apprentissage de la mer, trente soldats qui formaient l'armement de la galère et qui pouvaient monter à soixante en temps de guerre, chargés d'actionner en cas d'engagement les cinq canons et les douze pierriers embarqués à bord, enfin huit pertuisaniers affectés à la garde des galériens de jour comme de nuit. Tous ceux-là composaient les hommes et pour ainsi dire les ressorts non visibles de ces étonnantes machines. A hauteur de leur nez, circulant dans les allées, sans paraître se soucier du résidu humain qui grouillait sous leurs bottes, se trouvaient les officiers qui se subdivisaient en supérieurs : le capitaine, le lieutenant, le sous-lieutenant, l'enseigne, en ordinaires : l'écrivain, le chirurgien, l'aumônier, le pilote, le canonnier, le comite ou come [2], le sous-come, le sous-come de misaine, l'argousin, le rémolat, le barillat, enfin les officiers extraordinaires dont l'épithète dissimulait mal qu'ils étaient les plus humbles : le sous-pilote, le charpentier, le calfat, le timonier, le patron de caïq, le cap de garde, le major d'hommes, l'aide-canonnier. C'étaient donc quatre cent soixante-dix-huit hommes – cinq cent huit en temps de guerre – qu'emportait la galère ordinaire, véritable république flottante où, de l'officier noble, distingué par son habit rouge, en passant par l'officier roturier de même grade vêtu de bleu, jusqu'à l'esclave infâme privé de jour et roué de coups de fouet, tout ce que Dieu a fait de superbe et d'ignoble cohabitait.

Ottavio, d'un œil fixe et sans faiblesse, avait assisté au point du jour aux préparatifs de la sortie en mer. Son zèle à se porter volontaire et la protection connue du chevalier de Listrac l'avaient fait

1. La provision d'eau douce.
2. Officier préposé à la discipline de la chiourme.

placer sur le capion de proue. De là, il avait vu les forçats affluer en file par deux des entrées de la longue galerie de bois qui venait, en encorbellement sur le quai, protéger les gaillards dorés des plus magnifiques de ces bateaux. Tandis que certains des rameurs – réputés les plus dangereux – après avoir ôté leurs souliers et les avoir rendus à l'argousin qui en était propriétaire, s'installaient directement à leurs bancs, la manille au cou et à la cheville, d'autres, momentanément délivrés de leurs entraves, sous la conduite de pertuisaniers, paraient aux manœuvres, descendant de l'étage du bâtiment, les voiles, les rames, les cordes, les étendards qui s'y trouvaient entreposés et qui allaient servir à finir de gréer l'embarcation. Vers sept heures, ces manœuvres terminées à grands renforts de cris, le jour à peine assuré, *La Terrible*, poussée du quai par quelques vieux bagnards armés de gaffes, avait commencé de bouger. A peine sortie de la darse, elle s'était hérissée de ses rames comme un squale hideux et, virant devant quelques-unes de ses sœurs amarrées faute de place, sur le quai de la Vieille-Ville démâtées et enveloppées de toiles rêches comme de gros présents, elle avait rejoint les trois sensiles qui l'attendaient à l'entrée du chenal afin de gagner le large.

Quel magnifique spectacle que celui de ces quatre vaisseaux plats, aux coques peintes en noir ou rouge sang, pris dans la lumière frisante et blanche de l'aube d'hiver alors qu'elles s'engageaient entre les forts Saint-Nicolas et Saint-Jean ! Les rames se soulevant en cadence levaient des houppes blanches et de gros bourbillons argentés. La vogue en était si égale et si juste que pas une, dans son mouvement, ne passait sa voisine.

Les galères dorées et flamboyantes comme des machines de théâtre se distinguaient des autres bateaux par leur luxe. A l'avant de *La Terrible* l'éperon portant une tête de loup captait la lumière et la renvoyait en une gerbe de faisceaux rectilignes et aveuglants. A l'arrière, les gigantes – deux atlantes de dix pieds couronnés d'une tiare et soufflant dans des conquemarines – soutenaient la plateforme de commande du gouvernail. Ils étaient musculeux, puissants, tourmentés comme des esclaves du tombeau de Jules II et ce n'était pas un hasard puisqu'ils étaient de ceux – très rares – que l'on devait au ciseau de celui qu'on ne nommait pas autrement que le Michel Ange français : Pierre Puget, dont ces œuvres de bois – sans doute les plus puissantes issues de son génie – exposées au choc des batailles, à l'action du sel, au péril des flammes, furent vouées à l'éphémère. Ces gigantes, aux pagnes et aux couronnes plaqués d'or rouge, soutenaient la « figure », une sorte de grand bas-relief illustrant le nom choisi pour le bateau. C'était un Eole à tête de furieux qui légendait *La Terrible*. De partout, tout autour, claquaient les étendards de damas et de soie rouges fleurdelyssés de noir. Ils avaient un nom et un code comme toute chose sur la galère et ce nom et ce code avaient une origine immémoriale. Dans ce flot de bannières, on distinguait le palemet, le ganon, les felouques, les pavesades, les rondades, les banderoles, les tendelets, la bannière de mestre, enfin la plus haute, la plus grande, une immense pièce de damas coupée de chiquetades et rehaussée de l'or des filaments et des huppes qui s'emmêlaient au vent comme la chevelure d'une nymphe blonde : la flamme de mestre.

Il n'y eut sans doute que Vincent de Paul, providence des forçats, pour éprouver de la honte tandis qu'il se tenait debout à la proue d'une galère. Ottavio, lui, qui n'avait à peu près que des défauts et qui considérait la modestie comme un vice, s'agrippait à la rambarde, la narine frémissante. Le choc du bois contre les vagues excitait sa fureur.

Sanglé dans son justaucorps brun à galon vert et ceinturon de cuir large, coiffé du petit tricorne plat des gardes-chiourmes, il passa cette première journée où il était convenu qu'il ne se comportât qu'en passager, à détailler la ligne des côtes devant laquelle la petite escadre décrivit plusieurs boucles. S'étant armé d'une lunette il observa à loisir le château d'If, les îles du Frioul et de la Jarre, la corniche, l'anse de la Joliette, les infirmeries d'Arenc, se rassurant, à mesure qu'il voguait, de l'idée que Barberoussette n'était pas davantage dans Marseille que dans ses environs.

Une galère lancée sur la mer parcourt quatre milles et demi la première heure, trois seulement dans la seconde pour finir à deux et moins de deux au bout de cinq heures. Telle est l'effrayante fragilité de cette machine qui doit sa force à l'homme. Un exercice de huit heures, sans repos, comme celui auquel s'était invité Ottavio représentait l'effort maximum qu'on puisse exiger de rameurs. Ni le fouet, ni les cris, ne pouvaient rien, passé ce temps, sur la volonté de la chiourme, une chiourme qu'il fallait à la fin proprement exhumer de la cale. Tous ces gaillards arrogants étaient transformés en loques : leurs doigts saignaient, leurs camisoles rouges collaient à leur peau malgré le froid, leurs bonnets, qu'ils ne devaient jamais quitter sous peine d'endurer le fouet, portaient une auréole de sueur qui n'en laissait que la panse de sèche. On demeurait interdit à la vue de ces figures qui avaient pris la consistance d'un bois flotté et dont les traits paraissaient avoir coulé comme la cire de vieilles chandelles.

Dans le monde galérien la vue de cette déchéance n'excite même plus la pitié. Elle fouette au contraire la pulsion avilissante qui envahit le cœur des plus tristes soutiers de cet enfer.

Ottavio vit ainsi un vieux galérien huguenot qu'un jeune rustaud de pertuisanier s'était mis à rouer de coups et à jeter par terre parce qu'il ne grimpait pas assez vite l'échelle de l'épale. Deux autres soldats et un proyer, qui n'avait pas dix ans, s'étaient mêlés à leur tour de lui passer sur le corps et, pour ne pas être en reste, le Calabrais, que son intelligence dévoyée ne retenait nullement de mépriser les misérables qui s'en prenaient à des proies si faciles, scella son pacte avec eux, descendant de son capion pour piétiner les flancs de l'infortuné vieillard.

Quatre jours après Ottavio – c'était donc le samedi 22 décembre – un second cavalier entrait dans Marseille par la discrète porte des Fainéants établie à proximité de la place du même nom où aimaient à se retrouver ces oisifs et ces vieillards qui, sur tous les rivages de la bienfaisante Méditerranée, ne sont pas regardés comme des parias mais comme des bienheureux. Ce nouveau personnage était aussi grand, aussi carré d'épaules et plein de barbe que le Calabrais. Son regard était dur mais il n'en émanait pas cette espèce de sauvagerie qui rendait la figure de l'âme damnée des Vendôme presque irregardable. Cet homme, austère comme le calviniste qu'il avait fait autrefois, était Balthazar de Rognonasse que nous avons appris à connaître pour celui que la maison d'Orléans chargeait de ses affaires délicates.

Rognonasse, lui aussi connaissait Marseille. Il y était venu plusieurs fois au service de son prince exercer sa bravoure filoutière. Aussi, sans plus hésiter que le Calabrais, alla-t-il droit au port mais dans la direction opposée à l'arsenal, dans ce quartier dit du Corps de Ville où, autour de la belle maison municipale, d'étroites rues tracées à la perpendiculaire du bassin s'abritaient du vent du nord par le surplomb des hauteurs de la Tourette.

C'est ici qu'il faut juger de la radicale différence de comportement entre les hommes de main des Orléans et ceux des Vendôme : Ottavio avait trouvé refuge au plus sordide de la chiourme, parmi les galériens et les bagnards, Balthazar, lui, n'avait qu'une adresse dans Marseille et c'était celle d'une femme.

Cette femme, réputée être d'un cœur mutin, dont la chevelure opulente et charbonneuse, le teint de peau presque brun, le profil net et altier disait qu'elle était juive, se prénommait Judith. Elle habitait d'ailleurs rue de la Draperie Supérieure, vers le marché des Accoules, en plein centre de ce secteur de la vieille ville qu'on avait nommé autrefois la Juiverie. On prétendait qu'elle avait joué du luth, dans sa première jeunesse, rue de l'Échelle, sur le seuil d'une maison de plaisir, jusqu'à ce jour de 1700 où Canillac, l'ardent Canillac, l'un des amis les plus intimes du duc d'Orléans, l'avait distinguée et – ce qui est la forme de la consécration chez une courtisane – l'avait installée dans ses meubles. Canillac, parti faire, avec le déplaisir que l'on sait, la guerre contre les camisards [1], l'avait laissée seule et, chose étrange, cette faible créature avait chéri son souvenir au point de lui rester fidèle.

Elle était amoureuse du beau marquis quoique sachant qu'il y avait trop de distance de lui à elle pour songer à mieux qu'à l'aimer en secret et que sa qualité de fille du peuple monstrueux [2] la rendait intouchable pour tout homme étranger à sa race. Cette passion s'était traduite par un dévouement sans borne aux ordres de Canillac qui, de loin, continuait de la faire vivre. Cette même ardente sympathie ne pouvait, par ricochet, que s'étendre au duc d'Orléans, l'ami et le maître du marquis, dont la réputation de galanterie et de magnificence ravissait Judith et la faisait rêver.

La porte qui s'ouvrit devant Rognonasse n'était donc pas tirée par la main hésitante d'un chevalier de Listrac dont toute la soumission ne reposait que sur la crainte et le chantage mais par une créature ardente, heureuse de recevoir chez elle l'ambassadeur de deux dieux auxquels elle avait immolé sa vie.

– Entrez, monsieur, annonça-t-elle de sa voix douce, vous êtes ici chez vous!

Balthazar salua sans parvenir à se départir de sa sévérité.

– Vous prendrez ma chambre...

– Et vous ? s'inquiéta-t-il comme si elle lui avait proposé quelque chose d'inconvenant.

– Moi!... Je logerai là, dans cette entrée où j'ai mon sofa.

Elle désigna dans cette première pièce aux murs et au sol jonchés de tapis persans, un lit couvert d'édredons de soie et de brocart.

Ses yeux avaient brillé dans l'ombre. Ils étaient noirs jais comme sa chevelure, comme ses sourcils. Ses bras étaient d'un grain sombre, si bien dessinés et si fins qu'on les eût dits de basalte poli. Balthazar posa sur elle un regard qui glissa avec un brin de gêne sur sa taille, sur ses hanches voluptueuses, s'arrêtant sur l'amorce de sa gorge d'une peau plus claire que partout ailleurs qui transparaissait au travers d'un grand col boutonné de crêpe noir.

1. *Le Camp des Enfants de Dieu.*
2. Les Juifs sont souvent appelés ainsi au XVII^e^ siècle pour avoir crucifié Jésus.

– Monsieur de Canillac s'asseyait là, dit-elle avec naturel en désignant le sofa, je m'y repose souvent pour penser à lui.

Balthazar, qui, sous sa rude écorce, sentait que cette fille avait du cœur, déposa son bagage comme s'il venait seulement alors de prendre la décision de rester.

– Je ne vous dérangerai pas, promit-il, et c'est mon maître qui paye ma pension.

Ayant ainsi parlé, il lança à sa logeuse, en s'éclairant pour la première fois d'un sourire, un sac de cuir qu'elle attrapa et qu'elle froissa, reconnaissant dans un frisson le son clair de l'or pur.

– Et pour ce soir je ne demande pas mon reste, poursuivit-il, ni manger, ni boire... Adieu.

Là-dessus, il referma sa porte derrière lui et alla s'allonger tout botté.

Le Béarnais, le lendemain, commença sa journée par une toilette radicale. Il rasa la barbe taillée en pointe dont il était si fier, passa une perruque courte à petits marteaux et enfila un habit de drap brun de la même teinte que le ridicule chapeau rond qu'il ajusta pour compléter sa mise. Tout ceci, du moins le croyait-il, allait lui faire la figure d'un honnête négociant. Quelque chose pourtant ne cadrait pas, une chose dont il ne prit conscience qu'après avoir promené longtemps, en tous sens, un petit miroir qui lui renvoyait une image fragmentée de son nouveau personnage : c'était sa mine, une mine restée rébarbative et si fermée qu'elle eût découragé le plus hardi chaland de lui réclamer la plus petite marchandise. Il s'essaya bien à sourire mais il ne fit, se faisant, que forcer un rictus.

Judith l'attendait, mollement carrée sur ses coussins. Elle avait déplié une table qui regorgeait de victuailles. Son délicat parfum où perçait l'ambre et la lavande, flottait et se mêlait à l'odeur agréable des produits de bouche de la Provence.

– Je veux que vous disiez à votre maître que vous avez été bien reçu, dit-elle en lui désignant une chaise.

Il ne se fit pas prier et dévora de bon cœur. Il engloutit d'abord tout un poulet, croquant la jointure tendre des os et les aspirant sans façon pour en boire la moelle saignante. Après cela il ne fit pas davantage de manières devant le lard, les saucisses, les fromages conservés dans l'huile d'olive, la fougasse.

Judith s'émerveillait de cet appétit et versait hardiment le vin du Ventoux contenu dans l'aiguière d'argent dont elle usait, aux temps heureux, pour servir Canillac.

– Votre maître, le duc d'Orléans, comment est-il de sa personne ?

Rognonasse parut surpris de la question :

– Ma foi, madame, je ne l'ai jamais vu en particulier. Il serait homme à votre goût ce me semble... Les dames de sa connaissance prisent sa compagnie et celles qui ne lui ont pas été présentées donneraient gros pour jouir de cet honneur.

– Lorsqu'on a éprouvé la joie de connaître monsieur de Canillac comme je l'ai fait, on rêve d'en savoir davantage sur son modèle, avoua-t-elle avec l'hésitation dans le ton de quelqu'un qui redoute sa hardiesse.

Balthazar qui commençait à se faire aux paroles directes de Judith voulut la satisfaire.

– Ce prince, madame, est mieux que vous ne l'imaginez. Il est bon, vertueux, et la justice éclaire toutes ses actions... Il a pour nous, les réprouvés de ce royaume...

– Réprouvés ? releva-t-elle.

– Je suis resté secrètement huguenot, vous êtes juive à ce qu'il paraît...

– Il est vrai, sourit-elle.

– A la cour, madame, nous serions des pestiférés mais, pour ce prince, nous sommes des serviteurs qu'il estime autant que les autres.

– Voilà un prince selon mon cœur ! s'enthousiasma-t-elle, un tel homme pourrait tout exiger de moi, je serais son esclave.

Balthazar sourit à la repartie. Une idée gaie venait de traverser son esprit.

– Je sais ce que vous pourriez faire pour moi...

– Dites !

– Quelle est votre réputation à Marseille ?

– Je n'en ai pas.

– Comment cela ?

– Ma race, ma religion, ce sont des choses qui vous mettent au-dessous des réputations. On me connaît pour courtisane et les hommes de quelque considération, les chevaliers de Malte surtout, ne recherchent pas ma compagnie.

– Canillac était le plus capable de considération et c'est chez vous qu'il est venu.

– Canillac est mon soleil, avoua-t-elle en fermant les yeux.

– Il a vu un signe au-dessus de cette maison, dit le Béarnais emphatique, il a su que dans ce modeste logis il était un cœur rare...

– Que me demanderez-vous ? l'arrêta-t-elle amusée.

– De vous promener à mon bras tandis que je sortirai sur le port, voilée, comme sont certaines femmes d'Orient que l'on voit ici... De faire croire que je suis votre amant, de faire la mystérieuse et d'attirer sur vous qu'on ne reconnaîtra pas tous les feux de la curiosité.

– Je le veux bien, rit-elle, mais pour être plus plausible en amant, en amant exotique, il faudra d'abord que vous vous grimiez autrement.

– Comment cela ? s'offusqua le Béarnais en prenant l'air avantageux pour tirer sur les basques de son justaucorps trop court.

– Venez! commanda-t-elle en l'entraînant vers une troisième pièce, un réduit sans ouverture dont l'accès était dissimulé par une tenture.

Une grande armoire à quatre portes en garnissait presque tout l'espace. En l'ouvrant Judith découvrit une garde-robe d'homme : des pourpoints, des culottes, des vestes, des soubrevestes, des casaques, des uniformes, des justaucorps.

– C'est ici que vous tuez vos amants ? s'enquit Rognonasse avec un peu d'inquiétude.

Judith partit d'un nouvel accès de rire :

– Non, c'est là qu'ils me donnent leurs gages.

– Leur culotte ?

– Quand ils gardent leur cape.

– Leur chemise ?

– Quand ils gardent la culotte.

– Comment m'habillerai-je ? demanda le Béarnais mis en joie.

– En joli cœur! je veux que vous soyez digne de moi... Ce sera la meilleure des protections pour vous. Aucun de ceux que vous recherchez n'ira s'aviser de vous dénicher dans ce rôle.

Judith s'empara du ridicule petit couvre-chef de Balthazar qu'elle envoya voler jusque par-dessous l'armoire. Elle lui ôta de même son justaucorps étriqué de drap et sa chemise de gros lin qu'elle foula aussitôt de son pied léger. Elle alla prendre sur un cintre de bois un léger jabot de dentelle puis une espèce de large cotte rouge à crevés noirs, boutons dorés et manches bouffantes qui fit incontinent passer sur l'austère Rognonasse un air de polissonnerie. Un chapeau de castor de deux pieds de large festonné d'une étamine claire compléta la métamorphose.

– Jamais je n'oserai, balbutia Rognonasse en revenant vers l'antichambre pour retrouver son miroir, cela, ce n'est pas moi...

– Voyez! exulta la Juive, nous avons réussi. Comment voulez-vous que vos ennemis vous confondent si vous-même hésitez à vous reconnaître ?

Deux heures plus tard, un homme de haute stature, qui enveloppait de son bras puissant une souple créature voilée, si rapprochée de lui qu'elle ne pouvait être que sa maîtresse, déambulait sur le quai du Marquisat. Balthazar était cet homme, Judith cette femme. Comme l'avait prévu le Béarnais les gens qu'ils croisaient s'amusaient de leur tournure mais sans chercher à détailler leur figure. Il en est presque toujours ainsi des amoureux. Ceux qui les croisent, soit envie soit complicité, posent sur eux un regard qui n'est que de surface.

Sans le donner à paraître Rognonasse s'attachait aux bateaux ancrés dans le port, aux brigantins, aux galéasses, aux flûtes, aux caïques et jusqu'aux pauvres barques, venus de destinations lointaines. Il détaillait le gréement, les ballots, les caques, les caisses déposées à quai, celles que des Turcs, à force de bras, extrayaient des cales profondes. Il fit un détour par la Palissade aux Huiles où les capitaines étaient accoutumés de revendre les marchandises qu'ils trafiquaient pour leur compte. C'était chaque matin l'endroit le plus coloré de Marseille.

Là, dans un espace réduit, se voyait tout ce que Marseille achetait : le sucre brun, la raffinade, le café, le rocou [1], le henné, la cochenille qui servaient de bases aux couleurs écarlates, l'indigo qui avait le même usage pour le bleu, le corail dont la Compagnie du Cap Nègre, par son traité avec le dey d'Alger, avait le quasi-monopole, les « blés de mer », ceux venus d'Amérique et de la Baltique, les épices venues du Levant, les essences de parfum, les roses de Macédoine sous forme de pétales séchés ou d'essence, le riz, la soude, toutes sortes de peaux. Là aussi se voyait ce que Marseille vendait ou mieux dit troquait car les vieux négociants du port répugnaient à se servir d'espèces. Marseille exportait sa savonnerie sous forme de pains secs ou de liquides verts et noirs, ses tissages de moyenne qualité : les draps dix-huitains et seizains [2], les cadis, cadissons et autres dont on a déjà dit le nom mais aussi sa bonneterie qui était fort prisée en Barbarie et ses jeux de cartes qui se vendaient par milliers jusqu'en Amérique.

Judith était heureuse. C'était sa première sortie en plein jour depuis le départ de Canillac. Des voiles la rendaient méconnaissable et elle s'amusait de retrouver l'agitation du port sur lequel elle avait joué enfant, d'observer les nouveaux couples que formaient des officiers avec des filles qu'elle avait connues autrefois acoquinées à d'autres. La vestale du feu allumé par Canillac se sentait rassurée d'aller à ce bras musculeux, d'entendre battre tout contre le sien ce

1. Piment rouge servant pour la teinture.
2. Dont la chaîne est formée de dix-huit cents ou seize cents fils.

cœur inexpugnable. Ce n'était pas du sentiment mais Balthazar lui allait. En sus de cette qualité qu'il avait d'être du parti du duc d'Orléans et de son beau marquis, elle le trouvait rassurant. Rognonasse, pour sa part, était satisfait d'avoir déniché cette créature allante, si prompte à se mouler honnêtement à ses désirs et il éprouvait une rude fierté à se pavaner à son bras.

A l'angle que font les bâtiments de l'arsenal au sud et à l'est du bassin, il s'arrêta un instant pour observer le fonctionnement de la grande roue à mâter les galères. Quatre forçats s'échinaient dans ce tambour sinistre, escaladant sans fin, à la voix d'un maître charpentier, les barreaux de bois que le pied de dizaines d'autres malheureux, avant eux, avait polis jusqu'à les faire paraître de bois tourné.

Un mât de sapin, un arbre de mestre, superbe pièce de bois longue réglementairement de soixante-dix pieds, large de dix-neuf pouces un sixième [1] en diamètre au gros bout et treize pouces [2] au petit bout, arraché par la roue d'un palan, venait de se dresser comme un fétu au-dessus de l'eau. Il oscilla longtemps en faisant mugir les cordages qui le soutenaient puis il se planta à l'aplomb d'une galère amarrée au bord du bassin.

Des forçats sans entraves mais reconnaissables à ce qu'ils étaient nu-pieds et qu'ils portaient une camisole rouge, attendaient sur le pont, la tête levée vers cette masse menaçante. Lorsqu'elle fut à portée de leurs bras, ils la guidèrent en formant un cercle, poussant et s'arc-boutant avec une énergie farouche. Au cri d'un comite, la corde se détendit et tandis que toute la galère tressaillait, le mât s'abattit dans son logement. Les forçats l'ajustèrent aussitôt, enfonçant à coups de masse d'énormes coins de bois tout en s'aidant de « hou! hou! ». C'était là la seule manifestation que l'on passât à la chiourme pour l'aider à se soutenir dans l'effort.

Rognonasse, admirateur de la vigueur et de la force, observait ces hommes en songeant qu'il se trouvait à coup sûr parmi eux plusieurs protestants condamnés. Il crut reconnaître trois de ses frères dans trois gaillards qui exprimaient dans un faible sourire la satisfaction du travail accompli tandis que les faces de leurs compagnons restaient impénétrables et dures. C'est à l'instant où il les observait le plus intensément, décidé à leur adresser un signe, qu'une brute se précipita fouet en main pour faire repasser tout le monde dans la cale par l'échelle de l'épale.

Cette brute c'était Ottavio, que Balthazar reconnut dans un éclair

1. 0,53 m.
2. 0,36 m.

en faisant instinctivement deux pas en arrière pour ne pas être aperçu.

– Le Calabrais ! ne put-il se retenir de murmurer sans desserrer les dents.

Judith s'effraya de voir le front de son compagnon se plisser.

– Quelque chose vous a fâché ? demanda-t-elle.

– Oui, la vue d'un homme hideux.

– Un galérien ?

– Non quelqu'un qui mériterait cent fois de l'être... Mais, nargue ! me voici prévenu : ce misérable cherche la même chose que moi et il ne l'a pas encore trouvée.

Rognonasse se frotta les mains et, dans sa joie, il serra d'un peu plus près le bras de sa compagne.

– Allons ! dit-il avec entrain, pour fêter l'événement, je vous invite au cabaret.

Le soir de ce même jour, le dimanche 23 décembre, vers dix heures du soir, une chaise de poste crottée jusqu'au toit, flanquée de deux colonnes de gendarmes faisait à son tour son entrée dans Marseille, cette fois, plus officiellement, par la porte d'Aix ou porte Royale qui était l'entrée ordinaire de la route de Paris.

Cette troupe était celle que le chancelier de France dépêchait bonne dernière mais avec toute la puissance et la publicité des charrois ministériels pour s'emparer du secret de Barberoussette. Ce serait faire injure au savoir-faire et au jugement de monsieur de Pontchartrain père que de le croire capable de penser que ces bruits de bottes allaient lui permettre seuls de l'emporter comme autrefois les trompettes d'Osée avaient fait crouler les murs de Jéricho.

Ses cartes maîtresses, le chancelier les cachait dans cette voiture où, dans le contre-jour brouillé par le reflet des lanternes, se pouvaient distinguer trois ombres plus celle d'un enfant, trois bombes qu'il comptait faire jouer l'une après l'autre pour conserver, puisqu'il ne s'agissait de rien moins que cela, le trône des lys à son maître.

La voiture, toujours pressée de ses deux files de cavaliers, s'engagea sur le Cours et disparut sous le porche de l'hôtel Maurel, bâtisse de trois étages à la façade scandée de pilastres ainsi qu'elles l'étaient uniformément en ce lieu. C'était la résidence d'un des subdélégués de l'intendant de Provence répondant au nom de Lemaresquier. Les vantaux de la haute porte cochère se refermèrent aussitôt dans un pétardement de sabots et c'est là tout ce que purent en voir les badauds, nombreux à arpenter cette promenade favorite des Marseillais, malgré le froid, la nuit et l'heure tardive.

Un peu plus tard, au douzième coup de minuit sonné, un cabriolet preste et pimpant repassa ce porche, suivi d'un cavalier. Le cocher, monté sur l'un des deux chevaux de l'attelage, dévala jusqu'au port où il déposa, au coin des rues Pêcherie et de Jérusalem, devant l'hôtel de Malte, un homme et un garçonnet de huit ans qui, si l'on en jugeait par la profusion de leur bagage, s'apprêtaient à faire un long voyage. Trois colosses qui attendaient sur le quai, le quai de la Vieille Ville – si étroit en cet endroit que la municipalité interdisait d'y sortir des chaises devant les maisons pour y prendre le frais – s'avancèrent dans le cercle incertain de lumière tombé de la lanterne de l'équipage. Deux de ces hommes étaient des esclaves turcs qui portaient la large culotte et la veste courte brodée de leur pays, le troisième une sorte de calife en turban.

Ils se saisirent des malles empilées à l'arrière de la voiture et, au lieu de les porter dans l'hôtel, les chargèrent directement sur un brigantin qui était amarré à dix pas de là.

Le plus âgé de ces deux voyageurs, il avait à peu près trente-cinq ans, portait un large manteau à col de loutre. Il observait le manège des Turcs, mordillant le tuyau de sa pipe de terre avec un reste de mélancolie dans le regard. L'enfant, à côté de lui, écarquillait les yeux à la vue du bateau dont la pénombre rendait la proue sculptée fabuleuse.

– Vous nous réveillerez une demi-heure avant de lever l'ancre, pas avant, ordonna le voyageur au calife.

Le disciple de Mahomet porta ses doigts à ses lèvres et s'inclina avec déférence.

L'homme congédia alors le cocher du cabriolet et entra dans l'hôtel, suivi de l'enfant, tandis que le cavalier qui l'avait escorté descendait de sa monture et prenait le quart devant la porte.

Ce nouveau personnage qui se préparait à un long voyage avait nom Paul Lucas, c'était le fils d'un joaillier de Rouen qui connaissait déjà l'Orient pour être allé cinq ans auparavant en Turquie et en Perse découvrir des antiquités et des monnaies qu'il avait revendues avec profit à Louis XIV. Dans ce second périple, il partait officiellement continuer en Grèce et dans les Cyclades l'œuvre que Tournefort avait dû interrompre trois ans auparavant, c'est-à-dire trouver des plantes nouvelles à usage médicinal. Ses lettres de créance le prétendaient médecin, ce qu'il n'avait jamais été. Officieusement il se trouvait chargé par messieurs de Pontchartrain de continuer la collection des médailles du roi et de refaire sur place le dernier circuit connu de Barberoussette en fouillant l'île de Kéros. L'enfant qui l'accompagnait était un garçonnet commençant sa carrière dans ce corps des Enfants de Langue fondé en 1669 par Colbert. Sélectionné par les pères jésuites à Paris pour ses aptitudes en la matière, il partait au couvent des capucins de Constantinople où, pendant trois ans, aux frais du roi, il apprendrait le turc, le persan et l'arabe afin de devenir par la suite le commis d'un consul ou d'un ambassadeur et, parfois, lui-même consul du roi de France dans les Échelles.

Les deux autres créatures que Ponchartrain avait lâchées dans Marseille passèrent donc la nuit à l'hôtel Maurel.

Le premier des deux à en ressortir parut le lendemain, sur le Cours, au point du jour, prenant bien soin de rester invisible dans sa chaise aux rideaux abaissés que les valets avaient nettoyée pendant la nuit. C'était le sieur Sobelles, longtemps ténébreux porte-plume des bureaux de Versailles et devenu peu à peu l'homme des missions délicates du chancelier. C'est lui qui, depuis sa voiture lancée en neuf jours de Versailles à Marseille, au moyen de relais impeccablement organisés, avait commandé toute l'expédition.

Il alla d'abord à l'Hôtel de Ville. Là, il parla d'un ton de maître au capitaine-viguier qui, depuis l'abolition des antiques franchises de Marseille, était, sur place, l'œil du roi et le tuteur des échevins qui ne pouvaient délibérer qu'en sa présence. Ensuite il se fit transporter à l'arsenal où il était encore à midi, dans le bureau de l'intendant, figurant, au centre d'un parterre de têtes poudrées et d'habits rouges et or, un cuistre rogue et besogneux.

Il allait de long en large, passant d'un pas rapide et saccadé entre les fauteuils des maîtres de la guerre dans Marseille, ces « Messieurs des Galères » ainsi qu'on les nommait : Jean-Louis de Montmort, « l'intendant de justice et finance des fortifications de Provence et de Piémont et des galères de France », Louis de La Rochefoucauld-Roye, chevalier de Roucy, le lieutenant général, Jean Galbert de Campistron, secrétaire général des galères et, sur place, l'homme de confiance des Vendôme, le chevalier de Rancé, capitaine du port dont la mission s'étendait à contrôler le mouvement de tous les vaisseaux aussi bien de guerre que de commerce, enfin le capitaine de Bombelles, major des galères, dont l'importante fonction était d'inspecter la chiourme et les soldats.

Pour ce parterre, habitué à des manières plus enveloppées, l'homme des bureaux ramassa ses conclusions :

– Pas un bateau, entendez-vous, martela-t-il en s'aidant de son talon, pas un bateau paraissant dans le port qui ne soit incontinent fouillé de la quille au hunier en présence d'un des hommes que j'ai menés de Versailles avec moi.

Le chevalier de Rancé qui se croyait, par ses fonctions guerrières, au-dessus d'infliger des tracasseries aux marchands de savon et d'huile, écoutait ces recommandations d'un air offusqué.

Sobelles, qui observait du coin de l'œil la mine de son public, appuya sa dernière phrase en fixant le capitaine du port.

– Cela vaut surtout pour vous, monsieur, la volonté du roi est que les galères participent à ces recherches, qu'elles croisent sans relâche pour nous permettre de mettre la main sur les ennemis de l'État.

Or, tandis que tous ces personnages prenaient leurs marques et s'installaient pour attendre Barberoussette, Barberoussette était déjà dans Marseille.

Il y était parvenu dès la fin de novembre et, à dessein, s'était réfugié là où personne ne l'aurait osé aller chercher parce qu'il était inconcevable que l'on puisse avoir l'idée d'y trouver un refuge, il était au grand lazaret. Cet hôpital de la peste, ces infirmeries ainsi qu'on les nommait, étaient celles que Louis XIV avait ordonné de reconstruire sur la paroisse Saint-Martin d'Arenc, pour remplacer l'hôpital de la peste Saint-Lambert, datant seulement du XVIe siècle mais devenu trop proche du fort Saint-Nicolas qu'il édifiait pour surveiller la ville. Avec ses trente-sept salles, son mur de six cent six toises et demie [1] du côté de la mer et de quinze cent quatre toises [2] du côté des terres, il était la plus vaste construction du genre en Méditerranée.

La peste pesait toujours sur Marseille comme une sourde menace. Elle était le feu renfermé sous une cloche de terre, prêt de s'échapper par la plus petite fêlure. Elle couvait en consumant doucement mais inexorablement le petit troupeau renfermé dans le lazaret. Il n'était pas de jour, dans cette île maudite où survivaient trois à quatre cents malades plus ou moins couverts de bubons et cachés à la vue des gens bien portants, sans que la cloche de la chapelle, sonnant le glas, rappelle aux Marseillais que la mort exerçait là, à l'abri des regards, ses ravages. Les gens de la ville, lorsque le mistral portait jusqu'à eux ces sinistres sonnailles, se signaient à toute allure et s'efforçaient de n'y plus penser mais leurs rêves étaient souvent traversés de l'idée que la peste pourrait un jour sauter le mur des infirmeries d'Arenc ou entrer directement au port dans les flancs d'un navire suspect qui n'aurait pas subi la quarantaine.

Saint Roch en personne, statufié tel un atlante, accueillait à la porte de l'hôpital les damnés et les saints. Les damnés étaient les

1. 1 179 mètres.
2. 2 923 mètres.

malades ou les gens astreints à l'isolement par décision de ce bureau de Santé dont nous aurons à reparler. Ils ne passaient ce seuil qu'en tremblant. Les saints étaient les laïques qui se dévouaient par charité et les moines infirmiers, fils de saint Vincent de Paul, qui hébergeaient, soignaient, enterraient de leurs mains dans la chaux vive, lorsqu'ils mouraient, les malheureux malades abandonnés à leurs soins.

Barberoussette s'était présenté au soir du dernier dimanche de novembre à la porte de l'établissement, pieds nus dans ses sandales, seul, portant en guise de ceinture un gros chapelet de buis et, pour tout bagage, un sac de cuir jeté sur son épaule. Il déclara au portier qu'il était ermite, n'appartenant à aucune congrégation, n'ayant prononcé aucun vœu, qu'il avait vécu longtemps au Levant et qu'il désirait servir à Arenc, le temps de faire le point sur sa vocation, avant de poursuivre son chemin en France.

Le père procurateur qui, dans le long temps passé à la tête du lazaret, n'avait reçu que trois ou quatre fois de semblables requêtes, accueillit Barberoussette en l'embrassant. Leurs barbes s'emmêlèrent.

– Vous serez ici chez vous, mon fils, mes malades seront vos malades, nous partagerons les années de purgatoire que nous vaudront nos échecs, celles de paradis que nous vaudront nos succès.

Barberoussette, accoutumé par trente ans de périple dans les mers grecques au caractère terriblement comptable des Lazaristes, s'était contenté de sourire.

Un moine qui soigne les pestiférés s'astreint à partager leur sort. Il ne quitte l'hôpital qu'après avoir passé lui-même plusieurs jours dans un bâtiment près de la porterie qu'on nomme l'antichambre et qui est comme le sas entre cette fournaise de mort et le monde des vivants. Barberoussette, qui s'était présenté au procurateur sous le nom de Chrysostome, ne s'était voué à ce tombeau qu'après en avoir fait le tour et s'être assuré qu'il pourrait commodément l'escalader du côté de la mer pour regagner sa liberté quand bon lui semblerait. En attendant il avait pris ses nouvelles fonctions avec un zèle qui força en quelques jours l'admiration de la communauté. Cachant sous sa bure un corail et une médaille portant le chiffre 4 qui passait pour éloigner infailliblement la peste, il avait requis l'honneur de frotter lui-même à grande eau, chaque jour, le sol des salles communes où s'entassaient les malades et, à l'opposé de l'enclos, celles réservées aux quarantenaires. L'après-midi, après avoir fait tinter la cloche pour écarter les passants, il sortait par la grande porte et gagnait le petit débarcadère, jetant à la mer les ordures des cuisines et charriant, avec l'aide d'un jeune moine, les vivres que les bateliers étaient accoutumés de déposer à l'aube dans une excavation ménagée dans la corniche.

Barberoussette, que son dévouement au bout d'un mois avait rendu indispensable, obtint du procurateur, sous prétexte de demeurer ermite autant que faire se pourrait, la permission de quitter le dortoir des frères et de vivre isolé. Il avait jeté son dévolu sur un réduit circulaire ménagé dans une échauguette que la pointe extrême de l'enceinte du lazaret suspendait au-dessus de la mer.

L'humble serviteur des pestiférés atteignait le premier de ses buts : vivre caché en un endroit sûr de la ville et dans un poste d'observation qui lui permît de ne rien perdre des mouvements du port.

Dans ce modeste logis où il avait porté lui-même un grabat de crin, Barberoussette, malgré les fatigues de ses journées données à l'hôpital, prit son premier repos depuis longtemps. Il avait bien changé depuis deux ans et ne montrait plus cette jovialité boucanière qu'Aubriet et Tournefort lui avait connue à Naxos. Sur son visage était repassée la plus grosse part du caractère inquiet du jeune Jean de Bréderodes avec, parfois, une étincelle de mysticisme exacerbé qui avait été quelque temps celui du moine Yannis. Le sentiment de s'être rapproché de son frère, souffrant pour lui depuis trente-deux ans dans la Bastille et d'avoir à jouer l'une des parties les plus risquées de sa vie d'aventures, le pénétrait et le rongeait. Tour à tour taciturne et exalté, il méditait longuement, dès la nuit tombée, étendu sur sa couche, tirant sur son brûle-gueule [1], tenant sur son ventre la petite boîte de nacre de Beaufort, celle-là même qui avait autrefois contenu les ferrets offerts par Louis XIII à Anne d'Autriche. C'était l'instant où il donnait leur récréation à ses deux serpents, qu'il avait apportés avec lui à Arenc au fond de son sac et qui, lorsqu'il les libérait, s'enroulaient à ses jambes nues avec grâce et lenteur.

Barberoussette n'avait plus que ces deux amis qu'il cachait dans sa poche ou dans son sac selon son costume et selon l'heure mais il n'était pas venu seul en Provence. Il était arrivé à Marseille en bateau et son bateau se trouvait depuis quarante jours là où personne n'aurait osé aller le chercher. Il l'avait à dessein fait envoyer avec son équipage, falsifiant à son détriment ses « patentes », au port de la Quarantaine.

Les précautions prises à Marseille contre la peste étaient considérables. Tout bateau qui se présentait pour entrer dans la rade devait souscrire aux formalités imposées par le bureau de Santé. Ce bureau

1. Pipe courte.

était nommé chaque année par la municipalité et composé de quatorze notables bénévoles dont deux étaient obligatoirement des échevins sortis de charge. Chaque semaine deux de ces intendants étaient de garde, on les nommait semainiers. Leurs commis allaient au large recueillir les déclarations des capitaines qui désiraient relâcher au port et vérifier leurs « patentes ». Ces « patentes » étaient les documents qui devaient être obligatoirement visés par les consuls de France des différents ports par lesquels était passé le navire avant de se présenter devant Marseille. On les disait « nettes » lorsque toutes les étapes sur sa route étaient signalées saines, « soupçonnées » lorsqu'une épidémie était connue en un point proche d'une escale, « brutes » enfin lorsque l'épidémie était avérée dans une escale. En cas de patente « soupçonnée » ou « brute » il revenait au bureau, réuni à la diligence d'un des semainiers, d'ordonner la mesure d'isolement appropriée : la quarantaine d'observation, la plus rigoureuse, sans débarquement d'homme ni de marchandise et qui durait quarante jours, des quarantaines écourtées, tolérant le débarquement des hommes au lazaret ou celui des marchandises en un point convenu.

Cet isolement avait lieu au large de Marseille, dans le petit archipel du Frioul ou à l'île de la Jarre. Les hommes, lorsqu'ils étaient autorisés à débarquer, étaient reclus aux infirmeries d'Arenc. Toutes les décisions du bureau étaient couchées sur un registre que signaient les intendants ayant délibéré et tous les membres du bureau.

On se doute que s'il était presque impossible de falsifier les patentes « nettes » qui devaient comporter le mot net sans rature ni surchage avec le cachet du consul, il était très aisé de produire l'effet contraire et d'inquiéter en présentant un document aux allures de brouillon. C'est ce que fit notre pirate qui déclara venir de Négrepont et qui présenta des lettres des consuls français de Négrepont et de Nauplie à ce point remplies d' « effaçures » [1] qu'elles ne laissèrent pas d'inquiéter aussitôt l'intendant semainier.

Le bateau de Barberoussette, par décision du bureau de Santé, fut envoyé à Pomègues qui était un îlot de l'archipel de Frioul. Le soir même son capitaine quittait son bord sans éveiller le soupçon des gardes-marins chargés de s'assurer de la bonne exécution de la quarantaine et il gagnait à la nage la barque d'un pêcheur. Ce dernier, contre un sac d'écus, le déposait sur la corniche.

Barberoussette n'avait fait halte à Marseille que dans l'espoir de recueillir les nouvelles que son frère devait lui faire tenir par madame Bénéfice. Aussi le premier jour où il fut seul dans son

1. Ratures.

échauguette et libre de ses mouvements – c'était le samedi 22 décembre – profita-t-il de l'heure de la sieste pour faire une leste galipette par-dessus le mur du lazaret et gagner le centre de la ville.

Il se retrouva ainsi passant la porte de la Joliette dans les hauts quartiers de la ville et gagna le secteur de la Blanquerie où se trouvait l'agence de la poste.

L'employé chargé des dépêches en instance, à peine Barberoussette l'eut-il interrogé, répondit avec une pointe de brusquerie et sans prendre la peine de compulser ses melons :

– C'est la troisième fois en trois jours qu'on me demande des nouvelles de madame Bénéfice, je n'en ai pas...

L'évadé des infirmeries d'Arenc paya d'effronterie :

– Je suis son neveu, je ne vois pas qui d'autre la connaîtrait dans cette ville.

– Un grand butor à l'accent d'Italien ou d'Allemand, un autre, non moins impressionnant de stature, que je dirai plutôt natif des Pyrénées... Ils m'ont assuré aussi être de la famille.

– Je ne les connais pas.

– Ils étaient en tout cas taillés à dessein pour prendre soin de cette bonne dame, ricana l'employé en renfouissant le nez dans ses registres.

– Leurs prières ne seront pas plus efficaces que les miennes, bougonna, avant de battre en retraite, Barberoussette en se souvenant qu'il portait défroque d'un moine.

Et, sur une nouvelle galipette, il regagna son logis avant la fin de l'heure, de la sieste, persuadé qu'il avait bien fait pour l'heure de se trouver un gîte en sûreté et d'attendre la suite des événements.

Tandis que l'ancien Jean de Bréderodes prenait ainsi ses marques et reconstituait ses forces en vue de la course dans laquelle il imaginait avec assez de vraisemblance devoir se lancer bientôt, ses poursuiveurs inquiets de son absence commençaient de tourner en rond.

Ottavio, déjà, se lassait de son rôle de garde-chiourme. Sa brutalité l'avait fait se prendre de bec avec un comite qu'il avait frappé durement et la querelle était remontée jusqu'au chevalier de Flacourt, capitaine de *La Terrible*, qui n'avait pu s'empêcher d'en référer au chevalier de Listrac par qui le Calabrais avait été introduit sur son bateau.

On a vu précédemment l'espèce de terreur qu'Ottavio avait inspirée dès l'abord à ce personnage. On en a précisé les causes fondées sur un certain vice du chevalier qui permettait au grand prieur d'avoir barre sur lui depuis qu'il l'avait sauvé d'un procès ignoble en jouant des privilèges considérables de l'ordre de Malte en France. Listrac qui ne se sentait pas le cœur à faire lui-même des remontrances au Calabrais s'était contenté de l'envoyer au maître de la discipline dans la place qui était le secrétaire général des Galères, Jean Galbert de Campistron.

Les règlements de la chiourme étaient les mieux écrits de France. A la tête des bureaux qui les administraient s'étaient succédé deux académiciens français. En 1688 le duc du Maine nommé par Louis XIV, son père, avait envoyé à Marseille, pour tenir l'office de secrétaire général, son ancien précepteur Nicolas de Malezieu, membre de l'Académie. Six ans plus tard, rachetant la charge à son cousin par le biais de cette liaison constante qui unissait les bâtards descendants d'Henri IV à ceux issus de Louis XIV, le duc de Vendôme, pour ne pas être en reste, avait dépêché Campistron, son secrétaire particulier, qui siégeait parmi les quarante depuis 1701.

Jean Galbert de Campistron régnait sur les galères avec nonchalance et dédain. Il passait à Marseille la mauvaise saison, occupant dans l'arsenal, face à l'hôtel de l'intendance, un bâtiment de trois étages donnant sur le Jardin du roi qui lui était entièrement affecté. C'était une curiosité parmi ces « messieurs des galères » où il faisait un personnage noble à tête de médaille, perruque haute et bien brossée, jabot empesé, rebras à ganses de soie et manchettes au point d'Alençon. Tel quel, il paraissait tenir la pose pour l'éternité et pour le frontispice gravé de ses tragédies que son maître et le grand prieur faisaient imprimer à grand frais pour lui être agréables mais auxquelles le public avait l'impudence de préférer celles de Racine.

Là était le drame de Campistron : on le comparait à tout propos à l'auteur de *Bérénice* qui l'avait aidé autrefois à asseoir sa renommée en l'honorant de ses conseils et en le recommandant au duc de Vendôme pour écrire ce fameux livret d'*Acis et Galathée* qui fut l'avant-dernier sur lequel Lully déposa sa sublime musique. L'homme avait de la facilité mais il souffrait de l'inégalité de son talent. Il s'était fait connaître tôt mais il éprouvait de la difficulté à durer. Né en 1656 à Toulouse dans une famille honorée plusieurs fois du capitoulat, il avait dû fuir à Paris à dix-sept ans pour se soustraire aux conséquences funestes d'un duel. Un an plus tard il mettait sa ville d'adoption à ses pieds par le triomphe de sa tragédie de *Virginie*. Ce coup d'essai, vrai coup de maître, faillit lui être fatal. En un soir *Virginie* avait culbuté la *Téléphonte* du poète Chapelle que soutenait la Cornélie des lettres françaises, la vestale du bon goût, remuante nièce de Mazarin et tante des Vendôme, Marie-Anne Mancini, duchesse de

Bouillon, dont nous avons déjà parlé. Cette Junon, donnant le ton à ses neveux qui aspiraient à s'établir les protecteurs des arts, régnait sur le théâtre français, louant les salles, subventionnant les troupes et les claques, fixant le répertoire et les distributions. C'est elle qui, avec longtemps quelque apparence de succès, avait fait surnager l'insipide Pradon contre Racine. Aucun triomphe n'était possible qu'elle ne l'eût d'abord agréé et qu'elle n'y prît sa part... Tout l'art de Campistron fut de flairer le péril et de faire, à titre de soumission, la dédicace de son deuxième drame d'*Arminus* à la duchesse qui lui assigna ausitôt une place près d'elle au sommet de l'Hélicon.

Par la suite, tout en occupant la place de secrétaire des commandements de l'avare prince de Conti, Campistron continua de faire représenter ses œuvres avec des fortunes diverses. *Andronic, Tiridate, Alcibiade* furent ses succès, *Phocion, Actius, Adrien* ses échecs, *Phraate* et *Pompeia* des monuments d'ennui qui ne passèrent même pas le feu de la rampe.

Le Toulousain, au beau milieu du gué de cette carrière faite de pics et d'abîmes, piaffait devant le Temple. L'argent qui s'y jetait en fêtes perpétuelles, la meute de beaux esprits qui s'agglutinait autour de Chaulieu, l'impressionnaient. Il eut l'habileté de n'exiger du duc de Vendôme pour paiement du livret d'*Acis et Galathée,* représentée en présence du dauphin à Anet, que l'honneur de devenir son secrétaire. Cette grâce lui fut accordée en 1684, les galères suivirent quatre ans plus tard et, cahin-caha, avec elles, la carrière de dramaturge. On reconnaissait sa peine, son mérite, sa persévérance mais rarement son génie. On brocardait :

« *C'est à force de forger qu'on devient forgeron.*
*Il n'en est pas ainsi, hélas ! du pauvre Campistron.* »

Et Racine, toujours Racine, bien qu'il s'en fût allé cinq ans auparavant : « *Sur le Racine mort le Campistron pullule.* »

Lassé de l'insolence du public parisien, le secrétaire des commandements de monsieur de Vendôme partait l'hiver, en pleine saison des théâtres, pour Marseille dont il subissait le séjour comme Cicéron la proscription des triumvirs.

Les trois mille livres annuelles que lui procurait la charge de secrétaire général, jointes à sept cents mensuelles que lui donnait le général pour sa table et ses frais de représentation, s'ajoutaient aux « revenants bons » de toutes sortes qu'il tirait de ses avis, de ses recommandations, de la location des baraques du port ainsi qu'il nous sera donné plus loin de l'expliquer et de quelques tripotages sur le drap ou le biscuit de la chiourme. Tout cela, depuis dix ans, avait fait de lui un homme riche et lui avait enfin permis d'assouvir son goût pour les curiosités et les livres rares. Lorsqu'il réfléchissait, enfermé avec ses chats dans son magnifique bureau, c'était entouré d'in-folio à ses armes, de bronzes délicats dans la manière de Cellini, de tableaux et d'émaux qu'il glanait çà et là, dans ses mois d'exil, au hasard des successions et des banqueroutes des vieilles familles provençales.

Ce tragédien isolé parmi les galériens et qui n'aurait eu que sa fenêtre à ouvrir pour nourrir sa muse et son émotion, eut cela de surprenant qu'il ne trouva jamais tragique la condition des galériens. Il ne se frottait au monde de la chiourme que pour débusquer les talents amateurs capables de représenter et de décorer ses tragédies. C'était là le seul regard qu'il ait jamais porté sur la misère de l'arsenal. Les représentations qu'il fit faire de ses tragédies *Tiridate* et *Andronic* dans la Cour des bois de construction en présence de l'évêque, du corps de ville et de tout l'aréopage des galères étaient restées à cet égard fameuses. C'était donc un cœur de pierre, en cela bon produit du Temple et cette sécheresse avait rejailli jusque dans ses vers : les alexandrins en étaient parfaits, avec hémistiche selon les canons, mais ils étaient froids comme s'ils eussent été gravés sur la banquise [1].

Campistron l'insensible, l'orgueilleux, le jaloux, était cependant scrupuleux et les affaires que lui rabattaient le chevalier de Listrac ou d'autres âmes damnées des Vendôme à Marseille, heurtaient sa délicatesse. L'idée de recevoir, pour lui laver la tête, un garde-chiourme placé par protection sur une galère et qui s'était, malgré cela, montré indocile l'avait, depuis la veille, mis dans une rage indicible.

Ottavio, de son côté, que l'idée d'être mandé pour s'entendre sermonner rendait à peu près fou, était entré dans le bureau du secrétaire général, décidé à ne se contraindre ni à la patience ni à la politesse.

Pendant trois minutes, il s'était tortillé de rage ainsi qu'un limaçon sans savoir comment faire éclater sa hargne puis la vue de son hôte continuant d'écrire sans lever le nez, passée la première fureur, avait fini par le remplir d'étonnement.

Campistron reposa enfin sa plume. Tournant le dos pour ramasser l'un de ses chats chartreux, affectant toujours d'ignorer la présence de son visiteur, il commença de vitupérer :

– Qui que vous soyez, monsieur, vous passez les bornes... Je représente ici votre maître qui n'a d'ailleurs pas pris la peine de vous recommander à moi. J'entends que vous ne lui causiez ni déplaisir ni tort.

1. Voltaire, plus indulgent, a écrit : « *c'est la diction seule qui abaisse Campistron en dessous de Racine* ».

– Je...

– Vous parlerez lorsque je vous y autoriserai! renchérit le poète fixant pour la première fois son hôte sans paraître marquer d'étonnement de sa mine ni de sa taille, si monsieur le grand prieur vous a mis ici pour ses affaires, je n'ai pas à m'y opposer mais, en son nom, il importe que je m'assure que vous vous conduirez ici avec la discrétion qu'on attend de vous.

– Monsieur...

– Je viens de vous ordonner...

– Monsieur, reprit le Calabrais d'une voix si forte qu'elle glaça soudain Campistron dans sa colère.

– Hé bien quoi?

– Cette statue, monsieur, où l'avez-vous eue?

Ottavio désigna à l'académicien une statuette dont la blancheur transperçait la pénombre de la bibliothèque. C'était une figure représentant un joueur de fifre, presque pareille à celle dont le reître s'était servi pour assommer madame Bénéfice. C'était, cette fois encore, l'une de ces fameuses idoles des Cyclades.

– Cela? fit Campistron désarçonné.

– Cela! appuya le reître dont le regard s'était mis à couler comme une fontaine de fiel.

– Un objet curieux il est vrai, reprit docilement Campistron, je l'ai déniché l'an passé chez un Turc de Marseille qui en possédait deux autres à peu près de même facture...

– Qui?

– Achour, un marchand de Smyrne, qui est établi ici dans le quartier du Corps de la ville, dans la rue de la Figuière.

– Le grand prieur est à la recherche d'une statuette semblable...

Ce fut au tour de Campistron de montrer de la gêne:

– Je n'en connais pas moi-même l'origine...

– Dans la rue de la Figuière? insista le Calabrais en se préparant imprévisiblement à sortir.

– N'allez pas là-bas commettre quelque méfait! s'effraya Campistron.

Ottavio, qui venait de retrouver tout son aplomb, sourit de toutes ses dents:

– Pour la suite, monsieur, même contre votre avis, c'est au grand prieur seul que j'en réponds.

Lorsque Timour, le père d'Achour et de Mamdour Batchour, avait songé à étendre dans les pays chrétiens les comptoirs de la maison qu'il dirigeait à Smyrne, il avait fait un choix parmi ses neuf fils, envoyant Mamdour à Paris et Achour à Marseille. Mamdour était son benjamin, venu longtemps après les autres, gâté par sa mère et ses tantes qui l'avaient gardé incomparablement plus longtemps que ses frères près d'elles. Il avait conservé de ce contact prolongé avec le monde des femmes la souplesse et le goût des cajoleries que Timour, d'après ce qu'il savait de la légèreté du caractère des Français et de leur sensibilité à tout ce qui est séduction, pensait à juste titre devoir faire merveille sur les bords de la Seine. Achour était le cinquième de ses garçons. Il était grand, râblé et avait hérité de son père la ruse, le goût des palabres commerciales et l'extrême jubilation de les voir aboutir. Pour toutes ces raisons le vieux Smyrniote s'était dit que ce fils, d'une trempe à tenir tête aux Juifs, aux Grecs et autres habiles commerçants installés à Marseille, était tout désigné pour s'installer dans ce port où il souhaitait établir la tête de pont de ses nouveaux comptoirs en Occident.

Au moment de prendre cette grave décision, Timour était allé voir son cousin Nourdour, mufti vénéré pour sa sagesse et ses dons de prophète. Il lui avait exposé ses projets et Nourdour l'avait effrayé en lui déclarant :

– A Paris Mamdour perdra son âme et, à Marseille, Achour la vie.

Timour, ressorti perplexe de chez Nourdour, s'était ouvert de ses craintes, le soir même, à Fatima, la mère de ses neuf fils, la seule femme qu'il ait jamais eue en dépit des préceptes et des facilités de sa religion.

– Nous avons conservé tous nos garçons, Timour, lui répondit celle-ci, Dieu ne nous en a repris aucun, nous comblant ainsi d'une félicité dont il n'est pas d'autre exemple à Smyrne. Il faut qu'il soit fait selon sa volonté. Confions-lui Achour et Mamdour, prions-le chaque jour pour qu'il les protège, mais qu'ils partent selon ton idée.

Timour embrassa sa femme et fit ce qu'il avait arrêté.

Achour et Mamdour parvinrent ensemble à Marseille à la fin de 1699. Ils devaient d'abord travailler dans l'entrepôt d'un vieux cousin de leur mère, Ibrahim Zorglub bey, à qui il était convenu qu'ils rachèteraient fonds de commerce et marchandises comme cela finit d'ailleurs par se faire moins de deux ans plus tard.

Début 1702 les deux frères prirent la poste pour Paris où ils devaient fonder leur dépôt de la rue des Lombards. Trois mois plus tard, conformément au vœu de leur père, ils se séparèrent : Mamdour demeurant à Paris, Achour s'en retournant à Marseille où il fit prospérer sa maison qui comptait en 1703 deux entrepôts vers la Joliette et une boutique, rue de la Figuière, à deux pas du port.

Telle était la fortune d'Achour au moment où la mort s'approchait de lui à pas furtifs. En Ottavio qui venait de passer le seuil de sa boutique avec insolence, le jeune Turc flaira au premier coup d'œil un danger mais, comme le commerce dans lequel il était si habile lui avait appris à dissimuler ses sentiments, il parvint à ne pas montrer sa peur.

Ottavio, sans s'embarrasser du plus léger prologue, parla avec rudesse de Campistron et de sa statue. Il indiqua qu'il savait qu'il s'en trouvait céans de toutes pareilles et qu'il tenait à les voir.

– Il n'est pas deux marbres cycladiques semblables, objecta Achour en souriant.

– S'ils ne sont pas semblables, ils ont quelque chose en commun, trancha le reître, montrez-moi ceux que vous possédez!

– Je...

– Monsieur de Campistron a vu votre collection, appuya Ottavio d'un air farouche.

Achour comprit qu'il fallait s'exécuter. Il entraîna son visiteur dans sa cave et lui montra trois statuettes : deux qui reprenaient la posture assise du buveur et du joueur de harpe, puis un personnage dressé, toutes de même facture et faites dans le même marbre poli.

– C'est là tout ce que je possède, dit Achour, une collection rare vraiment.

– D'où proviennent ces statues ? Comment vous les êtes-vous procurées ? demanda le Calabrais dont le regard s'était mis à percer comme un stylet.

– Deux d'entre elles se trouvaient dans cette boutique lorsque mon frère et moi l'avons achetée.

– Vous mentez! s'exclama Ottavio, je sais que ces sculptures sont arrivées ici récemment, venant d'Orient et qu'un homme, que je cherche, en fait le trafic.

Une seconde suffit pour que le visage d'Achour devienne impénétrable :

– Monsieur, personne ne m'a jamais traité de menteur dans ma maison... Je vous répète que c'est mon oncle, Ibrahim Bey, qui a commencé cette collection.

– Mais vous, vous l'avez continuée et vous savez qui vous vend ces idoles.

– Je sais qui me les vend mais je ne sais ni son nom ni d'où il vient.

– Vous vous moquez!

– C'est la pure vérité, soutint Achour en fixant son visiteur droit dans les yeux... Et pouvez-vous me dire pourquoi ces marbres vous intéressent tant ?

– Ils intéressent mon maître.

– Vous désirez les acheter ?

– Tout juste.

Achour retrouva son sourire de marchand :

– En ce cas, monsieur, je vous invite à partager mon repas car c'est ainsi qu'ici j'ai l'habitude de traiter mes affaires... Installons-nous et parlons.

Il frappa dans ses mains et donna en turc un ordre à un jeune homme qui contint dans la fixité de ses prunelles un mouvement de surprise dont l'intensité échappa au Calabrais. Ce dernier, partagé entre le désir d'envoyer au diable ce repas dont il n'avait que faire et la crainte de tout gâcher par sa brusquerie accoutumée, s'accroupit tout de même, malgré ses longues jambes, à la manière orientale, après qu'Achour lui eut donné l'exemple. Le même jeune serviteur, suivi de deux autres garçons, reparut alors pour déposer sur un immense plateau couvert d'une nappe de damas plusieurs plats chargés de fèves, d'olives, de petits pains épicés, de gâteaux luisants de miel et de viandes émincées qui embaumaient le paprika et le cumin.

Ottavio qui, d'abord, avait affecté de ne toucher à rien, se laissa convaincre par le bel appétit d'Achour.

– Alors, étranger, s'enhardit le marchand, combien ton maître donnerait-il de ces trois statues ?

– Rien si tu ne me dis pas qui te les a vendues, cinq mille livres si tu parles.

Achour partit à rire :

– Oh, oh ! tu déraisonnes.

– Jamais ! se fâcha Ottavio en recrachant par terre un morceau de piment qui lui brûlait la langue.

– Pourquoi ton maître tient-il tant à savoir ce que sont ces statues ?... Que ne se laisse-t-il, comme moi, prendre à leurs formes et à leur mystère ?... Voilà bien comme vous êtes, vous autres, gens d'Occident, vous voulez tout avoir...

– Et toi, fils de renégat, reprit Ottavio avec vivacité, pourquoi faut-il qu'avec ceux de ta race tu fasses des mystères de tout ?

Achour, à cette nouvelle question, avait souri tout en pointant le nez en l'air pour dérouler un long macaroni noir qu'il venait de prélever dans le plat que son serviteur avait apporté en dernier. Achour, fermant les yeux, tandis que cet aliment curieux disparaissait dans sa bouche, parut parcouru d'un frisson voluptueux.

– Goûte cela ! commanda-t-il à son hôte en lui présentant ce plat qui embaumait.

Ottavio s'apprêtait à couper avec son couteau ces longs fils dont on ne distinguait pas s'ils étaient viande, poisson ou légume mais Achour l'arrêta.

– Chez nous on ne les coupe pas!... Cela se mange comme je viens de faire.

Le Calabrais engloutit avec un peu d'hésitation un premier de ces longs filaments. La saveur en était douce, le goût singulier. Il en happa un second pour se convaincre de son plaisir, puis un troisième et il termina en trempant ses doigts dans la sauce aigre-douce, mélange subtil de parfums fleuris, de zeste d'orange et d'épices fortes.

Achour posa sur Ottavio, qui continuait de se lécher les doigts, un regard devenu brusquement sévère :

– Ton maître ne doit pas chercher à savoir d'où viennent ces idoles!

– Et comment pourrais-tu le lui interdire, chien d'infidèle? furibonda le Calabrais très vite sorti du ravissement que lui avait procuré la saveur de ce mets exotique.

– Pour sa quiétude, répondit résolument Achour.

Le reître éclata d'un rire impressionnant :

– Mon maître n'a pas besoin de toi pour veiller sur son repos. Dis-moi d'où viennent ces marbres ou je te tue!

Achour, face à cette menace, se contenta de sourire :

– Tu serais bien avancé après cela...

– Je n'ai pas de patience, moi, avoua le Calabrais en paraissant formuler un regret, je suis comme cela, je culbute ce qui me gêne, je réfléchis après.

– L'Orient est insolent... reprit avec calme Achour en s'emparant d'un verre de cristal de Venise que le serviteur avait apporté avant de disparaître.

Son œil tandis qu'il buvait s'était mis à pétiller par-dessus les guillochures colorées.

– ... c'est moi, Ottavio, c'est moi à présent qui tiens ta vie entre mes mains, écoute!...

L'insolence et l'impavidité du Turc rendirent le Calabrais furieux. Il ne laissa pas à son hôte le temps de terminer sa phrase, il se dressa d'un bond et se rua sur lui avec la dague qu'il tenait sur ses genoux, le perçant au bas-ventre.

Achour étouffa un cri de douleur mais le rictus qui avait soudain électrisé sa figure s'épanouit en sourire.

– J'ai sous-estimé ta fureur mais toi tu as sous-estimé ma vengeance, murmura-t-il en portant les mains à sa blessure.

– Se peut-il? ricana le Calabrais en essuyant sa dague tachée de sang à la nappe de damas dont Achour empoignait convulsivement l'autre bout pour s'aider à atteindre un siège.

– Tu t'apprêtes à endurer mille morts, Ottavio, par ta bêtise et ta brutalité, haleta le Turc.

– Toi, si faible! Que pourrais-tu bien tenter contre moi à cette heure?

L'écroulement des plats, des mets et de l'orfèvrerie ponctua l'instant où Achour parvint à se laisser tomber sur un fauteuil marqueté de nacre.

– Ta vie était là, soupira-t-il montrant au reître le verre de Venise brisé qu'il avait eu le temps de porter à ses lèvres.

– Explique-toi! s'écria le reître qui commençait à flairer quelque piège.

– Ce que tu viens de manger avec tant de plaisir, étranger, parce qu'en effet c'est un mets délectable et rare, ce sont des moustaches de tigre... Ce mets si rare est le plus dangereux de tous les délices de la terre car si l'on ne boit pas, dans l'heure qui suit leur ingestion, d'un certain breuvage qui les rend souples et digestes ces moustaches se raidissent dans l'estomac par l'action des sucs digestifs comme l'acier le mieux trempé... Imagine ce qu'il en sera de toi tout à l'heure lorsque se dresseront dans ton corps trois aiguilles d'un pied de long... Certes tu maudiras ton impatience...

– Chien! chien infâme, blêmit le Calabrais en se tenant le ventre par une sorte de prémonition de la douleur puis en portant de rage ses mains puissantes au cou d'Achour qui expirait doucement.

– Trop tard, trop tard, eut la force d'articuler le mourant, tu ne peux rien pour te sauver.

Ottavio se baissa pour ramasser les débris du verre. Il en porta plusieurs à ses lèvres, en se coupant dans sa fébrilité.

– Tu vas me faire préparer l'antidote! rugit-il.

Achour sourit:

– Personne n'en connaît la formule que moi...

– Je vais aller chercher tes domestiques et les tuer un à un devant toi jusqu'à ce que tu t'exécutes...

– Les domestiques sont sortis, je leur en ai donné l'ordre lorsque je leur ai commandé notre repas... Vois! la maison est vide.

Ottavio courut dans l'escalier, monta à l'étage. Le narguilé autour duquel, lorsqu'il était entré, les vendeurs devisaient en riant, fumait, abandonné. L'office était désert, la boutique ouverte à tous vents.

– Chien, chien de renégat, fils de hyène! s'emporta de nouveau le reître en redescendant l'escalier.

– Ton registre est étroit, railla Achour dont la tête avait

commencé de verser sur l'épaule... Je serais toi, je songerais à prier Dieu... Tu dois avoir bien des crimes à te faire pardonner.

– Je ne veux pas mourir! se récria soudain le Calabrais en frissonnant.

– Moi non plus je ne voulais pas finir ainsi, murmura Achour d'une voix qui s'éteignait, sans ta maudite impatience tout se serait bien passé : tu aurais renoncé à me demander d'où venaient ces statues et je t'aurais offert l'antidote... C'est trop tard, Ottavio, il fallait bien que, pour toi qui courais partout toujours plein de morgue et d'impatience, il soit un jour trop tard.

– Pitié! supplia le reître en tombant à genoux, je m'amenderai, je serai ton esclave. Je veux vivre, donne-moi l'antidote.

Achour força un dernier sourire. Ses lèvres s'animaient alors de l'inaudible prière qu'il adressait au prophète pour qu'il le reçoive. Le Calabrais était à présent à terre, heurtant le sol de son front, léchant de rage le tapis coloré à l'endroit où il avait absorbé l'élixir salvateur. Lorsqu'il releva son regard plein de larmes, pour le porter avec une rage recrue sur son hôte, il le découvrit mort, le visage empreint d'une expression paisible.

– Fiente du genre humain! sacra-t-il encore en s'emparant de la tête d'Achour et en en disloquant la nuque comme il était accoutumé à le faire pour signer ses forfaits.

Il rassembla à la hâte, dans un sac qu'il jeta sur son épaule, les trois statues de marbre et il courut au-dehors. Il était désemparé, agité et ne savait vers où se diriger. Irait-il frapper à la porte du premier médecin?... Retournerait-il à l'arsenal?... Il s'essaya sur le port à déglutir, enfonçant son index au fond de sa gorge mais la peur, la peur qui l'avait déjà fait entrer en contraction de la plante des pieds à la racine des cheveux, le rendit incapable de rien.

Il recommença de filer à grandes enjambées et ce fut sur le quai de la Vieille Ville que les premières crampes, des crampes affreuses, venues en six points à la fois, le saisirent. Elles l'électrisèrent et lui firent lâcher son sac. Il soutint son ventre à deux mains, vacilla et ses yeux, soudain, s'injectèrent de sang.

– Maudit infidèle! maudite vie!... Maudit soit Dieu! blasphéma-t-il en s'arc-boutant de douleur.

Il tomba entre deux piles de sacs rugueux, à portée d'une des baraques de bois qui faisaient l'une des singularités de la condition de la chiourme à Marseille. Posées moitié sur le bord du bassin, moitié sur l'eau, montées sur pilotis, elles s'alignaient à la queue leu leu depuis l'Hôtel de Ville jusqu'à l'angle du quai est. Quelques galériens obtenaient la faveur du secrétaire général d'y travailler, en dehors de leurs heures de vogue, pour leur compte ou celui d'entrepreneurs, à des travaux de bibelots, de cordonnerie, de tournage de bois ou d'ivoire. Pour un galérien, la licence « d'aller en baraques » était le comble de la faveur et cette faveur était en entier dans la main de Campistron.

Rasie, dont on sait quelles raisons supérieures lui valaient la protection du puissant secrétaire général-académicien, s'employait de la sorte deux ou trois jours la semaine à polir de petites boules d'ivoire percées qu'on revendait à des patenôtriers [1].

Ce fut ce rude forçat qui entendit les râles d'Ottavio.

– Je suis blessé, lui protesta le Calabrais en le reconnaissant... Porte-moi à l'arsenal, j'y veux voir un chirurgien... Je te récompenserai.

Rasie, qui se tenait dans sa baraque, la manille à la cheville, appela le pertuisanier chargé de l'escorter et de le surveiller. Il expliqua qui était Ottavio, mentionnant habilement qu'il était le protégé du chevalier de Listrac et de monsieur de Campistron.

Le chef des pertuisaniers appelé aussitôt, et sur qui pesait la lourde menace de devoir rembourser six cents livres pour chaque forçat qui se serait dérobé à sa vigilance, fit ferrer Rasie à un jeune galérien, coupable de viols et de crime, dont le surnom était celui de Tape-dur. Il leur ordonna de porter Ottavio à l'arsenal sous la conduite du pertuisanier que Rasie avait alerté en premier. Ottavio hurlait à présent si fort qu'on dut le bâillonner avant d'atteindre l'arsenal. Sous le porche, ce calamiteux cortège croisa Nez-en-Trompette. Ce garde-chiourme jugea d'un seul coup d'œil l'état de son collègue et pensa aussitôt au profit qu'il pourrait en tirer. Il congédia le pertuisanier qui était un jeune homme influençable en lui demandant de ramener Tape-dur aux baraques et déclara qu'il se chargerait du Calabrais avec le seul Rasie.

Ottavio qui commençait d'étouffer car Rasie, pour mieux mériter sa réputation de sauvagerie, lui avait enfoncé son bâillon jusqu'au fond de la gorge, vit avec horreur qu'on passait devant l'infirmerie sans s'arrêter.

Nez-en-Trompette, après s'être assuré que le couloir de la caserne était désert, entra dans un réduit affecté aux réserves d'eau-de-vie dont il avait la clef et déposa rudement Ottavio au milieu des bonbonnes. Le reître râlait, à demi inconscient, du sang humectait les bords de son bâillon.

Nez-en-Trompette, posant ses pieds de part et d'autre du blessé

1. Fabricants de chapelets.

étendu en convulsion, prenant plaisir à le voir humilié, le fixa avec insolence.

– Où est ton or, Ottavio ? lança-t-il, nous ne te conduirons au médecin que lorsque tu nous auras dit où il se trouve.

Le bâillon ôté par Rasie pour laisser à ce mélange d'Italien et d'Allemand le loisir de répondre fit fuser une bordée de jurons trop déformés par la douleur pour être audibles.

– Où est ton or, Ottavio ? insista Nez-en-Trompette d'un ton qui tournait à l'aigre.

Le Calabrais secouait la tête de rage. Il triturait son ventre, tirant sa chemise hors de sa culotte pour découvrir une peau blanche, étrangement imberbe, cabossée par le raidissement des aiguilles à peu près comme la toile d'une tente par la tension de ses mâts.

Rasie et Nez-en-Trompette s'étonnèrent à la vue de ce phénomène étrange mais, en gens aguerris et prêts à tout endurer, ils ne s'en effrayèrent pas.

– Tu as fait un déjeuner de baguettes de tambour, Ottavio, railla Rasie.

– Maudits!... Maudits!... Je tiens ici mon argent du chevalier de Listrac... Conduisez-moi à lui, poursuivit le Calabrais en écumant, et vous serez riches !

Chaque parole et chaque souffle lui causaient de la douleur.

Nez-en-Trompette se pencha à l'oreille de Rasie. Un sourire venait d'éclairer sa figure hideuse :

– Va chercher le chevalier... A toi il ne refusera pas de venir ici.

Le garde-chiourme, parlant ainsi, ne faisait pas seulement allusion aux talents tragiques par lesquels Rasie, dans la représentation de *Tiridate*, s'était attiré la faveur de tous les séides de Campistron, il avait en vue des prestations plus intimes et plus expéditives que le jeune et vigoureux forçat avait fournies, contre solide récompense, dans l'alcôve du chevalier. Nez-en-Trompette, en rappelant ces faits, ne faisait que démontrer que rien, dans cette société close de serfs et de maîtres corrompus, ne pouvait demeurer secret.

Le chevalier de Listrac, comme l'avait supposé Nez-en-Trompette, descendit sans délai, drapé dans une robe de chambre de damas, coiffé d'une marmotte, nouée dans le même tissu, qui recouvrait sa tête sans perruque.

Il contempla Ottavio, en train de mourir, que Rasie, avec une sorte de jubilation, venait à nouveau de bâillonner profond.

– Il a avalé ses piques, dit-il en tamponnant la commissure de ses lèvres de son mouchoir parfumé au benjoin... Tant pis pour lui, la science ne peut rien et nous ne pouvons pas nous permettre d'expliquer son cas aux chirurgiens de l'arsenal. Il sera mort en service... Débarrassez-nous-en !

– Qu'en fait-on ? demanda Nez-en-Trompette.

– Jetez-le à la mer! ordonna le chevalier.

– La mer, jusqu'à ce jour, a trahi tous les secrets de l'arsenal, objecta le garde-chiourme qui avait la mémoire des crimes plus précisément qu'un registre de parlement.

– Eh bien! jetez-le dans la cuve de l'espalmeur, reprit le chevalier agité brusquement d'un frisson de gourmandise, personne n'ira le chercher, là, au fond de ce magma.

Ottavio qui souffrait atrocement, et qui était retenu de crier par la bonde de tissu qui obstruait sa gorge, roula des yeux suffoqués en s'entendant ainsi voué au pire des supplices. La cuve de l'espalmeur dans l'arsenal était la réserve de suif en fusion sous laquellle roulait toujours un feu d'enfer. On faisait fondre cette graisse pour « espalmer » les galères, c'est-à-dire les enduire à l'extérieur pour les rendre « glissantes ». Il y avait ainsi sur chaque galère un calfat qui devenait espalmeur et qui, en mer, au péril de la noyade, renouvelait l'opération du suif à peu près chaque deux heures.

– Combien ? demanda insolemment au chevalier Nez-en-Trompette en tendant sous son nez une main ouverte.

Le chevalier de Listrac, redoutable également par son avarice, essaya de ruser :

– Nous serons tous payés par son silence... bredouilla-t-il.

– Son silence vous arrange vous, tout le premier, monsieur le chevalier, reprit le garde-chiourme, nous il nous appauvrit... Ottavio nous avait promis de l'or, votre or à ce qu'il paraît.

Le chevalier, pressé de changer de sujet, lança un chiffre :

– Cinquante livres.

– Je ne risque pas la potence pour une somme qui ne paierait pas une rosse... Ajoutez un zéro ou nous vous laissons seul avec ce misérable.

Listrac frissonna du chiffre davantage que de la perspective d'être laissé en compagnie du mourant.

– C'est la rançon d'un roi que tu exiges, gouspin [1], tu finiras aux fers.

– Cela vaut mieux que le bûcher, appuya le garde-chiourme sans abaisser le regard.

– Et moi ? protesta Rasie.

– Les cinquante livres sont pour toi, s'impatienta Listrac.

---

1. Brigand.

– Non! pesta le jeune galérien, il n'est pas de forçat ou d'homme libre dans une telle affaire.

– Baste! baste! se fâcha pour de bon le chevalier, tu auras ce que tu demandes – tu viendras le chercher chez moi – mais que le sort de cet homme soit scellé cette nuit, dès l'extinction des feux, dès que vous pourrez le sortir d'ici avec le mot de passe que je vous donnerai.

Ottavio, qui malgré l'épouvante de ses crampes n'avait pas perdu un mot de ces horribles marchandages, se prit à frémir en songeant qu'il serait sans doute vivant encore, tout à l'heure, lorsqu'il serait plongé dans la cuve de graisse bouillante et, pour la première fois, il appela la mort.

Voici où en était rendu le fier Calabrais, le séide arrogant des Vendôme, au soir du 27 septembre 1703. Il paraissait n'y avoir dans son cas aucun espoir de voir commencer l'année nouvelle et les chances des Vendôme semblaient devoir péricliter avec lui.

Mais revenons à des mines plus avenantes et au couple que formaient Judith et Baltazar. Dans les jours qui précédèrent la Saint-Sylvestre leurs promenades bi-quotidiennes au port avaient cessé d'étonner. On les prenait tous deux pour ce qu'ils souhaitaient qu'on les prît : des amoureux quelque peu exotiques, comme il en était d'autres dans Marseille, et rien de plus. Balthazar pouvait de la sorte, tout à son aise, observer le mouvement des quais, le défilement des bateaux dans le canal qui menait à la mer et il ne fut pas, bien sûr, longtemps sans remarquer que chaque embarcation désireuse de relâcher était arraisonnée par une chaloupe de la capitainerie et visitée de la proue à la poupe. Du fort Saint-Nicolas il suivit également le mouvement des galères, celles qui partaient à l'exercice, celles qui sortaient en escadre pour plusieurs jours afin de traquer la flotte anglaise qu'on soupçonnait toujours de tenter un débarquement pour venir en aide aux insurgés protestants des Cévennes.

Sur *La Terrible*, qui continuait de faire ses sorties ponctuellement, Rognonasse, trois jours de suite, ne revit pas Ottavio. L'idée que le reître eût atteint le premier son but en dénichant Barberoussette le tourmenta tout aussitôt, aussi décida-t-il de s'informer par les moyens les plus courts.

Dans l'arsenal, cette citadelle où les influences du ministère se partageaient avec celles des Vendôme, le duc d'Orléans, grâce à la toile d'araignée que tissaient les Thésut, entretenait trois ou quatre sympathies. L'ordre donné, par souci de discrétion, à Balthazar était de ne contacter ces alliés qu'en cas de nécessité extrême.

Le plus important de ces personnages dévoués dans Marseille à la branche cadette, était le capitaine du port, le chevalier de Rancé, chevalier de l'ordre comme beaucoup de ses confrères. La liaison s'était faite avec Rancé par son oncle qui était l'illustre abbé réformateur de la Trappe, jouisseur forcené à la conversion non moins forcenée et fulgurante, ami de longue date de l'abbé de Thésut et qui l'était resté jusqu'à sa mort survenue dans son monastère quatre ans plus tôt.

Le jeune Rancé n'avait pas encore entendu l'appel du Seigneur. Ses dieux à lui étaient le vin, le jeu, les femmes, qui occupaient tout le temps où il n'était pas sur mer. Son appartenance à l'ordre souverain de Malte qui le contraignait au célibat facilitait la poursuite de cette vie de plaisirs. Canillac, son ami, l'avait autrefois conduit chez Judith pour boire et jouer aux cartes et lorsque la guerre des camisards avait éloigné le beau marquis de Marseille, Rancé, qui brûlait de prendre la place, était allé quelques fois traîner une mine mélancolique sous les fenêtres de la rue de la Draperie Supérieure. Il espérait goûter aux lèvres sensuelles de la belle juive mais il fut éconduit. Comme il était fin observateur, ce fut lui qui traversa l'amour de Judith pour Canillac et qui, par dépit, en fit dans tout Marseille le conte. On sait que la différence de hauteur de vol entre le grand seigneur et la courtisane n'avait servi, lorsque fut enfin lancé ce grand mot de sentiment, qu'à faire traiter celle-ci de folle par les libertins sans pour autant lui ramener la considération des gens de « bonnes mœurs ».

Une visite chez Rancé avait donc tout pour surprendre et elle ne laissa pas de surprendre. Judith, sortant pour la première fois publiquement, le visage découvert, le front haut, avec cet air lascif et farouche qui n'était qu'à elle, saluant tous les officiers assez anciens dans l'arsenal pour l'avoir connue autrefois, faisant du même coup tourner la tête de ceux qui ne la connaissaient pas, c'était à n'en pas douter la fin de l'étrange « veuvage » qu'elle avait tenu à s'imposer au moment du départ de Canillac. Cela fut interprété, à tort, comme une victoire sans nécessité de sommation de Rancé.

C'était là ce qu'elle voulait qu'on crût et on le crut. On ne prête pas de pensées compliquées à ces sortes de filles. On les croit sans hésiter capables, après des retraites spectaculaires, de coups de tête non moins étonnants.

Rancé, lui, comprit, dès la voir paraître, qu'elle ne venait pas se jeter à ses pieds.

Elle lui fit, en souriant, un signe de se taire :

– Vos amis croiront... Mais je suis venue sur ordre de votre maître.

– Mon maître ? hésita le chevalier qui s'était extrait, à demi poudré de chypre, des mains du valet qui venait de le raser.

– Le duc d'Orléans !

Rancé fit asseoir la jeune femme qui ne consentit à parler que lorsqu'ils furent seuls :

– Il faut que vous fassiez enquête, monsieur, un certain Calabrais du nom d'Ottavio s'est introduit ici avec les protections nécessaires en se faisant passer pour garde-chiourme... Il est l'espion du duc de Vendôme et de son frère dans cet arsenal. Il a disparu depuis trois jours et il faut que nous sachions d'urgence où il se trouve et ce qu'il fait...

– Laissez-moi un jour, demanda le chevalier.

– Je reviendrai demain à la même heure et je donnerai à nouveau à croire que...

Rancé étendit un bras en faisant mine de barrer le passage à sa visiteuse.

– Ah ! si seulement vous faisiez plus que donner à croire.

– Chevalier, allez-vous oublier que nous sommes en service ? s'offusqua-t-elle en souriant et en glissant de côté.

– Ce service me sera doux, sourit-il en s'esquivant à son tour avec la même grâce.

Rancé était capitaine du port depuis trois ans et, par là, connaissait tout le monde dans Marseille. Il était l'ami de toujours du chevalier de Flacourt, capitaine de *La Terrible*. C'est par lui qu'il apprit la disparition restée inexplicable d'Ottavio trois jours auparavant, de même que celle d'un galérien du nom de Rémolin qu'on était accoutumé de ferrer avec le fameux Tapaucul.

Poussant ses investigations plus loin, il apprit qu'il s'était fait du vilain du côté de la caserne des galériens et que le chevalier de Listrac interrogeait sans relâche, depuis la veille, le dit Tapaucul qu'il confrontait avec le garde-chiourme Nez-en-Trompette. Rancé ne se serait pas autrement arrêté à cette information, qui venait comme l'écho des mille vicissitudes de la caserne et de son univers implacable, si son informateur n'avait ajouté que Listrac interrogeait Tapaucul chez lui et non dans la salle de la prévôté de l'arsenal où l'on était accoutumé d'entendre, en présence d'un greffier, les galériens qu'on soupçonnait d'un méfait.

Rancé, comme la plupart des autres officiers, détestait Listrac qui, outre ses mœurs publiquement sales, s'était toujours montré un rebutant caractère, chien fidèle des Vendôme et du distant Campistron dont il exécutait dans la caserne les quatre volontés.

L'ami de Canillac réfléchit un court instant. La nuit venait de tomber sur l'arsenal et, par sa fenêtre donnant sur la Cour des bois de construction, il voyait éclairé l'étage du pavillon où Listrac retenait Tapaucul prisonnier. Le dessus de ce logis était ordinairement occupé par un de ses amis, le comte Quatremères de Quincy, lieutenant de *La Redoutable*, alors en pleine mer à la poursuite de l'escadre anglaise.

Rancé décida de s'introduire chez Quatremères et de tenter d'écouter par la cheminée ce qui se disait au-dessous. Il fut doublement chanceux : il put crocheter sans difficulté la serrure du comte, et, Listrac, par avarice, ne faisant du feu que dans une seule de ses deux cheminées, il n'eut qu'à se placer dans l'autre pour entendre aussi bien que s'il avait été dans la pièce où gémissait Tapaucul.

Il ne fut pas long à comprendre. Il était question d'un corps qu'on avait ressorti de la cuve de l'espalmeur figé dans le suif ainsi qu'un grillon de Touraine et qui était celui du pauvre Ramolin, compagnon de chaîne de Tapaucul. Ramolin avait malencontreusement pris la place d'Ottavio et Ottavio s'était volatilisé. De tout cela monsieur de Listrac exigeait de connaître le pourquoi.

Tapaucul hurlait de temps à autre à la mort et Rancé imagina facilement ce qu'il ne voyait pas : le terrible galérien lié sur une chaise, maintenu droit par Nez-en-Trompette et Rasie, taquiné, afin d'avouer son crime, par le chevalier qui se servait des pincettes de l'âtre portées au rouge.

Tapaucul faisait vraiment un fameux caractère. Il savait qu'il lui fallait tenir jusqu'à l'aube, qu'on procéderait à six heures, dans la cour de la caserne, à l'appel de la chiourme de *La Terrible*, que le chevalier serait contraint de le relâcher peu avant sous peine d'avoir à fournir des explications au lieutenant général. Aussi Tapaucul regardait-il le délicat cadran du cartel de son hôte et serrait-il les dents lorsqu'il voyait s'avancer vers lui les pincettes.

Rancé s'émerveillait de la constance du galérien face à l'acharnement de Listrac tandis qu'une odeur de chair brûlée, pareille à celle de la corne, montait par la cheminée et envahissait l'appartement de Quatremères de Quincy. Mais ce qui retint son attention, à un moment où Tapaucul, visiblement évanoui, avait cessé de hurler, ce furent deux phrases échangées entre le chevalier et Nez-en-Trompette :

– Pourquoi n'as-tu pas jeté Ottavio dans la cuve dès la nuit tombée, comme je te l'avais ordonné ? demanda le premier.

– Je vous le répète, lorsque je suis revenu au réduit des alcools avec Rasie, le Calabrais avait disparu... répondit l'autre avec assez de morgue.

– Quel diable d'homme, s'étonna Listrac, blessé comme il était avec cette forêt de hallebardes dans le corps... Et nul n'a entendu parler de lui depuis ?

– Personne... J'ai mis les gardes-chiourme en alerte sous prétexte d'un forçat dangereux qui s'était évadé... J'ai fait sonner, comme on est habitué à le faire en ce cas, la cloche du Fort de Notre-Dame-de-la-Garde... On a tout fouillé dans l'arsenal des caves au grenier, en vain...

Un bruit fit taire Nez-en-Trompette. C'était la porte du logis de Quatremères de Quincy que Rancé n'avait pas refermée et qu'un courant d'air venait de rabattre brusquement.

– Quelqu'un là-haut ? s'effraya Listrac...

– Une fenêtre mal close, trancha Nez-de-Trompette avec cet aplomb qui ôtait à tous ses interlocuteurs l'envie de répliquer.

Rancé resta un long moment plaqué au contrecœur de la cheminée, saisi par la froidure de l'appartement de son ami. Nul bruit audessous. Tapaucul visiblement ne reprenait pas connaissance et le jour allait bientôt poindre.

Judith revint le lendemain à l'arsenal et rapporta à Balthazar le récit tout en sensationnel du chevalier de Rancé : Ottavio, mort ou ne valant pas mieux, d'une maladie étrange et presque magique, son corps volatilisé pour ajouter au mystère. C'était une nouvelle que le rude Balthazar lui paya d'un baiser qu'elle reçut chastement. Pour complément du remerciement il lui annonça, dans sa manière rude, qu'il désirait lui faire le présent au nom de son maître d'un bracelet d'ivoire sur lequel elle avait lorgné la veille, au port, dans le petit éventaire de la baraque d'un galérien.

C'est ici qu'il va se voir comment la fréquentation des princes et des gens lettrés peut donner à certaines âmes simples des lumières dans des matières où l'on ne s'attendrait pas de prime abord à les voir briller.

Balthazar de Rognonasse, entré adolescent à l'armée, sans presque aucune lettre mais plein d'intelligence et de finesse, avait attiré l'attention d'un personnage considérable : Donzy, le fils du duc de Biron, qui était colonel d'un régiment de Suisses appartenant au duc d'Orléans. Donzy servait comme colonel de ces Suisses dont le régiment tout entier était la propriété du prince son ami. Il aimait les sciences et se piquait d'instruire tous ceux qui le désiraient, tenant le soir, sous sa tente, des conférences sur l'histoire, l'astronomie et les belles lettres auxquelles il conviait tout le monde. Ces petites écoles improvisées entre deux piles de tambours suscitaient les sarcasmes de ses collègues, privés la plus grande partie de la soirée d'un compagnon exquis, le plus galant homme du monde, le plus spirituel, le meilleur jarret dès qu'il y avait bal. Tout cela choquait en premier les bas officiers, braves, forts en gueule, mais le plus souvent obligés de se faire lire par leurs ordonnances les billets que leur adressaient leurs supérieurs.

Ce qui retint par-dessus tout l'attention de Rognonasse, arrivé à l'armée sachant lire comme tous les protestants, ce fut l'ancienne mythologie. Il en écoutait les récits avec une grande fraîcheur d'âme. Tout ce qui, dans les travaux des héros et des dieux, mettait en œuvre la ruse et la force le touchait comme les récits sentimentaux peuvent émouvoir les jeunes filles. Il avait été ainsi attaqué d'un flux de larmes à l'évocation du genre d'enfant qu'avait fait Hercule en étranglant dans son berceau le serpent ignoble. Ce merveilleux tout en biceps parlait à sa rugueuse sensibilité davantage que la métamorphose des muses en fleurs ou des bergers en animaux.

Au matin du 1er janvier 1704, Balthazar heureux d'inaugurer l'année au bras de Judith mais tourmenté de la pensée que Barberoussette, sans doute, ne viendrait plus à Marseille, était redescendu au port.

Ce premier jour de l'an neuf était gai, plein de soleil et de clarté. Balthazar qui détaillait les bateaux entrés dans le bassin depuis la veille fut intrigué par un caïque autour duquel s'affairaient des marins levantins et noirs qui déchargeaient des ballots serrés dans des toiles de teinte bistre. La coque de ce bateau était ventrue et d'un bleu vif éteint par le sel et les vagues qui évoquait de longs périples et de lointains pays. Le gréement était fatigué, la voilure en maints endroits déchirée, les hastes rompues, et pourtant ce bateau était beau et soigné dans ses détails : la rampe toute de citronnier, les cabestans énormes et lustrés comme les miséricordes d'un vieux chapitre, les extrémités des vergues sculptées aussi finement que les poutres de gloire d'une noble chapelle.

Balthazar s'approcha. Il arrivait tous les jours à Marseille des navires de rivages inconnus, aussi mal raccoutrés, dépouillés par le vent, déguenillés par les tempêtes, mais celui-là, par-dessus tous les horions de sa route, gardait un air glorieux.

Il en chercha le nom et il ne le trouva pas. Un bateau anonyme de quelque côté de la Méditerranée qu'on se trouve est une chose qui ne se conçoit pas. Le bateau, à l'instar du chien ou du cheval, reçoit un nom qui lui assigne une place entre l'homme et le reste des objets de la création.

Scrutant d'un peu plus près la poupe, il remarqua sur le bois de la coque la représentation peinte, du côté droit, d'une tête de chèvre et, du côté gauche, d'une tête de lion.

Son sang ne fit qu'un tour.

– Mordiou! s'exclama-t-il en lâchant le bras de Judith et en filant sur le quai de l'est formant à cet endroit un angle avec celui de la Vieille Ville afin d'observer la proue du caïque.

Il reconnut une queue hérissée de pointes, s'enroulant à la face d'un dragon.

– La chimère! triompha-t-il... Le voici le *Bellérophon* qui est entré dans le port cette nuit.

Il revint du côté de la poupe, s'abritant derrière les baraques des forçats pour ne pas se montrer. Resté un moment adossé à quelques caisses, il observa les mouvements autour du bateau. Il fallait vraiment faire effort pour imaginer que ce caïque paisible, qui vidait ses flancs au milieu de la ronde lente mais précise des levantins et des nègres, était le vaisseau de flibuste du terrible Barberoussette.

Balthazar au bout d'un moment s'approcha.

– Je suis le chevalier de Rognonasse, annonça-t-il à un Turc passablement plus âgé que les autres qui paraissait commander la manœuvre, je veux parler à votre capitaine.

– Capitaine resté à Gênes... malade, furent les seuls mots que Rognonasse parvint à extraire du sabir du vieil homme.

– Comment êtes-vous arrivé jusqu'ici sans lui? demanda Rognonasse méfiant.

– Moi... savoir naviguer, répartit le Turc.

– Je veux du bien à votre capitaine, insista Rognonasse.

– Toi, chevalier, prier pour lui... Capitaine malade, s'entêta le vieil homme.

Balthazar qui comprit qu'il n'en viendrait pas à bout s'empara de l'écritoire que tenait le commis d'un savonnier de la ville, venu prendre livraison d'essences de parfum.

De sa main, il écrivit ceci :

« Balthazar de Rognonasse, serviteur du duc d'Orléans, vous salue. Il peut beaucoup pour votre frère et il vous rejoindra pour vous entretenir là où vous voudrez bien lui fixer rendez-vous. »

– Voilà! conclut-il en dédommageant le scribe du savonnier de quelques liards et en pliant une médaille d'argent qui représentait le duc d'Orléans à l'intérieur de son message.

Il remit le tout au Turc.

– Vous lui donnerez ceci, recommanda-t-il encore, j'attendrai.

Et il ajouta dans un sourire :

– De toute façon vous voici retenus dans le port quatre jours à cause de la grande revue des galères.

Le lecteur se souvient sans doute que dans la chaise qui avait emmené à Marseille Sobelles, Lucas et son petit compagnon, il se trouvait un quatrième personnage. Or, trois semaines après son arrivée, ce mystérieux voyageur n'était toujours pas ressorti de l'hôtel Maurel où le subdélégué Lemaresquier, qui lui donnait asile, paraissait le retenir prisonnier.

Les apparences étaient en effet trompeuses. Un valet servait cet homme dans sa chambre, lui montant à midi son dîner, le soir un maigre souper. Le reclus ne mangeait que du potage, des œufs, du lait, il mélangeait le tout avec application à des drogues dont il paraissait avoir emporté un chargement dans ses bagages. C'est qu'en réalité, après cette équipée de neuf jours qui l'avait épuisé, le dernier atout de monsieur de Pontchartrain à Marseille ne gardait plus qu'un souffle de vie.

Un soir pourtant, à la nuit tombée, c'était le 6 janvier, couvert de houppelandes, armé d'une forte canne de bois du Brésil, cet homme que le jour effrayait, décida d'affronter la ville.

Sobelles l'accompagna jusque dans le vestibule, lui donnant le bras, lui faisant cent recommandations de boutonner son col comme à un enfant qui s'apprêterait à marcher sans lisières pour la première fois. Au moment de le quitter, il lui renouvela l'offre qu'il lui avait faite à dix reprises, et en dernier lieu en descendant l'escalier, de lui donner un domestique qui éclairerait son chemin à l'aide d'une esconce [1]. L'homme eut un petit geste poli mais ferme et, cahin-caha, abaissant la curieuse visière de son chapeau de castor, il se dirigea vers la porte de l'hôtel.

Lorsqu'il fut sur le Cours où le vent se roulait en sifflant au travers des branches de micocouliers, il s'immobilisa, vacillant un instant, comme si l'air trop vif l'avait flagellé. Il hésita sur la direction à prendre puis, recalant une nouvelle fois son chapeau de manière qu'on ne vit plus briller que ses yeux, il s'enfonça dans la pénombre du côté de la Fontaine de la Méduse.

De sa démarche traînante et mal assurée, veillant toujours à tenir le haut du pavé pour éviter le caniveau jonché d'immondices qui faisaient le régal de rats qu'on entendait crier, il descendit vers le port, assurant chaque pas d'une préalable oscillation de sa canne.

Parvenu vers l'Hôtel de Ville, il observa un moment, en reprenant

1. Lanterne sourde.

son souffle, les mouvements nocturnes du bassin balisé de lueurs. La tour du Fanal, en arrière de la tour Saint-Jean, marquait la direction de la mer. C'était la seule certitude qu'on eût dans l'obscurité. Le reste n'était que raies de clarté fragmentées sur l'eau huileuse, tachetée de quelques houppées claires provenant de quinquets faiblement éclairés, suspendus çà et là au hasard de l'emplacement des pontons et des embarcations.

L'homme, satisfait de sentir revenir ses forces, observa avec amusement les tavernes qui luisaient et résonnaient sur le quai comme des forges. La presse était telle dans la plus fameuse située à l'angle du quai, Le Grand Hunier, que les clients festoyaient dehors. C'était, à l'occasion de l'Épiphanie, les premiers éclats d'un de ces « trains », l'une de ces fêtes de terroir si débridées et déchaînées que d'elles venait l'expression réservée aux fêtards de « boute-en-train ».

Le promeneur, que l'air marin avait revigoré, repartit d'un pas plus gaillard du côté de l'arsenal. Là, sur les indications d'un fonctionnaire du corps de garde, il gagna l'hôtel de l'intendance, brillant de cent mille feux, dont le perron était garni de deux files de valets portant des lanternes de parchemin.

Une musique, une musique brillante, tombait de l'étage haut du vestibule. Des éclats de rire de femmes ponctuaient la stridulation des violons.

– Je n'ai peut-être pas choisi mon heure, s'excusa le visiteur en saluant humblement le jeune secrétaire en habit noir qui s'était précipité pour l'accueillir dès qu'il l'avait su dans les lieux.

– Monsieur le lieutenant général vous attend depuis si longtemps que, vous sachant ici, il quittera le bal à la seconde.

Le nouveau venu, qui ne se pouvait confondre avec aucun des invités du bal, consentit avec un visible regret à se défaire entre les mains des valets qui avaient formé un cercle autour de lui de son curieux chapeau et de sa houppelande. Il portait, sous cet épais vêtement, une espèce de pauvre courtebaud [1] de drap fourré de laine, duquel dépassait une petite brassière grise, passablement étriquée et sans galon, qu'il refusa catégoriquement d'ôter.

Le lecteur reconnaîtra ce nouveau personnage ainsi dépouillé et rendu frissonnant par l'impression qu'il éprouvait d'avoir été mis nu. Il n'était autre que le botaniste de l'archipel grec, Joseph Pitton de Tournefort, presque anéanti par ce second voyage de Marseille et qui retrouvait ce soir-là une étincelle de vie.

– Suivez-moi ! ordonna le secrétaire.

Il entraîna le savant, à sa suite, dans le grand escalier à la rampe

1. Vêtement à manches courtes.

ouvragée couverte de fleurs hors de saison, dont une ligne souple de torchères, épousant le balancement des marches, posées de degré en degré, assurait l'illumination *a giorno*.

La fête, à l'étage, battait son plein dans la suite des appartements aux portes ouvertes à deux battants. Tournefort n'en aperçut que le gouffre éclatant dont la lumière blessa son regard. Des élégantes étaient venues dans le vestibule haut reprendre leur souffle au bras de cavaliers restés fringants. Elles observèrent, d'abord intriguées, puis ne pouvant très vite résister à l'envie de rire, cette espèce d'hippocentaure [1] à figure triste qui traversait leur brillant parterre d'un pas hésitant et comme en les butinant car il ne pouvait se retenir, au passage, de détailler le pistil, la corolle et l'étamine des fleurs assemblées en guirlande à leur taille. Tournefort fut catalogué dans la seconde, par tous ces gens accoutumés à recevoir de pareilles visites, comme un huissier venu dresser constat. L'on ne s'offusqua que de l'heure choisie pour instrumenter.

Le savant, introduit dans un salon de vastes proportions dont la pénombre le rassura, attendit en compagnie du secrétaire qui, toujours debout, continuait par nervosité de brasser le papier de son petit portefeuille.

– Enfin vous voici! fit le maître des lieux traversant la pièce, à la vitesse du boulet, dans son habit couleur miel.

– Je...

– Mon secrétaire m'a tout raconté, trancha le chevalier de Roucy, vous allez mieux, j'en suis content... Mais vous devez maudire mon beau-frère, monsieur de Pontchartrain.

C'est par ce tout-puissant beau-frère que Roucy, face à l'intendant Montmort, était devenu à Marseille l'agent du ministère et des menées souterraines de la politique royale.

– Sobelles pense que notre ami n'est toujours pas arrivé à Marseille, poursuivit Roucy du même accent précipité.

Tournefort agita la main pour appuyer un doute :

– Sobelles ne peut nous assurer que d'une chose, c'est que notre ami ne s'est pas présenté à la capitainerie du port en criant bien fort : Je suis Barberoussette.

– Vous le pensez ? s'étonna Roucy.

– Mon nez, monsieur, mon nez que les parfums des fleurs ont rendu infaillible et dont la capacité s'étend à présent à tout.

– Ainsi vous sentez Barberoussette à Marseille.

– Tout juste, j'ai humé le boucanier ce soir sur le port, une odeur que j'ai appris à reconnaître en Orient dans mon voyage.

1. Animal fabuleux.

– Ah ! monsieur, si j'avais votre nez... Les navires suspects, les corsaires, la contrebande, sont ma hantise. Ils risquent de nous porter ici des marchandises prohibées comme les cotonnades et peut-être, un jour prochain, la peste.

– La peste aussi a son odeur, tout comme la fausse peste, poursuivit Tournefort, s'est-on assuré des bateaux mis en quarantaine depuis plusieurs semaines ?

– Çà, monsieur, personne n'y a vraiment songé, s'exclama Roucy qui paraissait tomber des nues et qui s'émerveillait des raisonnements énergiques du savant au corps si faible... Mais il faudrait être bien hardi pour aller de soi-même s'exposer à la quarantaine...

– Faites tout de même éplucher les registres de santé, hasarda le botaniste.

– J'y veillerai, opina le lieutenant général dont la prunelle virevoltait à l'allure de son discours, et vous, pour lors, qu'allez-vous faire ?

– Me promener, monsieur, puisque votre parent a tenu à me faire venir ici, suivre les inspirations de mon nez.

– Vous paraissez regretter ce voyage.

– Cela m'a mis dans l'état où vous me voyez, gémit le professeur de botanique en raclant sa gorge... Il y avait Aubriet qui connaissait aussi bien que moi ce pirate pour l'avoir, en ma compagnie, vu à Naxos...

– Oui mais Aubriet joue double jeu. Il est allé un peu trop souvent, ces temps-ci, du côté du Palais-Royal... C'est sur vous que nous comptons : une voiture sera à votre disposition dès demain, vous pourrez aller partout, disposer du temps de tous, cela sous couvert de préparer votre second voyage dans l'archipel cycladique...

– Vous voulez ma mort, soupira Tournefort.

– Non, monsieur, je vous veux demain démonstrateur des plantes du roi dans son jardin et même académicien français si monsieur de Pontchartrain vous accorde son soutien.

– Monsieur de Pontchartrain ? répéta Tournefort que ces perspectives faisaient bégayer de plaisir.

– Monsieur de Pontchartrain saura, par ma voix, tout ce que vous aurez fait ici... lorsque vous l'aurez fait.

Tandis que ce dialogue se poursuivait dans le bureau de l'arsenal, à moins de cinq cents pas de là, mais dans un tout autre lieu, s'initiait une curieuse conférence.

Balthazar de Rognonasse, à onze heures précises, s'était planté sur le quai de la Vieille-Ville devant *Le Bellérophon* comme il en avait reçu l'ordre par un billet timbré d'une harpe porté chez lui dans l'après-midi. Ce coin du port était alors désert, singulièrement plus désert que lorsque Tournefort y était passé deux heures auparavant. Le train s'en était allé à grand tapage dans le quartier des Grands Carmes et vers la rue de l'Échelle où vivait le vrai peuple de Marseille. Les derniers ballots déchargés, les dernières barriques roulées, les portefaix et les marins l'avaient suivi. La quille dressée, les caïques et les brigantins, délestés de leurs chargements, semblaient soupirer d'aise. Ils venaient de gagner avec leur équipage quatre jours de répit, quatre jours durant lesquels le port allait être fermé à cause de la grande revue des galères. Le clapotis léger de l'eau qui déferlait mollement jusqu'au rebord de pierre du bassin, un bruit que l'on n'entendait presque jamais à Marseille tant le déballement des hommes et des marchandises y était incessant, paraissait aussi incongru que les chants des grillons dans lequel il se fondait. Les ais, les cabestans, les mousquetons et les cordages, que le vent faisait jouer, alternaient leurs grincements et leurs plaintes tandis qu'une lanterne sourde au-dessus de la passerelle retirée, couinait avec la régularité du balancier d'une horloge.

Soudain, il se fit un frottement léger, puis un bruit flasque de pieds nus sur le pont. La passerelle glissa jusque sur le quai devant Balthazar qui l'emprunta résolument. Un nègre, si obscur et si brillant de peau qu'un rayon de lune tombant jusque sur le pont éclairait ses pommettes comme les parois d'un verre de lampe, fit descendre le visiteur jusque dans les profondeurs de la cale. Là, il fut fouillé par le vieux Turc qui lui avait indiqué la veille tenir le rôle du capitaine et ligoté sur une chaise assujettie au plancher.

Cinq bonnes minutes se passèrent ainsi sans autre bruit que ceux qui s'étaient signalés depuis le quai mais amplifiés et rendus plus inquiétants par l'écho de la cale vidée. Les yeux de Rognonasse commencèrent à se faire à la pénombre et il vit se dessiner, à cinq pas de lui, une silhouette épaisse écrasée d'un grand chapeau sans forme dont le menton débordait de barbe : c'était Barberoussette qui, après avoir longtemps contemplé sa proie en silence, consentit à parler enfin.

– Tu es hardi, Béarnais! fit l'ancien Jean de Bréderodes, alias pope Yannis, avec une inflexion dans le ton qui trahissait une véritable admiration.

– Je voulais te voir, se contenta de répondre Rognonasse, et je savais que le chemin pour venir jusqu'à toi serait rude.

– J'aime l'audace, j'aime la science, reprit Barberoussette cette fois presque jubilant, et, d'après ce qu'on m'a rapporté de lui, c'est le duc d'Orléans, parmi tous les princes de ce royaume, qui a ma préférence.

– Mon maître te rendra au centuple ce que tu feras pour lui... Barberoussette éclata d'un rire tonitruant :

– Il faudrait qu'il soit bien riche pour me rendre cent fois les deux couronnes de Navarre et de France et autant de fois les quatorze couronnes des rois d'Espagne puisque c'est cela que je lui apporte...

– Que demandes-tu en échange ?

– Contre ce qui n'a pas de prix pour le roi, je demande ce qui n'en a pas pour moi : la liberté de mon frère qui souffre en mon nom depuis trente-deux ans à la Bastille, revoir mon ami Carolus, puis l'oubli, l'oubli dont j'ai déjà descendu les premières marches...

– Il faut que tu viennes avec moi à Paris, je te protégerai et je veillerai à ce que tu obtiennes ce que tu demandes.

– J'y suis prêt...

– Nous partirons demain à l'aube, d'ici même.

– Non, d'un endroit que je te ferai dire.

– Tu te méfies.

– Dame! J'aurai sur moi ce coffret qui pèse autant que le royaume. Ce n'est pas toi que je crains, ce sont tes ennemis.

– Les gens que le duc de Vendôme avait ici ne peuvent plus te nuire. Restent ceux du roi.

– Et que ne donneraient-ils pas pour s'emparer de mon butin?

– Je serai ponctuel. J'habite...

– Je sais où tu habites, ne t'ai-je pas fait porter un message tout à l'heure ?

– Comment...

– Je suis dans Marseille depuis quarante jours... Je vous ai vus venir les uns après les autres. Je t'ai observé pendant des heures tandis que tu te promenais en ville au bras de la belle Judith.

Balthazar stupéfait fut dissuadé de poursuivre par un geste du pirate :

– Alors! c'est dit, à demain...

Sur ces paroles Barberoussette remonta rapidement sur le pont de son caïque, laissant Rognonasse aux soins du vieux Turc qui ne consentit à détacher ses liens que cinq minutes après que son maître eut quitté le bord.

Le capitaine du mystérieux *Bellérophon* s'en était allé du côté de l'ancien quartier juif, guidé par la familiarité avec les lieux que lui avaient procurée ses longues heures de traque nocturne hors du lazaret. Il était joyeux comme quelqu'un qui voit plus clair dans ses projets et qui envisage sereinement le terme d'une longue attente. Il sifflait, l'air dégagé, pressant le pas, lorsque, brusquement, sur le chemin de bord de mer qui file au-delà de la porte de la Joliette en direction d'Arenc, il se cogna à une ombre.

Barberoussette et Tournefort se heurtant sous les lices de Marseille, trois ans après s'être croisés à Naxos, s'étaient suffisamment impressionnés l'un l'autre pour se reconnaître sur-le-champ.

– Maudit!... articula le pirate avant de savoir ce qui venait de le percuter et de reculer d'un pas en manquant de lâcher son esconce.

– Excusez-moi! balbutia le savant en s'adossant au mur d'une maison dont les volets étaient ouverts.

L'idée vint aussitôt à Barberoussette que le mieux pour lui serait d'occire le botaniste, seul et isolé à cette heure, mais ce pirate était aussi Yannis, le moine, le disciple de Beaufort près duquel il s'était sanctifié.

Il porta instinctivement la main à son épée mais ce fut lui qui tourna les talons et qui prit ses jambes à son cou, décrivant, sous l'œil de Tournefort médusé, une leste cabriole par-dessus le mur du lazaret.

Voici quel était l'état de notre conte de Marseille au soir du 6 janvier 1704 : le tigre mort ou mourant, percé d'épieux comme un de ses congénères du Bengale tombé dans un piège, le renard et la belette sur le point de s'accorder et de fuir ensemble avec leur trésor mais tenus du coin de l'œil par le hérisson.

Il nous reste donc à raconter comment ce fut le hérisson, pataud et aveugle, qui trompa la belette et le renard et de quelle bizarre façon il s'y prit. Façon en effet des plus étonnantes car qui croyez-vous que le botaniste alla trouver après avoir eu la vision fugitive du spectre de Barberoussette ? Le lieutenant général de chez qui il sortait ? Nenni... Sobelles qui attendait son retour à l'hôtel Maurel ? Vous n'y êtes pas... Non, monsieur de Tournefort, qui n'avait pris que dix secondes pour ordonner ses idées car il avait un plan, un plan pour servir le roi sans intermédiaire et pour gagner seul sa gratitude, monsieur de Tournefort retourna à l'arsenal et, passant le pavillon de l'intendance qui continuait de retentir de flonflons, il se fit annoncer de l'autre côté du Jardin du roi chez... monsieur de Campistron.

L'homme des ombellifères, le chantre des corolles et des apétales chez l'auteur d'*Andronic* et de *Tiridate*, dans le recoin d'une caserne de forçats, la rencontre était surprenante. Ils se connaissaient déjà car ils avaient l'Académie en commun, Campistron pour y avoir été reçu le 16 juin 1701, Tournefort pour ambitionner publiquement d'y entrer. Sa visite avait donc quelque chose de celles qui se font protocolairement pour préparer de longue main les élections au sein de cette noble assemblée. Il n'était pas loin de minuit mais Tournefort ne désespérait pas de trouver Campistron à l'œuvre car, lorsqu'il était venu le congratuler à son retour d'Orient, celui-ci lui avait fixé un rendez-vous fort tardif. Tout en cheminant le botaniste recalait les lignes de son plan : le chancelier de Pontchartrain était celui par qui il comptait reprendre sa liaison avec Campistron, c'était en effet le premier magistrat de France qui avait commandité le voyage botanique et qui, en tant que protecteur de l'Académie française, avait recommencé à rouler ce rocher de Sisyphe de madame de Bouillon, en s'essayant sans succès de susciter l'élève contre le maître, de hausser dans l'art tragique, au nom du catholicisme romain, Campistron contre Racine qu'on soupçonnait de sympathie pour l'école janséniste.

Cette visite académique, à Marseille, à minuit, quoiqu'insolite trouva Campistron incapable de surprise. Il était abattu derrière ses grimoires, agité comme un tremble. La mort d'Achour lui était connue depuis trois jours et il n'avait pas trouvé le repos depuis, se disant avec assez de justesse qu'il avait livré le Turc à la dague de son assassin. Son inspiration s'était du coup tarie. Il séchait sur sa feuille blanche. Campistron était du style de poète à qui il faut le calme pour produire. On l'a dit, la misère sous ses fenêtres, la condition inhumaine de la chiourme, ne nourrissaient pas sa muse.

Le premier métier de Tournefort était la médecine. Il tâta le pouls du tragédien qu'il trouva formicant, ce qui équivalait à dire irrégulier. Il fit un tri rapide dans les fioles que Campistron tenait à sa portée et dont il se servait comme cela lui passait par la tête. Il lui adapta sa prescription en jetant dans une corbeille quatre ou cinq de ces flacons dont il tenait les contenus pour nocifs.

– Supprimez cela, vous en mourriez! ordonna-t-il.

Campistron hocha la tête pour rendre grâce.

– Il se fait du vilain à Marseille ces temps-ci, reprit le botaniste sans paraître s'attacher à ces remerciements.

L'auteur de *Tiridate*, secoué dans sa torpeur inquiète, pensant que Tournefort évoquait l'affaire du Turc assassiné, voulut se disculper.

– J'ai tout fait pour empêcher cela...

– Écoutez! trancha Tournefort, tout à son idée au point de ne prêter aucune attention aux divagations du secrétaire général des Galères, nous devons nous entraider...

– Entraider ? releva Campistron.

– Oui, nous voici deux personnes sensées parmi des brutes... Nous savons ce que nous valons, vous dans le théâtre, moi dans la botanique et ce siècle est ainsi fait que le talent a besoin de brigue pour se faire reconnaître. Nous vivons de nos œuvres, hélas! ces œuvres ne sont rien sans la protection des puissants. Plus ces protecteurs seront considérables et plus grande sera notre renommée...

– Certes, certes, opina Campistron qui ne voyait pas où le chantre des plantes voulait en venir.

– Vous êtes l'homme lige des Vendôme et moi, à défaut de mieux, celui de monsieur de Pontchartrain qui m'utilise tout en me méprisant... c'est lui qui m'a dépêché ici après m'avoir envoyé en Orient mais qui, là-bas, parce que je ne lui ramenais pas assez vite tout ce qu'il voulait, m'a coupé les vivres... Nous sommes dignes l'un et l'autre de plus hautes protections...

– Certes, certes, opinait machinalement Campistron.

– De celle du roi et d'elle seule, monsieur! asséna théâtralement Tournefort.

– Certes, appuya énergiquement Campistron qui sentit dans ce soubresaut de sa volonté l'ombre de Racine se déchirer soudain dans l'horizon qu'elle occupait tout entière pour laisser filtrer jusqu'à lui un rai du soleil monarchique.

– Monsieur, poursuivit Tournefort, j'ai suffisamment ployé l'échine pour être assuré que si nous ne réussissons à rien aujourd'hui par nous-mêmes, ce seront une nouvelle fois les Vendôme et les Pontchartrain qui en tireront tout le profit.

– Oui, approuva Campistron abandonné à ses songes, le tragédien du Temple n'est toujours que l'élève de Racine...

– Tout comme le protégé des Pontchartrain reste le disciple de Fagon... Soyez Racine, je serai Fagon!

Ils se levèrent et se pressèrent les mains comme pour se jurer à eux-mêmes qu'ils seraient tels qu'ils désiraient se voir.

– Mais que comptez-vous faire ? s'inquiéta Campistron, le premier à s'extraire de l'espèce d'extase qui continuait d'habiter le regard de son hôte.

– Nous signaler au roi, nous signaler au roi et à lui seul, directement, sans passer par un de ces intermédiaires qui nous escomptent et nous pillent.

– Comment cela ? bégaya le poète.

– Avez-vous autorité sur le lazaret ?

– Aucune!

La réponse ne découragea pas le botaniste :

– Avez-vous une autorité particulière et personnelle sur deux hommes dans cet arsenal ?... Des gens prêts à vous obéir quoi que vous leur commandiez de faire ?

Campistron s'était repris à frissonner.

– S'agit-il d'un crime ? Je...

– Non, d'un vol... D'un vol dans le lazaret.

Le poète avait pâli, la page vide sur laquelle il séchait depuis la tombée du jour paraissait projeter sa blancheur sur ses joues.

– Certes ! répéta-t-il encore avec un peu de gêne, il y a tous ceux que je favorise d'une boutique sur le port, qui, grâce à moi, vont fort peu à la vogue, qui me payent un modeste loyer et qui sont mes espions... Un mot de moi, ils retournent ramer.

L'élève de Racine avait achevé sa phrase en froissant méchamment sa feuille de papier comme si, par ce geste brusque, violent et dérisoire, il avait voulu faire la démonstration de sa puissance.

– Un mot de moi, ils obéiront... acheva-t-il en paraissant s'apaiser.

– Il nous faut deux hommes, deux hommes hardis qui entreront dans le lazaret, demain, à l'heure que je leur dirai.

– Entrer dans le lazaret sans subir la quarantaine !... Revenir ici porter la peste dans l'arsenal ! s'effraya Campistron, sensibilisé par les officiers de santé aux ravages de l'horrible fléau.

– Je suis médecin, trancha Tournefort, j'ai rapporté d'Orient les drogues contre la contamination, je connais la recette du vinaigre des quatre voleurs [1]... Je réponds du salut de ces hommes s'ils font ce que je leur dis. D'ailleurs il ne s'agit pas d'aller où sont les malades, il suffit de suivre le rempart du côté de la mer et d'entrer dans une certaine tourelle que je leur marquerai...

– Qu'iront-ils y faire, grand Dieu ? s'effraya Campistron.

– S'emparer d'un objet qui s'y trouve et dont la restitution nous vaudra la gratitude éternelle du roi.

– La gratitude du roi !... s'émerveilla Campistron, gagné malgré sa peur par l'enthousiasme de son visiteur.

– Au-delà de tout ce que vous pouvez imaginer, appuya Tournefort.

Campistron se leva, la mine décidée :

– Hé bien ! monsieur, je commets peut-être une faute en vous écoutant mais vous aurez ces deux hommes demain à l'heure que vous voudrez.

– A une heure après-midi, sous le porche de la Major.

Un détail tourmentait le secrétaire général :

– Je ne voudrais pas paraître terre à terre...

– Dites ! sourit Tournefort.

---

1. Vinaigre à base d'absinthe, genièvre, marjolaine, camphre, angélique et sauge dont on se frottait les oreilles, les narines et les mains quand on était obligé d'approcher des pestiférés.

– Lorsque vous serez en possession de votre trésor, ne m'oublierez-vous pas ?

– Monsieur ! s'offusqua le botaniste, nous sommes entre artistes... Je contracte envers vous une dette de gloire et j'ose vous l'écrire.

Tournefort s'empara d'une feuille de papier. Il tourna l'encrier vers lui et fit courir sa plume.

Voici ce qu'il écrivit et signa :

« Marseille le 6 janvier 1704,

Je, Joseph Pitton de Tournefort, redevable ce jour envers Jean Galbert de Campistron de son aide au service du roi, promets de l'associer à tous les bienfaits que je pourrai recueillir de ce fait. »

Il tendit le papier au poète tragique qui le trouva bon et sourit en disant :

– Tout cela, monsieur Pitton, c'est pour l'art.

Rentré à l'hôtel Maurel toujours clopinant, revenu le lendemain peu après midi, frissonnant de peur, au chevet de la Major où l'attendaient Rasie et Nez-en-Trompette, Tournefort quittait Marseille trois quarts d'heure plus tard, avant même que Barberoussette ne s'en soit revenu de l'escapade qu'il était accoutumé de faire à l'heure de la sieste. Voici comment le plus faible et le moins aguerri de ces personnages triompha en arlequin de la violence, de la ruse et de la force.

Cette subtilisation se fit au nez et à la barbe des gens du roi qui ne remarquèrent en tout et pour tout qu'une disparition, celle de Tournefort. On fouilla Marseille pendant dix jours, on sonda le port envahi par la vase que drainaient les barges des écopeurs. Son sort demeura une énigme à laquelle Sobelles et le chevalier de Roucy, dans la tension croissante de l'attente de Barberoussette, ne songèrent plus au bout de deux semaines.

Il en allait autrement, bien sûr, de Balthazar et du pirate bernés.

Barberoussette, au lazaret, dans sa tourelle dévalisée, avait retrouvé un mot ainsi rédigé :

« Monsieur

Excusez le procédé,

Ce précieux dépôt doit venir en bonnes mains et personne n'est mieux placé que moi pour le faire.

J'aurai soin de la liberté de votre frère.

Un ami. »

Ces lignes, tracées de la belle écriture appliquée du botaniste, n'avaient – on s'en doute – qu'à demi rassuré Barberoussette. Il vint au rendez-vous que lui avait fixé Rognonasse sur le port à l'aube. Il lui conta sa catastrophe et, comme il se sentait attaqué d'un vif flux de sympathie pour ce nouveau compagnon, il lui montra la lettre de son détrousseur.

– Cadediou ! Qui peut être audacieux à ce point ? pesta le Béarnais.

– Le botaniste, monsieur de Tournefort. Je l'ai rencontré sur le chemin du lazaret après vous avoir quitté.

– Pour qui travaille-t-il ?

– Pour lui sans doute... Il espère être récompensé.

– Par qui ?

– Par le roi, n'est-ce pas après tout lui qui donnerait le plus cher de ce petit coffret ?

– Jour de Dieu ! Courons-lui sus !

– J'allais vous en prier.

A peine avaient-ils scellé ce pacte qu'il se fit un tonnerre au-dessus de leurs têtes. Les canons des forts Notre-Dame-de-la-Garde, Saint-Nicolas et Saint-Jean s'étaient mis à cracher ensemble, à pleine gueule, pour annoncer la revue des galères. Dans l'aube à peine assurée, les trois « commandantes », les trois principales unités de la flotte à rames, passant entre dix-sept galères ordinaires et quatorze sensiles qui leur faisaient une haie d'honneur traversèrent le bassin pour venir se ranger devant l'Hôtel de Ville.

*La Réale* était une géante dont les flancs noirs disparaissaient presque entièrement sous la profusion des sculptures dorées et des lambrequins de riches tissus. Six cent cinquante hommes dont trois cent quatre-vingts de chiourme prenaient place à son bord. Seule, elle s'ornait à l'arrière de trois fanaux mais surtout, sur le côté droit de sa poupe, d'une lance plantée de l'étendard royal de damas blanc figurant les armes du roi sur fond de fleurs de lys d'or. Lorsqu'elle sortait, aucune autre galère, ni dans le port, ni en mer, ne pouvait la dépasser. La casaque et le bonnet des rameurs, rouges à l'instar du reste de la chiourme, étaient en toutes occasions garnis d'un galon bleu aux couleurs de la livrée royale, et, comme c'était jour de fête, on avait fait endosser à ces malheureux un hoqueton blanc semé de lys d'or.

Outre cela *La Réale* s'ornait du flot de ses bannières de fête : le cordillat rouge fleurdelysé, les banderoles et guidons de damas rouge brodé, les tendelets de damas à crépine d'or et de soie. A la proue, en sus de l'équipage, les officiers, vêtus de rouge ou de bleu selon leur naissance, se tenaient les gardes du général à l'uniforme spécial, bas d'étame et culotte écarlate, justaucorps aussi écarlate à boutonnières de fil d'or, bandoulières de velours bleu à galon d'or, bâton de cuivre doré aux armes de Vendôme. Derrière suivait *La Patronne* qui était le vaisseau du lieutenant général et qui emportait plus de cinq cents hommes. Sauf porter l'étendard du roi, qui était le privilège intransmissible de *La Réale*, elle jouissait de toutes les prérogatives du vaisseau du général lorsqu'elle prenait la tête de la flotte. Suivait enfin *L'Invincible*, grosse galère de quatre cent cinquante hommes qui était celle du major d'escadre. Au passage des « trois commandantes » tous les officiers des autres galères, rangés le long des filarets de leurs bateaux, présentaient les armes, et les galériens, qui avaient reçu l'ordre de rabattre les tentes de cotonnine pour qu'on les voie, lançaient leurs habituels « hou! hou! » Sauf pour ceux de *La Réale* dont on a dit que le hoqueton était immaculé, le hoqueton de fête des rameurs était bleu et également semé de fleurs de lys. Tout cela, dans ce flot de drapeaux rouges, or et blanc, dans l'enivrement du fracas des tambours et des « hou! hou! » poussés par dix mille esclaves, dans l'ébranlement continu de la canonnade relayé par celui des pierriers alignés sur les apostes des galères, faisait l'un des plus fameux spectacles de la vieille monarchie, le plus luxueux, le plus coloré, le plus insolite, le plus vain peut-être mais le plus beau sous le ciel. Rien n'égalait la joie dérisoire des galériens qui savaient que le soir, à la caserne, pour la circonstance, la soupe de fèves à l'huile serait remplacée par un bouilli de bœuf et par une gigantesque frottée d'ail dont l'ingestion, durant deux jours, les rendrait inapprochables.

Que laissaient derrière eux Barberoussette et Rognonasse, si préoccupés de franchir au galop la porte d'Aix, qu'ils n'eurent pas un regard pour ce grand déploiement? L'un Judith, préparée depuis longtemps à son départ et qui l'avait accompagné jusqu'au pied du caïque de Barberoussette pour lui donner trois baisers, l'autre son lazaret où il recommençait à trouver un peu de la douceur du moine Yannis qu'il avait été autrefois.

Le lecteur pensera à bon droit que ces deux fiers-à-bras, endurants et aguerris à rester des heures en selle, se devaient de pulvériser un malheureux savant isolé et presque cacochyme lancé sur la même route mais ce serait surestimer la force, quand bien même fût-elle soutenue par l'intelligence et la ruse, lorsqu'elle s'oppose à l'ambition fourrée de rouerie.

## CHAPITRE TROISIÈME

### *Carrouges*

« A frère Carolus au prieuré de Notre-Dame-des-Mesches, Paroisse de Mesly.

Carrouges, le mardi 18 décembre.

Cher Carolus,

Me voici bien loin de vous et pourtant, chaque heure, votre pensée vient soutenir mon courage. Votre vie, j'y songe maintenant que vous me l'avez livrée tout entière et que j'en ai repassé les épisodes en voiture comme les pages d'un livre, me doit servir d'exemple. Je ne connais pas d'âme plus chrétienne que la vôtre. Puisse mon courage se souvenir de vos leçons! Puisse l'insecte que je suis se montrer digne de vous!

Que dire après cela de ma petite personne? Je vais aussi bien que l'on peut aller lorsqu'on traîne après soi tant de regrets. Je suis à Carrouges, à cinq lieues d'Alençon, chez monsieur Le Veneur de Tillières, actuellement brigadier en Allemagne dans l'armée du maréchal de Tallard. Sa mère est la cousine de mon oncle Davignon. Leur château est immense et magnifique. Il l'est à mon goût surtout parce qu'il n'a pas l'unité froide des résidences à la mode. Les siècles l'ont fait avec ses douves, ses hauts toits, ses façades, là de brique, ailleurs de granit, ses teintes d'ocre, de rouille et de brume. J'y suis répétiteur des deux enfants du maître de maison, Anne-Gabrielle et Tanneguy, qui ont respectivement sept ans et six ans et qui sont déjà savants et malicieux comme d'aimables jeunes singes.

La campagne ici est douce et verte, l'humidité rend l'air tactile. Mes joues, lorsque je vais au-dehors, se couvrent d'une impalpable rosée qui, dans les premiers jours, a été bienfaisante pour dissimuler mes larmes. J'aime à me promener avec mes élèves le long des ruisseaux herbus et de l'immense étang qui prolonge les parterres. Imaginez-moi vêtu en noir de pied en cap, sans perruque, portant le petit collet pour ressembler tout à fait au jeune séminariste dont madame Le Veneur mère et moi sommes convenus que je tiendrais le rôle. A Paris j'ai été roulé dans le velours et la soie, ici j'apprends la modestie.

La paix qui règne dans ce coin de Normandie est celle qui enveloppait la maison de mon père lorsque j'avais l'âge de mes deux disciples. Il faut que je me fasse aux tumultes de ce silence : aux carillons des salons, aux cris des canards sur l'étang, aux angélus lointains, aux chants des paysans qui exécutent la corvée dans les chemins alentour.

Noël se prépare. Madame Le Veneur, la belle-fille de mon hôtesse, veut me faire présent d'une belle édition des *Métamorphoses* d'Ovide – comme cela me va bien ! Je ne suis ici que depuis sept jours et, déjà, elle a traversé l'inquiétude de mon esprit.

Écrivez-moi, Carolus, sous le nom de monsieur Lasalle à la poste d'Alençon, bénissez-moi, secourez-moi de votre sagesse !

Votre Victor, affectionné. »

« A mademoiselle de Grandville, au Palais-Royal.
De Normandie, le mardi 18 décembre.

Ma bien-aimée,

Je n'ai pas de vos nouvelles. Ma lettre de Verneuil, écrite il y a huit jours, vous est-elle parvenue ? Quand on est loin, on se prend à douter de tout... M'aimez-vous encore après tous ces événements ? Moi en tout cas, je ne doute pas de vous chérir par-dessus tout. Maintenant que la dissipation de la fumée de tant d'effondrements me rend la vue, il n'est plus, j'ose le dire, que la pensée de vous qui compte. Clémire, être en votre compagnie comme à Colombes l'an passé, n'être ballotté ni dans le monde ni dans les affaires des puissants, garder nos âmes d'enfants, ce n'est qu'à cela que nous devons tendre. Tous mes vœux à présent sont pour que vous pensiez de la même façon que moi là-dessus et que nos sentiments, revenus à leur première fraîcheur, nous éloignent des orages pour nous pousser vers le port.

L'eau qui tombe ici et qui me cloître depuis trois jours dans le beau château de la cousine de mon oncle, vient d'ailleurs à point refroidir mes derniers échauffements. Le froid me fait des joues roses, mon cerveau, depuis que j'ai ôté ma crinière, respire. Mes idées, revigorées par l'air vif, recommencent à s'enchaîner souplement. C'est une cure de calme et je peux méditer à loisir, pour la première fois, sur tout ce qui m'est arrivé depuis seize mois. J'en avais grand besoin.

Mon oncle Charles a pris le relais depuis la mort de mon père. Au moment de l'esclandre, il m'a porté ici tout comme on soustrait le nouveau-né au péril en l'arrachant à son berceau. Quelque chose me dit qu'agissant de la sorte, plutôt que de m'éloigner, il m'a fait faire un pas décisif vers la sortie du labyrinthe et que ce pas me ramènera immanquablement vers vous.

Victor qui vous aime et vous chérit. »

« A monsieur Lasalle, à la poste d'Alençon.
Paris, le mardi 18 décembre.

Victor aimé,

La première stupeur passée, bien tard, trop tard peut-être, j'ai fait effort pour vous entendre et c'est à présent une misérable qui se traîne à vos pieds avec à la bouche des paroles de regret et au cœur un sentiment de crainte. J'abandonne toute fierté, je délaisse toute pudeur pour vous crier que je perdrais tout si je vous perdais, que ma raison n'y survivrait pas. Ne me repoussez pas! entendez mes supplications!

Lorsque je repasse les événements qui ont couru depuis votre retour en novembre, ces quarante journées un peu folles entre votre présentation au roi et votre récent départ, je ne puis me retenir de m'adresser d'amers reproches. C'est la Clémire de l'automne de l'an passé, que vous comptiez retrouver à votre retour des Cévennes, celle que vous veniez rejoindre à Colombes, la sœur innocente du pauvre Brandelis. Au lieu de cela, qu'avez-vous vu? une vaniteuse, entêtée de bâtir un nid à son bonheur, de choisir la soie et le mobilier d'un lieu qui lui faisait tourner la tête et qui, tout à cette exubérance, ne vous écoutait plus?... Victor, je sais maintenant que ce lieu sans vous serait un enfer, cet écrin douillet une glacière. Je vais employer les jours qui viennent à vous reconquérir.

Votre Clémire qui vous aime, n'en doutez pas. »

« A monsieur Lasalle, à la poste d'Alençon.
Ce mardi 18 décembre.

Cher disciple et fils bien-aimé,

Ne grondez pas votre oncle qui m'a dit où je pouvais vous écrire. Il n'a fait que lever le poids qui oppressait mon cœur depuis bientôt quinze jours que je vous ai vu quitter notre salon. Il fallait que je vous dise combien tout à présent – depuis que vous n'êtes plus là pour guider nos vieux pas – nous paraît vain et anéanti. Le chevalier reste muet du matin jusqu'au soir et lorsqu'il s'endort, l'après-midi, sur son confessionnal, je l'entends qui murmure parfois votre nom. Votre départ a brisé notre énergie. Votre dernier billet que vous nous avez fait porter depuis chez votre oncle nous apprenant que B. et B. ne faisaient qu'un même personnage nous redonne un mince avantage sur les Vendôme. Balthazar de Rognonasse, l'homme des situations difficiles de notre parti, est à Marseille... Nous ne pouvons que prier pour sa réussite mais, Sauveur! que vous nous manquez dans ces moments d'angoisse.

Clémire entretient votre flamme ici avec zèle. Elle vient me voir ponctuellement soir et matin et nous parlons de vous, l'absent, le juste, le vertueux. Nous vous aimons trop mais combien vous méritez de l'être... Au fait, je suis bien certain que vous vous seriez fait mépriser du chevalier si vous aviez agi autrement mais ne comptez jamais sur lui pour qu'il l'avoue. Moi, je vous le dis, je vous l'écris sans honte et même avec une indicible joie.

Je pense à vous souvent et j'adresse d'insistantes prières au Seigneur pour que cette nouvelle année vous ramène parmi nous.

Hippolyte de Thésut. »

« A monsieur l'abbé de Thésut, au Palais-Royal.
Le lundi 24 décembre,

Mon cher maître, mon cher père,

C'est aujourd'hui jour de liesse, deux lettres ensemble, une de Clémire et la vôtre. Je ne pouvais pas recevoir de plus beaux cadeaux en cette veille de Noël.

Ainsi vous entrebâillez pour moi la porte de la réconciliation. Croyez que j'ai longtemps pleuré de joie en apprenant que votre affection pour moi était plus forte que votre colère. Me pardonnerez-vous d'en avoir douté? Concevrez-vous que je ne veuille reparaître devant vous qu'après m'être acquitté de la mission dont le chevalier m'a chargé ? Je ne souhaite aujourd'hui qu'une chose, c'est d'y parvenir le plus vite possible et, sachez-le, je ne désespère pas que ce soit bientôt. Comme vous, je forme toutes sortes de vœux pour que notre ami Balthazar arrive assez tôt pour protéger B. de la dague d'Ottavio.

N'étaient les regrets et la rage où je suis de n'avoir pu vous servir selon ma volonté, j'ai tout pour me satisfaire ici. La Normandie me va. Mes hôtes sont prévenants et ne cherchent qu'à calmer mes inquiétudes. Je tiens un rôle nouveau pour moi, celui de répétiteur et je m'émerveille chaque matin de ce que j'ai appris de vous sur la pédagogie. Mes élèves en savent long malgré leur jeunesse, leur père, brigadier du roi mais épris de sciences, les a déjà passablement instruits lui-même dans le temps de ses permissions. A sept ans, la fille, l'aînée, connaît déjà des éléments d'algèbre et de logarithme. Cela est tout à fait étonnant et nouveau pour quelqu'un de son sexe, mais ne le dites pas au chevalier, il ne trouverait pas cela décent. Le petit sait presque toute la mappemonde. Leur mère chante à ravir et je tourne les pages de sa musique le soir, au salon, tandis qu'elle s'accompagne sur son clavecin. La vue de ce bonheur simple me rend patient et m'apaise.

Embrassez pour moi le chevalier. Dites-lui que je l'aime et que je reviendrai vers lui, dès que je le pourrai, pour lui donner satisfaction.

Votre Victor, votre fils et votre disciple. »

« A monsieur Charles Davignon, hôtel Davignon, rue Dauphine à Paris.

Carrouges, le lundi 24 décembre.

Mon cher oncle,

Madame Le Veneur, votre parente, est conforme à l'idée que je me fais de la douceur et de l'honnêteté. Elle s'est retirée tout en haut du château depuis le mariage de son fils mais, quoi qu'elle fasse pour demeurer discrète, tout ne s'ordonne encore ici que par elle. Je ne connais pas le comte de Tillières, Jacques Tanneguy, qui a été fait l'an dernier, à trente-trois ans, brigadier. Il ne devrait revenir qu'en mars des Flandres où il passe l'hiver dans l'armée de monsieur de Tallard. Gabrielle, sa femme, que vous ne connaissez pas, est une beauté qui mettrait tout Versailles en émoi. Mais ce que je peux vous dire, tant il est évident que ce bonheur de campagne lui suffit et la comble, c'est qu'elle détesterait la cour. Il faut la voir, tenant par la main ses deux enfants, glissant lentement dans les allées qui filent au-delà des grilles du château : c'est un songe qui passe et qui vous sourit.

Jugez par ce que j'écris combien je suis satisfait d'être parmi ces gens de bien, ces gens qui vous ressemblent.

J'ai répondu à l'abbé à qui vous aviez si heureusement signalé ma piste. Sa lettre m'a rasséréné. En gros, il me pardonne avant que je me sois justifié ou acquitté de mes devoirs. J'espère que rien ne sera compromis de mon fait dans les affaires de mon maître et je sais déjà que, pour ce qui me regarde plus personnellement, Clémire comprend les raisons de mon éloignement. Sa foi en moi me la rend plus chère encore. Soyez remercié du soin que vous prenez d'elle et de celui que vous continuez à prendre de moi.

Embrassez ma tante et Jean-Hercule dont les douces présences me manquent.

Votre Victor reconnaissant et aimant. »

« A monsieur Lasalle, à la poste d'Alençon.

Paris, ce jour de Noël.

Mon bien-aimé,

Stella vous adresse un petit mot auquel vous ne serez pas insensible. Nous nous entretenons souvent de vous toutes deux, à notre manière. Pour évoquer votre personnage, elle accomplit des gestes qui ne sont qu'à elle mais il suffit que j'observe son sourire dans ces moments-là pour la comprendre : dès qu'elle rit, c'est à vous qu'elle pense. Celle-là vous aime, j'en serai bientôt jalouse.

A mesure que l'abbé de Thésut me découvre l'importance de la grande affaire dans laquelle vous vous enlisez, je me persuade que vous ne pouviez pas agir autrement. Oui, Victor, quelle opinion aurions-nous de nous si nous estimions possible de nous affranchir à notre gré du joug des promesses sacrées ? Après tant d'événements, à l'heure qu'il est, ne devons-nous pas considérer que nous sommes bien heureux d'avoir reculé la conclusion de notre pacte contre l'espoir de nous aimer davantage et pour de bon cette fois ?

Votre oncle m'a parlé. Vous aviez raison de flairer quelqu'habile machination de sa part. Il m'a demandé de vous adresser un signe en vous suggérant par ma main que la solution de votre grande énigme se trouvait là où vous êtes à présent... à Carrouges et qu'il vous appartenait, à vous le chevalier sans reproche, à vous le preux, d'en rapporter les preuves à la pointe de votre lance. Je fais fidèlement la commission et vous laisse démêler ce à quoi je ne comprends décidément plus rien. Je finirai par m'exaspérer qu'on ne fasse autour de moi que chuchoter et qu'on ne me parle haut que par le rébus. J'attends votre lettre, j'attends que vous calmiez mes pensées jalouses en me racontant ce qu'est Carrouges et qui sont, là-bas, les gens que vous côtoyez.

Victor, ce lieu que vous dites paisible après ce que je viens de vous livrer, l'est-il autant que vous croyez ? Vraiment, ce n'est que vous revoir, que baiser vos lèvres et poser ma tête sur votre cœur qui me rassurera.

Clémire qui vous aime, en douteriez-vous ? »

Lettre de Stella à Victor :

« Chevalier Victor,

On dit ici partout que tu ramèneras un trésor dans ta gibecière. Nous l'attendons tous. Je suis sage et vois comme j'écris bien depuis que Clémire se charge de mon éducation.

De Normandie où tu es, rapporte-nous des pommes, de la dentelle, du cidre qui pétille, ce qu'il te plaira et même rien si tu ne dois pas te charger pour revenir plus vite.

Ta petite Stella. »

Victor avait échoué à Alençon le mercredi 12 décembre, venant de Verneuil et Mortagne par la diligence de Paris. Ce nouvel apprentissage de la solitude, après tant de tumulte, ne ressemblait à aucun de ceux qu'il avait faits auparavant. Ce n'était plus le fils de gentilhomme pauvre fuyant la proscription religieuse ou le nouveau comte de Gironde fondant à brides abattues sur Versailles pour y être présenté à son roi, c'était un personnage contrefait, un personnage de théâtre. Imaginez un jeune séminariste rencogné à la plus mauvaise place de la voiture, le cheveu coupé ras comme s'il n'avait trouvé que ce rebutant remède pour combattre la teigne, promenant un air de tristesse propre à apitoyer un cœur de pierre. Il n'était que ses joues pleines pour le retenir de paraître famélique, ses traits fins et son air doux pour inciter ses voisins, malgré le peu d'envie qu'il leur en témoignait, à lui adresser de temps à autre la parole.

Passant la tête sous le rideau de cuir, comme s'il avait tenu à se retrancher un peu plus de la compagnie, il collait le nez au minuscule oculus de verre qui constituait la seule ouverture à sa portée tout en combattant la formation du givre par le halètement de son souffle chaud. C'est ainsi qu'il avait vu la diligence, tous freins serrés, dévaler la rude côte de Pontchartrain puis, dans l'après-midi, traverser Houdan et Dreux poudrés à blanc par le frimas. A la nuit tombée, au son du cornet du postillon, l'équipage passa l'une des portes de Verneuil et alla déverser ses douze passagers, près du champ de foire, dans la cour de l'Hôtel du Saumon qui servait de relais de poste.

Douze voyageurs qui atteignent le gîte après un jour de roulis sur les routes glacées, ce sont des ogres prêts à s'étriper pour gagner la place la plus proche de la cheminée et laper, avant les autres, le liquide qui les ramènera à la vie. Cet élixir, dans les bonnes maisons autour de Paris, avait un nom, c'était le « bouillon restaurant », suc tiré d'une « marmite perpétuelle » dans laquelle réduisaient chapons, membres de mouton, rouelles de veau. Cette soupe qui restaurait et qui devait quelques années plus tard donner son nom aux premiers établissements publics où l'on ne faisait que manger, la maîtresse de poste de Verneuil réussissait chaque soir le tour de force de la déposer au centre de la table d'hôtes à l'instant même où le pavé de sa cour vibrait sous le poids des roues cerclées de la voiture de Paris.

Victor, entré bon dernier après avoir pris grand soin d'éviter la bousculade, n'avait pas craint d'ajouter à sa singularité en demandant d'abord à voir sa chambre et ç'avait été, aussitôt, l'occasion d'un beau crêpage de chignon, à l'office, entre soubrettes, pour savoir laquelle aurait le privilège de « monter » le jeune voyageur. La mine dépitée de l'élue, redescendue bientôt précédant sa proie qui arborait innocemment le petit collet qui le vouait à Dieu, avait déclenché le rire en cascade de ses consœurs restées en bas pour s'affairer auprès des autres voyageurs.

Notre séminariste, installé bon dernier, se retrouva donc en bout de table, aux côtés d'un jeune homme peu liant, partant à Brest faire ses classes sur les vaisseaux du roi et que le froid rendait incapable d'aligner deux phrases. Toute cette gent soupière, après que chacun eut englouti quatre à cinq bols du merveilleux liquide dans un tintamarre évoquant assez justement la basse obstinée d'un égout soutenant la mélopée d'un siphon, commença de s'humaniser. De dessous les mitaines, foulards et étoles, déroulés comme les bandelettes d'une momie, apparurent des joues flasques, des baslèvres humides, des trognes plates et vulgaires. Les grognements qu'avait articulés la horde en commandant l'abordage modulèrent indiscernablement pour se fondre dans ce parler chuintant des Normands auquel Victor ne comprenait pas un mot. Aussi, tandis qu'une première tournée d'eau-de-vie de pomme achevait d'enluminer la face des soupeurs en la faisait virer du rouge sombre et bleui du froid à celui pimpant et vermeil des plaisirs, notre jeune séminariste s'éclipsa-t-il pour faire un tour au-dehors.

Dans ce pays, à cette heure, en plein hiver, il n'est par les rues pas une âme qui vive mais les églises restent ouvertes. A Verneuil, dévots et esseulés se retrouvent pour le lucernaire à La Madeleine. Qui ne la connaît pas, surtout de nuit, pourrait s'effrayer de son immensité mais lorsque brille la lune, quelques nervures des voûtes, frappées d'un rayon pâle, assignent des limites à l'obscurité et rassurent le visiteur. La Madeleine est une espèce de temple de la grâce puisque la Vierge Marie, souriant derrière les palissades de cierges qui se consument sans désemparer, s'y trouve représentée de plus de dix façons qui culminent dans cette fameuse statue où elle paraît ouvrir au pécheur la porte de la Normandie en lui présentant une pomme.

Victor ne franchissait jamais le seuil d'une église sans se ressouvenir qu'il était fils de protestant et il ne trouvait vraiment la paix en un tel lieu qu'à la vue de la mère de Dieu. Cette dévotion à Marie, qui paradoxalement eût suffi au regard d'un inquisiteur à le laver de tout soupçon de schisme, disait combien, à n'avoir trouvé dans le catholicisme que la présence rassurante d'une femme, il avait été au préalable meurtri dans sa sensibilité religieuse. A Verneuil, dans cette froide pénombre, à peine distrait par un dérisoire troupeau qui psalmodiait en grelottant autour d'un vieux vicaire, cette âme peu mystique reçut une sorte d'éblouissement. Pour la première fois depuis un mois, au pied de la Vierge à la pomme, il éprouva un réconfort. Sa fièvre intérieure le quitta, il cessa de claquer des dents et, dans le sourire de la madone, il reçut la promesse d'un avenir moins terrible.

Madame Le Veneur mère était venue elle-même à Alençon, dans son carrosse d'un autre âge, à clairevoies et montants de bois tourné, attendre Victor devant l'hôtel de la Besnardière où se faisait l'arrivée des coches de Paris.

La comtesse douairière de Tillières était une douce et vieille femme, blonde à la peau dorée et au visage plein, d'un abord triste que gommait, à peine parlait-elle, l'enroulement charmeur de ses phrases où chaque virgule se marquait d'un sourire.

– Nous sommes convenus avec votre oncle que je vous nommerai monsieur Lasalle, c'est un pseudonyme dont vous avez déjà eu l'occasion d'user, m'a-t-il dit.

– C'est vrai, j'ai voyagé sous couvert de ce nom en été, dans les Cévennes, en allant rejoindre le camp des protestants.

– Vous avez traversé cette guerre! releva la comtesse dont le regard s'était mis à pétiller de curiosité, je ne pensais jamais rencontrer un jour de témoin de ces événements... Je brûle de vous interroger.

– Tant qu'il vous plaira, acquiesça le futur répétiteur, car le temps c'est à présent ce qui me manque le moins.

Le carrosse traversa Alençon pour prendre la route de Bretagne qui filait plein ouest. Passé la poterne de l'imposant château des ducs, laissé sur le côté le clair et charmant logis d'été de Marguerite de Navarre, franchi le pont sur la Briante, c'était la campagne, une campagne qui parla immédiatement à l'âme du jeune exilé parce que ses plis, ses ressauts, ses douces éminences aux ondulations courtes et molles, en place des étendues quadrillées de lices et bordées de pommiers qu'il s'attendait à trouver, lui rappelèrent les pays doucettement montueux de son enfance.

Lorsqu'ils arrivèrent en vue du bourg de Carrouges, le soleil était à mi-course. Il commençait de s'étirer dans l'axe du large mail, qui s'incurve du village jusqu'à l'élégant et puissant châtelet servant d'entrée au domaine.

La nouvelle construction qui avait pris la place d'une ancienne forteresse juchée sur la hauteur s'était coulée au fond de la vallée et paraissait, dans sa marche, s'être arrêtée au bord de l'eau pour rêver. Et l'eau en 1703, à Carrouges, ce n'étaient pas seulement les douves où circulait un courant vif, c'était, d'abord, dans le prolongement des terrasses, un lac immense sur lequel se trouvait une île, la Petite île, dite aussi, par les habitants du bourg, île des Pendus, à cause de Karl le Rouge, fondateur mythique du lieu dont les contes populaires avaient fait une sorte de Barbe-Bleue. Quant aux toitures, de toutes sortes de formes et de profils, elles auraient procuré un sentiment de vertige si les ardoises d'un ton de bleu froid qui les couvraient ne s'étaient enveloppées au fil des ans d'un glacis de brume mousseuse qui gommait leur complication et leur désordre. Les pierres d'angle et les soubassements de granit avaient de la même façon fini par se fondre au rouge éteint des briques et c'était cette couleur indéfinissable mais belle, cette patine, qui conférait à l'ensemble son unité, son équilibre, son charme, l'un des plus prenants de France. Il ne s'agissait ni d'un bleu, ni d'un gris, ni d'un rose, c'était tout à la fois, comme dans le reflet d'un œil pers : bleu, gris, rose, selon l'instant du jour ou l'inspiration de celui qui contemplait ce spectacle.

Après avoir fait le tour complet de la demeure à la demande de madame Le Veneur qui souhaitait profiter du grand beau temps d'hiver – une lumière blanche qui ne se pouvait fixer en face – pour faire à son hôte les honneurs du lieu, la voiture franchit le pont dormant et pénétra dans la cour. Celle-ci formait un quadrilatère irrégulier dominé par la tour octogone du chatrier. Ç'aurait pu être celle d'un gros manoir ou d'une ferme : nulle ouverture ostentatoire, de tous côtés des cuisines, des remises, une boulangerie et partout de solides Normandes qui travaillaient ensemble, saignant là un poulet, nettoyant plus loin la fressure d'un cochon, faisant ailleurs la lessive dans de gros baquets de bois d'où levaient des trombes de fumée.

Madame Le Veneur, après que l'équipage se soit immobilisé au pied de la petite porte de l'escalier d'honneur, retint par le bras Victor qui s'apprêtait à descendre et lui fit une dernière recommandation.

– Vous allez voir mes petits-enfants qui sont le soleil de mon automne. Vous vous occuperez d'eux quelque temps... Je sais que, tant que vous serez ici, vous serez pour eux un grand frère plus qu'un répétiteur. L'abbé Godfrain, qui est presque aussi vieux que moi, s'essouffle à les former. Vous allez apprendre à le connaître... Il est dévoué mais il n'a qu'un défaut c'est d'enseigner aux enfants comme on faisait de mon temps, je dirai même du temps de Louis XIII... Nous avons besoin de sang nouveau, de jeunesse, d'idées neuves. C'est la mort qui prendra Carrouges si nous ne réussissons pas à épouser le meilleur de notre époque...

Pour appuyer sa conclusion, madame Le Veneur fixa son hôte avec ardeur :

– Ma belle-fille le souhaite de tout cœur et je sais que, sur ce point au moins, elle a raison.

Tanneguy et Anne-Gabrielle Le Veneur de Tillières attendaient leur nouveau répétiteur dans l'antichambre d'honneur aux murs peints de briques fausses et aux poutres plaquées de cartouches savamment moulurés. Les enfants se tenaient devant la cheminée sans feu dont le manteau de la hotte qui représentait une scène de chasse, rappelait le noble art dont les propriétaires du lieu tiraient leur patronyme.

Tanneguy avait six ans. Il portait le prénom qui était l'apanage des aînés de sa lignée presque sans discontinuité depuis plusieurs générations. C'était un garçonnet de figure un peu triste qui arborait déjà la perruque à marteaux et, par-dessus son petit justaucorps cintré, un ceinturon auquel était accrochée une épée tout adaptée à sa taille. Sa sœur Anne-Gabrielle, son aînée d'une année, était vêtue d'une robe de velours bleu à grand collet vidé de dentelle, une dentelle qui, à Carrouges, ne pouvait être que la plus belle de France, celle qui, depuis Colbert, se fabriquait tout à côté, à Alençon.

Victor se sentit immédiatement porté vers la petite fille qui était la gentillesse et la joliesse faites enfant et qui vint sans façon l'embrasser tandis que Tanneguy, hautain comme on lui avait sans doute appris à l'être, ne faisait que lui donner son petit anneau à baiser.

Derrière eux s'essoufflait l'abbé Godfrain, homme de chétive apparence à figure rechignée et ridée, encroûté de préjugés mais doté d'un savoir honnête qui l'avait fait recommander aux Le Veneur par l'évêque de Sées. La place l'avait rendu vaniteux et, depuis plus d'un an qu'il était installé au château, il regardait les curés du voisinage avec insolence. L'annonce de l'arrivée inopinée d'un répétiteur pour l'assister ne laissait pas de l'inquiéter, aussi est-ce l'œil aux aguets qu'il accourait pour prendre les mesures de ce possible rival.

L'âge du nouveau venu, sa belle mine, le laissèrent pantois et presque sans voix. Il crut que cet air jubilant cachait de la faiblesse. Aussi se montra-t-il arrogant.

– Çà, monsieur, vous ferez répéter ici ce que vous voudrez sauf le catéchisme, annonça-t-il d'un ton de nez.

– Le catéchisme, monsieur l'abbé, sourit Victor, je vous l'abandonne volontiers... Je suis chrétien d'intuition et n'ai jamais su raisonner sur la foi.

Ce n'est qu'au souper, après avoir pris possession de ses appartements, trois petites pièces au deuxième étage du côté de l'étang, que Victor fit connaissance de la mère de ses élèves. Elle n'avait pas vingt-cinq ans. Son visage était d'un ovale parfait avec des yeux effilés, grandement écartés et verts, un nez droit et mince, la bouche la plus joliment fendue du monde. Elle s'était affranchie de la fontange et ses cheveux blonds coulaient librement sur ses épaules. C'était une beauté. Née Michèle-Gabrielle du Gué de Bagnols, cousine de madame de Grignan, elle avait été autrefois fiancée au fameux Villars dont l'étoile montait alors et devait bientôt crever le firmament de la monarchie. Échouer à Carrouges pour partager l'existence d'un modeste brigadier en place d'être l'épouse d'un des plus grands soldats du siècle s'accommodait parfaitement de cet air de narquoiserie et de nostalgie qu'elle promenait sur toutes choses.

Ce fut au tour de Victor d'être surpris et d'ânonner méchamment le compliment qu'il avait préparé pour elle. Elle répondit à cela d'une seule phrase, dite d'un ton très lent, qui n'aurait pas paru s'écarter du langage conventionnel si sa main n'avait imperceptiblement frémi.

On avait dressé la table pour le souper dans le Salon des Portraits où se voyaient alignés, comme dans les galeries d'un théâtre, tous les Le Veneur. Les plus fameux étaient le cardinal, ami de Rabelais et de François Ier, et Marie, la comtesse de Salm, aïeule des empereurs allemands. Par elle, les maîtres de Carrouges étaient cousins des Habsbourg, ce qui leur conférait en Normandie et en France un statut supérieur dans l'ordre de la noblesse. Victor et l'abbé Godfrain étaient seuls entre leurs deux hôtesses, familiarité qui enchanta le jeune homme et le rendit disert. Il parla de son pays car, s'il devait taire beaucoup de choses, il n'avait aucune raison de ne pas avouer d'où il venait. Parler du Rouergue en Normandie, c'était alors, à cause de l'éloignement de mœurs et de coutumes qu'avaient entre elles les provinces de France, à peu près tenir un discours sur la Chine.

Madame Le Veneur mère écouta son nouveau protégé en se disant à part soi que son cousin Davignon n'avait rien exagéré en lui faisant un dénombrement tout en louanges de ses capacités. Elle paraissait joyeuse et songeuse à la fois, comme si elle avait la prémonition que cet hôte exquis était venu pour bouleverser la quiétude de sa vieille demeure. Sa belle-fille, qui excellait à ne trahir aucun de ses sentiments, se contenta de quelques répliques qui ne parurent jamais vibrer plus haut qu'une curiosité de convenance. Secrètement pourtant, elle était ravie à l'idée que les soirées à Carrouges ne seraient plus exclusivement martelées par les longs développements livresques de l'abbé Godfrain. Quant au précepteur en titre, effleuré dans sa simplicité par le soupçon que Victor était très au-dessus de sa condition annoncée, il recevait confirmation, dans un crève-cœur, de ce que la science et l'érudition dans la place allaient, pour quelque temps au moins, devoir être mises en concours.

Le récit de cette première journée normande plante le décor d'un des épisodes les plus brefs mais aussi les plus intenses de la vie de notre jeune héros. Carrouges devait être le lieu où allait jouer l'un des ressorts les plus inattendus et les plus décisifs de cette histoire, tout cela agi en sous-main par monsieur Davignon qui savait parfaitement ce qu'il faisait en dépêchant son neveu si loin, vers sa parente et qui activait tout, en secret, pour que celui-ci ne reparaisse à Paris qu'après avoir fait un pas décisif vers la sortie du labyrinthe dont il était devenu l'otage.

Il fallait d'abord que l'âme de Victor s'apaise, qu'ainsi qu'il l'écrivait à Carolus, il se fasse aux silences et à la paix de sa nouvelle retraite. De fait, d'un caractère optimiste, par là plus porté à rapprocher qu'à opposer, à unir qu'à dissocier, le jeune répétiteur se moulat-il rapidement à ses nouveaux horizons. Il commença d'aimer sa terre d'exil par le contact de ses habitants, laboureurs ou artisans du village, qui lui renvoyaient l'image de ceux qu'il avait connus enfant.

Les foires de Rânes et celles de la « petite Guibray » qui se tenaient à Carrouges, tirant leur nom d'un des plus fameux de ces grands rassemblements établi autrefois à Falaise, furent les lieux pleins d'odeur et de couleur qu'il se plut très vite à fréquenter. La contrée y étalait son opulence qui n'était pas celle des terres grasses, des fromages crémeux et des beurres couleur de paille qui viennent plus au nord. Ici la richesse était moins démonstrative, plus hétéroclite. Elle consistait en chevaux puissants comme des destriers, en bœufs et vaches blancs tachés de roux dont la chair plissait d'aisance, en volailles dodues de toutes sortes de plumages, en cidres ou poirés rendant une mousse opaque et parfumée qui accompagnaient les mets du terroir en leur conférant des airs de gala.

C'était la première foire de l'année à Ranes et la route de deux lieues qui venait en sinuant depuis Carrouges se couvrait d'une croûte épaisse de glace. Tanneguy et Anne-Gabrielle, roulés dans de petits manteaux bleus à col de fourrure, le nez collé à la glace du petit cabriolet de leur père, observaient au travers de la ramure des ormes dénudés les vallons au dos imperceptiblement poudré de neige, surmontés çà et là de la trombe épaisse des cheminées des forges dont les Le Veneur tiraient d'hasardeux revenus.

Victor répétait à Tanneguy en la chantant, car il gardait cette idée de son oncle de Tressan que le chant favorise la pédagogie, la troisième déclinaison latine, l'imparisyllabique. Il avait ainsi appris à ses petits disciples quelques poèmes de Ronsard sans presque aucune difficulté puisque leurs vers se font si bien à la musique puis, improvisant sur des mélodies plus audacieuses, il avait poursuivi avec la table de multiplication et quelques règles de grammaire.

Tanneguy, tout occupé à rire, répétait docilement :

– Miles, militi.

– Militiiiiis! appuya Victor en forçant la note et en roulant par jeu des yeux suffoqués.

– ... tiiiiis, stridula à pleine voix le garçonnet que les méthodes de son répétiteur, depuis quelques jours, avaient commencé de dérider.

On arrivait en vue de Rânes. Le vieux cocher des Le Veneur, juché sur son banc, aboyait en faisant claquer son fouet dans l'air et la foule se rangeait à sa voix comme au passage du bon Dieu. Des femmes appuyaient même ces formes extérieures de considération jusqu'à se signer, moitié par respect moitié par crainte, à la vue des descendants de Karl le Rouge.

La voiture s'immobilisa à proximité d'un calvaire, en contrebas du château dont la cour s'ouvrait sur le village. Des enfants accouraient de toutes parts, piaillant, se harpignant, acharnés à être les premiers à presser les chevaux et toucher leurs harnais.

Tanneguy, qui était apparu d'abord, s'arrêta sur le marchepied, surpris du manège de ces gamins dont la plupart avaient son âge.

– Reculez! menaça-t-il en dégainant sa courte épée et en la pointant vers ses petits sujets dans un geste vengeur.

Victor, qui se trouvait derrière lui, retint son bras avec vigueur.

– Non, monsieur, lui protesta-t-il d'un ton vif, ce n'est pas ainsi que vous devez en user avec vos gens : ils sont vos vassaux, c'est vrai, mais ils mettent tous leurs espoirs dans la protection que vous leur devez.

L'héritier des comtes de Carrouges pâlit. Un rictus plissa l'aile de son nez et fit palpiter sa lèvre.

– Je ne trouve pas bon, monsieur mon maître, que vous vous glissiez dans mes querelles... Nous autres, gens biens nés, savons mieux que quiconque comme il convient d'agir avec nos peuples.

Victor n'eut qu'un geste à faire pour désarmer l'enfant qui avait continué d'exécuter quelques dangereux moulinets.

– Vous me le paierez, monsieur, blêmit Tanneguy en laissant tomber l'arme que sa sœur ramassa pour la tendre à Victor... Et vous, mademoiselle, poursuivit-il en dardant sur Anne-Gabrielle son œil pâle brillanté par la colère, je vous saurai bientôt gré de ce service.

Victor, après avoir jeté la petite épée sur la banquette et refermé d'un coup sec la portière, invita ses deux élèves à le suivre, ce que le garçonnet exécuta en lui prêtant une main fort malgracieuse.

Un murmure admiratif, ressenti par Tanneguy comme un affront, porta le jeune répétiteur jusqu'au milieu de la place.

C'était une foire spéciale que la première foire de janvier à Rânes. La fin de l'année transformait l'habituel marché au lait et aux fromages en carreau aux chiffons car la coutume s'était instaurée peu à peu, pour l'occasion, de vider son grenier et d'aller exposer sur la place les habits, les draps, les broderies, les colifichets dont on ne voulait plus pour les échanger contre autre chose. Peuplée de hurleries mais sans l'âpreté des marchandages, c'était une kermesse bon enfant. Les hommes stationnaient au cabaret, rassurés à l'idée que, ce jour-là, leurs femmes ou leurs filles ne leur coûteraient pas un liard et la vue de quelques marchands d'Alençon, qui avaient profité du concours de monde pour s'installer en catimini au pourtour de la place, ne parvenait pas même à entamer leur belle humeur. Le regard allumé des faibles étincelles produites par les premières bolées de poiré, les joues naturellement rouges mais d'un ton ravivé par le froid, ils sortaient parfois, la bouteille à la main pour continuer de buvotter à l'aise, encourager leurs championnes et dauber sur la coiffe la plus savamment plissée, vantée pour l'occasion par les fils et les pères avec la même véhémence que s'ils eussent apporté là leur plus belle pouliche.

Les personnalités du bourg, dans le même temps, tenaient séance à l'Aile Rompue : le maire, ses assesseurs, le curé, ses vicaires, le chantre, le sous-prieur de Goult, chargé des petites écoles qui avaient reçu campos ce jour-là. La coutume était de déguster les andouilles et de décerner le prix à la meilleure faiseuse. C'était donc bien, en ce début d'année, honorer les femmes, ne se préoccuper que de bagatelles et, décidément, ne rien faire d'important.

Victor circulait à son aise, passant avec ses élèves d'un carreau ou d'un étal à l'autre. Il s'émerveillait du bagou de ces marchandes d'un jour, de leurs cris, de leur hargne. Au lavoir dont la rotonde était couverte d'un chapeau de chaume, des garnements de l'âge de Tanneguy et d'Anne-Gabrielle déchaînaient avec leurs bâtons des tempêtes et des gerbes d'éclaboussures tandis que les plus audacieux, à plat ventre sur la margelle, écopaient l'eau à pleines mains.

C'est en voulant éviter, mais trop tard, d'être cinglé par une brusque lame que Victor se trouva nez à nez avec madame Le Veneur – la mère de ses disciples – accompagnée de Françoise, sa femme de chambre, une gaillarde, hommasse comme un cent-suisse.

S'essuyant en riant le visage, il lui marqua sa surprise de la retrouver là alors qu'elle lui avait fait part, à son lever, de son intention de demeurer à Carrouges pour donner ses ordres à ses jardiniers :

– Vous, ici ?

– Voyez, je ne sais pas résister au plaisir d'être de la fête.

Le froid avait blanchi les joues de la comtesse en les creusant. Ses lèvres rosissaient en brillant comme au travers du glacis d'une faïence. Elle portait un curieux petit chapeau d'écuyère à deux pointes, du même ton de miel doré que son manteau à brandebourgs, qui accentuait l'avancée de son nez fin.

– Avez-vous fini de déballer vos chiffons ? lui demanda-t-il avec un peu d'impertinence.

– Mes affaires sont faites et défaites, répliqua-t-elle amusée, Françoise a donné tous ses cotillons contre lesquels elle a eu un châle, trois aunes de dentelles ne m'ont rapporté que quatre méchants bracelets de batiste. Je n'ai aucun talent pour marchander. Cela a fini par devenir la fable du pays... Il y a dix ans, lorsque je venais pour les premières fois à Rânes, personne n'osait m'aborder et je restais plantée avec mon panier devant l'église. Depuis, j'ai appris à rompre la glace en y mettant du mien : il suffit qu'on m'aperçoive et l'on m'assaille aussitôt pour me piller...

– Vous faites preuve, dans ces mauvaises fortunes, de tant de belle humeur, railla Victor.

– Bien sûr, sourit-elle espièglement, mais l'on sait aussi que j'aime les coiffes et que j'en fais la collection... J'en reçois tout au long de l'année et de splendides, de la part de ces femmes... Voyez! Aujourd'hui je donne un œuf, demain j'aurai un bœuf...

– Vous n'êtes pas toujours aussi calculatrice...

– Vous n'en savez rien.

– On m'a rapporté que vous aviez fondé de petites écoles dans votre chapitre et que vous appreniez à lire vous-même aux enfants du village trois jours par semaine...

– Là, vous parlez de mes plaisirs.

– C'est un maître qui parle à une maîtresse.

– C'est vrai, j'oublie parfois, tant vous êtes jeune et vous ne ressemblez à aucun de ceux qui sont venus ici avant vous s'acquitter de cette tâche, que vous êtes le répétiteur de mes enfants... Vous faites tout cela avec tant de légèreté, comme un grand frère, comme un ami, si bien que je pense vous avoir toujours vu ici...

– C'est me flatter que de me dire cela après trois semaines à peine.

– Oui une personne que j'imaginais parce qu'elle manquait à Carrouges, que j'imaginais même si fort qu'elle avait, avant que vous n'arriviez, votre figure et votre caractère... La bonne humeur, la gaieté, la science...

– Oh! la science... L'abbé Godfrain, pour cela, est loin devant moi.

– Baste! vous savez bien ce que je veux dire. L'abbé Godfrain connaît Aristote par cœur, ma belle-mère est une bibliothèque ambulante... Non, ce que j'appelais de mes vœux, c'était le rafraîchissement, la mise au goût du jour de cette érudition, en un mot tout ce que vous nous portez ici.

– Pourquoi me dites-vous tout cela aujourd'hui, sur la place publique ?

– Je suis venue exprès, vous vous en doutez peut-être. C'est l'air, le petit air taquin qui m'a enivrée. Et puis, il est des compliments que l'on ne fait pas aux messieurs dans un salon... Je voulais en tout cas que vous sachiez – je pense ne pas vous l'avoir assez donné à entendre auparavant – que je me réjouissais de vous voir à Carrouges.

Victor ôta son tricorne et salua, redoublant d'un sérieux qui donnait clairement à voir qu'il n'était que de fantaisie :

– Je suis ici pour vous servir, madame.

– Parlez-moi un peu de vous, lui commanda-t-elle en reprenant sa promenade d'un pas lent, je ne sais rien sauf que vous êtes séminariste et du Rouergue.

Victor déroba sa gêne dans un nouveau sourire.

– Le sujet est sans intérêt.

– Si, si... Après tout ce que je viens de dire vous me devez des gages... Et vous vous doutez bien que je veux en savoir davantage.

– Je suis le fils d'un honnête homme, mort cette année de son attachement à la religion protestante. Je dois ma science et mon catholicisme à l'un de mes oncles qui est vicaire.

– Et votre mère ?

– Morte lorsque j'avais neuf ans.

– Moi, je n'ai pas connu la mienne, je l'ai tuée en naissant, avoua madame Le Veneur tandis qu'une ombre passait sur l'éclat de son œil vert. Des frères, des sœurs ?

– Deux sœurs plus jeunes que moi et qui sont confiées à la garde de cet oncle vicaire.

– Et quand avez-vous quitté votre pays ?

– Cet été après la mort de mon père, hésita Victor avant de se risquer pour la première fois à mentir, je suis passé par Paris où je n'ai pas trouvé à m'employer et c'est sur la recommandation de monsieur Davignon d'Antraigues, le cousin de votre belle-mère, mon protecteur, que je suis ici...

– Que tout cela doit vous paraître nouveau !

– Nouveau mais familier... Ce village, avant d'y venir, j'en ai connu d'autres qui lui ressemblaient.

Elle le dévisagea soudain avec insistance :

– Et nous, à Carrouges, comment nous trouvez-vous ?

– Je ressens chez vous la même impression de paix qu'à Paris chez mon oncle et ma tante, répondit-il en se troublant.

– Une paix, une paix armée ! estima-t-elle en paraissant trahir une pensée secrète avant de se reprendre aussitôt pour poursuivre ses questions harceleuses : Votre oncle, votre tante ?... Vous avez donc aussi de la famille à Paris.

Victor était ponceau :

– Oui des parents qui me sont chers...

Il fut à temps interrompu par les cris d'Anne-Gabrielle que son frère malmenait. Il dut se précipiter pour la protéger.

– Tanneguy, s'excusa madame Le Veneur lorsque le jeune répétiteur de ses enfants fut revenu près d'elle, n'est pas méchant de nature mais il a hérité de l'impétuosité de caractère de ses ancêtres...

Les comtes de Carrouges tirent leur nom de la chasse, leur renommée de la guerre, leur légende d'un ogre assoiffé de meurtres et de pillages. Il faut que je m'y fasse, ce sang qui bout dans leurs veines n'a pas été adouci par le mien. Tous mes songes et tous mes plans s'useront vainement contre le granit de leur vieille demeure.

Les leçons de l'abbé Godfrain commençaient ponctuellement, chaque matin, dans le petit salon, à six heures, en présence de Victor. Tanneguy et Anne-Gabrielle y étaient conduits à demi ensommeillés par la vieille nourrice de leur père, le ventre vide, comme s'ils devaient au préalable gagner par leur application le droit de pouvoir remonter déjeuner.

L'abbé, qui n'aimait rien tant que les moments encore pleins d'ombre qui précèdent l'aube, commençait par une prière de sa composition qu'il fallait reprendre après lui, à genoux sur le carreau, une prière terrible dans laquelle le thème du châtiment revenait bien plus souvent que celui de la consolation. Il ajoutait à cela deux ou trois commentaires qu'il modifiait chaque jour mais qui avaient ceci de constant qu'ils n'étaient jamais plus rassurants que l'oraison à laquelle ils se raccrochaient. Enfin, il terminait par un inventaire méticuleux des fautes ou des mauvaises pensées qu'il imputait pour les dernières vingt-quatre heures écoulées, toujours par supposition, à ses disciples. Tanneguy, pour des broutilles, s'entendait ainsi à tout bout de champ menacé d'être emporté par le diable qui ne laisserait dans son lit, en souvenir de lui, que trois charbons ardents.

La prière et cette sorte d'admonestation terminées, suivait une lecture interminable que les deux enfants devaient écouter debout avant d'être autorisés à s'asseoir pour livrer par écrit les pensées que ce texte leur avait suggérées.

L'exercice, ce matin-là, était précédé de la lecture d'un texte de saint Bonaventure sur la certitude de la connaissance, tiré des *Questions disputées* :

– Ce que nous connaissons avec certitude, nous le connaissons dans la lumière des raisons éternelles. Ceci peut s'entendre de trois façons : ou bien l'évidence de la lumière éternelle concourt à la certitude de la connaissance comme raison entière et unique de la connaissance. Cela est proprement impossible...

Victor, debout contre le montant de la cheminée, guère plus réveillé au fond que les enfants, entendait ces raisons supérieures avec épouvante et s'effrayait – puisqu'il n'était aucun moyen de s'en divertir – des mimiques du maître qui parvenait à produire des effets de sa voix nasonnée sur ce texte qui bannissait toute emphase.

– ... La deuxième manière d'entendre notre propos consisterait à dire que la raison éternelle concourt à la certitude de notre connaissance par son influence seule, de sorte que celui qui connaît n'atteint pas la raison éternelle mais seulement son influence. Solution insuffisante car...

Tanneguy, qui n'avait pourtant donné aucun signe avant-coureur de faiblesse, s'écroula brusquement. Victor se précipita pour le relever.

– J'ai faim, gémit le garçonnet qui n'avait pas perdu ses esprits.

– Il faut lui faire porter des tartines et du lait, estima Victor.

– Vous faites bien ses quatre volontés, vous le dorlotez! maugréa l'abbé sans cesser de tenir son livre de ses bras tendus car il s'apprêtait, sans davantage s'arrêter à l'incident, à reprendre sa lecture.

– Non, monsieur, je montre simplement plus d'humanité que vous faites... Cet enfant est bien jeune pour subir le traitement que vous lui infligez...

– Vous n'êtes pas ici pour parler de l'humanité, se cabra le vieux précepteur, ce rôle me revient et à moi seul... Je suis maître de la pédagogie que vous devez appliquer, ne l'oubliez pas. Je ferai, contre votre volonté, de ces deux innocents des êtres aguerris qui sauront tenir leur rang par une endurance au-dessus du commun et qui feront plier à leurs lois ceux que la Providence aura placés sous leur pouvoir...

– Vous en ferez des êtres au cœur insensible!

– Çà, monsieur, demeurez dans votre rôle qui est de m'obéir.

Et fouillant le fond du regard de Victor avec une expression où palpitait de la haine, il reprit :

– J'avais flairé en vous dès la première heure un esprit libéral... autrefois, les séminaristes, les séminaristes pauvres surtout, montraient moins d'arrogance.

– Les prêtres montraient plus de miséricorde.

– Savez-vous que je vais vous faire renvoyer de cette maison... Je parlerai à madame Le Veneur.

– Vous direz votre vérité, j'exposerai la mienne. J'ai confiance dans la sagesse de la comtesse.

– Madame Le Veneur entendra le précepteur de ses petits-enfants, un prêtre qui s'honore de la recommandation de l'évêque de Sées.

Victor se retint à temps d'être insolent.

– L'évêque de Sées... rompit-il en serrant les poings et en interrompant lui-même sa phrase.

– Hé bien, monsieur, c'est cela, dites du mal de ce saint homme.

Victor considéra le vieux serviteur de Dieu avec une expression de mépris et quitta la salle.

Peu avant midi, comme il revenait d'une grande promenade autour de l'étang et dans le bois du Par, faite avant tout pour calmer ses nerfs, il vit de loin la mère de ses disciples. Elle se tenait dans la roseraie, en robe de demi-satin claire recouverte d'une sorte de redingote, la tête enveloppée d'un carré de soie noué sur sa nuque qui emprisonnait ses cheveux roulés dans un chignon.

– J'ai su que vous aviez répondu ce matin à l'abbé Godfrain, lui dit-elle de ce ton lent auquel Victor avait fini par se faire et qui avait ceci d'étrange qu'il ne laissait filtrer aucune émotion.

Victor demeura muet.

– ... Il en a fait ses plaintes à ma belle-mère, appuya-t-elle.

– Était-elle choquée ? demanda-t-il résolument.

– Elle m'a simplemlent rapporté l'incident. Vous avez pu vous en rendre compte, elle ne livre que très rarement ses sentiments.

– Et vous, votre avis, quel est-il là-dessus ? demanda Victor tout à trac.

– Je désirais vous dire un grand merci... C'est que depuis bientôt un an que l'abbé est ici, je tremble... J'ai cessé très vite d'assister à ces leçons et lorsque j'entends Tanneguy et Anne-Gabrielle descendre chaque matin pour le rejoindre, j'ai le cœur qui se serre... Cet homme a l'appui de mon mari et de sa mère et, étant seule à penser comme je fais, je m'étais imaginé qu'on avait raison contre moi, que je n'entendais rien à l'éducation et que je m'inquiétais par trop de sensiblerie... Vous m'avez rassurée en me montrant que je ne divaguais pas.

– C'est vrai qu'on peut difficilement avoir moins de dispositions pour la pédagogie que votre abbé Godfrain. Mais ce que je ne comprends pas c'est que madame Le Veneur mère le soutienne...

– Comme mon mari, elle est entêtée de l'idée qu'une ruine à court terme menace notre maison si nous ne sommes pas les premiers partout, les plus tenaces, je dirai presque les plus rapaces. A cette obsession de l'excellence, ils sacrifieront tout...

– Qu'est-ce qui les a rendus si sévères ? hasarda Victor.

– La triste histoire des deux dernières générations qui se sont succédé dans ce château, appauvries par les folies faites à la cour par le grand-père de mon mari et, avant lui, son père qui fut le fameux ambassadeur de Louis XIII à Londres... De son mariage ma belle-mère eut deux fils – mon mari qui est l'aîné, un autre qui est à Malte – et six filles. Un triste matin de 1683, parce qu'on manquait du nécessaire pour doter ces six malheureuses, on les fit attraper par surprise, à peu près comme des volailles dans une basse-cour à la veille d'un festin. On les chargea sur-le-champ en carrosse pour les mener, sans s'inquiéter de leur avis, au couvent de la Visitation d'Alençon où les cinq qui survivent à présent sont toujours religieuses avec la vocation que je vous laisse imaginer... Il n'est de jour où ma belle-mère ne pense à ces pauvres innocentes, à leurs cris et leur tapage tandis que le carrosse les arrachait pour toujours à la douce vie d'ici... Depuis ce jour affreux, Carrouges est devenu un tombeau. On y nourrit de l'aversion pour les enfants, surtout pour les petites filles... Mon mari, depuis que Tanneguy est né et qu'il considère avoir accompli son devoir envers sa lignée, s'est éloigné de moi... Je sécherai bientôt sur pied comme ces roses... Mon ventre est regardé comme une menace. Le sentiment est refoulé d'ici comme un vice hideux.

Tandis que la comtesse parlait ainsi, ajustant d'un geste précis son sécateur au-dessus des yeux qui perlaient sur la tige de ses rosiers, un air d'abattement altérait les traits de sa figure.

– Vous n'aurez pas d'autre enfant, balbutia Victor que le récit avait bouleversé.

– Non, dit-elle résolument, cela m'a été clairement notifié et, depuis, toutes les précautions qui font de moi une veuve avant l'âge ont été prises... Voyez!... mon mari n'est pas rentré des Flandres cet hiver alors que l'armée de monsieur de Tallard a pris normalement ses quartiers.

Victor, que le chagrin de la comtesse impressionnait, s'empara du petit panier rond pendu à son bras dans lequel elle posait les réceptacles séchés qu'elle avait détachés des branches. Effleurant par inadvertance son bras, il la sentit qui frissonnait et tandis qu'il hésitait à éloigner sa main comme s'il avait voulu par ce frôlement léger apaiser sa fébrilité, ce fut elle qui fit le mouvement de se reculer en murmurant sans le donner à paraître :

– Méfiez-vous! l'abbé Godfrain est à la fenêtre de sa chambre qui nous observe depuis que vous m'avez rejointe.

Lettre déposée dans le psautier de madame Le Veneur, dans sa case à l'entrée de la chapelle du Chapitre :

Ce 11 janvier.

« Madame,

Le regard de l'abbé Godfrain a glacé mes lèvres tout à l'heure, au moment où je m'appprêtais à vous dire que je communiais avec vous dans les joies et dans les souffrances. Je suis en harmonie avec vos pensées et c'est pour cela, je crois, que je m'engourdis si heureusement à Carrouges.

Victor Lasalle. »

Madame Le Veneur, la mère, fit appeler Victor en fin d'après-midi de ce même jour. Elle se tenait, brodant au petit point, dans le grand salon lambrissé de boiseries à compartiments que baignait l'éclat orangé d'un grand soleil rond dont le disque aplati paraissait se dissoudre au-dessus des étangs.

– Monsieur, annonça-t-elle d'un ton sans aspérité, l'abbé est venu me faire ses plaintes de vous... Je l'ai écouté, je l'ai calmé par lassitude et par faiblesse alors que j'aurais dû incontinent le prier de s'en retourner à Sées...

Victor voulut ouvrir la bouche mais elle le dissuada de poursuivre d'un geste à l'autorité sans appel.

– Je voulais que vous sachiez que je vous donne raison... Ma belle-fille vous dira peut-être – et en cela elle aura tort – que je me mêle de faire des chiens de foire de mes petits-enfants. Je sais trop bien qu'on ne va à la science que par goût et que d'y aller par force est pire que de n'y aller jamais. Non, j'avais pensé qu'un peu de dureté viendrait à bout du caractère terriblement altier et féroce des hommes de cette famille dont Tanneguy a hérité en plein. Je réalise bien tard que je me suis trompée et j'en prends conscience à présent que votre douceur commence d'opérer. J'ai demandé moi-même à l'évêque de Sées un précepteur sévère et l'abbé Godfrain, portrait recraché du modèle que j'imaginais pour tenir ce rôle, est ma créature comme si je l'avais pétrie de mes mains... L'enfer que vous avez sous les yeux, je l'ai tapissé de mes fautes et de mes entêtements.

Victor, effrayé du désarroi de son hôtesse, se risqua à lui couper la parole.

– Cette sévérité dont vous voulez faire usage, est-ce vraiment parce que vous craignez le poids de la malédiction de Karl le Rouge sur votre lignée ?

– Qui parle de Karl le Rouge ? s'emporta madame Le Veneur, laissez là ces sornettes et apprenez à vous défier des contes que vous fait ma bru... Son esprit romanesque, son incapacité d'avoir des opinions raisonnables sur les affaires pratiques, ses airs de rêverie perpétuelle, ne sont guère plus favorables à l'épanouissement de sa postérité que ma sévérité.

Victor s'enhardit à intervenir :

– Madame, vous gouvernez cette maison, votre fils n'y est jamais, comment voulez-vous que votre belle-fille s'y sente à son aise ?

Ces paroles lancées d'un ton convaincu eurent l'étrange pouvoir de désarmer la maîtresse après Dieu de Carrouges.

– Par ma foi vous êtes plus sage que moi qui, tranchant de tout plus qu'à mon tour, me figure être chaque fois dans le vrai... Nier que Karl le Rouge nous impressionne, même si son existence n'a jamais pu être démontrée, c'est à l'évidence mentir. Oui, nous autres ici, nous nous interrogeons souvent, sans oser nous l'avouer, sur notre possible filiation d'un monstre... Pourtant, entendez-moi bien, ce n'est pas cette crainte qui m'a fait appeler l'abbé Godfrain près de nous. La vraie raison, je vous la livre : les Le Veneur ont été chargés par leurs rois, il y a soixante ans de cela, d'une mission dévolue à nulle autre lignée en France. Ils doivent s'en montrer dignes aujourd'hui et façonner leur caractère de telle sorte qu'aucun sentiment vulgaire ne les effleure et que leur dévouement au service de la monarchie soit sans faille.

– Voici donc le vrai motif, murmura Victor en pâlissant.

– Oui et l'unique justification de nos exigences à l'égard de Tanneguy.

– Et ces grandes raisons, votre belle-fille les ignore.

– Oui, mon fils aîné et moi, sommes actuellement seuls dépositaires de ce secret qui ne doit s'éparpiller à aucun prix et qui pèse sur nous comme une menace... C'est pour ne pas avoir de gendre qui ait affaire ici que mon mari a mis ses six filles au couvent. C'est pour le roi, monsieur de Gironde, que j'ai été une mère indigne... Avant de mourir – et je sais que ce sera bientôt – je dois délivrer ma famille de cette épouvante.

Madame Le Veneur posa sur Victor qui l'écoutait bouche bée un regard à la fois pathétique et bon.

– Et là encore, cette délivrance, je suis certaine qu'elle est proche.

Lettre déposée dans le livre de prières de Victor au Chapitre.

Ce 12 janvier.

« Monsieur,

L'honnêteté devrait me commander de vous défendre de m'écrire de nouveau, mais me priver de la joie de glisser dans mon aumônière, en entrant dans ce lieu de consolation, un billet qui contient les premières douces paroles qui me soient destinées depuis bien longtemps est au-dessus de mes forces. Je compte seulement que vous n'abuserez pas de la faiblesse d'une malheureuse.

Marie Le Veneur. »

Lettre déposée dans le psautier de madame Le Veneur.
Le 14 janvier.

« Madame,
Que mes pensées rencontrent un écho, c'est pour moi la plus douce et la plus belle des consolations. Je vous promets d'être honnête, de ne pas bafouer les lois de l'hospitalité, de ne pas éviter votre regard en public et de ne jamais lui faire dire plus que ce que la bienséance lui doit commander de dire. Toute mon application, tout le bien que je vous veux, passera dans l'éducation de vos enfants. C'est ce à quoi je veux m'attacher, par-dessus tout, pour l'amour de vous.

Votre dévoué, Victor Lasalle. »

Lettre déposée dans le livre de prières de Victor.
Le 14 janvier.

« Monsieur,
L'avant-dernier mot de votre lettre retirée ce matin m'a fait frissonner et m'a mise au lit... Ne m'écrivez plus, de grâce, j'en mourrais.

M. Le Veneur. »

Lettre portée par Ninon, femme de chambre, à madame Le Veneur.
Le 15 janvier à l'aube.

« Madame,
Pardon, pardon, âme sublime, pourrez-vous excuser ma grossièreté ? Je souffre l'indicible tourment de tout devoir partager avec vous sans pouvoir vous l'exprimer simplement. Je n'espère que dans votre réapparition.

Votre dévoué, Victor Lasalle. »

Lettre portée à Victor par Ninon.
Le 17 janvier.

« Monsieur,
Je souffre certes d'être privée de vous voir depuis trois jours que je garde la chambre mais je souffrirais plus encore si j'étais contrainte, en vous croisant, de vous entretenir de la coupable correspondance dans laquelle nous nous complaisons l'un et l'autre par folie. Ne m'écrivez plus, je vous le demande à genoux.

M. Le Veneur. »

Lettre portée par Ninon, à madame Le Veneur.
Le 24 janvier.

« Madame,
Toute une semaine affreuse vient de se passer... Reparaissez! c'est à mon tour de vous en conjurer. Je serai raisonnable... L'affliction règne à cause de vous dans toute la maison. Anne-Gabrielle et Tanneguy sont désemparés et n'ont plus le cœur à l'ouvrage. Ne plus sentir votre odeur dans les appartements, n'avoir que celle de l'abbé Godfrain à la place, c'est proprement se condamner à l'asphyxie.

Votre dévoué, Victor Lasalle. »

Lettre portée par Ninon, à madame Le Veneur.
Le 29 janvier.

« Madame,
Votre sourire en ne s'y promenant plus a fait de ce lieu un désert. Je ne veux pas être cause que vous vous punissiez et je préfère quitter Carrouges sur-le-champ plutôt que de savoir que vous y êtes malheureuse de mon fait. Je viendrai ce soir dans votre petit cabinet, après le souper, recueillir, avec toute la modestie et l'honnêteté que ma situation ici supposent, des explications de votre bouche. J'espère que vous ne me fermerez pas votre porte comme vous m'avez fermé votre cœur depuis deux semaines que vous ne répondez plus à mes billets.

Votre dévoué, Victor Lasalle. »

Tel était ce moment de l'âme de Victor au bout de quarante jours passés à Carrouges. Son entretien avec madame Le Veneur mère lui avait fait prendre les mesures des drames qui pesaient sur la vieille demeure, tout en le confortant dans l'idée que c'était là, dans ce coin de Normandie, que le jour risquait de poindre pour lui. L'étrange correspondance qu'il avait initiée avec la jeune comtesse et l'absence qui s'en était suivie l'avaient porté de l'excitation à l'abattement. Dans ces moments de doute, pour tromper son impatience, il fit en sorte que les détails de sa nouvelle existence l'accaparent tout entier. La chose était au fond facile. Les tracasseries de toutes sortes que s'ingéniait à lui susciter l'abbé Godfrain réclamaient de sa part, pour les déjouer, finesse et ingéniosité. L'intérêt qu'il portait à ses élèves absorbait le reste de son temps en faisant se révéler à plein le secret penchant que sa douce nature, appuyée de l'exemple de son oncle de Tressan, lui avait donné pour l'éducation.

Cette fébrilité du sentiment et cette application à des tâches qui, quoiqu'intellectuelles, ne laissaient pas d'avoir leur côté mécanique l'enveloppèrent dans une sorte d'engourdissement qui lui fit tenir à suspicion tout ce qui s'écartait de son nouveau cercle étroit. Ce désintérêt s'étendit aux nouvelles de Paris. Une lettre de l'abbé de Thésut et une autre de son oncle, que lui avait rapportées ce même marchand de Carrouges faisant quotidiennement la route d'Alençon pour ses affaires, restèrent trois jours dans sa poche avant qu'il ne se résolve à les lire.

Malgré tout l'intérêt qu'il portait à la mère de ses disciples, il restait tourmenté de la pensée de Clémire mais sans parvenir à lui écrire. La même lettre dix fois recommencée attendait sur le petit bureau de chêne de sa chambre et lorsqu'il s'asseyait pour ajouter une ligne ou reprendre une nouvelle page blanche, son esprit vagabondait, son regard se perdait dans l'indiscernable fouillis des toitures du château de ses hôtes. D'horribles doutes le harcelaient et il entendait se répercuter dans ses songes l'imparable sentence de Diane de Solsac : « Vous ne vous aimez pas vraiment, vous faites deux nigauds de campagne singeant la transe du sentiment »... L'amour au fond, l'avait-il déjà connu et qu'était-ce ? Il en venait à considérer, pour se rassurer, que c'était un concept de l'ordre supérieur, une chose qui n'aurait existé dans sa forme accomplie que dans un monde de héros et à propos de laquelle n'auraient su disserter que Corneille ou Racine... D'autres fois il imaginait un état qui ne se pouvait atteindre qu'après de nombreuses épreuves, comme l'éther qui ne se sublime que dans sa phase ultime, un état d'abandon accordé à quelques preux qui se traduirait par l'abolition de toutes les aspérités du cœur.

C'est dans ces heures de grande commotion, au matin du dernier jour de janvier exactement, qu'arriva une lettre qu'il ne mit pas dans sa poche comme celles qui avaient précédé. C'est qu'il avait tout de suite reconnu le nom Lasalle tracé de la grosse écriture appliquée de Carolus.

Voici quel en était le texte :

Notre-Dame-des-Mesches, le 22 janvier 1704.

« Cher Victor,

Nous allons nous aider l'un l'autre une dernière fois. Le jour de votre délivrance est proche, le mien aussi puisque je m'apprête à quitter cette terre. Ne vous attristez pas car, depuis deux mois bientôt que j'ai porté mon amiral dans ce cloître, ce départ comble mes vœux les plus chers. Vous vous réjouiriez avec moi si vous saviez combien je pense sincèrement que Dieu m'exauce et qu'il ne me reste à lui payer que le tribut d'un peu de souffrance pour être à jour avec lui. La maladie dont je souffre et qui va m'emporter est de celles que l'on nomme de langueur à défaut d'en savoir plus sur son compte. Je l'appelle moi un cancer car même s'il ne s'en voit pas d'effet extérieur, comme on s'accorde à le vouloir exiger pour qualifier cette affection, je sais que le feu qui se pousse en dedans de moi, chaque jour un peu plus, aux extrémités de mon corps, n'a pas d'autre origine. Mon médecin ne me ment pas – je sais moi-même trop de choses sur les corps depuis que j'ai vécu en Orient – il ne m'accorde que quelques jours, quelques semaines au plus, de vie. Mon paquetage est prêt. J'ai passé ma vie à dire au revoir à ceux qui partaient, il me faut aujourd'hui saluer ceux qui restent, dont vous.

Ce départ imminent est précédé pour moi de deux joies immenses qui atténueraient, s'il en était besoin, mes regrets : j'ai revu mon ami Barberoussette et je vais vous tirer d'embarras. Oui Victor, Jean de Bréderodes quitte ce prieuré à l'instant où je prends la plume et il doit y revenir après-demain. Il est arrivé de Marseille il y a une semaine. Il a été guidé vers moi par la force que je n'hésite pas à dire surnaturelle de l'amitié dont vous êtes la cheville ouvrière. Écoutez plutôt! il devait aller voir à Paris un certain marchand turc du nom de Mamdour dont vous m'avez parlé. Il lui portait deux statues cycladiques dont il avait l'intention de se défaire pour subsister quelque temps et c'est ce marchand – mû par une inspiration proprement providentielle – qui lui a dit que ces statues avaient leur sœur ici, ce petit harpiste que vous m'avez laissé la dernière fois que vous êtes venu me rendre visite. Ce même harpiste que Barberoussette avait envoyé à son frère par le canal de madame Bénéfice, par jeu, puisqu'il évoque la harpe qui figure sur l'écu des Bréderodes.

Je l'ai revu après tant d'années avec une émotion qui ne se peut décrire. A traverser les mers sans cesse, à recevoir la gifle des vagues, il est devenu un autre homme mais sa dureté et sa rugosité nouvelles n'ont pas entamé son honnêteté. Il vient de lui arriver une terrible aventure. Les preuves du grand secret qu'il rapportait en France lui ont été dérobées au lazaret de Marseille. Il est prêt à mettre tout Paris sens dessus dessous pour récupérer ce dépôt qui lui vaudra la liberté de son seul frère encore en vie, celui que vous avez vu à la Bastille. Il a voyagé avec monsieur de Rognonasse , l'envoyé du duc d'Orléans, votre maître, berné lui aussi à Marseille par ce mystérieux rival. Ottavio, le séide des Vendôme, aurait été pour sa part blessé à mort et donc mis hors de course.

Ainsi la confession de mon amiral se trouve-t-elle à l'heure qu'il est dans des mains étrangères et sans doute impies. Voilà qui ajoute à ma joie de vous ouvrir la porte de votre prison et à l'espérance que j'ai de ce qu'il adviendra, par vous qui savez tout, un heureux dénouement de tous ces mystères. Victor, dès que vous aurez reçu nouvelle de mon trépas, je serai délivré de mon serment puisqu'il ne tenait qu'à la durée de ma vie. L'âme de mon amiral sera sauvée puisque rien n'aura été commis, à mon incitation, de mon vivant, pour trahir son secret. Si Dieu trouve que je me suis parjuré en vous laissant libre d'agir à votre guise par-delà ma mort, qu'il choisisse une victime et que ce soit moi. A vous, à présent, il appartient de sauver les droits de l'honnêteté qui sont ceux de votre maître et d'entretenir le souvenir de Beaufort en faisant connaître à tous ses souffrances, l'exemplarité de la fin secrète de sa vie ainsi que le lieu de sa sépulture.

Vous en savez assez par ma bouche et par celle de monsieur de Saint-Mars, inconsolable comme moi de la mort de ce grand homme, pour tenir en échec le misérable qui s'est approprié le précieux dépôt de Jean de Bréderodes. Je ne vous demande qu'une chose – ai-je d'ailleurs à vous la demander ? – c'est de songer à la liberté du comte de Bréderodes aîné. Barberoussette aujourd'hui, par moi, ne demande pas autre chose. Il vit en France comme il vivrait chez les Hurons : les secrets de l'État le laissent impavide, seul le sort de ce frère qu'il aime, sans l'avoir revu depuis trente-cinq ans et qu'il ne reconnaîtrait même pas si on le lui présentait, lui importe.

Soyons joyeux, mon ami, mon fils. Je vous ai sauvé autrefois lorsque le duc de Vendôme était sur votre chemin, vous me sauvez à présent que c'est la mort qui vient barrer le mien. Vous allez me permettre d'accomplir par-delà la tombe la plus belle action de ma vie : remettre le secret de l'amiral en des mains sûres or, grâce à vous, je sais que celles de messieurs de Thésut le sont.

Je vous bénis et vous attends sur le seuil de ce paradis auquel j'ai fini par croire.

Votre Carolus. »

Une lettre comme celle-là, tant elle provoque de haut-le-cœur, est de celles qu'il faut reprendre plusieurs fois pour en comprendre tout le sens. Dix pensées contraires, après cela, occupaient l'esprit de Victor : Carolus mort peut-être à l'heure où lui parvenait son message, Barberoussette dépouillé et parvenu à Paris, Ottavio joué et sans doute enterré à cette heure, la confession de Beaufort entre les mains d'un inconnu.

Vaincu par une émotion trop forte, il s'allongea sur son lit, repassant interminablement les quatre feuillets sans interligne de la lettre de Carolus. L'écriture en était droite et triomphante, ronde et majestueuse. Le moine savant de Notre-Dame-des-Mesches, entrait, c'était vrai, la tête haute dans l'éternité.

Ce pressentiment qu'avait Victor de la mort déjà survenue de Carolus à l'instant où il découvrait sa lettre s'avéra exact. Carolus était mort le 28 janvier 1704 l'avant-veille du jour où sa missive du 22 parvenait à Carrouges. Son trépas, dans le sens du temps, fut un bon trépas : c'est-à-dire qu'il eut le temps de s'y préparer par la prière et surtout par les souffrances. Cette hydre qui le rongeait depuis deux ans sans qu'il se plaignît jamais, se démultiplia soudain poussant vingt têtes nouvelles acharnées à lui dévorer les entrailles. Carolus expira entre les bras d'un homme inconnu jusqu'à peu des moines de sa communauté. C'était Barberoussette qui revint ponctuellement soutenir son courage et qui même, dans les deux derniers jours, demeura près de lui dans sa cellule. Ce fut ce terrible pirate devenu un agneau qui jeta à la poste de Paris un petit billet prêt d'avance qui parvint à Carrouges par les caprices du passage d'un roulier le 31 janvier, c'est-à-dire le lendemain du jour où était arrivée la première missive du mourant :

« Victor, mon fils, mon ami,

Quand tu liras ces lignes, il sera temps pour toi de prier pour un ami qui est heureux là où il est et qui t'enjoint de faire ce que nous avons arrêté ensemble.

Ton Carolus qui prie pour toi dans son purgatoire. »

Victor, sous l'impression de ces lignes et toujours dans le trouble où le laissait la lettre reçue la veille, pensa que la première chose à faire était d'obéir au défunt. Il prit sa plume et rédigea un simple billet qui contenait ces lignes :

« A messieurs de Thésut, au Palais-Royal à Paris.
Carrouges le 31 janvier 1704.

Mes chers maîtres,

Celui que nous cherchons est à Notre-Dame-des-Mesches reposant contre la tombe de mon ami Carolus qui vient de mourir et qui m'autorise par-delà la mort à vous parler. Mon oncle Davignon vous remettra la moitié de sa chevalière sciée qu'il vous suffira de glisser au doigt de monsieur l'amiral pour joindre l'autre partie qui se trouve déjà sur son cadavre. C'est là tout ce que je sais.

Victor de Gironde, votre serviteur obéissant. »

Ce n'est qu'après avoir clos son envoi de son sceau et l'avoir remis au même roulier qui s'en retournait à Alençon que Victor gagna le Chapitre où, dans la magnifique chapelle baroque au décor sculpté de fleurs et de fruits, il resta presque une heure agenouillé au bas des marches de l'autel. C'était sans doute la première fois qu'il priait si longtemps et tout ce temps passé dans cette humble posture lui permit d'être tour à tour inquiet, rassuré, conquérant, abattu, angoissé par-dessus tout de ce que Carolus ne l'autorisât à parler qu'au péril de son salut. Ce Dieu qu'il suppliait était celui de Carolus et de son père, un Dieu qui s'était fait à sa sensibilité, qu'il savait secourable et face auquel étaient morts ces deux êtres chers qu'il prendrait toute sa vie en exemple. Ce Dieu, il l'appréhendait à cet instant sous un jour nouveau comme s'il le rencontrait pour la première fois.

Levant les yeux vers un vitrail transpercé de lumière blanche, il eut une vision étrange qu'il attribua d'abord à l'état de flottement où l'avaient porté tant d'émotions : il observa l'agneau mystique représenté sur ce vitrail de profil, qui détournait son regard pour le fixer puis sa tête tout entière qui grossissait pour se fondre dans le sourire de Carolus. Pour la première fois depuis trois mois il dépassa le stade des prémonitions confuses et il eut une idée claire de son avenir : il se vit réconcilié avec les Thésut, reprenant sa place au Palais-Royal, et, en même temps, de retour à l'hôtel Davignon entre Hercule, son oncle et sa tante. Tout lui apparut soudain si limpide et si clair qu'il mit un moment à réaliser que Clémire ne faisait pas partie de cette projection idéale du futur. Soudain, au moment où il s'affolait, la lumière éclatante redoubla d'intensité et, dans un halo, il la surprit, courant vers lui dans la simple robe de calemande qu'elle portait autrefois à Colombes.

La joie et la peine avaient été à ce point mêlées dans ces instants passés au pied du tabernacle qu'il lui arriva de pleurer et de rire plusieurs fois très fort, rassuré chaque fois de la certitude de n'être ni vu ni entendu.

Peu après il monta dans le cabinet rouge, attenant à la chambre de l'évêque, où madame Le Veneur mère était accoutumée à rédiger son courrier le soir.

La comtesse douairière, on l'a dit, restait l'âme de Carrouges. Fille de l'intendant d'Alençon, Favier du Boulay, elle avait gardé de ce père austère le goût pour les comptes exacts et l'administration scrupuleuse de ses domaines. C'est elle qui avait redressé les finances de Carrouges après les folies de son beau-père Henri et du père de celui-ci, Tanneguy, l'ambassadeur de Louis XIII auprès de Charles Ier d'Angleterre. Nul ne se serait avisé de la tromper sur le toisé d'un champ, les stipulations d'un bail et surtout sur les forges qui faisaient la richesse de Carrouges car les Le Veneur, depuis plus d'un siècle, exerçaient cet état qui, avec le labourage, la verrerie, l'armement maritime, étaient les seuls métiers, en dehors des armes, que l'on passât à la noblesse. Ces forges étaient des forges des champs, d'un très faible rendement, dans lesquelles s'engloutissaient des pans entiers de la forêt. Le travail incessant des ouvriers, la gestion sans faille de la comtesse, les avaient sauvées de la banqueroute et devaient même, dans les années 1700 à 1705, accomplir le prodige de produire quelques gains.

C'est cette maîtresse femme, que sa douceur naturelle rendait accessible, à qui Victor avait demandé un entretien au soir du jour où il avait reçu confirmation de la mort de Carolus. Il pénétra dans le cabinet aux motifs fleuris et dorés sur fond rouge, les yeux brillantés d'un reste de pleurs et la mine exaltée.

– Madame, lui annonça-t-il sans autre préambule, je vais bientôt vous quitter pour regagner Paris... On vient de me faire signe. J'aurais tant voulu rester.

– Je maudirais volontiers celui qui vous rappelle si je le connaissais, répliqua madame Le Veneur, j'espérais tant vous garder ici au moins jusqu'à l'été.

– Le sort en décide autrement, s'attrista Victor, laissez-moi vous remercier...

– C'est vous à qui je dois rendre grâce, protesta la comtesse, en deux mois vous avez fait passer un air nouveau sur cette vieille bâtisse, rendu mon petit-fils docile et patient. Nous allons vous regretter, regretter vos miracles.

– Je...

– Ne dites rien d'autre! commanda madame Le Veneur avec ce ton d'autorité qu'elle ne contrôlait pas, dites-moi plutôt, vos affaires se sont-elles arrangées?

– Oui, à ce qu'il paraît.

– Personne n'a vraiment prise sur les secrets d'État, trancha-t-elle imprévisiblement.

Victor crut entendre une voix résonner dans un sépulcre.

– Comment...?

– Vous êtes-vous demandé pourquoi votre oncle vous envoyait ici... à Carrouges? insista tout à trac madame Le Veneur.

Notre héros resta éberlué de la question. Elle ne lui laissa pas le temps de se ressaisir :

– C'est une inspiration machiavélique et géniale comme le sont souvent celles de Charles Davignon d'Antraigues... La raison, la voici : c'est que Carrouges renferme l'autre partie du secret que vous cherchez.

– Sauveur!... Ce secret vous le connaissez?

– Je ne connais que cela... Il a empoisonné ma vie, celle de mes beaux-parents, comme, avant eux, celle de leurs parents... Il est temps que nous en soyons déchargés et c'est vous qui devez nous y aider.

Victor était tellement abasourdi qu'il s'empara d'un tabouret sans en avoir été prié.

– Et qu'escomptait mon oncle en m'envoyant ici?... Que je découvrirais tout cela?

– Non, c'était impossible... Il espérait tout crûment que je m'ouvrirais de moi-même à vous et, voyez-vous, il a gagné puisque je m'apprête à vous faire des révélations auxquelles vous ne vous attendiez pas.

– Des révélations!

– Oui, votre oncle est orfèvre, il a mené son affaire de telle façon que je ne puisse échapper au filet qu'il s'apprêtait à me verser sur la tête... Il a donc entrepris de chatouiller mon sens de l'équité et de l'honneur en me faisant par courrier le tableau presque quotidien de la sagesse du duc d'Orléans dans cette affaire, de sa mesure, du désarroi de messieurs de Thésut, vos maîtres, de leurs scrupules, des menées terribles des Vendôme contre lesquels il fallait édifier un barrage... Il escomptait aussi que je vous apprécierais suffisamment, après vous avoir eu quelques semaines près de moi, pour vous choisir comme dépositaire du document que détient notre maison par la volonté de feu la reine de France.

– Vous allez donc me charger de cela.

– Oui... Mon fils, à qui je l'ai demandé quinze jours après que vous fussiez ici, m'y autorise... Voyez-vous, d'après ce que je sais de votre affaire, car votre oncle m'informe scrupuleusement, ce n'est pas d'Orient que jaillira la lumière pour vous mais tout simplement de Normandie.

– D'ici, grand Dieu! blêmit Victor en s'appuyant au rebord du bureau de son hôtesse.

– Voici l'histoire, annonça madame Le Veneur, le grand-père de feu mon mari, Tanneguy Le Veneur, deuxième du nom, fut, vous le savez, le confident du roi Louis XIII et de sa femme Anne d'Autriche. Les Mémoires qu'il nous a laissés éclairent d'un jour singulier son époque mais ce n'est pas dans cet ouvrage que se trouve notre piste. Par le soin qu'il prit de son ambassade à Londres, il s'attira la faveur du roi et, pour l'avoir servie dans ses rapports secrets avec Buckingham, sans jamais trahir l'honnêteté ni la fidélité qu'il devait à son souverain, il suscita chez la reine de la reconnaissance et un sentiment qu'il n'est pas exagéré de qualifier de bienveillant. Il faut vous dire aussi que Tanneguy avait un ami qui comptait plus que tous les autres, quelqu'un qui méritait cette amitié par sa probité et son sens de l'honneur et à qui il offrit son hospitalité au risque de sa propre perte pendant la conjuration de 1642, cet ami était de Thou. Tanneguy fut de ceux qui intercédèrent jusqu'à la dernière minute auprès de Louis XIII pour obtenir la grâce de cet infortuné jeune homme qu'il savait coupable seulement, par esprit chevaleresque, de n'avoir pas révélé le complot de Cinq-Mars. Ce projet de Cinq-Mars, vous le savez peut-être, encouragé dans les débuts par le roi lui-même, était d'assassiner Richelieu mais l'irrésolution du grand écuyer, sa légèreté, firent que le demi-consentement donné par Louis XIII à ce meurtre put être tourné, par le cardinal qui devait en être la victime, en complot et menée contre l'État et, ce, avec l'assentiment du roi lui-même... De ce drame de Thou mourut et Tanneguy fut inconsolable. Ce fut lui qui fit placer dans l'église

Saint-André-des-Arcs, au-dessus de son tombeau, un vitrail où est écrit...

– ... *Quare rubrum est indumentum tuum...*

Victor qui avait continué de blêmir accompagna la voix de la comtesse et récita avec elle la fin du texte d'Isaïe.

– ... *et vestimenta tua sicut calcantium in torcular...*

– Vous connaissez cette prière ? s'effraya à son tour madame Le Veneur.

– Je connais la prière et le vitrail, je suis, à Paris, paroissien de Saint-André.

– Ce vitrail légende à jamais le sacrifice de l'innocent, condamné par le silence du roi et...

– ... Par la trahison de la reine, acheva Victor en décontenançant un peu plus la comtesse.

– Oui, de la reine, contrainte par le cardinal de faire un choix entre rester reine de France en trahissant ses amis ou se séparer de ses deux fils et se perdre dans le scandale en fuyant avec...

– Beaufort, acheva Victor.

– Vous savez décidément tout, monsieur de Gironde.

Victor frissonnant de s'entendre appeler de ce nom qu'il commençait presque d'oublier, observa madame Le Veneur tandis qu'elle ouvrait un petit coffret d'argent posé devant elle.

– Je vous ai dit que Tanneguy Le Veneur était l'ami d'Anne d'Autriche et vous allez voir pourquoi nous sommes ici moins sévères que d'autres pour porter un jugement sur la décision terrible qu'eut à prendre la reine en ce 30 avril 1642... Elle fut épouvantée des conséquences de son choix : à l'égard de de Thou qui allait le payer de sa vie bien qu'il fût innocent, à l'égard de Beaufort qu'elle aimait et dont elle allait être contrainte de fuir le regard le restant de sa vie. Elle éprouva le besoin de se justifier devant un témoin impartial et, pour cela, elle choisit d'écrire à Tanneguy Le Veneur dont elle avait apprécié à maintes reprises la probité et le silence et qui, de plus, était son seul véritable cousin français, se trouvant être le parent des Habsbourg par la fameuse Marie de Salm. C'est sa lettre que nous détenons et qui se trouve dans ce coffret avec l'exemplaire revenu à la reine de la reconnaissance de filiation conjointe faite par Beaufort et elle-même de Louis XIV que tous les initiés croient détruite. Nous avons mission de la remettre à qui de droit lorsqu'il sera temps et c'est cette mission que nous nous apprêtons à accomplir par votre truchement.

Madame Le Veneur souleva le couvercle tandis que Victor retenait sa respiration.

– Voici ! dit-elle sans lui laisser le temps de recouvrer ses esprits, lisez cela à haute voix devant moi.

Victor s'empara du document qui contenait quatre feuillets que la fine écriture de la reine, ronde, serrée, presque calligraphiée, noircissait en entier.

« Paris, le 30 avril 1642.

Mon cher cousin,

Au moment où j'endure ce qu'aucune reine de France avant moi n'a enduré, c'est vers vous que je me tourne. Mon fidèle portemanteau Pierre de La Porte vous remettra cette lettre en main propre avec un petit paquet scellé que vous ne rendrez qu'à moi ou, que sur ma demande, à qui je vous dirai. Ce n'est plus votre conseil qui m'a tant fait défaut hier que j'implore – la cause est entendue, la décision prise, le crime consommé pour éviter un plus grand crime – je n'attends de vous qu'attention et indulgence. J'attends aussi que vous ou ceux de votre sang – je me souviens toujours que dans mes veines coule celui de Marie Le Veneur, comtesse de Salm – portiez témoignage lorsqu'on pourra juger de cette affaire avec la sérénité dont personne ne peut faire montre aujourd'hui ou lorsque les préceptes de l'honnêteté ne se mettront plus en travers des devoirs de la Couronne.

Oui, comte, il faut oser l'écrire, j'ai trahi ceux qui m'ont été les plus fidèles, j'ai livré délibérément au bourreau de Thou dont nous goûtions tous deux la douceur et l'amitié et je l'ai fait avec une seule excuse : desserrer le collet mortel que Richelieu venait de porter à mon cou. Un saint m'a aidé à prendre cette décision, Vincent de Paul, qui a longtemps pleuré et prié avec moi dans mon oratoire du Louvre pendant ces jours affreux. Il ne m'a convaincue qu'en me brossant les malheurs qui attendaient le royaume si je ne me résolvais pas à faire ce que j'ai fait.

Mon fils, mon fils aîné, sera roi, je continuerai de voir monsieur de Beaufort à la cour mais, je ne pourrai plus le regarder comme je l'ai regardé jusqu'à hier. Voilà mon premier châtiment. J'entre dans un rôle pour lequel je n'étais pas faite, j'accède à la compréhension des raisons supérieures de l'État comme on entre dans un pourpoint de pierre et c'est mon second châtiment. Il n'est plus de retour possible. Afin de mieux me ligoter dans le futur, le cardinal de Richelieu, qui ne sait que trop qu'il n'est pas immortel, m'a compromise avec Mazarin qui est sa pure créature dans les mêmes termes qu'avec lui. C'est là mon troisième châtiment. L'avenir est sombre, le roi malade, le cardinal soutenu par un souffle de vie. Pourquoi faut-il que Dieu, après m'avoir laissée commettre tous ces crimes que je vois chaque jour dans mon miroir se marquer sur mon visage comme une tache, comme la tache de vin de Karl le Rouge notre légendaire ancêtre dont la malédiction paraît s'accomplir en moi, ait logé l'autorité et le rempart de l'État dans ma faible personne ?

Mon bonheur personnel, pour la première fois, n'était pas difficile à atteindre : perdue d'honneur, bannie mais, grâce à Dieu, aimée suffisamment par monsieur de Beaufort, oser tout quitter et risquer d'être heureuse. Mais c'était à part moi que le plateau de la balance descendait trop bas : mon fils aîné déchu de ses droits, déclaré bâtard à coup sûr, le cadet, quoique légitime au regard des lois dynastiques, après ce coup porté au crédit de la monarchie, guère plus assuré de régner, la France livrée aux factieux et aux ambitieux... Tout cela nul ne pouvait le signer.

Témoignez pour moi ! dites à ceux qui partagent ce terrible secret que ce n'est pas un démon qui a fait condamner de Thou mais un otage, que je n'ai agi qu'en frissonnant et que je frissonnerai le restant de mes jours de ce que j'ai été contrainte de faire.

Anne, reine de France, princesse d'Espagne. »

Victor, sa lecture terminée, rendit la lettre à son hôtesse comme si elle lui brûlait les doigts.

– Gardez-la ! ordonna madame Le Veneur, elle est à vous provisoirement avec la reconnaissance de filiation. Vous viendrez me les rendre ici vous-même lorsque vos maîtres en auront fait l'usage qui convient et, si elle n'a pas été détruite en présence du roi et de son neveu sur l'autel de leur pacte de paix, je la brûlerai moi-même et c'en sera fini de cette mission vieille de soixante ans que la reine de France avait confiée aux Le Veneur.

Victor considéra la comtesse avec un recrû de gravité.

– Alors ! il faut lancer ce brûlot ?

– Il le faut... Le cirque grouille de passions mais nous avons l'oreille de gens raisonnables qui vont faire en sorte que de dessous ce bubon perce un bien.

Victor se leva :

– Madame, il faut que je vous avoue aussi... Hier au soir...

– Taisez-vous ! commanda la maîtresse de Carrouges en refermant la cassette et en la tendant à Victor, je sais tout... Je vous ai entendu tandis que vous appeliez à la porte du petit cabinet de ma belle-fille et je sais que cette porte ne s'est pas ouverte.

– Mais...

– Vous êtes jeune, seul, désemparé... Cette maison est trop grande, ma bru trop seule. Les derniers jours que vous passerez ici seront sereins, j'en suis certaine... Depuis tout à l'heure, Marie n'ignore plus rien de la mission confiée par Anne d'Autriche à notre maison, ni du personnage que vous êtes venu faire ici comme prétendu répétiteur de ses enfants. Je l'ai tenue dans mes bras longuement, nous avons pleuré ensemble, nous nous sommes parlé comme jamais nous ne l'avions fait depuis onze ans. Tout cela arrive par vous également. Elle descendra tout à l'heure souper et vous embrasser. Elle me l'a promis avec des transports de joie...

– Oh! madame, s'écria Victor en éclatant en sanglots à son tour et en tombant à genoux aux pieds de son hôtesse.

Madame Le Veneur s'était penchée sur son jeune hôte, pleurant elle aussi et passant sa main longue et fine dans ses cheveux courts.

– Allez! je souhaite que vous emportiez un bon souvenir de Carrouges.

– Ah! c'est là que je voudrais rester, c'est hors d'ici que tout me paraît terrible.

Mantes est le bastion avancé de Paris vers la Normandie et pour mieux le montrer sa collégiale évoque irrésistiblement Notre-Dame. Elle reproduit ou préfigure – car au fond, quelle est, dans la longue épopée de leurs constructions, celle qui influença le plus l'autre? – le vaisseau ogival, le vaisseau des anciens nautes, porté sur la Seine comme autrefois le radeau des énervés vers Jumièges[1]. Avec les abbayes qui s'égrènent en aval, elle est une des sentinelles de chrétienté que les fils de sainte Geneviève envoyèrent à ceux de Rollon pour les convaincre d'abandonner tout à fait les idoles qu'ils avaient apportées avec eux au fond de leurs drakkars.

La Seine n'est jamais si belle qu'à Mantes. Nulle part ailleurs ses courbes ne sont empreintes de cette douceur presque tourangelle à laquelle un vaste ciel, plus contrasté que celui de la Loire, confère un air de grandeur insurpassable.

Certains jours de février tirent sur ces vastes horizons un voile mélancolique. Tout se fait sombre et noir, ce d'autant que la lumière

1. Fils de Clovis II à qui leur père avait fait couper les tendons des jambes après qu'ils se soient révoltés contre lui. Ces princes abandonnés au fil de la Seine sur un radeau après leur supplice devaient être recueillis par les moines de Jumièges.

est plus blanche et plus vive. La terre affaissée, ridée par mille sillons opaques, vide ses entrailles comme pour prendre le grand souffle de la germination. C'est le moment où la nature nous angoisse. On l'a vue décliner dans de superbes plumages à l'automne, mourir au début de l'hiver, rendant encore des fruits et des fleurs et l'on ne sait pas alors si elle retrouvera la force de renaître. Voyager dans ces semaines de vie suspendue, lorsque le sol est gelé et résonne sous le pas des chevaux comme la dalle d'un sépulcre, c'est toujours alimenter de funestes pensées.

Ce 11 février, peu après midi, un carrosse qui avait bravé le frimas et la glace et qui venait de franchir les trente-sept arches du triple pont allant, au travers de l'île Aumône, de Limay jusqu'au pied de la collégiale, entrait à vive allure dans la cour du relais de poste sis au coin des rues de la Sangle et Chrétien. Les valets de pied accrochés à l'arrière de la caisse prenaient des airs avantageux, comme s'ils avaient dû affronter mille morts pour faire d'un trait la route depuis Saint-Germain. Les soubrettes, avec le sentiment d'avoir à ramener à la vie des naufragés, accouraient, sans leur laisser le temps de descendre, pour tendre des écuelles de vin chaud à tous les voyageurs.

Les passagers, si hardis pour s'être lancés depuis la veille dans cette aventure, formaient un étrange trio. Imaginez une jeune fille de la bonne société mais sans ostentation aucune, belle, fraîche, discrète, en un mot parée de toutes les qualités dans lesquelles le vulgaire au premier coup d'œil distingue la grande dame, flanquée de deux barbons emmitonnés jusqu'aux yeux de fourrures et de tricots et qui, depuis qu'ils étaient descendus, faisaient preuve de la plus grande agitation.

Le plus âgé était allé au cocher pour lui crier :

– Cela suffit, pitre! de ta maringotte [1] et de tes quatre coffres à avoine [2].

Le plus jeune s'échinait dans la maison pour que l'aubergiste et ses valets activent le feu dans la cheminée et remplissent d'eau chaude les bouillottes et les potines [3].

Le lecteur n'aura aucun mal à reconnaître Clémire et les deux Thésut venus à la rencontre de Victor.

– La diligence d'Évreux est annoncée pour dans une heure, proclama l'abbé en tirant pour la cinquième fois son oignon de son gousset.

Le chevalier, le nez planté au carreau de la porte, détaillant, par-

1. Voiture de saltimbanque.
2. Gros cheval qui n'avance pas.
3. Chaufferette.

dessus le fouillis d'un rouge éteint des plus proches toitures alentour, le grand versant de tuiles émaillées au dessin labyrinthique de la collégiale, maugréait :

– Rien de plus aléatoire que ces voitures publiques, surtout depuis la mort de monsieur de Louvois qui les faisait aller au fouet... On nous dit que ça marche, je dis moi que nous en verrons bientôt la faillite. Laissons les voituriers voiturer, les rouliers rouler, les bateliers bateler... ce n'est pas le métier du roi, qui ne devrait faire que la guerre et qui la fait mal. A ce train à Versailles on nous installera bientôt des bureaux chargés de vendre des poires et des lapins... Par ma foi nous aurions mieux fait d'aller nous-mêmes à Alençon chercher monsieur de Gironde plutôt que d'attendre ici, plantés comme des chandelles de cinq pieds. D'autant que ce n'est pas jour de « direct » et que notre pauvre Victor essuie au moins un jour de chemin de traverse pour arriver jusqu'ici par Évreux.

– Aller là-bas, nous! s'effraya l'abbé en se voyant soudain isolé au milieu de la banquise, et nos affaires, mon frère?

– Plus rien ne compte après la nouvelle catastrophe d'avant-hier, trancha le chevalier... Fini, c'en est fini cette fois de l'honneur des Thésut. Alors, comprenez-vous cela? au point où nous en sommes, songeons un peu à ceux que nous aimons. Donnons un peu au sentiment...

– Je suis content de vous l'entendre dire, enfin...

– Enfin est de trop! se cabra l'aîné des Thésut, dans cette affaire – faut-il vous le rappeler, monsieur? – j'ai voulu concilier des principes contraires : l'honneur de notre maître, celui de nos amis... Personne ne m'a aidé.

– Voilà qui est sauvage!...

Le chevalier éleva la main :

– Le sauvage, mon frère, c'est que vous ne m'ayez dispensé vos lumières qu'à contretemps.

L'abbé, que la stupéfaction où le laissait ce reproche faisait bégayer, vint coller son nez contre celui de son aîné. Sa longanimité était à bout :

– C'est vous, vieux merlin, qui faites tout à contre-pied. A cette heure ce sont vos affaires que vous laissez en plan, votre maître que vous abandonnez sans même dire où vous allez, ce maître laissé aux mains de gens que nous redoutons et tout cela pourquoi? Pour aller au-devant de monsieur de Gironde dont personne jusqu'à hier, à votre gré, ne disait suffisamment de mal...

– Tout est f..., vous dis-je... A quoi bon demeurer dans Paris? Je n'y reviendrai de ma vie même pour prendre mes chemises. Je ne puis plus regarder le duc d'Orléans sans rougir. Je suis venu ici chercher monsieur de Gironde, implorer son pardon puisqu'il est vrai que je l'ai offensé et mal jugé... Ensuite j'irai en Bourgogne avec vous, mon frère. Nous nous cacherons dans notre vieux château de Grançay et c'en sera fini de nous...

– Hé là ! comme vous y allez... M'avez-vous seulement demandé si j'étais d'accord avec ce plan mirifique ?

– Je suis l'aîné, monsieur, j'ai la charge de décider pour vous, faut-il le rappeler ?

– Et que ferai-je là-bas ?

– Vous êtes d'Église, vous prierez pour moi et pour vous aussi si vous aviez quelques fois des broutilles à vous reprocher.

– C'est que je ne l'entends pas ainsi, se fâcha l'abbé à grandes reniflades, et que je saurai bien vous retenir...

– Nous avons suffisamment joué les bravaches, nos vieux os ont froid... trancha le chevalier.

– Vous périrez de solitude ! renchérit l'abbé.

La menace parut verser un seau d'eau sur cette âme de salpêtre.

– Je ne décollerai point de la cuisine... J'emmènerai du monde pour nous tenir compagnie. Victor et Clémire viendront avec nous, nous leur ferons don de tous nos biens. Ils berceront notre vieil âge jusqu'à l'heure fatidique de « la nuit sans matin ».

– Pargué ! la belle aubaine, ricana l'abbé, se rabougrir à quatre-vingts lieues de Paris, dans le château des courants d'air, avec deux vieilles breloques comme nous.

– Passe ! passe ! protesta le chevalier vexé avant de forcer un air aimable pour se tourner vers Clémire : Qu'en pensez-vous, mon enfant ? Voulez-vous donner cette dernière joie à des gens qui vous aiment ?

Clémire, qui assistait à cette scène un livre sur les genoux, sans paraître vraiment entendre la chamaillerie des deux célibataires, ne savait trop quoi répondre.

– Nous demanderons, tout à l'heure, à monsieur de Gironde, rusa-t-elle.

– Et puisque je lui donne mon pardon, exulta le chevalier, ne doutons pas qu'il dira oui.

L'abbé s'emporta et cette fois pour de bon.

– Roquentin [1] ! monstre que vous êtes ! être plus pernicieux que le basilic !... Mais c'est lui, monsieur, qui devra vous pardonner et avant même que vous ne posiez vos lèvres repoussantes sur sa main.

Le chevalier battit en retraite sans gloire :

1. Vieillard qui veut jouer au jeune homme.

– Oh là! ne moussez pas si fort, je voulais simplement dire que le vrai pardon doit être réciproque.

Vers une heure, au premier appel du cornet du postillon entendu depuis le pont, le relais de poste fut tout en transe, le personnel dans la cour, les clients aux fenêtres.

Victor, qui ignorait le projet des Thésut de venir l'accueillir, fut le dernier à paraître, aidant une grosse bourgeoise d'Évreux, encombrée de son ventre et de ses paquets, à franchir à reculons les deux degrés du marchepied.

Pendant ce temps les Thésut et Clémire, le nez collé au même étroit carreau d'une fenestrelle, l'observaient à loisir.

– Il a maigri, se désolait Clémire.

– Il est triste, renchérissait l'abbé.

– Qu'a-t-il à lambiner de la sorte ? pestait le chevalier, et comme s'il n'avait rien de mieux à faire à présent que de faire le céladon de cette enquiquineuse!...

– Le voilà qui s'approche! s'écria Clémire en battant des mains.

– Qui lui dira le premier mot ? s'inquiéta brusquement l'abbé.

– Moi! trancha le chevalier en marchant d'un pas assuré vers la porte.

Ce manège eut le don d'exaspérer un peu plus le cadet des Thésut.

– Vous! toujours vous!... Ne croyez-vous pas que serait plutôt pour vous l'heure de disparaître dans un trou ?

– Je ne vois vraiment pas pourquoi, répliqua, ricanant jaune, le secrétaire des commandements du duc d'Orléans.

L'abbé, désireux de ne rien envenimer au moment de retrouver son cher disciple, ramassa à point suffisamment d'énergie pour mentir :

– Pour lui faire une surprise... Allez donc vous cacher avec Clémire! On le suffoquerait à lui tomber dessus, comme cela, tous les trois à la fois.

Le chevalier entraîna Clémire en pestant dans la pièce contiguë où avait été dressé le couvert du souper.

Victor parut enfin, portant le bagage de la bourgeoise d'Évreux, qui le précédait en faisant l'obséquieuse.

L'abbé qui n'avait pas quitté son poste d'observation, près de la fenestrelle, s'effrayait de cet air de tristesse qui paraissait ne plus devoir quitter celui qu'il s'apprêtait à prendre dans ses bras. Victor, il est vrai, était encore tout à Carrouges, la tête dans un bonheur inaccessible dont il gardait le regret et l'envie.

L'abbé se jeta sur lui, les joues rayées de larmes grosses comme des pois.

Victor, proprement foudroyé à la vue du cadet de ses maîtres, lâcha le sac de cuir de la grosse bourgeoise qui rompit là, pour le coup, avec les roucoulades.

– Vous! souffla-t-il en recevant dans ses bras le vieil homme.

– Oui, je désirais vous faire un brin de conduite jusqu'à Paris.

Ils s'embrassèrent bien tendrement. L'abbé passa sa main dans les cheveux de Victor qui s'était agenouillé devant lui. Quelques mèches avaient poussé depuis deux mois, donnant cette impression d'amaigrissement qui avait inquiété Clémire.

– Ah! cher abbé, vous êtes la personne du monde que je souhaitais le plus rencontrer à cette heure... J'ai tant d'appréhension : revoir Paris, tout ce que j'ai laissé en plan là-bas : le chevalier, Clémire, mon prince... Comment m'accueilleront-ils ? Quelle figure leur ferai-je ?

– Moi, je n'ai pas vécu pendant toutes ces semaines... Penser que tout cela est arrivé par notre faute.

– Ne parlez pas ainsi... Demain je dirai au chevalier que je n'ai contre lui aucun ressentiment.

– Il faut lui en vouloir un peu sinon il sera invivable.

– J'aime votre frère tel qu'il est...

– Plus que moi ?

Victor serra le poignet du vieil homme.

– Cela est impossible, vous le savez... Non, différemment. J'aime son honnêteté.

– C'est vrai qu'il est honnête malgré de surprenants détours, concéda l'abbé.

– Comment va notre grande affaire ?

– Mal.

– Se peut-il ?

– Il va vous le dire lui-même.

Et ce fut le second ébahissement de Victor, lorsque l'abbé ramena son aîné marchant près de lui, toujours aussi martial quoique passablement penaud.

– Chevalier!

– Rompez! ordonna le vieux soldat dont les yeux s'étaient fait plus brillants.

Victor, pour la première fois, embrassa l'aîné de ses maîtres qui fit effort pour rester raide.

– Chevalier...

– Hé bien quoi, vous avez gelé du bec [1] dans ce pays de chicaneaux... ?

– Non... Je suis heureux de vous revoir.

– Le plaisir est partagé mais il faut se hâter d'en profiter. Nous avons le guignon, pour mieux dire, le barbotage [2] est complet... Tels que vous nous voyez là nous ne faisons qu'effectuer un petit détour sur la route de notre exil pour vous saluer.

– Comment cela... ? blêmit Victor.

– Notre-Dame-des-Mesches, une farce !

– Expliquez-vous !

– Dès le lendemain de la mort de votre ami Carolus, le prieuré a été fermé d'ordre de monsieur de Pontchartrain, le cimetière vidé de ses tombes sous prétexte que les grandmontains ne se séparent jamais de leurs morts... Le tout envoyé on ne sait où...

– Le cadavre de Beaufort disparu ! s'effraya Victor.

– Tout comme je vous l'annonce... Voici qui a été cousu dans l'ouvroir de monsieur de Pontchartrain... Et votre anneau scié, poursuivit le chevalier en ricanant méchamment et en tirant de sa poche le don de monsieur de Saint-Mars que Victor lui avait fait remettre par son oncle, voici pour nous faire un joli cliquetis [3]...

La rage de l'aîné des Thésut, ses mimiques infernales, furent interrompues d'un rire tonitruant que Victor appuya d'un geste incongru, posant la main sur l'épaule des vieux maîtres comme sur celle de deux compagnons de goguette.

– Chevalier, chevalier, exultait l'heureux jeune homme, je vais enfin vous être utile...

C'est l'instant, tandis que les deux vieillards, médusés de la sortie de leur disciple, roulaient des yeux suffoqués, que choisit Clémire pour paraître à son tour et souffler au jeune comte de Gironde la fin de sa réplique.

– Clémire ! blêmit celui-ci.

– Mon ami, répondit-elle en lui faisant écho d'un accent que la joie faisait mourir.

Elle se jeta dans les bras qu'il venait d'ouvrir en frissonnant. Ils s'étreignirent de toutes leurs forces.

– Ah ! doux moment, doux moment ! que j'ai craint de ne plus te connaître, souffla-t-elle en roulant avec plaisir sa jolie tête sur l'épaule de l'habit de séminariste qu'il n'avait toujours pas quitté.

---

1. Perdre l'usage de la langue.
2. Gâchis.
3. Pendant d'oreille.

– Moi aussi, Clémire, moi aussi, j'en ai douté mais c'est de moi dont je n'étais pas sûr.

– Vous m'aimez vous et je m'inquiète en vain...

– Me pardon...

Elle le fit taire en lui posant un doigt sur les lèvres tandis qu'il fermait les yeux en souriant et qu'il frottait sa tête sans perruque au creux de son cou.

– Je ne vous laisserai pas repartir, souffla-t-il.

– La Clémire qui est là contre vous est celle des premiers jours...

– Comment que vous soyez, je ne vous quitte plus.

Le chevalier, médusé de la scène tant il était peu accoutumé aux intermèdes tendres, essayait de s'interposer comme il pouvait, levant sa canne, toussant, bouillant de connaître la fin de ce que Victor avait commencé de lui dire. Il n'avait aucun succès. Les deux amoureux roucoulaient de plus belle :

– Victor, disait-elle, la souffrance a cela de bon, qu'à notre bonheur trop facile, elle a donné un sens.

Il la mangeait du regard. Plus rien d'autre ne comptait.

– Que mes jours à présent seront doux et mes nuits calmes, murmurait-il... J'aurai l'esprit libre pour servir messieurs de Thésut...

– Justement! intervint à propos le chevalier.

– ... Qu'on me fasse entrer dans cinquante Bastilles, j'irai de bon cœur... Qu'on me demande la lune, j'irai la décrocher.

– Par Sainte-Mitouche! sacra pour de bon l'aîné des Thésut en effrayant son frère, cessons ces moutonnades! je suis là à sécher sur pied depuis deux heures... Vous deviez nous aider, disiez-vous. Nous aider enfin... Ne trouvez-vous pas qu'il serait temps ?...

– Chevalier, nous sommes sauvés.

– Et comment cela ?

– De la meilleure, de la plus claire, de la plus imparable façon et, de plus, en évitant à Carolus de se parjurer puisque la piste de Notre-Dame-des-Mesches ne mène plus à rien... J'ai là dans la poche de ma chemise, sur mon cœur, un document plus parfait pour notre affaire que tous ceux que vous recherchiez... L'autre moitié de ce qui s'est perdu à Marseille.

– Donnez! ordonna le chevalier en tendant une main ouverte.

Victor entrouvrit sa chemise et tendit au vieil homme un portefeuille de cuir plat tout tiède de la chaleur de son corps.

Les Thésut s'emparant fébrilement de l'écrit, articulant des miaulements qui tenaient du chat appelant sa femelle et de celui pris au piège, se cognant le front d'étonnement, lurent et relurent la lettre d'Anne d'Autriche tandis que Victor et Clémire s'embrassaient en paix. Cette joie se mua bientôt en sauts et en bonds. Le chevalier, redevenu ingambe en un clin d'œil, ouvrit la porte de la salle commune sans se soucier du froid.

– A Paris, à Paris!

– Mais notre souper, mais notre lit, objecta faiblement Victor.

– Non, non, mon ami, s'excusa l'aîné des Thésut soudain tout sucre; ni manger, ni se laver la bouche [1], prenez mon dos pour marchepied mais en voiture, en voiture!... Jusqu'à Paris je vous dorloterai, je vous chanterai des berceuses, vous ne manquerez de rien...

– Nous n'arriverons qu'à la nuit...

– Cette nuit sera douce, la plus douce du monde... Puisque je vous dis qu'un prince vous attend et qu'il va vous couvrir de baisers... Plus rien d'autre ne compte en regard de cela.

Là-dessus, ils grimpèrent tous les quatre en carrosse et, tandis que le maître de poste écarquillait les yeux en contemplant tour à tour ses hôtes qui lui échappaient et ses broches garnies de rôts qui tournaient en prévision du souper, un bourson plein de pièces d'argent jeté par la portière vint à point lui clouer le bec.

1. On se rinçait la bouche après chaque repas.

## CHAPITRE QUATRIÈME

### *Bos suetus aratro*

Fra Pantaleo était natif de Cutrofanio dans les Pouilles. Les Pouilles sont le « cul de la péninsule » ou si l'on préfère élever le style de la comparaison tout en le rabaissant géographiquement, le « talon » de la botte italienne. C'est une terre aride qui depuis toujours cache ses splendeurs sous un manteau de gueux. Ce moine appartenait à l'ordre des Minimes dont on nommait les disciples alternativement bonshommes puisque Louis XI donnait du « bonhomme » à François de Paule, leur fondateur, ou « bigres à l'huile » parce que ce grand saint, dans sa sollicitude qui descendait jusqu'à l'infini détail de la vie matérielle de ses disciples, leur avait enjoint de ne faire la cuisine qu'à l'huile.

La vocation était venue chez Pantaleo très tôt, à cinq ans, sans qu'il l'eût vraiment ni provoquée ni cherchée, quand son père, un misérable chevrier chargé de douze bouches à nourrir, l'avait, pour s'en décharger, offert au couvent de Martina Franca. A cette orientation décisive le futur Pantaleo, qui se nommait encore en ce temps-là Luigi, n'avait d'abord senti que peu de changement puisque, pendant huit ans, sur les terres maigres du prieuré de Locorotondo, on lui avait confié la garde de moutons qui avaient remplacé pour lui les quatre pauvres biques familiales. Au terme de cette période d'apprentissage qui avait, comme il se voit, peu laissé à Luigi loisir de s'approcher des vérités de l'Évangile, l'enfant fut convoqué par son abbé qui le chargea de servir d'acolyte à Fra Bartolomeo le quêteur du couvent, ancien champi [1], depuis toujours chez les minimes, qui devenait aveugle. Il fut donc apparié avec ce vieux moine, cras-

1. Enfant trouvé.

seux, ignare, violent, fourbe dont la mission était de courir par les campagnes pour mendier. Dès lors il marcha et, ne cessa jamais de le faire jusqu'aux mois qui précédèrent les événements que nous allons narrer.

Fra Bartolomeo, quoique piètre pédagogue, enseigna à Luigi deux choses qui devaient lui être d'un secours décisif par la suite. La première était que Dieu le père, qui avait distingué François de Paule en lui permettant, comme à son fils Jésus, de marcher sur les eaux, avait par là clairement indiqué que les bonshommes, quoi qu'ils fassent en ce bas monde, avaient leur place marquée au paradis, la seconde était qu'un moine, par sa seule consécration à Dieu, devenait intouchable. Bartolomeo, que l'application de ces principes faisait parfois accueillir à coups de pierres dans les villages où il avait l'imprudence de se représenter sans s'être fait oublier suffisamment longtemps, finit par se prendre pour son jeune guide d'une rude affection. Il lui transmit un don qu'il avait, avec la main droite, de redresser les pattes des chèvres et des hommes, avec la gauche, d'apaiser les brûlures. Ces menus services rendus amélioraient sensiblement le produit des aumônes mais Luigi ne fut pas sans remarquer très vite les gros prélèvements que son maître faisait sur l'argent amassé au profit de la communauté afin d'entretenir trois ou quatre garces dont les lieux de villégiature fixaient l'itinéraire de ses tournées. Luigi, à peine eut-il atteint ses dix-sept ans, fut encouragé par le vieux paillard à ne pas demeurer en reste et il prit pour concubine une fille d'auberge de Bari à laquelle il eut le tort de s'attacher.

Cette vie, si peu religieuse au fond, finit par convenir au jeune oblat [1] pour qui – au bout de quatre années de ces tribulations – les Pouilles n'eurent plus de secret. Coiffé de son chaudron noir qui lui servait à la fois de cloche pour s'annoncer à l'entrée des villages, de tronc pour quêter, de casque pour se protéger du soleil et qui, le soir, à la belle étoile, retrouvait sa fonction d'ustensile de cuisine, il fit connaissance avec l'existence et se moula aux petitesses du genre humain.

La fortune sourit à Pantaleo sous les traits d'un voyageur, monseigneur Fuselli, qui était en ce temps-là évêque de Velletri, confident de Clément XI et son légat favori. Dès qu'il fallait sanctifier un béat, présider l'ostension d'une Vierge miraculeuse, inaugurer la réfection de quelque dôme, Clément XI expédiait Fuselli. Il avait belle allure, il parlait bien, savait se mettre à la portée des innocents et flatter les puissants. L'occasion qui conduisit ce cardinal

1. Au sens qui correspond tout à fait à la situation de Luigi qui est celui d'enfant offert à un couvent.

dans les Pouilles en 1699 fut la béatification de la mère Gabrielle, sœur tourière d'un misérable prieuré de l'ordre des Clarisses, vénérée pour sa simplicité confinant à l'innocence, humble entre les humbles, l'un de ces modèles que le nouveau siècle sensible et larmoyant voulait offrir en pâture aux foules. Fuselli vint jusqu'à Naples en carrosse doré, accueilli par les envoyés du roi qui en ce temps-là, et pour quelques mois encore, était le roi d'Espagne Charles II. De là, il prit par Potenza en litière, faisant retirer à mesure qu'il avançait et qu'il voyait le peuple déguenillé, les lambrequins dorés, les plumets blancs et les galons des livrées de ses gens. A Matera, ôtant sa cape et son chapeau à glands, enfourchant une sorte de bresle, suivi de son cortège qui paraissait avoir été pillé tant il comptait de pourpoints décousus, de ceintures dégarnies, de boucles et de harnais manquant par pièces, il s'élança par la campagne. Dans chaque village il s'arrêtait, bénissait du haut de sa pauvre monture et faisait distribuer les épaulettes, les glands, les boutons, les colifichets dont il avait commandé à ses hommes de se dépouiller. L'arrivée de ce légat fit une traînée de poudre dans toute la Calabre. Les routes se couvrirent bien vite de curieux et de fidèles qui l'attendaient en se plaçant, dès l'aube, à genoux, sur le bord des chemins.

Fuselli aimait les dames et il s'en vantait fort. A mesure qu'il s'avançait dans les Pouilles, il voyait un avantage au progressif relâchement de la pompe qui le pressait, c'était de se rendre plus accessible aux belles. Un jour, à l'heure de la sieste, s'étant écarté de sa suite, vêtu d'un simple habit de drap sombre, il surprend deux beautés qui s'ébattent dans le plus simple appareil au fond d'un ruisseau encaissé dans une gorge abrupte. Le voilà qui s'approche et qui, pour mieux contempler ces chefs-d'œuvre du créateur, rampe sur les branches d'un vieux chêne. Il se montre si audacieux qu'il finit par tomber et que les créatures effrayées appellent au secours des bergers se tenant à portée qui rossent le pauvre inconnu d'importance et l'abandonnent sur place désarticulé. Les gens de sa suite finissent par retrouver leur éminence après l'avoir perdue toute une nuit. Ils la ramènent au village à demi inconsciente et c'est sur le passage de ce piteux cortège que la providence place Pantaleo.

La guérison de Fuselli en deux semaines est considérée à juste titre comme l'un des plus étonnants prodiges de l'art du pauvre minime. Le cardinal, qui lui devait d'avoir recouvré si promptement sa santé et d'avoir pu béatifier dignement la mère Gabrielle, n'eut de cesse que le général des bonshommes lui abandonne ce prodige.

La chose fut conclue et le jour de Noël 1700 Pantaleo entrait dans Rome, ce premier théâtre de l'univers, par la porte Saint-Sébastien.

Il était pieds nus, son chaudron sur la tête, environné certes d'un moins brillant équipage que celui qui, neuf siècles jour pour jour auparavant, avait conduit Charlemagne en même lieu mais aussi pénétré de l'efficience de ses prodiges que pouvait l'être l'empereur à la barbe fleurie.

Le cardinal Fuselli l'installa d'abord au rez-de-chaussée de son palais qui donnait rue des Boutiques Obscures, à deux pas du théâtre de Marcellus. Là, Pantaleo amusa longtemps les palefreniers et les cuisiniers de ses ragoûts d'herbes qu'il faisait avec son chaudron dans la cour. Il logeait dans un recoin de la sellerie qu'il empuantissait de fromages qui, selon la coutume de son pays, devaient suer longtemps avant d'être déclarés comestibles.

Les premiers prodiges de Pantaleo, frais et nouveau pondu dans la Ville Éternelle, furent modestes. Il répara les bras des voituriers et des cochers de Rome, soigna de-ci, de-là, quelques mégères du Transtevere qui s'étaient ébouillantées en préparant la pasta, ne se fit remarquer que par sa dévotion. Il rasait les murs mais il était au premier rang au rosaire, étendu de tout son long sur le marbre des autels, ses mollets blancs à l'air, criant de sa voix rauque des « *In excelsis* » qui faisaient frémir l'assistance. L'attachement qu'avait marqué le cardinal Fuselli, dans son extraordinaire voyage des Pouilles, pour le pauvre minime, se marqua dans les débuts fort discrètement. Le dimanche, après l'office qu'il célébrait dans la chapelle de son palais, ce fameux prélat appelait Pantaleo et l'entretenait jusqu'à tard dans l'après-midi. Cette privance si extraordinaire de la part d'un homme qui était accoutumé à parler tous les jours au pape et à ne donner ses ordres qu'à des évêques, à s'entourer d'artistes et d'esprits rares, commença de faire jaser... Les gens de la rue des Boutiques Obscures, puis ceux des quartiers hébraïques et du campo dei Fiori, bientôt Rome dans son entier, commencèrent de regarder le pauvre chevrier d'un autre œil. Lui-même, qui n'était pas sans observer le changement des figures en sa présence, se risqua à marcher au milieu des rues, à passer le premier par les portes sans s'attarder aux politesses, à répondre aux saluts du peuple par des bénédictions et non plus par des courbettes.

Beaucoup auraient donné cher pour savoir ce que le cardinal et le pauvre quêteur se disaient dans leurs tête-à-tête. Quelques moindres prélats, des jésuites et des dominicains qui se croyaient menacés, s'inquiétèrent et tentèrent de corrompre les valets du palais pour en savoir plus. Las! les portes matelassées de lourdes tentures étouffaient les chuchotements et Pantaleo, lorsqu'il ressortait par le vestibule où se tenaient les huissiers et les gardes, se parait d'un masque impénétrable.

Les premières indications sur la nature des entretiens des deux hommes de Dieu furent livrés aux observateurs les plus attentifs des affaires de la cour pontificale, en juillet 1702, lors d'une courte maladie du pape Clément XI. Ce souverain pontife qui paraissait encore dans toute la force de ses cinquante-trois ans avait été, du temps où il se nommait encore le cardinal Albani, l'un des amis les plus sûrs de Fuselli. Ils avaient entrelacé étrangement leur carrière, tous deux prénommés François et tous deux mis à la tête d'évêchés de peu d'importance qui leur avaient laissé le temps de vivre à Rome et de se pousser dans les antichambres des palais du Quirinal et du Vatican vers le trône de Pierre, ils avaient reçu la barrette ensemble des mains du vieil Alexandre VIII. Lors du conclave qui s'ouvrit au décès d'Innocent XII, ils figuraient au même titre parmi les « papabile ». Et lorsqu'on vit ressortir Jean-François Albani sous le nom de Clément XI, il courut un étrange bruit, l'un de ces bruits jamais tout à fait infondés qui transpirent des rideaux de brocart et de pourpre des corridors de la Sixtine : les deux amis, voyant les votes de leurs confrères s'éparpiller sur trois candidats, eux-mêmes plus un troisième larron, décidèrent de faire front commun pour éliminer l'intrus, l'archevêque de Milan, et de hasarder entre eux le trône de saint Pierre. Dans leur cellule ils firent voler un sequin qui décida pour Albani. Fuselli, dépité mais beau joueur, ressortit pour faire campagne en faveur de son ami qui, dès le lendemain, 24 novembre 1700, devenait le deux cent quarante et unième successeur de l'apôtre. Cette rumeur reçut d'ailleurs un commencement quasi public de confirmation lors de la cérémonie de soumission des cardinaux au nouvel élu. Clément XI se baissa vers Fuselli pour le relever au moment où il allait lui baiser les mules et lui dit suffisamment fort pour être entendu :

– Ton heure viendra!

En juillet 1702, donc, Clément XI s'alita après un malaise dû, à ce qui se murmurait, à la dégustation d'une tourte d'anguilles. Dire l'agitation qui s'empare de la ville des Césars lorsque le pape, maître absolu de la plus grosse partie de l'Italie, dispensateur de tous les postes militaires et civils depuis Bologne jusqu'à Cassino, garde la chambre avec un peu de fièvre, c'est à peu près décrire une fourmilière dans laquelle un malotru vient de donner un coup de pied. Les cardinaux et les prélats, sous prétexte d'affaires urgentes à régler auprès de la Curie, se trouvent tous dans l'obligation de déserter leur diocèse, les gouverneurs des places fortes, les trésoriers, les juges se souviennent brusquement d'avoir quelque cause pressante à faire accélérer dans les bureaux de l'administration, le peuple même s'agite, les marchands de cierges, les fabricants de lampions et de banderoles, les tailleurs, les tapissiers, les limonadiers, montent au Quirinal et se plantent sous la chambre du souverain pontife, le regard fixé sur la luciole posée sur l'appui de la fenêtre qui témoigne de son souffle de vie.

Le cardinal Fuselli fut l'un des premiers à être admis dans la chambre du pape et, au témoignage d'un secrétaire qui se trouvait là, les deux amis eurent ce curieux dialogue :

– Regarde, François, ton heure est venue.

– Non, François, je sais que ce n'est pas mon heure.

– En es-tu sûr ?

– Oui, Pantaleo me l'a dit.

Et de fait, le dimanche suivant, Clément XI se fit porter sur la sedia du Quirinal à Saint-Jean-de-Latran pour célébrer sa guérison. Il n'est pas exagéré de dire qu'après cela Pantaleo devint ce qu'en France, depuis le père Joseph, on nommait une éminence grise. Il était évident pour tous qu'il avait reçu du ciel le don de démêler les voies de Dieu et de lire dans l'avenir. Il gardait là-dessus, lorsqu'on se risquait à le questionner, un silence que tous les Romains s'accordaient à trouver éloquent. Après ce nouveau prodige, sa vie se modifia un peu plus. Il s'installa au premier étage du palais de son protecteur, à dix pas de lui, dans un petit appartement tendu d'ottoman violine dont les murs disparaissaient sous une profusion de tableaux édifiants d'excellente facture à cadres d'ébène et d'écaille. Son chaudron, posé sur une commode-tombeau pourvue d'encoignures dorées magnifiques, continua de témoigner de son ancienne condition et de sa modestie. Ce fut vers ces temps-là aussi qu'il adopta l'habit de drap de Londres avec un collet de fine batiste et une perruque courte à trois marteaux qui faisait le tour complet de sa grosse tête tout comme une triple gouttière.

Un an après ce premier prodige Pantaleo bouleversa à nouveau Rome. C'était en août 1703. Clément XI, qui aimait les pastèques, en mangea à Tivoli une telle quantité qu'il se sentit incommodé. Étaient-elles vertes ? Étaient-elles empoisonnées comme l'évêque de Velletri se risqua à le murmurer ? Toujours est-il que le souverain pontife fut ramené en litière au Quirinal avec des fièvres et des flatulences qui le firent gémir tout au long du chemin. Dans son palais l'attendait Fuselli, l'œil écarquillé comme jamais avant, ne pouvant dissimuler un air de jubilation.

Comme la litière surmontée de la tiare atteignait le vestibule, Clément XI reconnut son ami.

– Ton heure est venue, râla-t-il.

– Oui, mon pauvre François, répondit le cardinal, en serrant la main du pape qui se mit à frémir dans la sienne, Pantaleo me l'a dit.

Le soir même Fuselli trépassait d'une apoplexie causée par la fébrilité de se voir bientôt pape et Clément XI ressuscitait dans le ravissement.

Le pape aussitôt voulut voir ce moine et, comme en avait usé son ancien protecteur jusque-là envers lui, il voulut le voir seul dans son oratoire.

– Pantaleo tu l'avais deviné, l'heure de ce pauvre Fuselli était proche.

Le Calabrais baissa la tête avec modestie.

– Pantaleo, reprit le successeur de Pierre, je désire t'attacher à mon service. Tu demeureras dans ce palais pour me prévenir des malheurs qui pourraient fondre sur moi et sur mon troupeau.

Pantaleo se signa et baisa la mule brodée du pape. Lorsqu'il reparut dans le vestibule des appartements pontificaux, en haut de la Scala Regia, il bombait le torse. Le capitaine des gardes suisses, pressentant sans doute quel personnage il allait faire, ordonna qu'on lui rende les honneurs réservés aux chefs de congrégations et aux évêques, et une haie de hallebardes damasquinées, frangées de houppes d'or, s'inclina au passage de l'ancien chevrier.

Pantaleo reçut au Vatican un appartement qui donnait sur la cour Saint-Damase avec l'usage de tous les services du Saint-Siège à l'instar d'un prince de l'Église. Son antichambre ne désemplissait pas et son jeune secrétaire, Onofrio, un neveu qu'il avait fait venir des Pouilles, devint vite le cerbère le plus redouté de la Rome du temps.

Pantaleo fut dès lors un personnage devant qui tous tremblaient et, chose inimaginable quelques mois auparavant, le général des Minimes, autrefois si inaccessible pour le frère quêteur du prieuré Martina Franca, devait attendre huit jours pour que ce plus modeste de tous ses fils lui donnât audience. Le lecteur se demandera à bon droit de quoi ces familiers du pape, savants lecteurs de Pétrarque, latinistes irréprochables, amateurs éclairés et volontiers mécènes, pouvaient entretenir l'ancien chevrier. L'homme c'était vrai n'avait pas de conversation. Il répondait par des grognements et des monosyllabes aux discours louangeurs et fleuris. De la langue de Cicéron il ne savait à peu près que les litanies des saints et il ne fallait pas chercher chez lui la plus petite bonne manière. Tout au long du jour il faisait entendre des bruits bizarres, se contentant de souligner lorsque le bruit venait d'en haut :

– La sanita del cuorpo, Monsignore!

Et lorsqu'il venait du bas :

– La sanita del culo...

Mais voilà Pantaleo avait l'oreille du pape et Pantaleo savait lire dans l'avenir. On buvait ses rares mots comme autrefois les oracles de la Sibylle de Cumes et même ses pets étaient interprétés comme des musiques du ciel.

Lorsque Clément XI voulait nommer un cardinal il l'envoyait d'abord à Pantaleo qui le faisait tourner dans son vestibule comme un conscrit ou, mieux, comme un valet dont on souhaite s'attacher les services. Le Calabrais, après cela, recommandait la nomination ou l'éviction de l'impétrant par des considérations telles que :

– C'est un lapin... Il pue du bec... Il jouera le denier de saint Pierre au tripot... A condition qu'il renonce aux garces.

Un seul homme à la cour pontificale riait de tout cela, c'était le cardinal Buonfiglio. Il y avait de l'Arétin chez ce prélat d'apparence paisible qui menait la « vita grassa » et lisait Malebranche, en prisant, dans son cabinet encombré de fioles de vin et de liqueurs. Aussi gros que Savonarole était maigre, le bonhomme était épris d'idées nouvelles : dans la querelle des rites chinois qui commençait d'opposer la partie la plus en proue de l'ordre de Jésus à la curie conservatrice, il prenait fait et cause pour les disciples de saint Ignace ; en revanche, dans la querelle quenelliste, il condamnait sans appel les jésuites français. Il était en gros favorable aux particularismes de l'Église, ennemi de l'absolutisme des pontifes romains et très en pointe contre les théologiens à la solde de Rome qui tentaient d'accréditer l'idée de l'infaillibilité dogmatique des papes. Ajoutez à cela que, comme le deviendront après lui nombre d'ecclésiastiques séculiers, il était très méfiant à l'égard des moines. Aussi, que l'un d'entre eux, l'un des plus crasseux et des plus frustes, menace de s'emparer de l'esprit du saint-père, le remplissait à la fois d'étonnement et de scandale.

De tempérament augustinien – c'est-à-dire adhérant à l'idée que la toute-puissance divine était telle qu'elle prédestinait d'avance les hommes, quoi qu'ils fassent en ce bas monde, à être sauvés ou à ne pas l'être – il s'était à cause de cela senti proche de Bossuet avec qui depuis longtemps il entretenait une correspondance. Le pessimisme des partisans de saint Augustin a été souvent exagéré. Le cardinal Buonfiglio et Bossuet aimaient le vin plus que Fénelon qui faisait pourtant partie des optimistes doctrinaires. Pour Bossuet et Buonfiglio, il existait deux articles de foi. Le premier, terrible, incontournable, sans appel, était celui de la volonté du Très-Haut, maître à sa guise de bien faire mais aussi de mal faire en écartant les gens qui le méritaient de son paradis. Le second article se voulait celui de l'espérance. Il supposait – dès lors qu'on s'en serait remis du fond du cœur à la mansuétude du créateur – que tout, partout, toujours, parce que Dieu n'est qu'amour, se passerait au mieux. On boit d'un cœur plus léger lorsqu'on croit de cette façon, avec abandon et confiance.

Bossuet, le placide, Bossuet « le bœuf attaché à la charrue », n'avait pas l'âme inquiète et ses lettres au cardinal Buonfiglio témoignaient de sa tranquillité. Il était accoutumé à s'ouvrir à ce dernier de toutes sortes d'affaires, à le consulter, lui livrer l'état de la cour de France, obtenir en échange des nouvelles de celle de Rome.

Aussi, lorsque Buonfiglio reçut, au début de décembre 1703, une lettre inhabituellement grave de l'évêque de Meaux lui exposant en latin le cas qui tourmentait les Thésut, le tout enveloppé dans une sorte de parabole qui décrivait au net les périls assiégeant le trône des lys, il pensa tenir là un sujet digne d'éprouver le nouveau favori du pape.

Il demanda audience à l'ancien chevrier et fut reçu sur l'heure. Buonfiglio était à peu près le seul prélat d'importance qui ne soit pas encore venu lui faire sa cour et Pantaleo s'en était inquiété.

Le cardinal fit au moine une parabole encore plus vaste qui empruntait un peu de la féerie des contes de Mille et une nuits. Il lui parla d'un roi très puissant dont le royaume n'était pas si loin qu'on pouvait le penser, de ses droits devenus incertains, de la présence d'un héritier plus légitime et des risques de guerre civile qui naîtraient du rétablissement normal des lois de l'hérédité.

Pantaleo se gratta la tête, fit le tour de son bureau, alla et revint à la haute fenêtre d'où se découvraient les chambres de Raphaël, puis, se plantant devant le cardinal, il dit :

– Dieu souhaite la paix et la justice. Que l'héritier légitime patiente et espère, ses descendants seront rétablis dans leur bon droit.

Et se rasseyant devant le cardinal, les yeux révulsés, il ajouta cette curieuse précision :

– Dieu me prie de vous dire qu'il demande réflexion sur cette affaire mais qu'il parlera avant la fin de l'année.

Le cardinal repartit, riant sous cape, n'ayant rien trouvé dans le galimatias du moine qui puisse l'éclairer. Rentré dans son palais, il prit sa plus belle plume et écrivit à Bossuet :

Rome le 17 décembre 1703.

« Bien-aimé confrère,

Je vous ai parlé de Pantaleo qui tient à présent près du saint-père le rôle qu'en d'autres cours tiennent les bouffons. Tout le monde fait grand cas de ses avis. J'ai pris la liberté de lui exposer le cas dont vous m'avez parlé et j'ai noté scrupuleusement au bas de cette lettre ce qu'il me répond. Nous sommes trop épris de raison l'un et l'autre pour nous arrêter à ces fadaises aussi ne vous livrai-je cela que comme une curiosité. Mon étonnement de voir le chef de l'Église s'entourer de pareilles gens augmente tous les jours. Est-ce le glas de l'ancienne religion ? Sommes-nous revenus dans la Rome de Marc-Aurèle, lorsque fleurissaient les devineresses et les sorciers ? Devenons-nous trop rationnels pour goûter ce qu'il y a de merveilleux dans la révélation du Christ ? J'avoue que parfois j'hésite sur le chemin à prendre tant il est plus agréable de braire au milieu du troupeau que d'avoir raison seul.

Vous me mandez que vos infirmités sont grandes, que cet hiver froid a été pour vous pénible. Que n'êtes-vous ici, au soleil de Rome ? Nous deviserions tranquillement dans les jardins de mon casino, sous les pins centenaires, en écoutant le murmure des fontaines. L'air qui roule l'odeur des tilleuls et des buis – ils ne sont jamais aussi entêtants qu'à Rome – vous serait bienfaisant.

Mais à quoi bon nous bercer d'illusion ? Ce n'est pas à nos âges que nous voyagerons, nous sommes condamnés à nous écrire sans jamais nous voir mais, nous qui vivons par l'esprit, sommes capables d'assumer ce déplaisir.

Votre bon ami. »

Cette lettre parvint à Paris, par les caprices de la poste, un mois plus tard, le dernier jour de janvier de 1704 et ce fut madame de Mauléon qui en fit la lecture au bon évêque, le matin même du jour où il devait quitter Paris, pour ce qui devait être son dernier voyage hors de la capitale : trois jours de repos à Issy.

C'étaient ses adieux que Bossuet allait faire au grand séminaire et à la maison de ses amis sulpiciens. Les conférences spirituelles qu'il ne pouvait plus animer lui-même, chez lui, à Meaux, il en entendait l'écho affaibli dans ce lieu sur lequel il avait autrefois régné avec superbe et où il avait terrassé Fénelon au cours de conférences restées mémorables.

Montant la côte qui, depuis la Seine, enveloppait cette colline sacrée, l'aigle de Meaux n'imaginait certes pas qu'à huit semaines de la tombe, il allait se trouver au centre d'un ultime séisme.

La maison de campagne du grand séminaire de Saint-Sulpice s'était installée tout en haut de la colline d'Issy, dans la belle résidence qui avait été autrefois celle de Parisiens fortunés. Son vaste parc, séparé de l'habitation principale par une rue, la rue Glaisière, mais qu'on pouvait rejoindre sans sortir au moyen d'un tunnel, était clos de murs et la végétation y prospérait avec luxuriance. Dans le petit clos, l'habitation dont l'entrée se faisait sur la Grand-Rue formait un vaste quadrilatère d'un étage à huit fenêtres surmonté d'un niveau mansardé. La décoration, datant de la fin de la Renaissance, portait la marque du savoir-faire d'artistes exceptionnels : une frise courait tout du long de l'acrotère au-dessus du rez-de-chaussée, un double portique encadrait chacune des deux portes du centre, deux colonnes corinthiennes et un œil de bœuf en imposte faisaient l'ornement de celles de côté. Des pelouses, des broderies de buis, sertissant à la belle saison des parterres colorés, glissaient depuis le perron aux marches infiltrées de lierre jusqu'au mur bordant la rue Glaisière. A droite de la maison se trouvait un potager féerique où, entre des murets d'ifs moulés à ras de terre à l'instar de rebords ventrus d'une pièce d'eau, prospéraient des légumes répartis pour le plaisir des yeux en figures rassemblées elles-mêmes en carrés que séparaient des allées bien ratissées et couvertes d'arceaux de roses. Tout cela aboutissait à un curieux petit casino dont le sous-sol comportait une salle rocaille au décor de stuc, de cailloux, de verre et de coquillages.

Tous ces aménagements touchant à la perfection portaient une marque princière et c'était vrai qu'Issy, après être passé entre les mains de plusieurs financiers et changeurs d'or, avait échu en 1606 à Marguerite de Valois, la reine Margot, désireuse, dans sa vieillesse, de fuir l'été les miasmes de Paris. L'embellissant sans cesse, jusqu'à sa mort survenue en 1615, elle avait fait d'Issy sa résidence favorite hors les murs. Son souvenir palpitait encore sous ces ombrages ainsi que celui d'Henri IV, son ancien mari devenu son meilleur compère, et celui de toute sa petite cour : poètes, tels Daniel Perrier et Michel Bouteroue, l'auteur du poème *Le Petit Olympe d'Issy*, courtisans tels Gondi et Nogaret, futur saint enfin, tel le jeune Vincent de Paul, qui fut en ces lieux l'aumônier et le confident de Margot. C'est sous ces ombrages que ce prêtre de l'âge d'or allait apprendre le latin au second fils de Gondi destiné à devenir ce si peu croyant mais si talentueux cardinal de Retz. Bouteroue a chanté ce couple touchant :

« *Avez-vous vu souvent sur ce banc vers midi*
*Suer Vincent de Paul à façonner Gondi ?* »

Louis XIII, l'héritier de Margot, s'était défait sans la connaître de cette demeure entre les mains d'un sieur Sarrus dont la veuve allait en 1640 s'en séparer à son tour en faveur de l'abbé de Sève avec qui commence le destin religieux d'Issy. Antoine de Sève, abbé de Notre-Dame-de-l'Isle-en-Barrois, prieur d'Ulnoy et de Chamdieu, est l'ami de Jean-Jacques Ollier qui allait devenir curé de Saint-Sulpice le 15 octobre 1642, appelant le même jour, près de sa nouvelle paroisse, le séminaire qu'il avait fondé deux ans auparavant à Vaugirard. De Sève est également l'oncle de Louis Tronson qui passa à Issy presque toute son enfance à s'instruire et à méditer près de son parent et qui sera le troisième supérieur de la congrégation de Saint-Sulpice. C'est à Issy, du vivant de l'abbé de Sève, que les membres de cette congrégation, dont le but n'était pas seulement de former des prêtres mais aussi de perfectionner ceux déjà revêtus de l'ordination, prirent l'habitude de venir en vacances. C'est aussi à Issy que Jean-Jacques Ollier fit aboutir ce projet si sulpicien de séminaire intérieur ou solitude, c'est-à-dire de lieu où quelques membres d'élite de sa compagnie venaient mener pendant quelque temps une vie de perfection et d'isolement.

En 1703, Issy répondait à ces deux fonctions. Il était maison de vacances pour les séminaristes qui y venaient aux dates prescrites en ce temps-là pour les repos universitaires ou parlementaires par référence aux dates de récoltes : du 30 août, jour de la fête du sacerdoce de Notre-Seigneur, au 18 octobre, fête de la Vie Intérieure de la Très Sainte Vierge. Il était maison de solitude pour quelques congréganistes auprès desquels des membres illustres du clergé ne dédaignaient pas de venir prendre le pouls de la sainteté. La fondation s'était enrichie en 1685, dans le grand parc, de la chapelle Notre-Dame-de-Lorette où les solitaires venaient en pèlerinage chaque jour et où les vacanciers se rassemblaient, le soir, pour le chapelet et le Salut. Lorette était le lieu où Jean-Jacques Ollier, jeune abbé mondain en voyage en Italie, avait reçu la grâce de la conversion. C'était, depuis ce temps, le lieu sacré des sulpiciens.

Bossuet et Fénelon avaient fréquenté Issy sous Bretonvilliers et sous Tronson, dès avant leurs fameuses conférences destinées à vider la querelle quiétiste qui devaient se tenir là, en grande partie dans la salle rocaille du petit casino du potager, de juillet 1694 à mars 1695. Le différend, on le sait, avait été vidé par la soumission de Fénelon aux fameux trente-quatre articles d'Issy. L'archevêque de Cambrai, abandonné de ses amis sulpiciens, avait sous ses ombrages vu le lieu de son naufrage : l'exil et sa condamnation par Rome devaient en découler. Bossuet, lui, y avait bu le miel de son dernier triomphe et, paradoxalement, avait continué de s'y rendre dès qu'il éprouvait le besoin de raffermir sa modestie. Ces visites s'étaient poursuivies après 1700 que monsieur Tronson était mort, à l'invitation de son successeur, monsieur Lechassier.

Dans cette deuxième semaine de février 1704 Issy était déserté par sa jeunesse, peuplé seulement des allées et venues de sept solitaires qui se rendaient à l'aube pour prier ensemble dans la chapelle Saint-Sauveur et qui, l'après-midi, gagnaient par des chemins différents Notre-Dame-de-Lorette. L'hiver régnait dans le jardin et, de la fenêtre de son petit appartement composé d'une chambre et d'un salon qui avait été autrefois celui de Vincent de Paul, monsieur de Meaux pouvait voir le bassin se couvrir d'une pellicule de glace qui pressait la dépouille noircie de quelques nénuphars.

Il n'y avait pas quatre heures que Bossuet était parvenu à Issy lorsque ses vieux amis, les Thésut, se firent annoncer après avoir attendu fort docilement en parcourant le parc ravagé par la froidure qu'il ait terminé sa sieste.

– Hippolyte, Théophile, murmura l'évêque en se levant pour accueillir ses vieux amis, Bourguignons comme lui.

– Bénigne, comment vous sentez-vous ? s'inquiéta l'abbé.

– Mal ! sourit l'évêque de Meaux, il n'y aura bientôt plus d'huile à la lampe... Il faut s'y résigner, j'ai fait mon temps.

– Nous en sommes tous là, intervint le chevalier.

– Non vous, vous trottinez encore, vous vous rendez utiles.

– De moins en moins, pesta le chevalier... Depuis deux mois nous ne sortons pas de la même affaire...

– La fameuse affaire ? s'enquit Bossuet, celle dont l'abbé m'entretient si souvent.

– Tout justement et je viens de nouveau, aujourd'hui, vous supplier de m'aider.

– Vraiment, à quoi pourrais-je être bon encore ?

Le chevalier se lança d'un trait.

– Notre maître, le duc d'Orléans, souhaite rencontrer votre ancien pupille, le dauphin, en votre présence, ici même.

– Monseigneur [1] et le duc d'Orléans avec moi entre eux deux, s'exclama l'évêque de Meaux, voilà un projet qui sent votre patte.

– L'heure est grave, renchérit l'aîné des Thésut, nous parlons à présent des moyens de sauver le trône des lys et de préserver les

1. Monseigneur, sans autre précision, titre que l'on réserve au dauphin.

droits de la légitimité... Il faut prendre garde, tous les membres de la famille royale et spécialement les Vendôme ne sont pas aussi bien disposés que nous. Nous pouvons établir à présent que le duc de Beaufort est mort à la Bastille le 19 novembre de l'an passé, nous savons où son corps a reposé pendant un mois et surtout nous sommes en possession d'un document de la main d'Anne d'Autriche, une sorte de confession qui ne laisse rien dans l'ombre.

– En somme, vous gagnez sur toute la ligne.

– Finalement oui, convint l'aîné des Thésut sans pouvoir se retenir de laisser percer un peu de fatuité.

Bossuet secoua sa grosse tête blanche :

– Au point où en sont les choses, je serais vraiment fort mauvais chrétien si je ne vous aidais pas.

– Alors vous prierez le dauphin qu'il vienne demain soir ? exulta le chevalier.

– C'est un peu court mais je suppose que vous avez prévu tous les moyens de le joindre et alerté vos relais dans Meudon pour qu'ils se tiennent prêts...

– L'enfance de l'art, avoua l'abbé du ton le plus modeste du monde.

Bossuet, après avoir manifesté d'un coup d'œil pétillant qu'il goûtait la prévoyance de ses amis, poursuivit plus gravement :

– Mais je tiens à ce que Monseigneur sache d'avance de quoi je l'entretiendrai. Je ne l'ai pas vu depuis l'été et je ne veux pas qu'il reste sur l'impression que cette visite – la dernière assurément qu'il me rendra – est un traquenard.

– Fort bien, reprit le chevalier, je ne concevais d'ailleurs pas la chose autrement. Le dauphin, gageons-le, ne viendra pas ici sans avoir avisé le roi, son père.

– Et vous me laisserez mener cela seul ? reprit Bossuet.

– Nous nous en remettons à votre modération... Vous vous trouverez entre l'héritier du trône dont vous avez façonné le caractère, qui est à ce qu'il paraît paisible et magnanime, et notre maître, le meilleur homme du monde.

– Ne craignez-vous pas que leur conversation reste bien formelle car le dauphin n'aura pas le pouvoir de trancher ?

– Nous voulons que le roi nous entende et nous n'avons pas d'autre moyen de l'atteindre... C'est vrai que c'est de lui seul que nous attendons tout, lui qui, après cette conférence, ne manquera pas de vous demander votre avis...

– Il est beaucoup plus probable que ce sera le père de La Chaise, confesseur en titre, qui sera consulté.

– Le roi donne à la conscience mais il donne aussi à la politique et la tête politique du roi, monseigneur, c'est vous.

L'évêque de Meaux s'empara de la main de ses amis :

– J'ai promis de vous aider... Nous en verrons les suites mais j'ai peur que vous ne vous mépreniez sur ma véritable influence... Il n'est vraiment qu'une personne pour nous aider à cette heure.

– Qui ? s'enquit innocemment l'abbé de Thésut.

– Vous osez le demander ! répliqua l'évêque de Meaux d'un ton de reproche qu'il avait outré par taquinerie.

Il éleva les yeux au ciel :

– Mais Lui, cher ami, c'est Lui seul en qui nous devons mettre notre confiance.

Les Thésut partis, Bossuet soupa seul dans sa chambre selon le menu ordinaire des solitaires : un bouillon de navet, des œufs cuits au vin, du fromage de Brie.

Ensuite, il attendit, en reprenant l'évangile de Jean, que les bruits de la maison cessent l'un après l'autre : le bourdonnement des prières dites dans le parloir, le tintamarre des cuisines, le jappement du chien du portier qui faisait sa tournée pour fermer les portes de l'enclos. Lorsque tout fut apaisé, un bougeoir à la main, sa houppelande sur l'épaule, sa huque de fourrure vissée jusqu'aux yeux, monsieur de Meaux, prenant garde qu'on ne l'entendît pas, descendit dans la chapelle.

Là, s'étant signé et ayant jeté un regard au grand christ d'ivoire qui ornait le centre du tabernacle, il s'allongea de tout son long sur le carreau. Cela représentait pour lui un effort extraordinaire. Il gémit plusieurs fois et haleta sourdement lorsqu'il posa le second genou à terre, les deux mains calées sur le pommeau de sa canne. Ses avant-bras trop faibles pour le porter cédèrent d'un coup et il tomba lourdement, la face contre le sol.

A demi étourdi, il ressaisit toutes ses forces pour redresser sa tête et regardant la croix, s'exprimant à haute voix aussi distinctement qu'il pouvait, il adressa à Dieu cette prière :

– Du bord de la tombe, Seigneur, je crie vers toi. Exauce cette prière qui sera la dernière. Épargne le trône des lys qui s'est toujours montré juste envers ton Église, sauve ta fille aînée la France, secours le roi et son neveu de tes lumières et si, contrairement à ma créance sur ton inépuisable mansuétude, il te fallait une victime, prends-moi, Seigneur, prive-moi du salut éternel... Je t'offre la seule chose qu'un pécheur misérable puisse mettre en balance au moment où il affronte ton regard. Amen.

Bossuet, après avoir ainsi prié le Seigneur, remonta attendre avec confiance dans sa chambre que les événements se fassent à sa main.

La première visite qu'il reçut le lendemain, au milieu de la matinée, fut celle de l'abbé Bossuet, son neveu, accouru de Paris pour lui remettre un pli du cardinal Buonfiglio arrivé par la valise du cardinal de Janson qui représentait le roi auprès de Clément XI à Rome. Voici quel en était le texte :

Le 1er janvier 1704,

« Cher ami,

Il est à Rome toutes sortes de gens et vous savez par ce que je vous ai écrit là-dessus à ce jour que ce n'est pas parce que cette ville est honorée de la présence du Saint-Père ni parce qu'elle regorge de prêtres qu'elle peut se vanter d'être sainte. C'est plutôt tout le contraire. On trouve ici des tireurs d'horoscope mitrés, des sorciers de magie noire qui roulent carrosse à rideau de pourpre, des misérables dont la malignité du temps a fait des princes de l'Église ou des docteurs qui n'auraient jamais dû recevoir leurs titres ailleurs qu'à la comédie. Fra Pantaleone, je vous l'ai dit, est l'un de ces sacripants et l'un des plus fameux du moment. Sa vie est un tissu de méfaits, de confusion, de trahisons qui rendent peu crédible ce qu'il peut nous prédire et annoncer. Je l'ai sondé, vous le savez, sur la grave question qui vous préoccupe aujourd'hui. C'était à la fois par jeu et, j'ose vous le dire, à vous qui n'êtes pas la dupe des petitesses, pour faire la cour au pape qui en est tout à fait coiffé. De la belle réponse qu'il m'avait faite et que je vous ai fidèlement rapportée, je n'avais fait que rire et je ne vous l'avais retransmise que comme une bouffonnerie de plus, digne au fond du reste du personnage. Or, voici que quelques jours plus tard, au dernier jour de 1703, ce drôle est reparu chez moi, comme il l'avait promis, pour me livrer la suite du boniment.

J'ai longtemps hésité à vous écrire là-dessus, ne sachant si je pouvais vous avouer mon trouble sans que vous vous moquiez de moi. Un charlatan avéré, outre qu'il n'insiste généralement jamais pour faire un second volume de ses prédictions, se garde toujours des échéances trop précises. Or voici que Pantaleo nous abreuve de dates que je vous laisse le soin d'interpréter.

Je vous répète intégralement ce qu'il m'a dit du ton le plus calme du monde :

“ Au prince dépouillé qui sera le maître de tout du jour de la mort du roi jusqu'à celui de sa propre mort.

Aujourd'hui, à douze lustres du temps où ton père fut dépouillé, il faudra compter dix-huit lustres pour que Philippe, ton descendant, défasse Louis, descendant du roi, trente-six lustres pour voir Henri, le dernier en France de la lignée du roi, disparaître. A soixante-douze lustres de l'injustice faite à ton père, Jean, ton descendant, resplendira au firmament des rois.

A six lustres du début du prochain siècle, Dieu tendra la main à Louis-Philippe, prince de ta lignée mais à vingt-neuf lustres d'ici ses fautes le perdront et, depuis cette perte, il faudra attendre encore trente et un lustres, à soixante lustres, d'ici, pour que l'Europe s'unisse sous le sceptre de Jean. "

Voici tout le message, mon ami, tirez-en ce que vous pouvez. Pour moi, hormis que votre prince, malgré les apparences du moment, n'aura à se plaindre du sort, ni pour lui ni pour sa descendance, je n'y comprends décidément pas grand-chose.

Votre bon ami, cardinal Buonfiglio. »

L'évêque de Meaux, qui venait d'accomplir un réel effort pour déchiffrer la lettre du prélat, la reposa sur ses genoux et se mit à mordiller l'une des branches de ses lunettes.

– Tel que je vous connais, je suis certain que vous vous êtes déjà essayé à me faire le décompte de tout cela, lança-t-il à son neveu.

– Oui!... Si le temps où le prince fut dépouillé est bien l'avènement de Louis XIV en 1643, il n'est pas douteux puisque la prédiction de Pantaleone date du dernier jour de 1703 que douze lustres se soient écoulés depuis. Mais il n'y a que cela de sûr. Tout le reste est digne de la pythonisse... Dix-huit lustres d'ici pour qu'un descendant du prince défasse l'un des successeurs du roi cela fait 1793 [1], trente-six lustres d'ici pour voir disparaître le dernier des héritiers de Louis XIV en France cela fait 1883 [2]. Soixante-douze lustres de spoliation des héritiers légitimes cela donne l'an 2003. La chance donnée à la lignée du prince, à six lustres du début du prochain siècle, le serait en 1830 [3]. Cette même chance reprise à vingt-neuf lustres d'ici le serait en 1848 [4]. Enfin trente et un lustres depuis la perte de cette chance ou soixante lustres d'ici, cela donne encore et toujours 2003 [5],

1. Mort de Louis XVI condamné par « la » voix de Philippe-Égalité, descendant du duc d'Orléans.
2. Mort du comte de Chambord, dernier des Bourbons de France.
3. Avènement de Louis-Philippe, descendant direct du duc d'Orléans qui prend la place des Bourbons.
4. Chute de ce même Louis-Philippe.
5. Qui vivra verra.

date à laquelle serait promise aux héritiers de notre prince une royauté sur l'Europe...

– Trois siècles, sourit imperceptiblement Bossuet, voilà qui est bien long et je doute que le duc d'Orléans attende jusque-là... Ce qui est plus palpable, c'est qu'on nous assure là-dedans que ce prince aura le pouvoir pour le restant de sa vie dès le jour de la mort du roi... Qu'il passerait donc par-dessus les quatre descendants mâles de Louis XIV en capacité de régner aujourd'hui. Incroyable! incroyable! mais rangeons ce papier, il me brûle les doigts. Qu'il se sanctifie un peu près de ma croix pectorale.

Et parlant ainsi, toujours avec cette manière de plaisanter qui lui était coutumière, l'évêque de Meaux fourra la lettre du cardinal Buonfiglio dans l'une des poches de devant de sa soutane de soie moirée.

L'abbé Bossuet se tenait debout, éberlué.

– Il n'y a pas un mot de vrai là-dedans, estima-t-il.

– Qui sait? lui répliqua imprévisiblement le vieux prélat.

– Enfin, mon oncle, vous ne m'aviez pas habitué à croire aux sortilèges et aux fées...

– Les paraboles de notre Seigneur Jésus sont souvent des contes de fée. Elles ont la vertu pédagogique et c'est cela qui compte.

– Certes, certes, coupa l'abbé surpris, ce n'est pourtant pas l'esprit de notre boutique...

– En vieillissant l'on devient crédule comme un enfant et l'on cède aux amusettes.

– Vous mon oncle! vous qui hier encore me dictiez ces phrases implacables pour réfuter Richard Simon.

– Ça! c'est l'aspect rébarbatif de mon personnage, il faut bien après tout que dans l'ordre livresque je sois jusqu'au bout cohérent mais, pour ce qui m'est plus intime, qu'on me laisse souffler et badiner un peu.

– Vous pensez faire état de cette prédiction auprès du duc d'Orléans.

– Tout à fait, dit Bossuet, il n'oserait pas me rire au nez.

– Mais nommerez-vous l'auteur dont vous disiez vous-même qu'il était si peu recommandable?...

– Dieu a pétri Adam de la glaise, a sanctifié Job sur son fumier, que ne ferait-il aujourd'hui surgir l'avenir d'un cloaque ou d'une bouche immonde?... Voulez-vous que je vous dise, mon cher neveu, notre Dieu à nous est beaucoup trop « Louisquatorzien »... Je vous le dis d'autant plus volontiers que je m'en sens un peu responsable. Nous l'avons fait pareil à l'allégorie du soleil dont le roi tenait le rôle dans les ballets de cour lorsqu'il avait vingt ans, son visage est un marbre grec, ses atours sont de soie et de brocart et, s'il choisissait ses bas chez Perdrigeon [1], nous le trouverions encore plus parfait... Mais n'oublions-nous pas un peu trop que Dieu a créé le sordide, la misère, le vice...

– Oh là! mon oncle, s'effraya l'abbé Bossuet.

– Il pouvait se le permettre, mon neveu, reprit l'évêque en élevant les deux bras comme pour accueillir la colombe céleste, puisqu'en même temps il s'est arrogé le pouvoir de relever et de pardonner.

Un jeune séminariste que monsieur Lechassier, le supérieur de Saint-Sulpice, mettait à la disposition de monsieur de Meaux lorsqu'il était en visite à Issy, entrebâilla la porte pour annoncer :

– Votre médecin, Monseigneur.

Bossuet se prit à rire :

– Oh là! mon médecin, celui qui m'a mis en sursis à Versailles l'été dernier, il est sans doute à l'heure qu'il est chez le grand Mogol [2].

– Ce monsieur m'assure qu'il vous soigne habituellement, bredouilla le futur prêtre impressionné de se trouver en présence de l'oracle de la cour.

– Faites entrer cet homme, puisqu'il a fait le chemin jusqu'ici pour me voir mais ce doit être quelque plaisant...

– Pitton ne saurait être déjà de retour, opina l'abbé Bossuet à peine la porte se fut-elle refermée, ou alors on nous l'aura transformé en cigogne.

– Si c'était lui, dit Bossuet, je me sentirais rassuré : il s'occuperait de nouveau de ma santé. Il ferait les dernières réparations à la machine pour qu'elle puisse entrer dignement dans l'éternité... Ajoutez à cela qu'il me raconterait son voyage.

La porte s'ouvrit à demi et monsieur de Tournefort parut.

Car ce médecin, le seul en qui monsieur de Meaux eût confiance, celui qui l'avait sauvé de l'apoplexie en août 1703 et dont il regrettait amèrement le voyage à Marseille au service de monsieur de Pontchartrain, n'était autre que notre botaniste.

– Mon ami, lui cria Bossuet en lui ouvrant les bras.

Tournefort, que sa traversée de la France au galop avait étrangement requinqué et qui ne marchait plus alors plié en deux comme nous l'avons vu sous la muraille des Infirmeries d'Arenc, baisa la bague épiscopale.

– Monseigneur, dit-il, ma première visite est pour vous.

1. Marchand d'habits à la mode en ce temps à Paris.
2. Grand Mogol ou empereur de Chine dans le langage du temps.

– Je savais qu'il en serait ainsi et que vous me ménageriez jusqu'au bout, autant que les plantes qui sont dans vos serres...

– Comme la plus rare, la plus florissante, s'empressa le botaniste toujours obséquieux.

– Ainsi, Tournefort, s'enquit monsieur de Meaux devenu passagèrement songeur, vous pensez que je refleurirai encore au prochain printemps ?

– Monseigneur ! doutez-vous de ma main verte ?

– Non ce n'est pas de vous que je doute, Tournefort, c'est de moi, de tout ce qui me soutient.

– J'amenderai la terre qui vous porte...

– Le sel, ce même sel qui raidit mes vaisseaux a rendu mon terreau stérile... Mais, trève de balivernes potagères, parlons de vous et de votre voyage. En revenez-vous satisfait au moins ?

– Au-delà de mes espérances, s'exclama le botaniste, les yeux brillantés d'une joie soudaine.

– Nous sommes deux ambitieux, Tournefort.... Pour ce qui me concerne l'âge et les avanies se sont chargés d'éteindre en moi la plus grosse partie de ce vice mais, pour vous qui êtes dans la force de l'âge, il faut avouer que cela prospère.

– Passablement, monseigneur, passablement, convint le chantre des ombellifères en s'efforçant à un air de contrition.

– J'étais comme vous à la même saison de ma vie, c'est pourquoi je serais fort mal venu de vous faire des reproches. Pourtant, voyez-vous, j'aimerais vous laisser un petit legs en partant, vous faire toucher du doigt le plaisir qu'il y a à n'avoir plus d'envie.

– J'en ferai mon profit, s'empressa Tournefort avec un peu d'inquiétude tout de même.

– C'est à ce prix seulement que vous atteindrez au désintéressement qui est la marque des grands savants... J'ai beaucoup pensé à vous toutes ces dernières semaines.

– Monseigneur est trop bon.

– Non, non, protesta Bossuet en s'essayant à dissimuler la sorte de roublardise qui le mettait en joie, j'aimerais tant vous voir récompensé selon votre mérite, considéré, ainsi que vous devez être, comme le premier savant français.

Tournefort frissonnait de plaisir :

– Le moyen, monseigneur ?

– Il est simple. C'est lorsque vous ne vous inquiéterez plus de réussir, lorsque vous n'aurez plus ni machine ni brigue en mouvement, se consumant au détriment de votre science et sapant votre énergie, que tout viendra à vous naturellement et que vous vous sentirez porté comme sur ce long fleuve tranquille dont parle l'Évangile.

– Se peut-il ? balbutia le savant pour qui un horizon sans rivalité ni chausse-trappe paraissait aussi fabuleux que le pays de la lune.

– J'en suis certain, appuya le prélat qui rayonnait de confiance.

– Mais que faut-il faire pour cela, monseigneur ?...

– Le désintéressement, le désintéressement, Tournefort.

– Mais, monseigneur, je vais à pied, j'habite sous les toits, je ne porte que des habits de drap... Que voulez-vous que j'abandonne de plus ?

– Dépouillez-vous de l'orgueil, rendez-vous aussi innocent qu'un enfant et vous serez reconnu comme un génie.

– Mais...

– Votre âme est boursouflée de sentiments communs, Tournefort, vos pensées secrètes ne sont pas dignes de ce que vous êtes.

– Vous lisez dans mon âme ?

– Suffisamment pour vous dire ce que je vous dis... Suffisamment pour vous assurer que je suis seul à détenir les clefs de votre réussite.

Le savant éperdu d'entendre à la fois ce qui l'inquiétait et qui le ravissait, se jeta aux pieds du prélat :

– Confessez-moi, monseigneur !

Bossuet, réprimant l'air triomphant de celui qui vient d'atteindre son but, posa sa main sur l'épaule du botaniste et fit, du coin de l'œil, un signe à son neveu pour qu'il s'éloigne.

La nuit tombait sur le Temple. Le soleil d'hiver, véritable boule de cinabre, déclinait en effrangeant les contours du donjon et de la tour de César sans parvenir à en altérer la blancheur.

A l'ombre de ces môles alourdis par les siècles, dans le gracieux palais de Mansart, le grand prieur et l'abbé de Chaulieu, réfugiés près d'une cheminée tapissée d'une flaque de braises, leurs fauteuils rapprochés, se laissaient circonvenir par l'obscurité.

– Tout ce qui me tenait le plus à cœur, irrémédiablement gâché, ruminait sombrement le cadet des Vendôme.

– Ottavio n'a pas donné de ses nouvelles depuis un mois c'est vrai, reconnaissait l'abbé, mais cela ne veut pas dire qu'il ait perdu la partie.

– Je connais trop son dévouement à notre cause, son audace... Il savait que la mission dont je l'avais chargé m'importait plus que la vie. Non, il lui est arrivé quelque chose. Nous avons sous-estimé l'intérêt que le roi, dans cette affaire, avait d'agir par ses espions, y compris jusqu'à éliminer physiquement ses adversaires.

Chaulieu se risqua à poser la question qui lui brûlait les lèvres :

– Monsieur le grand prieur, puis-je vous demander ce que vous comptiez faire de la cassette du duc de Beaufort si elle était tombée entre vos mains ?

– L'abbé, ce n'était pas la cassette qui m'intéressait, c'était de m'assurer que mon oncle – cet oncle que j'idolâtrais et que j'ai vu, de mes yeux vu, lorsque j'avais quatorze ans, à Candie, faire un trou dans la nuit [1] – était bien le prisonnier qui vient de mourir.

– Quoi ! vous en avez douté ?

– Non, mais je n'en ai jamais eu, pas plus que quiconque, la preuve tangible... Mon frère et moi avons passé notre jeunesse à nous interroger sur la survie de l'amiral. Nous avons, dans ce palais même, mandé plusieurs fois Le Sage et ses amis pour qu'ils nous disent la vérité...

– Le Sage vous a dit plusieurs fois, devant moi, que le duc de Beaufort vivait, qu'il était bien celui qui vient de mourir à la Bastille.

– Oui mais sans nous en fournir aucune preuve.

– Girault ne vous a-t-il pas dit tout justement il y a deux mois que le prisonnier masqué lui avait souri lorsqu'il lui avait murmuré votre nom ?...

– Ah ! l'abbé, c'est ce sourire que j'aurais voulu voir moi-même... Vous ne savez pas ce que j'aurais donné pour être à la place de Girault ce jour-là.

– Ainsi vous n'aviez pas de vue politique ? Vous ne souhaitiez pas vous opposer au roi ?

– Il nous suffisait, au fond, à mon frère et à moi, que l'on nous en impute le projet. Nous sommes des fanfarons de crimes plus que des criminels et le roi s'entend trop bien à châtrer nos ambitions par ses faveurs pour que nous désirions vraiment autre chose. Les bâtards, à cause de ce qu'il est lui-même, moissonnent des honneurs que nul n'eût songé à leur accorder. Grâce à Louis XIV, le sang adultérin des rois équivaudra bientôt le sang légitime. C'est déjà trop d'obtenir tout cela sans vraiment l'avoir désiré.

– Monsieur le grand prieur, que vous me rassurez ! s'exclama Chaulieu transporté d'aise en plaçant ses deux mains sur son cœur.

– Et pourquoi donc ? s'étonna le maître du Temple.

– Parce que nous continuerons de festoyer dans cet enclos à notre guise puisque vous n'aurez rien de neuf, de plus pressé ou de plus important à faire.

Le grand prieur se rembrunit :

– Voyez-vous, l'abbé, je ne reprendrai ma place dans la farandole que lorsque j'aurai rendu les honneurs que je dois à mon oncle. Je

1. Disparaître.

veux savoir où se trouve sa tombe pour m'incliner sur ses restes. Il n'est plus que cela que je demande à Louis XIV et je n'ai pas sa cassette à titre de monnaie d'échange pour l'y contraindre.

Issy s'était endormi dans le calme. Seul, au premier étage de l'ancienne maison de la reine Margot, continuait d'être éclairé le logis de l'évêque de Meaux. Cette nuit de fin d'hiver était douce et le ciel étoilé.

Vers onze heures le valet de Bossuet qui attendait sur la chaussée de la Grand-Rue, ouvrit la grille pour laisser le passage à une voiture, un coupé sans housse, conduit par un seul cocher qui alla se ranger à faible allure au bas du perron. Un personnage de haute stature en descendit que le valet rejoignit pour le mener jusqu'à son maître.

Le vieux prélat, alerté par le bruit, était venu lui-même au-devant de son visiteur qui n'était autre que le duc d'Orléans.

– Altesse, dit-il, tandis que le neveu du roi s'inclinait pour baiser son anneau, je savais que vous seriez en avance... Entrez et parlons en attendant votre cousin.

– Monseigneur, vous vous en doutez, j'arrive ici l'âme inquiète.

– Vous arrivez ici bien puissant, mon fils, maître d'exiger ce que vous voudrez...

– Puissant mais fébrile et comme désarmé.

– Soyez béni de n'être pas arrogant.

Le duc d'Orléans observa un silence avant d'annoncer ce qui le tourmentait :

– Monseigneur, dois-je exiger mes droits ?

– Sans hésiter tous ceux que vous pourrez prendre sans semer le désordre et le trouble.

– Mais vous savez bien qu'en matière de droit dynastique il n'en est qu'un, c'est celui de régner.

– Cela vous importe-t-il ?

– Cela m'effrayerait plutôt.

– Alors que voulez-vous ?

– Que mes descendants ne soient pas liés par ce que je déciderai à titre personnel.

– Difficile !

– Je ne puis disposer pour eux.

– Qu'exigerez-vous du dauphin tout à l'heure ?

– Je viens ici et je ne sais pas.

– Vous arrivez ici vaincu ?

– Je ne veux pas être un fauteur de trouble...

– Le trouble est déjà dans l'État... C'est à vous qu'il appartient de l'amplifier ou de le démentir.

– Que puis-je obtenir sans provoquer de drame ?

– D'être reconnu par Louis XIV, par un acte solennel et secret, comme chef de votre maison... De laisser en contrepartie à ses descendants un droit viager sur le trône... D'être associé aux décisions les plus graves de la dynastie.

– Cela il ne l'acceptera pas.

– Vous êtes à présent le maître de l'exiger et il faut l'exiger.

– C'est vous, le défenseur de la monarchie absolue, qui me poussez à me montrer intransigeant ?

– C'est vrai ! Je vous incite à exiger le maximum pour que vous vous accordiez du meilleur cœur possible avec le roi et pour que vos héritiers, après vous, se sentent liés par l'accord que vous aurez signé.

– Que servira d'obtenir des monceaux d'or aujourd'hui, des promesses de partage du pouvoir, si demain le roi ou son successeur par un acte tout contraire – comme il a pouvoir de le faire – revient sur sa décision... Réclamer autre chose que le trône ce soir c'est condamner ma postérité à l'inaction et peut-être à la mort...

– Croyez-vous en Dieu ?

Le duc d'Orléans sourit :

– Comme ma mère, monseigneur, je me suis construit une religion à part moi.

– Nous faisons tous cela, même moi, convint Bossuet... Mais croyez-vous aux prédictions des prophètes ?

– Je tâte souvent des tarots et des magiciens comme d'une distraction piquante.

– Je vous recommande ceci, dit Bossuet en sortant de sa soutane la lettre du cardinal Buonfiglio, un ami me le livre comme un sujet d'amusement mais mon inspiration me pousse à vous en faire part avec beaucoup plus de sérieux que lui. Il s'agit de la prophétie d'un moine qui s'appelle Pantaleo...

– Pantaleo dites-vous ? répéta le prince en blêmissant.

– Oui Pantaleo, c'est un nom fort répandu en Italie.

– Ah ! monseigneur, vous ne pouviez davantage me troubler qu'en disant ce nom.

– Et pourquoi ? s'inquiéta à son tour le vieil évêque.

– Parce que, monseigneur, dans notre famille où les prêtres, vous le savez, entrent moins facilement que dans celle du roi, il est une prédiction, une prédiction que mon père m'a rapportée souvent et qui ne laissait pas de nous impressionner.

– Laquelle ?

– Elle lui a été faite par Vincent de Paul qui la tenait de Tommasso Campanella. Vincent de Paul, vous le savez, monseigneur, avait connaissance des choses importantes dont nous devons débattre ce soir.

– Vincent de Paul siégeait au conseil de conscience du roi, il n'est en effet pas de secret du temps de la Régence d'Anne d'Autriche qui ne soit venu à ses oreilles... Il fut le conseiller secret de la reine.

– Eh bien! ce grand saint est venu dire un jour à mon père enfant : lorsqu'il parlera à votre lignée, dans des temps difficiles, écoutez Pantaleo.

Bossuet ne put se retenir de frissonner et de marmonner comme pour soi :

– Ce que je commençais à entrevoir est donc vrai : Dieu a choisi de s'exprimer par la bouche du plus vil de ses serviteurs et nous l'avons accueilli en commençant par nous moquer de lui... Ce sont Buonfiglio et moi qui sommes des impies.

– Quelle créance faut-il prêter à tout cela ?

– Ce sont des dates, Altesse, 1793, 1830, 1848, 1883, 2003. Elles jalonnent le destin de votre lignée et, de plus, on vous l'affirme là : contrairement à toutes les apparences du moment, vous succéderez à votre oncle et à trois siècles d'ici, vos descendants exerceront une royauté européenne...

– Une royauté européenne ?

– Nous avons en effet du mal à y croire tant les affaires de l'Europe sont confuses... Mais, Altesse, trois siècles en deçà de notre temps, en 1403, au cœur de la guerre de cent ans, c'est entre provinces françaises que nos pères avaient du mal à imaginer que l'union se fasse un jour...

– Ainsi donc Pantaleo me conseille d'accepter...

– D'accepter l'accord auquel je prêterai la main avec vous... J'ai coupé tout à l'heure la mèche du dernier brûlot qui pouvait faire que d'autres soient mêlés à ces entretiens... La Providence – comment imaginer que ce ne soit pas elle – est venue me porter ce document quatre heures avant que vous n'arriviez.

Bossuet montra un petit coffret de nacre posé sur son bureau.

– Tout cela est à présent en lieu sûr ! conclut-il tandis que l'arrivée d'une seconde voiture faisait crisser le gravier au bas du perron.

– Voici le dauphin, dit le duc d'Orléans, il est ponctuel comme son père.

Il fut interrompu par l'irruption du concierge du séminaire, un rustaud de la Brie, qui vint se plaquer à la porte qu'il venait de claquer derrière lui d'un coup de talon en faisant des signes de dément. Il ouvrait une bouche aussi large que celle d'une carpe mais sans pouvoir articuler une parole.

Bossuet et Orléans se regardèrent inquiets, persuadés de l'imminence d'un danger. Le duc porta même la main à la garde de son épée. Il y avait quelque chose de dérisoire dans le spectacle de ce fils de France s'apprêtant à protéger la vie d'un des plus fameux évêques du royaume dans cette chambrette misérable.

La porte s'ouvrit enfin et, dans la seconde, Bossuet et son hôte comprirent ce qui provoquait la stupéfaction du domestique. Le personnage qui entrait seul, venu en voiture de service, précédé d'un de ses premiers valets de chambre, le vieux Nyert, reconnaissable à ses moustaches qu'il était presque seul à porter à la cour, ce n'était pas le dauphin, c'était son père. C'était le roi, c'était Louis XIV en personne.

– Sire ! balbutièrent l'évêque de Meaux et le duc d'Orléans en s'inclinant ensemble.

– Je vous en prie, messieurs, dit le roi en s'agenouillant pour baiser la bague du précepteur de son fils, devisons, devisons sans crainte ni ressentiment, je suis venu ici pour cela, pour tout entendre.

Il paraissait las mais cette lassitude n'entamait pas sa majesté. Elle ne se lisait, pour l'ancien hérault de la doctrine gallicane et pour son neveu, habitués à le voir de près, que dans l'alourdissement des paupières, dans l'affaissement plus marqué des joues pleines et dans un léger tremblement de la main qui l'empêcha de se déganter d'un geste comme il était accoutumé à le faire.

– Mon neveu, je vous cause bien du tracas, s'excusa-t-il en insistant pour que ses deux interlocuteurs s'assoient en même temps que lui.

Et voyant que ceux-ci restaient debout malgré son invitation :

– Je vous en prie, messieurs, à cette heure, il n'est plus de roi ici.

Le duc d'Orléans voulut se justifier.

– Je n'exige rien pour moi-même...

Bossuet lui coupa la parole, désireux de briser avec l'excès de déférence que le prince ne pouvait se retenir de marquer à son oncle.

– Sire, Altesse, prions d'abord ensemble ! invoquons le Seigneur, qu'il ne nous inspire ce soir que de justes pensées.

Il les fit s'agenouiller à même le parquet, les imitant lui-même avec peine et mena la prière invoquant tour à tour Dieu, la Vierge et saint Louis. Le roi et le duc d'Orléans, tous deux pénétrés de la gravité du moment, répondaient des « *ora pro nobis* ».

Bossuet les fit asseoir ensuite, de part et d'autre de lui :

– Là, Sire, je pose sur ce guéridon la confession de votre véritable père et sa reconnaissance de paternité que je me suis appropriées cet après-midi dans le secret de la confession. Elles viennent d'Orient, après de nombreuses tribulations par le truchement d'un savant pour qui je demande la protection royale car il aurait pu s'oublier et aller les porter en des mains moins sûres. C'est à vous qu'il les donne.

Le roi jeta sur la liasse que M. de Meaux venait d'extraire un regard distrait.

Le duc d'Orléans, à son tour, sortit un petit paquet de sa brassière :

– Mon oncle, il s'agit de la confession et de la reconnaissance de votre mère, de ma grand-mère... Elles étaient en dépôt par sa volonté chez des gentilshommes normands, des plus fidèles et des plus dévoués à notre famille, qui les ont conservées pendant des années avec honneur et discrétion comme un gage sacré... Moi aussi je demande une grâce, c'est celle du comte de Bréderodes qui périt dans la Bastille depuis trente-deux ans à cause de ce secret.

Louis XIV avança la main vers la liasse :

– Me permettez-vous ?

– Faites, Sire !

– Ma mère... Des lignes qui lui auraient paru moins dures à écrire si elle les avait tracées de son sang. Quelle souffrance ! quelle douleur !

– Sire, depuis quand connaissez-vous la vérité ? hasarda l'évêque de Meaux.

– Je ne vous farderai rien ce soir, monseigneur, je sais qui je suis depuis le jour où je fus réellement le maître en France. C'était le 9 mars 1661 à Vincennes, au soir de la mort du cardinal Mazarin. Ma mère m'a fait venir dans la chapelle royale. La mort du cardinal qui avait été son second mari devant Dieu et mon tuteur scrupuleux et loyal, tout en la laissant dans une espèce d'anéantissement, venait de briser les chaînes que lui avait passées Richelieu. C'est là, au pied de l'autel déserté, au pied des verrières de sang qui ornent la chapelle royale de ce lieu, qu'elle m'a fait la confidence la plus dure de sa vie : son malheureux mariage avec Louis XIII, sa liaison avec Beaufort, le seul homme qu'elle ait jamais aimé, le piège tendu par Richelieu qui la força, pour le salut de l'État, à trahir tous ses amis et qui la voua à Mazarin qu'elle apprit à respecter et en qui elle finit par mettre sa confiance... Imaginez ce que j'étais après cela. J'allais devoir ressaisir les rênes et je découvrais que je m'élevais sur une usurpation. Il ne me restait de choix qu'entre refuser mais Mazarin avait tout verrouillé pour que je ne m'échappasse pas : il me léguait tous ses ministres qui, sachant mon secret, devenaient mes geôliers et mes complices. Je ne pouvais que régner et ce règne je l'ai construit sur ce jour où j'appris qui j'étais avec pour premier commandement celui de me défier de mon vrai père... Bien des faits ne s'éclairent que si l'on sait tout cela...

– Lesquels ? hasarda monsieur de Meaux.

– L'arrestation de Fouquet, six mois après la mort de Mazarin. Fouquet était l'ami de Beaufort. Il osa me recommander d'associer mon vrai père au pouvoir. Bien d'autres faits s'expliquent aussi par là : cette façon que j'ai toujours eue de me comporter comme si j'avais été le premier de ma lignée, mon mépris du sang légitime, le désir de corrompre tous les descendants d'Henri IV par des alliances avec mes propres bâtards pour que la bâtardise ne soit pas mon fardeau, mon fardeau à moi seul...

– Vous avez donc élevé vos fils illégitimes presque au rang des princes du sang dans ce but ? demanda le duc d'Orléans en se risquant pour la première fois à questionner son oncle.

– Tout comme je vous ai contraint, vous, mon neveu, à épouser la fille qui venait de ce que je suis et de ma liaison avec madame de Montespan... Ajoutez à cela l'oubli, pour ne pas dire plus, dans lequel j'ai constamment tenu le règne de Louis XIII, coupable à mes yeux de n'avoir su rendre ma mère heureuse.

– Et Beaufort ? demanda Bossuet.

– Beaufort ! jamais après 1661 je ne l'ai vu en particuler. J'évitais de me trouver en face de lui, j'évitais jusqu'à son regard. Après la mort de ma mère en 1666, Louvois et Colbert, pour une fois unis, ne cessèrent de me représenter le danger que faisait courir ce père turbulent et orgueilleux et de me proposer pour m'en débarrasser des choses qui ne peuvent s'exprimer... Qui, messieurs, qui peut se résoudre à commanditer l'assassinat de l'auteur de ses jours ? Aussi lorsque le projet qu'avaient échafaudé ces deux ministres à mon insu d'exposer l'amiral à Candie eut échoué, c'est moi qui insistai pour que Beaufort soit repris par nos gens et laissé en vie dans le secret où je l'ai fait tenir jusqu'à cet automne... Par cette décision barbare, je sauvais sa vie, je sauvais mon trône.

– Mon oncle ! blêmit le duc d'Orléans.

– Beaufort était un brave cœur, un chevalier... Un Bourbon en un mot. Jamais il ne s'est plaint, jamais il n'a cherché à faire savoir qu'il vivait et pourtant il a fini par se venger de moi.

– Venger ? répéta Bossuet incrédule.

– Oui, lorsque je lui envoyai, en novembre dernier, le père de La Chaise pour le voir deux jours avant sa mort et comme celui-ci lui demandait, sur mon ordre, son pardon pour moi, Beaufort tourna la tête du côté de la muraille et ne répondit rien.

– Et, Sire, la conduite que vous avez tenue envers mon père?

– Ça, Philippe, ce fut aussi l'un des poids de ma vie. Votre père savait qui j'étais mais son éducation avait été initiée par Mazarin de telle sorte, on l'avait mis si peu à portée de réclamer ou d'oser exprimer quoi que ce soit, que, de sa vie, il n'osa broncher. Je continuais l'œuvre du cardinal par messieurs d'Effiat et de Lorraine qui l'amusaient, qui passaient pour ses amis et qui étaient avant tout mes espions. Mes remords ne transparaissaient que dans les largesses que je lui faisais sur la caisse de l'État, des largesses que je vous renouvelai à sa mort il y a deux ans, sans commune mesure avec aucune de celles faites par le passé pour des fils de France, des largesses en tout cas que je ne puis renouveler ni pour mon fils, ni pour mes petits-fils... Malgré cela votre père fut malheureux par ma faute. Il avait de la vaillance, il le montra à Cassel, et je ne l'employai pas... Il avait de la finesse et je ne sollicitai pas ses avis. Et le pire, vous le savez Philippe, car ce fut la fable de la cour colportée par ceux qui me surprirent ce jour-là, lorsque je sus la nouvelle de sa mort, après une explication terrible sur votre compte où pour la première fois il s'enhardit à me rappeler qui j'étais, je sifflai longtemps de satisfaction. Votre père était un reproche vivant... Chaque fois que je le voyais je me souvenais que j'étais le fils du duc de Beaufort et qu'il était celui de Louis XIII.

La lueur tressautante d'un chandelier posé sur le guéridon où se trouvaient les deux reconnaissances de paternité des parents du roi faisait palpiter de faibles ombres sur la figure blanchie de monsieur de Meaux. Ce fut lui qui rompit le silence :

– Sire! où se trouve le cadavre du duc de Beaufort depuis que l'on a bouleversé le cimetière de Notre-Dame-des-Mesches?

Le roi se redressa, toisant malgré lui ses deux interlocuteurs de cet air de majesté dont il ne pouvait pas se déprendre.

– A Saint-Denis, messieurs!... Je devais cela au duc de Beaufort pour les souffrances endurées sans se plaindre pendant trente-quatre ans au service de la paix civile et pour sa conduite héroïque au siège de Candie... Tout m'a éloigné de lui, malgré moi, par les raisons que j'ai dites mais je suis fier d'être le fils d'un héros...Il est depuis huit jours dans la crypte de notre famille, sous la dalle de pierre où sera posé plus tard le tréteau qui soutiendra mon cercueil le jour où l'on fera la cérémonie funèbre de celui qui me succédera [1]... Vous à ce qu'il paraît, mon neveu...

1. Le cercueil du dernier roi décédé attendait à l'entrée de la crypte de Saint-Denis, dans un trou pratiqué dans la muraille, les funérailles de son successeur avant de prendre son emplacement définitif.

– Moi ? répéta le duc d'Orléans abasourdi.

– C'est ce que m'a annoncé le maréchal-ferrant qui est venu de Salon à pied pour me voir il y a quatre ans et que j'ai reçu plusieurs fois tête à tête en provoquant l'étonnement de la cour.

– Mais, Sire, vous avez un fils et trois petits-fils, tous en âge ou en puissance de vous donner bientôt des arrière-petits-fils...

– Mon règne doit finir misérablement. Campanella l'a dit en se penchant sur mon berceau. Cet horoscope dont je faisais à tout propos des gorges chaudes dans mes heures de fortune, est devenu la litanie de mon vieil âge inquiet. Sans doute Dieu ne veut-il pas tarder pour remettre les choses dans l'ordre. Ce maréchal-ferrant me l'a annoncé : après moi, ce sera vous qui prendrez les rênes du royaume sans que pour autant ceux de mon sang soient écartés par violence.

– Je...

Louis XIV fit un signe qu'il désirait poursuivre :

– Mais je ne veux pas vous amuser des facéties des magiciens, si c'est tout de suite que je dois laisser la place, j'y suis prêt...

– Quelle force aurait le roi après un tel scandale ? demanda le duc d'Orléans.

– Je publierai les raisons de mon retrait et de celui de mes enfants.

– Et l'Espagne, Sire, y songez-vous ?... Elle a été donnée à votre petit-fils, nous faisons la guerre contre les Habsbourg pour que cet héritage lui soit conservé.

– Voilà ! se désola le roi, nous n'échapperons pas, ce soir encore, aux pièges de la politique.

Bossuet prit la parole :

– Nous parlons depuis une demi-heure, Altesse, et déjà il nous faut remercier le Très-Haut parce qu'il n'a transparu dans ce débat ni rancœur ni haine...Sire, c'est d'accord avec votre neveu que je vais proposer un pacte, un pacte secret, qui sauvegardera les droits de sa lignée à l'égard de la vôtre sans pour autant porter atteinte aux intérêts du royaume.

Monsieur de Meaux improvisa alors, à mesure que l'inspiration lui venait et comme si elle descendait du ciel, un texte auquel il n'était pas un mot à reprendre, si limpide, si harmonieux qu'il méritait de figurer au rang des chefs-d'œuvre du classicisme français. A mesure qu'il parlait, il rédigeait de sa grosse écriture coulante et droite.

Quand il eut terminé, il tendit la feuille à Louis XIV qui relut, hochant la tête pour tout approuver. Au moment de passer ce document à son neveu, le souverain marqua un temps d'arrêt :

– J'ai gravi cette colline avec l'idée que le plus grand roi du monde la redescendrait peut-être comme un ermite... J'y étais prêt et je commençais même d'y trouver des motifs de satisfaction. Réfléchissez mon neveu... Prenez le temps d'arrêter votre décision.

– Sire, je ne veux pas autre chose que ce que vient d'exposer monsieur de Meaux.

Le roi prit le fils de son frère dans ses bras et l'étreignit longtemps en fermant les yeux.

– Vous êtes le meilleur des gendres, le meilleur des neveux, un autre fils pour moi...Vous sacrifiez...

– Je ne sacrifie rien, je n'ai aucun goût pour tenir votre place et faire si bien que vous le faites votre métier.

– Prenez-y garde! je vous le répète : on dit que vous serez mon successeur.

– Je prierai Dieu pour la longue conservation de votre descendance.

Le roi se tourna vers Bossuet, si agité depuis deux jours malgré sa faiblesse qu'il s'était mis à pleurer.

– Et vous, monseigneur, vous par qui la paix règne sur notre famille.

– Non, Sire, non, c'est par Dieu, c'est par Vincent de Paul qui habita cette pièce et qui porta avec votre mère le poids de son secret, c'est par saint Louis votre ancêtre. Ils n'ont jamais cessé, depuis là-haut, de veiller sur le trône des lys.

– Philippe! donnez-moi la main!

Le rire cristallin de Clémire venait de ponctuer cet ordre lancé avec ironie au duc d'Orléans.

– Attendez, attendez! se récria monsieur Plume en bondissant de l'obscurité car il s'était posté dans l'embrasure d'une fenêtre pour mieux admirer son ouvrage au travers des volutes blanches que venaient de faire lever les commis des perruquiers en refermant leurs sacs à poudre.

Il esquissa une rapide révérence et s'excusa aussi platement qu'il put :

– Je vois un pli qui bâille.

Le prince avait été si effrayé du cri du tailleur qu'il avait aussitôt lâché la main de la jeune mariée.

– Laissons faire, lui glissa-t-il à l'oreille pour la rassurer, ces gens-là ont l'œil et je veux que vous soyez parfaite.

Le tailleur s'escrimait de ses doigts agiles et pleins de bagues mais son sourcil se fronça soudain.

– Ah! c'est trop fort... Venez voir un peu, monsieur Pluche, le travail de vos gens!... Ce froncis, voilà bien qui n'est ni fait ni à faire.

Monsieur Pluche s'avança en trottinant. Il chaussa son lorgnon cerclé d'or.

– Non, monsieur... C'est un pli de dessous, un pli de bâtisseur et point de finisseur... Ce sont vos gens qui travaillent comme des bêtes.

Le duc d'Orléans, que sa myopie éloignait de la constatation de ces défauts légers, colla à son tour le nez sur l'empiècement litigieux.

– Moi, fit-il d'un ton parfaitement candide, je ne vois rien.

– Mais, Altesse, se désola monsieur Plume en s'accroupissant par politesse et en balayant six fois le parquet d'un mouvement preste des basques de son habit, la guipure est cousue trop serrée, elle tire sur tout le reste.

Le neveu du roi tira sa montre de gousset :

– Cela ira, vous dis-je... Les fiançailles doivent être célébrées avant minuit et onze heures sont sonnées.

– Moi présent, s'obstina monsieur Plume, ce tissu ne bâillera pas.

– Hé bien! s'impatienta pour la première fois le duc.

– Voilà! fit le tailleur à nouveau accroupi après avoir dans un éclair fait céder deux points au moyen de la pointe de ses petits ciseaux de vermeil.

Le duc d'Orléans sourit et reprit la main de Clémire.

– Allons-y, cette fois!

On était au milieu de la nuit, ce qui était la mode des cérémonies simplifiées mêlant fiançailles et mariage. Comme les canons prescrivaient de ne pas faire l'une et l'autre le même jour, on s'acquittait des premières avant minuit, pour commencer la noce au douzième coup sonné.

De l'appartement neuf de Clémire où avait eu lieu le dernier essayage des atours conçus par Rose Bonheur, le petit cortège descendit par l'escalier tournant qui menait au grand cabinet des appartements de parade où se tenaient Gamaches, Biron, Fontpertuis, Donzy, ses plus intimes amis, que le prince avait conviés à la fête.

Ils gagnèrent sur la droite la chambre de parade de Madame où cette princesse attendait, déjà installée sur son fauteuil en robe de cour de brocart et manteau d'hermine, flanquée de ses éternelles fées tutélaires, la maréchale de Clérambault et la comtesse de Beuvron.

De l'autre côté de cette chambre, sur trois rangs de banquettes alignées, se tenaient Victor, Hercule, monsieur et madame Davignon, Stella, les Thésut, le bonhomme Quatrebarbes et monsieur et madame de Saint-Simon, un peu en arrière, Jean-Baptiste Cantaloube, dans un habit de drap neuf à ses mesures. Enfin, dans un coin de la pièce, debout, la figure triste, tournant comme un ours sur trois pieds carrés de plancher, se morfondait maître Brindavoine, le notaire des marchands des halles, suivi de deux de ses clercs qui portaient ses registres et son écritoire.

Victor alla embrasser Clémire et s'incliner devant le prince tandis que maître Brindavoine entamait la lecture du contrat qui commençait par les donations de Madame et de son fils à Clémire. Trente-trois mille écus, autrement dit cent mille livres, de la part du prince, dix mille écus, soit trente mille livres, de la part de sa mère. La lecture finie Hercule s'avança et présenta au nom de Victor la bague de fiançailles dans un écrin de soie rouge. C'était un gros rubis serti de dix petits diamants, que monsieur Davignon tenait de sa mère et dont, en l'absence d'héritier direct, il avait tenu à faire don à son neveu. Toutes les clauses, jusqu'au plus petit préciput, épuisées, on signa le registre dans l'ordre de préséance, le duc, sa mère, monsieur de Saint-Simon, sa femme, puis monsieur Davignon.

Cette première austère cérémonie se termina dans la bonne humeur car tout le monde riait sous cape des simagrées du notaire ravi, lui qui ne faisait que celles des riches volailliers et des maîtres-bouchers, de se trouver dans une noce de si haut parage et qui, entre chaque signature, agitait sa petite cape et multipliait les courbettes.

Le cortège se reforma, au grand complet, et traversa la Galerie des Hommes Illustres en direction de la chapelle. Victor entra le premier par la porte ouverte à deux battants au bras de sa tante. Ils étaient l'un et l'autre rayonnants, lui en habit chamoiré gris et bleu, bas blancs, chapeau à plumet agrafé d'une broche de diamants, portant une épée à la garde de vermeil, elle, paraissant ce soir-là être sa sœur, en robe de brocart, avec une veste brodée de perles, parée d'un fil d'agates qui formait une parure avec des boucles d'oreilles pareilles.

Lorsque tous furent rangés dans l'ordre prescrit bien qu'on fût convenu du minimum de cérémonial : Madame sur son fauteuil, tout le reste sur des bancs, Clémire, radieuse et éclatante, entra au bras du duc d'Orléans. Monsieur Pluche, juste avant qu'elle ne paraisse, venait d'ajuster sur sa chevelure un voile de dentelle de Venise qui tenait au moyen de quatre grosses épingles à tête de perle.

L'abbé de Thésut, qui s'en était allé dans la sacristie se revêtir pour la messe, reparut précédé de deux des chapelains du palais et de quatre enfants de chœur en aube rouge et surplis de dentelle. Il procéda sans préambule à la cérémonie des fiançailles qui consistait en une simple bénédiction des époux dont les mains enlacées étaient enveloppées d'une étole. Lorsqu'il eut regagné sa sacristie, sans musique ni cierges allumés, l'assistance ressortit dans le vestibule où fut servie une brève collation.

Au douzième coup de minuit on se remit en rang. Les lumières allumées et surtout les girandoles de l'autel, le petit orgue de côté touché par monsieur Destouches, le chœur de la chapelle entonnant un motet que ce compositeur avait écrit pour la circonstance, accueillirent le retour de l'assistance.

La difficulté du discours que le chevalier de Thésut voulait faire en place de son frère fut réglée par cela qu'il n'y eut rien de dit dans la chapelle. Le poêle [1] fut tenu au-dessus de la tête des mariés, pendant l'échange des anneaux, par Madame qui s'amusa à faire des vagues pour retenir Clémire de pleurer et, du côté de Victor, par sa tante.

Le premier baiser de la nouvelle mariée fut bien sûr pour son époux, le second pour Stella puis il y eut une bousculade bon enfant et sans protocole, où, pêle-mêle, Madame en jouant des coudes, le bonhomme Quatrebarbes en miaulant comme ses chats, les Thésut en distribuant quelques coups de canne, s'essayèrent à voler quelque chose.

La suite ce fut une musique, à nouveau dans la chambre de parade de Madame, où l'on chanta quelques airs profanes, toujours de monsieur Destouches, qui dirigeait le petit orchestre depuis son clavecin. Il y eut aussi un autre air troussé pour l'occasion par un compositeur à deviner. Madame, guidée par son instinct de mère, fut celle qui reconnut là l'œuvre de son fils et qui applaudit à tout va, en proclamant, au grand dam de Destouches, que cela était aussi beau que de la musique allemande.

Après que cette princesse, mise en joie par la gaieté de la fête, se fut retirée en fredonnant la musique du prince, on servit un souper aux allures de médianoche dans les petits appartements du duc.

C'est alors que le chevalier de Thésut, après avoir bien bu, oublia sa promesse formelle de ne point faire de discours et qu'il se dressa, exigeant le silence à force de coups de couteau contre son assiette et de débris de cristal.

Reprenant son exorde à cinq reprises, l'œil de plus en plus charbonneux, avant que le silence ne se fasse, il s'adressa à Victor :

– Victor, plus cher qu'un fils...

On écouta enfin. Son discours était dans son style, d'une franchise toute militaire et tout d'une venue mais sous ces rudes paroles frémissait une vive émotion.

– Victor, plus cher qu'un fils. Tu as lavé l'affront qu'on s'apprêtait à faire à la vieillesse, tu as sauvé la paix civile...

N'y tenant plus, bousculant le rang des convives, renversant son

1. Voile qu'on tenait au-dessus de la tête des mariés au moment du sacrement.

siège, le vieux secrétaire des commandements du prince alla étouffer ses larmes de joie au creux de l'épaule de son disciple.

Après cela, il fallut que le prince parlât. Il le fit avec sa grâce coutumière, traitant publiquement Clémire de sœur car tous autour de la table connaissaient son secret, et parlant ensuite de Victor comme du frère qu'il aurait désiré avoir.

Le héros de la fête s'était échappé dans un songe. L'or des lambris, l'exubérance de la fête, tandis que les violons par les portes ouvertes continuaient de déverser leurs ondes magiques, lui paraissaient irréels à dix-huit mois à peine de sa première arrivée à Paris, à deux mois de la parenthèse de Carrouges. Il regardait Clémire que l'émotion rendait muette. Assurément elle avait souffert des péripéties de ces dernières semaines. Ils avaient craint mutuellement de se perdre et ils ne réalisaient pas encore tout à fait de s'être retrouvés et d'avoir mis un terme, ce soir-là, à leurs tribulations. Tant de vagues affrontées pour parvenir au port avaient ramené sur elle cet air de modestie qui l'avait tant séduit autrefois lorsqu'il venait la voir à Colombes. La coïncidence du souvenir et de l'agrément du moment les rendait pleinement heureux.

Après le souper on se remit en rang pour l'étrange cérémonie du coucher qui concluait alors les mariages. On retraversa le palais, Clémire ayant repris la main du duc d'Orléans, Victor celle de sa tante. On gagna l'appartement du chevalier de Lorraine où les domestiques attendaient alignés, toutes portes ouvertes. On alla dans la chambre qui brillait de toutes ses girandoles et de l'éclat de deux grands feux qui ronflaient dans les cheminées. Les époux se mirent en chemise, aidés chacun par leur famille, Victor par son oncle et par Hercule, le chevalier, vexé de n'avoir pas été proposé, s'étant emparé de l'habit que le marié venait de quitter pour le promener au travers de la chambre comme une relique. Clémire était aidée par la maréchale de Clérambault et quelques femmes de chambre.

La cérémonie accoutumée voulait que la foule se retire en premier après avoir salué les époux dans leur lit puis que les plus intimes se fassent approcher des chaises au chevet des époux pour deviser encore quelques instants, qui les alliés du mari à gauche, qui les alliés de la mariée à droite, mais le duc d'Orléans et monsieur Davignon furent d'avis ensemble que tout le monde sorte et qu'on laissât les mariés sans les importuner davantage.

Dans la pénombre restée longtemps marbrée du tournoiement des fumerolles des cierges que les valets venaient de moucher, tandis qu'on entendait encore s'éloigner les pas de la noce, Clémire et Victor oublièrent qu'ils s'attendaient depuis plus d'une année.

Trois jours après ces noces, au beau milieu de leur après-midi de travail, l'abbé de Thésut avait tiré Victor par un bras pour l'emmener rendre visite à son ami Bossuet, dans son premier étage de la rue Sainte-Anne.

– Monseigneur, je tenais à vous présenter celui par qui tout est arrivé.

– Vous si jeune! se récria monsieur de Meaux en ouvrant les bras au disciple de ses amis... Nous vous devons beaucoup.

Et comme Victor allait protester :

– Si, si... Il est des services destinés à demeurer secrets mais ce sont les plus grands. Tel est celui que vous venez de rendre : la France vous doit sa paix.

– J'ai seulement rapporté quelques indices. Messieurs de Thésut et vous-même, monseigneur, en avez fait une machine imparable.

– Ma mission s'arrête là, la vôtre commence.

Victor parut surpris des paroles du prélat.

– Oui, reprit monsieur de Meaux, cet accord pour exister réclame la vigilance de tous ceux qui ont eu à le connaître... Moi, bientôt, je ne pourrai que prier de là-haut pour que vous réussissiez.

Monsieur de Meaux s'empara de la main du jeune homme pour la serrer :

– Je vous envie au fond.

– Vous? hasarda Victor, m'envier?

– Oui parce que j'aimais la vie...

Notre héros remarquait trop de confiance dans le regard du saint évêque pour se risquer à protester par quelque vaine parole.

– Une vie si pleine que la vôtre, c'est moi qui devrais vous envier.

– Aimer la vie au point où je l'aime c'est préférer la recommencer dans les habits d'un porte-balle qu'avoir à la conclure dans la gloire épiscopale.

– Tout de même...

– Vous verrez, vous verrez toujours trop tôt, comme les choses deviennent relatives lorsqu'elles échappent.

– Je m'efforcerai de me montrer digne de vos leçons.

– Votre oncle Davignon et messieurs de Thésut, avec qui je me réciproque si bien, vous soutiendront encore longtemps après que je sois parti... Ensuite vous serez seul, vous volerez de vos propres ailes... Vous êtes-vous parfois demandé ce qui unissait tous ces gens qui sont autour de vous et qui prennent intérêt à votre devenir?

– L'écoute des autres, répondit Victor.

– C'est cela... Appelons la chose indulgence. Vous en serez le dépositaire après nous. J'ignore quelle forme elle prendra dans ce nouveau XVIIIe siècle dont je ne sais non plus s'il sera toujours dans les formes où je me plais à voir la société française : sa noblesse, son clergé, ses bourgeois, ses paysans rangés autour du trône... Tout ce que je puis dire en tant qu'historien et historien bienveillant, c'est qu'il n'existe de régression que passagère dans le progrès humain, c'est que, si des gens tels que vous veillent au grain, l'homme deviendra forcément meilleur, la société plus juste.

– Pourquoi me dites-vous tout cela ? s'effraya Victor, bouleversé d'être pris si soudainement pour confident par l'un des hommes les plus fameux de son temps.

– Parce que je suis confiant, parce que, par la façon dont se termine cet épisode de l'histoire de Beaufort, je tiens pour assuré que Dieu n'abandonne pas la France... Elle va avoir besoin de toute son aide. La guerre de succession d'Espagne dans laquelle nous entrons n'en est qu'à ses débuts. Elle sera terrible. Elle mettra le Royaume à deux doigts de sa perte.

Victor ouvrit de grands yeux :

– Vous lisez donc dans l'avenir.

– Non, protesta monsieur de Meaux, mais, toujours en historien, j'induis des faits ceux qui doivent leur succéder pour ainsi dire inéluctablement n'était la miséricorde du Très-Haut... Par exemple, aujourd'hui, il était important de sauver le trône de Louis XIV, de ne pas amoindrir son pouvoir, en prévision des épreuves qu'il va devoir affronter.

– Vous en aurez été l'artisan.

Le vieil évêque, dont un rayon expirant de ce premier jour d'avril 1704 nimbait la tête, sourit à nouveau :

– Jeune homme, c'est bien le dernier service que j'aurai rendu à mon roi et, cette fois, ce n'est pas de l'Écriture sainte que j'aurai tiré la monarchie absolue mais d'un fameux, disons... bourbier.

*Paris, le 24 décembre 1989, rue Sainte-Anne,*
voyant de mon bureau les fenêtres derrière lesquelles mourut Bossuet le 12 avril 1704.

*« Le voilà donc connu, ce secret plein d'horreur ! »*

Voltaire

*Zaïre*, acte IV, scène V

Il est temps à présent de dire ce que devinrent dans les suites quelques-uns des personnages de ce récit :

– Bossuet mourra, comme on vient de le lire, le 12 avril 1704, rue Sainte-Anne à Paris.

– Anne Favier, comtesse de Tillières, l'avait précédé de moins de deux semaines, s'éteignant à Carrouges le 30 mars 1704. (Moreri, *Dictionnaire des hommes illustres*, Paris, 1732, t. VI, 2, 46.)

– Le maréchal-ferrant, revenu à Salon après avoir vu Louis XIV à trois reprises tête à tête en grand secret en 1700 « reprit son métier et vécut à l'ordinaire ». (Saint-Simon, Pléiade, Gallimard, Paris, 1982, t. I, p. 626.)

– Constantin de Renneville ne sortira de la Bastille qu'en 1715, sur ordre du duc d'Orléans devenu régent du royaume. (Constantin de Renneville, *L'inquisition française*, Amsterdam, 1728, t. III.)

– Le comte de Brèderodes, dont les trois frères étaient morts à Candie, sortit de la Bastille en avril 1704 et fut conduit à l'hôpital de la Charité dans le carrosse de monsieur de Saint-Mars. Il devait s'y éteindre quelques semaines plus tard... (On assure qu'un ermite barbu qui ne se fit connaître que sous le nom de Jean demeura près de lui et l'assista dans sa longue agonie.) (Constantin de Renneville, *L'inquisition française*, t. I, p. 378 et 472.)

– Bénigne de Saint-Mars, le gouverneur de la Bastille, devait mourir à demi fou dans la prison dont il avait le commandement le 26 septembre 1708. Il sera remplacé par Bernaville, gouverneur de Vincennes, son neveu Corbé étant chassé pour indignité. (Saint-Simon, *Mémoires*, t. III, p. 284.)

– Jean Galbert de Campistron quittera Marseille en 1704 pour accompagner le duc de Vendôme dont il était le secrétaire dans sa troisième campagne d'Italie. C'est lui qui, détroussé un soir de 1704 par des bandits dans la campagne de Parme, devait trouver refuge chez un pauvre vicaire qui à cette occasion, par un extraordinaire rebond de la fortune, allait devenir cardinal et premier ministre d'Espagne. (Gustave Desnoiresterres, *Les cours galantes*, Paris, 1861, t. I, p. 205.)

– L'abbé de Chaulieu, l'Anacréon du Temple, devait poursuivre sa carrière auprès du grand prieur jusqu'à sa mort survenue en 1720, laissant l'une des plus piquantes et des plus lestes productions poétiques du temps, continuant de charmer et d'attirer les beaux esprits dans l'enclos, au grand dam des finances de son maître qui sera l'un des seuls grands prieurs de France contraint de revendre sa charge pour payer ses dettes. (Gustave Desnoiresterres, *Ibidem*, t. I et II.)

– Joseph Pitton de Tournefort, nommé professeur au Collège Royal et devenu démonstrateur en titre des plantes au Jardin du roi, mourra des suites de ses blessures le 28 décembre 1708 après avoir été écrasé contre la façade d'une maison par un fiacre dans l'actuelle rue Lacépède. (Moreri, *Dictionnaire*, t. VI, p. 575. Joseph P. de Tournefort, préface à la réédition du *Voyage d'un botaniste,* Maspero, Paris, 1982 (2 tomes).

Quant aux personnages que nous avons laissés en route et dont la biographie, pour cause de noirceur, ne figure pas dans les bibliothèques : Ottavio et le galérien Jean Rigal, dit Tapaucul, on assure les avoir vus ensemble sur la route de Paris au printemps de 1704.

Tapaucul, sur l'ordre d'Ottavio, après l'avoir bâillonné pour que l'on entendît pas ses cris, lui avait extrait de l'estomac au moyen de quatre terribles incisions les moustaches de tigre pour lors plus acérées que les lames de l'épée la mieux trempée. Huit jours et huit nuits, l'évadé de la chiourme avait veillé sur le reître au seuil de la mort avec le dévouement de quelqu'un qui escompte de grandes reconnaissances. Le Calabrais sauvé, mais incapable de se nourrir autrement que de bouillies, allait retirer de sa catastrophe une disposition accrue pour la noirceur. Le pacte qu'il devait sceller avec Tapaucul était celui d'une société de crimes qui dépasserait largement le service des membres de la famille de Vendôme. Ottavio en serait l'âme, l'ancien bagnard le bras. Les témoins de l'accident qui coûta la vie au pauvre Tournefort devaient rapporter que le conducteur du fiacre qui renversa le savant et que la justice ne retrouva pas, avait tout d'un réchappé des galères.

Fuyant Marseille, au début de 1704, dès qu'Ottavio put remonter à cheval, ils devaient gagner l'abbaye de Cluny dont l'abbé était le cardinal de Bouillon, chassé de la cour et devenu depuis quelques mois, dans cet exil, l'ennemi implacable de Louis XIV. Celui-ci allait leur accorder son hospitalité contre certains engagements dont nous aurons à reparler.

Leurs méfaits, ainsi que les projets grandioses de l'abbé de La Bourlie à Nice et l'alliance par le sang que celui-ci s'apprête à sceller avec les Vendôme, seront narrés dans ***L'Ordre de la mouche à miel,*** quatrième tome du cycle de ***La fougère et les lys.***

*Cet ouvrage a été réalisé par la*
*SOCIÉTÉ NOUVELLE FIRMIN-DIDOT*
*Mesnil-sur-l'Estrée*
*pour le compte des Éditions Balland*
*en janvier 1991*

*Imprimé en France*
Dépôt légal : janvier 1991
N° d'impression : 16634
ISBN : 2-7158-0835-6
430008